Helmut Alt

Finanzmathematik

Algorithmen und
praktische Anwendungen

Helmut Alt

Finanzmathematik

Algorithmen und praktische Anwendungen

Mit Beispielprogrammen zum HP-41

V

Springer Fachmedien Wiesbaden GmbH

CIP-Kurztitelaufnahme der Deutschen Bibliothek

Alt, Helmut:
Finanzmathematik: Algorithmen u. prakt.
Anwendungen; mit Beispielprogrammen zum
HP-41 / Helmut Alt. – Braunschweig; Wiesbaden:
Vieweg, 1986.

Das in diesem Buch enthaltene Programm-Material ist mit keiner Verpflichtung oder Garantie irgendeiner Art verbunden. Der Autor übernimmt infolgedessen keine Verantwortung und wird keine daraus folgende oder sonstige Haftung übernehmen, die auf irgendeine Art aus der Benutzung dieses Programm-Materials oder Teilen davon entsteht.

1986

ISBN 978-3-528-04448-0 ISBN 978-3-322-89720-6 (eBook)
DOI 10.1007/978-3-322-89720-6

Ursprünglich erschienen bei Friedr. Vieweg & Sohn Verlagsgesellschaft mbH, Braunschweig 1986.

Vorwort

Die im Jahre 1979 vom Verlag Vieweg begonnene Reihe „Anwendung programmierbarer Taschenrechner" bot mit dem ersten Band einen Einstieg in den Bereich der Finanzmathematik auf der Basis der zu dieser Zeit verfügbaren ersten Taschenrechner für wissenschaftliche Anwendungen. Viele Kontakte mit Lesern dieser Reihe, die inzwischen auf ein breites Spektrum von Anwendungsfällen für programmierbare Taschenrechner bis hin zu Personal-Computern ausgedehnt wurde, haben einen potentiellen Bedarf für eine aktualisierte und erweiterte Behandlung des Themas „Finanzmathematik" aufgezeigt. Aufgrund der Fortschritte bei der Hardware und dem nachhaltigen Interesse an diesem Bereich der Rechneranwendung wird nunmehr eine weitergehende und abgerundete Darstellung finanzmathematischer Aufgabenstellungen zur Bearbeitung auf einem leistungsfähigen Computersystem vorgelegt.

In der Praxis des Finanzwesens wird viel mit Näherungsformeln und umfangreichen Tabellenwerken gearbeitet. Dies bringt für die praktische Arbeit im Tagesgeschäft zwar den Vorteil eines schnellen Zugriffs und übersichtlicher Handhabung, erweist sich jedoch im wirtschaftswissenschaftlichen Kalkulationsbereich als wenig durchschaubar und daher nicht praktikabel. Insbesondere im industriellen Bereich der Investitionsplanung erfordert die Eingrenzung des Kalkulationsrisikos eine durchsichtige mathematische Behandlung nicht nur der technischen Strukturen, sondern auch der langfristig in die Zukunft reichenden finanziellen Auswirkungen einer Investitionsentscheidung. Während die passenden Tabellenwerke bei der sporadischen Bearbeitung finanzmathematischer Aufgabenstellungen meistens nicht greifbar sind, steht der programmierbare Taschenrechner heute als normales Handwerkszeug zur Verfügung.

Das Buch wendet sich insbesondere an Ingenieure und Betriebswirtschaftler in der Industrie, die sowohl mit mathematisch-technischen wie auch mit mathematisch-betriebswirtschaftlichen Aufgabenstellungen konfrontiert werden. Es ist aber auch für theoretisch und rechentechnisch interessierte Bankkaufleute und Finanzberater gedacht, die Anregungen für eigene Programmlösungen spezieller Finanzierungsmodelle suchen. Die angebotenen Programmbeispiele mögen hierzu eine fundierte Ausgangsbasis bieten. Studenten an Universitäten und Fachhochschulen erhalten eine gründliche Einführung in die Funktionsmerkmale eines leistungsfähigen Computersystems und erlernen das methodische Vorgehen und die Umsetzung in ein Programm zur praktischen Rechnungsdurchführung. Dabei wird besonders Gewicht auf eine rationelle und leicht überschaubare Programmierung als Hilfsmittel zur Problemlösung gelegt. Eine in dieser Weise als Handwerkszeug verstandene Programmierung wird nicht zum Selbstzweck ausarten, sondern den Leser befähigen, auf Grund der mühelosen Reproduzierbarkeit der Lösung, alle wünschenswerten Variantenrechnungen einer fundierten Ergebnisaussage nutzbar zu machen.

Dem Leser wird ein Nachschlagefundus mit Beispielen für programmierte Aufgabenlösungen aus einem breiten Anwendungsspektrum unterschiedlicher Finanzierungsformen in die Hand gegeben. Die hierbei gegebenen Programmierhinweise haben den Zweck, die Ausarbeitung spezieller, auf die eigene Problemstellung zugeschnittenen Programme zu erleichtern.

Die angegebenen Programme sind auf die zur Zeit leistungsfähigsten Taschencomputer HP-41C, CV, CX mit Thermodrucker zugeschnitten. Da jedoch der Schwerpunkt auf die Erarbeitung und Darstellung der finanzmathematischen Berechnungsgrundlagen für die aufgegriffenen Anwendungsfälle gelegt wird, ist der Verfasser zuversichtlich, daß es dem Leser gelingen wird, die programmtechnische Realisierung auch für andere Computersysteme ohne große Schwierigkeit zu verwirklichen. Er geht davon aus, daß die den Rechnern zugehörigen Bedienungshandbücher und die hierzu vorliegende Sekundärliteratur alle Fragen zur eigentlichen Bedienung und praktischen Einübung in die Programmierung umfassend beantworten. Deshalb baut dieses Arbeitsbuch eine Brücke zwischen den objektiven Möglichkeiten der Technik (Hardware) und den subjektiven Fähigkeiten zu einer rechnergerechten Problemanalyse und rationellen Problemlösung (Software).

Dank gebührt Herrn Dr.-Ing. H. Plaß, Betriebsdirektor des RWE BV Düren, für die Förderung des Vorhabens sowie Herrn Dipl.-Ing. K. Roßwog, Kraftübertragungswerte Rheinfelden AG, für viele sachkundige Anregungen und Verbesserungsvorschläge. Für interessante, bankspezifische Hinweise danke ich Herrn H. Heischkamp, Direktor der Commerzbank AG, Filiale Wesseling und Herrn K. Schlüter, Direktor der Volksbank Oberhausen-Mühlheim eG. Weiter habe ich zu danken Fräulein P. Derigs für die Übernahme der Schreibarbeiten sowie Frau G. Stüsser für die Ausführung der Zeichenarbeiten. Danken möchte ich auch den Herren M. Langfeld und E. Schmitt, Lektoren im Verlag Vieweg, für die Betreuung der Arbeit und dem Verlag für die gute Aufnahme.

Zuletzt, aber nicht zuwenig, gilt ein besonderer Dank meiner Frau und meinen Kindern Sigrid, Ursula und Petra, die mir trotz vieler Verzichte größtes Verständnis über mehrere Jahre der Manuskriptbearbeitung entgegengebracht haben.

Gewidmet ist dieser Band meiner jüngsten Tochter Monika, der infolge einer freien Trisomie 21 das Erlebnis, interessante finanzmathematische Zusammenhänge zu erkennen, leider verwehrt bleiben muß.

Aachen-Brand, im Mai 1985

Inhaltsverzeichnis

1 Einführung

In diesem einführenden Abschnitt werden alle für die Handhabung der nachfolgend angegebenen finanzmathematischen Programme benötigten Eigenschaften und Bedienungserfordernisse des programmierbaren Taschenrechners HP 41C/CV/CX dargestellt. Dabei wird vorausgesetzt, daß der Benutzer sich über das Studium einschlägiger Bedienungshandbücher und der notwendigen praktischen Einübung an Hand von Beispielen bereits weitgehend mit den Möglichkeiten des Rechners vertraut gemacht hat [1,2,3].

1.1 Aufbau des Rechners

Die derzeitige Entwicklungsstufe des programmierbaren Taschenrechners HP 41C/CV/CX stellt zusammen mit den anschließbaren Peripherie-Geräten bereits ein recht leistungsfähiges Computersystem dar. Dieses System besteht aus dem Rechner mit den äußeren Hauptbestandteilen Tastenfeld, Anzeigefeld und Steckfeld, dem Magnetkartenleser, dem Thermodrucker, ggf. den Softwaremodulen (ROM) als nur Lesespeicher oder den Speichererweiterungsmodulen (RAM) als Schreib-Lesespeicher und dem Digitalkassetten-Laufwerk als Massenspeicher-Einheit mit bis zu 131.000 Byte/Kassette sowie dem optischen Lesestift zur Bar-Code-Erfassung. Im umfassenden Endausbau dieses Rechnersystems lassen sich die einzelnen Peripheriegeräte mit Hilfe eines Interface Moduls (HP-IL) in einer Schleifenstruktur anordnen, so daß bis zu 30 kompatible externe Geräte nacheinander über einen Datenbus angesprochen werden können.

Der Rechner verfügt in der Version des HP 41C über einen Arbeitsspeicher mit 445 Bytes, entsprechend 63 Datenspeicherregister und in der Version des HP 41CV über einen Arbeitsspeicher von 2.237 Bytes entsprechend 319 Datenspeicherregister. Das Tastenfeld besteht aus 35 Funktionstasten und 4 Modustasten. Der Funktionskatalog für die C/CV-Version umfaßt 117 Funktionen, von denen 73 im Normal-Modus dem Tastenfeld zugeordnet und durch entsprechende Beschriftung gekennzeichnet sind. Jede der Standard-Funktionen kann durch namentlichen Aufruf mit Hilfe der XEQ-Funktion (execute) ausgeführt oder einer beliebigen Tastenposition auf dem Tastenfeld zur wiederholten Verwendung zugeordnet werden. Diese Zuordnungen werden im USER-Modus wirksam. Der aufwärtskompatibel erweiterte Funktionskatalog der CX-Version umfaßt 222 Funktionen, von denen ebenfalls 73 wie bei der C/CV-Version dem Tastenfeld direkt zugeordnet sind. Mit der Betätigung einer Funktionstaste erscheint die Bezeichnung der entsprechenden Funktion für die Dauer einer Sekunde in der Anzeige. Die Ausführung der Funktion kommt nicht zur Wirkung, falls die Taste über diese Zeitspanne hinaus im gedrückten Zustand gehalten wird. Es erscheint dann der Klartext "NULL" in der Anzeige als Hinweis, daß die Funk-

Bild 1.1.1 Rechner mit Kartenleser und Thermodrucker

tion nicht zur Ausführung kommt. Bild 1.1.1 zeigt den Rechner mit den wichtigsten Peripheriegeräten Kartenleser und Thermodrucker.

1.1.1 Tastatur und Anzeige

Der Rechner verfügt über 4 Modustasten: Ein- bzw. Ausschalter "ON", Wahl der Betriebsart für individuelle Tastenzuordnungen "USER", Wahl der Programmierungs-Betriebsart "PRGM" und Wahl der Betriebsart für Textverarbeitung "ALPHA". Das Funktionstastenfeld ist gekennzeichnet durch die bei UPN-Technik notwendige "ENTER"-Taste zur Separierung aufeinanderfolgender Dateneingaben und entsprechender Einordnung in die entsprechenden Stack-Register [4]. Alle Tasten, mit Ausnahme der gelben Präfixtasten bewirken Mehrfachfunktionen, die durch farbliche Beschriftung eindeutig angewählt werden können.

Die Anzeige besteht aus einer zwölfstelligen, alphanumerischen LCD-Anzeige (Liquid Crystal Display) mit automatischer Anzeigenverschiebung bei Textverarbeitung. Außerdem enthält die Anzeige sieben Indikatorfelder, die Auskunft über den Betriebszustand des Rechners geben (Bild 1.1.2).

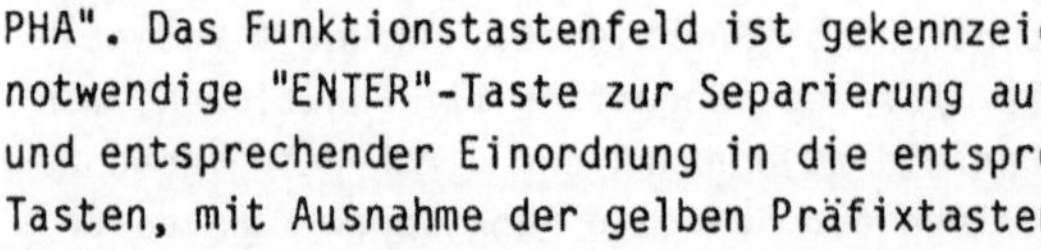

Bild 1.1.2.
Anzeigefeld des Rechners mit 7 Indikatorpositionen

1.1.2 Magnetkartenleser

Der Magnetkartenleser dient der Eingabe und Speicherung von Programmen, Daten oder Statusinformationen [5] . Er ist als Peripheriegerät in Einschubtechnik, ohne eigene Stromversorgung konzipiert. Das Ein- und Ausstecken des Magnetkartenlesers sollte aus Schutzgründen gegen Schaltüberspannungen für die in CMOS-Technik aufgebaute integrierte Schaltkreiselektronik stets im ausgeschalteten Zustand des Rechners erfolgen. Auf jeder Magnetkarte können 2 Spuren mit je 16 Register, entsprechend 112 Bytes, beschrieben werden, so daß der gesamte Speicherbereich auf 10 Magnetkarten übertragen werden kann. Einschließlich aller Statusinformationen sind maximal 11 Magnetkarten erforderlich.

Der Kartenleser enthält zusätzlich ein Übersetzungsprogramm, mit dessen Hilfe Programme für den Rechner HP 67/97 auch auf dem Rechner HP 41C/CV/CX ablauffähig sind [6]. Der in den Rechner eingesteckte Kartenleser stellt insgesamt 36 Funktionen zur Verfügung, von denen 26 Funktionen ausschließlich Übersetzungsfunktionen für HP 67/97 Anweisungen in HP 41C Anweisungen darstellen. Daher sind HP 67/97 Programme auch nur mit aufgestecktem Kartenleser ablauffähig. Außerdem ist vor dem Einlesen von HP 67/97 Programmen der Datenspeicherbereich auf 26 Datenregister zu definieren.

Mit dem Magnetkartenleser können folgende Kartenarten als Informationsträger erzeugt werden:

Art	Anweisung
Programmkarten	keine (PRGM-Modus) oder WPRV
Datenkarten	WDTAX oder WDTA
Statuskarten	WSTS
Speicherauszugskarten	WALL

Aufzeichnung von Programmen auf Magnetkarten

Das Beschreiben von Programmen auf Magnetkarten erfolgt überwiegend im PRGM-Modus des Rechners und bezieht sich auf dasjenige Programm, auf welches der Rechner gerade positioniert ist. Eine gezielte Positionierung kann durch die Anweisung [f] [GTO] [.] α NAME α erfolgen. Nachdem die erste Magnetkarte eingezogen wurde, erscheint in der Anzeige die Angabe über die noch zu beschreibenden Spuren:

RDY kk OF nn.

Dabei bedeutet kk die Nummer der nächsten zu beschreibenden Spur und nn die Zahl der insgesamt zum Speichern des Programms erforderlichen Spuren. Falls die gewählten Tastenzuordnungen mit gespeichert werden sollen, ist darauf zu achten, daß die Aufzeichnung des Programms im USER-Modus erfolgt.

Tabelle 1.1.1 Aufhebung des geschützten Programmstatus

	Tastenfolge	Indikatorfeld	Anzeige
User-Modus einschalten		USER	
Programmkarten einlesen		"	(WORKING)
End-Funktion aufrufen	[f] [GTO] ..	"	(PACKING)
Programm-Modus einschalten		USER PRGM	ØØ REG nn
User-Modus ausschalten		PRGM	
Katalog 1 aufrufen	[f] [CATALOG] 1	"	LBL " "
Anzeigeablauf anhalten	[R/S]	"	
Schrittweise bis END REG	[SST]	"	. END . REG nn
Programmzeile 1 löschen	[XEQ] DEL 001	"	a END
END löschen	[←]	"	a-1 Anweisung
Programm-Modus ausschalten			
Ausdrucken	[XEQ] PRP " "		

nn = Anzahl der freien Register
a = Zeilennummer

Die Aufzeichnung von "Privat"-geschützten Programmen kann nach der Positionierung mit [GTO] [.] α NAME α mit dem Aufruf [XEQ] α WPRV α erfolgen. Dies hat zur Folge, daß ein so gespeichertes Programm mit normalen Mitteln weder aufgelistet noch modifiziert werden kann. Inzwischen sind jedoch auch Anweisungsfolgen bekannt, mit deren Hilfe ein derart geschütztes Programm wieder zugänglich gemacht werden kann. Hierzu ist in Tabelle 1.1.1 die erforderliche Tastenfolge mit den entsprechenden Anzeigen der Indikatorfelder und dem Anzeigefeld angegeben. Die Aufhebung der Schutz-Funktion beruht darauf, daß sowohl die Adresse des Programms (Label mit Marke) als auch die abschließende END-Anweisung gelöscht werden, so daß nur noch ein ungeschützter und nicht abgeschlossener Programmrumpf übrig bleibt, der jedoch alle Anweisungen enthält. Vor Abspeicherung des Programms sind dann lediglich die neue Anfangsadresse in Form einer globalen Marke in Programmzeile 001 sowie die END-Anweisung am Programmende einzufügen.

Einlesen von Programmen

Das Einlesen von Programmen mit Tastenbelegungen für zugeordnete Programmadressen erfolgt im USER-Modus des Rechners. Damit kein bereits im Rechner vorhandenes Programm überschrieben wird, ist der Programmzeiger des Speicherbereichs vor dem Einlesen durch die Anweisung [f] [GTO] [.] [.] auf das Ende des letzten Programms zu positionieren. Andernfalls wird das letzte im Programmspeicher befindliche Programm durch das neu eingelesene Programm überschrieben und geht damit verloren. Nach dem Einlesen der 1. Programmkarte erscheint im Anzeigefeld eine Angabe über die noch zu lesenden Spuren der Magnetkarten in der Form:

RDY kk OF nn

Eine unrichtige Reihenfolge der einzulesenden Magnetkarten hat keinen Einfluß auf die richtige Zuordnung des Programms im Programmspeicher. Die Angabe der einzulesenden Spuren bleibt lediglich solange auf dem niedrigsten Wert derjenigen Spur stehen, die noch nicht eingelesen wurde. Nachdem diese dann eingelesen wurde, springt der Wert kk auf denjenigen der nun noch fehlenden nächst niedrigen Spur.

Falls im Programmspeicher nicht genügend Platz verfügbar ist, um das gesamte einzulesende oder über das Tastenfeld modifizierte Programm unterzubringen, zeigt der Rechner die folgenden Meldungen an:

NO ROOM: zeigt an, daß nicht genügend Platz für das einzulesende Programm vorhanden ist.

PACKING: zeigt an, daß der verfügbare Programmspeicherbereich neu formiert (gepackt) wird. Dabei werden nicht belegte Bytes innerhalb der Speicherregister durch entsprechendes Nachrücken aller Programmanweisungen eliminiert, so daß am Programmende ein neuer Freiraum entsteht.

TRY AGAIN: bedeutet Aufforderung, die Magnetkarte erneut einzulesen bzw. die zuletzt eingegebene Anweisung zur Modifikation des Programms zu wiederholen.

Neben dem Programm können auch die im Rechner gespeicherten Daten auf Magnetkarten übertragen werden. Hierzu stehen die beiden programmierbaren Funktionen "WDTAX" und "WDTA" zur Verfügung.

Speichern und Lesen von Daten auf Magnetkarten

Vor Aufruf der Funktion "WDTAX" ist es erforderlich, im X-Register des Rechners die Anfangs- und End-Registeradresse des zu übertragenden Datenblocks durch das je nach Statuswahl aktuelle Dezimaltrennzeichen getrennt, in der Form aaa, eee anzugeben. Bei Aufruf der Funktion "WDTA" werden entsprechend des vereinbarten Speicherbereichs durch die Funktion SIZE nnn alle Datenspeicherregister-Inhalte von [STO] 0 bis [STO] n-1 auf Magnetkarten übertragen.

Für das Einlesen von Daten über Magnetkarten stehen ebenfalls zwei Funktionen "RDTAX" und "RDTA" zur Verfügung, die analog zu den Schreib-Funktionen anzuwenden sind.

Status-Karten

Neben den Programmanweisungen und den zugehörigen Daten kann es wichtig sein, auch alle übrigen Informationen über den Zustand des Rechners, die mitunter für einen ordnungsgemäßen Programmablauf wichtig sind, auf Magnetkarten aufzuzeichnen und mit dem zugehörigen Programm einzulesen. Hierzu dienen Statuskarten, die mit Hilfe der Funktion "WSTS" initialisiert werden. Dabei werden folgende Informationen auf der Magnetkarte gespeichert:

- Stellung der Flags 0 bis 43
- Position der Statistik-Register
- Anzahl der augenblicklich definierten Speicherregister
- Tasten-Umbelegungen von HP 41C Standardfunktionen oder Tasten-Zuweisungen von Funktionen, die in Einsteck-Modulen oder anderen Systemerweiterungen enthalten sind. Dies betrifft nicht die Tastenbelegungen von Marken innerhalb der Programme, die im Programmspeicher stehen. Diese Informationen werden mit dem Programm gespeichert.
- Inhalte der Register X, Y, Z, T, LAST x und ALPHA.

WALL-Karten

In der praktischen Handhabung erweist es sich als zweckmäßig, Programme, die auf einen bestimmten Datensatz zurückgreifen, mit der Funktion "WALL" als Speicherauszug abzuspeichern. Diese Abspeicherungsart hat den Vorteil, daß nach dem Einlesen das Programm sogleich gestartet werden kann, da sowohl die Speicherbelegungen wie auch alle Statusinformationen richtig zugeordnet sind. Ein Nachteil dieser Funktion ist jedoch, daß bei nicht aufhebbaren Lesefehlern z.B. aufgrund fehlerhafter Spuren auf den Magnetkarten auch die Information der bis dahin eingelesenen Karten wieder vollständig verlorengeht, da in einem solchen Fall nach Abbruch des Lesevorganges der gesamte Speicher gelöscht wird und die Meldung MEMORY LOST erscheint.

Es ist daher zweckmäßig, nach der Abspeicherung eines Programms über die Funktion WALL die Richtigkeit und Lesefähigkeit der beschriebenen Magnetkarten mit Hilfe der Verify-Funktion XEQα VERα zu überprüfen.

1.1.3 Thermodrucker

Der Thermodrucker ist zur Dokumentation der Rechenergebnisse und Programme unentbehrlich. Er kann in drei Betriebsarten MAN, NORM oder TRACE betrieben werden [7].

Die am häufigsten angewandte Betriebsart ist NORM (normal), bei der alle eingetasteten Zahlen oder Zeichenketten im Anschluß an die abgeschlossene Eingabe sowie alle aufgerufenen Funktionsnamen bei der Ausführung und alle programmierten Druck-Funktionen ausgedruckt werden. Programmlisten werden in dieser

Betriebsart rechtsbündig und nach Label strukturiert mit Zeilennummern ausgedruckt.
In der Betriebsart MAN (manual) werden nur programmierte Druckbefehle sowie von Hand über die PRINT-Taste veranlaßte Druckbefehle ausgeführt. Programmlisten werden linksbündig ohne Zwischenraumstrukturierung gedruckt. Die Betriebsart TRACE dient zur Verfolgung aller Rechenschritte innerhalb eines Programms als Hilfsmittel der Fehlersuche. In der praktischen Handhabung erweist sich diese Art der Fehlersuche jedoch als zu aufwendig und auch zu unübersichtlich, da zu viele Zwischenergebnisse aufgelistet werden und die Verfolgung von Programmverzweigungen sich recht mühsam gestaltet. Daher kommt man durch gezielten Einbau einzelner PRINT-Anweisungen oder VIEW- bzw. AVIEW-Anweisungen meist schneller zum Ziel. In der Betriebsart TRACE werden Programmlisten in kompakter Form, jedoch nach Label strukturiert, ausgedruckt. Die Zeilennummern werden nur bei den Labels angegeben. In Bild 1.1.3 ist der Auszug einer Programmauflistung für die drei Betriebsarten angegeben.

```
01♦LBL "GAS"
02 XEQ "EVU"
03 FC? 22
04 XEQ "GFAKTOR"
05 SF 04
06♦LBL "HS"
07 SF 01
08 GTO 00
09♦LBL "LB"
10 SF 02
11 FS? 04
12 GTO 02
        ...
```

MAN

```
 01♦LBL "GAS"
XEQ "EVU"  FC? 22
XEQ "GFAKTOR"  SF 04

 06♦LBL "HS"
SF 01  GTO 00

 09♦LBL "LB"
SF 02  FS? 04  GTO 02
GTO 00

 14♦LBL "BEZUG"
```

TRACE

```
    01♦LBL "GAS"
    02 XEQ "EVU"
     03 FC? 22
 04 XEQ "GFAKTOR"
    05 SF 04

    06♦LBL "HS"
    07 SF 01
    08 GTO 00

    09♦LBL "LB"
    10 SF 02
    11 FS? 04
```

NORM

Bild 1.1.3 Arten der Programmauflistung in den Betriebsarten MAN, TRACE und NORM

Druckerfunktionen

Der Thermodrucker verfügt über 24 Druckerfunktionen, die mit Hilfe der Anweisung CAT 2 aufgelistet werden. Als Standardfunktionen gelten für die Anzeige von Rechenergebnissen "VIEW", von Alpha-Ketten "AVIEW", von Eingabewerten "PROMPT" und für den Papiervorschub "ADV". Von den vier möglichen Funktionen zum Ausdrucken der Speicher- bzw. Stackregister-Inhalte "PRREG, PRREGX, PR und PRSTK" ist die erstere am gebräuchlichsten. Mit "PRREG" wird der Inhalt des aktuell vereinbarten Datenspeicherbereichs ausgedruckt.

Zur Programmdokumentation stehen die beiden Funktionen "PRP" und "LIST" zur Verfügung. Die Funktion "PRP" wird zur Auflistung des gesamten Programms verwendet, während die Funktion "LIST" den Ausdruck eines definierten Programmbereichs vom Stand des Programmzeigers bis zu der als Parameter eingegebenen Anzahl Programmzeilen bewirkt.

Zum Ausdrucken von Rechner-Status und Tastenbelegungen dienen die beiden Funktionen "PRFLAGS" und "PRKEKS". Nach Aufruf von "PRFLAGS" listet der Drucker folgende Informationen auf:

Anzahl der Datenspeicherregister (SIZE = nnn).
Adresse des ersten Statistik-Registers (Σ= nnn).
Trigonometrischer Winkel-Modus (DEG, RAD, oder GRAD).
Anzeigeformat (FIX, SCI oder ENG sowie Anzahl der Stellen).
Status sämtlicher 55 Flags (F nn SET oder CLEAR).

Nach Aufruf von "PRKEKS" werden alle Tastenbelegungen mit Tastennummern und zugeordneter Programmadresse oder Funktion aufgelistet. Ein Beispiel hierzu zeigt Bild 1.1.4.

```
            PRKEYS
USER KEYS:
 11 "GAS"
-11 "BEZUG"
 12 "HS"
 13 "LB"
 14 "LH"
 15 "GFAKTOR"
-15 "REVI"
-23 %CH
-24 XROM "PRPLOT"
 25 "RUHRG"
```

Bild 1.1.4
Auflistung der zugeordneten Programmadressen und Funktionen

Katalogfunktionen

In der Betriebsart TRACE können durch Aufruf der CATALOG-Funktionen mit den angehängten Ziffern 1, 2 oder 3 drei verschiedene Funktions- und Programmverzeichnisse ausgegeben werden:

Über den Aufruf [CATALOG] 1 werden alle im Rechner abgespeicherten Anwendungsprogramme in der Reihenfolge ausgedruckt, in der sie sich im Programmspeicher befinden. Von jedem Programm werden die globalen Marken und END-Anweisungen in der Reihenfolge der Programmzeilennummer ausgedruckt. Neben dem END wird der belegte Speicherplatzbereich in BYTES angegeben.

Der Aufruf [CATALOG] 2 liefert eine Liste aller Funktionen und Programme, die vom Rechner aus, aufgrund der angeschlossenen oder eingesteckten Peripheriegeräte verfügbar sind.

Über den Aufruf [CATALOG] 3 wird eine Liste aller 117 Standardfunktionen in alphabetischer Reihenfolge ausgegeben. Für die nicht über das Tastenfeld ansprechbaren Funktionen kann aus dieser Liste auch der ordnungsgemäße Funktionsname für den [XEQ] α NAME α -Aufruf oder die [ASN] α NAME α -Zuweisung entnommen werden.

Bei der Version CX stehen außerdem noch die Kataloge 4 bis 6 zur Verfügung:

Über den Aufruf [CATALOG] 4 wird eine Auflistung aller im erweiterten Speicher abgelegten Files bewirkt. Es werden Name, Filetyp und Registeranzahl angezeigt.

Der Aufruf [CATALOG] 5 liefert die Auflistung aller gespeicherten Alarme mit Zeit, Datum und Meldung.

Der [CATALOG] 6 liefert die Auflistung aller, dem User-Tastenfeld zugeordneten Programmadressen, globale Labels und Funktionen.

Die Arbeitsweise des Druckers kann über fünf verschiedene Flags (Flag 12, 13, 21, 25, 55) gesteuert werden:

FLAG 12: gesetzt: doppelte Buchstabenbreite
FLAG 13: gesetzt: Kleinbuchstaben-Schreibweise
FLAG 21: Drucker-Einschalt-Flag
gesetzt: Ausdruck programmgemäß
nicht gesetzt: Ausdruck wird unterdrückt
FLAG 25: gesetzt: Fehlermeldungen werden ignoriert. Falls ein Fehler ignoriert wurde, wird das Flag 25 automatisch zurückgesetzt.
FLAG 55: Drucker-Anwesenheits-Flag
Das Flag wird nach dem Einschalten umgesetzt, falls der Drucker angeschlossen ist.

Der Drucker verfügt über spezielle Register (Zellen), die in ihrer Gesamtheit als Druck-Puffer (Pufferspeicher) bezeichnet werden, der 43 Zeichen aufnehmen kann. Neben dem Standard-Drucker steht für den Interface-Loop-Betrieb (IL) ein Drucker mit erweiterter Funktionsausstattung für die formatierte Ausgabe und mit einem auf 101 Zellen erweitertem Pufferspeicher zur Verfügung.

1.1.4 Erweiterungsmodule

Bei den Erweiterungsmodulen ist zu unterscheiden zwischen den Speichererweiterungs-Modulen und den erweiterten Funktions/Speicher-Modulen [8].

Die Speichererweiterungsmodule dienen zur Aufstockung der Speicherkapazität des Rechners HP 41C mit 445 Bytes Programmspeicher oder 63 Datenspeicherregister auf die Kapazität des HP 41CV. Hierzu sind vier Speichererweiterungs-Module mit je 64 Datenregistern entsprechend 448 Bytes zusätzlichem Programmspeicher erforderlich. Um jedoch noch weitere periphere Einheiten anschließen zu können, ist es zweckmäßig bei maximaler Speichererweiterungs-Ausstattung an Stelle der vier Erweiterungsmodule ein Quadro-Speichererweiterungsmodul mit 256 Registern einzusetzen. Damit bleiben dann noch drei Anschlußbuchsen für sonstige Peripheriegeräte, wie z.B. Drucker oder Magnetkartenleser frei verfügbar. Daneben stehen die erweiterten Funktions/Speicher-Module X-Funktion und X-Memory zur Verfügung. Diese können sowohl für den HP 41C als auch für den HP 41CV verwendet werden. Das X-Funktion-Modul umfaßt zusätzliche Funktionen und einen zusätzlichen Speicherbereich von 127 erweiterten Speicherregistern, während die X-Memory-Module je Modul 238 erweiterte Speicheregister bereitstellen. Es dürfen höchstens zwei X-Memory-Module eingesteckt werden, so daß der erweiterte Speicherbereich maximal 603 Register oder 4.221 Bytes umfaßt. Bei der CX-Version ist bereits ein erweiterter Speicherbereich von 124 Registern vorgegeben, so daß zur maximalen Speichererweiterung auf 600 Register nur noch zwei X-Memory-Module erforderlich sind.

Programmfile Operationen

Ein direkter Zugriff auf Programme oder Daten, die in den erweiterten Speicherregistern abgelegt sind, ist nicht möglich. Diese müssen zuvor in den Hauptspeicher des Rechners übertragen werden. Die Übertragung von Programmen oder Unterprogrammen erfolgt mit den Funktionen "GETP" oder "GETSUB". Diese Funktionen werden durch das X-Funktion-Modul zur Verfügung gestellt. Durch die Anweisung XEQ GETP wird das letzte im Hauptspeicher befindliche Programm durch dasjenige Programm aus dem erweiterten Speicherbereich ersetzt, dessen Programmfile-Name im Alpha-Register steht. Wurde die Eingabe des File-Namens, unter dem das Programm im erweiterten Speicherbereich abgelegt wird, nicht oder unrichtig eingegeben, so erscheint in der Anzeige eine Fehlermeldung der Form "NAME ERR". Falls die Funktion "GETP" nicht über die Tastatur, sondern als Programmanweisung von einem laufenden Programm ausgeführt wird, hängt die Positionierung des Rechners davon ab, ob das ablaufende Programm das letzte Programm im Hauptspeicher ist. Falls dies zutrifft, so wird es durch das Programm in dem spezifizierten File ersetzt und die Ausführung mit der ersten Anweisung des neu geladenen Programms fortgesetzt. Andernfalls wird nach Ausführung des Umladevorganges die Bearbeitung des laufenden Programmes normal fortgesetzt.

Durch die Anweisung XEQα GETSUBα wird das unter dem im Alpha-Register angegebenen Filenamen im erweiterten Speicherbereich abgespeicherte Programm hinter das letzte Programm des Hauptspeichers angehängt. Der Rechner wird dabei nicht auf den Anfang des neuen Programms positioniert. Sofern die Ausführung der Anweisungen im USER-Modus erfolgt, werden auch die entsprechenden Tastenzuordnungen mit übertragen und sind im USER-Modus wirksam.

Zur Übertragung eines Programms aus dem Hauptspeicher in den erweiterten Speicherbereich steht die Funktion "SAVEP" im X-Funktion-Modul zur Verfügung. Mit der Anweisung XEQ α SAVEP α wird das angegebene bzw. das gerade positionierte Programm vom Hauptspeicher in Form eines Files mit dem spezifizierten Namen in den erweiterten Speicherbereich kopiert. Zur Ausführung dieser Anweisung sind drei Varianten einer Spezifizierung in Alpha-Register möglich:

Das Alpha-Register enthält:

a) Programmname, Filename
b) Programmname
c) , Filename

Bei der Spezifikation gemäß der Variante a) wird das unter dem angegebenen Programmnamen im Hauptspeicher stehende Programm unter dem angegebenen Filenamen in den erweiterten Speicherbereich kopiert. Bei der Variante b) sind der Programmname und der Filename identisch. Bei der Variante c) wird dasjenige Programm, auf das der Rechner momentan im Hauptspeicher positioniert ist, unter dem angegebenen Filenamen in den erweiterten Speicherbereich übertragen. Falls bei der Ausführung von "SAVEP" ein Programmfile mit dem spezifizierten Namen bereits existiert, wird der alte Fileinhalt mit dem neuen Programm überschrieben, und innerhalb der Fileverwaltung als neuer, letzter File ausgewiesen.

Zur Kontrolle der Fileverwaltung dient die Funktion "EMDIR". Mit der Anweisung XEQα EMDIRα wird die Anzeige bzw. der Ausdruck eines Verzeichnisses aller Files im erweiterten Speicherbereich bewirkt (Bild 1.1.5). Bei der CX-Version ist "EMDIR" die programmierbare Version der Funktion CATALOG 4.

In der ausgedruckten File-Tabelle gemäß Bild 1.1.5 erscheint linksbündig der Filename als beliebige Kombination aus maximal sieben alphanumerischen Zeichen.

```
            EMDIR                               CAT 4
STROM+U P263                        STROM+U P263
STROMD  D050                        STROMD  D050
GAS     P132                        GAS     P132
HYPEFF  P074                        HYPEFF  P074
NAME    P013                        NAME    P013
        58,00    ***                        58,00    ***
```

Bild 1.1.5 Ausdruck der im erweiterten Speicherbereich verfügbaren Files.

Daneben wird der File-Typ mit dem Buchstaben "A" für ASCII-Files zur Abspeicherung von Textblöcken aus alphanumerischen Zeichen, "D" für Datenfiles und "P" für Programmfiles angegeben. Anschließend an die Filetypkennzeichnung wird die Anzahl der benötigten Register angegeben. In Bild 1.1.5 gibt z.B. die letzte Zeile an, daß es sich um einen Programm-File mit dem Filenamen "HYPEFF" handelt, der 70 Register belegt. Jeder File belegt zwei zusätzliche Register, die als Header (Kopf) bezeichnet werden. Das erste Register enthält den Filenamen, während das zweite alle Informationen über die Filelänge und den Typ sowie über die Stellung eines oder zwei Pointer (Zeiger) zur Steuerung des direkten Zugriffs auf bestimmte Elemente im File enthält. Auf den letzten File folgt ein weiteres Register, das zur Trennung zwischen dem belegten und dem freien Teil des erweiterten Speichers dient.

Die Header-Register und das End-Register werden bei der File-Längenangabe der File-Auflistung nicht mitgezählt, so daß gemäß Bild 1.1.5 die insgesamt angegebenen 590 Register (553 + 37) um 6 x 2 = 12 Header-Register plus 1 Endregister zu erhöhen sind und damit den gesamten erweiterten Speicherbereich von 603 Register umfassen. Falls der gesamte Hauptspeicher des HP 41CV mit 2.237 Bytes in den erweiterten Speicherbereich mit X-Funktion und zwei X-Memory-Modulen kopiert wurde, stehen nochmals rd. 85 % des Hauptspeicherbereiches für weitere Programme oder Daten für die Hintergrund-Abspeicherung zur Verfügung. Da einerseits ein direkter Programmaustausch nicht möglich ist und andererseits ein Hauptspeicherbereich vielfach als Dauerprogramm verfügbar gehalten werden muß, beträgt der effektiv nutzbare und disponible zusätzliche Speicherbereich daher jedoch nur rd. 85 % des Hauptspeicherbereiches.

Das X-Funktion-Modul stellt insgesamt 47 zusätzliche Funktionen mit den nachfolgend aufgeführten Bedeutungen zur Verfügung:

ALENG Berechnet die Länge einer Zeichenkette (String) im Alpha-Register und legt das Ergebnis im X-Register ab.

ANUM Durchsucht das Alpha-Register nach einer Alpha-formatierten Zahl und legt den ermittelten Wert im X-Register ab.

APPCHR Hängt den Inhalt des Alpha-Registers an das Ende des momentanen Records im Arbeitsfile oder im erweiterten Speicher an.

APPREC Hängt den Inhalt des Alpha-Registers als neuen Record an das Ende des momentanen Arbeitsfiles im erweiterten Speicher an.

ARCLREC Hängt den momentanen Record (oder eines Teils davon) im Arbeitsfile oder im erweiterten Speicher an den Inhalt des Alpha-Registers an. Die Übertragung beginnt an der momentanen Pointerposition und hört auf, wenn entweder das Alpha-Register voll ist, oder der Record vollständig übertragen wurde.

AROT Rundumverschiebung des Inhalts des Alpha-Registers.

ATOX Berechnet den numerischen Zeichencode des linksbündigen Zeichens im Alpha-Register. Das Ergebnis wird im X-Register abgelegt und das Zeichen aus dem Alpha-Register gelöscht.

CLFL	Löscht den Inhalt eines Daten- oder ASCII-Files.
CLKEYS	Löscht alle Tastenzuordnungen.
CRFLAS	Legt einen ASCII-File im erweiterten Speicher an.
CRFLD	Legt einen Datenfile im erweiterten Speicher an.
DELCHR	Löscht Zeichen im Arbeitsfile; die Löschung beginnt an der momentanen Pointerposition.
DELREC	Löscht den durch den Record-Pointer bestimmten Record im Arbeitsfile.
EMDIR	Ausgabe eines Verzeichnisses der Files im erweiterten Speicher.
FLSIZE	Berechnet die Anzahl der Register des spezifizierten Files und legt das Ergebnis im X-Register ab.
GETAS	Kopiert den spezifizierten ASCII-File von einem Massenspeicher in den erweiterten Speicher.
GETKEY	Hält die Programmausführung an, bis eine Taste gedrückt wird oder eine Zeitspanne von ungefähr 10 Sekunden abgelaufen ist. Das X-Register wird mit dem Tastencode der gedrückten Taste geladen, bzw. mit 0, wenn keine Taste gedrückt wird.
GETP	Ersetzt das letzte Programm im Hauptspeicher durch den Inhalt des spezifizierten Programmfiles.
GETR	Kopiert den spezifizierten Datenfile in die Register des Hauptspeichers (beginnend mit Register 00).
GETREC	Löscht das Alpha-Register und überträgt einen Record (oder ein Teil davon) vom Arbeitsfile in das Alpha-Register. Die Übertragung beginnt an der momentanen Pointerposition und endet, wenn 24 Zeichen kopiert sind oder das Ende des Records erreicht ist.
GETRX	Kopiert Daten aus dem Arbeitsfile im erweiterten Speicher in die im X-Register durch bbb, eee spezifizierten Register des Hauptspeichers (Die Übertragung der Daten beginnt an der momentanen Pointerposition im Arbeitsfile).
GETSUB	Kopiert das spezifizierte Programm vom erweiterten Speicher an das Ende des Programmbereiches im Hauptspeicher.
GETX	Kopiert das momentane Register im Arbeitsfile in das X-Register.
INSCHR	Fügt die Zeichen im Alpha-Register vor dem momentanen Zeichen in den ASCII-Arbeitsfile ein.
INSREC	Fügt die Zeichen im Alpha-Register vor dem momentanen Record in den ASCII-Arbeitsfile ein.
PASN	Programmierbare ASN-Funktion.
PCLPS	Löscht das spezifizierte Programm und alle dahinter liegenden Programme aus dem Hauptspeicher.
POSA	Durchsucht das Alpha-Register nach dem oder den Zeichen im X-Register und legt die Position des ersten gefundenen Zeichens im X-Register ab (-1 wenn das Alpha-Register das oder die gesuchten Zeichen nicht enthält).
POSFL	Durchsucht das ASCII-Arbeitsfile nach einem String, der mit dem Inhalt des Alpha-Registers übereinstimmt. Wenn ein derartiger String gefunden wird, wird die Record- und Zeichennummer des

ersten Zeichens (des Strings) im X-Register abgelegt. Wenn der gesuchte String nicht gefunden wird, enthält das X-Register den den Wert -1.

PSIZE Programmierbare SIZE-Funktion.

PURFL Löscht den spezifizierten File aus dem erweiterten Speicher.

RCLFLAG Speichert den Status der Flags 00 bis 43 als Daten im X-Register.

RCLPT Lädt das X-Register mit den Pointerpositionen des Arbeitsfiles (im Format rrr bei Datenfiles und rrr.ccc bei ASCII-Files) bzw. mit der Anzahl der Bytes des Programms, wenn der Arbeitsfile ein Programmfile ist.

RCLPTA Lädt das X-Register mit den Pointerpositionen des spezifizierten Daten- oder ASCII-Files bzw. der Anzahl der Bytes des Programms in dem spezifizierten Programmfile. Die Pointerpositionen werden bei Datenfiles im Format rrr und bei ASCII-Files im Format rrr.ccc abgelegt. Der spezifizierte File wird zum Arbeitsfile.

REGMOVE Kopiert nach Maßgabe des X-Registers sss, dddnnn einen Block von nnn Hauptspeicherregistern beginnend mit Register sss als Quelle in einen Block gleicher Länge ab Register ddd als Ziel. Die im Zielblock zuvor gespeicherten Daten werden überschrieben.

REGSWAP Vertauscht nnn Register ab Register sss mit nnn Registern ab Register ddd.

SAVEAS Kopiert einen ASCII-File vom erweiterten Speicher in einen Massenspeicher.

SAVEP Kopiert das spezifizierte Programm vom Hauptspeicher in einen Programmfile im erweiterten Speicher.

SAVER Kopiert alle Register des Hauptspeichers in den spezifizierten Datenfile.

SAVERX Kopiert einen durch den Inhalt des X-Registers definierten Registerblock in den Daten-Arbeitsfile.

SAVEX Kopiert den Inhalt des X-Registers in das durch die momentane Pointerposition bestimmte Register des Arbeitsfiles (eines Datenfiles).

SEEKPT Positioniert nach Maßgabe des X-Registers rrr,ccc den oder die Pointer des Arbeitsfiles auf den durch die Zahl rrr bzw. rrr, ccc im X-Register bestimmten Record rrr bzw. das Zeichen ccc innerhalb des Records rrr.

SEEKPTA Macht den angegebenen File zum Arbeitsfile und positioniert den oder die Pointer des spezifizierten Files auf den durch die Zahl im X-Register bestimmten Record bzw. auf das entsprechende Zeichen innerhalb des Records.

SIZE? Berechnet die Anzahl der Datenspeicherregister im Hauptspeicher und legt das Ergebnis im X-Register ab.

STOFLAG Lädt den Status der Flags 0 bis 43 (oder eines Blocks innerhalb dieser Gruppe) unter Verwendung der durch die Ausführung von RCLFLAG gewonnenen Daten zurück.

X< >F Vertauscht den Inhalt des X-Registers und den Status der Flags 0 bis 7. Die den Status der Flags 0 bis 7 darstellende Zahl im X-Register wird gebildet aus der Summe der Potenzen zur Basis 2 von $2^0 = 1$ für Flag 0 bis $2^7 = 128$ und liegt im Intervall von 0 bis 255.

XTOA Hängt das durch den Zeichencode im X-Register bestimmte Zeichen oder die im X-Register stehende Alpha-Kette an den Inhalt des Alpha-Registers an.

1.1.5 Erweiterungssystem

Mit dem Computersystem HP 41C/CV/CX läßt sich unter Verwendung eines HP-IL-Moduls eine Kommunikationsschleife mit bis zu 30 kompatiblen externen Geräten wie z.B. Drucker, Digitalkassetten-Laufwerke und Interface-Converter aufbauen. Bei der Anwendung im Bereich der Finanzmathematik ist hierbei die Möglichkeit der schnellen Duplizierung des Inhaltes von Kassetten mit bis zu 131.000 Bytes Speicherkapazität hervorzuheben. Bei technischen Anwendungen besteht über den Interface-Converter die Möglichkeit einer direkten Prozeßdatenverarbeitung.

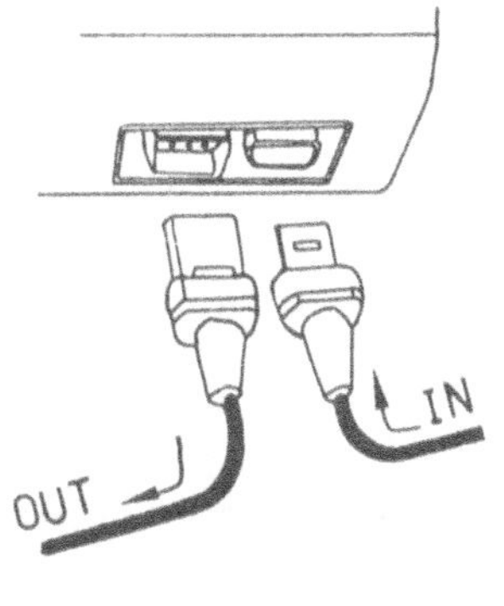

Bild 1.1.6 Rechner mit Thermodrucker und Digitalkassettenlaufwerk in der Interface-Loop-Betriebsart.

Innerhalb der Interface-Loop-Betriebsart sind alle angeschlossenen Einheiten, ausgehend von dem in einer Anschlußbuchse des Rechners eingesteckten Interface-Modul, in Serie geschaltet (Bild 1.1.6).

In dieser so gebildeten Kommunikationsschleife werden die Informationen als Befehle oder Daten über die IL-Einheit innerhalb der Schleife von einem Gerät zum nächsten durchgereicht. Falls die Information nicht für die jeweilige Einheit bestimmt ist, übergibt diese Einheit die Information an die nächste Einheit in der Schleife. Von der angesprochenen Einheit wird die Information aufgenommen und befehlsgerecht verarbeitet.

Da im Rahmen der Finanzmathematik die Massenspeicheroperationen im Vordergrund stehen, wird hierauf nachfolgend für das Digital-Kassettenlaufwerk im einzelnen eingegangen. Bezüglich der Handhabung der Interface-Loop-Steuerungsoperationen für die IL-Betriebsart mit dem IL-Drucker und dem IL-Digital-Kassettenlaufwerk wird auf das Bedienungshandbuch [9] verwiesen.

1.1.6 Digital-Kassettenlaufwerk

Das Digital-Kassettenlaufwerk speichert die Informationen des Rechners mittels vereinbarter Schreib-Anweisungen auf eine Mini-Bandkassette als Speichermedium und holt sie von dort mittels Lese-Anweisungen in den Hauptspeicher des Rechners wieder zurück. Jeder in sich abgeschlossene Informationsblock bildet eine Datei und wird als File bezeichnet und zur Identifikation mit einem Filenamen versehen. Als Filenamen ist eine beliebige aus bis zu sieben Alpha-Zeichen bestehende Zeichenkette zugelasssen. Die Namen des Files müssen eindeutig zuordenbar sein, d.h. zwei Files können nicht den gleichen Namen haben.

Da die in einem File enthaltenen Informationen zwischen dem Speichermedium und den Registern des Rechners übertragen werden, nennt man die kleinste Informationseinheit innerhalb eines Files ein Register. Ein Record (Datensatz) ist eine Maßeinheit für die beanspruchte Speicherkapazität auf der Massenspeichereinheit, die je nach Typ der gespeicherten Information, aus 32 bis 37 Registern besteht. Beim Digitalkassetten-Laufwerk HP82161A hat die Bandkassette beispielsweise eine Gesamtkapazität von 512 Records.

Speicherstruktur

Jede Bandkassette muß als Speichermedium zu Beginn der Einträge einmal initialisiert werden, um Platz für ein Inhaltsverzeichnis und ein Format einzurichten, in dem die Informationen strukturiert aufgezeichnet werden können. Hierzu dient die Funktion "NEWM".

Bei der Ausführung der Anweisung XEQαNEWMα fragt der Rechner nach der vorgesehenen Anzahl der File-Einträge. Maximal sind 447 Einträge möglich. Das durch die Funktion "NEWM" angelegte Verzeichnis besteht aus einer entsprechenden Anzahl von Records mit bis zu je acht Einträgen. Der letzte Eintrag im letzten Record enthält Systeminformationen und ist daher nicht verfügbar. Zusätzlich sind zwei Records auf jedem Band für Systeminformationen reserviert (Bild 1.1.7). Für die Anzahl n_R der benötigten Records für das Verzeichnis in Abhängigkeit von der Anzahl n_E der gewünschten Einträge gilt:

$$n_R = \frac{n_E + 1}{8} \quad \text{mit } n_E \leq 447 \qquad (1.1.1)$$

Zur Abspeicherung der Programme und Daten der im Verzeichnis aufgeführten Files stehen damit n Records zur Verfügung:

$$n = 510 - n_R \qquad (1.1.2)$$

Beispiel:
Das Verzeichnis wird für 63 Einträge angelegt. Aus Gl.(1.1.1) folgt für die vom Verzeichnis benötigten Records:

$$n_R = \frac{63 + 1}{8} = 8 \qquad (1.1.3)$$

Damit bleiben verfügbar:

$$n = 510 - 8 = 502 \qquad (1.1.4)$$

also im Mittel je Programm- oder Datenfile rd. 7,97 Records entsprechend rd. 280 Register oder rd. 1.900 Anweisungen.

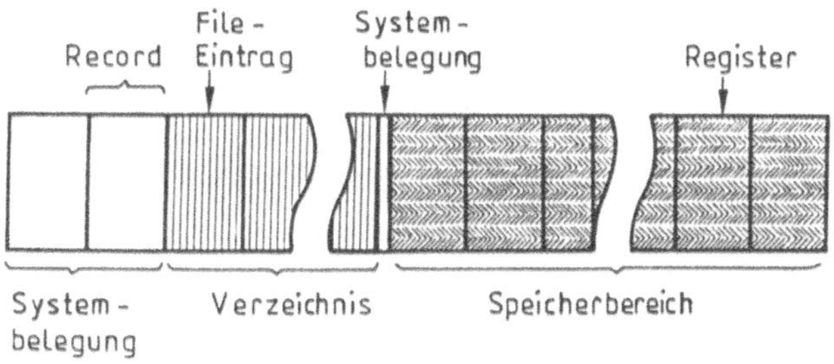

Bild 1.1.7. Struktur der Informationsabspeicherung auf einer Bandkassette.

Fileverwaltung

Zur Auflistung des Verzeichnisses steht die Funktion "DIR" (directory = Adreßbuch) zum Ausdruck einer Adreßliste über den Inhalt des Massenspeichers zur Verfügung. Durch die Anweisung XEQ "DIR" werden in sequentieller Folge die Namen der auf dem Medium abgespeicherten Files, der Typ der in dem File gespeicherten Information und die zu dem File gehörenden Sonderoptionen angezeigt bzw. ausgedruckt.

Der Filtetyp wird durch zwei Buchstaben gekennzeichnet:

PR für Programm
DA für Daten
KE für Tastenzuordnung
ST für Status
WA für Write-All-Information

Die Sonderpositionen werden durch einen Buchstaben hinter dem Code des Filetyps angegeben:

S für gesicherte Speicherung (Das Programm kann weder gelöscht noch umbenannt werden).
P für geschütztes Programm (Privat-Programm mit gesetztem Schutzflag. Das Programm kann weder gelistet noch korrigiert oder auf einem anderen Medium aufgezeichnet werden).
A für automatische Ausführung des Programms.

Der Ausdruck einer ausgeführten "DIR"-Funktion ist in Bild 1.1.8 für die Filetypen Programm "PR" write all "WA", und Daten "DA" als Beispiel angegeben.

```
                    DIR
NAME     TYPE     REGS
IZINS    PR         97
HYPO     PR        186
RWE      WA        336
MUSTER   PR        251
RWED     DA         55
SORT     PR         15
GANGLIN  PR         57
NAME     PR         14
DGL-2    PR         97
GAS      PR        152
WEISS    WA        336
BAECKER  WA        336
HYPEFF   PR         70
KWERT    PR         99
PX       PR          6
KRYP     PR        101
RUHRG    PR        171
NEWTON   PR          7

            578,000    ***
```

Bild 1.1.8

Adreßliste als Ergebnis eines "DIR"-Aufrufs

Speichern eines Programms

Mit Hilfe der Funktion "WRTP" kann ein Programm vom Programmspeicher des Rechners auf die Digitalkassette als Speichermedium kopiert werden. Zur Ausführung der Anweisung XEQα WRTPα wird bezüglich der Zuordnung auf den Inhalt des Alpha-Registers zurückgegriffen. Analog zu der vorher beschriebenen Wirkung der Funktion "SAVEP" im Zusammenhang mit dem erweiterten Speicherbereich sind als Inhalt des Alpha-Registers folgende Eintragungen möglich:

a) Programmname, Filename
b) Programmname
c) , Filename

Bei der Spezifikation a) wird das im Hauptspeicher unter dem angegebenen Programmnamen vorhandene Programm unter dem angegebenen Filenamen auf das Magnetband kopiert und der Filename in das Verzeichnis eingetragen. Falls entsprechend der Variante b) kein Filename angegeben ist, wird der Programmname auch als Filename verwendet, im übrigen ist die Wirkung wie im Fall a). Falls der Rechner bereits auf das zu kopierende Programm positioniert ist, braucht entsprechend dem Fall c) kein Programmname angegeben zu werden; in diesem Fall muß das erste Alpha-Zeichen ein Komma sein. Die Tastenzuordnungen auf die im Programm vorhandenen globalen Marken werden mit aufgezeichnet.

Neben der allgemeinen Programmspeicherfunktion "WRTP" ist noch die privat-geschützte Version mit der Funktionsbezeichnung "WRTPV" möglich. Die Wirkung der Anweisung XEQα WRTPVα ist entsprechend zu der ungeschützten Version. Zusätzlich wird jedoch das Schutzflag gesetzt. Dieses bewirkt, daß diese Informationen nur vom Speichermedium zurückgehalten und ausgeführt werden kann. Dagegen ist eine Auflistung, Korrektur oder Speicherung nicht möglich, sofern nicht entsprechend Tabelle 1.1.1 der Schutzstatus aufgehoben wird. Ein geschütztes Programm wird in der Verzeichnisliste durch ein P hinter dem Filetyp gekennzeichnet.

Zurückladen eines Programms

Für das Zurückladen eines Programms stehen die beiden Funktionen "READP" und "READSUB" zur Verfügung. Die beiden Funktionen unterscheiden sich im wesentlichen dadurch, wo das Programm im Hauptspeicher des Rechners abgelegt wird. Mit der Anweisung XEQα READPα wird das Programm, dessen Filename im Alpha-Register steht, in den Programmspeicher des Rechners übertragen. Das übertragene Programm ersetzt das letzte Programm im Programmspeicher, sofern nicht vor der Ausführung der Programmzeiger durch die Anweisung GTO.. auf das Ende des Programmspeichers positioniert wurde. Falls dies der Fall ist, wird das übertragene Programm an die bereits vorhandenen Programme angehängt. Falls die Funktion "READ" im USER-Modus des Rechners ausgeführt wird, werden die evtl. vorhandenen Tastenzuordnungen ebenfalls mit übernommen.

Die Anweisung XEQα READSUBα bewirkt ebenfalls die Obertragung des im Alpha-Registers spezifierten Programms in den Programmspeicher des Rechners. Hierbei wird das kopierte Programm jedoch stets hinter dem letzten Programm abgelegt. Diese Funktion ist daher besonders zur Obertragung von Unterprogrammen von dem Massen-Speichermedium in den Programmspeicher des Rechners geeignet. Die Funktion "READSUB" verändert nicht die Position des Programmzeigers im Programmspeicher.

Speichern und Lesen von Daten

Um eine beliebige Datenmenge in Form eines Datenblocks auf dem Massenspeichermedium selektiv ansprechen zu können, ist zunächst eine entsprechende Reservierung notwendig. Hierzu dient die Funktion "CREATE". Vor Aufruf der entsprechenden Anweisung XEQα CREATEα muß im X-Register des Rechners die Filegröße durch

Angabe der Registerzahl für den Datenblock und im Alpha-Register der Filenamen spezifiziert werden. Existiert bereits ein File mit dem spezifizierten Filenamen, so wird die Fehlermeldung "DUP FL NAME" ausgegeben und die CREATE-Funktion ist unwirksam.

Positionierung

Falls innerhalb eines Datenfiles bestimmte Register selektiv angesprochen werden sollen, ist das Speichermedium mit Hilfe einer Suchoperation auf das entsprechende Register zu positionieren. Hierzu dient die Suchfunktion "SEEKR", (seek register). Vor Aufruf der Anweisung XEQα SEEKRα muß im X-Register die Nummer desjenigen Registers angegeben werden, auf das innerhalb des im Alpha-Register spezifizierten Datenfiles zurückgegriffen werden soll. Die Register innerhalb des Datenfiles sind sequentiell, beginnend mit 0, monoton aufsteigend durchnumeriert. Nach dem Speichern oder Lesen ist das Speichermedium hinter dem Register positioniert, auf das zuletzt zurückgegriffen wurde.

Speichern von Daten in einem File

Für das Abspeichern von Daten in einem creierten File stehen die beiden Funktionen "WRTR" (write registers) und "WRTRX" (write registers according to X) zur Verfügung. Mit der Anweisung XEQα WRTRα werden alle im Rechner definierten Datenregister entsprechend der vorgenommenen SIZE-Definition in dem durch CREATE reservierten File kopiert, dessen Name im Alpha-Register angegeben ist. Dabei wird eine eindeutige Zuordnung der Form vorgenommen, daß das Register R_{00} in das Fileregister 0 und das Register R_{nn} in das Fileregister nn kopiert wird.

Mit der Anweisung XEQα WRTRXα werden die Daten aus bestimmten Registern des Rechners, die durch eine dreiziffrige Vorkommazahl und eine dreiziffrige Nachkommazahl der Form bbb, eee im X-Register spezifiziert sind, auf das Massenspeichermedium kopiert. Das Medium muß dazu vorher mit Hilfe der Funktion "SEEKR" oder vorangegangenen registerbezogenen Schreib- oder Lesefunktionen ("WRTRX, WRTR, READRX, READR") auf das Fileregister, mit dem der Kopiervorgang beginnen soll, positioniert werden. Der ganzzahlige Teil der Zahl bbb im X-Register kennzeichnet das erste zu kopierende Register und der dezimale Teil eee das letzte zu kopierende Register. Falls eee kleiner als bbb ist, wird nur das Register R_{bbb} kopiert.

Nullsetzen von Datenregistern

Mit Hilfe der Funktion "ZERO" können alle Datenregister eines im Alpha-Register spezifizierten Datenfiles Null gesetzt werden.

Lesen der Daten von einem File

Für das Lesen der Daten von einem im Alpha-Register spezifizierten Datenfile stehen analog zu den entsprechenden Schreibfunktionen die beiden Funktionen "READR" und "READRX" zur Verfügung. Mit der Anweisung XEQα READRα werden alle Daten des im Alpha-Register spezifizierten Files in den Datenspeicher des Rechners übertragen, während mit der Anweisung XEQα READRXα nur der im X-Register spezifizierte Bereich übertragen wird. Die Bereichsdefinition erfolgt dabei durch eine Zahl der Form bbb, eee analog zu der Speicherfunktion "WRTRX".

Speichern und Zurückladen des gesamten Rechnerinhaltes

Für die praktische Handhabung von Programmen ist es vielfach zweckmäßig, den gesamten Informationsbestand des Rechners abzuspeichern und bei Bedarf wieder zurückzuladen. Hierzu werden write all-Files definiert, deren Name durch den Inhalt des Alpha-Registers spezifiziert wird. Die Funktion "WRTA" (write all) kopiert den gesamten Informationsbestand des Rechners auf das Speichermedium, während die Funktion "READA" (read all) diesen vom Speichermedium wieder in den Rechner überträgt. Da der Zustand des Rechners bei diesen Operationen exakt dupliziert wird, muß die Konfiguration beim Zurückladen genau die gleiche wie bei der Speicherung der Information sein, einschließlich sämtlicher eingesteckten Systemerweiterungen und der angeschlossenen Peripherieeinheiten.

Speichern und Zurückladen von Tastenzuordnungen

Die Funktionen "WRTK" (write key assignments) und "READK" (read key assignments) dienen zur Speicherung und zum Zurückladen der einzelnen Tasten zugeordneten Standardfunktionen. Dies betrifft nicht die Tastenzuordnung für Programmadressen (globale Marken), da diese bereits im Programmspeicher mit abgespeichert sind. Nutzbar sind diese Funktionen insbesondere bei der Arbeit mit Anwendermodulen oder sonstigen Systemerweiterungen.

Speichern und Zurückladen des Rechnerstatus

Mit Hilfe der Statusfunktionen "WRTS" (write status) und "READS" (read status) kann der Informationszustand des Rechners auf das Massenspeichermedium kopiert und von dort wieder reproduziert werden. Dabei werden die bereits im Abschnitt 1.1.2 unter Status-Karten angegebenen Status-Informationen übertragen.

Funktionen zur Filemanipulation

Zu den Funktionen zur Filemanipulation gehören die Funktionen zum Sichern von Files "SEC" (secure), zur Aufhebung der Sicherungsvereinbarung "UNSEC" (unsecure), zur Umbenennung von Files "RENAME", zur Löschung vorhandener Files "PURGE" und zum Überprüfen von Files "VERIFY". Bei all diesen Funktionen bezieht sich die Wirkung auf denjenigen File, dessen Filename im Alpha-Register spezifiziert ist. Bei der Funktion "RENAME" muß im Alpha-Register der alte Filename und durch Komma getrennt, der neue Filename angegeben werden.

1.2 Betriebsarten

Der Rechner kann in vier verschiedenen Betriebsarten, dem Normal-, Alpha-, User- oder Programm-Modus betrieben werden. Diese Betriebsarten werden über die sogenannten Modi-Tasten, die unmittelbar unter der Anzeige angeordnet sind, angewählt. Die gewählte Betriebsart wird in dem entsprechenden Indikatorfeld angezeigt. Keine Anzeige einer Betriebsart bedeutet, daß der Rechner sich im Normal-Modus befindet.

1.2.1 Normal-Modus

Bei dieser Betriebsart gelten die auf den Tasten aufgeführten Operanden, Operationen und Funktionen. Die angegebenen Funktionen werden bei dieser Betriebsart in kürzester Zeit ausgeführt, da unmittelbar nach dem Loslassen der Taste die entsprechende Operation ausgeführt oder der entsprechende Algorithmus zur Approximation der Funktion gestartet wird. Für die mathematischen Funktionen werden intern schnell konvergierende Chebyshevsche und rationale Polynom-Approximationen durchgerechnet und als Ergebnis angezeigt [10].

1.2.2 Alpha-Modus

Diese Betriebsart wird durch die Betätigung der Alpha-Taste ein- oder ausgeschaltet. Der Rechner kann auch über die programmierbare Funktion "AON" in den Alpha-Modus geschaltet und über "AOFF" wieder zurückgeschaltet werden. Im Alpha-Modus wird die Alpha-Tastatur mit den alphanumerischen Zeichen und Sonderzeichen, die auf den abgeschrägten Vorderseiten der Tasten in blau angegeben sind, aktiv. Bei vorhergehendem Drücken der gelben Präfix-Taste werden die sogenannten umgeschalteten Zeichen aufgerufen. Der gesamte Zeichensatz im Alpha-Modus ist auf der Unterseite des Rechners mit den zugehörigen Tasten dargestellt. Im Alpha-Modus erscheint als Hinweis der Alpha-Indikator und es wird anstelle des X-Registers der Inhalt des Alpha-Registers angezeigt, falls nicht eine Funktion mit alphabezogenem Argument aufgerufen wurde. Hierzu gehören die Funktionen "ASN, CLP, GTO, LBL oder XEQ". Das Alpha-Register ist ein separates Register zur Aufnahme von alphanumerischen Zeichen und Sonderzeichen in Form einer Alpha-Kette mit bis zu 24 Zeichen. Da jeweils nur 12 Zeichen gleichzeitig angezeigt werden können, werden längere Alpha-Ketten sequentiell bis zum rechtsbündigen Ende durchgeschoben. Die Schiebe-Prozedur wird bei jedem Einschalten des Alpha-Modus wiederholt, so daß der gesamte Text gelesen werden kann. Bei Eingabe des 24. Zeichens ertönt ein Summton als Warnung, daß die Eingabe eines weiteren Zeichens das erste Zeichen aus dem Alpha-Register hinausschiebt, welches damit verlorengeht.

Innerhalb eines Programms kann der Inhalt des Alpha-Registers durch die Funktion "AVIEW" zur Anzeige gebracht werden, ohne hierzu in den Alpha-Modus überzugehen. Die Anzeige des Alpha-Registers kann mit der Funktion "CLD" gelöscht werden.

Handhabung von Alpha-Ketten und Programmierung

Bei der Programmierung bietet die Einbindung einer aufgabenorientierten Alpha-Kettenverarbeitung die Möglichkeit zu einer selbsterklärenden Darstellung der Eingabedaten, des Lösungsweges und der Ergebnisdaten. Hierzu ist die Kenntnis der entsprechenden Anweisungen für den Aufbau, die Korrektur, Ergänzung, Abspeicherung und den Zurückruf von Alpha-Ketten hilfreich:

Aufbau von Alpha-Ketten

Sobald der Rechner in den Alpha-Modus geschaltet wird, erscheint in der Anzeige der vorliegende Inhalt des Alpha-Registers. Falls der Inhalt ohne Dezimal- und Ziffergruppierungszeichen mehr als 12 Zeichen umfaßt, wird die Zeichenkette bis zu den letzten 12 Zeichen nach links durchgeschoben. Eine Neueingabe von Zeichen über die Tastatur des Rechners bewirkt eine Löschung des gesamten bisherigen Registerinhalts. Falls die neu eingegebenen Zeichen an die bereits vorhandene Kette angehängt werden sollen, ist vorher die Funktion "APPEND" durch Betätigung der gelben Präfix-Taste [f] und anschließend der Taste [K] (im Alpha-Modus) zu drücken. Dadurch erscheint in der Anzeige hinter dem letzten Zeichen das Unterstreichungszeichen als Merkmal der Bereitschaft des Rechners, weitere Zeichen aufzunehmen. Befindet sich der Rechner sowohl im Programm-Modus als auch im Alpha-Modus, so ist die Eingabe von Zeichen auf max. 15 beschränkt, da diese als Daten in eine Programmzeile geschrieben werden. Darüber hinaus eingegebene Zeichen werden ignoriert. Falls die Zeichenkette mehr als 15 Zeichen umfassen soll, ist dies durch Aufruf der vorher erwähnten "APPEND"-Funktion bis zu max. 24 Zeichen möglich. In der Anzeige erscheint hinter der Programm-Zeilennummer ein hochgestelltes T als Merkmal, daß eine Alpha-Kette eingegeben wurde. Bei der Programmausführung wird diese Anweisung wie eine Alpha-Eingabe von der Tastatur aus behandelt, d.h. der bisherige Inhalt des Alpha-Registers wird gelöscht und die neue Kette in das Alpha-Register aufgenommen.

Korrektur von Alpha-Ketten

Bei noch nicht abgeschlossenen Alpha-Ketten mit vorhandenem Unterstreichungszeichen können einzelne Buchstaben über die Ziffernlöschtaste [←], von rechts nach links fortschreitend, gelöscht und verändert werden. Abgeschlossene Alpha-Ketten können durch Betätigung der "APPEND"-Funktion ([f] [K]) wieder reaktiviert werden.

Abspeichern von Alpha-Ketten

Alpha-Ketten können blockweise zu je 6 Zeichen in jedes Datenspeicherregister, Stackregister oder in LAST X-Register mit der Anweisung ASTO (Alpha store), gefolgt von der entsprechenden Registerbezeichnung, als Argument abgespeichert werden. Zunächst werden die am weitesten links stehenden 6 Zeichen abgespeichert. Die nächstfolgenden 6 Zeichen werden erreicht, wenn vorher durch Aufruf der Funktion ASHF (Alpha shift) die gesamte Zeichenkette um 6 Zeichen nach links verschoben wurde, wobei die ersten 6 Zeichen verlorengehen. Die mit ASTO abgespeicherten alpha- oder numerischen Daten werden nur als alphanumerische Daten behandelt und können nicht zu mathematischen Operationen verwendet werden. Jedoch sind nach der Abspeicherung in die entsprechenden Stackregister Vergleichsoperationen "x = y ?" oder "x ≠ y ?" möglich. Der Versuch zur Ausführung einer mathematischen Operation mit Alpha-Daten wird mit der Fehlermeldung "ALPHA DATA" beantwortet.

Zurückrufen von Alpha-Ketten

Für das Zurückrufen von Alpha-Daten aus Speicherregistern steht die Anweisung ARCL (Alpha recall) zur Verfügung. Die zurückgerufenen Daten mit max. 6 Zeichen je ARCL-Aufruf werden stets an die rechte Seite des bestehenden Inhaltes des Alpha-Registers angehängt. Falls die sich dadurch ergebende Kette länger als 24 Zeichen ist, bleiben nur die 24 am weitesten rechts stehenden Zeichen erhalten, die übrigen nach links verschobenen Zeichen gehen verloren. Enthält das nach ARCL angegebene Register numerische Daten, so werden diese als Alpha-Daten behandelt und entsprechend dem gewählten Anzeigeformat FIX, SCI oder ENG in das Alpha-Register unter Wegfall aller Leerstellen zwischen Mantisse und Exponent übernommen.

1.2.3 USER-Modus

Der USER-Modus ist die wichtigste Betriebsart für eine individuelle Rechneranwendung. Diese Betriebsart wird durch Betätigung der USER-Taste ein- oder ausgeschaltet. Im USER-Modus können Programm- oder Unterprogrammadressen, Rechnerfunktionen oder Funktionen von angeschlossenen Peripheriegeräten beliebigen Tasten mit Ausnahme der Präfixtaste und der Betriebsartentaste zugeordnet werden. Insgesamt können 68 Tastenpositionen eine USER-spezifische Zuordnung erhalten.

Die Zuweisung (assign) erfolgt durch Betätigung der ASN-Taste ([f] [ASN]). In der Anzeige erscheint dann "ASN-" als Aufforderung für die Eingabe der gewünschten Funktionsbezeichnung im Alpha-Modus.

In Bild 1.2.1 ist als Beispiel einer Zuordnung die im Finanzbereich häufig angewandte Funktion zur Berechnung der prozentualen Änderungen zwischen einem zuerst eingegebenen Basiswert y und einem verändeten Wert x nach der Formel:

$$\% \, CH = \frac{x - y}{y} \, 100 \, \% \qquad (1.2.1)$$

angegeben. Die zweiparametrige Funktion % CH soll z. B. der Löschtaste [←] (Tastenposition 44) zugeordnet werden. Anschließend wird durch eine Leerzuweisung die Zuordnung wieder rückgängig gemacht.

```
ASN "%CH" 44      — Zuweisung % CH ≙ Taste 44

50,00 ENTER↑  }
60,00    %CH  }   Beispiel
20,00    ***  }

  ASN "" 44   \
         CLX   \ Löschung der Zuweisung
0,00     ***
               \ ursprüngliche Tastenfunktion
```

Bild 1.2.1 Beispiel einer Tastenzuweisung im USER-Modus

Speicherplatzbedarf für Funktionszuordnungen

Zuordnungen von Funktionen oder externen Programmadressen gemäß der Verzeichnisse aus den CATALOG-Funktionen CAT 1 und CAT 2 benötigen ein Register (7 Bytes) für jede ungerade Zahl der vorgenommenen Zuweisungen. Die Anzahl der benötigten Register n_R errechnet sich aus der Zahl der vorgenommenen Zuweisungen z wie folgt:

$$n_R = \text{Int} \left\{ \frac{z + 1}{2} \right\} \qquad (1.2.2)$$

Die Zuweisungen von Programmadressen (Programmarken), die sich im Programmspeicher befinden, erfordern keine zusätzlichen Register, da diese Information bereits mit den Programmarken abgespeichert ist.

1.2.4 Programm-Modus

Die Betriebsart Programm-Modus wird durch Betätigung der PRGM-Taste ein- oder ausgeschaltet. Diese Betriebsart kann gleichzeitig mit dem Normal-Modus, User-Modus oder dem Alpha-Modus bestehen. Im Programm-Modus werden die durch Tastendrücke aufgerufenen Funktionen, Operationen oder Eingaben nicht ausgeführt, sondern als Programmschritte für die spätere selbsttätige Ausführung gespeichert. In der Anzeige wird diese Betriebsart durch den PRGM-Indikator gekennzeichnet. Befindet sich der Rechner im Alpha-Modus so wird durch Einschalten des PRGM-Modus der Alpha-Modus ausgeschaltet. Andererseits kann der Alpha-Modus zusätzlich zum PRGM-Modus und dem User-Modus eingeschaltet werden, um Funktionsbezeichnungen und Alpha-Ketten als Programmschritte eingeben zu können. Die Einschaltung des User-Modus hat dabei den Vorteil, daß die bei der Programmierung häufig benötigten und nicht direkt über das Tastenfeld erreichbaren Funktionen, wie z.B. PROMPT unmittelbar von einer zugeordneten Taste abgerufen werden können. Damit kann die aufwendige Eingabe der einzelnen Zeichen zur Bildung der Funktionsbezeichnung nach der XEQ-Anweisung einschließlich dieser selbst entfallen und ist durch einen einzigen Tastendruck ersetzt.

Als Beispiel einer solchen Zuweisung mit Hilfe der ASN-Funktion ist in Bild 1.2.2 die Prompt-Funktion der Löschtaste zugeordnet. Um diese Funktion im PRGM-Modus als Programmschritt zu definieren, braucht dann lediglich die Löschtaste (Taste 44) betätigt zu werden, wie dies in Bild 1.2.2 im Anschluß an die Zuweisung im PRGM-Modus dreimal hintereinander durchgeführt wurde.

```
      ASN "PROMPT" 44  ——Zuweisung Prompt   Taste 44

08 PROMPT            }
09 PROMPT            }  Programmanweisungen
10 PROMPT            }

          ASN "" 44  —— Löschung der Zuweisung

                CLX
        0,00    ***
```

Bild 1.2.2 Anwendung einer zugewiesenen Funktion bei der Programmierung

Im Programm-Modus ist der Rechner immer auf eine Programmzeile positioniert. Nach einer GTO..-Anweisung ist der Programmzeiger des Rechners hinter das Ende des belegten Programmspeichers, d.h. am Anfang des unbenutzten Programmspeicherbereiches positioniert.

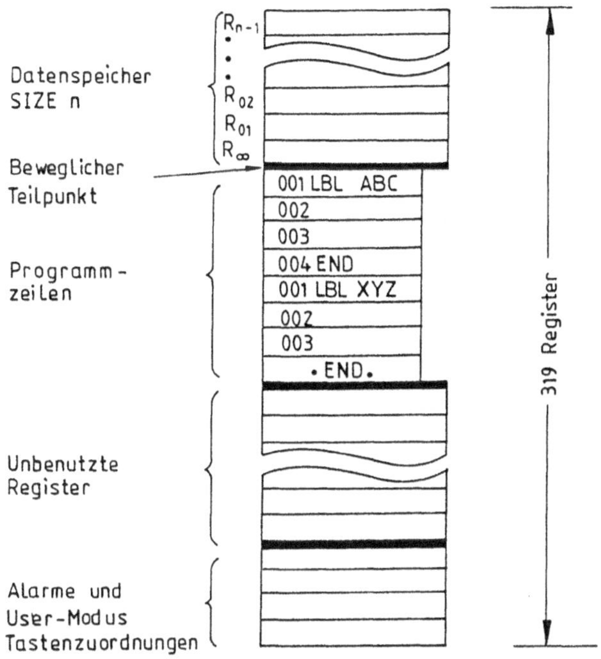

Bild 1.2.3 Aufteilung des Hauptspeicherbereiches in Datenspeicher-, Programmspeicher-, freie Speicher und USER-Zuweisungsbereiche

Im PRGM-Modus wird dies durch die Anzeige oo REG nn ausgedrückt, wobei nn die Anzahl der noch freien Register angibt. Falls noch kein Programm gespeichert ist, liegt diese Position hinter dem definierten Datenspeicherbereich im Hauptspeicher des Rechners. Der gesamte Hauptspeicher wird in Speicherbereiche für Daten, Programme, freie Register und User-Zuweisungen gemäß Bild 1.2.3 aufgeteilt.

Die Lage des beweglichen Teilpunktes zwischen dem Datenspeicherblock und den Programmzeilen ist durch die Speicherbereichsdefinition bestimmt.

Jede Programmzeile enthält eine abgeschlossene Anweisung, bestehend aus einer Funktion oder Operation, einer Alpha-Kette bis zu 15 Zeichen oder einer Zahl bis zu 10 Stellen plus einem zweistelligen Exponenten. Die Funktionsnamen werden mit den Eingaben der Anweisungen in die Anzeige geschrieben, auf dem Drucker ausgedruckt und in Reihenfolge der Eingabe abgespeichert. Jede Zeile beginnt mit einer fortlaufenden Zeilennummer. Jedes eigenständige, durch eine END-Anweisung abgeschlossene Programm, beginnt mit der Zeilennummer 01. Funktionen, die nicht über Tastenzuordnungen, sei es im Normal- oder User-Modus, erreichbar sind, können mit ihrer Funktionsbezeichnung über die Anweisung XEQα Nameα eingegeben werden. In der Anzeige einer Programmzeile weist ein hochgestelltes T darauf hin, daß die folgenden Zeichen keine Funktion, sondern eine Alpha-Kette darstellen. Diese Kennzeichnung erscheint ebenfalls nach einer XEQ- oder GTO-Sprunganweisung zu einer Alpha-Marke sowie nach einem Label mit einer Alpha-Marke. Eine Ausnahme hierzu bilden die entsprechenden Anweisungen mit lokalen Alpha-Marken.

Programmadressen und Marken

Zur Identifizierung des Anfangs eines Programms oder Unterprogramms im Programmspeicher und bestimmter lokaler Stellen innerhalb eines Programms verwendet man sogenannte Marken (Labels). Marken können entweder aus zweistelligen Zahlen (numerische Marken) oder aus Alpha-Zeichen (Alpha-Marken) bestehen. Aufgrund unterschiedlicher Suchpriorität innerhalb des Programmspeichers unterscheidet man globale Marken und lokale Marken. Globale Marken können von jedem Punkt des Programmspeichers aus angesteuert werden und erscheinen im Katalog 1. Lokale Marken dagegen sind nur innerhalb eines Programms bis zur END-Anweisung identifizierbar.

Als lokale Marken gelten die numerischen Marken, bestehend aus zwei Ziffern 01 bis 99 und die Alpha-Marken mit den einzelnen Buchstaben A bis J und a bis e. Die numerischen Marken 01 bis 14 benötigen nur ein Byte im Programmspeicher. Alle übrigen lokalen Marken benötigen zwei Bytes Programmspeicherplatz.

Globale Marken können aus jeder Kombination von bis zu 7 alphanumerischen Zeichen bestehen, mit Ausnahme der Sonderzeichen Komma, Punkt und Doppelpunkt sowie der einzelnen Buchstaben A bis J und a bis e, die als lokale Marken festgelegt sind. Globale Marken benötigen 4 Bytes Programmspeicherplatz für die LBL-Anweisung und zusätzlich ein weiteres Byte für jeden Buchstaben der Marke.

Wegen der Suchpriorität innerhalb des gesamten Programmspeichers ist es empfehlenswert, als Programmadresse stets eine globale Marke mit einem mnemotechnischen Code zur Charakterisierung des Programms zu verwenden und diese Marke einer Taste im USER-Modus zuzuordnen.

Positionieren im Programmspeicher

Die Postionierung des Programmzeigers innerhalb des Programmspeichers kann in drei Arten durch folgende Anweisungen erfolgen:

a) GTO. { Globale Marke oder Zeilennummer nnn }
b) RTN
c) CATALOG 1

Die Positionierung im Fall a) kann sowohl im Normal-Modus wie auch im Programm-Modus angewandt werden. Ist die Sprungadresse eine globale Marke, so wird diese Marke vom Ende des Programmspeichers in Richtung zum Anfang durch Vergleich aller vorhandenen globalen Marken mit der Suchmarke unter Außerachtlassung der dazwischen liegenden Programmzeilen gesucht. Findet der Rechner keine identische Marke, zeigt er "NON EXISTENT" an und der Programmzeiger befindet sich wieder am Ausgangspunkt im Programmspeicher. Ist die Sprungadresse eine dreistellige Zahl, so steuert der Programmzeiger die entsprechende Zeilennummer innerhalb desjenigen Programms an, in dem er sich gerade befindet. Zeilennummern größer als 999 werden durch ein den letzten drei Ziffern vorausgehendes EEX als Suchnummer angegeben.

Bei der Positionierung durch eine RTN-Anweisung ist Voraussetzung, daß sich der Rechner nicht im Programm-Modus befindet, da das RTN sonst als Programmzeile eingebaut würde. Im Normal-Modus wird der Programmzeiger innerhalb des Programms, in dem er sich gerade befindet, an den Programmanfang zur Zeile 00 zurückgesetzt.

Die Möglichkeit c) einer Positionierung basiert auf dem Aufruf des Verzeichnisses aller globalen Marken durch die Anweisung CATALOG 1. Da die einzelnen globalen Marken nacheinander in der Anzeige erscheinen, braucht dieser fortschreitende Anzeigevorgang nur bei der gewünschten Marke durch Betätigung der R/S-Taste abgestoppt zu werden. Um den Auflistungszyklus zu verlangsamen, kann einfach eine Taste außer ON oder R/S im gedrückten Zustand gehalten werden.

Durch Betätigung der SST-(single step) oder BST-(back step) Taste (Einzelschritt vor- bzw. zurücksetzen) kann der Auflistungszyklus von Hand gesteuert werden.

Die letzte Art der Positionierung des Programmzeigers im Hauptspeicher des Rechners ist die einzige Möglichkeit, in ein Programm zu kommen, das ohne globale Marken geschrieben wurde. Dieses Programm geht bei der Auflistung von CATALOG 1 der angezeigten End-Anweisung voraus.

1.3 Hinweise zur Programmierung

Das Programm einer Tastencode-Programmierung ist nichts weiter als die Dokumentation der Tastenfolge in Form einer Anweisungsliste, die zur Lösung der gestellten Aufgaben erforderlich ist. Da die Aufgabe für unterschiedliche Eingabewertkonfigurationen gelöst werden soll, werden einzelne Anweisungen oder Anweisungsfolgen aufgrund bedingter oder unbedingter Sprunganweisungen nur bei ganz bestimmten Konstellationen der Eingabewerte durchlaufen. Es ist daher erforderlich, alle möglichen Verzweigungswege bei der Austestung des Programms zu berücksichtigen.

Im Sinne der Norm DIN 44.300 ist ein Programm eine zur Lösung einer Aufgabe vollständige Anweisung zusammen mit allen erforderlichen Vereinbarungen [11]. Dies bedeutet, daß neben der Anweisungsliste in Form der aufgelisteten Programmzeilen auch die Definition und Zuordnung der Datenspeicherregister, die Statusvorgaben der benutzten Flags und die Liste der Tastenzuordnungen sowie die erforderliche Systemkonfiguration anzugeben sind und erst die Gesamtheit dieser Information es gestattet, von einem Programm zu sprechen. In Veröffentlichungen wird leider vielfach ausschließlich die Anweisungsliste bereits als Programm dargestellt, mit der Folge, daß es oft große Schwierigkeiten bereitet, eine gestellte Aufgabe mit dem angegebenen Programm zu lösen.

Eine wichtige Voraussetzung für die erfolgreiche Programmierung einer sich wiederholenden Aufgabe ist die Erarbeitung und Darstellung einer klaren und eindeutigen Formulierung des mathematischen Lösungsweges. Die mit dem Programm errechneten Lösungen können nur übersichtlich anhand des dem Programm zugrunde liegenden Gleichungssystems nachgeprüft werden. Insbesondere läßt sich an dem formulierten Gleichungssystem die Entwicklung der Lösung für extreme Eingabewerte $(-\infty, 0, +\infty)$ abschätzen. Gerade bei solchen Extremwerten werden systematische Programmierfehler in der Regel schnell erkannt und ggf. wird durch entsprechende Abfragen nach singulären Punkten ein ungewollter Programmabbruch bei der zukünftigen Bearbeitung vermieden. Programmabbrüche aufgrund singulärer Stellen bei der Lösung eines Gleichungssystems, z.B. infolge einer Division durch Null können vermieden werden, wenn anstelle Null als Divisor ein extrem kleiner Wert etwa 10^{-10} gesetzt wird (für ∞ z. B. 10^{10}).

Speicherzuordnungen

Für permanente Daten, die in unveränderter Form innerhalb eines Programms benötigt werden, ist es zweckmäßig, Speicherregister oberhalb Register 16 zu wählen. Da der Statistikblock standardmäßig die Register R 11 bis R 16 belegt, werden bei ungewollter Betätigung der [Σ+]-Taste die Inhalte dieser Speicher gemäß der Statistik-Funktionen verändert, ohne daß dies ggf. zunächst auffällt und daher zu fehlerhaften Ergebnissen führt. Ähnliches gilt bei Anwendung der "PRPLOT"-Funktion, die einen Registerblock R_{oo} bis R_{11} intern benötigt.

1.3.1 Regenerierende Dialogeingabe

In einem dialogartig aufgebauten Programm werden die Eingabevariablen durch erläuternde Variablenbenennungen erklärt und mit Hilfe von PROMPT-Anweisungen abgefragt. Da nun bei wiederholtem Aufruf eines Programms in der Regel nicht alle Eingabewerte, sondern nur einzelne verändert werden, ist es zweckmäßig, die notwendige Dateneingabe nur auf die jeweils zu verändernden Daten zu beschränken. Hierzu wird das Prinzip der regenerierenden Dialog-Dateneingabe angewandt.

Ist z.B. zur Abspeicherung der Eingabevariable "Kapital in DM" der Speicher STO 11 vorgesehen, so wird vor der Eingabe-Programmunterbrechung mit der

PROMPT-Anweisung der Inhalt des Speichers STO 11 in das X-Register gerufen. Aufgrund der PROMPT-Anweisung erscheint die Benennung für die geforderte Eingabevariable als Inhalt des Alpha-Registers in der Anzeige. Falls kein neuer Wert eingegeben wird, bewirkt die Betätigung der R/S-Taste, daß der im X-Register vorliegende bisherige Wert wieder in den Speicher STO 11 zurückgespeichert wird. Die Realisierung einer regenerierenden Dialog-Dateneingabe zeigt folgende Anweisungsliste:

```
RCL 11
Kapital ? DM
PROMPT
STO 11
```

Die Speicherregister für die regenerierende Dialogeingabe dürfen nicht als Zwischenspeicher innerhalb der Programmbearbeitung benutzt werden. Deshalb ist es zweckmäßig, für diese Speicher die höheren Registernummern innerhalb des vereinbarten Speicherbereiches zu wählen, z.B. für SIZE 15 als Datenspeicherbereichs-Definition werden die Datenspeicher STO 00 bis STO 10 als Zwischenspeicher benutzt und STO 11 bis STO 14 für regenerierende Dialogeingaben bei vier Eingabevariablen reserviert.

1.3.2 Unterprogramme

Sobald in einem Programm bestimmte Programmsequenzen an verschiedenen Stellen in gleichartiger Reihenfolge der Anweisungen vorkommen, ist es im Sinne einer Speicherplatzminimierung vorteilhaft, ein Unterprogramm vorzusehen. Dabei werden die gleichartigen Sequenzen aus dem Programm entfernt und durch einen [XEQ] - Aufruf mit einer lokalen oder globalen Marke als Unterprogrammadresse ersetzt. Das Unterprogramm wird zweckmäßigerweise an einer unterbrechbaren Programmstelle hinter dem letzten [XEQ] -Aufruf oder hinter dem Programmende ([RTN] -Anweisung) eingebaut. Es beginnt mit dem gewählten Label und endet mit einer Return-Anweisung. Die Anzahl der Unterprogramm-Hierarchieebenen ist nur begrenzt durch die Anzahl der ggf. noch ausstehenden [RTN] - oder END -Anweisungen. Der Rechner kann sich bis zu sechs noch auszuführende [RTN] -Rücksprungbefehle merken, so daß damit die maximale Anzahl unterlagerter Unterprogrammaufrufe festgelegt ist. Unterprogramme, die nur von einem Hauptprogramm aus aufgerufen werden, sollten mit einer lokalen numerischen oder Alpha-Marke beginnen. Falls ein Unterprogramm jedoch von mehreren Hauptprogrammen aus aufgerufen werden soll, ist eine globale Alpha-Marke als Unterprogrammadresse zu verwenden. Diese Marke wird auch im Programmverzeichnis [CATALOG] 1 mit aufgeführt. Da globale Marken vom Ende des Programmspeichers aus gesucht werden, ist es zur Erzielung minimaler Rechenzeiten zweckmäßig, ein universell zu verwendendes Unterprogramm am Ende des Programmspeichers zu plazieren.

Ein Beispiel für ein universell einsetzbares Unterprogramm ist ein Unterprogramm zur Steuerung einer Ergebnisangabe mit unterschiedlichen Benennungen für

Tabelle 1.3.1

Anweisungsliste eines Ergebnisausgabe-Unterprogramms LBL "PX"

```
01♦LBL "PX"
02 AVIEW
03 CLA
04 ARCL X
05 FS?C 00
06 GTO 00
07 "⊢ DM"
08 GTO 01

09♦LBL 00
10 "⊢ %"

11♦LBL 01
12 AVIEW
13 PSE
14 RTN
```

die Einheit des Ergebnisses, z.B. DM oder %. Hierzu ist in Tabelle 1.3.1 die Anweisungsliste des Unterprogramms LBL "PX" angegeben.

Bei dem Unterprogramm LBL "PX" wird vorausgesetzt, daß vor dem XEQ -Aufruf im rufenden Programm im Alpha-Register ein Kommentar zur Kennzeichnung des im X-Register vorliegenden Ergebniswertes als programmierte Alpha-Kette eingegeben wurde. Weiter wird für den Fall, daß der Ergebniswert die Einheit "DM" haben soll, das Flag 0 als gelöscht und und für die Einheit "%" das Flag 0 als gesetzt, vorausgesetzt. Das Unterprogramm benötigt 33 Bytes Speicherplatz.

Unmittelbar nach dem Einsprung in das Unterprogramm LBL "PX" wird über die folgende Anweisung AVIEW der Inhalt des Alpha-Registers angezeigt. Anschließend wird das Alpha-Register gelöscht (Anweisung CLA) und der Inhalt des X-Registers in das Alpha-Register übernommen (Anweisung ARCL X). Dann wird über die Flag 0-Abfrage bei gesetztem Flag 0 eine Programmverzweigung nach LBL 0 veranlaßt. Nach der Abfrage wird das Flag 0 auf jeden Fall gelöscht (Anweisung FS? C00). Falls das Flag 0 nicht gesetzt war, wird unter Anwendung der Append-Funktion an den Inhalt des Alpha-Registers, in dem sich der X-Wert befindet, die Alpha-Kette "DM" angehängt und anschließend mittels einer unbedingten Sprunganweisung (GTO 01) eine Programmverzweigung nach LBL 01 veranlaßt. Hinter LBL 01 erfolgt die Anzeige bzw. Ausdruck des Alpha-Registers als vollständiges Ergebnis mit Zahlenwert und Einheit in einer Zeile. Um eine Mindestanzeigezeit zu garantieren, wird noch eine Pause-Anweisung (PSE) gegeben, obschon die Anzeige ohnehin bis zum nächsten AVIEW, VIEW oder CLD erhalten bleibt. In Tabelle 1.3.2 ist ein Aufruf bei gelöschtem Flag 0 im Normal-Mode des Druckers und ein zweiter Aufruf bei gesetztem Flag 0 im Trace-Mode des Druckers angegeben.

Tabelle 1.3.2 Ausdruck des Unterprogramms LBL "PX"

Normal-Mode

```
ERGEBNIS
                CF 00
        150,28
             XEQ "PX"
ERGEBNIS
150,28 DM


ERGEBNIS
                SF 00
             XEQ "PX"
ERGEBNIS
150,28 %
```

Trace-Mode

```
                CF 00
          150,28
              XEQ "PX"

            01♦LBL "PX"
                 AVIEW
150,28 DM
                   CLA
                ARCL X
              FS?C 00
                "├ DM"
                GTO 01

              11♦LBL 01
                 AVIEW
150,28 DM
                   PSE
                   RTN
```

Bei dem zweiten Aufruf erscheint trotz des gesetzten Flags 0 zunächst 150,28 DM, weil kein neuer Alpha-Text eingegeben wurde und die programmierte Löschung des Alpha-Registers erst nach der ersten Anzeige des Alpha-Registers erfolgt. Bei gesetztem Flag 0 wird zu dem Zahlenwert aus dem X-Register als Einheit die Alpha-Kette "%" angehängt.

1.3.3 Newton-Iteration

Im Rahmen von Aufgabenstellungen aus dem Bereich der Finanzmathematik treten häufig Gleichungen mit Potenzen höheren Grades auf, die einer geschlossenen, algebraischen Lösung nicht mehr zugänglich sind. Geschlossene Lösungsformeln sind nur für quadratische und kubische Gleichungen allgemeiner Form sowie für spezielle Gleichungen 4. Grades bekannt und mit vertretbarem Rechenaufwand praktizierbar. Darüber hinaus bietet sich zur Lösung das Newton'sche Iterationsverfahren an [12] .

Dieses Verfahren liefert, bei erfüllter Konvergenzbedingung, ausgehend von einem Startwert x_0 als vermutliche Nullstelle (Wurzel) der Funktion $y = f(x)$, einen verbesserten Wurzelwert x_1. Durch wiederholte Anwendung des Verfahrens läßt sich ein laufend besserer Wurzelwert bestimmen, so daß der Iterationsprozeß bei Unterschreitung einer vorgegebenen Schranke ε für die Differenz zweier benachbarter Wurzelwerte abgebrochen werden kann.

Allgemein gilt:

$$x_{n+1} = x_n - \frac{y_n}{y'_n}$$

In Bild 1.3.1 ist die Anwendung des Newton'schen Iterationsverfahrens am Beispiel der quadratischen Gleichung $y = 0,1\ x^2 - 2$ graphisch dargestellt.

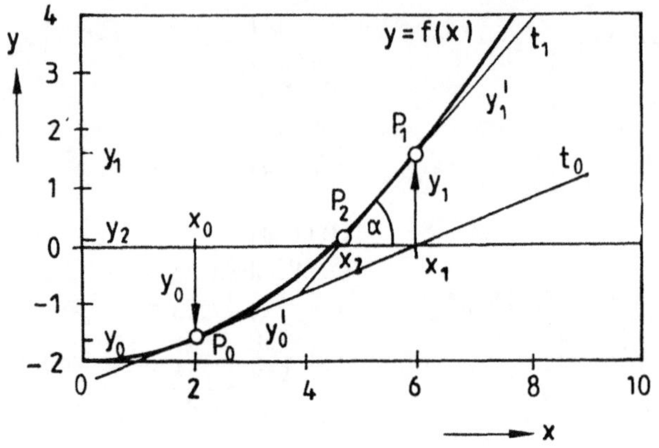

Bild 1.3.1 Newtonsches Iterationsverfahren dargestellt anhand der Funktion $y = 0,1x^2 - 2$

In dem Steigungsdreieck mit dem Winkel α gilt:

$$\tan\alpha = \frac{y_1}{x_1 - x_2} = y'_1$$

$$\frac{y_1}{y'_1} = x_1 - x_2$$

$$x_2 = x_1 - \frac{y_1}{y'_1}$$

Ausgehend von dem gewählten Startpunkt $x_0 = 2$ ergibt sich $y_0 = -1,6$ und $y'_0 = 0,2\ x_0 = 0,4$. Die Ergebnisse der weiteren Anwendung der Iterationsgleichung zeigt Tabelle 1.3.3

Tabelle 1.3.3 Anwendung der Newton Iteration

Iteration \ Werte	n	x_n	y_n	y'_n	x_{n+1}
Start	0	2	-1,6	0,4	6
	1	6	1,6	1,2	4,66
	2	4,66	0,18	0,93	4,48

Der exakte Lösungswert ist $x = \pm\sqrt{20} = \pm 4{,}472136$

Man erkennt, daß die Abweichung vom exakten positiven Lösungswert bereits nach der 2. Iteration unter 0,01 also nur noch bei rd. 0,2 % liegt.

Eine Einschränkung des Verfahrens ist zu erkennen, wenn man als Startwert den Wert $x_0 = 0$ gewählt hatte. Dann würde sich $y_0 = 0$ ergeben und der erste Iterationsschritt würde bereits wegen einer versuchten Division durch Null mit der Fehlermeldung "DATA ERROR" abgebrochen. In Bild 1.3.1 ist diese Schwierigkeit daran zu erkennen, daß bei dem Startwert $x_0 = 0$ die Funktion $y = f(x)$ eine waagerechte Tangente hat und somit im rationalen Zahlenbereich kein Schnittpunkt mit der x-Achse vorliegt.

Als hinreichende Bedingung für die Konvergenz des Newton'schen Iterationsverfahrens gilt:

$$\frac{y\,y''}{y'^2} \leqq q<1$$

In Tabelle 1.3.4 ist die Anweisungsliste eines Programms für die Anwendung des Newtonschen Iterationsverfahrens mit dem Ergebnisausdruck zu dem genannten Beispiel angegeben. Für $\varepsilon = 10^{-5}$ sind bei den Startwerten $x_0 = \pm 2$ fünf Iterationszyklen erforderlich. Das ausgedruckte Ergebnis stimmt auf allen 10 ausgedruckten Stellen mit dem wahren Lösungswert $\pm\sqrt{20}$ überein. Die Programmanweisungen 04 bis 12 dienen der Berechnung der beiden Funktionswerte y (im X-Register) und y' (im Register [STO] 01). In Programmzeile 13 wird der Funktionswert y angezeigt und in Zeile 19 der Absolutwert des Quotienten y/y' mit der Schranke $\varepsilon = 10^{-5}$ als Abbruchentscheidung verglichen. Schließlich wird der errechnete Lösungswert in Zeile 22 mit VIEW X angezeigt. Ein entsprechendes Programm "NEWTON" wird später bei den meisten finanzmathematischen Aufgabenstellungen als Unterprogramm für die dort vorkommenden Gleichungen n-ten Grades der Form $f(q^n)$ als iterativer Lösungsalgorithmus vorkommen.

Tabelle 1.3.4 Anweisungsliste und Iterationsergebnis einer Newton Iteration für die Gleichung $y = 0{,}1\ x^2 - 2$.

Anweisungsliste	Iterationergebnis
01♦LBL "NEWTON"	2,000000
02 STO 00	XEQ "NEWTON"
	-1,600000
03♦LBL 01	1,600000
04 RCL 00	0,177778
05 STO 01	0,003628
06 X↑2	0,000002
07 ,1	4,472136
08 ST* 01	
09 *	
10 2	
11 ST* 01	0,000000
12 -	XEQ "NEWTON"
13 VIEW X	-2,000000
14 RCL 01	DATA ERROR
15 /	
16 ST- 00	-2,000000
17 ABS	XEQ "NEWTON"
18 1 E-05	-1,600000
19 X<=Y?	1,600000
20 GTO 01	0,177778
21 RCL 00	0,003628
22 VIEW X	0,000002
23 RTN	-4,472136

1.3.4 Speicherbereichsdefinition

Nach dem ersten Einschalten des Rechners oder nach einer Gesamtlöschung des Hauptspeichers durch "Memory lost" sind je nach Rechnerversion unterschiedliche Speicherbereichszuordnungen gemäß Tabelle 1.3.5 vorgegeben. Die verbleibenden Register sind als Programmspeicher oder für Tastenzuordnungen und bei der CX-Version zusätzlich als Alarmspeicher verfügbar.

Tabelle 1.3.5 Anfängliche Zuordnung des Datenspeicherbereiches

Rechnerversion	Datenspeicher	Gesamtspeicher
HP 41C ohne Erweiterungsmodul	17	63 (445 Bytes)
mit 1 Modul	81	127 (893 Bytes)
mit 2 Modulen	145	191 (1.341 Bytes)
mit 3 Modulen	209	255 (1.789 Bytes)
mit 4 Modulen oder 1 Quad-Modul	273	319 (2.237 Bytes)
HP 41CV	273	319 (2.237 Bytes)
HP 41CX	100	319 (2.237 Bytes)

Mit Hilfe der Funktion "SIZE" kann die Aufteilung des Hauptspeichers in Daten- und Programmspeicher aufgabenorientiert eingerichtet werden. Nach Aufruf der Anweisung [XEQ] α SIZE α erscheint in der Anzeige die Aufforderung, eine dreistellige Zahl im Bereich von 000 bis 319 als definierte Anzahl der Datenregister einzugeben. Nach der Eingabe der gewünschten Anzahl Datenregister wird die Funktion "SIZE" ausgeführt und die gespeicherten Daten und Programme so im Hauptspeicher verschoben, daß dem definierten Datenblock die Programme lückenlos angehängt werden.

Erfordert eine Neudefinition weniger Datenspeicher als zuvor bestanden, so gehen die in den höheren Registern gespeicherten Daten verloren. Bei eingestecktem X-Funktion Modul kann die Speicherbereichsdefinition auch innerhalb eines Programms den aktuellen Erfordernissen angepaßt werden. Hierzu steht die Funktion "PSIZE" zur Verfügung. Als Anwendungsbeispiel soll das in Tabelle 1.3.6 angegebene Programm dienen.

Tabelle 1.3.6 Testprogramm für eine programmierte Speicherbereichsänderung

```
01♦LBL "SIZE "   ◄──┐
  02 "SIZE = "      │
   03 SIZE?         │
   04 ARCL X        │
   05 "⊢ NEU?"      │
   06 PROMPT        │   ⇐ Neuer Wert
   07 PSIZE         │
08 GTO "SIZE "   ───┘
   09 .END.
```

Das Programm beginnt mit der globalen Marke "SIZE " als Programmadresse. Hinter den vier Buchstaben wurde eine Leerstelle (Space) eingefügt, damit der Programmname nicht identisch mit dem Funktionsnamen "SIZE" ist. Falls dies der Fall wäre, so würde bei Aufruf der Funktion "SIZE" über die XEQ-Anweisung das Programm gestartet, da globale Programmarken vorrangig bedient werden. In Zeile 03 wird die Abfragefunktion "SIZE?" aufgerufen und das Ergebnis der Abfrage, d.h. die Anzahl der z.Z. definierten Datenspeicherregister im X-Register abgelegt.

In Zeile 04 wird die im X-Register abgelegte Zahl an die bereits im Alpha- Register von Zeile 02 herrührende Zeichenkette "SIZE =" angehängt. In Zeile 05 wird mit Hilfe der "APPEND"-Funktion noch die Zeichenkette "NEU?" hinzugefügt. Schließlich wird der Inhalt des Alpha-Registers durch die Prompt-Anweisung in Zeile 06 angezeigt. Nach Eingabe eines neuen Wertes für den reservierten Datenspeicherbereich wird in Zeile 07 die Funktion "PSIZE" zur Bildung einer neuen Speicherbereichszuordnung aufgerufen. Das Ergebnis dieser neuen Zuordnung wird im Anschluß an die Rücksprunganweisung in Zeile 08 mit dem Programmstop durch Zeile 06 angezeigt (Bild 1.3.2). Das Programm benötigt einen Speicherplatz von 41 Bytes.

```
            XEQ "SIZE "
SIZE = 5, NEU?
            10,     RUN
SIZE = 10, NEU?
            15,     RUN
SIZE = 15, NEU?
            20,     RUN
NO ROOM
```

Bild 1.3.2
Ausdruck über die Neuzuordnung des Datenspeicherbereiches

In Bild 1.3.2 ist der Ausdruck für die Änderung des Datenspeicherbereiches von 5 Register auf 10 Register und von 10 auf 15 Register dargestellt. Falls aufgrund des bereits belegten Programmbereichs eine gewünschte Datenspeicherbereichserweiterung nicht möglich ist, erfolgt die Meldung "NO ROOM" und die Funktion wird nicht ausgeführt. Dies ist in Bild 1.3.2 für den Versuch einer Speicherbereichserhöhung auf 20 Datenspeicherregister gezeigt.

1.3.5 Speicherarten

Im Anschluß an die Problemanalyse und der Festlegung aller Eingabevariablen und Ergebniswerte sollten vor Beginn der Programmierung die im Programm anzusprechenden Datenspeicher festgelegt und zugeordnet werden. Dabei sind vier Speicherarten zu unterscheiden:

- Eingabespeicher
- Ergebnisspeicher
- permanente Datenspeicher
- Hilfsgrößenspeicher

Eingabespeicher
Allen über eine regenerierende Dialogeingabe einzugebenden Werte sind Datenspeichern fest zuzuordnen, die innerhalb des Programms nicht mehr verändert werden sollten. Nur dadurch kann bei wiederholten Programmaufrufen davon ausgegangen werden, daß unveränderte Eingabewerte bei der Abfrage ohne Neueingabe durch R/S-Quittierung ordnungsgemäß zur Verfügung stehen. Es ist zweckmäßig, die Eingabespeicher als Block aufeinanderfolgender Registeradressen zu definieren dessen erste Registeradresse an die vorgesehenen Hilfsgrößenspeicherblocks anschließt (z.B. ab STO 11 aufwärts).

Ergebnisspeicher
Aufgrund der möglichen Klartext-Beschreibung der einzelnen Ergebnisgrößen mit Bezeichnung der zu den jeweiligen Zahlenwerten gehörigen Einheiten kann die feste Zuordnung von Ergebnisspeichern auf die wichtigsten Endergebnisse beschränkt werden. Die Abspeicherung ist insbesondere dann zweckmäßig, wenn die entsprechenden Endergebnisse in der Regel noch für weitere manuelle Berechnungen verfügbar sein sollen. Die Ergebnisspeicher dürfen bis zu dem Zeitpunkt, in dem das Ergebnis dort abgelegt ist, als Hilfsspeicher verwendet werden. Daher bietet es sich an, für die wichtigsten Endergebnisse die Speicher ab STO 00 bis zum Ende des Hilfsgrößenspeicherbereichs vorzusehen.

Permanente Datenspeicher
Permanente Datenspeicher sind für systembezogene Daten (z. B. Naturkonstanten, Systemgrenzwerte, Nennpreise) vorzusehen und einem besonderen, möglichst geschützten Datenbereich, zuzuordnen. Als besonders geschützt kann der Endbereich des jeweils über die "SIZE"-Funktion definierten Datenspeicherbereich gelten. Auf jeden Fall soll dieser Speicherblock jenseits des letzten Speichers für den definierten Statistikblock, also bei Normaldefinition jenseits von STO 16 liegen. Darüber hinaus ist es zweckmäßig, diesen Datenbereich auch auf einer Datenkarte abzuspeichern und ggf. vor Aufruf des Programms die Datenkarte neu einzulesen.

Zur Selbstsicherung eines solchen permanenten Datenblocks kann auch ein besonderes Prüfprogramm als Unterprogramm aufgerufen werden, in dem z.B. die Summen aller wichtigen Registerinhalte berechnet und das Ergebnis mit einer entsprechenden Prüfzahl verglichen wird. Falls keine Identität vorliegt, wird dann per Programm die Datenkarte zur Regenerierung des permanenten Datenspeicherblocks über die Anzeige angefordert.

Als Beispiel hierzu sei ein Datenblock von STO 01 bis STO 05 mit folgenden permanenten Daten vorgegeben:

STO 01 =	125
STO 02 =	3270,5
STO 03 =	-384,78
STO 04 =	2254,86
STO 05 =	1984,273
Summe	7249,853

Tabelle 1.3.7

Testprogramm zur Selbstsicherung eines Datenblocks

```
01♦LBL "DATEN"
02 RCL IND Y
03 ST+ Y
04 RDN
05 ISG Y
06 GTO "DATEN"
07 7249,853
08 X=Y?
09 RTN
10 RCL T
11 XEQ "RDTAX"
12 RTN
13 .END.
```

Zur Prüfung dieses Datenblocks werde die Summe der einzelnen Werte herangezogen. In Tabelle 1.3.7 ist die Anweisungsliste eines Testprogramms zur Selbstsicherung des Datenblocks nach dem Summenkriterium angegeben.

Das in Tabelle 1.3.7 angegebene Programm benutzt nur die Speicher des Stackregisters und ist daher als Unterprogramm universell anwendbar.

Beim Aufruf des Programms wird folgender Inhalt des Stackregisters vorausgesetzt:

X - Register	0
Y - Register	aaa, eee
Z - Register	aaa, eee
T - Register	beliebig

aaa bedeutet die Registernummer des ersten Registers und eee die Registernummer des letzten Registers des zu sichernden Registerblocks. In vorgenanntem Beispiel ist aaa, eee = 1,005. Vor dem Programmstart des Testprogramms ist also 1,005, ENTER, ENTER, 0 über die Tastatur einzugeben. Nach dem Programmstart wird in Zeile 02 über die indirekte RCL-Anweisung der Inhalt von STO 01 mit dem Wert 125 in das X-Register übernommen und anschließend zu dem Wert 0 im Y-Register als Summenspeicher addiert. Über die RDN (Roll down) Anweisung in Zeile 04 wird die durch den RCL-Aufruf verursachte Verschiebung im Stackregister wieder rückgängig gemacht. Mit der Inkrement-Anweisung in Zeile 05 wird der Inhalt des Y-Registers im ersten Durchlauf von 1,005 auf 2,005 inkrementiert und als Ergebnis der Abfrage 2 5 die noch folgende Rücksprunganweisung vom Programmanfang ausgeführt. Erst nach dem fünften Durchlauf ergibt die Abfrage mit 6 5 ein "ja-Ergebnis" mit der Folge, daß die übernächste Anweisung zur Ausführung kommt. Dies ist eine Datensetzung mit dem Wert 7249,853 als Prüfsumme der Registerinhalte von STO 01 bis STO 05. Falls die Prüfsumme gleich der errechneten Summe ist, erfolgt ein Rücksprung in das rufende Programm. Andernfalls wird die ursprüngliche Blockdefinition aaa,eee = 1,005 vom T-Register in das X-Register übernommen und mit der Datenleseanweisung RDTAX das Einlesen der entsprechenden Datenkarten für den definierten Registerblock von STO aaa bis STO eee mit der Aufforderung "CARD" veranlaßt.

Nach dem Einlesen der entsprechenden Datenkarte erscheint in der Anzeige wieder die Kennzeichnung für den Registerblock (im Beispiel 1,005).

Hilfsgrößenspeicher
Während der Programmbearbeitung fallen im allgemeinen an mehreren Programmstellen benötigte Zwischenergebnisse an, die jedoch für den Benutzer ohne Interesse sind. Zur Verkürzung der Rechenzeit ist es daher zweckmäßig, solche Zwischenwerte nur einmal zu errechnen und dann in einem festgelegten Speicher verfügbar zu halten. Da die Anweisungen für die (STO nn) Abspeicherung und das Zurückrufen (RCL nn) von Daten mit den Registeradressen 00 bis 15 nur 1 Byte benötigen, ist es zweckmäßig, für die häufig benötigten Hilfsgrößen-Speicheroperationen nur diese Speicher vorzusehen.

1.3.6 Flag-Steuerung

Zur Kennzeichnung bestimmter Systemkonfigurationen oder Programmzustände stehen 56 Flags als binäre Status-Anzeiger zur Verfügung. Von diesen sind die Flags 00 bis 29 Anwenderflags und die Flags 30 bis 55 Systemflags. Die beiden möglichen Zustände der Flags werden mit "gesetzt" (S = set) oder "gelöscht" ("nicht gesetzt" C = clear) bezeichnet.

Bei der Programmierung erweisen sich die Flags als überaus nützlich, um bedingte Sprünge oder bedingt auszuführende Operationen ohne Registerabfragen und Stackregisteränderungen realisieren zu können. Es muß jedoch darauf geachtet werden, daß unbeabsichtigte Flagzustände, insbesondere infolge manueller Programmunterbrechungen, nicht zu fehlerhaften Programmläufen führen, um in dieser Hinsicht möglichen Fehlern vorzubeugen.

Hierzu ist es zweckmäßig, gleich nach der Startadresse eines Programms eine eindeutige Definition der benutzten Anwenderflags programmtechnisch vorzusehen. Dies kann durch folgende sechs Flag-Funktionen geschehen:

SF	nn	setzt Flag nn (nn = 00 bis 29)
CF	nn	löscht Flag nn (nn = 00 bis 29)
FS?	nn	fragt, ob Flag nn gesetzt ist (nn = 00 bis 55) Falls ja, erscheint YES, falls nein NO in der Anzeige
FC?	nn	fragt, ob Flag nn gelöscht ist (nn = 00 bis 55)
FS?C	nn	fragt, ob Flag nn gesetzt ist, mit anschließender Löschung (nn = 00 bis 29)
FC?C	nn	fragt, ob Flag nn gelöscht ist, mit anschließender Löschung (nn = 00 bis 29)

Tabelle 1.3.8 Anwendungsübersicht der Flags

Flag Nummer	Anwendung	Beschreibung	Zustand beim Einschalten des Rechners
00 - 10	Allgemeine Anwendung	Status der Flags 00 bis 04 erscheint in der Anzeige als Indikator.	wie vorher
11 - 20	Spezielle Anwendung	Status wird manchmal vom Rechner geändert.	gelöscht
11	Autostart	Wenn Flag vor dem Ausschalten gesetzt wird, beginnt die Ausführung des Programms automatisch beim Einschalten des Rechners.	gelöscht
12	doppelt große Buchstaben (Drucker)	Wenn das Flag gesetzt ist, werden alle Buchstaben doppelt so breit wie normal gedruckt.	gelöscht
13	Kleinbuchstaben (Drucker)	Wenn das Flag gesetzt ist, werden Kleinbuchstaben gedruckt.	gelöscht
14	Magnetkarten-überschrieb	Wenn Flag gesetzt ist, können geschützte Magnetkarten überschrieben werden.	gelöscht
21	Druckersteuerung	Wenn Flag gelöscht ist, werden alle programmierten Druckanweisungen ignoriert. Ist nach Einschalten mit Flag 55 in Übereinstimmung.	gesetzt, falls Drucker angeschlossen
22	numerische Eingabe	Wird gesetzt, wenn numerische Daten vom Tastenfeld oder optischen Lesestift eingegeben wird.	gelöscht
23	Alpha-Eingabe	Wird gesetzt, wenn Alpha-Zeichen vom Tastenfeld oder optischen Lesestift eingegeben werden.	gelöscht
24	Bereichsfehler-ignorierflag	Wenn Flag gesetzt ist, werden Überlauffehlermeldungen (wenn eine Zahl größer $9{,}999999999 \times 10^{99}$ erzeugt wird) unterdrückt.	gelöscht
25	Fehler ignorierflag	Wenn Flag gesetzt ist, werden Fehlermeldungen ignoriert (Flag wird anschließend gelöscht).	gelöscht
26	Akustisches Signal	Wenn Flag gelöscht ist, wird akustisches Signal unterdrückt.	gesetzt
27	User-Modus	Wenn Flag gesetzt ist, ist der Rechner im User-Modus.	gelöscht
28	Dezimalpunkt	Wenn Flag gelöscht ist, erscheint Dezimalkomma (Beispiel: 123.456.789,0).	wie vorher
29	Ziffern-gruppierung	Wenn Flag gelöscht ist, wird die Zifferngruppierung unterdrückt (Beispiel 123456789,0).	wie vorher

Flag Nummer	Anwendung	Beschreibung	Zustand beim Einschalten des Rechners
30	Katalog	Wird für die Katalogfunktion gebraucht.	intern
31 - 35	Peripherieflags	Intern für bestimmte Peripherieflags gebraucht.	intern
36 - 39	Stellenzahlflags	Zusammen verwendet zur Bestimmung der angezeigten Dezimalstellen in FIX, SCI oder ENG.	wie vorher
40 - 41	Anzeigeformat	Zusammen verwendet für Anzeigeformat.	wie vorher
42	Grad-Modus	Wenn das Flag gesetzt ist, ist der Rechner im Grad-Winkelmodus.	wie vorher
43	RAD-Modus	Wenn das Flag gesetzt ist, ist der Rechner im Bogenmaß-Winkelmodus.	wie vorher
44	Einschaltungsdauer-Flag	Wenn das Flag gelöscht ist, wird der Rechner automatisch nach 10 Minuten Inaktivität abgeschaltet.	intern
45	Dateneingabe-Flag	Intern für die Dateneingabe verwendet.	intern
46	Tasten-Teilfolge-Flag	Intern bei der Ausführung von Funktionen verwendet.	intern
47	SHIFT-Flag	Intern für umgeschaltete Operationen verwendet.	intern
48	Alpha-Modus-Flag	Ist gesetzt, wenn der Rechner im Alpha-Modus ist.	gelöscht
49	Batteriekontrolle	Ist gesetzt, wenn Batteriespannung zu niedrig ist.	intern
50	Meldungsflag	Ist gesetzt, wenn eine Fehlermeldung, eine Status-Meldung oder eine VIEW/AVIEW-Anzeige angezeigt wird.	intern
51	SST	Intern für die Einzelschritt-Programmausführung verwendet.	intern
52	PRGM-Modus	Zur Kontrolle des Programm-Modus verwendet.	intern
53	Ein-/Ausgabe	Zur Bestimmung, ob angeschlossene Peripheriegeräte zur Ein-/Ausgabe bereit sind. Ist gesetzt, wenn Peripherie bereit ist.	intern
54	Pause	Ist gesetzt, wenn PSE ausgeführt wird.	intern
55	Drucker-Anwesenheit	Ist gesetzt, wenn ein Drucker angeschlossen ist.	gesetzt, falls Drucker angeschlossen.

Bei der Antwort "ja" wird die nächst folgende Anweisung, bei "nein" die übernächste Anweisung ausgeführt. Die Steuerungsfunktionen der 55 Flags sind in Tabelle 1.3.8 im einzelnen erläutert. Die systeminternen Flags können nur abgefragt, jedoch nicht verändert werden. Falls dies versucht wird, erscheint "NON EXISTENT" in der Anzeige.

Bei eingestecktem X-Function Modul können die Zustände der Flags 00 bis 43 mit Hilfe der Funktionen "STOFLAG" oder "RCLFLAG" in einem Speicherregister abgespeichert oder zur Rekonstruktion wieder aus dem Speicherregister zurückgerufen werden. Der Status der Flags 0 bis 7 kann durch ein numerisches Äquivalent im X-Register mit Hilfe der Funktion "X< >F" wiederhergestellt oder abgespeichert werden. Dieses numerische Äquivalent wird aus einer achtstelligen Binärzahl gebildet, bei der die höchstwertigste Ziffer das Flag 7 und die niedrigstwertige Ziffer das Flag 0 repräsentiert. Die binäre 1 bedeutet Flag gesetzt, die binäre 0 bedeutet Flag gelöscht. Das numerische Äquivalent im X-Register ist eine Zahl zwischen 0 und 255.

z.B. Inhalt des X-Registers: $\{X\} = 138$
Die Dezimal-Binärumwandlung liefert:
$$138_{10} = 10001010_2$$

Mit XEQαX< >Fα werden die Flags 7,3 und 1 gesetzt und die Flags 6,5,4,2 und 0 gelöscht. Mit der Zahl 31 im X-Register und der Funktion XEQαX< >Fα werden z.B. die Flags 0 bis 4 gesetzt ($31_{10} = 00011111_2$).

1.3.7 Funktionskatalog

Für die Bedienung und Programmierung steht ein umfangreicher Satz von Funktionen zur Verfügung, die zum Teil direkt über die Tastatur und zum größeren Teil über die XEQ-Funktion und den entsprechenden Alpha-Namen aktivierbar sind. Die Funktionen der Versionen HP 41C/CV bilden eine Untermenge zu dem Funktionensatz der HP 41CX-Version. Die einzelnen Funktionen sind gemäß der Gliederung des Bedienungshandbuches für die CX-Version [13] nachfolgend angegeben (die mit * gekennzeichneten Funktionen sind direkt einer Taste zugeordnet).

1. System- und Format-Funktionen

ALPHA*: Schaltet das Alpha-Tastenfeld ein und aus.

AOFF: Schaltet das Alpha-Tastenfeld aus.

AON: Schaltet das Alpha-Tastenfeld ein.

ASN*: Ordnet eine anzugebende Funktion (oder globales Label) einer zu spezifizierenden Taste des User-Tastenfelds zu.

CAT* n: Führt den Katalog n aus ($1 \leq n \leq 6$).

CF* nn: Löscht Flag nn ($00 \leq nn \leq 29$).

CLK12: Schaltet die Anzeige der Uhr auf das 12-Stunden-Format.

CLK24: Schaltet die Anzeige der Uhr auf das 24-Stunden-Format.

CLKEYS: Löscht alle Tastenzuordnungen des User-Tastenfelds.

CLKT: Schaltet die Anzeige der Uhr auf das Nur-Uhrzeit-Format.

CLKTD: Schaltet die Anzeige der Uhr auf das Uhrzeit/Datum-Format.

DEG: Wählt den Winkelmodus "Altgrad" (in Dezimalform).

DMY: Schaltet die Anzeige des Datums auf das Tag-Monat-Jahr-Format.

ENG* n: Schaltet auf das technische Anzeigeformat (Anzeige von n + 1 Stellen).

FIX* n: Schaltet die Anzeige auf das Festkommaformat (Anzeige von n Dezimalstellen).

GRAD: Wählt den Winkelmodus "Neugrad".

MDY: Schaltet die Anzeige des Datums auf das Monat-Tag-Jahr-Format.

ON*: Schaltet den Rechner ein oder aus bzw. desaktiviert als XEQ-Anweisung die Abschaltautomatik.

PASN: Ordnet die im Alpha-Register spezifizierte Funktion (bzw. das spezifizierte Label) der durch den Tastencode im X-Register spezifizierten Taste des User-Tastenfelds zu.

PRGM*: Schaltet den Programm-Modus ein oder aus.

PSIZE: Ordnet die im X-Register spezifizierte Anzahl von Hauptspeicher-Registern der Datenspeicherung zu.

RAD: Wählt den Winkelmodus "Bogenmaß".

RCLFLAG: Ruft den Status der Flags 00 bis 43 ab.

SCI* n: Schaltet auf das wissenschaftliche Anzeigeformat (Anzeige von n Dezimalstellen).

SF* nn: Setzt Flag nn ($00 \leqq nn \leqq 29$).

ΣREG nn: Definiert die Register R_{nn+5} als Statistikregister.

ΣREG?: Ruft die Adresse des ersten Registers aus dem Block der gegenwärtig definierten Statistikregister ab.

SIZE nnn: Ordnet nnn Hauptspeicher-Register der Datenspeicherung zu.

STOFLAG: Stellt den Status der Flags 00 bis 43 unter Verwendung der im X-Register abgelegten Statusdaten wieder her oder stellt den Status der Flags bb bis ee (spezifiziert durch die Zahl bb.ee im X-Register) unter Verwendung der im Y-Register abgelegten Statusdaten wieder her.

USER*: Schaltet das User-Tastenfeld ein und aus.

2. Löschfunktionen

[←]* : Wenn das Eingabezeichen (_) angezeigt wird, löscht [←] die zuletzt eingegebene Ziffer bzw. das zuletzt eingegebene Zeichen. Wenn die Zahlen- oder Zeicheneingabe beendet ist, löscht im Ausführungs-Modus das X- oder Alpha-Register und im Programm-Modus die angezeigte Programmzeile. [←] löscht ebenfalls eine Meldung.

[←] gedrückt, ON, [←] losgelassen: Löscht den gesamten Computer-Speicher mit Ausnahme von Uhrzeit Datum.

CLA*: Löscht den ersten Alarm, dessen Meldung mit dem Inhalt des Alpha-Registers übereinstimmt.

CLALMA: Löscht den ersten Alarm, dessen Meldung mit dem Inhalt des Alpha-Registers übereinstimmt.

CLALMX: Löscht den Alarm, dessen Stellung im Alarmkatalog (ALMCAT) durch die Zahl im X-Register spezifiziert ist.

CLD: Löscht eine Meldung aus der Anzeige.

CLFL: Löscht den Inhalt des im Alpha-Register spezifizierten Files.

CLKEYS: Löscht alle Tastenzuordnungen des User-Tastenfelds.

CLP Label: Löscht ein Programm aus dem Programmspeicher; benötigt ein globales Label des Programms als Parameter.

CLRALMS: Löscht alle gespeicherten Alarme.

CLRG: Löscht alle Datenspeicher-Register im Hauptspeicher.

CLRGX: Löscht jedes ii-te Hauptspeicher-Register zwischen R_{bbb} und R_{eee} (spezifiziert durch die Zahl bbb.eeeii im X-Register).

CL Σ*: Löscht die Statistikregister.

CLST: Löscht den automatischen Speicherstack.

CLX*: Löscht das X-Register.

DEL nnn: Löscht nnn Programmzeilen, beginnend mit der angezeigten Zeile.

DELCHR: Löscht die im X-Register spezifizierte Anzahl von Zeichen aus dem momentanen Record des momentanen Textfiles, ausgehend von der momentanen Stellung des Zeigers.

DELREC: Löscht den momentanen Record des momentanen Textfiles.

PCLPS: Löscht ein durch ein globales Label im Alpha-Register spezifiertes Programm und alle nachfolgenden Programme aus dem Programmspeicher.

PURFL: Löscht den im Alpha-Register spezifizierten File.

3. Stack- und Datenregister-Funktionen

ASTO* nn: Kopiert die sechs links außen im Alpha-Register stehenden Zeichen nach R_{nn}.

ARCL* nn: Hängt den Inhalt von R_{nn} an den Inhalt des Alpha-Registers an.

CLRG: Löscht alle Datenspeicher-Register.

CLRGX: Löscht jedes ii-te Register zwischen R_{bbb} und R_{eee} (spezifiziert durch die Zahl bbb.eeeii im X-Register).

CLΣ*: Löscht die Statistikregister.

CLST: Löscht den automatischen Speicherstack.

CLX*: Löscht das X-Register.

DSE nn: Erniedrigt iiiii um cc und überspringt die nächste Programmzeile, wenn gilt: iiiii-cc $<$ fff (iiiii.fffcc in R_{nn}).

ENTER*: Kopiert die Zahl im X-Register ins Y-Register und hebt den Stack an.

ISG* nn: Erhöht iiiii um cc und überspringt die nächste Programmzeile, wenn gilt: iiiii + cc $>$ fff (iiiii.fffcc in R_{nn}).

LASTX*: Ruft die Zahl im LAST X-Register zurück.

PSIZE: Ordnet die im X-Register spezifizierte Anzahl von Hauptspeicher-Registern der Datenspeicherung zu.

R↑: Verschiebt den Stack zyklisch nach oben.

RCL* nn: Ruft den Inhalt von R_{nn} zurück.

RDN*: Verschiebt den Stack zyklisch nach unten.

REGMOVE: Kopiert den Inhalt eines Registerblocks mit nnn Registern (beginnend mit R_{sss}) in einen anderen Registerblock mit nnn Registern (beginnend mit R_{ddd}). Spezifiziert durch die Zahl sss.dddnnn im X-Register.

REGSWAP: Vertauscht den Inhalt eines Registerblocks mit nnn Registern (beginnend mit R_{sss}) mit dem eines anderen Registerblocks mit nnn Registern (beginnend mit R_{ddd}). Spezifiziert durch die Zahl sss.dddnnn im X-Register.

Σ+*: Summationen in Statistikregistern.

Σ-*: Summationskorrektur.

ΣREG nn: Definiert die Register R_{nn} bis R_{nn+5} als Statistikregister.

ΣREG?: Ruft die Adresse des ersten Registers aus dem Block der gegenwärtig definierten Statistikregister ab.

SIZE nnn: Ordnet nnn Hauptspeicher-Register der Datenspeicherung zu.

SIZE?: Ruft die Zahl der Hauptspeicher-Register ab, die gegenwärtig der Datenspeicherung zugewiesen sind.

ST+* nn: Addiert die Zahl im X-Register zur Zahl in R_{nn} und speichert das Ergebnis in R_{nn}.

ST-* nn: Subtrahiert die Zahl im X-Register von der Zahl in R_{nn} und speichert das Ergebnis in R_{nn}.

STx* nn: Multipliziert die Zahl im X-Register mit der Zahl in R_{nn} und speichert das Ergebnis in R_{nn}.

ST/* nn: Dividiert die Zahl in R_{nn} durch die Zahl im X-Register und speichert das Ergebnis in R_{nn}.

STO* nn: Kopiert den Inhalt des X-Registers in R_{nn} an.

VIEW* nn: Zeigt den Inhalt von R_{nn} an.

X< >nn: Vertauscht den Inhalt des X-Registers mit dem Inhalt von R_{nn}.

X< >F: Vertauscht die Zahl im X-Register mit dem Status der Flags 00 bis 07.

X< >Y*: Vertauscht den Inhalt des X-Registers mit dem Inhalt des Y-Registers.

4. Numerische Funktionen

+*:	y+x.	ABS:	x (Betrag).
-*:	y-x	ACOS*:	Arcuscosinus.
**:	y·x.	ASIN*:	Arcussinus.
/*:	y/x.	ATAN*:	Arcustangens.
1/X*:	Kehrwert.	CHS*:	Vorzeichenwechsel.
10^{x}*:	Dekadische Exponentialfunktion	COS*:	Cosinus.

D-R: Umwandlung von dezimalen Altgrad in Radiant (Bogenmaß).

DEC: Umwandlung von Oktal in Dezimal.

e^{x}*: Natürliche Exponentialfunktion.

e^{x}-1: Natürliche Exponentialfunktion für Argumente nahe 0.

FACT: x! (Fakultät).

FRC: Dezimalanteil einer Zahl.

HMS: Umwandlung von Dezimalstunden in Stunden, Minuten, Sekunden.

HMS+: Addition von Stunden, Minuten, Sekunden.

HMS-: Subtraktion von Stunden, Minuten, Sekunden.

HR: Umwandlung von Stunden, Minuten, Sekunden in Dezimalstunden.

INT: Ganzzahliger Anteil.

LN*: Natürlicher Logarithmus.

LN1+X: Natürlicher Logarithmus für Argumente nahe 1.

LOG*: Dekadischer Logarithmus.

MEAN: Mittelwert der aufsummierten x- und y-Werte.

MOD: Rest bei Division.

OCT: Umwandlung von Dezimal in Oktal.

P-R*: Umwandlung von Polarkoordinaten in kartesische Koordinaten.

%*: x Prozent von y.

%CH: Prozentualter Unterschied zwischen y und x.

PI*: Pi = 3,141592654.

R-D: Umwandlung vom Bogenmaß (Rad) in dezimale Altgrad.

R-P*: Umwandlung von kartesischen Koordinaten in Polarkoordinaten.

RND: Rundung.

SDEV: Standardabweichung der aufsummierten x- und y-Werte.

Σ+*: Summationen in Statistikregistern.

Σ-*: Summationskorrektur.

SIN*: Sinus.

SIGN: Vorzeichen von x.

SQRT*: Quadratwurzel.

TAN*: Tangens.

x^{2*}: Quadratfunktion.

y^{x*}: Potenzfunktion

5. Alpha-Funktionen

⊢ : Hängt die nachfolgend einzugebenden Zeichen an den Inhalt des Alpha-Registers an.

ADATE: Hängt die Zahl im X-Register im momentanen Datumsformat an den Inhalt des Alpha-Register an.

ALENG: Ruft die Anzahl der im Alpha-Register abgelegten Zeichen ab.

ANUM: Ruft den ersten im Alpha-Register abgelegten Ziffernstring ab.

AOFF: Schaltet das Alpha-Tastenfeld aus.

AON: Schaltet das Alpha-Tastenfeld ein.

ARCL* nn: Hängt den Inhalt von R_{nn} an den Inhalt des Alpha-Registers an.

ARCLREC: Hängt einen Record (ab der Position des Zeigers) an den Inhalt des Alpha-Registers an.

AROT: Rundumverschiebung des Inhalts des Alpha-Registers um n Stellen (n im X-Register spezifiziert). Verschiebung nach links für positives n, nach rechts für negatives n.

ASHF: Schiebt die sechs links außen stehenden Zeichen aus dem Alpha-Register.

ASTO* nn: Kopiert die sechs links außen im Alpha-Register stehenden Zeichen nach R_{nn}.

ATIME: Hängt die Zahl im X-Register im momentanen Zeitformat an den Inhalt des Alpha-Registers an.

ATIME24: Hängt die Zahl im X-Register im CLK24 Format an den Inhalt des Alpha-Registers an.

ATOX: Schiebt das links außen stehende Zeichen aus dem Alpha-Register und legt den zugehörigen Zeichencode im X-Register ab.

AVIEW*: Zeigt den Inhalt des Alpha-Registers an.

CLA*: Löscht das Alpha-Register.

GETREC: Kopiert einen Record (ab der Position des Zeigers) in das Alpha-Register.

POSA: Durchsucht das Alpha-Register nach dem oder den im X-Register spezifizierten Zeichen. Legt die Position des ersten gefundenen Zeichens im X-Register ab (-1, wenn die gesuchten Zeichen nicht gefunden werden).

PROMPT: Zeigt den Inhalt des Alpha-Registers an und stoppt die Programmausführung.

XTOA: Hängt das durch den Zeichencode im X-Register bestimme Zeichen an den Inhalt des Alpha-Registers an.

6. Interaktive Funktionen

ADV: Papiervorschub (bei geschlossenem Drucker)

BEEP*: Erzeugt vier Tonsignale.

GETKEY: Wartet bis zu 10 Sekunden darauf, daß eine Taste gedrückt wird (Zeitspanne spezifiziert durch SS.s im X-Register). Legt den Tastencode im Y-Register und den ASCII-Code im X-Register ab.

GETKEYX: Wartet bis zu SS.s Sekunden darauf, daß eine Taste gedrückt wird (Zeitspanne spezifiziert durch SS.s im X-Register). Legt den Tastencode im Y-Register und den ASCII-Code im X-Register ab.

PROMPT: Zeigt den Inhalt des Alpha-Registers an und stoppt die Programmausführung.

PSE: Unterbricht die Programmausführung für ungfähr eine Sekunde.

TONE n: Erzeugt ein Tonsignal, $0 \leqq n \leqq 9$.

7. Funktionen zur Steuerung der Programmausführung

AVIEW*: Zeigt den Inhalt des Alpha-Registers an; stoppt die Programmausführung, wenn Flag 21 gesetzt und Flag 55 gelöscht ist.

CLOCK: Stoppt die Programmausführung und zeigt die Uhr an.

DSE nn: Erniedrigt iiiii um cc und überspringt sie nächst Programmzeile, wenn gilt: iiiii-cc ≦ fff (iiiii.fffcc in R_{nn}).

END: Markiert das Programmende.

FC? nn: Fragt Flag nn ab und überspringt die nächste Programmzeile, wenn Flag nn gesetzt ist ($00 \leqq nn \leqq 55$).

FS?C nn: Fragt Flag nn ab und löscht den Flag nach der Abfrage; überspringt nächste Programmzeile, wenn Flag nn gelöscht ist ($00 \leqq nn \leqq 29$).

FS? nn: Fragt Flag nn ab und überspringt die nächste Programmzeile, wenn Flag nn gelöscht ist ($00 \leqq nn \leqq 55$).

FS?C nn: Fragt Flag nn ab und löscht den Flag nach der Abfrage; überspringt die nächste Programmzeile, wenn Flag nn gelöscht ist ($00 \leqq nn \leqq 29$).

GETP: Ersetzt das letzte Programm im Speicher durch den im Alpha-Register spezifizierten Programmfile. Wenn das letzte Programm das neue aufruft (und dadurch ersetzt wird), beginnt die Ausführung mit der ersten Zeile des neuen Programms.

GTO*: Setzt die Programmausführung mit dem spezifizierten globalen, numerischen oder lokalen Alpha-Label fort.

ISG* nn: Erhöht iiiii um cc und überspringt die nächste Programmzeile, wenn gilt: iiiii+cc > fff (iiiii.fffcc in R_{nn}).

LBL*: Globales, numerisches oder lokales Alpha-Label.

OFF: Schaltet den Rechner aus.

PROMPT: Zeigt den Inhalt des Alpha-Registers an und Stoppt die Programmausführung.

RTN*: Gibt die Programmausführung an die Zeile nach der XEQ Anweisung, mit der das Unterprogramm aufgrufen wurde, zurück.

STOP(R/S)*: Stoppt die Programmausführung.

VIEW* nn: Zeigt den Inhalt von R_{nn} an und stoppt die Programmausführung, wenn Flag 21 gesetzt und Flag 55 gelöscht ist.

X=0?*: Überspringt die nächste Anweisung, wenn die Zahl im X-Register ungleich 0 ist.

X=0?: Überspringt die nächste Anweisung, wenn die Zahl im X-Register gleich 0 ist.

X < 0?: Überspringt die nächste Anweisung, wenn die Zahl im X-Register größer oder gleich 0 ist.

X < =0?: Überspringt die nächste Anweisung, wenn die Zahl im X-Register größer 0 ist.

X > 0?: Überspringt die nächste Anweisung, wenn die Zahl im X-Register kleiner oder gleich 0 ist.

X=Y?*: Überspringt die nächste Anweisung, wenn der Inhalt des X-Registers ungleich dem Inhalt des Y-Registers ist.

X≠Y?: Überspringt die nächste Anweisung, wenn der Inhalt des X-Registers gleich dem Inhalt des Y-Registers ist.

X < Y?: Überspringt die nächste Anweisung, wenn die Zahl im X-Register größer oder gleich der Zahl im Y-Register ist.

X < =Y?*: Überspringt die nächste Anweisung, wenn die Zahl im X-Register größer als die Zahl im Y-Register ist.

X > Y?*: Überspringt die nächste Anweisung, wenn die Zahl im X-Register kleiner oder gleich der Zahl im Y-Register ist.

X=NN?: Überspringt die nächste Anweisung, wenn der Inhalt des X-Registers ungleich dem Inhalt von R_{nn} (nn im Y-Register spezifiziert) ist. (nur CX-Version)

X≠NN?: Überspringt die nächste Anweisung, wenn der Inhalt des X-Registers gleich dem Inhalt von R_{nn} (nn im Y-Register spezifiziert) ist (nur CX-Version).

X < NN?: Überspringt die nächste Anweisung, wenn der Inhalt des X-Registers größer oder gleich dem Inhalt von R_{nn} (nn im Y-Register) ist (nur CX-Version).

X < =NN?: Überspringt die nächste Anweisung, wenn der Inhalt des X-Registers größer als der Inhalt von R_{nn} (nn im Y-Register spezifiziert) ist (nur CX-Version).

X > NN?: Überspringt die nächste Anweisung, wenn der Inhalt des X-Registers kleiner oder gleich von R_{nn} (nn im Y-Register spezifiziert) ist (nur CX-Version).

X > =NN?: Überspringt die nächste Anweisung, wenn der Inhalt des X-Registers kleiner als der Inhalt von R_{nn} (nn im Y-Register spezifiziert) ist (nur CX-Version).

XEQ*: Ruft das spezifizierte globale, numerische oder lokale Alpha-Label als Unterprogramm auf.

8. Editierungs-Funktionen

←*: löscht die zuletzt eingegebene Ziffer bzw. das zuletzt eingegebene Zeichen, wenn das Eingabezeichen (_) angezeigt wird. Bei fehlendem Eingabezeichen löscht ← die angezeigte Programmzeile.

ASN*: Ordnet eine zu spezifizierende Funktion (oder ein globales Label) einer ebenfalls anzugebenden Taste des User-Tastenfeldes zu.

BST*: Zeigt die vorhergehende Programmzeile an.

CAT* n: Startet die Katalogausgabe ($1 \leq n \leq 6$).

CLP: Löscht das Programm mit dem spezifizierten globalen Label aus dem Programmspeicher. (Falls kein Label angegeben, wird das positionierte Programm gelöscht).

COPY: Kopiert das ROM-Programm mit dem spezifizierten globalen Label in den Programmspeicher.

DEL nn: Löscht nnn Programmzeilen, beginnend mit der angezeigten Zeile.

GTO ⊡*: Springt zu einer spezifizierten Programmzeile bzw. zu einem globalen Label.

GTO ⊡⊡*: Springt an das Ende des Programmspeichers, packt den Programmspeicher und erzeugt ein Null-Programm.

ON: Desaktiviert die Abschaltautomatik (der Rechner bleibt eingeschaltet).

PACK: Kompensiert den Programmspeicher.

SIZE nnn: Ordnet nnn Hauptspeicher-Register der Datenspeicherung zu.

SST*: Zeigt die nächste Programmzeile an.

9. Zeitfunktionen
(nur für CX-Version oder CV-Version mit Time-Modul)

ADATE: Hängt die Zahl im X-Register im momentanen Datumformat an den Inhalt des Alpha-Registers an.

ALMCAT: Listet alle Alarme in chronologischer Reihenfolge auf. Kann durch die Anweisung CATALOG 5 auch über das Tastenfeld ausgeführt werden.

ALMNOV: Aktiviert den am weitesten zurückliegenden überfälligen Steueralarm oder bedingten Alarm.

ATIME: Hängt die Zahl im X-Register im momentanen Zeitformat an den Inhalt des Alpha-Registers an.

ATIME24: Hängt die Zahl im X-Register im CLK24 Format an den Inhalt des Alpha-Registers an.

CLALMA: Löscht den ersten Alarm, dessen Meldung mit dem Inhalt des Alpha-Registers übereinstimmt.

CLALMX: Löscht den Alarm, dessen Stellung im Alarmkatalog (ALMCAT) durch die Zahl im X-Register spezifiziert ist.

CLK12: Schaltet die Anzeige der Uhr auf das 12-Stunden-Format.

CLK24: Schaltet die Anzeige der Uhr auf das 24-Stunden-Format.

CLKT: Schaltet die Anzeige der Uhr auf das Nur-Uhrzeit-Format.

CLKTD: Schaltet die Anzeige der Uhr auf das Uhrzeit/Datum-Format.

CLOCK: Zeigt die Uhr an.
Kann auch durch die Tastenfolge f ON ausgeführt werden; dabei wird der Rechner aus- und eingeschaltet und dann die Uhr angezeigt.

CLRALMS: Löscht alle Alarme.

CORRECT: Stellt die Uhrzeit und justiert den Kompensationsfaktor.

DATE: Zeigt das Datum an und legt eine das aktuelle Datum repräsentierende Zahl im X-Register ab.

DATE+: Berechnet das neue Datum aus dem X-Register spezifizierten Datum und der im Y-Register spezifizierten Anzahl von Tagen. Wenn die Anzahl von Tagen positiv ist, liegt das neue Datum später; wenn die Anzahl negativ ist, liegt das neue Datum früher.

DDAYS: Berechnet die Differenz in Tagen zwischen dem Datum im X-Register und dem Datum im Y-Register. Die Differenz ist positiv, wenn das Datum im Y-Register früher liegt und negativ, wenn das Datum im Y-Register später liegt.

DMY: Schaltet die Anzeige des Datums auf das Tag-Monat-Jahr-Format.

DOW: Ersetzt die im X-Register abgelegte, das Datum darstellende Zahl durch eine den Wochentag repräsentierende Zahl. (0=Sonntag, 6=Samstag.)

HMS: Wandelt die Zahl im X-Register von einem Dezimalstunden-Format in ein Stunden-Minuten-Sekunden-Format um.

HMS+: Addiert die Zahl im X-Register zu der Zahl im Y-Register (im Stunden-Minuten-Sekunden-Format).

HMS-: Wandelt die Zahl im X-Register von einem Stunden-Minuten-Sekunden-Format in ein Dezimalstunden-Format um.

HR: Wandelt die Zahl im X-Register von einem Stunden-Minuten-Sekunden-Format in ein Dezimalstunden-Format um.

MDY: Schaltet die Anzeige des Datums auf das Monat-Tag-Format.

RCLAF: Ruft den Kompensationsfaktor der Uhr ab.

RCLALM: Ruft die XYZALM Parameter des an n-ter Stelle im Alarmkatalog ALMCAT stehenden Alarms ab (n im X-Register spezifiziert).

RCLSW: Ruft die Stoppuhrzeit ab.

RUNSW: Startet die Stoppuhr.

SETAF: Stellt den Kompensationsfaktor der Uhr ein.

SETDATE: Stellt das Datum auf den im X-Register spezifizierten Wert.

SETIME: Stellt die Uhrzeit auf den im X-Register spezifizierten Wert.

SETSW: Stellt die Stoppuhr auf die im X-Register spezifizierte Startzeit.

STOPSW: Hält die laufende Stoppuhr an.

SW: Schaltet Stoppuhr-Tastenfeld und Anzeige ein.

SWPT: Stellt die Speicher und Rückruf-Zeiger der Stoppuhr auf die gewünschte Position ein (spezifiziert durch sss.rrr im X-Register). Schaltet Stoppuhr-Tastenfeld und Anzeige ein legt die momentane Zeigerpositionen im X-Register ab, wenn das Stoppuhr-Tastenfeld ausgeschaltet wird.

T+X: Korrigiert die Uhrzeit unter Verwendung der im X-Register spezifizierten Zeitänderung.

TIME: Legt eine die aktuelle Uhrzeit repräsentierende Zahl im X-Register ab.

XYZALM: Stellt einen Alarm ein, dessen Parameter folgendermaßen zu spezifizieren sind: Zeit im X-Register, Datum im Y-Register. Wiederholungsintervall im Z-Register, Meldung oder globales Label im Alpha-Register.

10. Funktionen des erweiterten Systems
(nur für CX-Version oder CV-Version mit Funktions-Modul)

APPCHR: Hängt den Inhalt des Alpha-Registers an das Ende des momentanen Records an (Filetyp A).

APPREC: Hängt den Inhalt des Alpha-Registers als neuen Record an das Ende des momentanen Files an (Filetyp A).

ARCLREC: Hängt den monentanen Record (ab der Position des Zeigers) an den Inhalt des Alpha-Registers an (Filetyp A).

ASROOM: Ruft die Anzahl der im momentanen File zur Verfügung stehenden Bytes ab (Filetyp A).

CLFL: Löscht den Inhalt des im Alpha-Register spezifizierten Files (Filetyp A oder D).

CRFLAS: Erzeugt einen Textfile (Name im Alpha-Register spezifiziert) mit der im X-Register spezifizierten Anzahl von Registern (Filetyp A).

CRFLD: Erzeugt einen Datenfile (Name im Alpha-Register spezifiziert) mit der im X-Register spezifizierten Anzahl von Registern (Filetyp D).

DELCHR: Löscht die im X-Register spezifizierte Anzahl von Zeichen aus einem Record. Die Löschoperation beginnt bei der Zeigerposition (Filetyp A).

DELREC: Löscht den momentanen Record (Filetyp A).

ED: Schaltet Texteditor-Tastenfeld und Anzeige ein (Filetyp A).

EMDIR: Listet den Katalog des erweiterten Speichers auf. Wenn die Auflistung zu Ende geführt wird, zeigt EMDIR die Anzahl der verfügbaren Register des erweiterten Speichers an.

EMDIRX: Findet den n-ten von EMDIR gelisteten File (n im X-Register spezifiziert); legt den Filenamen im Alpha-Register und den Filetyp im X-Register ab.

EMROOM: Ruft die Anzahl der für einen neuen File verfügbaren Register ab.

FLSIZE: Ruft die Registeranzahl des Files ab (Filetyp A, D oder P).

GETAS: Kopiert den im Alpha-Register spezifizierten File aus dem Massenspeicher in den erweiterten Speicher (Filetyp A).

GETP: Ersetzt das letzte Programm im Programmspeicher durch den im Alpha-Register spezifizierten File (Filetyp P).

GETR: Kopiert die Register des angegebenen Files in den Hauptspeicher (Filetyp D).

GETREC: Kopiert den Record (ab der Zeigerposition) in das Alpha-Register (Filetyp A).

GETRX: Kopiert die Fileregister (ab der Zeigerpostition) in R_{bbb} bis R_{eee} (spezifiziert durch bbb.eee im X-Register) (Filetyp D).

GETSUB: Kopiert den im Alpha-Register spezifizierten File an das Ende des Programmspeichers (Filetyp P).

GETX: Kopiert das momentane Register in das X-Register (Filetyp D).

INSCHR: Fügt den Inhalt des Alpha-Registers ein (beginnend bei der Zeigerposition) (Filetyp A).

INSREC: Fügt den Inhalt des Alpha-Registers als neuen Record an der Zeigerposition ein (Filetyp A).

POSFL: Durchsucht den File nach dem im Alpha-Register abgelegten String und legt, wenn der String gefunden wird, den Zeigerwert im X-Register ab (-1, wenn der String nicht gefunden wird) (Filetyp A).

PURFL: Löscht den im Alpha-Register spezifizierten File (Filetyp A, D oder P).

RCLPT: Ruft die Zeigerposition im momentanen File ab (Filetyp A oder D). Ruft die Anzahl der vom momentanen Programmfile belegten Bytes ab (Filetyp P).

RCLPTA: Ruft die Zeigerposition ab (Filetyp A oder D). Ruft die Anzahl der Bytes des spezifizierten Programms ab (Filetyp P).

RESZFL: Vergrößert oder verkleinert den momentanen File auf die im X-Register spezifizierte Anzahl von Registern (Filetyp A oder D).

SAVEAS: Kopiert den im Alpha-Register spezifizierten File des erweiterten Speichers in den im Alpha-Register spezifizierten Massenspeicherfile (Filetyp A).

SAVEP: Kopiert das im Alpha-Register spezifizierte Programm in den im Alpha-Register spezifizierten File (Filetyp P).

SAVER: Kopiert alle Register des Hauptspeichers in den angegebenen File (Filetyp D).

SAVERX: Kopiert den Inhalt der Hauptspeicher-Register R_{bbb} bis R_{eee} (spezifiziert durch bbb.eee im X-Register) in den angegebenen File. Die Operation beginnt bei dem momentanen Fileregister (Filetyp D).

SAVEX: Kopiert die Zahl im X-Register in das momentane Fileregister (Filetyp D).

SEEKPT: Stellt den Zeiger des momentanen Files auf die im X-Register spezifizierte Position (Filetyp A oder D).

SEEKPTA: Stellt den Zeiger auf die im X-Register spezifizierte Position (Filetyp A oder D).

1.4 Dokumentation

Eine gute Programmdokumentation ist die Basis jeder nutzbringenden Programmierung. Dies zu erreichen ist leider oft recht mühsam, da der Programmierer unmittelbar nach der Fertigstellung eines Programms so intensiv mit sämtlichen Eigenarten vertraut ist, daß er glaubt, für die zukünftige Anwendung auch ohne Dokumentation ausreichend gerüstet zu sein. Nach kurzer Zeit sind jedoch selbst die notwendigen Eingabeerfordernisse, die Rechnerkonfiguration oder die Speicherzuordnungen nicht mehr gegenwärtig und müssen aus dem Programmlisting mühsam rekonstruiert werden.

Neben der ausführlichen schriftlichen Programmdokumentation kommt der Beschriftung der Datenträger in Form von Magnetkarten oder Magnetbänder besondere Bedeutung zu. Die Programmkarten sollten alle Startadressen mit eindeutiger Tastenzuordnung erhalten. Falls zu dem Programm eine Datenkarte eingelesen werden muß, so soll diese die Speicherplatzadressen der problembezogenen Daten lesbar ausweisen.

1.4.1 Programmanleitung

Eine benutzerfreundliche Programmanleitung sollte folgende Punkte enthalten:

1. Formulierung der Aufgabe (eindeutige mathematische Beschreibung des Lösungsalgorithmus)

2. Rechnerkonfiguration (z. B. Hinweis zu Speicherbereichserweiterungen, erweiterte Funktions-, Speichermodule, Drucker, Digital-Kassettenlaufwerk, IL-Interfacemodul)

3. Startadressen und Tastenzuordnungen mit Hinweisen zu der gelösten Aufgabe

4. Eingabedaten mit Hinweisen zur Eingabeart (Dialogeingabe, Benennungen, Datensetzungen)

5. Speicherbereichsdefinition sowie permanente Daten und abgespeicherte Ergebnisse mit ihrer Speicherzuordnung

6. Ausgegebene Ergebnisse mit Hinweisen zu den Ergebnisbenennungen und Kurzbezeichnungen der Ausgabe

7. Status-Angaben zu den Flags und dem Anzeigeformat

8. Anweisungsliste

9. Beispielrechnungen

1.4.2 Programmspeicherung

Zur Aufbewahrung von Programmen stehen folgende Speichermedien zur Verfügung

1. Hauptspeicher des Rechners
2. Erweiterter Speicherbereich
3. Magnetkarten
4. Digital-Kassette
5. Bar-Code-Liste
6. Anweisungsliste

Die ersten beiden Aufbewahrungsmedien sind durch unmittelbare Zugriffsmöglichkeit gekennzeichnet. Sie beruhen auf einer dynamischen Speicherung in Schreib-Lesespeichern (RAM) und sind daher an eine dauernde Energieversorgung, wenn auch geringer Leistung, gebunden. Durch Fehlbedienung oder Gerätefehler besteht die Gefahr einer Programmzerstörung. Die Speicherkapazität ist verhältnismäßig eng begrenzt. Bei den beiden Magnetspeichermedien Magnetkarte oder Digital-Kassette besteht ein mittelbarer Programmzugriff über die Zusatzgeräte Kartenleser oder Kassettenlaufwerk. Die Informationsspeicherung erfolgt statisch, d.h. ohne Energiezufuhr. Die Speicherkapazität ist praktisch unbegrenzt. Aber auch hier kann durch äußere Beeinflussungen ein Zurückladen der Programme in den Rechner erschwert oder sogar unmöglich werden. Wichtige Programme sollten daher immer zweifach, z.B. auf Magnetkarten und auf einer Kassette abgespeichert werden.

Die technisch anspruchloseste Programmspeicherung besteht in der Herstellung von Bar-Code-Listen oder Anweisungslisten über die "PRP"-Funktion (Print Program). Zur Ablage ausgedruckter Programme ist es zweckmäßig, Kopien zu erstellen, da die auf Thermopapier ausgedruckten Listen je nach Umgebungsbedingungen in kurzer Zeit bereits unkenntlich ausbleichen können. Die Anweisungsliste kann durch Eintragung von Richtungspfeilen für die Sprunganweisungen und Kennzeichnung der Sprungziele erheblich an Übersichtlichkeit gewinnen. Falls in dem Programm auf permanente Daten zurückgegriffen wird, sollte stets ein Speicherauszug aller Daten der Anweisungsliste hinzugefügt und der permanente Datenblock entsprechend gekennzeichnet werden.

2 Grundlagen der Zinsberechnung

Der Zins (lat. census = Abgabe) ist der Preis für die leihweise Überlassung und wirtschaftliche Nutzung eines Kapitals über eine vereinbarte Zeitspanne. Der Preis wird von dem Zinsentgelt für je 100 DM abgeleitet und als Zinsfuß in Prozent angegeben. Der Zinsfuß bezieht sich normalerweise auf ein Kalenderjahr. Bei unterjährigen Zeitspannen wird eine zeitanteilige Anrechnung des Zinsfußes zugrunde gelegt, wobei das Kalenderjahr im Finanzbereich zu 360 Tagen und jeder Monat zu 30 Tagen in Rechnung gestellt wird. Man spricht dann von einer unterjährlichen Verzinsung.

Bei einfacher Verzinsung geht man davon aus, daß der Zins am Ende einer jeden Zinsperiode ausgezahlt oder auf ein nicht verzinsliches Konto gutgeschrieben wird. Diese Art der Verzinsung wird z.B. bei Sparkonten für die Guthabenbewegungen innerhalb eines Jahres angewandt. Wird dagegen der Zins zum Fälligkeitszeitpunkt jeweils dem Kaptital zugeschlagen und sofort mit diesem zusammen wieder mit verzinst, so liegt eine Zinseszinsverzinsung vor. Die Zinseszinsverzinsung ergibt eine Wachstumsfunktion, deren exponentieller Anstieg für große Zeiträume zu einem aufgezinsten Kapitalwert führt, der die Grenze der realen Vorstellung überschreitet.

Ein eindrucksvolles Beispiel liefert hier die Beantwortung der Frage nach dem Endkapital, welches der Stadt Aachen im Jahre 1983 zur Verfügung stünde, wenn Kaiser Karl der Große am Tage seiner Krönung in der Kaiser Pfalz zu Aachen im Jahre 800 den Stadtvätern den Betrag von einem Pfennig, mit 3 1/4% verzinslich auf ein Sparkonto angelegt, vererbt hätte. Der Endbetrag betrüge heute $2,7 \cdot 10^{14}$ DM, der auf die Einwohner der Bundesrepublik Deutschland verteilt, einen Betrag von rd. 4,5 Mio DM je Einwohner ergeben würde.
Aus diesem Beispiel ist die Problematik der Auf- oder Abzinsung eines Kapitalbetrages über sehr große Zeiträume hinweg zu erkennen.

2.1 Verzinsungsarten

Die Gutschrift des Zinsbetrages erfolgt üblicherweise am Ende der Zinsperiode als nachschüssige Verzinsung. In Ausnahmefällen wird auch eine vorschüssige Zinsverrechnung vereinbart, bei der der Zinsbetrag zu Beginn des Kapitalüberlassungsgeschäftes bereits verrechnet wird.

Bei Geldgeschäften im Bank- und Sparkassenbereich ist es üblich, neben dem Zins noch weitere auf das Kapital bezogene Anteile als Preis für die Überlassung des Kapitals zu vereinbaren, so daß zwischen dem Nominalzinsfuß und dem Effektivzinsfuß zu unterscheiden ist. Der Nominalzinsfuß ist der vereinbarte, auf ein

Kalenderjahr bezogene Zinsfuß, ohne Berücksichtigung von Nebenvereinbarungen, die z.B. Zinszahlungszeitpunkte oder ein Disagio betreffen können. Der Effektivzinsfuß ist derjenige Zinsfuß, der sich unter Berücksichtigung der Nominalverzinsung und der übrigen Nebenvereinbarungen auf ein Kalenderjahr bezogen ergibt und somit den effektiven Preis für die Kapitalüberlassung - bezogen auf 100 DM - repräsentiert [14, 15, 16, 17].

2.1.1 Jährliche Verzinsung

Der jährliche Zinsertrag Z eines Kapitals K_0 angelegt zu dem auf 360 Zinstagen bezogenen nominalen Zinsfuß p, angegeben in Prozent, ergibt sich zu:

$$Z = K_0 \frac{p}{100} \tag{2.1.1}$$

Der Zinsfuß ist die in Prozent ausgedrückte jährliche Vergütung für geliehenes Geld. Gl.(2.1.1) ist eine Zahlenwertgleichung, bei der der Zinsfuß p als Prozentwert einzusetzen ist.

In der Finanzmathematik wird der auf 100 % bezogene Zinsfuß als Zinssatz i (interest) bezeichnet:

$$i = \frac{p}{100} \tag{2.1.2}$$

Der Zinssatz ist die auf eine Einheit bezogene jährliche Vergütung für geliehenes Geld.

$$Z = K_0 i \tag{2.1.3}$$

Am Ende der ersten jährlichen Zinsperiode steht ein Kapital K_1 zur Verfügung:

$$K_1 = K_0 + Z = K_0 (1 + i) \tag{2.1.4}$$

Der Faktor 1+i zur Bildung des aufgezinsten Endkapitals wird als Zinsfaktor q bezeichnet:

$$q = 1 + i = 1 + \frac{p}{100} \tag{2.1.5}$$

Der Zinsfaktor q spielt bei der Zinseszinsberechnung und allgemein in der Finanzmathematik eine dominierende Rolle. Für n Zinsperioden liefert die einfache Zinsberechnung einen Gesamt-Zinsertrag zu:

$$Z = K_0 n i \tag{2.1.6}$$

Da jedoch die einzelnen Zinserträge zu unterschiedlichen Zeiten anfallen, ist eine Summenangabe des Zinsertrages betriebswirtschaftlich wenig sinnvoll, da das wertbildende Zeitmoment bei dieser Betrachtung völlig unberücksichtigt bleibt.

2.1.2 Unterjährliche Verzinsung

Da sich der Nominalzinsfuß auf die jährliche Bereitstellung des Kapitals bezieht, ist bei unterjährlichen Zinsperioden nur der zeitanteilige Wert des Nominalzinsfußes zu berücksichtigen.
Umfaßt die Zinsperiode T Tage, so ergibt sich der Zinsertrag zu:

$$Z = K_0 \frac{T}{360} \frac{p}{100} = K_0 \frac{T}{360} i \qquad (2.1.7)$$

Die Gl.(2.1.7) entspricht der klassischen Zinsberechnung, wonach sich die Zinsen aus dem Quotienten Zinszahl dividiert durch den Zinsdivisor ergeben. Dabei ist die Zinszahl als Produkt aus Kapital mal Tage geteilt durch 100 und der Divisor als Quotient 360 geteilt durch den Zinsfuß p definiert.

Die unterjährliche Verzinsung wird z.B. in Form der Staffelmethode bei Spareinlagen angewandt (Bild 2.1.1). Bei 12 gleichen Einzahlungen R auf ein Sparkonto jeweils zum Monatsanfang ergibt sich mit Beginn der Zahlungen am Jahresanfang (vorschüssige Zahlungsweise) bei einem Nominalzinsfuß p ein Zinsertrag am Ende des Jahres zu:

$$Z = R \frac{p}{1200} (12+11+10+9+8+7+6+5+4+3+2+1) \qquad (2.1.8)$$

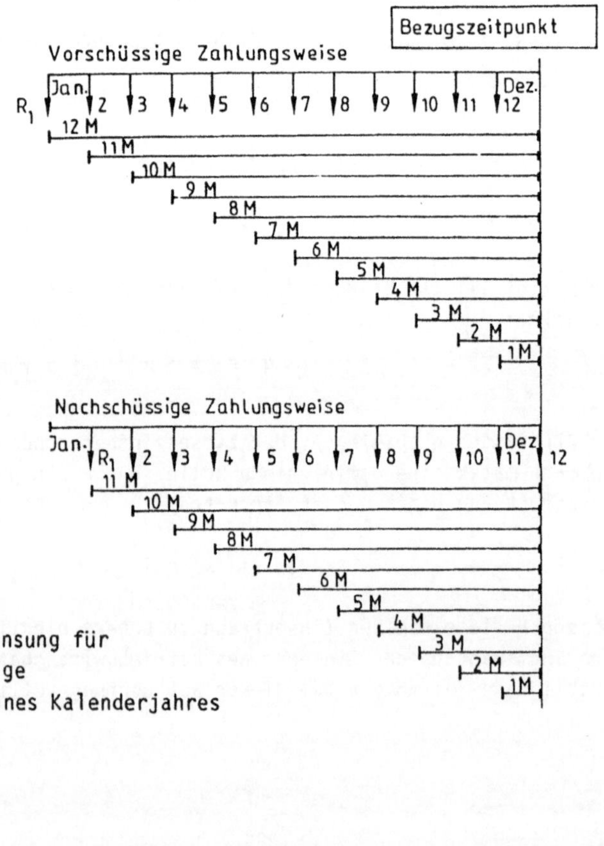

Bild 2.1.1

Darstellung der Staffelverzinsung für vorschüssige und nachschüssige Monatszahlungen innerhalb eines Kalenderjahres

Werden die Zahlungen am Monatsende geleistet (nachschüssige Zahlungsweise), so gilt:

$$Z = R \frac{p}{1200} (11+10+9+8+7+6+5+4+3+2+1+0) \qquad (2.1.9)$$

Da bei vorschüssiger Zahlungsweise die erste Rate 12 Monate, die zweite Rate 11 Monate und die zwölfte Rate 1 Monat verzinst wird, liegt eine arithmetische Reihe vor, deren Summe sich aus - dem Anfangsglied plus dem Endglied mal halbe Anzahl der Glieder - ergibt:

$$S = \frac{n}{2} (a_1 + a_n) \qquad (2.1.10)$$

Für den Zinsertrag am Jahresende gilt allgemein:

$$Z = R \frac{i}{n} \frac{n}{2} (n \pm 1) \quad \begin{array}{l} + \text{ vorschüssige Zahlungsweise} \\ - \text{ nachschüssige Zahlungsweise} \end{array} \qquad (2.1.11)$$

Bei n = 12 Monatsraten ergibt sich:

$$Z = \begin{cases} 6{,}5 \; i \cdot R & + \text{ vorschüssige Zahlungsweise} \\ 5{,}5 \; i \cdot R & - \text{ nachschüssige Zahlungsweise} \end{cases} \qquad (2.1.12)$$

2.1.3 Programm unterjährliche Zinsberechnung

Eine Programmierung der einfachen Zinsrechnung wird für praktische professionelle Anwendungen wenig sinnvoll sein, da die hierzu erforderlichen Multiplikationen überschaubar mit Hilfe der Grundfunktionen des Rechners abgewickelt werden können. Daher ist das nachfolgend beschriebene Programm mehr zur Einübung in die Programmiertechnik zu verstehen.

Die unterjährliche Zinsberechnung erfordert die drei Eingabevariablen:

Kapital in DM
Laufzeit in Tage
Zinsfuß in Prozent.

Ein Programm zur Berechnung des Zinsertrages gemäß Gl.(2.1.7) sollte daher zweckmäßig mit einer Dialog-Eingabe-Struktur für die benötigten Variablen beginnen und als Ergebnis den Zinsertrag ausgeben.

Das in Tabelle 2.1.1 angegebene Programm beginnt mit der Startadresse LBL ZINS in Zeile 001. Als Eingabespeicher für die drei Eingabevariablen Kapital, Laufzeit und Zinsfuß sind die Speicher STO 11, STO 12 und STO 13 vorgesehen. Die Wahl dieser Speicher ist im Prinzip rein willkürlich, jedoch hier in Anlehnung an spätere komplexere Programme entsprechend der dort vorgesehenen Verwendung gewählt. Bei größeren Programmen erweist es sich im Hinblick auf die mehrfache Verwendung gleichartiger Programmsegmente durch Unterprogramme als zweckmäßig, die Speicher STO 00 bis STO 09 als interne Arbeitsspeicher (Hilfsgrößenspeicher)

Tabelle 2.1.1 Anweisungsliste zur unterjährlichen Zinsberechnung

```
01◆LBL "ZINS"
 02 RCL 11
03 "KAPITAL? DM:"
 04 PROMPT
 05 STO 11
 06 RCL 12
07 "ZINSFUSS? %:"
 08 PROMPT
 09 STO 12
 10 100
 11 /
 12 STO 00
 13 RCL 13
14 "LAUFZEIT? TAGE:"
 15 PROMPT
 16 STO 13
 17 360
 18 /
 19 RCL 00
 20 *
 21 RCL 11
 22 *
23 "ZINSERTRAG:"
 24 AVIEW
 25 CLA
 26 ARCL X
 27 "⊦ DM"
 28 AVIEW
 29 ADV
 30 END

LBL'ZINS
END        98 BYTES
.END.      03 BYTES
```

vorzusehen, die während des Programmlaufs dauernde Änderungen erfahren. In diesem Sinne wird an dieser Stelle bereits auf die in der Einführung dargestellten immer wiederkehrenden grundsätzlichen Programmstrukturen hingewiesen, die dann später öfters Verwendung finden, ohne besonders erläutert zu werden.

Ein wichtiges Prinzip ist z.B. der Aufruf einer zur Eingabe vorgesehenen Variablen aus dem zugeordneten Speicherregister, in das X-Register mit nachfolgender Rück-Speicherung (RCL 11, Eingabe, STO 11). Mit Hilfe dieser regenerierenden Dialogeingabe wird erreicht, daß bei wiederholtem Programmaufruf mit nur teilweise geänderten Eingabedaten ausschließlich die veränderten Daten neu eingegeben werden müssen, während die unveränderten Daten lediglich durch die R/S-Taste zu quittieren sind.

Mit den Anweisungen in den Zeilen 002 bis 016 ist dieses Prinzip für die drei Eingabevariablen verwirklicht. Bei der jeweiligen Programmunterbrechung für die Eingabe (PROMPT) erscheint im Anzeigefeld bzw. auf dem Druckstreifen die entsprechende Benennung der Variablen. Nach Ausführung der Rechenoperationen gemäß Gl.(2.1.7) in den Zeilen 017 bis 022 wird der Zinsertrag in DM ausgegeben. Für die Anzeige wird der Ergebniswert in das Alpha-Register übernommen (Zeile 26) und die Einheit DM mit Hilfe der APPEND-Funktion (in Zeile 27) angehängt.

Die AVIEW-Anweisung in Zeile 28 bewirkt sowohl in der Anzeige als auch auf dem Drucker die Ausgabe des Ergebnisses mit Zahlenwert und Einheit. Das Programm benötigt 98 Bytes, entsprechend 14 Register, sowie eine Speicherbereichsvereinbarung von mindestens 14 Speicher (STO 00 bis STO 13) durch die Funktion SIZE 014.

```
            XEQ "ZINS"                          XEQ "ZINS"
KAPITAL? DM:                        KAPITAL? DM:
        1.000,00    RUN                     5.000,00    RUN
ZINSFUSS? %:                        ZINSFUSS? %:
            8,00    RUN                         9,50    RUN
LAUFZEIT? TAGE:                     LAUFZEIT? TAGE:
          360,00    RUN                        90,00    RUN
ZINSERTRAG:                         ZINSERTRAG:
80,00 DM                            118,75 DM
```

Bild 2.1.2 Ergebnisausdruck des Programms "ZINS"

In Bild 2.1.2 sind zwei Ergebnisausdrucke des Programms "ZINS" angegeben. Nach jeder Dateneingabe wird der Programmablauf ab der entsprechenden PROMPT-Anweisung weiter fortgesetzt.

2.2 Zinseszinsberechnung

Werden einem Kapital die Zinsen am Ende der Zinsperiode jeweils zugeschlagen, so erhöht sich das zu verzinsende Kapital von Zinsperiode zu Zinsperiode um den Perioden-Zinsfaktor q^* gemäß Gl.(2.1.4). Nach n^* Zinsperioden ist das Anfangskapital K_o auf das Endkapital K_n angewachsen:

$$K_n = K_o \, (1 + i^*)^{n^*} = K_o \, q^{*n^*} \qquad (2.2.1)$$

Die Entwicklung des Kapitals bei Zinseszinsberechnung entspricht also einem exponentiellen Wachstumsgesetz.

In der praktischen Zinseszinsrechnung wird bei nicht ganzzahliger Zinsperiodenzahl n^* die echt gebrochene Restperiode nur einfach verzinst. Bezeichnet man den ganzzahligen Anteil von n^* mit n_1^* und den echt gebrochenen Anteil mit n_2^*, so gilt für das Endkapital K_n:

$$K_n = K_o \, q^{* \, n_1^*} \, (1 + i \, n_2^*) \qquad (2.2.2)$$

Rechentechnisch läßt sich die Aufspaltung von n^* in einem ganzzahligen Anteil n_1^* und einem gebrochenen Anteil n_2^* mit Hilfe der Funktionen INT und FRC durchführen:

$$n_1^* = \mathrm{INT} \, \{n^*\} \qquad (2.2.3)$$

$$n_2^* = \mathrm{FRC} \, \{n^*\} \qquad (2.2.4)$$

Programmtechnisch ist zur Realisierung der Gl.(2.2.3 u. 2.2.4) folgende Anweisungsfolge erforderlich:

Der Wert von n* stehe im X-Register, z.B. n* = 8,5.

Anweisungsfolge	X-Register 8,50	Y-Register 0
INT	8,00	0
LAST X	8,50	8,00
FRC	0,50	8,00

Nach Ausführung der drei Operationen steht der Wert FRC $\{n^*\}$ im X-Register und INT $\{n^*\}$ im Y-Register.

2.2.1 Jährliche Zinseszinsen

Da der Zinsfuß q_* üblicherweise als Jahreszinsfuß definiert ist, ergibt sich aus Gl.(2.2.1) mit $q^* = q$ als Zinsfaktor für Jahresperioden das Wachstumsgesetz für die jährlich nachschüssige Zinseszinsberechnung nach n Jahren:

$$K_n = K_o (1 + i)^n = K_o q^n \tag{2.2.5}$$

Für nicht ganzzahlige n gilt analog zu Gl.(2.2.2 u. 2.2.3) mit:

$$n_1 = \text{INT} \{n\} \tag{2.2.6}$$

$$n_2 = \text{FRC} \{n\} \tag{2.2.7}$$

für das Endkapital gilt:

$$K_n = K_o q^{n_1} (1 + i n_2) \tag{2.2.8}$$

Die gemischte Verzinsung nach Gl.(2.2.8) ergibt bei üblichen Zinswerten für $0 < n_2 < 1$ einen nur geringfügig kleineren Wert gegenüber dem Ergebnis aus Gl.(2.2.5) mit ungeradzahligen Exponenten, da für kleine i die Näherungsgleichung: $(1 + i)^{n_2} < 1 + i\, n_2$ gilt. Für i = 0,1 entsprechend p = 10 % und $n_2 = 0,5$ beträgt der Unterschied z.B. 0,11 %.

Wird abweichend von der üblichen nachschüssigen Verzinsung eine vorschüssige Zinsberechnung vereinbart, so werden die aus dem Kontostand zum jeweiligen Jahresende errechneten Zinszuschläge dem Anfangskapital zugeschlagen:

$$K_1 = K_o + Z \tag{2.2.9}$$

$$K_1 = K_o + K_1 \frac{p}{100} = K_o + K_1 i \tag{2.2.10}$$

$$K_1 = K_o \frac{1}{1 - i} \tag{2.2.11}$$

Damit folgt für den Kontostand nach dem n-ten Jahr:

$$K_n = K_o \frac{1}{(1 - i)^n} \qquad (2.2.12)$$

Durch Umformung der Gl. (2.2.11) in ein Summationsglied, ergibt sich eine analoge Form zu Gl.(2.1.4):

$$K_1 = K_o \left(1 + \frac{i}{1-i}\right) \qquad (2.2.13)$$

Nach n Jahren gilt:

$$K_n = K_o\left(1 + \frac{i}{1-i}\right)^n \qquad (2.2.14)$$

Mit dem Äquivalent-Zinsfaktor q' gilt:

$$q' = 1 + \frac{p'}{100} = 1 + \frac{i}{1-i} \qquad (2.2.15)$$

Daraus folgt für p':

$$p' = \frac{100p}{100-p} > p \qquad (2.2.16)$$

Die vorschüssige Zinseszinsberechnung entspricht also der üblichen nachschüssigen Berechnung, wenn an Stelle des Zinsfußes p der Ersatzzinsfuß p' gemäß Gl.(2.2.16) berücksichtigt wird.

In Bild 2.2.1 sind die drei Verzinsungsarten: einfache Verzinsung, nachschüssige Zinseszinsen und vorschüssige Zinseszinsen für einen Zinsfuß p in Abhängigkeit von der Anlagedauer dargestellt. Der Zinsfuß von p = 7 % entspricht z.B. einem Zinsfuß p' = 7,53 %.

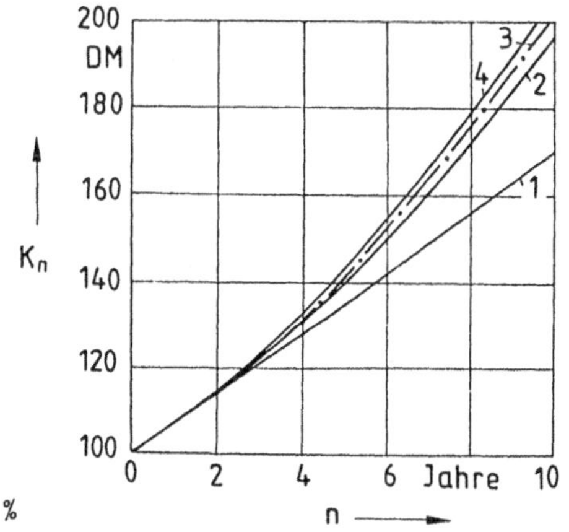

Bild 2.2.1

Entwicklung eines Kapitals durch Zinsgutschrift mit verschiedenen Zinsintervallen

1 einfache Verzinsung
2 jährlich nachschüssige Verzinsung
3 stetige Verzinsung
4 jährlich vorschüssige Verzinsung, jeweils mit einem Zinsfuß von p = 7 %

2.2.2 Unterjährliche Zinseszinsen

Bei der unterjährlichen Zinseszinsberechnung ist das exponentielle Wachstumsgesetz gemäß Gl.(2.2.1) für jede Zinsperiode n* mit dem entsprechenden zeitanteiligen Zinsfuß p* wirksam. Umfaßt die Zinsperiode T Tage, so ergibt sich aus dem nominellen Jahreszinsfuß p ein zeitanteiliger Zinsfuß p* zu:

$$p^* = p \frac{T}{360} \tag{2.2.17}$$

$$q^* = 1 + \frac{p^*}{100} = 1 + i^* \tag{2.2.18}$$

Entsprechend gilt für die Anzahl Zinsperioden n* bei einer Jahreslaufzeit n:

$$n^* = n \frac{360}{T} \tag{2.2.19}$$

Für ganzzahlige n* ergibt sich das Endkapital nach n* Zinsperioden gemäß Gl.(2.2.1).

Für nicht ganzzahlige n* ist die Restlaufzeit der Zinsperiode einfach zu verzinsen, so daß sich ein Endkapital gemäß Gl.(2.2.2) ergibt.

2.2.3 Effektivzinsfuß

Der Effektivzinsfuß spielt eine zentrale Rolle bei der Bewertung von festverzinslichen Kapitalanlagen und Kreditgeschäften hinsichtlich der Rendite einer Anlage oder der effektiven Kosten eines Kredites.

Um die Vergleichbarkeit von Geldmarktgeschäften zu verbessern, wird in der Verordnung zur Regelung der Preisangaben (PAngV), veröffentlicht im Bundesgesetzblatt BGBL 1985, Nr. 17 Teil I, S. 580-583 vom 14.03.1985 festgelegt, daß der effektive Jahreszins zu den sonstigen Konditionen mit anzugeben ist. Die vorgenannte Verordnung ersetzt die aufgrund einer Entscheidung des Bundesverfassungsgerichtes vom 08.11.1983 - 1 BvR 1249/81 - außer Kraft gesetzten Verordnung über Preisangaben vom 10.05.1973 BGBL. I S. 461. Bei Krediten ist der unter Zugrundelegung der gesamten Laufzeit des Kredites, des ausgezahlten Betrages, der Tilgungsleistungen, des Zinssatzes, der Vermittlungskosten und der sonstigen Kosten sich ergebende Preis in vom Hundert des Kredites für das Jahr unter der Bezeichnung "effektiver Jahreszins" anzugeben. Der Berechnung wird - allgemein anerkannt - ein fiktives Kapitalgeschäft mit konstanter nachschüssiger jährlicher Verzinsung sowie summen- und termingerechter Nettoabwicklung aller effektiv geleisteter Zahlungen zugrunde gelegt. Daraus ergibt sich die folgende Definition:

"Unter dem Effektivzinsfuß versteht man denjenigen auf 360 Zinstage bezogenen Jahreszinsfuß, der - über die vereinbarte Laufzeit als konstant angenommen - bei summen- und termingerechter Abwicklung aller effektiver Leistungen aus dem vereinbarten Kapitalgeschäft zum gleichen Endwert führt, wie die vereinbarten Zahlungsbedingungen."

Er ist somit der wirklich anfallende Zinsfuß für die gesamte Dauer der Laufzeit des Darlehens, der unter Berücksichtigung des Auszahlungskurses, evtl. anrechnungsfähiger Kreditkosten und der Laufzeit berechnet werden kann. Als Preis eines Kredits ist derjenige Preis für das Jahr in vom Hundert des Kredits anzugeben, der das Verhältnis aller Kosten zur je einjährigen Kapitalausnutzung in einem einzigen Zahlenwert, dem "effektiven Jahreszins", ausdrückt. Der effektive Jahreszins und der Nominalzins sind nur dann identisch, wenn ein jährlich -360 Zinstage nach Auszahlung bzw. bei Restlaufzeiten von weniger als einem Jahr- am Kreditende nachschüssig nach der jeweiligen Kredithöhe zu verzinsender Kredit ohne weitere Kreditkosten vorliegt (Vergleichskredit). Jede Abweichung von dieser Modalität ist kostenwirksam richtig zu berücksichtigen, und zwar ausgehend von dem nominalen Vertragszinssatz und der deutschen banküblichen Praxis, für Zeiträume von weniger als einem Jahr mit einfachem Zins und bei nach Jahren bemessenen Zeiträumen mit Zinseszinsen zu rechnen. Praktisch bedeutet dies, daß alle Kostenbelastungen des Kreditnehmers unter Berücksichtigung des ihm zur Verfügung stehenden Kreditbetrags und der zeitlichen Folge der Leistungen in einer Rechnung exakt zu ermitteln sind.

Der effektive Zinsfuß ist somit eine Maßzahl, in der sämtliche Zahlungselemente und Zahlungsmodalitäten zu einer einzigen Zahl zusammengefaßt werden. Sie erlaubt es, unterschiedliche Finanzierungen trotz differierender Konditionen miteinander zu vergleichen oder auch zu klassifizieren. Der effektive Zinssatz gibt an, welche Zinshöhe der Kredit tatsächlich annimmt, wenn man alle Kosten (z.B. das Disagio) und Gebühren (z.B. Vermittlungsgebühr) in einen Zinssatz umrechnet und gleichzeitig auch alle sonstigen Modalitäten des Kreditvertrages (z.B. Höhe der Belastung unter Berücksichtigung der Fälligkeit, Laufzeit, Nominalzins) berücksichtigt.

Nach der Preisangabenverordnung gelten folgende Anwendungshinweise für die Berechnung des effektiven Jahreszinses.

In die Berechnung der effektiven Jahreszinsen sind einzubeziehen:

1. Nominalzins
2. Zinssollstellungstermine
3. jährliche Tilgungshöhe bei der planmäßigen Laufzeit (bzw. die Tilgungsrate bei der planmäßigen Laufzeit, die sich aus den Zahlungsraten unter Berücksichtigung des Zinses ergibt)
4. tilgungsfreie Jahre
5. Disagio und Agio
6. Bearbeitungsgebühr unnd Verwaltungsbeiträge
7. Maklerprovision unnd sonstige Kreditvermittlungskosten
8. Zahlungstermine entsprechend individuellem Angebot bzw. individueller Vereinbarung

9. Annuitäten-Zuschußdarlehen
10. Zusatzdarlehen zur Finanzierung eines Disagios oder Agios u.ä.
11. von den Zahlungsterminen abweichende Tilgungsverrechnungstermine

In die Berechnung des effektiven Jahreszinses sind nicht einzubeziehen:

1. Inhaltlich noch nicht feststehende Änderungen in den Konditionen des Darlehens während der Laufzeit, auch wenn sie ausdrücklich vorbehalten werden
2. Bereitstellungszinsen und Teilauszahlungs-Zinsaufschläge
3. Aufwendungen, die mit der Absicherung des Darlehens zusammenhängen (z.B. Schätzungsgebühren, Notariatsgebühren und Grundbuchkosten für die Bestellung von Hypotheken und Grundschulden)
4. Aufwendungen für Versicherungen. Dies gilt auch, wenn die Darlehensgewährung vom Abschluß einer Tilgungs- oder Restschuldlebensversicherung abhängig ist.
5. Ansparleistungen (z.B. bei Bausparkrediten), Eigenleistungen (z.B. Anzahlungen bei Abzahlungskaufkrediten), Mitgliedschaften und ähnlichen Vorleistungen des Kreditnehmers, die nur die Voraussetzung für die Kreditgewährung bilden, die Abwicklung des eigentlichen Kredits aber nicht unmittelbar beeinflussen.
6. Die bei Verzug des Darlehensnehmers entstehenden zusätzlichen Aufwendungen
7. Allgemeine Kontoführungsgebühren, die unabhängig von der Kreditsumme in marktüblichem Umfang erhoben werden.

In der Rechtsprechung ist durch eine Entscheidung des Bundesgerichtshofes (I ZR 20/78) klargestellt, daß bei der Werbung für Verbraucherkredite der wirkliche Jahreszins (Effektivzinsfuß) angegeben werden muß. Für Kredite, deren Konditionen nicht für die gesamte Laufzeit fest sind, sondern unvorhergesehenen Änderungen unterliegen, ist der "effektive Jahreszins" als "anfänglicher effektiver Jahreszins" zu bezeichnen und anzugeben. Bei den letzteren ist die Angabe des Effektivzinsfußes für die gesamte Laufzeit finanzmathematisch nicht möglich, es sei denn, man unterstellt für die zinsmäßig frei schwebende Laufzeit bestimmte Nominalzinsfüße im Sinne einer Prognoserechnung.

Ebenso problematisch ist die Angabe des Effektivzinsfußes für unterjährliche Festlegungszeiten, wobei nicht feststeht, ob eine Wiederanlage zu den gleichen Zinskonditionen für ein Jahresintervall überhaupt möglich ist. Auf diesen Punkt wird nachfolgend bei der Programmierung noch näher eingegangen.

Da der Effektivzinsfuß im Sinne der Preisangaben-Verordnung eine bessere Transparenz der Kreditangebote zum Ziel hat, kann er als vergleichbarer Jahreszins zur Beurteilung unterjährlich verzinslicher Anlagen herangezogen werden, sofern die Anlagedauer sich über mindestens eine Jahresfrist erstreckt.

Aus dem Ansatz für das jährlich aufgezinste Kapital:

$$K_n = K_0 \, q^n_{eff} \qquad (2.2.20)$$

folgt für den Effektivzinsfuß in Prozent allgemein:

$$p_{eff} = (\sqrt[n]{\frac{K_n}{K_o}} - 1)\ 100 \qquad (2.2.21)$$

Der Effektivzinsfuß bei unterjährlicher Verzinsung ergibt sich für ganzzahlige Zinsintervalle n* durch Gleichsetzung der Endwerte für unterjährliche und jährliche Verzinsung:

$$K_n = K_o\, q^{*\, n^*} = K_o\, q_{eff}^n \qquad (2.2.22)$$

$$(1 + \frac{pT}{36.000})^{n\,\frac{360}{T}} = (1 + \frac{p_{eff}}{100})^n \qquad (2.2.23)$$

$$p_{eff} = \left[(1 + \frac{pT}{36.000})^{\frac{360}{T}}\right] - 1 \quad 100 \qquad (2.2.24)$$

In Abhängigkeit von der Zinsperiodendauer T und dem Nominalzinsfuß p läßt sich mit Gl.(2.2.24) die in Tabelle 2.2.1 angegebene Matrix als Ergebnis des in Tabelle 2.2.2 aufgelisteten Programms angeben. Das Programm erfordert einen Speicherbereich von 103 Bytes entsprechend 15 Register.

Tabelle 2.2.1 a) Effektivzinsfuß-Matrix

Zinsintervall	Nominalzinsfuß %		
Tage	5	7	10
1	5,13	7,25	10,52
30	5,12	7,23	10,47
90	5,09	7,19	10,38
180	5,06	7,12	10,25
360	5,00	7,00	10,00

b) Rechnerausdruck

```
            XEQ "EFFZ"
ZINSFUSS? %:
              5,00    RUN
INTERVALL? TAGE:
             90,00    RUN

EFFEKTIVZINSFUSS:
5,09 %

            XEQ "EFFZ"
ZINSFUSS? %:
              7,00    RUN
INTERVALL? TAGE:
             90,00    RUN

EFFEKTIVZINSFUSS:
7,19 %

            XEQ "EFFZ"
ZINSFUSS? %:
             10,00    RUN
INTERVALL? TAGE:
             90,00    RUN

EFFEKTIVZINSFUSS:
10,38 %
```

Tabelle 2.2.2

Anweisungsliste zur Effektivzinsfuß-berechnung bei unterjährlicher Verzinsung

```
01♦LBL "EFFZ"
02 "ZINSFUSS? %"
03 PROMPT        <= p
04 "INTERVALL? TAGE"
05 "⊢:"
06 PROMPT        <= T
07 360
08 /
09 *
10 LASTX
11 X<>Y
12 100
13 /
14 1
15 +
16 X<>Y
17 1/X
18 Y↑X
19 1
20 -
21 100
22 *
23 ADV
24 "EFFEKTIVZINSFUS"
25 "⊢S:"
26 AVIEW
27 CLA
28 SF 12
29 ARCL X
30 "⊢ %"
31 AVIEW         => p_eff
32 CF 12
33 ADV
34 RTN
35 .END.
```

2.2.4 Stetige Verzinsung

Durch systematische Verkleinerung der Zinsperiode von der standardmäßigen Jahresperiode über monatliche oder tägliche Zinsperioden läßt sich auch eine stetige Zinsesverzinsung erreichen, bei der die Zinsen nach der gegen Null gehenden Zeitspanne $\triangle t$ unmittelbar dem Kapital zugeschlagen werden, so daß sich ein mit der Zeit stetig anwachsendes Kapital K(t) ergibt. Man spricht auch von kontinuierlicher Verzinsung.

Dieser Sachverhalt läßt sich aus der unterjährlichen Verzinsung herleiten, indem die Zinsperiode um den Faktor 1/m gegenüber der jährlichen Periode verkleinert wird, wobei m gegen unendlich geht. Für den Kapitalertrag nach n·m-Zinsperioden gilt:

$$K_n = K_o \, (1 + \frac{i}{m})^{n \cdot m} \qquad (2.2.25)$$

Setzt man $\gamma = m/i$ in Gl.(2.2.25) ein, so ergibt sich die Form:

$$K_n = K_o \left[(1 + \frac{1}{\gamma})^{\gamma}\right]^{i \cdot n} \qquad (2.2.26)$$

Für den Term in der eckigen Klammer folgt für $\gamma \to \infty$ die Eulersche Zahl e:

$$\lim_{\gamma \to \infty} (1 + \frac{1}{\gamma})^{\gamma} = e \qquad (2.2.27)$$

Damit ergibt sich bei stetiger Zinseszinsberechnung für den Kapitalbetrag nach n Jahren zu dem Zinssatz i = p/100:

$$K_n = K_o \, e^{i \cdot n} \qquad (2.2.28)$$

Die stetige Zinseszinsberechnung wirkt sich insbesondere für spätere Laufzeiten mit stärkerem exponentiellen Anstieg aus. Bei 10 % Zinsfuß ergibt ein Kapitalbetrag von 100 DM die in Tabelle 2.2.3 aufgeführten Endbeträge bei kontinuierlicher und jährlicher Zinseszinsberechnung. Während nach dem ersten Jahr der Kapitalbetrag bei stetiger Verzinsung nur um 0,47 % höher ist als bei jährlicher Zinsverrechnung, erreicht diese Differenz nach 100 Jahren bereits rd. 60 %.

Tabelle 2.2.3 Kapitalentwicklung bei stetiger und jährlicher Verzinsung (Anfangskapital 100,-- DM, p = 10 % p.a.)

Jahre n	stetige Zinseszinsen DM	jährliche Zinseszinsen (nachschüssig) DM	Differenz stetige gegenüber jährlicher Verzinsung %
1	110,52	110,00	+ 0,47
10	271,83	259,37	+ 4,8
20	738,91	672,75	+ 9,8
50	14.841,32	11.739,09	+ 26,4
100	2.202.646,58	1.378.061,23	+ 59,8

Der Effektivzinsfuß bei stetiger Verzinsung ergibt sich durch Gleichsetzung der Endwerte für stetige und jährliche Verzinsung:

$$K_n = K_o \, e^{i \, n} = K_o \, (1 + \frac{p_{eff}}{100})^n \qquad (2.2.29)$$

Daraus ergibt sich mit dem Nominalzinssatz $i = p/100$ für den Effektivzinsfuß:

$$p_{eff} = (e^{\frac{p}{100}} - 1)\ 100\ \% \qquad (2.2.30)$$

Aus Gl.(2.2.30) läßt sich für den Zinsfuß bei stetiger Verzinsung und den auf jährliche Zinsperioden basierenden Effektivzinsfuß folgende Äquivalenztabelle herleiten:

Tabelle 2.2.4
Effektivzinsfuß bei stetiger Verzinsung

Nominalzinsfuß für stetige Verzinsung %	Effektivzinsfuß %
3	3,05
4	4,08
5	5,13
6	6,18
7	7,25
8	8,33
9	9,42
10	10,52
15	16,18
20	22,14
50	64,87
100	171,83

Aus der Tabelle 2.2.4 läßt sich auch zu einem vorgegebenen Nominalzinsfuß für unterjährliche Verzinsung der Effektivzinsfuß größenmäßig abschätzen. Dieser liegt zwischen dem angegebenen Nominalzinsfuß und dem zugehörigen Effektivzinsfuß.

In Bild 2.2.2 ist die Abweichung des Effektivzinsfußes vom Nominalzinsfuß für verschiedene Zinsperioden und für stetige Verzinsung aufgetragen. Man erkennt aus diesem Diagramm, daß die monatliche Verzinsung der stetigen Verzinsung schon recht nahe kommt.

Der Graph für die Wertsteigerung eines Kapitals liegt bei stetiger Verzinsung zwischen den Graphen für vorschüssige und nachschüssige Verzinsung (Bild 2.2.1). Dies ergibt sich aus der Ungleichung für den jeweiligen Zinsfaktor für $i < 1$:

$$1 + i < e^{i} < \frac{1}{1-i} \qquad (2.2.31)$$

Mit dem Zinsfaktor $q_n = 1+i$ für nachschüssige, $q_s = e^{i}$ für stetige und $q_v = \frac{1}{1-i}$ für vorschüssige Verzinsung folgt entsprechend:

$$q_n < q_s < q_v \qquad (2.2.32)$$

Für den Zinsfuß $p = 10\ \%$ gilt z.B.:

$$1{,}100 < 1{,}105 < 1{,}111 \qquad (2.2.33)$$

Bild 2.2.2

Abweichung des Effektivzinsfußes vom Nominalzinsfuß bei unterjährlichen Zinsperioden

Zinsintervall 180 Tage: Kennlinie 1
" 30 Tage: Kennlinie 2
" stetig: Kennlinie 3

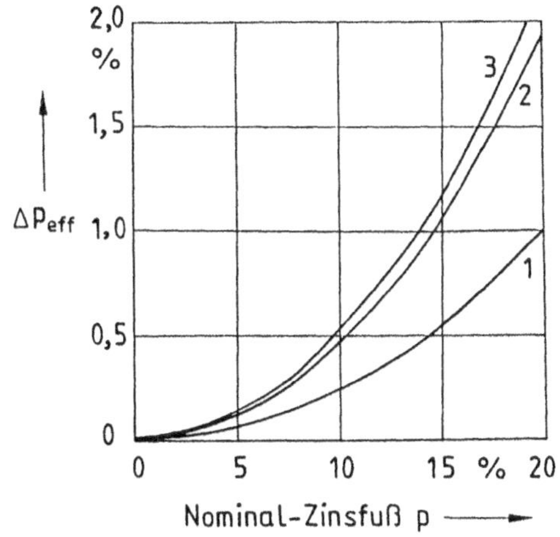

2.2.5 Programm zur unterjährlichen und stetigen Zinseszinsberechnung

Zur Berechnung des Effektivzinsfußes für unterjährliche Zinsperioden $p_{eff} = f(p,T)$ gemäß Gl.(2.2.24) und für stetige Verzinsung $p_{eff} = f(p)$ gemäß Gl.(2.2.30) ist in Tabelle 2.2.5 ein Programm mit Dialogeingabe angegeben. Das Programm belegt nur zwei Speicher STO 01 und STO 02 und benötigt einen Speicherplatzbereich von 151 BYTES entsprechend 22 Register. Zum Ergebnisausdruck gemäß Bild (2.2.3) mit der Überschrift "Effektivzinsfuß" wird das gemeinsame Unterprogramm LBL 00 aufgerufen.

```
          XEQ "ZZINS"
ZINSFUSS? %:
              9,00     RUN
ZINSPERIODE? TAGE:
             30,00     RUN
EFFEKTIVZINSFUSS:
9,38 %
```

```
          XEQ "ZZINS"
ZINSFUSS? %:
              9,00     RUN
ZINSPERIODE? TAGE:
            180,00     RUN
EFFEKTIVZINSFUSS:
9,20 %
```

```
          XEQ "STETIG"
ZINSFUSS? %:
              9,00     RUN
EFFEKTIVZINSFUSS:
9,42 %
```

Bild 2.2.3 Ergebnisdruck der Programme "ZZINS" und "STETIG"

Tabelle 2.2.5 Anweisungsliste zur Effektivzinsberechnung

a) Perioden-Verzinsung

```
01♦LBL "ZZINS"
02 RCL 01
03 "ZINSFUSS? %:"
04 PROMPT    ⇐P
05 STO 01
06 RCL 02
07 "ZINSPERIODE? TA"
08 "⊢GE:"
09 PROMPT    ⇐T
10 STO 02
11 RCL 01
12 *
13 36000
14 /
15 1
16 +
17 360
18 ENTER↑
19 RCL 02
20 /
21 Y↑X
22 1
23 -
24 100
25 *
26 XEQ 00
27 RTN
```

b) stetige Verzinsung

```
28♦LBL "STETIG"
29 RCL 01
30 "ZINSFUSS? %:"
31 PROMPT
32 STO 01
33 100
34 /
35 E↑X
36 1
37 -
38 100
39 *
40 XEQ 00
41 RTN

42♦LBL 00
43 "EFFEKTIVZINSFUS"
44 "⊢S:"
45 AVIEW
46 CLA
47 ARCL X
48 "⊢ %"
49 AVIEW
50 RTN
51 .END.
```

```
LBL'ZZINS
LBL'STETIG
END         151 BYTES
.END.       06 BYTES
```

Unter Zuhilfenahme des bei angeschlossenem Drucker verfügbaren PLOT-Program kann der Unterschied zwischen kontinuierlicher und jährlicher Zinseszinsberechnung auf dem Druckstreifen graphisch dargestellt werden. Hierzu sind zu Berechnung des Kapitalendwertes K_n in Abhängigkeit von der Laufzeit n gemäß Gl.(2.2.28) für stetige Zinseszinsberechnung und gemäß Gl.(2.2.5) für jährl che Zinseszinsberechnung in Tabelle (2.2.6) die Unterprogramme KZZ und JZZ angegeben.

Tabelle 2.2.6 Unterprogramme zur Zinseszinsberechnung

a) stetige Verzinsung

```
01•LBL "KZZ"
 02 RCL 12   <= i
 03 *
 04 E↑X
 05 100
 06 *
 07 RTN
```

b) jährliche Verzinsung

```
08•LBL "JZZ"
 09 RCL 12   <= i
 10 1
 11 +
 12 X<>Y
 13 Y↑X
 14 100
 15 *
 16 RTN
 17 END
```

In beiden Unterprogrammen wird aus STO 12 der Zinssatz i abgerufen, da die Speicher STO 00 bis STO 11 von dem PLOT-Programm intern benötigt werden. Der Aufruf des PLOT-Programms mit XEQ "PRPLOT" für die Programmnamen "KZZ" und "JZZ" liefert mit den in Bild (2.2.4) angegebenen Eingabedialogen die entsprechenden Diagramme $K_n = f(n)$ für ein Anfangskapital von 100 DM und einem Zinssatz von 0,1 in STO 12 entsprechend p = 10 %. Die aufgezeichnete exponentielle Kapitalentwicklung endet mit dem 50. Jahr bei einem Kapitalendwert von 14.481,32 DM bei stetiger und 11.739,09 DM bei jährlicher Verzinsung. Bei Aufruf der Unterprogramme "KZZ" oder "JZZ" über die Tastatur muß der Jahreswert im X-Register vorliegen (z.B. 50 XEQ "KZZ" ergibt 14.481,32 in der Anzeige).

2.2.6 Effektiver Wertzuwachs

Neben dem effektiven Zinsfuß wird bei Anlageangeboten im Bank- und Sparkassengeschäft auch der Begriff des effektiven Wertzuwachses verwendet. Hierunter versteht man den am Ende der Vertragslaufzeit erreichten Kapitalwert vermindert um die Einlage und bezogen auf das Produkt aus Laufzeit und Kapitaleinlage, angegeben in Prozent:

$$z = \frac{K_n - K_o}{n\, K_o} 100 \qquad (2.2.34)$$

$$z = \frac{1}{n} \left(\frac{K_n}{K_o} - 1\right) 100 \qquad (2.2.35)$$

Nach n^* Zinsperioden zu dem Zinsfaktor q^* ergibt sich ein effektiver Wertzuwachs z:

$$z = \frac{1}{n} \left(q^{*n^*} - 1\right) 100 \qquad (2.2.36)$$

```
        XROM "PRPLOT"
NAME ?
KZZ                RUN
Y MIN ?
          100,0    RUN
Y MAX ?
       15.000,0    RUN
AXIS ?
          100,0    RUN
X MIN ?
            0,0    RUN
X MAX ?
           50,0    RUN
X INC ?
            5,0    RUN

     PLOT OF KZZ
   X <UNITS= 1,> ↓
   Y <UNITS= E 4,> →
    0,01          1,50
    0,01
   |-----------------|
 0,0 x
 5,0 x
10,0 x
15,0 x
20,0:x
25,0: x
30,0:  x
35,0:    x
40,0:       x
45,0:             x
50,0:                        x
```

```
        XROM "PRPLOT"
NAME ?
JZZ                RUN
Y MIN ?
          100,0    RUN
Y MAX ?
       15.000,0    RUN
AXIS ?
          100,0    RUN
X MIN ?
            0,0    RUN
X MAX ?
           50,0    RUN
X INC ?
            5,0    RUN

     PLOT OF JZZ
   X <UNITS= 1,> ↓
   Y <UNITS= E 4,> →
    0,01          1,50
    0,01
   |-----------------|
 0,0 x
 5,0 x
10,0 x
15,0 x
20,0:x
25,0: x
30,0:  x
35,0:    x
40,0:       x
45,0:            x
50,0:                  x
```

Bild 2.2.4 Graphische Darstellung der Funktion $K_n = f(n)$ für stetige und jährliche Zinseszinsberechnung

Aus Gl.(2.2.22) folgt für $n_2 = 0$ d.h. ganzzahlige Anzahl jährlicher Zinsperioden:

$$q^{*n^*} = q_{eff}^n \qquad (2.2.37)$$

Damit kann der effektive Wertzuwachs auch unmittelbar aus dem effektiven Zinsfaktor und der Laufzeit n in Jahren ermittelt werden:

$$z = \frac{1}{n} (q_{eff}^n - 1)\ 100 \qquad (2.2.38)$$

Bei der Beurteilung der Zinserträge spielt die steuerliche Veranlagung eine wesentliche Rolle. Zur Ermittlung der Netto-Verzinsung einer Kapitalanlage als "Rendite nach Steuern" werden die Nominalzinsen um die abzuführenden Steuern vermindert in Ansatz gebracht. Hierzu wird der "Zinsfuß vor Steuern (Nominalzinsfuß)" p_{vS} unter Berücksichtigung des individuellen Spitzensteuersatzes $\hat{s}$ ($\hat{s}_{max}$ = 56 %) in den "Zinsfuß nach Steuern" p_{nS} umgerechnet:

$$p_{nS} = p_{vS} \left(1 - \frac{\hat{s}}{100}\right) \qquad (2.2.39)$$

Hieraus kann der zugehörige "Effektivzinsfuß nach Steuern" sowie der "effektive Wertzuwachs nach Steuern" berechnet werden.

In der Tabelle 2.2.7 sind einige Vergleichswerte für den effektiven Wertzuwachs in Abhängigkeit von der Laufzeit und dem effektiven Zinsfuß aufgetragen.

In Bild (2.2.5) ist der effektive Wertzuwachs in Abhängigkeit vom Nominalzinsfuß dargestellt. Daraus ist zu entnehmen, daß der effektive Wertzuwachs insbesondere bei langjährigen Anlagen erheblich über dem Wert des Nominalzinsfußes liegt. Der Einfluß der unterjährlichen Verzinsung ist dagegen relativ gering. Der Begriff des effektiven Wertzuwachses ist finanzmathematisch problematisch, da der Kapitalzuwachs ohne Berücksichtigung der Zeitwertigkeit als Durchschnittswert auf ein Jahr bezogen wird. Dieser Begriff ist daher mehr Marketingaspekten zuzuordnen.

Tabelle 2.2.7 Effektiver Wertzuwachs in Abhängigkeit vom effektiven Zinsfuß und der Laufzeit

	$z = f(p_{eff}, n)$ in %				
n \ p_{eff}	6%	8%	10%	12%	15%
2 Jahre	6,18	8,32	10,50	12,72	16,13
4 Jahre	6,56	9,01	11,60	14,34	18,73
6 Jahre	6,98	9,78	12,86	16,23	21,88
8 Jahre	7,42	10,64	14,29	18,45	25,74
10 Jahre	7,91	11,59	15,94	21,06	30,46

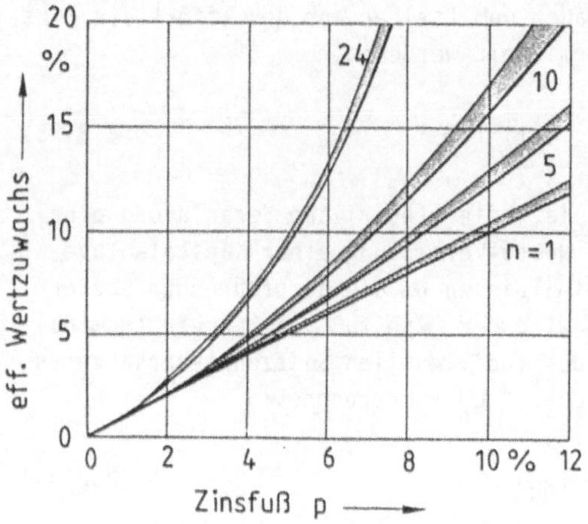

Bild 2.2.5 Entwicklung des effektiven Wertzuwachses in Abhängigkeit vom Nominal-Zinsfuß und der Laufzeit. (Untere Bereichsgrenze n_J = 1, obere Bereichsgrenze n_J = 12 Zinsperioden pro Jahr).

3 Kapitalanlagen

Die bedeutendste Quelle der Ersparnisbildung in der Volkswirtschaft sind die privaten Haushalte. Sie bilden ihr Geldvermögen als Einlagen bei Sparkassen und Banken oder durch Erwerb von Wertpapieren. Ein Maß für die Vorteilhaftigkeit einer Kapitalanlage bildet die Rentabilität oder Rendite als das Verhältnis aus dem Gewinn (Zins) zu dem eingesetzten Kapital (Spareinlage). Finanzmathematisch wird die Rendite durch den effektiven Zinsfuß dargestellt. Je nach Art der Anlage werden unterschiedliche Zinsgutschriftstermine vereinbart, die von einer stetigen Verzinsung (auch kontinuierliche oder organische Verzinsung genannt) bis zur jährlichen Zinsgutschrift reichen können.

3.1 Spareinlagen

Bei Spareinlagen erfolgt die Zinsgutschrift in der Regel zum Ende des Kalenderjahres, so daß erst jeweils zum Jahresbeginn die Zinseszinsberechnung für die im vergangenen Jahr neu eingezahlten Guthaben einsetzt. Innerhalb des Jahres werden die Guthabensalden für die Zeitspanne bis zum Jahresende nach der sog. "Staffelmethode" einfach verzinst.

3.1.1 Verzinsung nach der Staffelmethode

Für eine Spareinlage innerhalb eines Jahres mit T_1 Zinstagen Restlaufzeit im Einzahlungsjahr und n Anlagejahren sowie T_2 Zinstagen Restlaufzeit im Auszahlungsjahr gilt für das aufgezinste Endkapital K_n:

$$K_n = K_0 \left(1 + i \frac{T_1}{360}\right) q^n \left(1 + i \frac{T_2}{360}\right) \qquad (3.1.1)$$

Die gesamte Einlagezeit des Kapitals beträgt somit T_1 Tage im ersten Jahr, n volle Jahre und T_2 Tage im letzten Anlagejahr.

3.1.2 Programm zur Endkapitalberechnung von Spareinlagen

Ein Programm zur Lösung der Gl.(3.1.1) kann unter Verwendung der Eingabe-Dialog-Anweisungen aus dem Programm zur einfachen Zinsberechnung gemäß Tabelle 2.1.1 aufgebaut werden. Falls z.B. das Programm "ZINS" gemäß Tabelle 2.1.1 bereits auf einer Magnetkarte oder in einem Speicher-Modul vorhanden ist, ist es zweckmäßig, dieses in den Programmspeicher des Rechners zu laden und durch Programmkorrekturen und Löschung einzelner Anweisungen die Umprogrammierung vorzunehmen. Die Anweisungsliste eines so entstandenen Programms "SPAR" ist in Tabelle 3.1.1 angegeben. Für die 5 Eingabevariablen: Kapital in DM, Zinsfuß in %, Restlaufzeit

T1 in Tage, Laufzeit n in Jahre und Restlaufzeit T2 in Tage, sind die Datenspeicher STO 11 bis STO 15 vorgesehen.

Vor Aufruf des Programms ist der Speicherbereich auf 16 Speicher (STO 00 bis STO 15) zu definieren (SIZE 16). Da jedoch von diesen Speichern im Programm nur die Speicherregister STO 00, 01 und 11 bis 15 benutzt werden, kann der Speicherbereich durch entsprechende Umnumerierung auf 7 Register reduziert werden. Mit den Anweisungen von Zeile 31 bis 48 wird die Gl.(3.1.1) realisiert. Das Programm benötigt 172 Bytes entsprechend 25 Register. Ein Ergebnisausdruck ist in Bild 3.1.1 für zwei Spareinlagen mit verschiedenen Konditionen angegeben.

Tabelle 3.1.1 Anweisungsliste zur Sparguthaben-Verzinszung

```
01♦LBL "SPAR"
02 RCL 11
03 "KAPITAL? DM:"
04 PROMPT
05 STO 11
06 RCL 12
07 "ZINSFUSS? %:"
08 PROMPT
09 STO 12
10 100
11 /
12 STO 00
13 360
14 /
15 STO 01
16 0
17 "RESTLAUFZEIT? "
18 "⊢TAGE T1:"
19 PROMPT
20 STO 13
21 0
22 "LAUFZEIT? JAHRE"
23 "⊢:"
24 PROMPT
25 STO 14
26 0
27 "RESTLAUFZEIT "
28 "⊢TAGE T2:"
29 PROMPT
30 STO 15
31 RCL 01
32 RCL 13
33 *
34 1
35 ST+ 00
36 +
37 RCL 00
38 RCL 14
39 Y↑X
40 *
41 RCL 01
42 RCL 15
43 *
44 1
45 +
46 *
47 RCL 11
48 *
49 "ENDKAPITAL:"
50 AVIEW
51 CLA
52 ARCL X
53 "⊢ DM"
54 AVIEW
55 ADV
56 END

LBL'SPAR
END          172 BYTES
.END.        06 BYTES
```

```
          XEQ "SPAR"
KAPITAL? DM:
        2.000,00    RUN
ZINSFUSS? %:
            5,00    RUN
RESTLAUFZEIT? TAGE T1:
          250,00    RUN
LAUFZEIT? JAHRE:
            3,00    RUN
RESTLAUFZEIT TAGE T2:
           90,00    RUN
ENDKAPITAL:
2.425,59 DM
```

```
          XEQ "SPAR"
KAPITAL? DM:
       10.000,00    RUN
ZINSFUSS? %:
            8,00    RUN
RESTLAUFZEIT? TAGE T1:
           30,00    RUN
LAUFZEIT? JAHRE:
            0,00    RUN
RESTLAUFZEIT TAGE T2:
            0,00    RUN
ENDKAPITAL:
10.066,67 DM
```

Bild 3.1.1. Ergebnisausdruck des Programms "SPAR"

3.2 Festgeldanlagen

Bei Festgeldanlagen werden in der Regel feste Kapitalbeträge von etwa 5.000 DM oder ein mehrfaches zu einem vereinbarten Zinssatz über einen oder mehrere Monate angelegt und ggf. nach Ablauf der vereinbarten Zinsperiode unter Zuschlag der Zinsen zu einem neuen Zinsfuß über eine erneut vereinbarte Periode wiederangelegt.

3.2.1 Verzinsung mit variablem Zinsfuß

Das Endkapital K_n für n* Zinsperioden (n* ganzzahlig) mit der Intervalldauer von T Tagen zu dem jeweiligen Zinsfuß p_k ergibt sich aus dem Anfangskapital K_o zu:

$$K_n = K_o \prod_{k=1}^{n^*} \left(1 + \frac{p_k}{100} \frac{T}{360}\right) \qquad (3.2.1)$$

Für konstante p_k folgt mit $p = p_k$:

$$K_n = K_o \left(1 + \frac{p}{100} \frac{T}{360}\right)^{n^*} \qquad (3.2.2)$$

$$K_n = K_o \, q^{* \, n^*} \qquad (3.2.3)$$

mit:

$$n^* = n \frac{360}{T} \qquad n^* \text{ ganzzahlig} \qquad (3.2.4)$$

$$q^* = 1 + \frac{p}{100} \frac{T}{360} = 1 + i^* \qquad (3.2.5)$$

3.2.2 Effektivzinsfuß bei Festgeldanlagen

Für die Berechnung des Effektivzinsfußes gilt der Ansatz, daß eine Kapital anlage zu dem Effektivzinsfuß bei jährlicher Verzinsung den gleichen Endwert ergibt:

$$K_n = K_o \, q_{eff}^{\,n_1} \, (1 + i_{eff} \, n_2) \tag{3.2.6}$$

$$q_{eff} = 1 + i_{eff} \tag{3.2.7}$$

$$n_1 = \text{INT} \left\{ n \right\} \tag{3.2.8}$$

$$n_2 = \text{FRC} \left\{ n \right\} \tag{3.2.9}$$

Für ganzzahlige Jahresintervalle n der Anlagezeitspanne läßt sich der Effektivzinsfuß durch die n-te Wurzel aus der Produktkette aller relativen Zinsfaktoren q_r bestimmen:

$$q_{eff} = \sqrt[n]{\prod_{r=1}^{n^*} \left(1 + \frac{p_r}{100} \, \frac{T}{360}\right)} \tag{3.2.10}$$

$$q_{eff} = \sqrt[n]{\frac{K_n}{K_o}} \tag{3.2.11}$$

Für nicht ganzzahlige Intervalle ergibt sich der Effektivzinsfuß aus einer iterativen Lösung nach Gleichsetzen von Gl.(3.2.1) mit Gl.(3.2.6):

$$K_n = K_o \prod_{r=1}^{n^*} \left(1 + \frac{p_r}{100} \, \frac{T}{360}\right) = K_o \, q_{eff}^{\,n_1} \left[1 + (q_{eff} - 1) \, n_2\right] \tag{3.2.12}$$

Mit $x = q_{eff}$ folgt:

$$f(x) = \prod_{r=1}^{n^*} \left(1 + \frac{p_r}{100} \, \frac{T}{360}\right) - x^{n_1} \left[1 + (x-1) \, n_2\right] \tag{3.2.13}$$

$$f(x) = \frac{K_n}{K_o} - x^{n_1} \left[1 + (x-1) \, n_2\right] \tag{3.2.14}$$

$$f'(x) = - \left\{ n_1 \, x^{n_1 - 1} \left[1 + (x-1) \, n_2\right] + n_2 \, x^{n_1} \right\} \tag{3.2.15}$$

Damit läßt sich das Newton'sche Iterationsverfahren zur Bestimmung des effektiven Zinsfußes anwenden:

$$x_{n+1} = x_n - \frac{f(x_n)}{f'(x_n)} \tag{3.2.16}$$

Als Startwert für die Iteration kann der Zinsfaktor q_1 oder der Mittelwert aller Zinsfaktoren q_r gewählt werden. Die Iteration ist beendet, wenn die Differenz der beiden letzten Zinsfaktoren eine vorgegebene Schranke ε unterschreitet:

$$x_{n+1} - x_n < \varepsilon \tag{3.1.17}$$

Als ε wird üblicherweise 10^{-5} gewählt.

Bei dem Ansatz zur Berechnung des Effektivzinsfußes gemäß Gl.(3.2.6) ist unterstellt, daß die Verzinsung auf die unterjährliche Restlaufzeit beschränkt wird. Bei einer halbjährlichen Laufzeit eines Festgeldes mit 8 % monatlicher Zinsgutschrift wird z.B. der Effektivzinsfuß auf Basis einer halbjährlichen Vergleichsanlage mit jährlicher Verzinsung berechnet, so daß sich ein Wert p_{eff} = 8,13 % ergibt. Unterstellt man dagegen, daß die halbjährliche Laufzeit, fiktiv zu gleichen Konditionen auf ein Jahr ausgedehnt, als Vergleichsbasis herangezogen wird, so ergibt sich ein Wert p_{eff} = 8,30 %. Wie bereits in Abschnitt 2.2.3 angedeutet, ist der Begriff des Effektivzinsfußes in diesen Fällen nicht eindeutig und bedarf einer klaren Definition der Berechnungsgrundlage.

Hinweise zur Programmierung:

Vor der Programmierung müssen zunächst die Datenspeicher für die Eingabevariablen festgelegt werden. Da sowohl der Fall für variablen Zinsfuß p_k gemäß Gl.(3.2.1) als auch der Fall für konstanten Zinsfuß p gemäß Gl.(3.2.2) abgedeckt sein soll, ist auch ein Kriterium zur Unterscheidung dieser beiden Fälle vorzusehen. Als ein solches Kriterium kann z.B. der Zustand eines bestimmten Anwenderflags gewählt werden. Es ist jedoch auch möglich, einen bestimmten Zahlenwert für eine sinnvoll gewählte Eingabevariable als Unterscheidungsmerkmal zu werten. Hierzu bietet sich der Eingabewert aus der Dialogabfrage für den Zinsfuß an. Da der Zinsfuß p = 0 eine triviale Lösung ergeben würde und daher als Eingabewert für die Variante "konstanter Zinfuß" ausscheidet, ist dieser Wert als Merkmal einer entsprechenden Abfrage sehr zweckmäßig. Diese Überlegungen sind in der Anweisungsliste des Programms "FESTGEL" in Tabelle 3.2.1 verwirklicht.

3.2.3 Programmbeschreibung "FESTGEL"

Das in Tabelle 3.2.1 angegebene Programm wird durch die Startadresse "FESTGEL" aufgerufen und beginnt mit einem Eingabedialog für die vier Eingabevariablen Kapital in DM, Laufzeit in Jahre, Zinsperiode in Tage und Zinsfuß in Prozent.

Tabelle 3.2.1 Anweisungsliste zur Berechnung von Festgeldanlagen

```
01♦LBL "FESTGEL"
02 RCL 11
03 "KAPITAL? DM:"
04 PROMPT
05 STO 11

06♦LBL 08
07 RCL 13
08 "LAUFZEIT? JAHRE"
09 "⊦:"
10 PROMPT
11 STO 13
12 INT
13 STO 07
14 LASTX
15 FRC
16 STO 08
17 360
18 STO Y
19 "ZINSPERIODE?"
20 "⊦ TAGE:"
21 PROMPT
22 STO 05
23 /
24 STO 06
25 RCL 13
26 *
27 STO 09
28 FRC
29 X≠0?
30 GTO 08
31 RCL 12
32 "ZINSFUSS? %:"
33 PROMPT
34 STO 12
35 RCL 06
36 /
37 100
38 /
39 1
40 +
41 STO 00
42 RCL 09
43 Y↑X
44 STO 01
45 RCL 12
46 X≠0?
47 GTO 00
48 RCL 09
49 1 E3
50 /
51 1
52 STO 01
53 ↑
54 STO 04
55 "ZINSFUSS?"
56 AVIEW
57 PSE
58 CLA
59 FIX 0

60♦LBL 09
61 RCL 04
62 INT
63 SF 28
64 ARCL X
65 "⊦ PERIODE Z%?"
66 CF 28
67 PROMPT
68 RCL 06
69 /
70 1
71 X<>Y
72 %
73 +
74 ST* 01
75 CLA
76 ISG 04
77 GTO 09
78 FIX 2

79♦LBL 00
80 RCL 11
81 RCL 01
82 *
83 ADV
84 "AUFGEZINSTES KA"
85 "⊦PITAL:"
86 AVIEW
87 CLA
88 ARCL X
89 "⊦ DM"
90 AVIEW
91 PSE
92 ADV
93 "EFFEKTIVZINS?"
94 PROMPT
95 RCL 01
96 RCL 13
97 1/X
98 Y↑X
99 STO 05
100 RCL 08
101 X=0?
102 GTO 02
103♦LBL 01
104 RCL 01
105 RCL 05
106 1
107 -
108 RCL 08
109 *
110 1
111 +
112 STO 03
113 RCL 05
114 RCL 07
115 Y↑X
116 STO 04
117 *
118 -
119 RCL 04
120 RCL 05
121 /
122 RCL 07
123 *
124 RCL 03
125 *
126 RCL 04
```

```
127 RCL 08
128 *
129 +
130 /
131 ST+ 05
132 ABS
133 PSE
134 1 E-5
135 X<=Y?
136 GTO 01

137•LBL 02
138 RCL 05
139 1
140 -
141 1 E2
142 *
143 ADV
144 "EFFEKTIVZINSFUS"
145 "⊦S:"
146 AVIEW
147 CLA
148 SF 12
149 ARCL X
150 "⊦ %"
151 AVIEW
152 CF 12
153 ADV
154 END
        CAT 1

LBL'FESTGEL
END          337 BYTES
.END.        06 BYTES
                  PRKEYS

USER KEYS:
 21 "FESTGEL"
```

Falls als Zinsfuß der Wert Null eingegeben wurde, wird eine Abfrageschleife für die n* Zinsperioden eröffnet.

Die Eingabevariablen werden in einem regenerierenden Dialog-Eingabezyklus den Speicherregistern STO 11 bis STO 13 zugeordnet. Für den Eingabewert Tage der Zinsperiode wird jedoch nicht der jeweilige Eingabewert regenerierend behandelt, sondern es wird bei jedem Programmlauf die Jahresperiode mit 360 Tage neu gesetzt. Dies ist immer dann sinnvoll, wenn für die Eingabevariable ein Standardwert existiert. Mit den Anweisungen "INT" in Zeile 12 und "FRC" in Zeile 15 wird der Integeranteil n_1 und der Dezimalanteil n_2 der Laufzeit n gemäß Gl.(3.2.8 und 3.2.9) gebildet.

Falls die Anzahl Zinsperioden n* nicht ganzzahlig ist, wird mit Hilfe der Abfrage des Dezimalanteils von n* auf ungleich Null in Zeile 29 und dem anschließenden Rücksprung nach LBL 08 in Zeile 06 der Eingabedialog für die Laufzeit und die Zinsperiode wiederholt. Da die Anzahl der Zinsperioden als Quotient aus 360 dividiert durch die Zinsperiodendauer T bestimmt wird, kann es zweckmäßig sein, vor der Ungleich-Abfrage eine Rundungsanweisung "RND" einzufügen.

Mit Zeile 34 ist der Eingabedialog beendet und es beginnt die Berechnung des Zinsfaktors q*, abgespeichert in STO 00 (Zeile 41) und des Aufzinsungsfaktors q^{*n^*}, abgespeichert in STO 01 (Zeile 44). Falls für den Zinsfuß p in STO 12 ein Wert ungleich Null eingegeben wurde, werden die Anweisungen 48 bis 78 übersprungen und die Bearbeitung mit LBL 00 in Zeile 79 fortgesetzt. Andernfalls wird eine Programmschleife zur Eingabe der n* möglichen Zinsfüße aufgebaut.

Hierzu wird in STO 04 der Grenzwert für die Inkrement-Anweisung ISG (Inkrement und springe falls größer) abgespeichert. Der Inhalt von STO 04 wird gleich 1+n*/1000 gesetzt. Bezeichnet man den Inhalt des Speichers mit iii, fff cc, so geschieht bei der Ausführung von ISG 04 in Zeile 76 folgendes:

Das Zählen der Laufvariablen beginnt mit iii = 1. Die Laufvariable wird um eins erhöht (cc = 0 bedeutet Inkrement 1). Die Laufvariable wird mit fff = n* verglichen. Bei jeder Ausführung von ISG 04 wird nach der Inkrementierung überprüft, ob die Laufvariable größer als n* ist. Falls diese den Wert von n* überschreitet, wird die nachfolgende GTO 09 Rücksprung-Anweisung übersprungen.

Innerhalb der Eingabeschleife Label 09 von Zeile 60 bis 77 wird der Zinsfuß für die jeweilige Zinsperiode im Dialog abgefragt und die Produktkette gemäß Gl.(3.2.1) in STO 01 abgespeichert. Mit dem kurzfristig gesetzten Dezimalpunktflag 28 wird als Dezimalzeichen der Punkt gemäß der amerikanischen Notation gewählt, damit in der Dialogfrage nach dem Zinsfuß in den x-ten Zinsperioden ein Punkt als Abkürzungszeichen erscheint.

Das Ergebnis wird mit der Überschrift "Aufgezinstes Kapital" mit den Anweisungen 84 bis 90 ausgegeben. Anschließend wird das Programm mit einer PROMPT-Anweisung in Zeile 93 und der Frage, ob der Effektivzinsfuß berechnet werden soll, unterbrochen. Bei Quittierung dieser Frage mit R/S wird zunächst geprüft, ob die Laufzeit in Jahren ganzzahlig ist. Falls dies der Fall ist, wird der effektive Zinsfuß gemäß Gl.(3.2.11) berechnet. Andernfalls ist eine Newton-Iteration gemäß Gl.(3.2.12 bis 3.2.17) erforderlich. In einer kurzen Pause durch die Anweisung in Zeile 133 wird der augenblickliche Stand der Differenz gemäß Gl.(3.2.17) angezeigt. Falls die Abfrage in Zeile 135 mit nein zu beantworten ist, liegt in Speicher STO 05 der effektive Zinsfaktor q_{eff} vor. Die Pause-Anweisung "PSE" in Zeile 133 bewirkt die Anzeige des Korrekturgliedes bei der Newton-Iteration gemäß Gl.(3.2.16). Ab LBL 02 in Zeile 137 wird der effektive Zinsfuß in Prozent berechnet und als Zahlenwert und %-Einheit mit doppelter Schriftbreite (gesetztes Flag 12) ausgedruckt.

Das Programm erfordert 337 Bytes Speicherplatz und die Speicherbereichsvereinbarung SIZE 014. Es kann auf zwei Magnetkarten abgespeichert werden.

Die Erweiterung des Programms "FESTGEL" z.B. um die Berechnung des effektiven Wertzuwachses ist durch eine geringfügige Erweiterung um den Berechnungsansatz gemäß Gl.(2.2.35) möglich. In Tabelle 3.2.2 ist die Anweisungsliste mit den entsprechenden Erweiterungen angegeben. Bei dieser Version wurde auf die Zwischenabfrage, ob der Effektivzinsfuß berechnet werden sollte, verzichtet, so daß die Anweisungen ab Zeile 92 um zwei Anweisungen gegenüber der vorherigen Version verschoben wird. Für den Ausdruck ist hier ein Unterprogramm mit der Anfangsadresse LBL 00 mit den Programmzeilen 148 bis 159 angefügt. Mit der Erweiterung um den effektiven Wertzuwachs erhöht sich der erforderliche Speicherplatz auf 347 Bytes.

Tabelle 3.2.2 Anweisungsliste zur Berechnung des Kapitalendwertes, des Effektivzinsfußes und des effektiven Wertzuwaches bei Festgeldanlagen

```
01◆LBL "FESTGEL"
02 RCL 11
03 "KAPITAL? DM:"
04 PROMPT
05 STO 11

06◆LBL 08
07 RCL 13
08 "LAUFZEIT? JAHRE"
09 "⊢:"
10 PROMPT
11 STO 13
12 INT
13 STO 07
14 LASTX
15 FRC
16 STO 08
17 360
18 STO Y
19 "ZINSPERIODE?"
20 "⊢ TAGE:"
21 PROMPT
22 STO 05
23 /
24 STO 06
25 RCL 13
26 *
27 STO 09
28 FRC
29 X≠0?
30 GTO 08
31 RCL 12
32 "ZINSFUSS? %:"
33 PROMPT
34 STO 12
35 RCL 06
36 /
37 100
38 /
39 1
40 +
41 STO 00
42 RCL 09
43 Y↑X
44 STO 01
45 RCL 12
46 X≠0?
47 GTO 00
48 RCL 09
49 1 E3
50 /
51 1
52 STO 01
53 +
54 STO 04
55 "ZINSFUSS?"
56 AVIEW
57 PSE
58 CLA
59 FIX 0

60◆LBL 09
61 RCL 04
62 INT
63 SF 28
64 ARCL X
65 "⊢ PERIODE Z%?"
66 CF 28
67 PROMPT
68 RCL 06
69 /
70 1
71 X<>Y
72 %
73 +
74 ST* 01
75 CLA
76 ISG 04
77 GTO 09
78 FIX 2

79◆LBL 00
80 RCL 11
81 RCL 01
82 *
83 ADV
84 "AUFGEZINSTES KA"
85 "⊢PITAL:"
86 AVIEW
87 CLA
88 ARCL X
89 "⊢ DM"
90 AVIEW
91 PSE
92 ADV
93 RCL 01
94 RCL 13
95 1/X
96 Y↑X
97 STO 05
98 RCL 08
99 X=0?
100 GTO 02

101◆LBL 01
102 RCL 01
103 RCL 05
104 1
105 -
106 RCL 08
107 *
108 1
109 +
110 STO 03
111 RCL 05
112 RCL 07
113 Y↑X
114 STO 04
115 *
116 -
117 RCL 04
118 RCL 05
119 /
120 RCL 07
121 *
122 RCL 03
123 *
124 RCL 04
125 RCL 08
```

```
126 *
127 +
128 /
129 ST+ 05
130 ABS
131 1 E-5
132 X<=Y?
133 GTO 01

134+LBL 02
135 RCL 05
136 1
137 -
138 1 E2
139 *
140 "EFFEKTIVZINSFUS"
141 XEQ 00
142 1
143 RCL 01
144 %CH
145 RCL 13
146 /
147 "EFF. WERTZUWACH"

148+LBL 00
149 "├S:"
150 AVIEW
151 CLA
152 SF 12
153 ARCL X
154 "├ %"
155 AVIEW
156 PSE
157 CF 12
158 ADV
159 RTN
160 END
CAT 1

LBL'FESTGEL
END        347 BYTES
.END.       03 BYTES
PRKEYS

USER KEYS:
 21 "FESTGEL"
```

In Tabelle 3.2.3 ist die gedrängte Fassung der Anweisungsliste für die erweiterte Programmversion angegeben. In dieser Form werden nur die Labels mit den Zeilennummern ausgedruckt und der Ausdruck durch eine Leerzeile vor den Labels gegliedert.

3.2.4 Anwendungsbeispiele Festgeldanlagen

Von einer Festgeldanlage von 5.000,-- DM sollen für verschiedene Laufzeitvarianten und Zinsintervall-Varianten der Endbetrag des aufgezinsten Kapitals, der effektive Zinsfuß und der efffektive Wertzuwachs bestimmt werden. Nach Aufruf des Programmnamens "FESTGEL" über eine XEQ-Anweisung oder zugeordneter Taste wird ein selbsterklärender Eingabedialog eröffnet. Falls als Zinsfuß der Wert 0 eingegeben wird, erfolgt die Abfrage der einzelnen Zinsfüße für jede Festlegungsperiode. Im ersten Beispiel sollen das Endkapital der vorgenannten Festgeldanlage nach 1,5 Jahren bei 90-tägiger Verzinsung und der effektive Zinsfuß bestimmt werden. In Bild 3.2.1 ist der Ausdruck des entsprechenden Programmablaufes angegeben.

Tabelle 3.2.3 Anweisungsliste zur Berechnung des Kapitalendwertes, des Effektivzinsfußes und des effektiven Wertzuwachses bei Festgeldanlagen in gedrängter Fassung

```
 01♦LBL "FESTGEL"
RCL 11  "KAPITAL? DM:"
PROMPT  STO 11

 06♦LBL 08
RCL 13
"LAUFZEIT? JAHRE"  "⊢:"
PROMPT  STO 13  INT
STO 07  LASTX  FRC
STO 08  360  STO Y
"ZINSPERIODE?"
"⊢ TAGE:"  PROMPT
STO 05  /  STO 06
RCL 13  *  STO 09  FRC
X≠0?  GTO 08  RCL 12
"ZINSFUSS? %:"  PROMPT
STO 12  RCL 06  /  100
/  1  +  STO 00  RCL 09
Y↑X  STO 01  RCL 12
X≠0?  GTO 00  RCL 09
1 E3  /  1  STO 01  +
STO 04  "ZINSFUSS?"
AVIEW  PSE  CLA  FIX 0

 60♦LBL 09
RCL 04  INT  SF 28
ARCL X  "⊢ PERIODE Z%?"
CF 28  PROMPT  RCL 06  /
1  X<>Y  %  +  ST* 01
CLA  ISG 04  GTO 09
FIX 2

 79♦LBL 00
RCL 11  RCL 01  *  ADV
"AUFGEZINSTES KA"
"⊢PITAL:"  AVIEW  CLA
ARCL X  "⊢ DM"  AVIEW
PSE  ADV  RCL 01  RCL 13
1/X  Y↑X  STO 05  RCL 08
X=0?  GTO 02

101♦LBL 01
RCL 01  RCL 05  1  -
RCL 08  *  1  +  STO 03
RCL 05  RCL 07  Y↑X
STO 04  *  -  RCL 04
RCL 05  /  RCL 07  *
RCL 03  *  RCL 04
RCL 08  *  +  /  ST+ 05
ABS  1 E-5  X<=Y?
GTO 01

134♦LBL 02
RCL 05  1  -  1 E2  *
"EFFEKTIVZINSFUS"
XEQ 00  1  RCL 01  %CH
RCL 13  /
"EFF. WERTZUWACH"

148♦LBL 00
"⊢S:"  AVIEW  CLA  SF 12
ARCL X  "⊢ %"  AVIEW
PSE  CF 12  ADV  RTN
END
```

```
        XEQ "FESTGEL"
KAPITAL? DM:
        5.000,00     RUN
LAUFZEIT? JAHRE:
            1,50     RUN
ZINSPERIODE? TAGE:
           90,00     RUN
ZINSFUSS? %:
            0,00     RUN
```

```
ZINSFUSS?
1. PERIODE Z%?
               8,     RUN
2. PERIODE Z%?
            8,25      RUN
3. PERIODE Z%?
             8,5      RUN
4. PERIODE Z%?
               9,     RUN
5. PERIODE Z%?
             8,5      RUN
6. PERIODE Z%?
               8,     RUN
```

```
AUFGEZINSTES KAPITAL:
5.661,92 DM

EFFEKTIVZINSFUSS:
8,58 %

EFF. WERTZUWACHS:
8,83 %
```

Bild 3.2.1 Festgeldanlageberechnung für unterschiedliche Perioden-Zinsfüße

In den beiden folgenden Beispielen wird bei 30-tägigem Zinsintervall die Laufzeit variiert:

```
        XEQ "FESTGEL"
KAPITAL? DM:
        5.000,00     RUN
LAUFZEIT? JAHRE:
             .50     RUN
ZINSPERIODE? TAGE:
           30,00     RUN
ZINSFUSS? %:
            8,00     RUN

AUFGEZINSTES KAPITAL:
5.203,36 DM

EFFEKTIVZINSFUSS:
8,13 %

EFF. WERTZUWACHS:
8,13 %
```

```
        XEQ "FESTGEL"
KAPITAL? DM:
        5.000,00     RUN
LAUFZEIT? JAHRE:
            1,00     RUN
ZINSPERIODE? TAGE:
           30,00     RUN
ZINSFUSS? %:
            8,00     RUN

AUFGEZINSTES KAPITAL:
5.415,00 DM

EFFEKTIVZINSFUSS:
8,30 %

EFF. WERTZUWACHS:
8,30 %
```

Bild 3.2.2 Festgeldberechnung mit variierter Laufzeit

In Bild 3.2.3 sind zwei Abrechnungsformulare für Beginn einer Festgeldabrechnung über 3 Monate mit monatlicher Zinsgutschrift angegeben. Der Anfangskontostand zum 01.04.1971 beträgt 8.163,23 DM. Die Zinskonditionen für die Monate April, Mai und Juni betragen 6 %, 5,5 % und 4,75 %. Der entsprechende Programmablauf ist in Bild 3.2.4 angegeben.

STADTSPARKASSE AACHEN

HAUPTSTELLE MÜNSTERPLATZ · ZWEIGSTELLEN IN ALLEN STADTTEILEN

STADTSPARKASSE AACHEN · 51 AACHEN · POSTFACH 1390

Herrn
Dipl.-Ing. Helmut Alt

Abholfach 4-609

Ihr Zeichen:	Ihre Nachricht vom:	Unser Zeichen:	Hausapparat:	Datum:
		Bj/Ke	412	1.4.71

Betreff: Festgeldkonto Nr. 200 00 7219

Sehr geehrter Geschäftsfreund!

Ihrem Auftrage entsprechend verlängern wir Ihre Festgeldanlage im Betrage von

DM 8.116,51 + Zinsen = 816[illegible]

für weitere 30 Tage zum Zinssatz von 6 % p. a.
Die neue Laufzeit rechnet vom 1.4.71 bis 1.5.71

Ihrem ~~Sxxxxxxx~~ Festgeld-Konto Nr. 200 00 7219 haben wir die Zinsen für die beendete Laufzeit
7 % für 30 Tage = DM 46,72
gutgeschrieben.

Kontoauszug über die Zinsgutschrift geht Ihnen gesondert zu.

Mit freundlichen Grüßen
STADTSPARKASSE AACHEN

West LBZ Köln 57/501 · LZB Aachen 39/56 · PSchA Köln 6287 · Fernschreiber 0832/703 · Sammelrufnummer 4441
Durchwahl zum Sachbearbeiter: Amtsrufnummer 444 und anschließend Nummer des Hausapparates.

2801 1000 10. 70

STADTSPARKASSE AACHEN

HAUPTSTELLE MÜNSTERPLATZ · ZWEIGSTELLEN IN ALLEN STADTTEILEN

STADTSPARKASSE AACHEN · 51 AACHEN · POSTFACH 1390

Herrn
Dipl.-Ing. Helmut Alt

Abholfach 4-609

Ihr Zeichen:	Ihre Nachricht vom:	Unser Zeichen:	Hausapparat:	Datum:
		bj/cl	412	1.7.71

Betreff: Festgeldkonto Nr. 200 00 7219

Sehr geehrter Geschäftsfreund!

Ihrem Auftrage entsprechend verlängern wir Ihre Festgeldanlage im Betrage von

DM 8.241,66 + Zinsen = 8274,28

für weitere 30 Tage zum Zinssatz von 5 % p. a.
Die neue Laufzeit rechnet vom 1.7.71 bis 1.8.71

Ihrem ~~Spargiro~~ Festgeld-Konto Nr. 200 00 7219 haben wir die Zinsen für die beendete Laufzeit
4 3/4 % für 30 Tage = DM 32,62
gutgeschrieben.

Kontoauszug über die Zinsgutschrift geht Ihnen gesondert zu.

Mit freundlichen Grüßen
STADTSPARKASSE AACHEN

West LBZ Köln 57/501 · LZB Aachen 39/56 · PSchA Köln 6287 · Fernschreiber 0832/703 · Sammelrufnummer 4441
Durchwahl zum Sachbearbeiter: Amtsrufnummer 444 und anschließend Nummer des Hausapparates.

2801 1000 10. 70

Bild 3.2.3 Abrechnungsformulare einer Festgeldanlage

```
          XEQ "FESTGEL"
KAPITAL? DM:
        8.163,23    RUN
LAUFZEIT? JAHRE:
           3,00 ENTER↑
          12,00       /
           0,25     ***
                    RUN
ZINSPERIODE? TAGE:
          30,00     RUN
ZINSFUSS? %:
           0,00     RUN
```

```
ZINSFUSS?
1. PERIODE Z%?
             6,     RUN
2. PERIODE Z%?
            5,5     RUN
3. PERIODE Z%?
           4,75     RUN
```

```
AUFGEZINSTES KAPITAL:
8.274,27 DM

EFFEKTIVZINSFUSS:
5,44 %

EFF. WERTZUWACHS:
5,44 %
```

Bild 3.2.4 Festgeldberechnung einer laufenden Festgeldanlage über 3 Monate

3.3 Bonussparen

Das Bonus-Sparen wird von Sparkassen als besondere Form des Prämiensparens angeboten. Der Sparer erhält neben den jährlich gutgeschriebenen Zinsen, in der Regel gemäß der Kapitalmarktlage, am Ende der Vertragslaufzeit zusätzlich eine Prämie ausgezahlt. Man unterscheidet die Form der monatlichen Sparraten mit sechsjähriger Ratenzahlungsvereinbarung und die Form der einmaligen Einzahlung jeweils mit einer Vertragsdauer von sieben Jahren.

Um diese Anlageart bewerten zu können, ist es zweckmäßig, außer dem erzielten Gesamtbetrag nach sieben Jahren auch den effektiven Zinsfuß und den effektiven Wertzuwachs mit Hilfe eines am Jahresanfang beginnenden Modellkontos zu bestimmen.

3.3.1 Monatliche Sparraten

Der Endwert R_J nach dem 1. Jahr durch Einzahlung von 12 gleichen Monatsraten R_M zum Monatsanfang (vorschüssige Zahlungsweise) ergibt sich gemäß Gl.(2.1.12) zu:

$$R_J = (12 + 6{,}5 \frac{p}{100}) R_M \tag{3.3.1}$$

Der Endwert nach n Einzahlungsraten (in der Regel ist n = 6 Jahre) und einem Freijahr ergibt sich aus der Endwertrechnung einer nachschüssigen jährlichen Rentenzahlung zu:

$$K_E = R_J \frac{q^n - 1}{q - 1} q \tag{3.3.2}$$

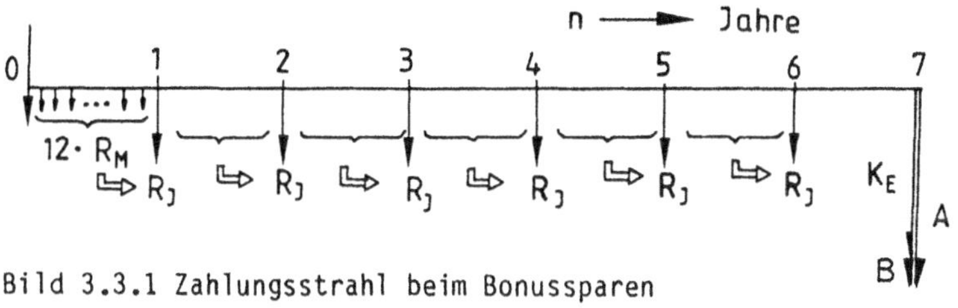

Bild 3.3.1 Zahlungsstrahl beim Bonussparen

Dieser Endwert K_E ist aus den aufgezinsten 12 n monatlichen Einzahlungsraten entstanden. Er setzt sich somit aus der Einzahlungssumme und dem Zinsanteil Z zusammen. Für den Zinsanteil Z gilt:

$$Z = K_E - 12\,n\,R_M \tag{3.3.3}$$

Auf den Sparbetrag (Einzahlungssumme) wird am Ende der vereinbarten Festlegungszeit ein Bonus B zugeschlagen, der als fester Prozentsatz b vom Sparbetrag berechnet wird:

$$B = 12\,n\,R_M\,\frac{b}{100} \tag{3.3.4}$$

Damit ergibt sich ein Auszahlungsbetrag A zu:

$$A = K_E + B \tag{3.3.5}$$

$$A = (12 + 6{,}5\,\frac{p}{100})\,R_M\,\frac{q^n - 1}{q - 1}\,q + 12\,n\,R_M\,\frac{b}{100} \tag{3.3.6}$$

Der Effektivzinsfuß p_{eff} ergibt sich aus einer Vergleichsanlage über die gesamte Festlegungsspanne von n+1 Jahren:

$$A = (12 + 6{,}5\,\frac{p_{eff}}{100})\,R_M\,\frac{q_{eff}^{\,n} - 1}{q_{eff} - 1}\,q_{eff} \tag{3.3.7}$$

Setzt man $q_{eff} = x$ und $p_{eff}/100 = x-1$, so kann die Lösung der Gleichung analog zu der Vorgehensweise in Abschnitt 3.2.2 durch Anwendung der Newton Iteration gefunden werden:

$$f(x) = \frac{A}{R_1} - (\frac{12}{x-1} + 6{,}5)\,(x^n - 1)\,x \tag{3.3.8}$$

$$f'(x) = -\left\{\frac{-12}{(x-1)^2}\,(x^n - 1)\,x + \left[(n+1)\,x^n - 1\right](\frac{12}{x-1} + 6{,}5)\right\} \tag{3.3.9}$$

3.3.2 Einmalige Einzahlung

Die Form des Bonussparens mit einmaliger Einzahlung und Abhebung des aufgezinsten Kapitals einschließlich des Bonusanteils nach n Jahren (in der Regel ist n = 7 Jahre) führt zu einem Auszahlungsbetrag:

$$A = K_o \left(q^n + \frac{b}{100}\right) \tag{3.3.10}$$

Der Auszahlungsbetrag entspricht einer Effektivverzinsung:

$$A = K_o \, q_{eff}^n \tag{3.3.11}$$

so daß für den Effektivzinsfaktor q_{eff} gilt:

$$q_{eff} = \sqrt[n]{q^n + \frac{b}{100}} = \sqrt[n]{\frac{A}{K_o}} \tag{3.3.12}$$

3.3.3 Programmbeschreibung "BONUS"

Die in der Tabelle 3.3.1 angegebene Anweisungsliste weist das Programm "Bonussparen" als Dialogprogramm für die Eingabevariablen vorschüssige monatliche Sparrate (Monatsrate) oder alternativ einmalige Zahlung (STO 11), Zinsfuß (STO 12), Zahl der Einzahlungsjahre oder alternativ Festlegungsjahre (STO 13) und Bonus (STO 14), angegeben in Prozent vom Einzahlungsbetrag aus. Das Programm benötigt einen Speicherbereich von 374 Bytes, entsprechend 54 Register und eine Speicherbereichsvereinbarung von 15 Register (SIZE 015). Durch die regenerierende Dialogeingabe werden die Register STO 11 bis STO 14 belegt. Innerhalb des Programms werden die Register STO 00 bis STO 05 als Arbeitsspeicher belegt. Die Register STO 06 bis STO 10 bleiben unbenutzt.

Bei der einmaligen Zahlungsweise ist die Dialogeingabe Monatsrate mit Null zu beantworten. Dadurch wird intern das Flag 01 in Zeile 010 gesetzt. Dieses Flag wird ausschließlich benutzt, um zwischen der Zinsberechnung für Ratenverzinsung oder Festwertverzinsung zu unterscheiden. In Zeile 83 wird das Flag 01 mit der letzten Abfrage bezüglich der Berechnungsart für den Effektivzinsfuß zurückgesetzt. In Zeile 082 wird in STO 01 bei einmaliger Zahlungsweise der Wert A/K_o und bei monatlicher Zahlungsweise der Wert A/R_M abgespeichert.

Bei monatlicher Einzahlungsweise wird eine iterative Effektivzinsfußberechnung gemäß Gl.(3.3.8 und 3.3.9) nach dem Newton-Verfahren angewandt. Diese läuft innerhalb der Programmsequenz von LBL 02 in Zeile 90 bis Zeile 137 ab. Der iterativ verbesserte Zinsfaktor q ist jeweils in STO 05 abgespeichert. Für die Itera-

Tabelle 3.3.1 Anweisungsliste zum Programm "BONUSSPAREN"

```
01♦LBL "BONUS"
02 RCL 11
03 "MONATSRATE? DM:"
04 PROMPT   ⇐ R_M
05 X>0?
06 GTO 00
07 "EINMALIGE ZAHLU"
08 "⊢NG? DM:"
09 PROMPT
10 SF 01

11♦LBL 00
12 STO 11
13 RCL 12
14 "ZINSFUSS? %:"
15 PROMPT   ⇐ p
16 STO 12
17 RCL 13
18 "FESTLEG"
19 FC? 01
20 "EINZAHL"
21 "⊢UNGSJAHRE?"
22 PROMPT   ⇐ n
23 STO 13
24 RCL 14
25 "BONUS? %:"
26 PROMPT   ⇐ b
27 STO 14
28 ADV
29 RCL 12
30 100
31 /
32 STO 01
33 1
34 +
35 STO 00
36 STO 05
37 RCL 13
38 Y↑X
39 FS? 01
40 GTO 00   ──► 54
41 1
42 -
43 RCL 01
44 /
45 RCL 00
46 *
47 STO 02
48 RCL 01
49 6,5
50 *
51 12
52 +
53 *

54♦LBL 00
55 RCL 11
56 *
57 STO 03
58 RCL 11
59 FS? 01
60 GTO 00
61 12
62 *
63 RCL 13
64 *

65♦LBL 00
66 "SPARBETRAG:"
67 XEQ "PX"
68 -
69 "ZINSEN:"
70 XEQ "PX"
71 LASTX
72 RCL 14
73 %
74 "BONUS:"
75 XEQ "PX"
76 ST+ 03
77 RCL 03
78 "GESAMTBETRAG:"
79 XEQ "PX"
80 RCL 11
81 /
82 STO 01
83 FC?C 01
84 GTO 02   ──► 90
85 RCL 13
86 1/X
87 Y↑X
88 STO 05
89 GTO 00
90♦LBL 02
91 RCL 01
92 12
93 RCL 05
94 1
95 -
96 STO 02
97 /
98 STO 03
99 6,5
100 +
101 RCL 05
102 RCL 13
103 Y↑X
104 STO 04
105 1
106 -
107 *
108 RCL 05
109 *
110 -
111 RCL 13
112 1
113 +
114 RCL 04
115 *
116 1
117 -
118 RCL 03
119 6,5
120 +
121 *
122 RCL 04
123 1
124 -
125 RCL 05
126 *
127 RCL 03
128 *
```

```
89
         129 RCL 02
         130 /
         131 -
         132 /
         133 ST+ 05
         134 ABS
         135 1 E-5
         136 X<=Y?
         137 GTO 02

       ->138+LBL 00
         139 RCL 05
         140 1
         141 -
         142 100
         143 *
144 "EFFEKTIVZINSFUS"
         145 "|-S:"
         146 SF 00
         147 XEQ "PX"
         148 RTN
```

```
UP  149+LBL "PX"
    150 AVIEW
    151 CLA
    152 ARCL X
    153 FS?C 00
    154 GTO 00
    155 "|- DM"
    156 GTO 01

    157+LBL 00
    158 "|- %"

    159+LBL 01
    160 AVIEW
    161 PSE
    162 ADV
    163 RTN
    164 END
           CAT 1
```

```
LBL'BONUS
LBL'PX
END          374 BYTES
.END.        04 BYTES
                PRKEYS

USER KEYS:
 21 "BONUS"
```

tion wird als Startwert der vereinbarte Zinsfaktor gesetzt. Damit ist die Iteration in der Regel mit 3 Durchläufen beendet, so daß die Rechenzeit hierfür von rd. 5 Sekunden kaum ins Gewicht fällt. Zur Ausgabe der Ergebniswerte ist das bereits in Abschnitt 1.3.2 erläuterte Unterprogramm LBL PX angehängt.

3.3.4 Anwendungsbeispiele für Bonussparen

Über eine Zeitdauer von 6 Jahren werde eine monatliche Zahlung von 100,-- DM im Rahmen eines Bonus-Sparvertrages vereinbart. Der Zinsfuß sei 5 %. Nach 7 Jahren werde der gesamte Sparbetrag zuzüglich eines Bonus als Prämie in Höhe von 14 % frei.

Nach Aufruf des Programmnamens "BONUS" über eine XEQ-Anweisung oder zugeordneter Taste wird ein selbsterklärender Eingabedialog eröffnet. Anschließend werden als Ergebnis der Sparbetrag, die Zinsen, der Bonusbetrag, der Gesamtbetrag und der Effektivzinsfuß ausgegeben. Falls im Eingabedialog als Monatsrate der Wert 0 eingegeben wird, erscheint als nächste Eingabeaufforderung "Einmalige Zahlung?". Hierzu wird ein Beispiel mit 5.000,00 DM Einzahlungsbetrag angegeben.

In Bild 3.3.2 ist der Ausdruck des Programmablaufs für die beiden Varianten des Bonussparen angegeben. Die Sparvariante ergibt einen Gesamtbetrag nach 7 Jahren zu 9.810,53 DM bei einem Effektivzinsfuß von 7,72 %. Die Variante der einmaligen

Zahlung ergibt dagegen einen Effektivzinsfuß von nur 6,43 %, so daß sich die Sparvariante nach diesem Beurteilungskriterium als günstiger erweist. Da die beiden Varianten nicht direkt vergleichbar sind, müßte zu einem objektiven Vergleich zunächst geprüft werden, welche vorschüssig ausgezahlte Monatsrente aus einer Festanlage von 5.000,-- DM zu erzielen ist, die dann alternativ als Bonussparrate eingezahlt werden könnte. Eine diesbezügliche Rentenberechnung ergibt bei 4 % Verzinsung 82,45 DM. Im ersten Fall würde sich beim Bonussparen ein Gesamtbetrag von 7.649,27 DM und im zweiten Fall ein Gesamtbetrag 8.088,78 DM ergeben. In der Gesamtbetrachtung ist die monatliche Sparvariante gegenüber der einmaligen Einzahlung dann vorzuziehen, wenn für die Verrentung des Einmalbetrages ein Zinsfuß von mindestens 5 % erzielt wird. Die in Bild 3.3.3 abgebildete Kundeninformationsschrift der Stadtsparkasse Aachen zeigt mögliche Varianten des Bonussparen, die im einzelnen mit dem vorgestellten Programm überprüfbar und durch Kenntnis der effektiven Verzinsung vergleichbar sind.

```
          XEQ "BONUS"
MONATSRATE? DM:
          100,00     RUN
ZINSFUSS? %:
            5,00     RUN
EINZAHLUNGSJAHRE?
            6,00     RUN
BONUS? %:
           14,00     RUN

SPARBETRAG:
7.200,00 DM

ZINSEN:
1.602,53 DM

BONUS:
1.008,00 DM

GESAMTBETRAG:
9.810,53 DM

EFFEKTIVZINSFUSS:
7,72 %
```

```
          XEQ "BONUS"
MONATSRATE? DM:
            0,00     RUN
EINMALIGE ZAHLUNG? DM:
        5.000,00     RUN
ZINSFUSS? %:
            5,00     RUN
FESTLEGUNGSJAHRE?
            7,00     RUN
BONUS? %:
           14,00     RUN

SPARBETRAG:
5.000,00 DM

ZINSEN:
2.035,50 DM

BONUS:
700,00 DM

GESAMTBETRAG:
7.735,50 DM

EFFEKTIVZINSFUSS:
6,43 %
```

Bild 3.3.2 Ergebnisausdruck des Programms "BONUSSPAREN"

So vermehrt sich Ihr Geld beim Bonussparen durch Bonus und Zinsen:

monatl Sparrate	Sparbetrag nach 6 Jahren	plus 14 % Bonus	plus Zinsen*)	Gesamtbetrag nach 7 Jahren
5,--	360,--	50,--	80,--	490,--
10,--	720,--	101,--	160,--	981,--
50,--	3.600,--	504,--	801,--	4.905,--
100,--	7.200,--	1.008,--	1.603,--	9.811,--
200,--	14.400,--	2.016,--	3.205,--	19.621,--
300,--	21.600,--	3.024,--	4.808,--	29.432,--
400,--	28.800,--	4.032,--	6.410,--	39.242,--
500,--	36.000,--	5.040,--	8.013,--	49.053,--
Einmalige Einzahlung				
1.000,--	1.000,--	140,--	407,--	1.547,--
3.000,--	3.000,--	420,--	1.221,--	4.641,--
5.000,--	5.000,--	700,--	2.036,--	7.736,--

Obere Zeile: Monatliche Sparrate,
untere Zeile: Zusätzliche einmalige Einzahlung bei erster Sparrate

50,--	3.600,--	504,--	801,--	4.905,--
1.000,--	1.000,--	140,--	407,--	1.547,--
	4.600,--	644,--	1.208,--	6.452,--

Obere Zeile: Monatliche Sparrate,
untere Zeile: Zusätzliche einmalige Einzahlung bei erster Sparrate

100,--	7.200,--	1.008,--	1.603,--	9.811,--
3.000,--	3.000,--	420,--	1.221,--	4.641,--
	10.200,--	1.428,--	2.824,--	14.452,--

*) z. Z. gültiger Zinssatz bei gesetzlicher Kündigungsfrist 5 %

Bild 3.3.3 Kundeninformationsblatt der Stadtsparkasse Aachen über Bonussparangebote

3.4 Bundesschatzbriefe

Bundesschatzbriefe sind Geldmarktpapiere, die von der Bundesregierung zur Finanzierung öffentlicher Investitionen und zur Förderung der Eigentums- und Vermögensbildung in allen Bevölkerungsschichten ausgegeben werden. Nach der Ausstattung der Bundesschatzbriefe unterscheidet man zwischen dem Typ A und dem Typ B.

3.4.1 Ausstattung

Bei den Bundesschatzbriefen A werden die Zinsen jeweils jährlich nachträglich gezahlt und von dem depotführenden Kreditinstitut gutgeschrieben. Die vereinbarte Laufzeit beträgt 6 Jahre. Der Nennwert kann 100,-- DM oder ein Mehrfaches davon betragen.

Bei den Bundesschatzbriefen B werden die Zinsen mit Zinseszinsen bei der Rückzahlung dem Kapitalbetrag zugeschlagen, so daß sich ein aufgezinster Rückzahlungswert ergibt. Die vereinbarte Laufzeit beträgt 7 Jahre. Der Nennwert kann 50,-- DM oder ein Mehrfaches davon betragen. In der Börsensprache nennt man solche Anlagen Thesaurierungsfonds.

Eine vorzeitige Rückgabe ist nach einem Jahr jederzeit möglich. Dabei werden beim Typ A Stückzinsen zum Zinssatz des laufenden Jahres verrechnet. Beim Typ B ergibt sich ein Rückzahlungswert aus der Zinseszinsberechnung.

3.4.2 Berechnungsgrundlagen

a) Typ A:
Bei dem Typ A als Bewertungskriterium ist nur die Rendite von Interesse, da der Rückzahlungswert nur für Zeitpunkte zwischen den Zinsterminen vom Nennwert abweicht und die Zinsen bei Fälligkeit unmittelbar ausgezahlt werden. Die Rendite ergibt sich aus der Überlegung, daß bis zu dem jeweiligen Rückzahlungszeitpunkt, bei konstanter Verzinsung der fiktiven Anlage von K_0, nach Abzug der jeweiligen Nominalzinserträge, der Nennwert wieder erreicht sein muß. Dieser Zusammenhang läßt sich an einem Zahlungsstrahl darstellen.

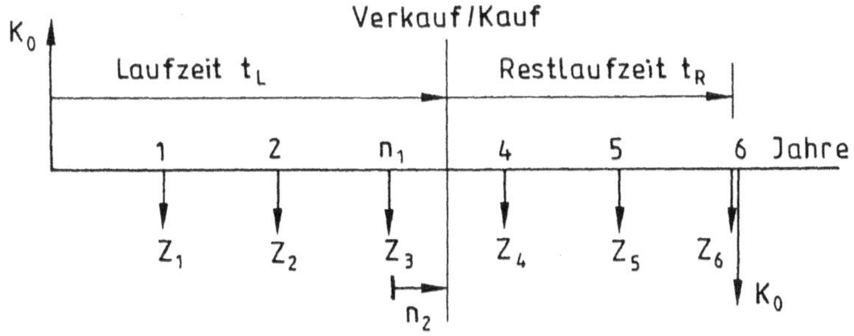

Bild 3.4.1 Zahlungsstrahl für die Geldströme beim Bundesschatzbrief A

Soll die Rückzahlung nach n Jahren erfolgen (n 6 Jahre), so muß das aufgezinste Kapital gleich dem fälligen Kapitalbetrag zuzüglich der aufgezinsten jeweiligen Zinsanteile sein:

$$K_o\, q^{n_1}(1 + in_2) = K_o + Z_{n_1+1}\, n_2 + (1 + in_2) \sum_{k=1}^{n_1} Z_k\, q^{n-k} \quad (3.4.1)$$

$$n_1 = \mathrm{INT}\left\{n\right\} \quad (3.4.2)$$

$$n_2 = \mathrm{FRC}\left\{\frac{T}{360}\right\} \quad (3.4.3)$$

Dividiert man die Gl.(3.4.1) durch $q^{n_1}(1 + in_2)$ so folgt:

$$K_o = \frac{K_o}{q^{n_1}(1 + in_2)} + \frac{Z_{n_1+1}}{q^{n_1}(1 + n_2)}\, n_2 + \sum_{k=1}^{n} \frac{Z_k}{q^k} \quad (3.4.4)$$

Für den jeweils zur Auszahlung kommenden Zinsbetrag Z_k gilt:

$$Z_K = \frac{p(k)}{100}\, K_o \quad (3.4.5)$$

Setzt man Gl.(3.4.5) in Gl.(3.4.4) ein, so ergibt sich nach Division durch K_o als Bestimmungsgleichung für den die Laufzeit-Rendite repräsentierenden effektiven Aufzinsungsfaktor q_{eff}:

$$1 = \frac{1}{q_{eff}^{n}(1 + i_{eff}n_2)} + \frac{p(n_1 + 1)}{100\, q_{eff}^{n_1}\,(1 + i_{eff}n_2)}\, n_2 + \sum_{k=1}^{n} \frac{p(k)}{100\, q_{eff}^{k}} \quad (3.4.6)$$

Die Gl.(3.4.6) ist als Gleichung n-ter Ordnung nur iterativ zu lösen. Es bietet sich auch hier das Newton'sche Iterationsverfahren an mit $x = q_{eff}$ gilt für die Newton-Operatoren:

$$f(x) = 1 - \frac{1}{x^{n_1}\left[1 + (x - 1)n_2\right]}\left[1 + \frac{p(n_1 + 1)}{100}\, n_2\right] - \sum_{k=1}^{n_1} \frac{p(k)}{100x^k} \quad (3.4.7)$$

$$f'(x) = \frac{1}{x^{n_1}\left[1 + (x - 1)n_2\right]}\left[1 + \frac{p(n_1 + 1)}{100}\, n_2\right]\left(\frac{n_1}{x} + \frac{n_2}{1 + (x - 1)n_2}\right)$$

$$+ \sum_{k=1}^{n_1} k\, \frac{p(k)}{100x^{k+1}} \quad (3.4.8)$$

Als Startwert für die Iteration wird die n-te Wurzel aus dem Produkt der n_1 Zinsfaktoren gewählt:

$$x_o = \sqrt[n_1]{\prod_{k=1}^{n_1} q(k)} \qquad (3.4.9)$$

Der die Laufzeit-Rendite repräsentierende effektive Zinsfuß ergibt sich als Ergebnis der Newton-Iteration gemäß Abschnitt 1.3.3, d.h., wenn der Differenzbetrag von zwei aufeinanderfolgenden Iterationswerten $x_{n+1} - x_n$ die gesetzte Schranke ϵ unterschreitet zu:

$$p_{eff} = (q_{eff} - 1)\ 100 \qquad (3.4.10)$$

Neben der Laufzeit-Rendite als repräsentativer Wert für die vergangene Anlagefrist stellt sich innerhalb der Laufzeit mitunter die Frage nach einer günstigeren Alternativanlage. Zur Beurteilung der Wirtschaftlichkeit für den Übergang zu einer anderen Bundesschatzbriefausgabe ist die Rendite für die Restlaufzeit maßgebend. Die Restlaufzeit-Rendite ergibt sich aus dem Endwert-Gleichgewicht der fiktiven Anlage des Rückzahlungswertes und dem Endwert der fortgesetzten Anlage. Der Rückzahlungswert setzt sich aus dem Nennwert K_o und dem Zinsanteil für die Zeitspanne n_2 zusammen. Für den Zinsanteil Z_T gilt:

$$Z_T = Z_{n_1+1}\ n_2 = K_o \frac{p(n_1 + 1)}{100}\ n_2 \qquad (3.4.11)$$

Für den Endwert der fiktiven Anlage K_o+Z_T einerseits und der fortgesetzten Altanlage andererseits gilt:

$$(K_o + Z_T)\left[1 + i(1 - n_2)\right]\ q^{5-n} = K_o + \sum_{k=n_1+1}^{6} Z_k\ q^{6-k} \qquad (3.4.12)$$

Nach Division durch K_o ergibt sich:

$$(1 + \frac{p(n_1 + 1)}{100}\ n_2)\ \left[1 + i(1 - n_2)\right]\ q^{5-n_1} = 1 + \sum_{k=n_1+1}^{6} \frac{p(k)}{100}\ q^{6-k} \qquad (3.4.13)$$

Mit $x=q_{eff}$ folgen die Newton-Operatoren für f(x) und f'(x):

$$f(x) = 1 - (1 + \frac{p(n_1 + 1)}{100}\ n_2)\ \left[1 + (x - 1)\ (1 - n_2)\right]\ x^{5-n_1}$$

$$+ \sum_{k=n_1+1}^{6} \frac{p(k)}{100}\ x^{6-k} \qquad (3.4.14)$$

$$f'(x) = -(1 + \frac{p(n_1 + 1)}{100} n_2) \left\{ (1 - n_2)\, x^{5-n_1} + (5 - n_1) x^{4-n_1} \right.$$

$$\left[1 + (x - 1)(1 - n_2)\right] + \sum_{k=n_1+1}^{6} (6 - k) \frac{p(k)}{100} x^{5-k} \qquad (3.4.15)$$

Der die Restlaufzeit-Rendite repräsentierende effektive Zinsfuß ergibt sich gemäß Gl.(3.4.10).

b) Typ B:
Beim Typ B werden die Zinsen jährlich dem Kapital zugeschlagen und in der nächsten Zinsperiode mit verzinst. Dadurch ist neben der Rendite auch der Rückzahlungswert von Interesse.

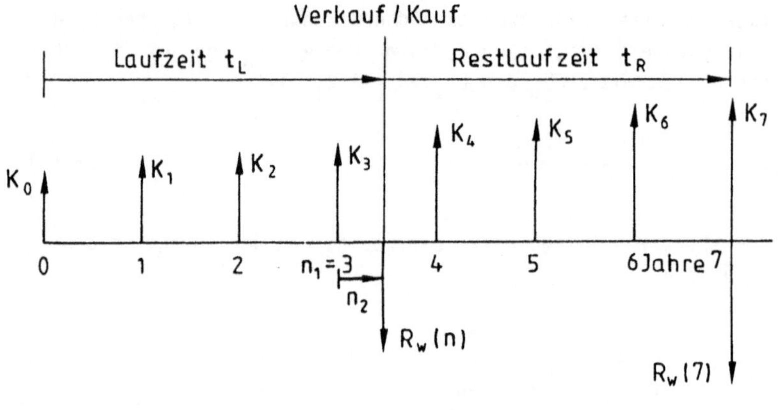

Bild 3.4.2 Zahlungsstrahl für Bundesschatzbriefe Typ B

Für den aufgezinsten Rückzahlungswert gilt mit $n \leqq 7$:

$$R_w(n) = K_0 \prod_{k=1}^{n_1} q(k) \left(1 + \frac{p(k+1)}{100} n_2\right) \qquad (3.4.16)$$

Da sich aus einem konstanten Zinsfaktor q über die jeweilige Festlegungsdauer der gleiche Rückzahlungswert ergeben muß, läßt sich aus dieser Überlegung der effektive Zinsfaktor q_{eff} angeben:

$$R_w(n) = K_0\, q_{eff}^{n_1} \left(1 + \frac{p_{eff}}{100} n_2\right) \qquad (3.4.17)$$

Zur Berechnung des effektiven Zinsfaktors q_{eff} als Maß für die Laufzeit-Rendite der Kapitalanlage in Bundesschatzbriefe läßt sich wie schon bei Typ A das Newton'sche Iterationsverfahren anwenden:

$$f(x) = \frac{R_w(n)}{K_o} - x^{n_1} \left[1 + (x - 1)\, n_2\right] \qquad (3.4.18)$$

$$f'(x) = - \left\{n_1\, x^{n-1} \left[1 + (x - 1)\, n_2\right] + n_2\, x^{n_1}\right\} \qquad (3.4.19)$$

Als Startwert für die Iteration wird gesetzt:

$$x_o = \sqrt[n_1]{\frac{R_w(n)}{K_o}} \qquad (3.4.20)$$

Für den effektiven Zinsfuß gilt Gl.(3.4.8) entsprechend.

Ebenso kann die Restlaufzeit-Rendite aus der fiktiven Anlage des Rückzahlungswertes im Gleichgewicht zu dem erwarteten Endbetrag am Laufzeitende $R_w(7)$ ermittelt werden.

$$R_w(n) = 1 + i(1 - n_2)\, q^{6-n_1} = K_o \prod_{k=1}^{7} q(k) = R_w(7) \qquad (3.4.21)$$

Mit $x=q_{eff}$ folgt für die Newton-Operatoren f(x) und f'(x):

$$f(x) = \frac{R_w(n)}{K_o} \left[1 + (x - 1)\, (1 - n_2)\right] q^{6-n_1} - K_o \prod_{k=1}^{7} q(k) \qquad (3.4.22)$$

$$f'(x) = \frac{R_w(n)}{K_o}\, x^{5-n_1} \left\{(1 - n_2)\, x + \left[1 + (x - 1)\, (1 - n_2)\right] (6 - n_1)\right\} \qquad (3.4.23)$$

In Bild 3.4.3 ist die Entwicklung der Rendite für Bundesschatzbriefausgaben Typ B ab der Ausgabe 1980/14 dargestellt. Der Höchstwert wurde im Oktober 1981 mit 10,74 % erzielt, der Tiefstwert im Mai 1983 mit 6,50 %.

3.4.3 Programmbeschreibung "BBRIEFE"

Die in Tabelle 3.4.1 angegebene Anweisungsliste des Programms beginnt mit dem LBL "BBRIEFE" als Programmadresse in Zeile 01. Als Merkmal für den Ausstattungstyp A wird in Zeile 14 Flag 01 gesetzt. Hierzu wird bei dem ersten Programmstop

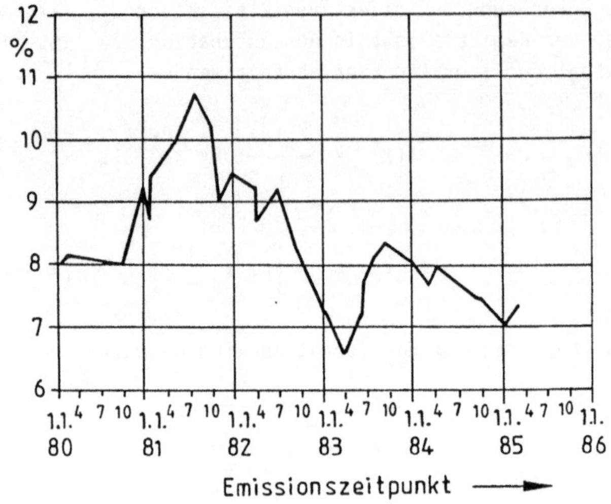

Bild 3.4.3

Rendite der Bundesschatzbriefausgaben Typ B von 1980/14 bis 1985/2

in Zeile 09 im eingeschalteten Alpha-Modus die Eingabe des Buchstabens A oder B angefordert. Falls für den Ausstattungstyp A der entsprechende Buchstabe eingegeben wurde, ergibt die Äquivalenzabfrage (x = y?) in Zeile 13 eine wahre Aussage, so daß Flag 01 im nächst folgenden Programmschritt gesetzt wird.

Zur Abspeicherung des Kapitalnennwertes ist STO 10 vorgesehen. Die während der 7-jährigen Laufzeit geltenden Zinsfüße p(1) bis p(7) werden über eine indirekte Adressierung in den Zeilen 36 bis 38 reproduzierend abgefragt und im Anschluß an den Arbeitsspeicherbereich von STO 11 bis STO 17 gespeichert. Für das Programm ist daher eine Speicherbereichszuordnung von SIZE 018 erforderlich.

Die Laufzeit wird mit den Anweisungen 54 bis 56 in der Form Jahre, Tage eingegeben und nach STO 06 abgespeichert. Es ist auch möglich, nur die Anzahl der Tage als Nachkommazahl anzugeben. Hierzu wird mit den Anweisungen 58 bis 67 eine Umrechnung auf volle Jahre mit 360 Tage-Basis und auf die Resttage vorgenommen. In STO 07 sind die vollen Jahre n_1 und in STO 08 der Dezimalanteil der Resttage n_2 abgespeichert. Mit den Anweisungen von LBL 04 in Zeile 72 bis zur Zeile 108 wird der Rückzahlungswert gemäß Gl.(3.4.16) berechnet und in Zeile 108 nach STO 01 abgespeichert. Außerdem wird der Startwert gemäß der Gl.(3.4.9) gebildet und in Zeile 114 nach STO 05 abgespeichert.

Der Rückzahlungswert wird bei Typ A nur für unterjährliche Restlaufzeiten berechnet. Hierzu dient die Abfrage in Zeile 117. Die Renditeberechnung für Typ A beginnt mit LBL 07 in Zeile 251. Zur Abspeicherung der Newton-Operatoren f(x) und f'(x) sind die Datenspeicher STO 02 und STO 09 vorgesehen. In der Programmschleife LBL 06 von Zeile 260 bis 283 werden die Summenterme der Gl.(3.4.7 u. 3.4.8) berechnet und vorab nach STO 02 und STO 09 abgespeichert. Die Newton-Schleife wird nach Maßgabe der Abfrage in Zeile 325 verlassen.

Tabelle 3.4.1 Anweisungsliste zum Programm Bundesschatzbriefe "BBRIEFE"

```
01♦LBL "BBRIEFE"
02 CF 01
03 "A"
04 ASTO Y
05 "TYP: A ODER B"
06 AVIEW
07 AON
08 SF 12
09 STOP
10 CF 12
11 ASTO X
12 AOFF
13 X=Y?
14 SF 01
15 RCL 10
16 "NENNWERT? DM:"
17 PROMPT   <= K0
18 STO 10
19 ADV
20 "VERZINSUNG %:"
21 AVIEW
22 " JAHR?"
23 ASTO 00
24 10
25 STO 01

26♦LBL 05
27 CLA
28 1
29 ST+ 01
30 RCL 01
31 10
32 -
33 FIX 0
34 ARCL X
35 FIX 2
36 ARCL 00
37 RCL IND 01
38 PROMPT   <= p(k)
39 STO IND 01
40 16
41 17
42 FS? 01
43 X<>Y
44 RCL 01
45 X<Y?
46 GTO 05
47 FIX 2
48 ADV

49♦LBL "RENDITE"
50 6
51 7
52 FS? 01
53 X<>Y
54 "LAUFZEIT? JAHRE"
55 "⊦, TAGE:"
56 PROMPT
57 STO 06
58 INT
59 STO 07
60 LASTX
61 FRC
62 ,36
63 /
64 STO 08
65 INT
66 ST+ 07
67 ST- 08
68 1
69 STO 05
70 10
71 STO 00

72♦LBL 04
73 1,1
74 ST+ 00
75 RCL 00
76 INT
77 LASTX
78 FRC
79 10
80 *
81 RCL 07
82 X<Y?
83 GTO 00
84 1
85 RCL IND T
86 %
87 +
88 ST* 05
89 GTO 04

90♦LBL 00
91 RCL 08
92 X=0?
93 GTO 00
94 RCL 07
95 11
96 +
97 RCL IND X
98 100
99 /
100 RCL 08
1 ' *
102♦LBL 00
103 1
104 +
105 STO 04
106 ST* 05
107 RCL 05
108 STO 01
109 RCL 07
110 X=0?
111 GTO 00
112 1/X
113 Y↑X
114 STO 05

115♦LBL 00
116 RCL 08
117 X>0?
118 GTO 00
119 FS? 01
120 GTO 07

121♦LBL 00
122 RCL 04
123 RCL 01
124 FS? 01
125 X<>Y
126 RCL 10
127 *
```

```
128 "RUECKZAHLUNGS"
129 "⊢WERT:"
130 XEQ 02
131 "⊢ DM"
132 AVIEW   ⇒ Rw
133 PSE
134 FS? 01
135 GTO 07
136 1
137 RCL 01
138 %CH
139 RCL 07
140 RCL 08
141 +
142 /
143 "EFF. WERTZUWACH"
144 "⊢S:"
145 XEQ 02
146 "⊢ %"
147 AVIEW   ⇒ Wz
148 ADV
149 CLA
150 GTO 03
151♦LBL 02
152 ADV
153 AVIEW
154 CLA
155 ARCL X
156 RTN

157♦LBL 03
158 RCL 01
159 RCL 05
160 1
161 -
162 RCL 08
163 *
164 1
165 +
166 STO 06
167 RCL 05
168 RCL 07
169 Y↑X
170 STO 03
171 *
172 -
173 STO 02
174 RCL 03
175 RCL 05
176 /
177 RCL 07
178 *
179 RCL 06
180 *
181 RCL 03
182 RCL 08
183 *
184 +
185 STO 09
186 XEQ 12
187 X<=Y?
188 GTO 03
189 XEQ 08
190 6
191 RCL 07
192 X>Y?
193 GTO 11
194 1
195 STO 00
196 11,017
197 STO 02

198♦LBL 01
199 1
200 RCL IND 02
201 %
202 +
203 ST* 00
204 ISG 02
205 GTO 01
206 0
207 STO 02
208 STO 09

209♦LBL 13
210 RCL 00
211 STO 02
212 RCL 05
213 1
214 -
215 1
216 RCL 08
217 -
218 *
219 1
220 +
221 STO 04
222 RCL 05
223 6
224 RCL 07
225 -
226 ST* 04
227 Y↑X
228 STO 03
229 *
230 RCL 01
231 *
232 ST- 02
233 RCL 04
234 1
235 RCL 08
236 -
237 RCL 05
238 *
239 +
240 RCL 03
241 *
242 RCL 05
243 /
244 RCL 01
245 *
246 STO 09
247 XEQ 12
248 X<=Y?
249 GTO 13
250 GTO 14

251♦LBL 07
252 CLA
253 0
254 STO 00
255 STO 02
256 STO 09
257 RCL 07
258 X=0?
259 GTO 00
260♦LBL 06
261 1
262 ST+ 00
263 RCL 00
264 10
265 +
266 RCL IND X
267 100
268 /
269 STO 01
270 RCL 05
271 RCL 00
272 Y↑X
273 /
274 ST+ 02
275 RCL 05
276 /
277 RCL 00
278 *
279 ST+ 09
280 RCL 07
281 RCL 00
282 X<Y?
283 GTO 06

284♦LBL 00
285 RCL 05
286 RCL 07
287 Y↑X
288 1/X
289 RCL 05
290 1
291 ST- 02
292 -
293 RCL 08
294 *
295 1
296 +
297 STO 03
298 /
299 RCL 00
300 11
301 +
302 RCL IND X
303 100
```

```
304 /
305 RCL 08
306 *
307 1
308 +
309 STO 04
310 RCL T
311 *
312 STO 00
313 ST+ 02
314 RCL 07
315 RCL 05
316 /
317 RCL 08
318 RCL 03
319 /
320 +
321 RCL 00
322 *
323 ST+ 09
324 XEQ 12
325 X<=Y?
326 GTO 07
327 ADV
328 XEQ 08

329♦LBL 09
330 0
331 STO 02
332 STO 09
333 5
334 RCL 07
335 X>Y?
336 GTO 11
337 11,016
338 +
339 STO 00
340♦LBL 10
341 RCL 00
342 INT
343 10
344 -
345 RCL 05
346 6
347 RCL Z
348 -
349 STO 03
350 Y↑X
351 RCL IND 00
352 100
353 /
354 *
355 ST+ 02
356 RCL 05
357 /
358 RCL 03
359 *
360 ST+ 09
361 ISG 00
362 GTO 10
363 RCL 05
364 5
365 RCL 07
366 -
367 Y↑X
368 STO 03
369 RCL 05
370 1
371 ST+ 02
372 -
373 1
374 RCL 08
375 -
376 *
377 1
378 +
379 STO 06
380 *
381 RCL 04
382 *
383 ST- 02
384 RCL 03
385 RCL 05
386 /
387 5
388 RCL 07
389 -
390 *
391 RCL 06
392 *
393 1
394 RCL 08
395 -
396 RCL 03
397 *
398 +
399 RCL 04
400 *
401 RCL 09
402 -
403 STO 09
404 XEQ 12
405 X<=Y?
406 GTO 09
407♦LBL 14
408 "REST"
409 XEQ 08
410 GTO 11

411♦LBL 12
412 RCL 02
413 RCL 09
414 /
415 ST+ 05
416 ABS
417 1 E-5
418 RTN

419♦LBL 08
420 RCL 05
421 1
422 -
423 1 E2
424 *
425 "⊢LAUFZEIT-RENDI"
426 "⊢TE:"
427 AVIEW
428 CLA
429 SF 12
430 ARCL X
431 "⊢ %"
432 AVIEW
433 CF 12
434 RTN

435♦LBL 11
436 STOP
437 GTO "RENDITE"
438 END
                    CAT 1
LBL'BBRIEFE
LBL'RENDITE
END          738 BYTES
.END.        04 BYTES
                    PRKEYS

USER KEYS:
 11 "BBRIEFE"
 12 "RENDITE"
```

Zur Berechnung der Newton-Operatoren f(x) und f'(x) werden folgende Programmbereiche als Iterationsschleifen aufgerufen:

LBL 03 von Zeile 157 bis 188 für die Laufzeit-Rendite Typ B
gemäß Gl.(3.4.18 u. 3.4.19).
LBL 13 von Zeile 209 bis 249 für die Restlaufzeit-Rendite Typ B
gemäß Gl.(3.4.22 u. 3.4.23).
LBL 07 von Zeile 251 bis 326 für die Laufzeit-Rendite Typ A
gemäß Gl.(3.4.7 u. 3.4.8).
LBL 09 von Zeile 329 bis 406 für die Restlaufzeit-Rendite Typ A
gemäß Gl.(3.4.14 u. 3.4.15).

Das Unterprogramm LBL 12 von Zeile 411 bis 418 realisiert den Newton-Algorithmus. Für die beiden Restlaufzeit-Rendite-Berechnungen wird als Startwert in STO 05 der Wert aus der voherigen Rendite-Berechnung übernommen.

Im Anschluß an die STOP-Anweisung in Zeile 436 wurde ein unbedingter Sprung zu dem globalem LBL "RENDITE" in Zeile 49 angehängt. Dies hat den Vorteil, daß durch Betätigung der R/S-Taste jeweils eine neue Laufzeit als Eingabewert angefordert wird, ohne vorher die übrigen Konditionen im Dialogverkehr neu beantworten zu müssen.

Ein neuer Berechnungszyklus mit veränderter Laufzeit kann auch über die Programmadresse "RENDITE" gestartet werden. Die Unterscheidung zwischen Typ A und Typ B ist dabei durch den Status von Flag 01 bestimmt. Die Ergebnisausgabe erfolgt über das Unterprogramm LBL 08 von Zeile 419 bis 434.

Das Programm umfaßt 438 Anweisungen und benötigt einen Speicherplatz von 738 Bytes entsprechend 106 Register. Es kann auf 4 Magnetkarten (7 Spuren) abgespeichert werden.

3.4.4 Anwendungsbeispiele für Bundesschatzbriefe

Zu dem in Bild 3.4.4 angegebenen Verkaufsangebote der Bundesregierung über Bundesschatzbriefe der Ausgaben 1983/13 und 1983/14 sind die Angaben zur Laufzeit-Rendite der beiden Ausgabearten zu überprüfen. Zusätzlich soll jedoch die jeweilige Restlaufzeit-Rendite, der Rückzahlungswert und der effektive Wertzuwachs nach 2, 4 1/2, 6 bzw. 7 Jahren bestimmt werden, da diese Werte aus dem Verkaufsprospekt nicht entnommen werden können.

Die Ergebnisausdrucke beider Rechnungsvarianten sind in Bild 3.4.5 angegeben. In Bild 3.4.6 sind die Ergebnisse als Diagramm dargestellt. Dort sind zusätzlich die entsprechenden Werte einer Durchrechnung der Ausgabe aus 1976/2 gestrichelt angegeben. Durch Vergleich der Restlaufzeit-Rendite-Werte aufeinanderfolgender Emissionen kann bei steigendem Zinsniveau der optimale Umsteigezeitpunkt ermittelt werden.

Die aktuellen Konditionen:

(Verkauf ab 5. September 1983)

Ausgaben:

Bundesschatzbriefe A – Ausgabe 1983/13
– Wertpapier-Kenn-Nr. 110739 –
Nennwert 100,– DM oder ein Mehrfaches davon
Zinszahlung jährlich nachträglich
Bundesschatzbriefe B – Ausgabe 1983/14
– Wertpapier-Kenn-Nr. 110740 –
Nennwert 50,– DM oder ein Mehrfaches davon
Ansammlung der Zinsen

Zinslauf:

Ab 1. September 1983

Zinsen, Renditen:

Laufzeitjahr	Nominalzins	Rendite nach dem .... Jahr Typ A	Typ B
1. Jahr (1983/84)	5,50 %	5,50 %	5,50 %
2. Jahr (1984/85)	8,00 %	6,71 %	6,74 %
3. Jahr (1985/86)	8,00 %	7,11 %	7,16 %
4. Jahr (1986/87)	8,50 %	7,42 %	7,49 %
5. Jahr (1987/88)	8,50 %	7,60 %	7,69 %
6. Jahr (1988/89)	10,00 %	7,93 %	8,08 %
nur Typ B 7. Jahr (1989/90)	10,00 %	–	8,35 %

Rendite = wirklicher Zinsgewinn pro Jahr (berechnet auf die gesamte Laufzeit)

Rendite Bundesschatzbrief A = **7,93 %**
Rendite Bundesschatzbrief B = **8,35 %**

So wächst das Geld mit Bundesschatzbriefen B:

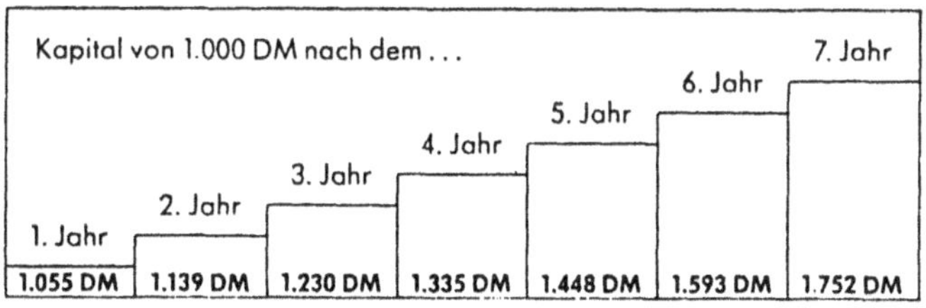

Ihr Vorteil dabei: Die jährlichen Zinsen werden angesammelt, Ihrem Kapital zugerechnet und zu den steigenden Zinsen lt. Zinsstaffel mitverzinst (Zinseszins).

Bild 3.4.4 Emissionsbedingungen der Bundesschatzbriefe 1983/13 und 1983/14

```
          XEQ "BBRIEFE"
TYP: A ODER B
A
                   RUN
NENNWERT? DM:
          100,00    RUN

VERZINSUNG %:
1, JAHR?
            5,50    RUN
2, JAHR?
            8,00    RUN
3, JAHR?
            8,00    RUN
4, JAHR?
            8,50    RUN
5, JAHR?
            8,50    RUN
6, JAHR?
           10,00    RUN

LAUFZEIT? JAHRE, TAGE:
            2,00    RUN

LAUFZEIT-RENDITE:
6,71 %
RESTLAUFZEIT-RENDITE:
8,69 %
                    RUN
LAUFZEIT? JAHRE, TAGE:
           4,180    RUN

RUECKZAHLUNGSWERT:
104,25 DM

LAUFZEIT-RENDITE:
7,52 %
RESTLAUFZEIT-RENDITE:
9,33 %
                    RUN
LAUFZEIT? JAHRE, TAGE:
            6,00    RUN

LAUFZEIT-RENDITE:
7,93 %
```

```
          XEQ "BBRIEFE"
TYP: A ODER B
B
                   RUN
NENNWERT? DM:
          100,00    RUN

VERZINSUNG %:
1, JAHR?
            5,50    RUN
2, JAHR?
            8,00    RUN
3, JAHR?
            8,00    RUN
4, JAHR?
            8,50    RUN
5, JAHR?
            8,50    RUN
6, JAHR?
           10,00    RUN
7, JAHR?
           10,00    RUN

LAUFZEIT? JAHRE, TAGE:
            2,00    RUN

RUECKZAHLUNGSWERT:
113,94 DM

EFF. WERTZUWACHS:
6,97 %

LAUFZEIT-RENDITE:
6,74 %
RESTLAUFZEIT-RENDITE:
9,00 %
```

```
                    RUN
LAUFZEIT? JAHRE, TAGE:
           4,180    RUN

RUECKZAHLUNGSWERT:
139,19 DM

EFF. WERTZUWACHS:
8,71 %

LAUFZEIT-RENDITE:
7,61 %
RESTLAUFZEIT-RENDITE:
9,62 %
                    RUN
LAUFZEIT? JAHRE, TAGE:
            7,00    RUN

RUECKZAHLUNGSWERT:
175,29 DM

EFF. WERTZUWACHS:
10,76 %

LAUFZEIT-RENDITE:
8,35 %
```

Bild 3.4.5 Ergebnisausdrucke des Programms Bundesschatzbriefe "BBRIEFE"

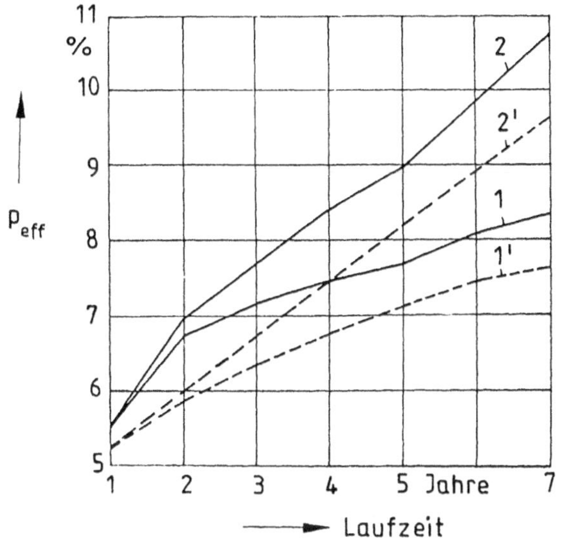

Bild 3.4.6 Laufzeit-Rendite (1) und effektiver Wertzuwachs (2) von Bundesbankschatzbriefen Typ B der Ausgaben 1983/14 (——) und 1976/2 (- - -) in Abhängigkeit von der Laufzeit

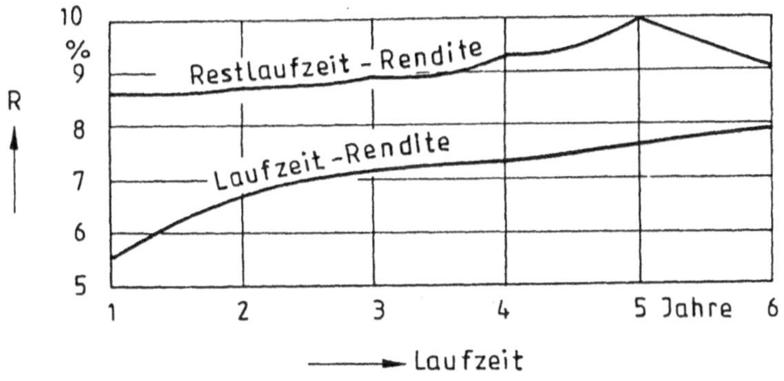

Bild 3.4.7 Renditeverlauf für Bundesschatzbriefe Typ A, Ausgabe 1983/13

In den Bildern 3.4.7 und 3.4.8 sind die Unterschiede der Laufzeit- und Restlaufzeit-Renditen dargestellt. Man erkennt, daß die Restlaufzeit-Rendite jeweils zwischen den Zinstermineninfolge der jährlichen Zinsgutschrift abnimmt.

Im Bild 3.4.9 ist der Rückzahlungswert des Typ B der vorgenannten Ausgaben 1983/14 über die Laufzeit dargestellt.

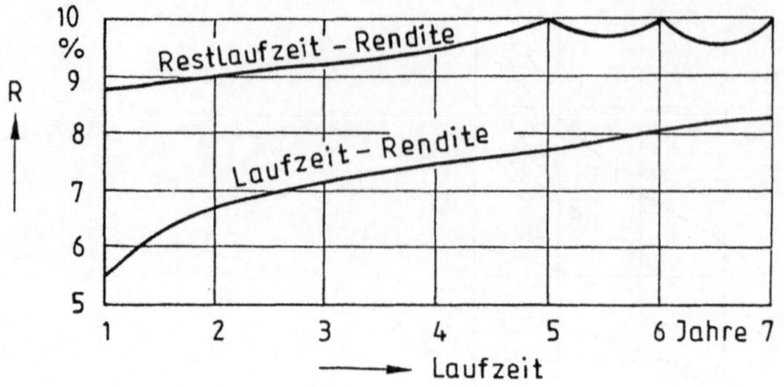

Bild 3.4.8 Renditeverlauf für Bundesschatzbriefe Typ B, Ausgabe 1983/14

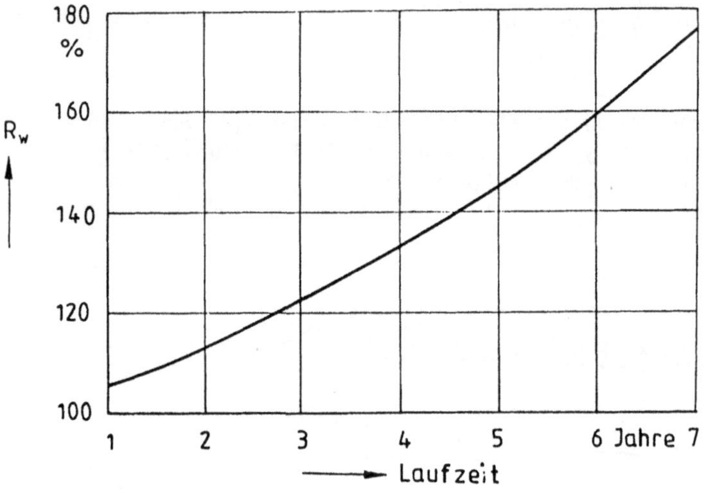

Bild 3.4.9 Rückzahlungswert der Bundesschatzbriefe Typ B, Ausgabe 1983/14

3.5 Bundesbankschätze

Je nach Kapitalmarktlage werden von der Deutschen Bundesbank Geldmarktpapiere in Form von Bundesbank-Schätzen ausgegeben, die über die Landeszentralbanken zu erwerben sind. Der Nennbetrag lautet in der Regel über ein Vielfaches von 5000,-- DM. Der Kaufpreis ergibt sich aus dem Nennbetrag (Nominalwert) abzüglich einem Diskontabschlag D, der sich an dem Kapitalmarktzinsfuß p orientiert. Für den Diskontabschlag gilt die Sparkassenformel: Diskontabschlag D ist gleich Zinszahl geteilt durch den Zinsdivisor:

$$D = \underbrace{\frac{K_n T}{100}}_{\text{Zinszahl}} : \underbrace{\frac{360}{p}}_{\text{Zinsdivisor}} \qquad (3.5.1)$$

3.5.1 Berechnungsgrundlagen

In üblicher mathematischer Schreibweise:

$$D = K_n \frac{T}{360} \frac{p}{100} \qquad (3.5.2)$$

Für Bundesbankschätze mit dem Nennbetrag K_n ist ein Kaufpreis K_o zu entrichten:

$$K_o = K_n - D = K_n\left(1 - \frac{T}{360} \frac{p}{100}\right) \qquad (3.5.3)$$

Da der Diskontabschlag mit dem Nominalzinsfuß vom Kapital-Nennbetrag berechnet wird, liegt der Effektivzinsfuß einer vergleichbaren Anlage über 360 Tage-Zinsintervall über dem Nominalzinsfuß. Zur Berechnung des Effektivzinsfußes gilt der Ansatz:

$$K_n = K_o \, q_{eff}^{n_1} \left(1 + \frac{p_{eff}}{100} n_2\right) \qquad (3.5.4)$$

Mit

$$n_1 = \text{INT}\left\{\frac{T}{360}\right\} \qquad (3.5.5)$$

$$n_2 = \text{FRC}\left\{\frac{T}{360}\right\} \qquad (3.5.6)$$

Der Effektivzinsfuß wird mit Hilfe der Newton-Iteration gemäß Gl.(3.2.14 bis 3.2.17) berechnet. Mit $x=q_{eff}$ und $x-1=p_{eff}/100$ gilt:

$$f(x) = \frac{K_n}{K_o} - x^{n_1} \left[1 + (x - 1)n_2\right] \qquad (3.5.7)$$

$$f'(x) = - \left\{n_1 x^{n_1 - 1} \left[1 + (x - 1)n_2\right] + n_2 x^{n_1}\right\} \qquad (3.5.8)$$

Die Regellaufzeit der Bundesschatzbriefe beträgt 2 Jahre, entsprechend 720 Zinstage. Für Kaufabschlüsse nach den Ausgabe-Stichtagen wird der Diskontabschlag für die Restlaufzeit in Tagen gemäß der Gl.(3.5.2) errechnet. Die Restlaufzeit ergibt sich gemäß § 187 BGB aus der Differenz der Tage zwischen Auftragsdatum und Verfalldatum, wobei der Kauftag nicht und der Verfalltag wohl mitgezählt wird.

Zur programmierten Berechnung wird das Programm "BSCHATZ" als XEQ-Aufruf oder über eine zugeordnete Funktionstaste aufgerufen. Über die Dialogeingabe werden nacheinander die Eingabewerte: Kapital in DM, Zinsfuß in % und Laufzeit in Tage, aufgerufen. Als Ergebnisse werden der Diskontabschlag, der Kaufpreis als abgezinstes Kapital und der Effektivzinsfuß ausgegeben.

An Stelle der Zinstage als Eingabewert kann auch nach Eingabe des Kaufdatums und des Fälligkeitsdatums das Unterprogramm "TAGD" zur Berechnung der Tagesdifferenz aufgerufen werden. Dabei sind die Tagesdaten in der Form dd, mm, yyyy für Tag, Monat, Jahr einzugeben.

3.5.2 Programmbeschreibung "BSCHATZ"

Das Programm beginnt mit der Startadresse "BSCHATZ". Bis zur Programmzeile 14 werden in Form einer regenerierenden Dialogeingabe die drei Eingabevariablen Kapital-Nennbetrag (STO 11), Zinsfuß (STO 12) und Laufzeit in Zinstage (STO 13) abgefragt und den entsprechenden Speichern zugeordnet.

Die Laufzeit kann sowohl als Tageswert oder auch indirekt über das Unterprogramm "TAGD" durch Eingabe der beiden Kalenderdaten von Kauftag und Fälligkeitstag eingegeben werden. Im letzteren Fall sind die Tagesdaten in der Form dd, mm, yyyy für Tag, Monat und Jahr durch ENTER voneinander separiert, einzugeben. Anschließend ist nicht die R/S-Taste zu betätigen, sondern der Unterprogrammaufruf XEQ "TAGD" vorzunehmen.

Mit den INT- und FRC-Anweisungen in den Zeilen 17 und 20 wird die in Tage eingegebene Laufzeit in einen dezimalen Jahreswert mit getrenntem ganzzahligen Anteil (STO 07) und Nachkommaanteil (STO 08) umgewandelt. Anschließend wird der Diskontabschlag D Gl.(3.5.2) und der Kaufpreis K_0 Gl.(3.5.3) ausgegeben. Die Newton-Iteration erfolgt innerhalb der Schleife von Programmzeile 61 bis 94. In Zeile 76 ist f(x) gemäß Gl.(3.5.7) und in Zeile 87 f'(x) nach Gl.(3.5.8) berechnet. Nach Maßgabe der Iterationsabfrage wird die Schleife ab Zeile 93 veranlassen und der Effektivzinsfuß angezeigt oder ausgedruckt.

In dem Unterprogramm "TAGD" wird die Differenz der Zinstage zwischen Kauftag und Fälligkeitstag auf der Basis 30 Zinstage pro Monat und 360 Zinstage pro Jahr berechnet. Dieses Unterprogramm kann auch als eigenständiges Hauptprogramm aufgerufen werden. Bis zur Zeile 138 ist die Anzahl der Tage ab dem Jahr 0 bis zu der angegebenen Jahreszahl zunächst für das erste Datum berechnet. Anschließend erfolgt ab LBL 02 in Zeile 114 ein zweiter Durchlauf für das zweite Datum und schließlich die Differenzbildung in Zeile 142. Die anschließende Betragsbildung ABS in Zeile 143 erlaubt eine beliebige Eingabe-Reihenfolge beider Daten. Nach dem Rücksprung nach LBL 03 in Zeile 12 werden die errechneten Zinstage ausgegeben. Zur Fortsetzung des Programms ist dann die R/S-Taste zu betätigen.

Falls grundsätzlich mit Kalenderdaten gearbeitet wird, ist es zweckmäßig, die Anweisung GTO 03 in Zeile 149 durch eine RTN-Anweisung zu ersetzen und hinter der PROMPT-Anweisung in Zeile 13 ein Unterprogrammaufruf XEQ "TAGD" einzufügen. Die LBL 03 Anweisung in Zeile 12 kann dann entfallen.

Das Programm benötigt einen Speicherbereich von 320 Bytes entsprechend 46 Register. Hinzu kommen 14 Datenregister (SIZE 014). Das Programm kann auf 2 Magnetkarten (3 Spuren) abgespeichert werden.

Tabelle 3.5.1 Anweisungsliste des Programms "Bundesbankschätze"

```
01♦LBL "BSCHATZ"
02 RCL 11
03 "KAPITAL? DM:"
04 PROMPT      ⇐ Kn
05 STO 11
06 RCL 12
07 "ZINSFUSS? %:"
08 PROMPT      ⇐ p
09 STO 12
10 RCL 13
11 "LAUFZEIT? TAGE:"

12♦LBL 03
13 PROMPT      ⇐ {T
                 {XEQ TAGD
14 STO 13
15 360
16 /
17 INT
18 STO 07
19 LASTX
20 FRC
21 STO 08
22 1
23 RCL 12
24 %
25 STO 01
26 +
27 STO 05
28 1
29 RCL 01
30 RCL 13
31 *
32 360
33 /
34 STO 01
35 -
36 RCL 11
37 ST* 01
38 *
39 STO 00
40 RCL 01
41 "DISKONTABSCHLAG"
42 "├:"
43 XEQ 00
44 RCL 11
45 RCL 00
46 "ABGEZINSTES"
47 "├ KAPITAL:"
48 XEQ 00
49 /
50 STO 01
51 GTO 01   → 61
UP
52♦LBL 00
53 ADV
54 AVIEW
55 CLA
56 ARCL X
57 "├ DM"
58 AVIEW
59 PSE
60 RTN

61♦LBL 01  ←
62 RCL 01
63 RCL 05
64 1
65 -
66 RCL 08
67 *
68 1
69 +
70 STO 03
71 RCL 05
72 RCL 07
73 Y↑X
74 STO 04
75 *
76 -
77 RCL 04
78 RCL 05
79 /
80 RCL 07
81 *
82 RCL 03
83 *
84 RCL 04
85 RCL 08
86 *
87 +
88 /
89 ST+ 05
90 ABS
91 PSE
92 1 E-5
93 X<=Y?
94 GTO 01
95 RCL 05
96 1
97 -
98 1 E2
99 *
100 ADV
101 "EFFEKTIVZINSFUS"
102 "├S:"
103 AVIEW
104 CLA
105 SF 12
106 ARCL X
107 "├ %"
108 AVIEW
109 CF 12
110 ADV
111 RTN

112♦LBL "TAGD"
113 SF 00

114♦LBL 02
115 31
116 X>Y?
117 GTO 00
118 RDN
119 1
120 ST- Y

121♦LBL 00 ←
122 RDN
123 INT
124 LASTX
125 FRC
126 1 E2
127 *
```

```
128 INT
129 30
130 ST* Y
131 RDN
132 ST+ Y
133 RDN
134 LASTX
135 FRC
136 36 E5
137 *
138 +
139 X<>Y
140 FS?C 00
141 GTO 02
142 -
143 ABS
144 FIX 0
145 CLA
146 ARCL X
147 "├ ZINSTAGE"
148 FIX 2          12
149 GTO 03 --------^
150 END
    CAT 1

LBL'BSCHATZ
LBL'TAGD
END         320 BYTES
.END.       09 BYTES
                PRKEYS

USER KEYS:
 11 "BSCHATZ"
 12 "TAGD"
```

3.5.3 Anwendungsbeipiele für Bundesbankschätze

a) Ein Kapital-Nennbetrag zu 5.000,-- DM wird mit einem Zinsfuß von 9,5 % und einer 2-jährigen Laufzeit (720 Zinstage) in Bundesbankschätze angelegt.

Das Programm wird über den Aufruf XEQ "BSCHATZ" oder über eine zugeordnete Funktionstaste aktiviert und beginnt mit dem Eingabedialog.

Der Ergebnisausdruck ist in Bild 3.5.1 angegeben.

```
        XEQ "BSCHATZ"
KAPITAL? DM:
       5.000,00    RUN
ZINSFUSS? %:
           9,50    RUN
LAUFZEIT? TAGE:
         720,00    RUN

DISKONTABSCHLAG:
950,00 DM

ABGEZINSTES KAPITAL:
4.050,00 DM

EFFEKTIVZINSFUSS:
11,11 %
```

Bild 3.5.1 Ergebnisausdruck zu Beispiel a)

b) Zu einem Kaufauftrag gemäß dem Landeszentralbank-Formular in Bild 3.5.3 sollen die Konditionen überprüft und der Effektivzinsfuß berechnet werden. Da das Datum des Kaufauftrages (03.01.1974) und das Verfalldatum 15.01.1976 bekannt sind, kann die Laufzeit mit Hilfe des Unterprogramms "TAGD" intern ermittelt werden. Die einzelnen Eingabeschritte und Ergebnisse sind in Bild 3.5.2 als Ergebnisausdruck angegeben.

```
         XEQ "BSCHATZ"
KAPITAL? DM:
     10.000,00     RUN
ZINSFUSS? %:
          8,00 ENTER↑
          7,00 ENTER↑
          8,00       /
                     +
          8,88     ***
                   RUN
LAUFZEIT? TAGE:
      3,011974 ENTER↑
     15,011976
           XEQ "TAGD"
732, ZINSTAGE
                   RUN
```

```
DISKONTABSCHLAG:
1.804,58 DM

ABGEZINSTES KAPITAL:
8.195,42 DM

EFFEKTIVZINSFUSS:
10,27 %
```

Bild 3.5.2 Ergebnisausdruck zu Beipiel b)

3.6 Festverzinsliche Wertpapiere

3.6.1 Allgemeines

Festverzinsliche Wertpapiere sind Schuldverschreibungen unterschiedlicher Emittenten wie Kreditinstitute, öffentliche Haushalte oder Industrie-Unternehmen. Sie werden an den Effektenbörsen als Teilmarkt neben dem Aktiengeschäft gehandelt. Banken emittieren Schuldverschreibungen zur Refinanzierung von Krediten. Die gebräuchlichsten Schuldverschreibungen sind Pfandbriefe und Kommunalobligationen, die von Realkreditinstituten begeben werden.

Pfandbriefe dienen der Refinanzierung von gewährten Hypothekendarlehen, Kommunalschuldverschreibungen der Mittelbeschaffung für die Vergabe von Kommunaldarlehen an inländische Körperschaften und Anstalten des öffentlichen Rechts sowie von Darlehen an private Gesellschaften, die durch öffentlich-rechtliche Stellen verbürgt sind. Als Industrieobligationen bezeichnet man solche Anleihen, die von großen Industrie- und Handelsunternehmen (vor allem Aktiengesellschaften) emittiert werden. Da für diese Obligationen keine Deckungsmassen gebildet werden müssen, macht die Aufsichtsbehörde die Genehmigung solcher Emissionen von ausreichenden Sicherheiten abhängig.

Mit der Schuldverschreibung ist eine Geldforderung verbrieft, die zu Gunsten des Inhabers gegenüber dem Aussteller der Schuldverschreibung, dem Emittienten, am Ende der Laufzeit fällig wird. Am weitaus gebräuchlichsten sind Inhaberschuldverschreibungen. Bei diesen erfolgt die Übertragung der Rechte durch Einigung und Übergabe der Urkunde, wogegen bei Orderschuldverschreibungen zusätzlich eine Umschreibung der Urkunde des Erwerbers erforderlich ist. Möglich ist jedoch

LANDESZENTRALBANK
Auftrags-Nr. 3/74

Aachen, den 3.1.74
Ort Datum

Abrechn g
über Geldmarktpapiere

An Herrn
Helmut Alt
51 Aachen-Brand
Ringstr. 155

KAUF
unten verzeichneter Bundesbank-Schätze
gemäß Ihrem schriftl. Auftrag vom 3.1.74
Die Werte
[X] schreiben wir Ihrem Depot bei der BBk/LZB gut (Girosammelverwahrung).
[ ] stellen wir Ihnen auftragsgemäß zur Verfügung.[1]

[X] Zutreffendes ankreuzen

Bezeichnung der Geldmarktpapiere	Kenn-Nummer	Verfalltag	Zins- Tage	Zins- Zahlen	DM
Bundesbank-Schätze Ausgabe Jan. 74/24	112 055	15.1.76	732	73200	10.000.-
		Summe		73.200	10.000.-
		8 7/8	% Diskontabschlag	./.	1.804.58
				./.	
			Den Betrag von DM		8.195.42

[ ] [1]) bei ______ Depotführendes Kreditinstitut
zu Gunsten von ______ Depot-Nr ______ Genaue Depotbezeichnung

haben wir [ ] Ihrem BBk-/LZB-Girokonto Nr. [ ] heute belastet.
[X] mit der von Ihnen bereitgestellten Deckung verrechnet.

Landeszentralbank
Hauptstelle Aachen

Vordr. 9257 I
4.73 - 80 000

Bild 3.5.3 Abrechnungsformular über den Kauf von Bundesbankschätzen auch, Orderschuldverschreibungen durch bloße Abtretung der Forderung (unter Übergabe der Urkunde) zu übertragen, was bei Namensschuldverschreibungen ausschließlich notwendig ist [18].

Wichtige Auswahlkriterien beim Erwerb festverzinslicher Wertpapiere bilden die Laufzeit, der Kurs (Ausgabekurs oder Erwerbskurs bzw. Börsenkurs oder Rückgabekurs), der Zinsfuß und die Zinsterminstellung. Ein finanzmathematisch zusammengefaßtes Auswahlkriterium bildet der effektive Zinsfuß p_{eff} (sprich "Rendite"), der sich aus den ergebenden Zahlungen durch Vergleich mit einer jährlich nachschüssig verzinsten Vergleichsanlage ergibt. Der aus den Nominaldaten berechnete Effektivzinsfuß ist der Brutto-Effektivzinsfuß ohne Berücksichtigung von Spesen, Kosten, Gebühren, Steuern oder Provisionen, die ggf. beim Kauf oder Verkauf eines Wertpapiers anfallen. Soll jedoch der Netto-Effektivzinsfuß berechnet werden -also unter Berücksichtigung sämtlicher der vorgenannten Kosten- so ist im Eingabedialog einerseits der Börsenkurs um die prozentualen Gesamtkosten beim Kauf zu erhöhen und andereseits ist der Rückgabekurs um die entsprechenden, ebenfalls prozentualen Gesamtkosten beim Verkauf zu reduzieren. Wertpapier-Neuemissionen werden in der Regel spesen- und gebührenfrei ausgegeben. Der renditebewußte Kunde sollte daher besonders auf die ihm verbleibende Netto-Rendite achten unter Berücksichtigung auch der steuerlichen Aspekte.

Unter Berücksichtigung des individuellen Spitzensteuersatzes der Einkommensteuer ergibt sich der "Zinsfuß nach Steuern" aus dem Nominalzinsfuß vor Steuern gemäß Gl.(2.2.39). Das über den Eingabedialog mit dem "Zinsfuß vor Steuern" gestartete Programm liefert als Ergebnis auch den Effektivzinsfuß vor Steuern. Zum Vergleich mit einer Alternativanlage mit angegebenem "Zinsfuß nach Steuern" ist eine Umrechnung gemäß Gl.(2.2.39) derart vorzunehmen, daß gleichartige Zinsdaten miteinander verglichen werden.

Neben dem Effektivzins als Maß für die Rendite der Anlage stellt auch die laufende Verzinsung des eingesetzten Kapitals ein wichtiges Beurteilungselement dar. Diese ergibt sich aus der Division des Nominalzinses durch den Erwerbskurs bezogen auf den Nominalwert 1. Bei Papieren, die überpari gehandelt werden, liegt daher die laufende Verzinsung unter dem Nominalzinsfuß, bei unterpari gehandelten Papiere liegt die laufende Verzinsung über dem Nominalzinsfuß.

3.6.2 Verzinsungsarten und Berechnungsgrundlagen

Man unterscheidet festverzinsliche Wertpapiere (Schuldverschreibungen engl. Bonds) mit Stückzinsberechnung und ohne Stückzinsberechnung. In der Regel werden Schuldverschreibungen mit Stückzinsberechnung mit jährlicher oder unterjährlicher Zinszahlung gehandelt (Wertpapiere mit Jahres- oder Halbjahreskupon). Auf dem Namen des Gläubigers lautende Anleihen werden ohne Stückzinsberechnung bei meist jährlicher Zinszahlung ausgegeben [19,20] .

a) Mit Stückzinsberechnung

Bei den Wertpapieren mit Stückzinsberechnung ergeben sich je nach Kaufzeitpunkt positive oder negative Stückzinsen. Positive Stückzinsen entstehen, wenn die Anteile zwischen zwei Zinsterminen mit dem noch nicht abgetrennten Zinsschein für den nächsten Zinstermin erworben wird. Der Erwerber hat dem Veräußerer dann die seit dem letzten Zinstermin aufgelaufenen Stückzinsen zu erstatten. Dafür erhält er zum nächsten Zinstermin den vollen Kuponbetrag. Da die Zinstermine in der Regel bereits 14 Tage vor Fälligkeit der Zinsen abgetrennt werden, wird das Wertpapier für diese Zeit mit negativen Stückzinsen (Minusstückzinsen) gehandelt. Der Kaufpreis K errechnet sich für die positiven Stückzinsen aus dem Börsenkurs am Erwerbstag zuzüglich dem Nominalzinsanteil für die Zeit T_V seit der letzten Zinszahlung auf der Basis von 360 Zinstagen pro Jahr:

$$K = \frac{K_o}{100}\left(k_B + p_N \frac{T_v}{360}\right) \tag{3.6.1}$$

Für negative Stückzinsen vermindert sich der Kaufpreis um die entgangenen Zinsen bis zum nächsten Zinstermin:

$$K = \frac{K_o}{100}\left(k_B - p_N \frac{T - T_v}{360}\right) \tag{3.6.2}$$

Hierin bedeuten:

K_o Nennwert der Anleihe

k_B Börsenkurs in Prozent zum Kaufzeitpunkt

p_N Nominalzinsfuß in % ($i_N = \frac{p_N}{100}$)

T_V Zinstage seit der letzten Zinszahlung

T Zinstage zwischen zwei Zinsterminen

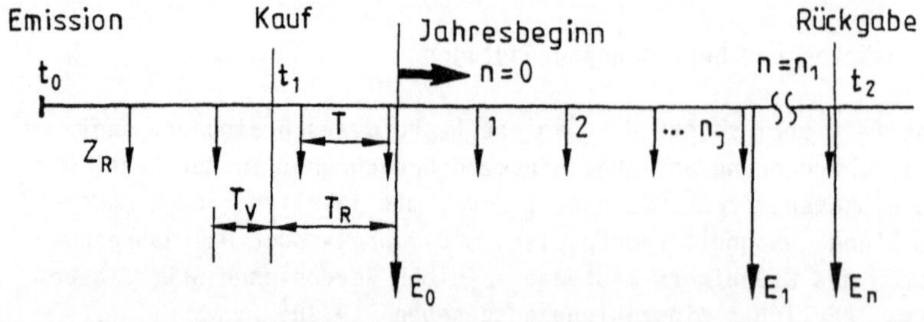

Bild 3.6.1 Zahlungsstrahl festverzinslicher Wertpapiere mit Stückzinsberechnung

Der eingeklammerte Term der Gl.(3.6.1 und 3.6.2) stellt den effektiv beim Erwerb zu zahlende Kurs dar und wird als Erwerbskurs bezeichnet. Die sich aus dem Kauf und den Zinszahlungen ergebenden Zahlungsströme einer Anleihe, die zum Zeitpunkt t_1 erworben wurde, lassen sich an Hand eines Zahlungsstrahls in übersichtlicher Weise darstellen (Bild 3.6.1).

Der Endwert des Kaufpreises K zum Zeitpunkt t_2 nach T_R Zinstagen im Teiljahresintervall und n_1 Jahren ergibt sich bei fiktiver Anlage zum Zinssatz i durch lineare Aufzinsung im Teiljahresintervall und Zinseszins-Aufrechnung in den n_1 Laufzeitjahren zu:

$$E_{kn} = K_o \left(\frac{k_B}{100} + \frac{p_N}{100}\frac{T_V}{360}\right)\left(1 + i\frac{T_R}{360}\right)(1 + i)^{n_1} \qquad (3.6.3)$$

Für die Anzahl der Zinszahlungen n_J je Jahr und n_T Zinszahlungen im Restjahreszeitraum T_R gilt:

$$n_J = \frac{360}{T} \qquad (3.6.4)$$

$$n_T = \text{INT}\left\{\frac{T_R}{T}\right\} + 1 \qquad (3.6.5)$$

Mit: $$n_2 = \frac{T_R}{360} \qquad (3.6.6)$$

folgt: $$n_T = \text{INT}\left\{n_2 n_J\right\} + 1 \qquad (3.6.7)$$

Der Endwert der Zinszahlungen mit den Stückzinsbeträgen Z_R zu den n_J Jahreszinsterminen ergibt sich zum Jahresende durch lineare Summierung der einzelnen Zinsabschnitte zu:

$$E_1 = Z_R \left(n_J + i\frac{n_J - 1}{2}\right) \qquad (3.6.8)$$

Die Stückzinsbeträge Z_R ergeben sich aus den Jahreszinsen Z zu:

$$Z_R = \frac{Z}{n_J} \qquad (3.6.9)$$

Damit folgt als Endwert nach einem Jahresintervall:

$$E_1 = Z\left(1 + i\frac{n_J - 1}{2\, n_J}\right) \qquad (3.6.10)$$

Der jeweilige Jahreszinsanteil ist über die ganzjährige Laufzeit mit Zinseszinsen auf den Endwert $E_{Z,n}$ anzurechnen:

$$E_{Z,n} = Z\,(1 + i\,\frac{n_J - 1}{2\,n_J})\,\frac{q^{n_1} - 1}{q - 1} \tag{3.6.11}$$

Hierzu kommt der Anteil des vorgelagerten Teiljahresabschnittes:

$$E_o = Z_R\,(n_T + \frac{i}{n_J}\,\frac{n_T - 1}{2}\,n_T) \tag{3.6.12}$$

$$E_o = Z\,\frac{n_T}{n_J}\,(1 + i\,\frac{n_T - 1}{2n_J}) \tag{3.6.13}$$

Dieser ist ebenfalls auf das Laufzeitende hochzurechnen:

$$E_{o,n} = Z\,\frac{n_T}{n_J}\,(1 + i\,\frac{n_T - 1}{2n_J})\,q^{n_1} \tag{3.6.14}$$

Am Ende der Laufzeit kann dem fiktiven Vergleichskonto die Summe aller Zinserträge unter Berücksichtigung einer Endwertkorrektur je nach Art der Stückzinsberechnung und der mit dem Rückgabekurs k_R multipizierte Nominalwert der Anleihe entnommen werden:

$$E_{S,n} = \frac{k_R}{100}\,K_o + E_{Z,n} + E_{o,n} - Z_K \tag{3.6.15}$$

$$Z_K = \begin{cases} 0 & \text{für positive} \\ & \text{Stückzinsen} \\ \frac{Z}{n_J}\,(1 + \frac{n_T - 1}{n_J}\,i)\,q^{n_1} & \text{für negative} \end{cases} \tag{3.6.16}$$

Die Jahreszinsen ergeben sich aus dem Nominalzinsfuß und dem Kapital-Nennbetrag zu:

$$Z = \frac{p_N}{100}\,K_o \tag{3.6.17}$$

Der Effektivzinsfuß ergibt sich als derjenige Zinsfuß, bei dem der Endwert des aufgezinsten Kaufpreises gleich dem aufgezinsten Endwert aller Erlöse ist.

Mit $E_{K,n} = E_{S,n}$ folgt als Nullstellengleichung für f(i):

$$f(i) = (E_{K,n} - E_{S,n})\,\frac{100}{K_o} \tag{3.6.18}$$

Damit läßt sich für f(i) = 0 der Lösungswert für i mit Hilfe der Newton-Iteration ermitteln:

$$f(i) = (k_B + p_N \frac{T_v}{360}) (1 + in_2) q^{n_1} - \left\{ k_R + p_N \left[(1 + i \frac{n_J - 1}{2n_J}) \frac{q^{n_1} - 1}{i} \right.\right.$$

$$\left.\left. + \frac{n_T}{n_J} (1 + i \frac{n_T - 1}{2\, n_J}) q^{n_1} \right] \right\} - Z_K^* \qquad (3.6.19)$$

$$Z_K^* = \begin{cases} 0 & \text{für positive} \\ & \text{Stückzinsen} \\ \frac{1}{n_J} (1 + \frac{n_T - 1}{n_J} i) q^{n_1} & \text{für negative} \end{cases} \qquad (3.6.20)$$

Für die Zeitspanne T_v von der letzten Zinszahlung bis zum Kaufzeitpunkt gilt:

$$T_v = T(1 - \text{FRC}\left\{\frac{T_R}{T}\right\}) = T(1 - \text{FRC}\left\{n_2 n_J\right\}) \qquad (3.6.21)$$

Die Differentation von Gl.(3.6.19) liefert:

$$f'(i) = (k_B + p_N \frac{T_v}{360}) q^{n_1} \left[n_2 + \frac{n_1}{q} (1 + in_2) \right]$$

$$- p_N \left\{ \frac{n_J - 1}{2\, n_J} \frac{q^{n_1} - 1}{i} + \frac{n_1 q^{n_1 - 1} - \frac{q^{n_1} - 1}{i}}{i} (1 + i \frac{n_J - 1}{2n_J}) \right.$$

$$\left. + \frac{n_T}{n_J} \left[\frac{n_T - 1}{2n_J} q^{n_1} + n_1 q^{n_1 - 1} (1 + i \frac{n_T - 1}{2n_J}) \right] \right\} - Z_K' \qquad (3.6.22)$$

$$Z_K' = \begin{cases} 0 & \text{für positive} \\ & \text{Stückzinsen} \\ \frac{q^{n_1}}{n_J} \left[\frac{n_T - 1}{n_J} + \frac{n_1}{q} (1 + \frac{n_T - 1}{n_J} i) \right] & \text{für negative} \end{cases} \qquad (3.6.23)$$

Der Lösungswert für den effektiven Zinssatz ergibt sich aus der Newton-Iteration:

$$i_{n+1} = i_n - \frac{f(i)}{f'(i)} \tag{3.6.24}$$

In Bild 3.6.2 ist das Ergebnis der iterativen Lösung für jährliche und halbjährliche Zinszahlung bei 6 % Nominalzinsfuß und 100 % Ausgabekurs dargestellt. Der effektive Zinsfuß verläuft in Schwüngen mit abnehmender Einbuchtung zwischen den Maximalwerten zum jeweiligen Jahresende. Mit einem weniger empfindlichen Ordinatenmaßstab zeigt Bild 3.6.3 den Verlauf der Rendite als Effektivzinsfuß bei unterschiedlichen Ausgabekursen mit $\pm$ 3 % Agio bzw. Disagio und 6 % Nominalzinsfuß.

b) Ohne Stückzinsberechnung

Bei Schuldverschreibungen ohne Stückzinsberechnung ist der Kaufpreis ohne Stückzinsgutschreibung auf den Endwert zum Ende der Laufzeit hochzurechnen:

$$E_{K,n} = K_o \frac{k_B}{100} (1 + in_2)\, q^{n_1} \tag{3.6.25}$$

Der Endwert aller ab dem Erwerbszeitpunkt zu erwartenden jährlichen Zinserträge einschließlich dem Rückgabeerlös zum Laufzeitende beträgt mit der Maßgabe, daß der erste Zinsbetrag nur anteilsmäßig ausgezahlt wird:

$$E_{S,n} = K_o + Z \frac{q^{n_1} - 1}{q - 1} + Z\, n_2 q^{n_1} \tag{3.6.26}$$

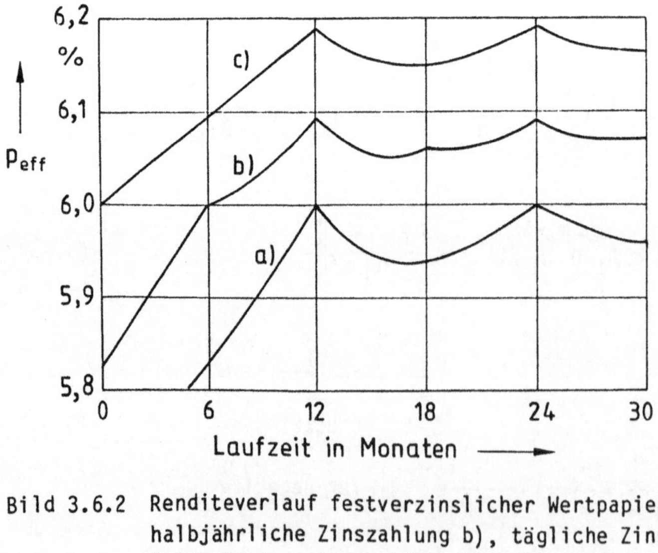

Bild 3.6.2 Renditeverlauf festverzinslicher Wertpapiere für jährliche a), halbjährliche Zinszahlung b), tägliche Zinszahlung c) und Stückzinsberechnung für Nominalzinsfuß p_n = 6 % und Kurs 100 %

Bild 3.6.3

Renditeverlauf festverzinslicher Wertpapiere mit Ausgabekurs 97 % und 103 % bei 6 % Nominalzinsfuß und jährlicher Zinszahlung

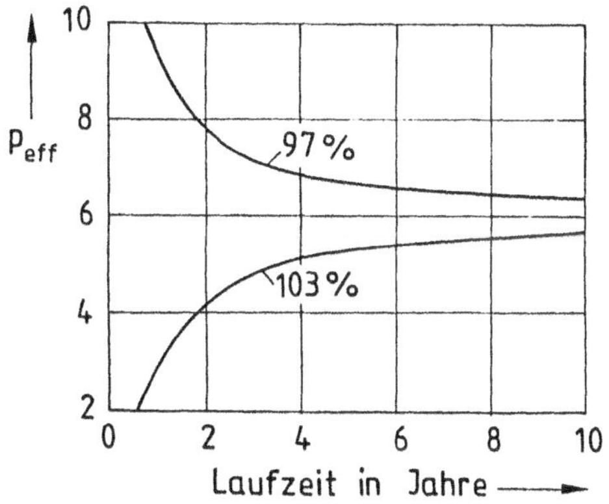

mit Gl.(3.6.17) folgt:

$$E_{S,n} = \frac{K_o}{100}\left[k_R + p_N\left(\frac{q^{n_1}-1}{i} + n_2 q^{n_1}\right)\right] \tag{3.6.27}$$

Analog zu Gl.(3.6.18) ergibt sich für f(i):

$$f(i) = k_B\,(1 + in_2)\,q^{n_1} - \left[k_R + p_N\left(\frac{q^{n_1}-1}{i} + n_2 q^{n_1}\right)\right] \tag{3.6.28}$$

Die Differentation von Gl.(3.6.28) ergibt:

$$f'(i) = k_B q^{n_1}\left[n_2 + \frac{n_1}{q}(1 + in_2)\right] - p_N\left(\frac{n_1 q^{n_1-1} - \frac{q^{n_1}-1}{i}}{i} + n_1 n_2\, q^{n_1-1}\right) \tag{3.6.29}$$

Für den allgemeinen Fall unterjährlicher Zinstermine ist zu berücksichtigen, daß nur die erste Zinszahlung anteilmäßig verringert wird. Dies wird bei der Effektivzinsberechnung durch den Zinsabschlag Z_A am Jahresende ausgedrückt:

$$Z_A = \frac{Z}{n_J}\,\frac{T_v}{T}\left[1 + \frac{i}{n_J}(n_T - 1)\right] \tag{3.6.30}$$

$$f(i) = k_B\,(1 + in_2)q^{n_1} - \left\{k_R + p_N\left\{\left(1 + i\,\frac{n_J-1}{2n_J}\right)\frac{q^{n_1}-1}{i} + \left[\frac{n_T}{n_J}\left(1 + i\,\frac{n_T-1}{2n_J}\right) - \left(1 + i\,\frac{n_T-1}{n_J}\right)\frac{1}{n_J}\left(1 - \mathrm{FRC}\left\{n_2 n_J\right\}\right)\right] q^{n_1}\right\}\right\} \tag{3.6.31}$$

Für das zur Newton-Iteration benötigte Differential ergibt sich:

$$f'(i) = k_B q^{n_1}\left[n_2 + \frac{n_1}{q}(1 + i n_2)\right] - p_N \left\{ \frac{n_J - 1}{2n_J}\,\frac{q^{n_1} - 1}{i} + \frac{n_1 q^{n_1-1} - \frac{q^{n_1}-1}{i}}{i} \right.$$

$$\left(1 + i\,\frac{n_J - 1}{2n_J}\right) + \frac{n_T}{n_J}\left[\frac{n_T - 1}{2n_J}\,q^{n_1} + n_1 q^{n_1-1}\left(1 + i\,\frac{n_T - 1}{2n_J}\right)\right]$$

$$\left. - \left[\frac{n_T - 1}{n_J}\,q^{n_1} + n_1 q^{n_1-1}\left(1 + i\,\frac{n_T - 1}{n_J}\right)\right]\frac{1 - \mathrm{FRC}\left\{n_2 n_J\right\}}{n_J}\right\} \qquad (3.2.32)$$

3.6.3 Programmbeschreibung "FESTWP"

In Tabelle 3.6.1 ist die Anweisungsliste des Programms "FESTWP" zur Berechnung des Effektivzinsfußes als Maßstab für die Rendite festverzinslicher Wertpapiere angegeben. Es sind drei Aufrufadressen für die Varianten mit positiver oder negativer Stückzinsberechnung und ohne Stückzinsberechnung mit den Label-Bezeichnungen "FESTWP", "N-ST-Z", "O-ST-Z" vorgesehen. Das Programm benötigt einen Speicherplatzbereich von 696 Bytes und 18 Datenregistern (SIZE 018). Es kann auf 4 Magnetkarten (7 Spuren) abgespeichert werden.

Für die Variante mit negativen Stückzinsen wird Flag 00 in Zeile 06 und für die Variante ohne Stückzinsberechnung wird Flag 03 in Zeile 12 gesetzt. Anschließend werden innerhalb des Programmbereiches ab LBL 06 in Zeile 21 bis Zeile 81 die Eingabevariablen, Laufzeit n (STO 13), Zinsintervall T (STO 16), Zinsfuß p (STO 12), Börsenkurs k_B (STO 14) und Rückgabekurs k_R (STO 15) in Form einer regenerierenden Dialogeingabe abgefragt. Bei gesetztem Flag 01 werden alle Dialogabfragen übersprungen und nur die aktuelle Laufzeit in Zeile 46 angezeigt bzw. ausgedruckt. In dem Programmbereich von Zeile 99 bis Zeile 148 werden folgende Zwischenwerte errechnet und als permanente Daten für den Iterationszyklus vorbereitend abgespeichert:

STO 03: $k + p_N \frac{T_v}{360}$ bzw. nur k_B für Variante ohne Stückzinsberechnung

STO 04: $n_2 n_J$, STO 05: $\frac{n_T}{n_J}$

STO 06: n_J , STO 07: n_1 , STO 08: n_2

STO 09: $\frac{n_J - 1}{2n_J}$, STO 10: $\frac{n_T - 1}{2n_J}$ STO 17: $\frac{1 - \mathrm{FRC}\ n_2 n_J}{n_J} = \frac{T_v}{360}$

Innerhalb der Iterationsschleife ab LBL 05 in Zeile 149 werden folgende Speicher temporär gesetzt:

STO 00: q, STO 01: q^n, STO 02: i

Bei der Abrechnung positiver Stückzinsen hat der Erwerber der Anleihe dem Veräußerer die seit dem letzten Zinstermin aufgelaufenen Stückzinsen zu erstatten. Er erhält dafür zum folgenden Zinstermin den vollen Kupon-Betrag.

Bis zur Zeile 105 ist das Verhältnis T_v/T gemäß Gl.(3.6.21) berechnet. Nach Divsion durch n_J wird $T_v/360$ in Zeile 108 nach STO 17 abgespeichert. Der in Zeile 116 mit RCL 12 ins X-Register übernommene Zinsfuß p_N wird bei der Variante ohne Stückzinsberechnung in Zeile 118 wieder gelöscht, so daß in STO 03 je nach Fallunterscheidung der effektive Erwerbskurs abgespeichert ist.

Die Iterationsschleife umfaßt die Programmzeilen 149 bis 268. Die XEQ 02 Aufrufe in den Zeilen 152, 170, 188, 197, 216 und 220 ergeben y(1+ix), wobei x und y die zum Zeitpunkt des Aufrufs aktuellen Inhalte des X- und Y-Registers sind. Ab den Zeilen 171 und 228 werden nach Maßgabe vom Setzzustand Flag 03 bei gelöschtem Flag die zusätzlichen Anweisungen aus den Gl.(3.6.31 und 3.6.32) gegenüber den Gl.(3.6.19 und 3.6.22) übersprungen. Entsprechend werden ab den Zeilen 177 und 242 Sprungbefehle nach Maßgabe vom Setzzustand von Flag 00 für die Variante mit positiver (clear Flag 00) bzw. negativer (set Flag 00) Stückzinsberechnung gemäß Gl.(3.6.20 und 3.6.23) wirksam. Die Funktionswerte f(i) gemäß Gl.(3.6.19 bzw. 3.6.31) werden in Zeile 194 nach STO 04 und f'(i) gemäß Gl.(3.6.22 bzw. 3.6.32) in Zeile 260 nach STO 11 abgespeichert. Die Schleife wird verlassen, wenn der Absolutbetrag des Quotienten der beiden Werte die gesetzte Schranke $\varepsilon = 10^{-5}$ unterschreitet.

Als Ergebnis wird der Effektivzinsfuß angezeigt und mit SF 12 über den Unterprogrammaufruf XEQ "PX" in Zeile 277 in doppelter Schriftbreite ausgegeben. Der Programmablauf endet mit der RTN-Anweisung in Zeile 283. Falls eine zyklische Wiederholung der Effektivzinsberechnung für aufsteigende Laufzeiten gewünscht wird, kann dies durch Betätigung der R/S-Taste eingeleitet werden. Dann wird in Zeile 284 das Flag 01 gesetzt und in dem Programmsegment LBL 04 von Zeile 306 bis 315 werden nach Maßgabe der Flag 02 Abfrage entweder die Jahre oder die Monate um jeweils eine Einheit erhöht. Bei gesetztem Flag 02 wird die Division durch 12 in den Zeilen 311 und 312 übersprungen, so daß die Jahreswerte jeweils um eine Einheit gemäß dem Wert 1 in Zeile 307 erhöht werden. Bei nicht gesetztem Flag 02 werden analog die Monatswerte inkrementiert. Damit kann eine Wertetabelle der Form $p_{eff} = f(n)$ erzeugt werden.

Die Flags 00 und 03 werden bei Abbruch der Wertetabelle nicht zurückgesetzt und sollten daher über die Tastatur durch CF 00 bzw. CF 03 zurückgesetzt werden.

Tabelle 3.6.1 Programm festverzinsliche Wertpapiere mit und ohne Stückzinsberechnung

```
01♦LBL "FESTWP"
02 "MIT POSI"
03 GTO 00

04♦LBL "N-ST-Z"
05 "MIT NEGA"
06 SF 00

07♦LBL 00
08 "├TIVER"
09 GTO 00

10♦LBL "O-ST-Z"
11 "OHNE"
12 SF 03

13♦LBL 00
14 AVIEW
15 "STUECKZINSBEREC"
16 "├HNUNG"
17 AVIEW
18 ADV
19 CF 01
20 CF 02

21♦LBL 06
22 RCL 13
23 FS? 01
24 GTO 00
25 "LAUFZEIT? JAHRE"
26 "├:"
27 PROMPT
28 STO 13

29♦LBL 00
30 INT
31 STO 07
32 LASTX
33 FRC
34 STO 08
35 FC? 01
36 GTO 00
37 FIX 0
38 CLA
39 ARCL 07
40 "├ JAHR "
41 RCL 08
42 12
43 *
44 ARCL X
45 "├ MONAT:"
46 AVIEW
47 FIX 2
48♦LBL 00
49 RCL 16
50 FS? 01
51 GTO 00
52 "ZINS-INTERVALL?"
53 "├ TAGE:"
54 PROMPT
55 STO 16

56♦LBL 00
57 360
58 RCL 16
59 /
60 STO 06
61 RCL 12
62 FS? 01
63 GTO 00
64 "ZINSFUSS? %:"
65 PROMPT
66 STO 12

67♦LBL 00
68 1 E2
69 /
70 STO 02
71 FS? 01
72 GTO 00
73 RCL 14
74 "BOERSENKURS? %:"
75 PROMPT
76 STO 14
77 RCL 15
78 "RUECKGABEKURS? "
79 "├%:"
80 PROMPT
81 STO 15
82 ADV
83 "STUECKZINSEN AU"
84 "├F"
85 AVIEW
86 "100,-DM NOMINAL"
87 "├WERT"
88 AVIEW
89 "JE ZINSTERMIN:"
90 AVIEW
91 RCL 12
92 RCL 06
93 /
94 CLA
95 ARCL X
96 "├ DM"
97 AVIEW

98♦LBL 00
99 1
100 RCL 08
101 RCL 06
102 *
103 STO 04
104 FRC
105 -
106 RCL 06
107 /
108 STO 17
109 FC? 00
110 GTO 00
111 RCL 16
112 360
113 /
114 -

115♦LBL 00
116 RCL 12
117 FS? 03
118 CLX
```

```
119 *
120 RCL 14
121 +
122 STO 03
123 FS? 01
124 GTO 00
125 ADV
126 "ERWERBSKURS:"
127 XEQ "PX"

128•LBL 00
129 1
130 RCL 06
131 1/X
132 -
133 2
134 /
135 STO 09
136 RCL 04
137 INT
138 1
139 +
140 STO 05
141 1
142 -
143 2
144 /
145 RCL 06
146 ST/ 05
147 /
148 STO 10

149•LBL 05
150 RCL 03
151 RCL 08
152 XEQ 02
153 RCL 02
154 1
155 +
156 STO 00
157 RCL 07
158 Y↑X
159 STO 01
160 *
161 STO 04
162 RCL 01
163 1
164 -
165 RCL 02
166 /
167 STO 11
168 RCL 05
169 RCL 10
170 XEQ 02
171 FC? 03
172 GTO 00
173 RCL 17
174 XEQ 01
175 -

176•LBL 00
177 FC? 00
178 GTO 00
179 RCL 06
180 1/X
181 XEQ 01
182 -

183•LBL 00
184 RCL 01
185 *
186 RCL 11
187 RCL 09
188 XEQ 02
189 +
190 RCL 12
191 *
192 RCL 15
193 +
194 ST- 04
195 RCL 07
196 RCL 08
197 XEQ 02
198 RCL 00
199 /
200 RCL 08
201 +
202 RCL 01
203 *
204 RCL 03
205 *
206 X<> 11
207 RCL 09
208 X<>Y
209 *
210 LASTX
211 XEQ 03
212 -
213 RCL 02
214 /
215 RCL 09
216 XEQ 02
217 -
218 XEQ 03
219 RCL 10
220 XEQ 02
221 RCL 01
222 RCL 10
223 *
224 +
225 RCL 05
226 *
227 +
228 FC? 03
229 GTO 00
230 XEQ 03
231 XEQ 01
232 RCL 10
233 2
234 *
235 RCL 01
236 *
237 +
238 RCL 17
239 *
240 -

241•LBL 00
242 FC? 00
243 GTO 00
244 RCL 07
245 RCL 00
246 /
247 XEQ 01
248 RCL 10
249 2
250 *
251 +
252 RCL 01
253 *
254 RCL 06
255 /
256 -
257•LBL 00
258 RCL 12
259 *
260 ST- 11
261 RCL 04
262 RCL 11
263 /
264 ST- 02
265 ABS
266 1 E-05
267 X<=Y?
268 GTO 05
269 RCL 02
270 1 E2
271 *
272 FS? 01
273 GTO 00
274 SF 12

275•LBL 00
276 "EFFEKTIVZINS"
277 XEQ "PX"
278 CF 12
279 FS? 01
280 GTO 04
281 CF 00
282 CF 03
283 RTN
284 SF 01
285 GTO 04

286•LBL 01
287 RCL 10
288 2
289 *
290 XEQ 02
291 RTN
```

```
292♦LBL 02      306♦LBL 04      316♦LBL "PX"     LBL'FESTWP
293 RCL 02      307 1           317 AVIEW        LBL'N-ST-Z
294 *           308 ENTER↑      318 CLA          LBL'O-ST-Z
295 1           309 FS? 02      319 ARCL X       LBL'PX
296 +           310 GTO 00      320 "├ %"        END         696 BYTES
297 *           311 12          321 AVIEW        .END.       04 BYTES
298 RTN         312 /           322 ADV                          PRKEYS
                                323 RTN
299♦LBL 03      313♦LBL 00      324 END          USER KEYS:
300 RCL 01      314 ST+ 13             CAT 1      11 "FESTWP"
301 RCL 00      315 GTO 06                        12 "N-ST-Z"
302 /                                             13 "O-ST-Z"
303 RCL 07
304 *
305 RTN
```

3.6.4 Anwendungsbeipiele für festverzinsliche Wertpapiere

1) Es ist die Effektivverzinsung als Maß für die Rendite einer Schuldverschreibung für 20 Monate Laufzeit für 6 % Nominalzinsfuß, Jahreskupon bei 98,5 % Ausgabekurs mit und ohne Stückverzinsung zu bestimmen. Das Programm liefert die Ergebniswerte 6,92 % bei positiver Stückzinsberechnung, 7,10 % für negative Stückzinsberechnung und 6,98 % ohne Stückzinsberechnung. Die Rechnerausdrucke sind in Bild 3.6.4 angegeben.

2) Es ist der Effektivzinsfuß in Abhängigkeit von der Laufzeit beginnend mit dem 1. Jahr für folgende Konditionen zu bestimmen:

	a)	b)
Zinsintervall:	360 Tage	360 Tage
Nominal-Zinsfuß:	6 %	10 %
Börsenkurs:	97 %	105 %
Rückgabekurs:	100 %	102 %
Inkrementliste:	monatlich	jährlich

Die Variante a) wird durch den Programmaufruf "FESTWP" gestartet. Als Laufzeit wird anstelle von 1 für 1 Jahr der Wert 0,999999 eingeben, damit bei positiver Stückzinsberechnung nicht der erste Zinstermin bereits zum Erwerbszeitpunkt wirksam zugeordnet wird. Der Rechner liefert als Ergebnis p_{eff} = 9,28 %.

Die Variante b) wird durch den Programmaufruf "N-ST-Z" gestartet. Hier beträgt die effektive Verzinsung aufgrund des hohen Börsenkurses von 105 % nur 6,67 %.

```
        XEQ "FESTWP"
MIT POSITIVER
STUECKZINSBERECHNUNG

LAUFZEIT? JAHRE:
        20,00 ENTER↑
        12,00       /
         1,67     ***
                  RUN
ZINS-INTERVALL? TAGE:
       360,00     RUN
ZINSFUSS? %:
         6,00     RUN
BOERSENKURS? %:
        98,50     RUN
RUECKGABEKURS? %:
       100,00     RUN

STUECKZINSEN AUF
100,-DM NOMINALWERT
JE ZINSTERMIN:
6,00 DM

ERWERBSKURS:
100,50 %

EFFEKTIVZINS
6,92 %
```

```
        XEQ "N-ST-Z"
MIT NEGATIVER
STUECKZINSBERECHNUNG

LAUFZEIT? JAHRE:
        20,00 ENTER↑
        12,00       /
         1,67     ***
                  RUN
ZINS-INTERVALL? TAGE:
       360,00     RUN
ZINSFUSS? %:
         6,00     RUN
BOERSENKURS? %:
        98,50     RUN
RUECKGABEKURS? %:
       100,00     RUN

STUECKZINSEN AUF
100,-DM NOMINALWERT
JE ZINSTERMIN:
6,00 DM

ERWERBSKURS:
94,50 %

EFFEKTIVZINS
7,10 %
```

```
        XEQ "O-ST-Z"
OHNE
STUECKZINSBERECHNUNG

LAUFZEIT? JAHRE:
        20,00 ENTER↑
        12,00       /
         1,67     ***
                  RUN
ZINS-INTERVALL? TAGE:
       360,00     RUN
ZINSFUSS? %:
         6,00     RUN
BOERSENKURS? %:
        98,50     RUN
RUECKGABEKURS? %:
       100,00     RUN

STUECKZINSEN AUF
100,-DM NOMINALWERT
JE ZINSTERMIN:
6,00 DM

ERWERBSKURS:
98,50 %

EFFEKTIVZINS
6,98 %
```

Bild 3.6.4 Ergebnisausdruck einer Effektivzinsberechnung festverzinslicher Wertpapiere

Nach dem ersten Durchlauf kann die Rechnung durch Betätigung der R/S-Taste zyklisch fortgeführt werden, sofern für weitere Laufzeitvarianten -bei sonst unveränderten Eingabedaten- der jeweilige Effektivzinsfuß gewünscht wird. Dazu werden die Monatswerte in jedem Rechenzyklus um 1 erhöht und als Inkrementliste ausgegeben. Falls vor Betätigung der R/S-Taste zusätzlich Flag 02 gesetzt wurde, wird die Inkrementbildung auf die kalkulierten Zinsjahre bezogen. Es ist darauf zu achten, daß vor dem Start für die Inkrementliste die auch die zugeordneten Flags (Flag 00 für die Minusstückzinsen bzw. Flag 03 ohne Stückzinsen) gesetzt werden, so wie es bei dem ersten Normalaufruf automatisch erfolgt.

Die Ergebnisausdrucke sind im Bild 3.6.5 angegeben. Der Berechnungsvorgang wird durch Betätigung der R/S-Taste abgebrochen. Danach ist es zweckmäßig, die noch gesetzen Flags zu löschen.

```
XEQ "FESTWP"
MIT POSITIVER
STUECKZINSBERECHNUNG

LAUFZEIT? JAHRE:
          999999    RUN
ZINS-INTERVALL? TAGE:
          360,00    RUN
ZINSFUSS? %:
            6,00    RUN
BOERSENKURS? %:
           97,00    RUN
RUECKGABEKURS? %:
          100,00    RUN

STUECKZINSEN AUF
100,-DM NOMINALWERT
JE ZINSTERMIN:
6,00 DM

ERWERBSKURS:
97,00 %

EFFEKTIVZINS
9,28 %

                    RUN
1, JAHR 1, MONAT:
EFFEKTIVZINS
8,98 %

1, JAHR 2, MONAT:
EFFEKTIVZINS
8,73 %

1, JAHR 3, MONAT:
EFFEKTIVZINS
8,53 %

1, JAHR 4, MONAT:
EFFEKTIVZINS
8,37 %

1, JAHR 5, MONAT:
EFFEKTIVZINS
8,22 %

1, JAHR 6, MONAT:
EFFEKTIVZINS
8,11 %

1, JAHR 7, MONAT:
EFFEKTIVZINS
8,00 %

1, JAHR 8, MONAT:
EFFEKTIVZINS
7,92 %

1, JAHR 9, MONAT:
EFFEKTIVZINS
7,84 %

XEQ "N-ST-Z"
MIT NEGATIVER
STUECKZINSBERECHNUNG

LAUFZEIT? JAHRE:
            1,00    RUN
ZINS-INTERVALL? TAGE:
          360,00    RUN
ZINSFUSS? %:
           10,00    RUN
BOERSENKURS? %:
          105,00    RUN
RUECKGABEKURS? %:
          102,00    RUN

STUECKZINSEN AUF
100,-DM NOMINALWERT
JE ZINSTERMIN:
10,00 DM

ERWERBSKURS:
105,00 %

EFFEKTIVZINS
6,67 %

                 SF 00
                 SF 02
                   RUN

2, JAHR 0, MONAT:
EFFEKTIVZINS
8,15 %

3, JAHR 0, MONAT:
EFFEKTIVZINS
8,65 %

4, JAHR 0, MONAT:
EFFEKTIVZINS
8,90 %

5, JAHR 0, MONAT:
EFFEKTIVZINS
9,05 %

6, JAHR 0, MONAT:
EFFEKTIVZINS
9,15 %

7, JAHR 0, MONAT:
EFFEKTIVZINS
9,22 %

8, JAHR 0, MONAT:
EFFEKTIVZINS
9,27 %

9, JAHR 0, MONAT:
EFFEKTIVZINS
9,31 %

10, JAHR 0, MONAT:
EFFEKTIVZINS
9,34 %
```

Bild 3.6.5 Effektivzinsentwicklung festverzinslicher Wertpapiere mit jährlicher Zinszahlung als monatliche und jährliche Inkrementliste

3) Für eine Laufzeit von 13 Monaten soll der Einfluß der Zinsterminspanne bei halbjährlicher und jährlicher Zinszahlung mit und ohne Stückzinsberechnung untersucht werden. Der Zinsfuß sei 8 % bei 97 % Börsenkurs.

Aus dem Ergebnisausdruck des Programmablaufs in Bild 3.6.6 ist die Spanne für den Effektivzinsfuß von 11,01 % bei jährlicher Zinszahlung mit positiver Stückzinsberechnung bis 11,30 % bei halbjährlicher Zinszahlung mit negativer Stückzinsberechnung zu entnehmen.

```
          XEQ "FESTWP"
MIT POSITIVER
STUECKZINSBERECHNUNG

LAUFZEIT? JAHRE:
          13,00 ENTER↑
          12,00      /
           1,08    ***
                   RUN
ZINS-INTERVALL? TAGE:
         180,00    RUN
ZINSFUSS? %:
           8,00    RUN
BOERSENKURS? %:
          97,00    RUN
RUECKGABEKURS? %:
         100,00    RUN

STUECKZINSEN AUF
100,-DM NOMINALWERT
JE ZINSTERMIN:
4,00 DM

ERWERBSKURS:
100,33 %

EFFEKTIVZINS
11,26 %
```

```
          XEQ "0-ST-Z"
OHNE
STUECKZINSBERECHNUNG

LAUFZEIT? JAHRE:
           1,08    ***
                   RUN
ZINS-INTERVALL? TAGE:
         180,00    RUN
ZINSFUSS? %:
           8,00    RUN
BOERSENKURS? %:
          97,00    RUN
RUECKGABEKURS? %:
         100,00    RUN

STUECKZINSEN AUF
100,-DM NOMINALWERT
JE ZINSTERMIN:
4,00 DM

ERWERBSKURS:
97,00 %

EFFEKTIVZINS
11,29 %
```

```
          XEQ "N-ST-Z"
MIT NEGATIVER
STUECKZINSBERECHNUNG

LAUFZEIT? JAHRE:
          13,00 ENTER↑
          12,00      /
           1,08    ***
                   RUN
ZINS-INTERVALL? TAGE:
         180,00    RUN
ZINSFUSS? %:
           8,00    RUN
BOERSENKURS? %:
          97,00    RUN
RUECKGABEKURS? %:
         100,00    RUN

STUECKZINSEN AUF
100,-DM NOMINALWERT
JE ZINSTERMIN:
4,00 DM

ERWERBSKURS:
96,33 %

EFFEKTIVZINS
11,30 %
```

Bild 3.6.6 Einfluß der Zinsintervallspanne und der Stückzinsberechnung auf den effektiven Zinsfuß

```
          XEQ "FESTWP"                       XEQ "O-ST-Z"
MIT POSITIVER                       OHNE
STUECKZINSBERECHNUNG                STUECKZINSBERECHNUNG

LAUFZEIT? JAHRE:                    LAUFZEIT? JAHRE:
          13,00 ENTER↑                        1,08    ***
          12,00   /                                   RUN
           1,08  ***                ZINS-INTERVALL? TAGE:
                 RUN                          360,00  RUN
ZINS-INTERVALL? TAGE:               ZINSFUSS? %:
          360,00  RUN                           8,00  RUN
ZINSFUSS? %:                        BOERSENKURS? %:
            8,00  RUN                          97,00  RUN
BOERSENKURS? %:                     RUECKGABEKURS? %:
           97,00  RUN                         100,00  RUN
RUECKGABEKURS? %:
          100,00  RUN               STUECKZINSEN AUF
                                    100,-DM NOMINALWERT
STUECKZINSEN AUF                    JE ZINSTERMIN:
100,-DM NOMINALWERT                 8,00 DM
JE ZINSTERMIN:
8,00 DM                             ERWERBSKURS:
                                    97,00 %
ERWERBSKURS:
104,33 %                            EFFEKTIVZINS
                                    11,08 %
EFFEKTIVZINS
11,01 %
```

Zum Abschluß des Abschnittes Kapitalanlagen noch zwei beachtenswerte Grundsätze aus dem Einmaleins für Aktionäre:

> "Die Börse ist wie ein Paternoster.
> Es ist ungefährlich durch den Keller zu fahren,
> man muß nur die Nerven behalten."

> "Die Börse ist der Probierstein für die Vorsichtigen
> und der Grabstein für die Vorwitzigen."

4 Kapitalisierungs- und Finanzierungsberechnungen

Allgemeines

Die in diesem Abschnitt behandelten Kapitalisierungs- und Finanzierungsberechnungen beinhalten eine exponentielle Verknüpfung der drei Variablen Kapital, Zinsfuß und Laufzeit in verschiedenen Variationen. Infolge der exponentiellen Wirkung der Laufzeit liegen immer Gleichungen höheren Grades vor, die je nach Wahl der Unbekannten zu logarithmischen oder iterativen Lösungen führen. Daher ist für diese Art Aufgabenstellungen eine programmierte Behandlung ohne Rückgriff auf Zinsfaktortabellen besonders nutzbringend anzuwenden. Die Finanzierungsberechnung gliedert sich finanzmathematisch in die beiden Teilgebiete Rentenberechnungen und Kapitaltilgungsberechnungen. Unter Rentenberechnung versteht man eine zeitbewertende Umrechnung des Kapitals in gleiche Zahlungsraten (Payment PMT) mit der Nebenbedingungen eines Wertausgleiches zum Anfang (Present value PV) oder Ende (Future value FV) des Betrachtungszeitraumes. Dagegen zielt die Kapitaltilgungsberechnung auf ein ausgeglichenes Verhältnis von Leistung und Gegenleistung der Kapitalströme im Sinne einer Verrentung des Kapitals ab.

Kapitalisierungs- und Finanzierungsberechnungen umfassen folgende Teilaufgaben:

- Rentenbarwertberechnungen
- Rentenendwertberechnungen
- Rente aus Kapitalberechnungen
- Auf- und abgezinste Kapitalberechnungen
- Annuitätentilgung mit Effektivzinsberechnung
- Erstellung eines Tilgungsplanes
- Effektivzinsberechnungen

In diesem Abschnitt werden die mathematischen Beziehungen zur Lösung dieser Aufgaben dargestellt. Zur Lösung werden drei aufeinander aufbauende Programmvarianten mit aufgabenorientierten Startadressen angegeben und an Hand von Beispielen erläutert.

In der ersten Programmvariante sind jährliche und unterjährliche Verzinsungen möglich, wobei die Zins- und Tilgungsintervalle identisch sind. Bei der zweiten und dritten Variante sind in dem Programmteil "HYPO" zu dem gewählten Zinsintervall noch unterlagerte Tilgungsintervalle zugelassen, wobei zusätzlich die freie Wahl besteht, ob die einzelnen Tilgungsbeiträge unverzinst oder bis zum nächsten Zinsintervall nach der Staffelmethode verzinst, dem jeweiligen Kontostand gutgeschrieben werden. Die dritte Variante erlaubt zusätzlich eine unterlagerte Staffelverzinsung für mathematische Rentenrechnungen. Eine weitere Spezialisierung z.B. hinsichtlich tilgungsfreier Zeitbereiche würde die Anwendung gegenüber dem Normalfall zu unübersichtlich gestalten, so daß darauf in diesem Rahmen verzichtet wurde. Mit Hilfe der mathematischen Ableitungen sollte jedoch eine entsprechende Erweiterung für derartige Spezialfälle möglich sein [21, 22, 23, 24].

4.1 Rentenberechnung

In der Finanzmathematik versteht man unter dem Begriff Rente eine auf gleichbleibende Zeitabstände für eine bestimmte Dauer vereinbarte Zahlungsverpflichtung. Die Variablen der Rentenberechnung sind die Rente, das ihr äquivalente Kapital, die Laufzeit und der für langfristige Kapitalwertbetrachtungen anzusetzende Zinssatz.

4.1.1 Kapitalisierung einer Rente

Der Barwert einer nachschüssigen Rente ergibt sich als Summe aller abgezinsten Rentenzahlungen. In Bild 4.1.1 ist als Beispiel der Zahlungsstrahl einer nachschüssigen Zahlungsreihe angegeben.

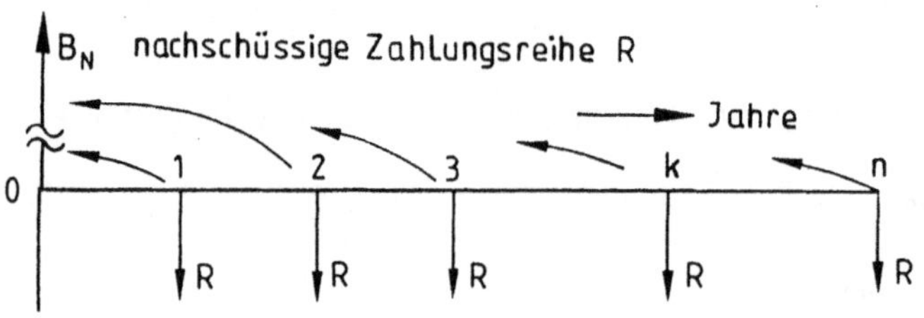

Bild 4.1.1 Zahlungsstrahl einer nachschüssigen Rente

$$B_N = R\left(\frac{1}{q} + \frac{1}{q^2} + \frac{1}{q^3} + \ldots + \frac{1}{q^k} + \ldots + \frac{1}{q^n}\right) \qquad (4.1.1)$$

$$B_N\, q^n = R\left(q^{n-1} + q^{n-2} + q^{n-3} + \ldots + q^{n-k} + \ldots + 1\right) \qquad (4.1.2)$$

$$q\, B_N\, q^n = R\left(q^n + q^{n-1} + q^{n-2} + \ldots + q^{n-k+1} + \ldots + q\right) \qquad (4.1.3)$$

Die Subtraktion der Gl.(4.1.2) von der Gl.(4.1.3) liefert:

$$B_N\, q^n\,(q - 1) = R\,(q^n - 1) \qquad (4.1.4)$$

$$B_N = R\,\frac{1}{q^n}\,\frac{q^n - 1}{q - 1} = R\, b_N \qquad (4.1.5)$$

b_N wird als nachschüssiger Rentenbarwertfaktor bezeichnet. Auf die gleiche Art können der vorschüssige Barwert B_V und die entsprechenden Endwerte bestimmt werden. Dabei ergeben sich folgende Faktoren:

Nachschüssiger Rentenendwertfaktor $$a_N = \frac{q^n-1}{q-1} \quad (4.1.6)$$

Nachschüssiger Rentenbarwertfaktor $$b_N = \frac{a_N}{q^n} \quad (4.1.7)$$

Vorschüssiger Rentenendwertfaktor $$a_V = q\, a_N \quad (4.1.8)$$

Vorschüssiger Rentenbarwertfaktor $$b_V = q\, b_N \quad (4.1.9)$$

Durch Multiplikation der entsprechenden Faktoren mit den Beträgen der Rente ergeben sich die Kapitalwerte zum Anfang oder Ende des Betrachtungszeitraumes als Bar- oder Endwert:

Barwert bei vorschüssiger Zahlung: $$B_V = R\, b_V \quad (4.1.10)$$

Barwert bei nachschüssiger Zahlung: $$B_N = R\, b_N \quad (4.1.11)$$

Endwert bei vorschüssiger Zahlung: $$E_V = R\, a_V \quad (4.1.12)$$

Endwert bei nachschüssiger Zahlung: $$E_N = R\, a_N \quad (4.1.13)$$

In dem Programmteil "Kapitalisierung einer Rente" mit den Startadressen "RBARWV, RBARWN, REWV, REWN" werden die Barwerte für vorschüssige und nachschüssige Rentenzahlungen und die Endwerte für beide Zahlungen gemäß den Gl.(4.1.10 bis 4.1.13) berechnet.

Bei den vorgenannten Rentenfaktoren bedeuten q der zinsintervallbezogene Zinsfaktor und n die Laufzeit in Vielfache des Zinsintervalls. Für unterjährliche Rentenintervalle und Staffelverzinsung innerhalb des jährlichen Zinsintervalls ist bei der Rentenendwertberechnung zu berücksichtigen, daß die zeitanteiligen Teiljahreszinsen erst am Ende eines Jahres oder am Laufzeitende mit dem Kontostand verechnet werden. Daher gilt für den Rentenendwert (+bedeutet vorschüssige und -bedeutet nachschüssige Rentenzahlung):

$$E_n = R\,(n_J + \frac{n_J \pm 1}{2} i)\, \frac{q^{n_1} - 1}{q - 1}\,(1 + i n_2) + n_2\,(n_J + \frac{n_2 n_J \pm 1}{2} i) \quad (4.1.14)$$

$$n_1 = \text{INT}\,\{n\} \quad (4.1.15)$$

$$n_2 = \text{FRC}\,\{n\} \quad (4.1.16)$$

Im allgemeinen Fall für n_J Zinsintervalle und n_T Rentenzahlungen innerhalb eines Zinsintervalls gilt für den Rentenendwert:

$$E_n = R\left(n_T + \frac{n_T \pm 1}{2} i_z\right) \frac{q_z^{n_1} - 1}{q_z - 1} \left(1 + i_z n_2\right) + n_2\left(n_T + \frac{n_2 n_T \pm 1}{2} i_z\right) \qquad (4.1.17)$$

$$n_1 = \text{INT}\left\{n\, n_J\right\} \qquad (4.1.18)$$

$$n_2 = \text{FRC}\left\{n\, n_J\right\} \qquad (4.1.19)$$

$$i_z = \frac{i}{n_J} \qquad (4.1.20)$$

$$q_z = 1 + i_z \qquad (4.1.21)$$

Für die Umrechnung einer Monatsrate R_M auf eine äquivalente nachschüssige Jahresrente R_J bei Anwendung der Staffelverzinsung gemäß Bild (4.1.2) gilt:

$$R_J = R_M\left[12 + (6 \pm 0{,}5)\, i\right] \qquad (4.1.22)$$

Das positive Vorzeichen gilt für die vorschüssige Zahlungsweise und das negative Vorzeichen gilt für die nachschüssige Zahlungsweise. Die äquivalente Jahresrente gilt dann für beide Fälle der Monatsrate als nachschüssig gezahlt.

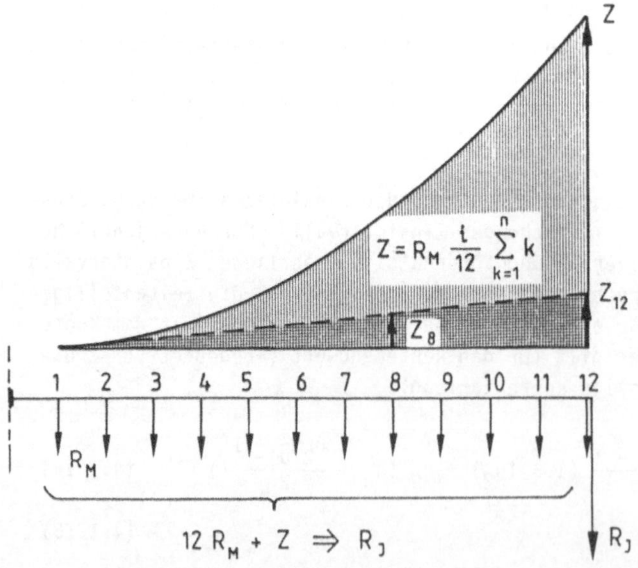

Bild 4.1.2 Staffelverzinsung monatlich nachschüssiger Rentenzahlungen mit wertäquivalenter Jahresrente

4.1.2 Verrentung eines Kapitals

Unter Verrentung des Kapitals versteht man die Ermittlung der aus einem Kapital zahlbaren vorschüssigen oder nachschüssigen Renten gemäß folgender Gleichungen:

Vorschüssig zu zahlende Rente $$R_V = \frac{K_o}{b_V} \qquad (4.1.23)$$

Nachschüssig zu zahlende Rente $$R_N = \frac{K_o}{b_N} \qquad (4.1.24)$$

In dem Programmteil "Rente aus Kapital" mit den Startadressen "RENTEV" und "RENTEN " werden die aus dem gegebenen Kapital zahlbaren vorschüssigen oder nachschüssigen Renten gemäß den Gl.(4.1.23 und 4.1.24) berechnet. Die Varianten der Rentenberechnung werden mit verschiedenen Varianten der Finanzierungsberechnung durch Aneinanderfügen der einzelnen Programmteile mit gemeinsam benutzten Unterprogrammen zu dem in den Tabellen 4.1 bis 4.3 angegebenen Programmen mit der Startadresse "EIN" zusammengefaßt.

4.2 Auf- und abgezinstes Kapital

Ein Kapital K_o erreicht nach n Zinsperioden mit dem Zinssatz q den Endwert K_n mit:

$$K_n = K_o\, q^n \qquad (4.2.1)$$

Entsprechend gilt für den abgezinsten Anfangswert bei gegebenem Endwert:

$$K_o = \frac{K_n}{q^n} \qquad (4.2.2)$$

In dem Programmteil "Kapitalwachstum" sind für diese beiden Aufgabenstellungen die Aufrufadressen "AUFZINS" und "ABZINS" vorgesehen.

Wegen der bei Banken und Sparkassen praktizierten Zinsstaffelverrechnung für unterjährliche Zeitbereiche ist bei nicht ganzzahligen Laufzeiten eine Aufspaltung der Laufzeit n in einen ganzzahligen Anteil n_1 und einen Dezimalanteil n_2 gemäß Gln.(4.1.15 und 4.1.16) erforderlich.

Damit folgt für den Kapitalendwert:

$$K_n = K_o q^{n_1} \, (1 + i n_2) \qquad (4.2.3)$$

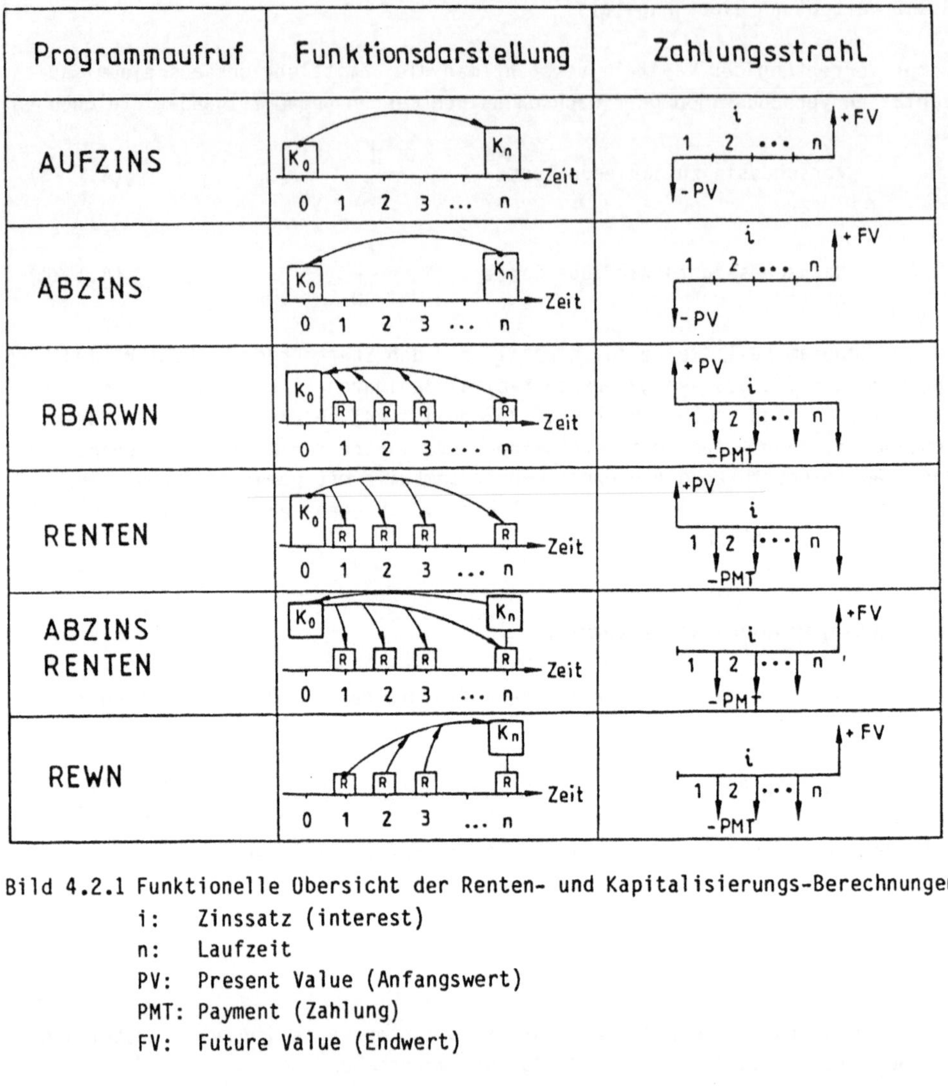

Bild 4.2.1 Funktionelle Übersicht der Renten- und Kapitalisierungs-Berechnungen
i: Zinssatz (interest)
n: Laufzeit
PV: Present Value (Anfangswert)
PMT: Payment (Zahlung)
FV: Future Value (Endwert)

Entsprechend für den Anfangswert:

$$K_0 = \frac{K_n}{q^{n_1}\,(1 + i n_2)} \tag{4.2.4}$$

Der gegenüber der geschlossenen Potenzformulierung entsprechend Gl.(4.2.1) und der praktizierten gebrochenen Verzinsung entsprechend Gl.(4.2.3) entstehende Unterschied ist im allgemeinen von der quantitativen Bewertung her vernachlässigbar. Die Staffelverzinsung ergibt sich aus der Potenzformulierung durch Anwendung der Mac Laurinschen Reihenentwicklung und Abbruch nach dem zweiten Glied:

$$K_n = K_0 q^{n_1} q^{n_2} = K_0 q^{n_1} f(i) \qquad (4.2.5)$$

Die Reihenentwicklung von f(i) nach Mac Laurin liefert:

$$f(i) = 1 + \frac{n_2}{1} + \frac{n_2(n_2 - 1)}{2!} i^2 + \dots \qquad (4.2.6)$$

Wegen $0 < i < 1$ und $0 < n_2 < 1$ gilt mit guter Näherung:

$$f(i) = 1 + n_2 i \qquad (4.2.7)$$

und damit Gl.(4.2.3). Die Anwendung der Staffelverzinsung für unterjährliche Restlaufzeiten bot sich zu früheren Zeiten wegen der rechentechnischen Problematik zur Berechnung einer Potenzfunktion y^x von selbst an. Aufgrund der durch den Computerersatz wegfallenden Rechenarbeit erweist sich die aus Tradition weiter zu praktizierende gesplittete Handhabung der Zinsberechnung für jährliche und unterjährliche Intervalle jedoch als zusätzlicher Ballast, wie im folgenden noch häufig festzustellen sein wird.

4.3 Annuitätentilgung einer Hypothek

Die Annuität ist vom lateinischen Begriffsinhalt her eine Abtragung und Verzinsung einer Schuld festgesetzte jährliche Zahlung in Form einer Zeitrente. In der Kreditwirtschaft werden jedoch auch gleichbleibende Tilgungsvereinbarungen mit unterjährlichen Zeitabständen unter dem Sammelbegriff "Annuitätentilgung" verstanden. Bei unterjährlichen Annuitätsraten stellt sich zunächst die Frage nach der Verzinsungsart innerhalb eines Jahres. Diese kann intervallbezogen in Form eines Kontokorrentenkontos mit laufender Saldierung der Zahlungen und Zinsen oder wie bei Sparguthaben in Form eines getrennten Kapital- und Zinskontos mit jährlich nachschüssiger Zinsberechnung nach der Staffelmethode erfolgen. Im ersten Fall ergibt sich eine intervallbezogene Zinseszinsberechnung, wogegen im zweiten Fall eine jährliche Zinseszinsberechnung gegeben ist. Mitunter werden auch innerhalb eines vereinbarten Zinsintervalls noch unterlagerte Tilgungsintervalle ohne oder mit Staffelverzinsung vereinbart. Für die verschiedenen Varianten der Annuitätentilgung ist der Programmteil "Hypothek" mit der Aufrufadresse "HYPO" vorgesehen.

4.3.1 Jährliche Annuitätsraten

Die jährliche Annuitätsrate umfaßt sowohl den Zinsanteil für das vergangene Jahr wie auch einen Tilgungsanteil. Da die Annuität konstant bleibt, nimmt der Zinsanteil fortlaufend ab, während der Tilgungsanteil entsprechend zunimmt.

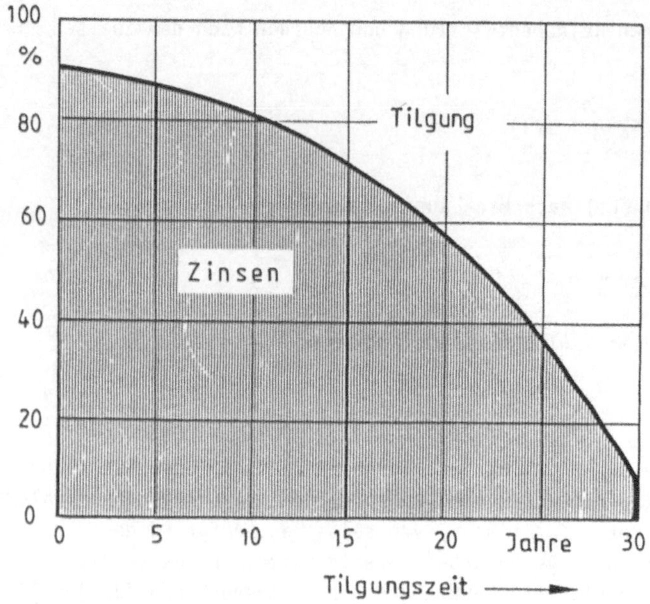

Bild 4.3.1 Zins-Tilgungsdiagramm einer Annuitätentilgung über 30 Jahre mit 8 % Zinsfuß und 8,88 % Annuität

In Bild 4.3.1 ist die Verschiebung der Zins- und Tilgungsanteile über die Tilgungszeit für eine 30-jährige Hypothek dargestellt.

Zur Berechnung der Laufzeit bei vorgegebener Annuität oder der Annuität bei vorgegebener Laufzeit wird in der finanzmathematischen Betrachtung von einem fiktiven Vergleichskonto ausgegangen, dessen Kontostand nach Abschluß aller Zahlungsverpflichtungen den gleichen Stand aufweist wie ein ungetilgtes Schuldenkonto mit dem Kapital-Nennbetrag (Nominalbetrag) K_o über die ensprechende Laufzeit.

Die aufgrund einer gegebenen Laufzeit n und dem Zinsfaktor q erforderliche Annuität bezeichnet man als natürliche Annuität A_o. Die natürliche Annuität ergibt sich durch Gleichsetzen des aufgezinsten Kapital-Nennbetrages mit dem Endwert einer nachschüssigen Rente A_o. Dieser Endwert ergibt sich als Produkt aus der Annuität und dem nachschüssigen Rentenendwertfaktor:

$$A_o \, a_N = K_o \, q^n \qquad (4.3.1)$$

$$A_o = K_o q^n \frac{q-1}{q^n - 1} = \frac{K_o}{b_N} \qquad (4.3.2)$$

Mit dem Kapital-Wiedergewinnungsfaktor w_n:

$$w_n = q^n \frac{q - 1}{q^n - 1} = \frac{1}{b_N} \qquad (4.3.3)$$

ergibt sich die natürliche Annuität als Produkt aus dem Kapital-Nennbetrag (Nominalwert der Hypothek) und dem Wiedergewinnungsfaktor:

$$A_o = K_o w_n \qquad (4.3.4)$$

Die in Abhängigkeit von der Laufzeit und dem Zinsfuß nach Gl.(4.3.4) errechnete natürliche Annuität wird vielfach aus Gründen der Zahlungsvereinfachung auf einen runden Betrag verändert.

Die gegenüber der natürlichen Annuität veränderte Annuität A hat eine gegensinnige Veränderung der Laufzeit zur Folge. Diese ergibt sich aus dem Ansatz, daß der Saldo des aktuellen Kontostandes nach n Zinsintervallen gleich Null wird.

$$S = K_o q^n - A \frac{q^n - 1}{q - 1} = 0 \qquad (4.3.5)$$

$$n = - \frac{\ln \left(1 - \frac{K_o\, i}{A}\right)}{\ln q} \qquad (4.3.6)$$

Die Laufzeit n läßt sich in einen ganzzahligen Anteil n_1 und einen dezimalen Rest n_2 aufspalten:

$$n_1 = \text{INT} \{n\} \qquad (4.3.7)$$

$$n_2 = \text{FRC} \{n\} \qquad (4.3.8)$$

Ein dezimaler Rest n_2 ungleich Null würde bedeuten, daß die letzte Zahlung nicht zu den vereinbarten Zahlungsterminen fällig würde. Daher wird die Laufzeit auf den nächstfolgenden ganzzahligen Wert erhöht und zu dem letzten Rückzahlungstermin eine verringerte Restannuitätsrate A_Z berechnet.

$$A_Z = A + S\,(n_1 + 1) \qquad \text{falls FRC} \{n\} > 0 \qquad (4.3.9)$$

Da der Saldo des Kontostandes nach n_1+1 Jahren gemäß Gl.(4.3.8) negativ wird, ist die Restannuitätsrate immer kleiner als die vorherigen konstanten Annuitätsraten (Bild 4.3.2).

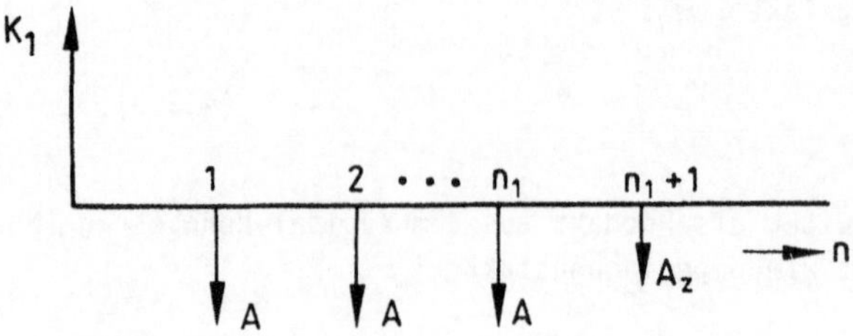

Bild 4.3.2

Zahlungsstrahl einer Annuitätentilgung

4.3.2 Unterjährliche Annuitätsraten

a) Tilgungsintervall = Zinsintervall

Der Wiedergewinnungsfaktor kann als Jahreswert w_n oder intervallbezogener Wert w_n^* berechnet werden. Für den intervallbezogenen Wiedergewinnungsfaktor gilt bei einer Zins-Intervalldauer T_Z und n_J Zinsintervalle (Annuitätsraten) innerhalb eines Jahres:

$$w_n^* = q^{*n^*} \frac{q^* - 1}{q^{*n^*} - 1} \qquad (4.3.10)$$

mit: $$q^* = 1 + \frac{i}{n_J} = 1 + i^* \qquad (4.3.11)$$

$$n^* = n_J \, n \qquad (4.3.12)$$

Damit n_J ganzzahlig wird, sind folgende Zins-Intervalldauern T_Z möglich, von denen nur die gekennzeichneten Zinsintervalle in der Praxis vorkommen:

T_Z	[360]	[180]	120	[90]	72	60	45	40	36	[30]	24	20	n_J
n_J	1	2	3	4	5	6	7	8	9	10	15	18	T_Z

Setzt man an Stelle der Laufzeit n die zinsintervallbezogene Laufzeit n^* gemäß Gl.(4.3.12), so gelten die Gl.(4.3.1 bis 4.3.9) entsprechend auch für die Annuität je unterjährliches Zinsintervall.

b) Unterjährliche Annuitätsraten mit unterlagerten Tilgungsraten

Tilgungsintervall < Zinsintervall

Eine weitere Variante der Annuitätentilgung einer Hypothek ist dadurch gekennzeichnet, daß den Zinsintervallen zusätzlich weitere Tilgungsintervalle unterlagert sind. Innerhalb der Zinsintervalle werden die einzelnen Tilgungsraten bis zum nächstfolgenden Zinstermin entweder nicht verzinst oder nach der Staffelmethode zeitanteilig linear verzinst.

Bezeichnet man die Zinsintervalldauer mit T_Z und die Zeitspanne der Tilgungsintervalle mit T_T, so ergeben sich n_T Tilgungstermine innerhalb eines Zinsintervalls:

$$n_T = \frac{T_Z}{T_T} \qquad n_T \text{ ganzzahlig} \qquad 1 < n_T \leqq \frac{360}{n_J} \tag{4.3.13}$$

Die Annuitätsrate A zum Zinstermin ergibt sich aus den Tilgungsraten R nach der Staffelmethode zu:

$$A = R\,(n_T + \frac{n_T - 1}{2}\,\frac{i}{n_J}) \tag{4.3.14}$$

Bezeichnet man den Tilgungsintervall-bezogenen Zinssatz mit i^*:

$$i^* = \begin{cases} \dfrac{i}{n_T\,n_J} & \text{Staffelverzinsung innerhalb } T_Z \\ 0 & \text{ohne Verzinsung innerhalb } T_Z \end{cases} \tag{4.3.15}$$

so ergibt sich die Tilgungsrate R_0 aus der natürlichen Annuität A_0 zu:

$$R_0 = \begin{cases} \dfrac{A_0}{n_T\,(1 + \frac{n_T - 1}{2}\,i^*)} & \text{Staffelverzinsung} \\ \dfrac{A_0}{n_T} & \text{ohne Verzinsung} \end{cases} \tag{4.3.16}$$

Wird für den berechneten Wert R_0 ein neuer gerundeter Wert R gewählt, so ergibt sich daraus eine neue Annuitätsrate zum Zinstermin:

$$A = \begin{cases} R\,n_T(1 + \frac{n_T - 1}{2}\,i^*) & \text{Staffelverzinsung} \\ R\,n_T & \text{ohne Verzinsung} \end{cases} \tag{4.3.17}$$

Mit der neuen Annuitätsrate A kann aus Gl.(4.3.6) eine neue Laufzeit n^* bestimmt werden. Bei $n_T > 1$ wird für den ganzzahligen Anteil der Laufzeit $n^* = n_1^*$ der Saldo des Tilgungskontos bestimmt:

$$S_n = K_0 q^{*n^*} - A\,\frac{q^{*n^*} - 1}{q^* - 1} \tag{4.3.18}$$

Dann wird für n=1 bis $n=n_T$ festgestellt, nach welchem Tilgungsintervall der Kontostand gleich Null wird:

$$S_n \left(1 + i_Z \frac{n}{n_T}\right) - R\, n \left(1 + \frac{n-1}{2}\, i^*\right) > 0 \tag{4.3.19}$$

Falls die Ungleichung Gl.(4.3.19) mit ja zu beantworten ist, wird n um 1 erhöht und die Abfrage wiederholt. Der Zyklus wird beendet, sobald die Abfrage mit Nein zu beantworten ist. Dann folgt für die letzte Rate:

$$R_Z = S_n \left(1 + i_Z \frac{n}{n_T}\right) + R \left[1 - n \left(1 + \frac{n-1}{2}\, i^*\right)\right] \tag{4.3.20}$$

Nach Umformung der Gl.(4.3.20) läßt sich die Schlußrate in einen Tilgungsanteil und einen Zinsanteil zerlegen (Bild 4.3.3):

$$R_Z = \underbrace{S_n - R\,(n-1)}_{\text{Tilgung}} + \underbrace{n \left(S_n \frac{i_Z}{n_T} - R\, \frac{n-1}{2}\, i^*\right)}_{\text{Zinsen}} \tag{4.3.21}$$

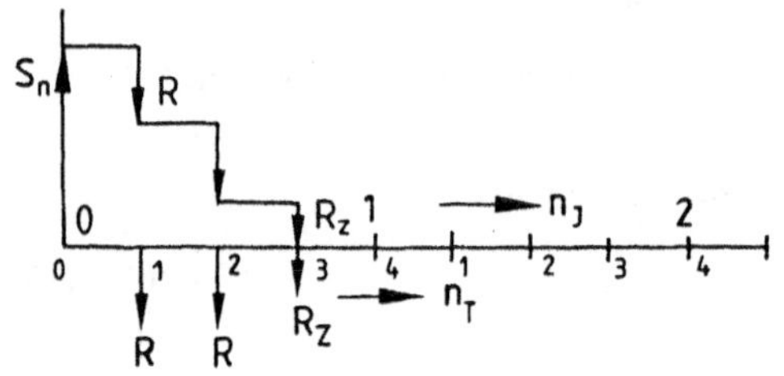

Bild 4.3.3 Tilgung innerhalb des Zinsintervalls n_J

Die Summe aller Tilgungsbeiträge (Rückzahlbetrag K_R) ergibt sich aus der Summe aller Tilgungsraten:

$$K_R = R\,(n_T\, n_J - 1) + R_Z \tag{4.3.22}$$

Der gesamte Zinsaufwand des Kreditnehmers ergibt sich aus der Differenz Rückzahlbetrag K_R minus Nennkapital K_o.

Im Ergebnisausdruck des Programmteils "HYPO" wird beim Tilgungsplan zu dem Wert der letzten Tilgungsrate noch die Gesamtzahl n_Z der Tilgungsintervalle innerhalb des letzten Zinsintervalls angegeben:

$$n_Z = n_T\, n_J \ \mathrm{FRC}\left\{n\right\} \tag{4.3.23}$$

4.4 Effektivverzinsung

Auf dem Kapitalmarkt werden Hypotheken meist nicht mit ihrem Nennbetrag ausgegeben, sondern vermindert um einen Abschlag, dem Disagio. Der Auszahlungsbetrag K_1 ist daher gleich der Differenz aus dem Kapital-Nennbetrag K_0 und dem Disagio D:

$$K_1 = K_0 - D \tag{4.4.1}$$

Das Disagio errechnet sich aus dem Auszahlungskurs k in Prozent und dem Kapital-Nennbetrag:

$$D = (1 - \frac{k}{100\%})\, K_0 \tag{4.4.2}$$

Für die Berechnung des effektiven Zinsfußes werden gemäß der geltenden Verordnung über Preisangaben (PAngV vom 03.12.1980) über die Berechnung der effektiven Jahreszinsen die Zahlungen des Kreditnehmers bis zur Zinssollstellung als Tilgungsbeiträge behandelt und die Zinsen nach der Staffelmethode ermittelt. Diese zeitanteiligen Staffelzinsen werden jeweils nach einem Jahr (360 Zinstage), bei Restlaufzeiten von weniger als einem Jahr am Kreditende, dem Konto belastet. Bei der Herleitung einer mathematischen Beschreibung dieser Vorgehensweise ist es zweckmäßig, die beiden Vorgänge der jährlichen Aufzinsung des ausgezahlten Kapitalbetrages und der Tilgung mit Staffelverzinsung und jährlicher Zinsgutschrift getrennt zu behandeln und den aktuellen Kontostand durch Differenzbildung dieser beiden Konten zu ermitteln.

Der zu berechnende effektive Zinsfuß ist der auf den jeweiligen Kontostand wirkende Zinsfuß unter Berücksichtigung der vorgegebenen Angebotskonditionen, jedoch ohne Berücksichtigung sonstiger Kosten wie z.B. Gebühren, Spesen und Provisionen. Bei den sonstigen Kosten ist zu unterscheiden zwischen einmaligen und laufenden Kosten. Sofern diese vielfach nicht zu vernachlässigenden Einflußfaktoren auf den Effektivzins über die vorgebene Laufzeit berücksichtigt werden sollen, ist wie folgt vorzugeben:

a) Berücksichtigung einmaliger Kosten (z.B. Bearbeitungsgebühren, Schätzgebühren):
   Hierbei ist der Kurs um die prozentualen Gesamtkosten zu reduzieren, d.h. die einmaligen Gesamtkosten wirken wie ein höheres Disagio (bzw. wie ein niedrigerer Auszahlungskurs).
b) Berücksichtigung von laufenden Kosten (z.B. Bearbeitungsgebühren):
   In diesem Fall ist der Zinsfuß um die prozentualen Gesamtkosten zu erhöhen, d.h. die laufenden Gesamtkosten wirken wie eine Erhöhung des Nominalzinsfußes.

4.4.1 Jährliche Annuitäten

Da die Tilgungsbeiträge als Annuität auf den Kapital-Nennbetrag und auf die festgesetzte Laufzeit bezogen sind, folgt aus dem verringerten Auszahlungsbetrag auch bei jährlicher Tilgung eine gegenüber dem vereinbarten Zinsfuß höhere Effektivverzinsung q_{eff}. Diese ergibt sich aus der Äquivalenzbedingung nach Abwicklung aller annuitätischen Tilgungsbeiträge zwischen dem aufgezinsten Auszahlungsbetrag und dem Rentenendwert aller Tilgungsbeiträge:

$$K_1 \, q_e^n = A \frac{q_e^n - 1}{q_e - 1} - A + A_Z \qquad (4.4.3)$$

mit:
$$n = \begin{cases} n_1 & \text{falls FRC}\{n\} = 0 \\ n_1 + 1 & \text{falls FRC}\{n\} > 0 \end{cases}$$

Im Fall der natürlichen Annuität $A=A_o$ ist auch die letzte Annuitätsrate $A_Z=A_o$, so daß sich die beiden Korrekturterme gegeneinander aufheben.

Da die Gl.(4.4.3) nicht geschlossen lösbar ist, wird als iterativer Lösungsalgorithmus die Newton'sche Iterationsregel angewandt:

$$q_{n+1} = q_n - \frac{f(q_n)}{f'(q_n)} \qquad (4.4.4)$$

Mit:

$$f(q) = \frac{A}{K_1} - w_n - \frac{A - A_Z}{K_1} \frac{1}{q^n} w_n \qquad (4.4.5)$$

$$f'(q) = -\left(\frac{n}{q} + \frac{1}{q-1} - \frac{n\,q^{n-1}}{q^{n-1}}\right) w_n - \frac{A - A_Z}{K_1} \left(\frac{1}{w_n} - \frac{1}{q}\right) \frac{w_n}{q^n - 1} \qquad (4.4.6)$$

Im Fall der natürlichen Annuität $A=A_o$ gilt:

$$\frac{f(q)}{f'(q)} = -\frac{\dfrac{A_o}{K_1 \, w_n} - 1}{\dfrac{n}{q} + \dfrac{1}{i} - \dfrac{n\,q^{n-1}}{q^n - 1}} \quad ; \; i = q - 1 \qquad (4.4.7)$$

Unter Berücksichtigung einer verringerten letzten Annuitätsrate A_Z gilt allgemein:

$$\frac{f(q)}{f'(q)} = -\frac{\dfrac{A}{K_1 \, w_n} - 1 - \dfrac{A - A_Z}{K_1} \dfrac{1}{q^n}}{\dfrac{n}{q} + \dfrac{1}{i} - \dfrac{n\,q^{n-1}}{q^n - 1} + \dfrac{A - A_Z}{K_1} \left(\dfrac{1}{w_n} - \dfrac{n}{q}\right) \dfrac{1}{q^n - 1}} \qquad (4.4.8)$$

Die Iteration wird beendet, wenn die Differenz der beiden letzten Zinsfaktoren die gesetzte Schranke $\varepsilon = 10^{-5}$ unterschreitet:

$$q_{n+1} - q_n < \varepsilon \qquad (4.4.9)$$

In dem Finanzprogramm I wird als Startwert für die Iteration der vereinbarte Zinsfuß gesetzt. Damit ist die Genauigkeitsbedingung gemäß Gl.(4.4.9) für übliche Verhältnisse nach etwa fünf Iterationszyklen erreicht.

4.4.2 Unterjährliche Annuitätsraten

Bei unterjährlichen Annuitätsraten ist der Kontostand eines fiktiven Vergleichskontos mit jährlicher Verrechnung der Zinseszinsen nach n_1 vollen Jahren und n_2 n_J Zahlungsintervallen im n_1+1ten Jahr mit der letzten Annuitätsrate A_Z ausgeglichen (Bild 4.4.1).

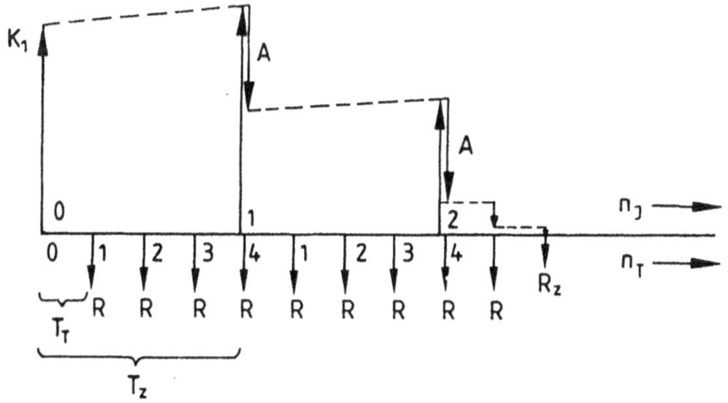

Bild 4.4.1 Zahlungsstrahl der unterjährlichen Hypothekentilgung

Der Kontostand des fiktiven ungetilgten Kapitalkontos hat nach n_1, n_2 Jahren den Wert E_S erreicht:

$$E_S = K_1 q^{n_1} (1 + i\, n_2) \qquad (4.4.10)$$

Der Ausgleich wird über die Summe aller aufgezinsten Annuitätsraten mit dem Endwert E_R erzielt.

$$E_R = A \left\{ \left(n_J + \frac{n_J - 1}{2} i\right) \frac{q^{n_1} - 1}{i} (1 + i\, n_2) + n_2 \left(n_J + \frac{n_2\, n_J - 1}{2} i\right) \right\} - A + A_Z \qquad (4.4.11)$$

Der effektive Zinsfuß ist derjenige Zinsfuß p bzw. Zinssatz i, bei dem $E_S = E_R$ wird oder die Funktion $f(i) = E_S(i) - E_R(i)$ eine Nullstelle hat. Die Bildung der Funktion f(i) an Stelle der Funktion f(q) erweist sich später als programmiertechnisch besonders günstig.

Nach Division durch die Annuitätsrate A ergibt sich:

$$f(i) = \frac{K_1}{A} q^{n_1}(1 + i n_2) - \left(n_J + \frac{n_J - 1}{2} i\right)\left(q^{n_1} - 1\right)\left(\frac{1}{i} + n_2\right)$$

$$- n_2\left(n_J + \frac{n_2 n_J - 1}{2} i\right) + 1 - \frac{A_Z}{A} \qquad (4.4.12)$$

Mit $q = 1 + i$ und $\frac{df}{di} = \frac{df}{dq}\frac{dq}{di} = \frac{df}{dq}$ läßt sich nach einigen Umrechnungen der Differentialquotient f'(i) in folgende, für die Programmierung günstige Form bringen:

$$f'(i) = \frac{K_1}{A} q^{n_1}\left[\frac{n_1}{q}(1 + i\, n_2) + n_2\right] - n_2 \frac{n_2 n_J - 1}{2}$$

$$- \left(q^{n_1} - 1\right)\left(n_2 \frac{n_J - 1}{2} - \frac{n_J}{i^2}\right) - n_1(1 + i\, n_2)\, q^{n_1 - 1}\left(\frac{n_J}{i} + \frac{n_J - 1}{2}\right) \qquad (4.4.13)$$

Die Iteration für den effektiven Zinssatz i_{eff} verläuft nach der Newtonschen Iterationsregel analog zu Gl.(4.4.4):

$$i_{n+1} = i_n - \frac{f(i)}{f'(i)} \qquad (4.4.14)$$

Mit Unterschreitung der vorgenannten Iterationsschranke $\varepsilon = 10^{-5}$ ist der effektive Zinssatz i_{eff} bzw. der effektive Zinsfuß $p_{eff} = i_{eff}\, 100$ erreicht.

Bei der Effektivzinsberechnung für unterjährliche Verzinsungsintervalle mit unterlagerten Tilgungsintervallen ist im Eingabedialog an Stelle der Anzahl jährlicher Zinsintervalle n_J die Anzahl der jährlichen Tilgungsintervalle $n_J\, n_T$ zu setzen. Ebenso sind an Stelle der Annuitätsraten zu den Zinsintervallen die entsprechenden Tilgungsintervallraten R und R_Z zu setzen.

Startwert

Eine günstige Wahl des Startwertes beschleunigt den iterativen Lösungsprozeß ganz erheblich. Deshalb ist es zweckmäßig, den für Überschlagrechnungen gebräuchlichen und leicht errechenbaren Schätzwert als Startwert programmtechnisch vorzugeben. Dieser ergibt sich aus dem Nominalzinsfuß p und dem auf die Laufzeit bezogenen Disagioanteil:

$$i_0 = \frac{p + \frac{100 - k}{n}}{100} \tag{4.4.15}$$

In der zweiten Variante des Finanzprogramms "HYPOUT" gemäß Tabelle 4.2 wird mit diesem Startwert die Iteration begonnen.

4.4.3 Kleinkredite

Der Berechnung des Effektivzinses bei Kleinkrediten, auch Konsumenten-Ratenkredite genannt, liegt ebenfalls die Überlegung zugrunde, daß der Wert des ausgezahlten Darlehens K_1 mit dem gesuchten Effektivzinsfuß über die Laufzeit mit jährlicher Zinseszinsverechnung angelegt, den gleichen Endwert ergibt wie die entsprechend verzinst angelegten monatlichen Tilgungsraten [25, 26, 27] .

Der Endwert des Darlehensbetrages über die Laufzeit n Jahre und m Restmonate beträgt bei jährlicher Zinsgutschrift (Sparkassenverzinsung nach der Staffelmethode):

$$E_{n,m} = K_1 \, q^n \, (1 + m \frac{p}{1200}) = K_1 \, q^n \, (1 + \frac{m}{12} \, i) \tag{4.4.16}$$

Setzt man für die vollen Jahre n_1 und für die Restmonate $n_2 = m/12$, so gilt analog zu Gl.(4.4.10):

$$E_{n,m} = E_S = K_1 q^{n_1} \, (1 + in_2) \tag{4.4.17}$$

Der Rentenendwert der monatlichen Tilgungsraten beträgt bei ebenfalls jährlicher Zinsgutschrift:

$$E_R = R \left[(12 + 5{,}5i) \, (1 + \frac{m}{12} \, i) \, \frac{q^n - 1}{i} + m \, (1 + \frac{m - 1}{24} \, i)\right] \tag{4.4.18}$$

Gl.(4.4.18) ist ein Sonderfall von Gl.(4.4.11) für $n_J = 12$, $n_2 = m/12$ und $A = A_Z$.

Für $p = p_{eff}$ besteht Gleichgewicht zwischen Leistung und Gegenleistung:

$$E_{n,m} = E_R \tag{4.4.19}$$

Somit gilt für den Newton-Operator f(i):

$$f(i) = E_{n,m} - E_R = 0 \text{ für } p = p_{eff} \tag{4.4.20}$$

Die Effektivverzinsung für Kleinkredite kann somit mit dem für die unterjährliche Annuitätentilgung abgeleiteten Algorithmus Gl.(4.4.12 bis 4.4.14) mit $R = A = A_Z$ erfolgen.

Speziell zugeschnitten auf Kleinkredite mit der Laufzeit n Jahre und m Restmonate gilt die Form der Newton-Operatoren:

$$f(i) = q^n(1 + \frac{m}{12}i) - \frac{R}{K_1}\left[(12 + 5{,}5i)\,(1 + \frac{m}{12}i)\,\frac{q^n - 1}{i} + m(1 + \frac{m-1}{24}i)\right] \quad (4.4.21)$$

$$f'(i) = nq^{n-1}(1 + \frac{m}{12}i) + \frac{m}{12}\,q^n - \frac{R}{K_1}\left\{\left[5{,}5\,(1 + \frac{m}{12}i) + \frac{m}{12}\,(12 + 5{,}5i)\right]\right.$$

$$\left.\cdot\,\frac{q^n - 1}{i} + \frac{nq^{n-1}i - (q^n - 1)}{i^2}\,(12 + 5{,}5i)\,(1 + \frac{m}{12}i) + m\,\frac{m-1}{24}\right\} \quad (4.4.22)$$

Die monatliche Tilgungsrate R wird bei Kleinkrediten aus dem Gesamtbetrag, der sich aus Darlehen, Zinsen und Bearbeitungsgebühr zusammensetzt, durch Division mit der Anzahl Laufzeitmonate M gebildet. Setzt man die Bearbeitungsgebühr mit b Prozent und den nominellen Monatszinssatz mit p_M Prozent an, so ergibt sich ein Gesamtbetrag K_o:

$$K_o = K_1\,(1 + \frac{b}{100} + \frac{p_M}{100}\,M) \quad (4.4.23)$$

Die natürliche Tilgungsrate ergibt sich durch Umlage des Gesamtbetrages K_o auf die vorgegebenen Laufzeitmonate M:

$$R = R_o = \frac{K_o}{M} = K_1\,\left(\frac{1 + \frac{b}{100}}{M} + \frac{p_M}{100}\right) \quad (4.4.24)$$

Wie bei der Annuitätentilgung wird auch bei Kleinkrediten vielfach an Stelle des errechneten Tilgungsbeitrages ein gerundeter Wert gewählt. Nach der Preisangabenverordnung ist die Vorgehensweise bei der Rundung so festgelegt, daß bei Aufrundungen der Rundungseffekt bei der ersten Rate (niedrigere Anfangsrate) und bei Abrundungen der Rundungseffekt bei der letzten Rate (höhere Schlußrate) zu berücksichtigen ist.

Bei Aufrundung der Tilgungsraten ist die Umrechnung einer Tilgungsreihe mit den natürlichen Tilgungsraten R_o in eine neue Tilgungsreihe mit der ersten Rate $R < R_o$ und den Folgeraten $R > R_o$ bei gleicher Effektivverzinsung erforderlich:

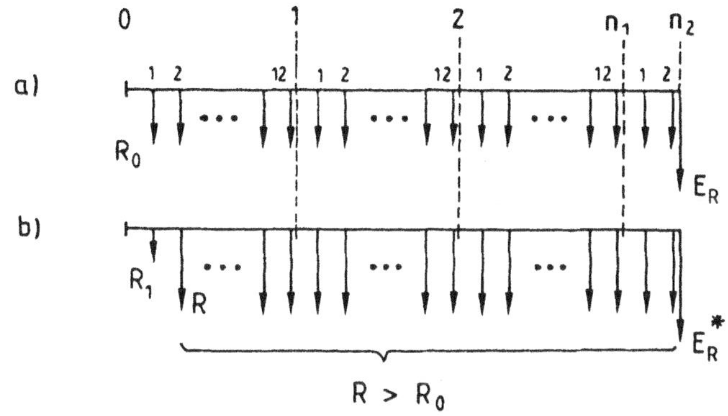

Bild 4.4.2 Tilgungsreihe mit konstanten und gerundeten Tilgungsraten

Für den Endwert der Tilgungsreihe a) mit R_0 gilt:

$$E_R = R_0 \, a_T \tag{4.4.25}$$

Zur Berechnung des Endwertes der Tilgungsreihe b) wird zunächst die Reihe mit den Tilgungsraten R betrachtet und dann das erste Glied auf den Laufzeitanfang abgezinst, subtrahiert und als R_1-Glied hinzu addiert:

$$E_R^* = R \, a_T - (R - R_1) \frac{q^{n_1}(1 + i n_2)}{1 + \frac{i}{n_J}} \tag{4.4.26}$$

Durch Gleichsetzen der beiden Endwertgleichungen folgt für das erste Glied:

$$R_1 = R - (R - R_0) \, a_T \frac{1 + \frac{i}{n_J}}{q^{n_1}(1 + i n_2)} \tag{4.4.27}$$

$$R_1 = R - (R - R_0) \, a_T \frac{1 + \frac{i}{n_J}}{q^{n_1} \, (1 + i \, n_2)} \tag{4.4.28}$$

Bei Abrundungen mit $R < R_0$ gilt für die korrigierte letzte Rate am Ende des M-ten Monats:

$$R_M = R + (R_0 - R) \, a_T \tag{4.4.29}$$

Für den nachschüssigen Rentenendwertfaktor gilt bei Intervallverzinsung mit jährlicher Zinsgutschrift entsprechend zu Gl.(4.1.14):

$$a_T = (n_J + \frac{n_J - 1}{2} i) \frac{q^{n_1} - 1}{i} (1 + i n_2) + n_2 n_J \, (1 + \frac{n_2 n_J - 1}{2 \, n_J} i) \tag{4.4.30}$$

n_J ist die Anzahl der Tilgungsintervalle pro Jahr, bei Kleinkrediten mit monatlicher Tilgung ist n_J=12 zu setzen. In der Praxis wird der Rundungseffekt nicht wie in den Gl.(4.4.22 bis 4.4.26) zeitbewertet, sondern einfach durch Multiplikation mit der Anzahl Laufzeitmonate M ermittelt:

$$R_1 = R - (R - R_0)M \qquad \text{für } R > R_0 \qquad (4.4.31)$$

$$R_M = R + (R_0 - R)M \qquad \text{für } R < R_0 \qquad (4.4.32)$$

Infolge dieser veränderten Leistungsreihe ist der Algorithmus für die Berechnung des Effektivzinsfußes entsprechend anzupassen.

Für frei gewählte Aufrundung der Tilgungsraten und Korrektur der Anfangsrate ist der Zahlungsstrahl in Bild 4.4.3 mit dem neuen Rentenendwert E_R^* angegeben.

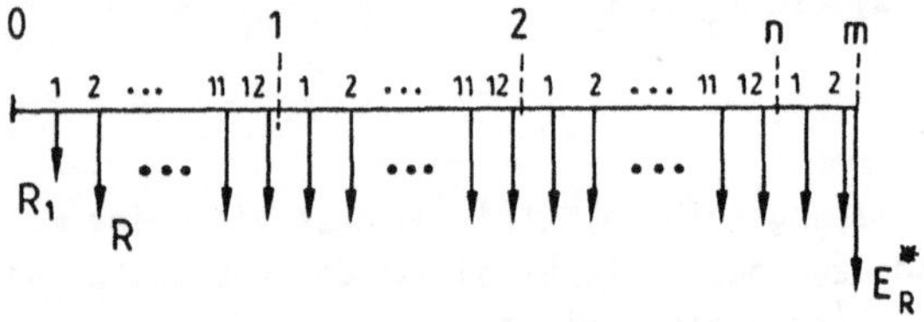

Bild 4.4.3 Zahlungsstrahl zur Tilgung von Kleinkrediten für aufgerundete Tilgungsraten

Der Endwert E_R ergibt sich aus dem Endwert E_R für gleichbleibende Tilgungsraten R, indem das Korrekturglied $(R - R_1)$ für die erste Rate auf das Laufzeitende aufgezinst und dieser Wert vom Endwert abgesetzt wird.

$$E_R^* = E_R - (R - R_1)\,(1 + \frac{11}{12}\,i)\,q^{n-1}\,(1 + \frac{m}{12}\,i) \qquad (4.4.33)$$

$$E_R = R\,a_T \qquad (4.4.34)$$

Für die Newton-Operatoren $f^*(q)$ und $f^{*'}(q)$ gilt mit den Gl.(4.4.21 u. 4.4.22):

$$f^*(i) = f(i) + \frac{R - R_1}{K_1}\,(1 + \frac{11}{12}\,i)\,q^{n-1}\,(1 + \frac{m}{12}\,i) \qquad (4.4.35)$$

$$f^{*'}(i) = f'(i) + \frac{R - R_1}{K_1}\left\{\frac{11}{12}\,q^{n-1}\,(1 + \frac{m}{12}\,i)\right.$$

$$\left. + \left[(n - 1)q^{n-2}\,(1 + \frac{m}{12}i) + \frac{m}{12}\,q^{n-1}\right](1 + \frac{11}{12}\,i)\right\} \qquad (4.4.36)$$

Für den üblichen Fall aufgerundeter Leistungsraten $R > R_0$ wird der Effektivzinsfuß etwas niedriger gegenüber der natürlichen Leistungsrate R_o gemäß Gl.(4.4.24). Im Kreditgeschäft ist es üblich, die nach Gl.(4.4.31) berechnete erste Leistungsrate auf volle DM auf- bzw. abzurunden.

Rückkaufwert

Der Rückkaufwert eines vorzeitig aufzulösenden Kleinkredits ergibt sich aus der Gleichgewichtsbedingung von Leistung und Gegenleistung auf dem Zahlungsstrahl der Geldströme. Auf der einen Seite steht am Laufzeitbeginn der Netto-Kreditbetrag K_1 und auf der anderen Seite die monatlich einlaufenden Tilgungsraten. Beide Geldströme sind auf das vorzeitige Ende der Vertragsdauer aufgezinst gegeneinander aufzuwiegen. Der Endwert auf der Leistungsseite der Bank $E_{n,m}$ ergibt sich aus Gl.(4.4.16). Entsprechend gilt für den Endwert der Gegenleistung des Kreditkunden Gl.(4.4.18), wobei für R die fiktive Monatsrate ohne Berücksichtigung der Bearbeitungsgebühr einzusetzen ist. Als Zinssatz ist der Effektivzinsfuß ebenfalls ohne Bearbeitungsgebühr einzusetzen. Damit ist der Rückkaufwert zum Zeitpunkt n,m (Jahre, Monate) gleich dem Saldo aus Leistung und bisher erbrachter Gegenleistung:

$$S = E_{n,m} - E_R \qquad (4.4.37)$$

$$S = K_1 q^n \left(1 + \frac{m}{12} i\right) - R_o \left[(12 + 5{,}5i)\left(1 + \frac{m}{12} i\right) \frac{q^n - 1}{i} + m\left(1 + \frac{m-1}{24} i\right)\right] \qquad (4.4.38)$$

4.5 Tilgungsplan für Hypothekendarlehen

Um die Entwicklung des Kontostandes einer Hypothek im voraus beobachten und kalkulieren zu können, ist die Aufstellung eines Tilgungsplanes zweckmäßig. Dieser Programmteil kann über die Startadresse "TIL" (Tilgungsplan) aufgerufen werden. Um auch beliebige Anfangszeiten für den Tilgungsplan setzen zu können, wurde auf einen sukzessiven Rechnungsaufbau verzichtet und trotz der um einige Sekunden längeren Rechenzeit für jeden Zyklus der aktuelle Kontostand S_n geschlossen berechnet. Die Ergebnisse für den aktuellen Kontostand werden zur Erhaltung der Übersichtlichkeit jedoch nicht intervallweise, sondern nur zum Ende eines jeden Jahres ausgegeben. Der jeweils aktuelle Kontostand ergibt sich aus der Differenz des aufgezinsten Kapital-Nennbetrages zu dem bis zum Jahresende erreichten Rentenendwert aller geleisteten Annuitätszahlungen.

$$S_n = K_o q^{*n^*} - A \frac{q^{*n} - 1}{q^* - 1} \qquad (4.5.1)$$

Als Ergebnisse werden das jeweilige Jahr und der zugehörige aktuelle Kontostand zyklisch ausgegeben. Sobald der Kontostand 0 erreicht ist, wird der Tilgungsalgorithmus beendet und die letzte Rate berechnet. Zum Abschluß der Rechnung werden der gesamte Rückzahlungsbetrag in DM sowie das Aufgeld in Prozent berechnet und ausgegeben. In Bild 4.5.1 ist die Entwicklung des Kontostandes für eine 10-jährige Hypothekentilgung und die zugehörige Kapitalwertentwicklung aus der Sicht der Bank angegeben. Aus dem linsenartigen Verlauf der beiden Kennlinien ist die höhere Wertigkeit der frühen Annuitätszahlungen hinsichtlich des Kapitalwertes für die Bank zu erkennen. Aus diesem Grunde ist das betriebswirtschaftliche Risiko gegen Ende der Tilgungszeit etwas geringer als der Kontostand aufweist.

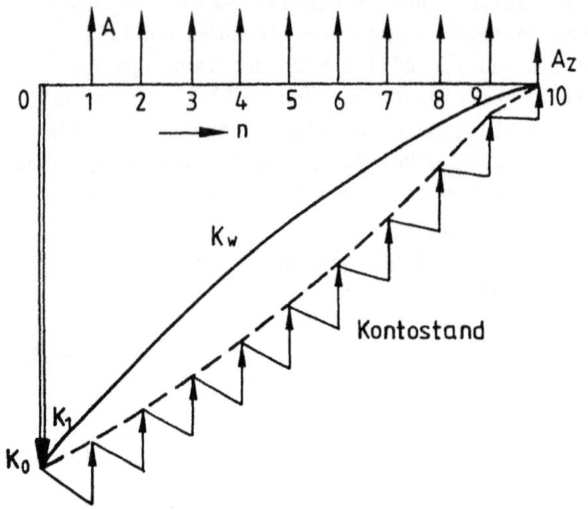

Bild 4.5.1 Entwicklung des Kontostandes und des Kapitalwertes einer Hypothek über 150.000,-- DM zu 9 % Zinsen mit 98 % Auszahlung und 24.000,-- DM jährlicher Annuität sowie 14.474,24 DM Abschlußrate. Bei der Kennlinie für den Kapitalwert ist der Kalkulationszinsfuß gleich dem Effektivzinsfuß von 9,48 % gesetzt.

4.6 Programmbeschreibung „HYPO", „HYPOUT" und „HYPOUTS"

Auf Basis der angegebenen Berechnungsgrundlagen werden, wie eingangs dargelegt, drei Programmvarianten zur Finanzierungsberechnung angegeben. Bei der ersten Version mit dem Filenamen "HYPO" gemäß Tabelle (4.1) erfolgt eine Zinseszinsberechnung entsprechend dem gewählten Zinsintervall. Innerhalb des Zinsintervalls sind keine unterlagerten Tilgungsintervalle zugelassen. Diese Einschränkung entfällt bei den beiden weiteren Versionen mit den Filenamen "HYPOUT" und "HYPOUTS" gemäß Tabelle (4.2 und 4.3). Dafür ist der Eingabedialog um zwei Abfragen erweitert und der erforderliche Speicherplatzbereich von 18 auf 20 Register erhöht. Das Programm ist ensprechend Bild 4.6.1 in einen Dialog-Eingabeteil, in einen aufgabenspezifischen Berechnungsteil und einen

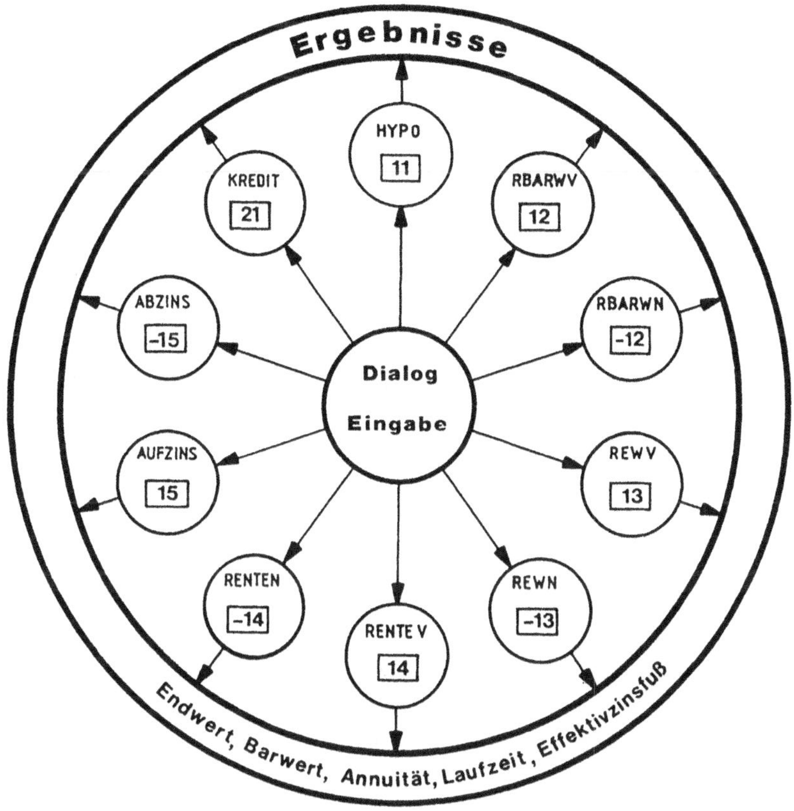

Bild 4.6.1 Aufrufadressen der Finanzprogramme zur Kapitalisierungs-, Renten- und Hypothekenberechnung

Ausgabeteil gegliedert. Der Einstieg erfolgt über XEQ-Aufrufe mit Hilfe der Programmnamen oder über die gemäß Bild 4.6.1 entsprechend zugeordneten Tasten für die verschiedenen Aufgabenstellungen:

Aufgabenstellung		Programmadresse	Taste
Hypothekentilgung		HYPO, HYPOUT, HYPOUTS	11
Rentenbarwert	vorschüssig	RBARWV	12
"	nachschüssig	RBARWN	f12
Rentenendwert	vorschüssig	REWV	13
"	nachschüssig	REWN	f13
Rente aus Kapital	vorschüssig	RENTV	14
" " "	nachschüssig	RENTN	f14
Aufzinsung		AUFZINS	15
Abzinsung		ABZINS	f15
Kleinkredit-Effektivverzinsung		KREDIT	21

Die Version I (HYPO) erfordert 1398 Bytes Programmspeicherplatz und eine Speicherbereichsdefinition von 18 Register. Die für unterlagerte Tilgungsintervalle erweiterte Versionen II (HYPOUT) und III (HYPOUTS) erfordern 1.648 Bytes bzw. 1.714 Bytes und jeweils 20 Datenregister. In allen Programmen sind die Speicher STO 11 bis STO 14 als permanente Dialog-Eingabespeicher vorgesehen. Diese Inhalte stehen innerhalb der Programmbearbeitung stets unverändert zur Verfügung. Alle übrigen Speicher sind Hilfsgrößenspeicher, die bei den einzelnen Aufgabenstellungen zum Teil unterschiedlich genutzt werden.

Alle Programmversionen beginnen in Programmzeile 01 mit der Adresse LBL "EIN" für den Eingabedialog. Der Eingabebereich umfaßt die Anweisungen von Zeile 01 bis zu der RTN-Anweisung vor dem LBL "HYPO" (bei Version I Zeile 55, bei Version II Zeile 84 und bei Version III Zeile 109). In diesem Eingabebereich werden die permanenten Daten nach Maßgabe der gesetzten Flags 01 bis 04 in Form einer regenerierenden Dialogeingabe abgerufen. Als Zinsintervall wird in Zeile 25 standardgemäß $T_Z = 360$ vorgegeben. Außerdem werden die Anzahl der Zinsintervalle innerhalb eines Kalenderjahres nach STO 06, die Anzahl der Zinsintervalle innerhalb der vorgegebenen Laufzeit nach STO 07 und der Zinsfaktor nach STO 00 bzw. der Zinssatz nach STO 02 abgespeichert. Das Unterprogramm LBL 03 dient zur Berechnung des nachschüssigen Rentenendwertfaktors gemäß Gl.(4.1.6). Mit dem Ergebniswert aus dem Unterprogrammabruf XEQ 03 wird im Unterprogramm LBL 10 der aktuelle Kontostand gemäß Gl.(4.3.18) bestimmt.

Die wichtigsten Speicherzuordnungen sind folgende:

Hilfsgrößen:	STO 00:	q
	STO 01:	q^n
	STO 02:	i
	STO 03:	$-f(q)/f'(q)$
	STO 04:	A
	STO 05:	T_Z, $-S_n$
	STO 06:	n_J
	STO 07:	n_1
	STO 08:	n_T, n_2
	STO 09:	K_1
	STO 10:	A gewählt, Rente
Eingabevariable:	STO 11:	Nominal-Kapital K_0
	STO 12:	Zinsfuß p
	STO 13:	Laufzeit in Jahre
	STO 14:	Kurs in Prozent
Hilfsgrößen:	STO 15:	K_1/A
	STO 16:	$(n_2 n_J - 1)/2$
	STO 17:	A_Z

Tabelle 4.1 Anweisungsliste Finanzprogramm I "HYPO"

```
01♦LBL "EIN"
02 FS?C 04
03 GTO 01
04 FS? 01
05 GTO 00
06 RCL 10
07 "RENTE?"
08 PROMPT
09 STO 10
10 STO 17

11♦LBL 00
12 FS? 03
13 GTO 00

14♦LBL 01
15 RCL 11
16 "KAPITAL? DM:"
17 PROMPT
18 STO 11

19♦LBL 00
20 RCL 13
21 "LAUFZEIT? JAHRE"
22 "⊢:"
23 PROMPT
24 STO 13
25 360
26 STO Y
27 "ZINS-INTERVALL?"
28 "⊢ TAGE:"
29 PROMPT
30 STO 05
31 /
32 STO 06
33 RCL 13
34 *
35 STO 07
36 RCL 12
37 "ZINSFUSS? %:"
38 PROMPT
39 STO 12
40 RCL 06
41 /
42 100
43 /
44 1
45 +
46 STO 00
47 FS?C 03
48 GTO 00
49 RCL 14
50 "KURS? %:"
51 PROMPT
52 STO 14

53♦LBL 00
54 XEQ 03
55 RTN
56♦LBL "HYPO"
57 SF 01
58 XEQ "EIN"
59 RCL 01
60 X<>Y
61 /
62 STO 04
63 RCL 11
64 ST* 04
65 RCL 14
66 %
67 STO 09
68 STO 15
69 ADV
70 "AUSZAHLUNG:"
71 XEQ "PX"
72 RCL 04
73 ADV
74 "ANNUITAET JE IN"
75 "⊢TERVALL"
76 AVIEW
77 FIX 0
78 "<"
79 ARCL 05
80 "⊢ TAGE>:"
81 FIX 2
82 XEQ "PX"
83 ADV
84 "AENDERUNG? DM:"
85 PROMPT
86 STO 10
87 ST/ 15
88 STO 17
89 RCL 04
90 X=Y?
91 GTO 01
92 1
93 RCL 02
94 RCL 11
95 *
96 RCL 10
97 /
98 -
99 LN
100 CHS
101 RCL 00
102 LN
103 /
104 STO 07
105 FRC
106 RND
107 X=0?
108 GTO 00
109 RCL 07
110 INT
111 1
112 +
113 STO 07
114 XEQ 10
115 ST- 17
116 RCL 17
117 ADV
118 "LETZTE RATE:"
119 XEQ "PX"

120♦LBL 00
121 RCL 07
122 RCL 06
123 /
124 STO 13
125 ADV
126 "LAUFZEIT: "
127 ARCL 13
128 "⊢ JAHRE"
129 AVIEW

130♦LBL 01
131♦LBL "EFFZ"
132 RCL 06
133 RND
134 1
135 X≠Y?
136 GTO 07
137 RCL 17
138 RCL 10
139 -
140 RND
141 X≠0?
142 GTO 07
143 RCL 00
144 STO 05
145 RCL 10
146 RCL 09
147 /
148 STO 04

149♦LBL 04
150 RCL 04
151 STO 03
152 XEQ 03
153 RCL 01
154 /
155 ST* 03
156 RCL 02
157 1/X
158 RCL 07
159 RCL 00
160 /
161 +
162 RCL 07
163 RCL 01
164 RCL 00
165 /
166 *
167 RCL 01
168 1
169 ST- 03
```

```
170 -
171 /
172 -
173 ST/ 03
174 RCL 03
175 ST+ 00
176 ABS
177  E-5
178 X<=Y?
179 GTO 04
180 RCL 00
181 1
182 -
183  E2
184 *
185 STO 01
186 RCL 05
187 STO 00

188♦LBL 08
189 RCL 01
190 ADV
191 SF 12
192 "EFFEKTIVZINS"
193 SF 00
194 XEQ "PX"
195 CF 12
196 CF 01
197 ADV
198 FS?C 03
199 RTN
200 "TILGUNGSPLAN?"
201 PROMPT
202 ADV
203 GTO "TIL"

204♦LBL "RBARWN"
205 SF 02

206♦LBL "RBARWV"
207 SF 03
208 XEQ "EIN"
209 RCL 01
210 /
211 FS? 02
212 GTO 00
213 RCL 00
214 *

215♦LBL 00
216 "RENTENBAR"
217 GTO 01

218♦LBL "REWN"
219 SF 02

220♦LBL "REWV"
221 SF 03
222 XEQ "EIN"
223 FS? 02
224 GTO 00
225 RCL 00
226 *
227♦LBL 00
228 "RENTENEND"

229♦LBL 01
230 "⊢WERT"
231 ADV
232 AVIEW
233 RCL 10
234 *
235 GTO 02

236♦LBL "RENTEN"
237 SF 02

238♦LBL "RENTEV"
239 SF 03
240 SF 04
241 XEQ "EIN"
242 RCL 01
243 /
244 FS? 02
245 GTO 00
246 RCL 00
247 *

248♦LBL 00
249 RCL 11
250 X<>Y
251 /
252 ADV
253 "RENTE"
254 AVIEW
255 XEQ 02
256 RCL 07
257 *
258 "RENTENSUMME"
259 AVIEW
260 XEQ 02
261 RCL 11
262 X<>Y
263 %CH
264 "AUFGELD ZUM KAP"
265 "⊢ITAL"
266 AVIEW
267 SF 00

268♦LBL 02
269 FS?C 02
270 GTO 00
271 "VOR"
272 GTO 01

273♦LBL 00
274 "NACH"

275♦LBL 01
276 "⊢SCHUESSIG:"
277 XEQ "PX"
278 ADV
279 RTN
280♦LBL "AUFZINS"
281 SF 03
282 SF 04
283 XEQ "EIN"
284 RCL 11
285 RCL 01
286 *
287 STO 14
288 ADV
289 "AUF"
290 GTO 00

291♦LBL "ABZINS"
292 SF 03
293 SF 04
```

```
294 XEQ "EIN"
295 RCL 11
296 RCL 01
297 /
298 STO 10
299 ADV
300 "AB"

301♦LBL 00
302 "⊢GEZINSTES KAPI"
303 "⊢TAL:"
304 GTO "PX"

305♦LBL "TIL"
306 SF 12
307 "TILGUNGSPLAN"
308 AVIEW
309 "============"
310 AVIEW
311 CF 12
312 ADV
313 1
314 "STARTJAHR?"
315 PROMPT
316 1
317 -
318 RCL 06
319 *
320 STO 07

321♦LBL 05
322 1
323 ST+ 07
324 XEQ 10
325 X<=0?
326 GTO 01
327 SF 01
328 STO 01
329 CLX
330 STO 05

331♦LBL 01
332 RCL 07
333 RCL 06
334 /
335 FRC
336 X≠0?
337 GTO 00
338 LASTX
339 FIX 0
340 CLA
341 SF 28
342 ARCL X
343 "⊢ JAHR, KONTOST"
344 "⊢AND:"
345 CF 28
346 FIX 2
347 RCL 05
348 XEQ "PX"

349♦LBL 00
350 RCL 05
351 X<0?
352 GTO 05
353 FC?C 01
354 GTO 00
355 RCL 10
356 RCL 01
357 -
358 "LETZTE RATE:"
359 XEQ "PX"
360 X<> 01
361 CHS

362♦LBL 00
363 RCL 10
364 RCL 07
365 *
366 +
367 STO 02
368 ADV
369 "RUECKZAHLBETRAG"
370 XEQ "PX"
371 RCL 11
372 RCL 02
373 %CH
374 ADV
375 "AUFGELD"
376 AVIEW
377 "VOM NENNBETRAG:"
378 SF 00
379 XEQ "PX"
380 RCL 09
381 RCL 02
382 %CH
383 "VOM AUSZAHLUNGS"
384 "⊢BETRAG"
385 SF 00
386 XEQ "PX"
387 RTN

388♦LBL 10
389 XEQ 03
390 RCL 10
391 *
392 RCL 01
393 RCL 11
394 *
395 -
396 RND
397 STO 05
398 RTN

399♦LBL 03
400 RCL 00
401 RCL 07
402 Y↑X
403 STO 01
404 1
405 -
406 RCL 00
407 1
408 -
409 STO 02
410 /
411 RTN

412♦LBL 07
413 RCL 06
414 1
415 -
416 2
417 /
418 STO 04
419 RCL 13
420 INT
421 STO 07
422 LASTX
```

```
423 FRC
424 STO 08
425 RCL 06
426 *
427 1
428 -
429 2
430 /
431 STO 16

432♦LBL 09
433 RCL 02
434 1
435 +
436 STO 00
437 RCL 07
438 Y↑X
439 STO 01
440 RCL 15
441 *
442 STO 05
443 STO 09
444 RCL 02
445 RCL 08
446 *
447 1
448 +
449 STO 03
450 ST* 09
451 RCL 04
452 RCL 02
453 *
454 RCL 06
455 +
456 RCL 01
457 1
458 ST+ 09
459 -
460 *
461 RCL 02
462 1/X
463 RCL 08
464 +
465 *
466 RCL 16
467 RCL 02
468 *
469 RCL 06
470 +
471 RCL 08
472 *
473 +
474 RCL 17
475 RCL 10
476 /
477 +
478 ST- 09
479 RCL 03
480 RCL 07
481 *
482 RCL 00
483 /
484 RCL 08
485 +
486 ST* 05
487 RCL 16
488 RCL 08
489 *
490 ST- 05
491 RCL 03
492 RCL 06
493 RCL 02
494 /
495 STO 03
496 RCL 04
497 +
498 *
499 RCL 01
500 RCL 00
501 /
502 *
503 RCL 07
504 *
505 ST- 05
506 RCL 04
507 RCL 08
508 *
509 RCL 03
510 RCL 02
511 /
512 -
513 RCL 01
514 1
515 -
516 *
517 ST- 05
518 RCL 09
519 RCL 05
520 /
521 ST- 02
522 ABS
523 1 E-05
524 X<=Y?
525 GTO 09
526 RCL 02
527 1 E2
528 *
529 STO 01
530 1
531 RCL 12
532 RCL 06
533 /
534 %
535 +
536 STO 00
537 RCL 11
538 RCL 14
539 %
540 STO 09
541 GTO 08

542♦LBL "KREDIT"
543 SF 03
544 RCL 11
545 "DARLEHEN? DM:"
546 PROMPT
547 STO 11
548 STO 15
549 RCL 12
550 "MONATSZINS? %:"
551 PROMPT
552 STO 12
553 STO 10
554 RCL 13
555 12
556 *
557 "ZEIT? MONATE:"
558 PROMPT
559 STO 13
560 RCL 14
561 "GEBUEHR? %:"
562 PROMPT
563 STO 14
564 1 E2
565 ST/ 10
566 /
567 1
568 +
569 RCL 13
570 /
571 ST+ 10
572 RCL 10
573 RCL 11
574 *
575 STO 10
576 STO 17
577 ST/ 15
578 "MONATSRATE:"
579 XEQ "PX"
580 RCL 12
581 4
582 /
583 STO 02
584 CLD
585 12
586 STO 06
587 ST/ 13
588 GTO "EFFZ"

589♦LBL "PX"
590 AVIEW
591 CLA
592 ARCL X
593 FS?C 00
594 GTO 00
595 "├ DM"
596 GTO 01

597♦LBL 00
598 "├ %"

599♦LBL 01
600 AVIEW
601 PSE
602 RTN
603 END
```

CAT 1		PRKEYS
LBL'EIN		
LBL'HYPO		USER KEYS:
LBL'EFFZ		11 "HYPO"
LBL'RBARWN		12 "RBARWV"
LBL'RBARWV		-12 "RBARWN"
LBL'REWN		13 "REWV"
LBL'REWV		-13 "REWN"
LBL'RENTEN		14 "RENTEV"
LBL'RENTEV		-14 "RENTEN"
LBL'AUFZINS		15 "AUFZINS"
LBL'ABZINS		-15 "ABZINS"
LBL'TIL		21 "KREDIT"
LBL'KREDIT		22 "EFFZ"
LBL'PX		23 "TIL"
END	1398 BYTES	-23 %CH
.END.	09 BYTES	24 "EIN"

Zusätzliche Hilfsgrößenspeicher für die Versionen HYPOUT und HYPOUTS:

STO 18: i^*

STO 19: $n_T \left(1 + \frac{n_T - 1}{2} i^*\right)$

Nachfolgend werden einige Besonderheiten der einzelnen Programmversionen "HYPO", "HYPOUT" und "HYPOUTS" näher erläutert.

a) Besonderheiten der Programmversion I "HYPO"

Bei Änderung der natürlichen Annuität wird in den Programmzeilen 092 bis 104 die neue Laufzeit gemäß Gl.(4.3.6) bestimmt. Falls die Laufzeit, ausgedrückt in Zinsintervallen, nicht ganzzahlig ist, wird gemäß Gl.(4.3.9) die letzte Annuitätsrate errechnet und nach STO 17 abgespeichert. Für die Effektivzinsberechnung sind zwei Berechnungsalgorithmen vorgesehen: Für den Fall der natürlichen Annuität gemäß Gl.(4.4.7) innerhalb der Iterationsschleife LBL 04 von Zeile 149 bis Zeile 179 und für alle anderen Fälle gemäß Gl.(4.4.12 bis 4.4.14) ab LBL 07 in Zeile 412. Die zugehörige Iterationsschleife beginnt mit LBL 09 in Zeile 432 und reicht bis zur Zeile 525. Diese Programmvariante endet mit der Anweisungszeile 603.

b) Besonderheiten der Programmversionen "HYPOUT" und "HYPOUTS"

Bei diesen Varianten ist der Eingabedialog um die Abfrage nach der Tilgungsintervalldauer und der Verzinsungsart innerhalb eines Zinsintervalls erweitert.

Nach Aufruf des Hypothekenprogramms "HYPOUT" in Zeile 85 wird Flag 01 gesetzt und das Eingabeprogramm als Unterprogramm aufgerufen. Bei der Dialog-Eingabe werden als Zinsintervall standardmäßig 360 Tage fest vorgegeben. Falls ein anderer Wert eingegeben wurde, so wird dieser als neuer Standardwert in STO 05 auch für den Tilgungsintervall-Wert übernommen. Falls die Frage nach dem Tilgungsintervall nur mit R/S quittiert wird, ist automatisch das Tilgungsintervall gleich dem Zinsintervall gesetzt. Als Merkmal für den Berechnungsfall mit unterlagerten Tilgungsintervallen wird Flag 02 zusätzlich zu Flag 01 in Zeile 49 gesetzt. Nach Rücksprung in das rufende Programm wird als erstes Ergebnis der Auszahlungsbetrag in Zeile 100 ausgegeben.

In Zeile 51 wird die Anzahl der Tilgungsintervalle innerhalb eines Tilgungsintervalls n_T gemäß Gl.(4.3.13) nach STO 08 abgespeichert. Mit diesem Wert wird mit den Anweisungen 72 bis 76 der tilgungsintervallbezogene Zinssatz i* berechnet und nach STO 18 abgespeichert.

Mit den Anweisungen der Zeilen 104 bis 107 wird in Verbindung mit dem Unterprogramm LBL 11 die den Zinsterminen unterlagerte Annuitätsrate R_0 gemäß Gl.(4.3.16) berechnet und nach STO 04 abgespeichert. Das Unterprogramm LBL 11 berechnet den Nennerterm aus Gl.(4.3.16) für die unterjährliche Staffelverzinsung. Der Nenner wird als mehrmals benötigte Hilfsgröße in Zeile 106 nach STO 19 abgespeichert. In den Zeilen 121/122 wird abgefragt, ob die berechnete Annuität eine Änderung erfahren soll. Falls die Frage ohne Neueingabe durch R/S quittiert wird, springt die weitere Programmbearbeitung nach Zeile 231 zu LBL 07, und es beginnt die Effektivzinsberechnung. Andernfalls wird eine neue Laufzeit und ggf. die zugehörige Restrate noch vorher berechnet. Hierzu wird innerhalb der Schleife LBL 06 von Zeile 157 bis Zeile 176 die Gl.(4.3.19) ausgewertet und die Anzahl der Resttilgungsbeiträge im (n_1+1)-ten Zinsintervall nach STO 04 abgespeichert. Die letzte Tilgungsrate R_Z wird mit den Anweisungen 177 bis 199 gemäß Gl.(4.3.20) berechnet und in Zeile 219 nach STO 17 abgespeichert. Falls keine Tilgungsintervalle unterlagert sind, d.h. Flag 02 ist nicht gesetzt (Zeile 152), wird die letzte Annuitätsrate gemäß Gl.(4.3.9) mit den Anweisungen ab Label 01 in Zeile 211 bis 217 bestimmt.

Für die Effektivzinsberechnung sind zwei Varianten vorgesehen. Die Iterationsschleife LBL 04 von Zeile 260 bis 290 dient wieder analog zu der Variante I zur Effektivzinsfußberechnung für natürliche jährliche Annuitätsraten gemäß Gl.(4.4.7). Der Startwert für die Iteration wird gemäß Gl.(4.4.15) mit den Anweisungen 236 bis 245 berechnet und nach STO 02 abgespeichert. Die allgemeine Form der Effektivzinsfußberechnung beginnt mit LBL 07 in Zeile 525 und erstreckt sich über den Iterationszyklus LBL 09 von Zeile 545 bis 638.

Ab LBL 08 in Zeile 646 erfolgt die beiden Lösungswegen gemeinsame Ergebnisausgabe des Effektivzinsfußes. Der globalen Marke LBL "EFFZ" in Zeile 523 ist die lokale Marke LBL 07 als Sprungadresse nachfolgend beigefügt, da das Effektivzinsfußprogramm auch als eigenständiger Programmteil verfügbar sein soll. Bei Aufruf über "EFFZ" wird daher Flag 03 gesetzt und der Programmlauf mit der RTN-Anweisung in Zeile 671 beendet.

Vor dem Aufruf der Effektivzinsfußberechnung als eigenständiges Programm unter dem Namen "EFFZ" müssen die entsprechenden Speicherregister gemäß ihrer Variablenzuordnung über die Tastatur zugewiesen sein:

$$p_{eff} = f\left\{ i, \; n_{TJ}, \; R, \; n, \; \frac{K_1}{R}, \; R_Z \right\}$$

	⇕	⇕	⇕	⇕	⇕	⇕
Speicher:	02	06	10	13	15	17

Hierin bedeuten:

i: Zinssatz $i = \frac{p}{100}$ (als Startwert)

n_{TJ}: Anzahl der Tilgungsintervalle pro Jahr ($n_{TJ} = n_T \, n_J$)

R: Tilgungsrate in DM

n: Laufzeit in Jahre

$\frac{K_1}{R}$: Verhältnis Auszahlungsbetrag zur Tilgungsrate

R_Z: Restrate in DM

Anschließend wird gefragt, ob ein Tilgungsplan berechnet werden soll. Falls dies der Fall ist, kann ein beliebiges Startjahr für den Tilgungsplan eingegeben werden oder die Frage einfach mit R/S quittiert werden. Der Programmteil für den Tilgungsplan erstreckt sich von Zeile 393 bis Zeile 498. In Zeile 412 wird das Unterprogramm LBL 10 zur Berechnung des Kontostandes gemäß Gl.(4.3.18) aufgerufen. Der Kontostand jeweils zum Jahresende wird ausgegeben und die Zwischenwerte mit Hilfe der Sprunganweisung GTO 00 in Zeile 418 übersprungen. Die zyklische Fortentwicklung im Tilgungsplan erfolgt über die Schleife LBL 05 von Zeile 409 bis 435. Dieser Programmteil endet mit Ausgabe des Rückzahlbetrages und der zugehörigen Prozentwerte in Zeile 498.

Der Tilgungsplan kann ebenfalls als eigenständiges Programm "TIL" unter Berücksichtigung folgender Zuordnungen aufgerufen werden:

STO 02 ⇐ i: Nominalzinsfuß je Zinsintervall
STO 06 ⇐ n_J: Anzahl der Zinsintervalle pro Jahr
STO 10 ⇐ A: Annuität je Zinsintervalle
STO 11 ⇐ K_0: Anfangskontostand

STO 09 ⇐ K_1: Auszahlungsbetrag
STO 13 ⇐ n: Laufzeit in Jahre
STO 17 ⇐ A_Z: letzter Tilgungsbetrag
STO 18 ⇐ n_{TJ}: Anzahl der Tilgungsbeträge pro Jahr
STO 19 ⇐ A/R: Verhältnis der Annuität je Zinsintervall zur Tilgungsrat

Tabelle 4.2 Anweisungsliste Finanzprogramm II "HYPOUT"

```
01♦LBL "EIN"
02 FS?C 04
03 GTO 01
04 FS? 01
05 GTO 00
06 RCL 10
07 "RENTE?"
08 PROMPT
09 STO 10
10 STO 17

11♦LBL 00
12 FS? 03
13 GTO 00

14♦LBL 01
15 RCL 11
16 "KAPITAL? DM:"
17 PROMPT
18 STO 11

19♦LBL 00
20 RCL 13
21 "LAUFZEIT? JAHRE"
22 "⊦:"
23 PROMPT
24 STO 13
25 360
26 STO Y
27 "ZINS-INTERVALL?"
28 "⊦ TAGE:"
29 PROMPT
30 STO 05
31 /
32 STO 06
33 RCL 13
34 *
35 STO 07
36 FS? 03
37 GTO 00
38 1
39 STO 08
40 STO 19
41 RCL 05
42 "TIL. INTERVALL?"
43 "⊦ TAGE:"
44 PROMPT
45 ENTER↑
46 X<> 05
47 X=Y?
48 GTO 00
49 SF 02
50 /
51 ST/ 08
52♦LBL 00
53 RCL 12
54 "ZINSFUSS? %:"
55 PROMPT
56 STO 12
57 RCL 06
58 /
59 100
60 /
61 STO 02
62 FS?C 03
63 GTO 01
64 FC? 02
65 GTO 00
66 CLX
67 "STAFFEL-VERZINS"
68 "⊦UNG"
69 AVIEW
70 "OHNE=0, MIT=1:"
71 PROMPT
72 RCL 02
73 *
74 RCL 08
75 /
76 STO 18

77♦LBL 00
78 RCL 14
79 "KURS? %:"
80 PROMPT
81 STO 14

82♦LBL 01
83 XEQ 03
84 RTN

85♦LBL "HYPOUT"
86 SF 01
87 XEQ "EIN"
88 RCL 01
89 X<>Y
90 /
91 STO 04
92 RCL 11
93 ST* 04
94 RCL 14
95 %
96 STO 09
97 STO 15
98 ADV
99 "AUSZAHLUNG:"
100 XEQ "PX"
101 FC? 02
102 GTO 00
103 RCL 18
104 RCL 08
105 XEQ 11
106 STO 19
107 ST/ 04

108♦LBL 00
109 RCL 04
110 ADV
111 "ANNUITAET JE IN"
112 "⊦TERVALL"
113 AVIEW
114 FIX 0
115 "<"
116 ARCL 05
117 "⊦ TAGE>:"
118 FIX 2
119 XEQ "PX"
120 ADV
121 "AENDERUNG? DM:"
122 PROMPT
123 STO 10
124 ST/ 15
125 STO 17
126 RCL 04
127 X=Y?
128 GTO 07
129 1
130 RCL 02
131 RCL 11
132 *
133 RCL 10
134 RCL 19
135 *
136 STO 10
137 /
138 -
139 LN
140 CHS
141 RCL 00
142 LN
143 /
144 STO 07
145 FRC
146 RND
147 X=0?
148 GTO 02
149 RCL 07
150 INT
151 STO 07
152 FC? 02
153 GTO 01
154 XEQ 10
155 CLX
156 STO 04
157♦LBL 06
158 1
159 ST+ 04
160 RCL 18
161 RCL 04
162 XEQ 11
163 RCL 17
164 *
165 RCL 04
166 RCL 02
167 *
168 RCL 08
169 /
170 1
171 +
```

```
172 RCL 05
173 *
174 +
175 X<0?
176 GTO 06
177 RCL 04
178 RCL 08
179 /
180 ST+ 07
181 RCL 18
182 RCL 04
183 XEQ 11
184 CHS
185 1
186 +
187 RCL 17
188 *
189 RCL 02
190 RCL 08
191 /
192 RCL 04
193 *
194 1
195 +
196 RCL 05
197 *
198 -
199 GTO 00

200♦LBL 11
201 STO Z
202 1
203 -
204 2
205 /
206 *
207 1
208 +
209 *
210 RTN
211♦LBL 01
212 1
213 +
214 STO 07
215 RCL 10
216 XEQ 10
217 -

218♦LBL 00
219 X<> 17
220 STO 10

221♦LBL 02
222 RCL 07
223 RCL 06
224 /
225 STO 13
226 ADV
227 "LAUFZEIT: "
228 ARCL 13
229 "├ JAHRE"
230 AVIEW

231♦LBL 07
232 RCL 06
233 STO 18
234 RCL 08
235 ST* 06
236 RCL 12
237 100
238 RCL 14
239 -
240 RCL 13
241 /
242 +
243 100
244 /
245 STO 02
246 RCL 10
247 RCL 17
248 X=Y?
249 GTO 00
250 ADV
251 "LETZTE RATE:"
252 XEQ "PX"
253 GTO 07

254♦LBL 00
255 RCL 06
256 RND
257 1
258 X≠Y?
259 GTO 07
260♦LBL 04
261 XEQ 03
262 RCL 01
263 /
264 STO 03
265 RCL 15
266 ST/ 03
267 RCL 02
268 1/X
269 RCL 07
270 RCL 00
271 /
272 +
273 RCL 07
274 RCL 01
275 RCL 00
276 /
277 *
278 RCL 01
279 1
280 ST- 03
281 -
282 /
283 -
284 ST/ 03
285 RCL 03
286 ST+ 02
287 ABS
288  E-5
289 X<=Y?
290 GTO 04
291 GTO 08

292♦LBL "RBARWN"
293 SF 02

294♦LBL "RBARWV"
295 SF 03
296 XEQ "EIN"
297 RCL 01
298 /
299 FS? 02
300 GTO 00
301 RCL 00
302 *

303♦LBL 00
304 "RENTENBAR"
305 GTO 01

306♦LBL "REWN"
307 SF 02
308♦LBL "REWV"
309 SF 03
310 XEQ "EIN"
311 FS? 02
312 GTO 00
313 RCL 00
314 *

315♦LBL 00
316 "RENTENEND"

317♦LBL 01
318 "├WERT"
319 ADV
320 AVIEW
321 RCL 10
322 *
323 GTO 02

324♦LBL "RENTEN"
325 SF 02

326♦LBL "RENTEV"
327 SF 03
328 SF 04
329 XEQ "EIN"
330 RCL 01
331 /
332 FS? 02
333 GTO 00
334 RCL 00
335 *

336♦LBL 00
337 RCL 11
```

```
338 X<>Y
339 /
340 ADV
341 "RENTE"
342 AVIEW
343 XEQ 02
344 RCL 07
345 *
346 "RENTENSUMME"
347 AVIEW
348 XEQ 02
349 RCL 11
350 X<>Y
351 %CH
352 "AUFGELD ZUM KAP"
353 "⊢ITAL"
354 AVIEW
355 SF 00
356♦LBL 02
357 FS?C 02
358 GTO 00
359 "VOR"
360 GTO 01

361♦LBL 00
362 "NACH"

363♦LBL 01
364 "⊢SCHUESSIG:"
365 XEQ "PX"
366 ADV
367 RTN

368♦LBL "AUFZINS"
369 SF 03
370 SF 04
371 XEQ "EIN"
372 RCL 11
373 RCL 01
374 *
375 STO 14
376 ADV
377 "AUF"
378 GTO 00
379♦LBL "ABZINS"
380 SF 03
381 SF 04
382 XEQ "EIN"
383 RCL 11
384 RCL 01
385 /
386 STO 10
387 ADV
388 "AB"

389♦LBL 00
390 "⊢GEZINSTES KAPI"
391 "⊢TAL:"
392 GTO "PX"

393♦LBL "TIL"
394 SF 12
395 "TILGUNGSPLAN"
396 AVIEW
397 "============"
398 AVIEW
399 CF 12
400 ADV
401 1
402 "STARTJAHR?"
403 PROMPT
404 1
405 -
406 RCL 06
407 *
408 STO 07

409♦LBL 05
410 1
411 ST+ 07
412 XEQ 10
413 RCL 07
414 RCL 06
415 /
416 FRC
417 X≠0?
418 GTO 00
419 LASTX
420 FIX 0
421 CLA
422 SF 28
423 ARCL X
424 "⊢ JAHR, KONTOST"
425 "⊢AND:"
426 CF 28
427 FIX 2
428 RCL 05
429 X>0?
430 CLX
431 XEQ "PX"

432♦LBL 00
433 RCL 05
434 X<0?
435 GTO 05
436 RCL 10
437 RCL 19
438 /
439 STO 04
440 RCL 13
441 RCL 18
442 *
443 1
444 -
445 *
446 RCL 17
447 +
448 STO 01
449 CLX
450 STO 03
451 RCL 06
452 RCL 18
453 X=Y?
454 GTO 00
455 RCL 13
456 FRC
457 *
458 STO 03

459♦LBL 00
460 RCL 04
461 RCL 17
462 X=Y?
463 GTO 00
464 FIX 0
```

```
465 "LETZTE RATE<"
466 RCL 13
467 INT
468 "⊢"
469 ARCL X
470 "⊢/"
471 "⊢"
472 ARCL 03
473 "⊢>:"
474 RCL 17
475 FIX 2
476 XEQ "PX"

477♦LBL 00
478 RCL 01
479 ADV
480 "RUECKZAHLBETRAG"
481 XEQ "PX"
482 RCL 11
483 RCL 01
484 %CH
485 ADV
486 "AUFGELD"
487 AVIEW
488 "VOM NENNBETRAG:"
489 SF 00
490 XEQ "PX"
491 RCL 09
492 RCL 01
493 %CH
494 "VOM AUSZAHLUNGS"
495 "⊢BETRAG"
496 SF 00
497 XEQ "PX"
498 RTN

499♦LBL 10
500 XEQ 03
501 RCL 10
502 *
503 RCL 01
504 RCL 11
505 *
506 -
507 RND
508 STO 05
509 RTN

510♦LBL 03
511 RCL 02
512 1
513 +
514 STO 00
515 RCL 07
516 Y↑X
517 STO 01
518 1
519 -
520 RCL 02
521 /
522 RTN

523♦LBL "EFFZ"
524 SF 03

525♦LBL 07
526 RCL 06
527 1
528 -
529 2
530 /
531 STO 04
532 RCL 13
533 INT
534 STO 07
535 LASTX
536 FRC
537 STO 08
538 RCL 06
539 *
540 1
541 -
542 2
543 /
544 STO 16

545♦LBL 09
546 RCL 02
547 1
548 +
549 STO 00
550 RCL 07
551 Y↑X
552 STO 01
553 RCL 15
554 *
555 STO 05
556 STO 09
557 RCL 02
558 RCL 08
559 *
560 1
561 +
562 STO 03
563 ST* 09
564 RCL 04
565 RCL 02
566 *
567 RCL 06
568 +
569 RCL 01
570 1
571 ST+ 09
572 -
573 *
574 RCL 02
575 1/X
576 RCL 08
577 +
578 *
579 RCL 16
580 RCL 02
581 *
582 RCL 06
583 +
584 RCL 08
585 *
586 +
587 RCL 17
588 RCL 10
589 /
590 +
591 ST- 09
592 RCL 03
593 RCL 07
594 *
595 RCL 00
596 /
597 RCL 08
598 +
599 ST* 05
600 RCL 16
601 RCL 08
602 *
603 ST- 05
604 RCL 03
605 RCL 06
606 RCL 02
607 /
608 STO 03
609 RCL 04
610 +
611 *
612 RCL 01
613 RCL 00
614 /
615 *
616 RCL 07
617 *
618 ST- 05
619 RCL 04
620 RCL 08
621 *
622 RCL 03
623 RCL 02
624 /
625 -
626 RCL 01
627 1
628 -
629 *
630 ST- 05
631 RCL 09
632 RCL 05
633 /
634 ST- 02
635 ABS
636 1 E-5
637 X<=Y?
638 GTO 09
```

```
639 FC?C 02
640 GTO 08
641 RCL 18
642 X<> 06
643 STO 18
644 RCL 19
645 ST* 10

646♦LBL 08
647 RCL 02
648 1 E2
649 *
650 STO 01
651 1
652 RCL 12
653 RCL 06
654 /
655 %
656 STO 02
657 RCL 11
658 RCL 14
659 %
660 STO 09
661 RCL 01
662 ADV
663 SF 12
664 "EFFEKTIVZINS"
665 SF 00
666 XEQ "PX"
667 CF 12
668 CF 01
669 ADV
670 FS?C 03
671 RTN
672 "TILGUNGSPLAN?"
673 PROMPT
674 ADV
675 GTO "TIL"

676♦LBL "KREDIT"
677 RCL 11
678 "DARLEHEN? DM:"
679 PROMPT
680 STO 11
681 STO 15
682 RCL 12
683 "MONATSZINS? %:"
684 PROMPT
685 STO 12
686 STO 10
687 RCL 13
688 12
689 *
690 "ZEIT? MONATE:"
691 PROMPT
692 STO 13
693 RCL 14
694 "GEBUEHR? %:"
695 PROMPT
696 STO 14
697 1 E2
698 ST/ 10
699 /
700 1
701 +
702 RCL 13
703 /
704 ST+ 10
705 RCL 10
706 RCL 11
707 *
708 STO 10
709 STO 17
710 ST/ 15
711 "MONATSRATE:"
712 XEQ "PX"
713 RCL 12
714 4
715 /
716 STO 02
717 CLD
718 12
719 STO 06
720 ST/ 13
721 GTO "EFFZ"

722♦LBL "PX"
723 AVIEW
724 CLA
725 ARCL X
726 FS?C 00
727 GTO 00
728 "⊢ DM"
729 GTO 01

730♦LBL 00
731 "⊢ %"

732♦LBL 01
733 AVIEW
734 PSE
735 RTN
736 END
```

```
                          CAT 1
LBL'EIN
LBL'HYPOUT
LBL'RBARWN
LBL'RBARWY
LBL'REWN
LBL'REWY
LBL'RENTEN
LBL'RENTEV
LBL'AUFZINS
LBL'ABZINS
LBL'TIL
LBL'EFFZ
LBL'KREDIT
LBL'PX
END           1648 BYTES
.END.         04 BYTES
                         PRKEYS

USER KEYS:
 11 "HYPOUT"
 12 "RBARWY"
-12 "RBARWN"
 13 "REWY"
-13 "REWN"
 14 "RENTEV"
-14 "RENTEN"
 15 "AUFZINS"
-15 "ABZINS"
 21 "KREDIT"
 22 "EFFZ"
 23 "TIL"
 24 "EIN"
```

Tabelle 4.3 Anweisungsliste für Variante mit staffelverzinsten Monatsrenten

```
01♦LBL "EIN"
02 FS?C 04
03 GTO 01
04 FS? 01
05 GTO 00
06 RCL 10
07 "RENTE/ZINSINTER"
08 "⊢VALL?"
09 PROMPT
10 X≠0?
11 GTO 02
12 "MONATSRENTE?"
13 PROMPT
14 SF 05

15♦LBL 02
16 STO 10
17 STO 17

18♦LBL 00
19 FS? 03
20 GTO 00

21♦LBL 01
22 RCL 11
23 "KAPITAL? DM:"
24 PROMPT
25 STO 11

26♦LBL 00
27 RCL 13
28 "LAUFZEIT? JAHRE"
29 "⊢:"
30 PROMPT
31 STO 13
32 360
33 STO Y
34 FS? 05
35 GTO 00
36 "ZINS-INTERVALL?"
37 "⊢ TAGE:"
38 PROMPT
39♦LBL 00
40 STO 05
41 /
42 STO 06
43 RCL 13
44 *
45 STO 07
46 FS? 03
47 GTO 00
48 1
49 STO 08
50 STO 19
51 RCL 05
52 "TIL. INTERVALL?"
53 "⊢ TAGE:"
54 PROMPT
55 ENTER↑
56 X<> 05
57 X=Y?
58 GTO 00
59 SF 02
60 /
61 ST/ 08

62♦LBL 00
63 RCL 12
64 "ZINSFUSS? %:"
65 PROMPT
66 STO 12
67 RCL 06
68 /
69 100
70 /
71 STO 02
72 FS?C 03
73 GTO 01
74 FC? 02
75 GTO 00
76 CLX
77 "STAFFEL-VERZINS"
78 "⊢UNG"
79 AVIEW
80 "OHNE=0, MIT=1:"
81 PROMPT
82 RCL 02
83 *
84 RCL 08
85 /
86 STO 18

87♦LBL 00
88 RCL 14
89 "KURS? %:"
90 PROMPT
91 STO 14

92♦LBL 01
93 XEQ 03
94 FC?C 05
95 RTN
96 STO Y
97 1
98 5,5
99 FC? 02
100 +
101 RCL 02
102 *
103 12
104 +
105 ST* 10
106 RCL T
107 SF 02
108 RTN

109♦LBL "HYPOUTS"
```

Die ersten vier Variablen werden für den Tilgungsplan benötigt, während die übrigen nur für die anschließende Summenbildung in die Rechnung eingehen. Das Programm "HYPOUT" umfaßt 736 Anweisungszeilen.

Durch einige Ergänzungen des Eingabebereiches kann auch für die Renten-Aufrufe Rentenbarwert und Rentenendwert eine unterlagerte Staffelverzinsung für monatlich fällige Renten eingeführt werden. Hierzu wird in der Programmversion "HYPOUTS" gemäß Gl.(4.1.22) aus der Monatsrente die äquivalente nachschüssige Jahresrente ermittelt und in die weitere Berechnung eingeführt. Der dementsprechend um 24 Anweisungen erweiterte und geänderte Eingabebereich ist in Tabelle 4.3 mit den Anweisungen von Zeile 01 bis 109 angegeben. Die Umschaltung auf staffelverzinste Monatsrenten erfolgt aufgrund der Abfrage in Zeile 10 dann, wenn als Rente/Zinsintervall der Wert Null eingegeben wurde. Hierzu ist in den Zeilen 12/13 die Eingabe einer Monatsrente vorgesehen. Als Merkmal für diese Variante wird in Zeile 14 Flag 05 gesetzt. Mit Hilfe dieses Merkmals wird in der Programmsequenz von Zeile 96 bis 108 die wertäquivalente Jahresrente gemäß Gl.(4.1.22) ermittelt und nach STO 10 abgespeichert. Da auch bei vorschüssigen Monatsrenten die äquivalente Jahresrente nachschüssig wirksam ist, wird das Ergebnis als nachschüssig gekennzeichnet (SF02). Alle folgenden Anweisungen ab Zeile 110 sind gleich der Anweisung des Programms "HYPOUT" in Tabelle 4.2 ab Zeile 86 und lediglich um 24 Zeilennummern höher gekennzeichnet. Die Programmvariante "HYPOUTS" umfaßt 760 Anweisungszeilen.

4.7 Anwendungsbeispiele für Hypotheken- und Rentenberechnungen

1. Für einen Kapital-Nennbetrag von 100.000,-- DM soll bei einem Zinsfuß von 6 % bei 96 % Auszahlung und 10-jähriger Laufzeit die Annuität und der effektive Zinsfuß alternativ für 360 Tage und 30 Tage Zinsintervall bestimmt werden.
   Die Kontoentwicklung ist durch einen Tilgungsplan darzustellen.
   Nach Aufruf der Programms "HYPO" liefert das Programm I folgenden Ausdruck:

   Start: XEQ "HYPO" oder [Σ+]

a) 360 Tage Zinsintervall:

Eingabedialog:

```
               XEQ "HYPO"
KAPITAL? DM:
       100.000,00    RUN
LAUFZEIT? JAHRE:
            10,00    RUN
ZINS-INTERVALL? TAGE:
           360,00    ***
                     RUN
ZINSFUSS? %:
             6,00    RUN
KURS? %:
            96,00    RUN

AUSZAHLUNG:
96.000,00 DM
```

Ergebnisse:

```
ANNUITAET JE INTERVALL
<360, TAGE>:
13.586,80 DM

AENDERUNG? DM:
                     RUN

EFFEKTIVZINS
6,87 %

TILGUNGSPLAN?
                     RUN

TILGUNGSPLAN
============

STARTJAHR?
             7,00    RUN
7. JAHR, KONTOSTAND:
-36.317,67 DM
8. JAHR, KONTOSTAND:
-24.909,93 DM
9. JAHR, KONTOSTAND:
-12.817,73 DM
10. JAHR, KONTOSTAND:
0,00 DM

RUECKZAHLBETRAG
135.867,96 DM

AUFGELD
VOM NENNBETRAG:
35,87 %
VOM AUSZAHLUNGSBETRAG
41,53 %
```

b) 30 Tage Zinsintervall:

Eingabedialog:

```
            XEQ "HYPO"
KAPITAL? DM:
      100.000,00    RUN
LAUFZEIT? JAHRE:
           10,00    RUN
ZINS-INTERVALL? TAGE:
           30,00    RUN
ZINSFUSS? %:
            6,00    RUN
KURS? %:
           96,00    RUN

AUSZAHLUNG:
96.000,00 DM
```

Ergebnisse:

```
ANNUITAET JE INTERVALL
<30, TAGE>:
1.110,21 DM

AENDERUNG? DM:
                   RUN

EFFEKTIVZINS
7,14 %

TILGUNGSPLAN?
                   RUN

TILGUNGSPLAN
============

STARTJAHR?
           7,00    RUN
7. JAHR, KONTOSTAND:
-36.493,57 DM
8. JAHR, KONTOSTAND:
-25.049,41 DM
9. JAHR, KONTOSTAND:
-12.899,40 DM
10. JAHR, KONTOSTAND:
0,00 DM

RUECKZAHLBETRAG
133.224,60 DM

AUFGELD
VOM NENNBETRAG:
33,22 %
VOM AUSZAHLUNGSBETRAG
38,78 %
```

Aus dem Vergleich der beiden Tilgungsvarianten ist zu erkennen, daß bei monatlicher Saldierung und Verzinsung des Kontostandes zwar der zurückgezahlte Gesamtbetrag niedriger ist, jedoch der effektive Zinsfuß höher liegt als bei jährlicher Zinsverrechnung. Für den Kreditnehmer ist daher die erste Form der jährlichen Annuität günstiger. Da die monatliche Annuität von 1.110,21 DM bei Staffelverzinsung mit einem Zinsfuß von 4,33 % den jährlichen Annuitätsbetrag von 13.586,80 DM ergibt, ist die zweite Form der monatlichen Annuität nur für einen Anlagezinsfuß unter 4,33 % günstiger, sofern entsprechende Liquidität gegeben ist.

2. Für eine Jahresrente von 12.000,-- DM soll der Barwert für vorschüssige und nachschüssige Rentenzahlungen bestimmt werden. Die Laufzeit der Rente wurde auf 10 Jahre bei einem Zinsfuß von 6,5 % kalkuliert.

Start: XEQ "RBARWV" oder [1/x]

Eingabedialog:
a) Jahresrente

```
          XEQ "RBARWV"
RENTE?
       12.000,00    RUN
LAUFZEIT? JAHRE:
           10,00    RUN
ZINS-INTERVALL? TAGE:
          360,00    ***
                    RUN
ZINSFUSS? %:
            6,50    RUN
```

Ergebnisse:

```
RENTENBARWERT
VORSCHUESSIG:
91.873,25 DM
```

b) Monatsrente (Programmversion "HYPOUTS")

```
          XEQ "RBARWV"
RENTE/ZINSINTERVALL?
            0,00    RUN
MONATSRENTE?
        1.000,00    RUN
LAUFZEIT? JAHRE:
           10,00    RUN
ZINSFUSS? %:
            6,50    RUN
```

```
RENTENBARWERT
NACHSCHUESSIG:
89.303,24 DM
```

Der Ergebnisausdruck ist mit dem Vermerk "nachschüssig" versehen, weil die Saldierung bei staffelverzinsten Monatsraten immer am Jahresende erfolgt. Die vorschüssigen Monatszahlungen sind hiervon unberührt.

3. Für die vorstehenden Eingabedaten sind die Endwerte bei vorschüssiger und nachschüssiger Zahlungsweise zu bestimmen:

Start: XEQ "REWV" oder [√x]

Eingabedialog:	Ergebnisse:
a) Jahresrente	

```
            XEQ "RBARWN"              RENTENBARWERT
RENTE?                                NACHSCHUESSIG:
      12.000,00     ***               86.265,96 DM
                    RUN
LAUFZEIT? JAHRE:
          10,00     ***
                    RUN
ZINS-INTERVALL? TAGE:
         360,00     ***
                    RUN
ZINSFUSS? %:
           6,50     ***
                    RUN
```

b) Monatsrente (Programmversion "HYPOUTS")

```
            XEQ "RBARWN"              RENTENBARWERT
RENTE/ZINSINTERVALL?                  NACHSCHUESSIG:
           0,00     RUN               88.835,97 DM
MONATSRENTE?
       1.000,00     RUN
LAUFZEIT? JAHRE:
          10,00     RUN
ZINSFUSS? %:
           6,50     RUN
```

Start: XEQ "RBARWN" oder [f] [1/x]

Eingabedialog:	Ergebnisse:
a) Jahresrente	

```
            XEQ "RENV"             RENTENENDWERT
RENTE?                             VORSCHUESSIG:
       12.000,00    RUN            172.456,72 DM
LAUFZEIT? JAHRE:
           10,00    RUN
ZINS-INTERVALL? TAGE:
          360,00    ***
                    RUN
ZINSFUSS? %:
            6,50    RUN
```

b) Monatsrente (Programmversion "HYPOUTS")

```
            XEQ "RENV"             RENTENENDWERT
RENTE/ZINSINTERVALL?               NACHSCHUESSIG:
            0,00    RUN            167.634,46 DM
MONATSRENTE?
        1.000,00    RUN
LAUFZEIT? JAHRE:
           10,00    RUN
ZINSFUSS? %:
            6,50    RUN
```

Start: XEQ "REWN" oder [f] [√x]

Eingabedialog:
a) Jahresrente

```
            XEQ "REWN"
RENTE?
      12.000,00    ***
                   RUN
LAUFZEIT? JAHRE:
          10,00    ***
                   RUN
ZINS-INTERVALL? TAGE:
         360,00    ***
                   RUN
ZINSFUSS? %:
           6,50    ***
                   RUN
```

Ergebnisse:

```
RENTENENDWERT
NACHSCHUESSIG:
161.933,07 DM
```

b) Monatsrente (Programmversion "HYPOUTS")

```
            XEQ "REWN"
RENTE/ZINSINTERVALL?
           0,00   RUN
MONATSRENTE?
       1.000,00   RUN
LAUFZEIT? JAHRE:
          10,00   RUN
ZINSFUSS? %:
           6,50   RUN
```

```
RENTENENDWERT
NACHSCHUESSIG:
166.757,33 DM
```

4. Ein Kapital von 300.000,-- DM soll in eine jährliche Rente verwandelt werden. Der Zinsfuß sei 5 % und die Laufzeit mit 20 Jahre kalkuliert.

Start: XEQ "RENTEV" oder [LOG]

Eingabedialog:		Ergebnisse:
XEQ "RENTEV"		RENTE
KAPITAL? DM:		VORSCHUESSIG:
300.000,00	RUN	22.926,45 DM
LAUFZEIT? JAHRE:		
20,00	RUN	RENTENSUMME
ZINS-INTERVALL? TAGE:		VORSCHUESSIG:
360,00	***	458.529,07 DM
	RUN	
ZINSFUSS? %:		AUFGELD ZUM KAPITAL
5,00	RUN	VORSCHUESSIG:
		52,84 %

Start: XEQ "RENTEN" oder [f] [LOG]

Eingabedialog:		Ergebnisse:
XEQ "RENTEN"		RENTE
KAPITAL? DM:		NACHSCHUESSIG:
300.000,00	***	24.072,78 DM
	RUN	
LAUFZEIT? JAHRE:		RENTENSUMME
20,00	***	VORSCHUESSIG:
	RUN	481.455,52 DM
ZINS-INTERVALL? TAGE:		
360,00	***	AUFGELD ZUM KAPITAL
	RUN	VORSCHUESSIG:
ZINSFUSS? %:		60,49 %
5,00	***	
	RUN	

5. Für eine Bareinlage von 1,-- DM über eine Laufzeit von 1985 Jahre und 3 % jährliche Verzinsung ist der aufgezinste Kapitalendbetrag zu bestimmen.

Start: XEQ "AUFZINS" oder [LN]

Eingabedialog:

```
          XEQ "AUFZINS"
KAPITAL? DM:
            1,00    RUN
LAUFZEIT? JAHRE:
        1.985,00    RUN
ZINS-INTERVALL? TAGE:
          360,00    ***
                    RUN
ZINSFUSS? %:
            3,00    RUN
```

Ergebnisse:

```
AUFGEZINSTES KAPITAL:
3,03E25 DM
                    FIX 8
     3,03313011+25    ***
```

6. Zu einem in 30 Jahren fälligen Kapitalbetrag von 100.000,-- DM ist der heutige Barwert bei einem Zinsfuß von 9 % und jährlicher Verzinsung zu bestimmen:

Start: XEQ "ABZINS" oder [f] [LN]

Eingabedialog:

```
          XEQ "ABZINS"
KAPITAL? DM:
      100.000,00    RUN
LAUFZEIT? JAHRE:
           30,00    RUN
ZINS-INTERVALL? TAGE:
          360,00    ***
                    RUN
ZINSFUSS? %:
            9,00    RUN
```

Ergebnisse:

```
ABGEZINSTES KAPITAL:
7.537,11 DM
```

7. Ein Darlehen über 8.000,-- DM wird zu einem Monatszinssatz von 0,62 % bei 2 % Bearbeitungsgebühr mit 30 monatiger Laufzeit angeboten.

Start: [XEQ] "KREDIT" oder [x⇄y]

Eingabedialog:		Ergebnisse:
XEQ "KREDIT"		MONATSRATE:
DARLEHEN? DM:		321,60 DM
8.000,00	RUN	
MONATSZINS? %:		EFFEKTIVZINS
.62	RUN	16,26 %
ZEIT? MONATE:		
30,00	RUN	
GEBUEHR? %:		
2,00	RUN	

Unter Ziffer 4.8 wird für die Kleinkredit-Berechnung noch ein eigenständiges Programm angegeben.

8. Die Anwendung des Finanzprogramms II "HYPOUT" unterscheidet sich von dem Finanzprogramm I durch die Möglichkeit, dem gewählten Zinsintervall noch Tilgungsintervalle zu unterlagern. Als Anwendungsbeispiel werden Daten aus Beispiel 1 übernommen, jedoch das Zinsintervall auf 360 Tage mit monatlicher Tilgung gesetzt. Die Tilgungsbeiträge sollen im Fall a) unverzinst und im Fall b) nach der Zinsstaffelmethode verzinst dem Kontostand angerechnet werden.

a) Unverzinste Tilgungsbeiträge (ohne Staffelverzinsung)

Start: [XEQ] "HYPOUT" oder [Σ+]

Eingabedialog:

```
          XEQ "HYPOUT"
KAPITAL? DM:
     100.000,00    RUN
LAUFZEIT? JAHRE:
          10,00    RUN
ZINS-INTERVALL? TAGE:
         360,00    RUN
TIL. INTERVALL? TAGE:
          30,00    RUN
ZINSFUSS? %:
           6,00    RUN
STAFFEL-VERZINSUNG
OHNE=0, MIT=1:
           0,00    RUN
KURS? %:
          96,00    RUN
```

Ergebnisse:

```
AUSZAHLUNG:
96.000,00 DM

ANNUITAET JE INTERVALL
<30, TAGE>:
1.132,23 DM

AENDERUNG? DM:
                    RUN

EFFEKTIVZINS
7,62 %

TILGUNGSPLAN?
                    RUN

TILGUNGSPLAN
============

STARTJAHR?
            7,00    RUN
7. JAHR, KONTOSTAND:
-36.317,67 DM
8. JAHR, KONTOSTAND:
-24.909,93 DM
9. JAHR, KONTOSTAND:
-12.817,73 DM
10. JAHR, KONTOSTAND:
0,00 DM

RUECKZAHLBETRAG
135.867,96 DM

AUFGELD
VOM NENNBETRAG:
35,87 %
VOM AUSZAHLUNGSBETRAG
41,53 %
```

b) Tilgungsbeiträge mit Staffelverzinsung

Start: XEQ "HYPOUT" oder [Σ+]

Eingabedialog:

```
          XEQ "HYPOUT"
KAPITAL? DM:
     100.000,09    RUN
LAUFZEIT? JAHRE:
          10,00    RUN
ZINS-INTERVALL? TAGE:
         360,00    ***
                   RUN
TIL. INTERVALL? TAGE:
          30,00    RUN
ZINSFUSS? %:
           6,00    RUN
STAFFEL-VERZINSUNG
OHNE=0, MIT=1:
           1,00    RUN
KURS? %:
          96,00    RUN
```

Ergebnisse:

```
AUSZAHLUNG:
96.000,00 DM

ANNUITAET JE INTERVALL
(30, TAGE):
1.101,93 DM

AENDERUNG? DM:
                   RUN

EFFEKTIVZINS
6,96 %

TILGUNGSPLAN?
                   RUN

TILGUNGSPLAN
============

STARTJAHR?
           7,00    RUN
7. JAHR, KONTOSTAND:
-36.317,67 DM
8. JAHR, KONTOSTAND:
-24.909,93 DM
9. JAHR, KONTOSTAND:
-12.817,73 DM
10. JAHR, KONTOSTAND:
0,00 DM

RUECKZAHLBETRAG
132.231,59 DM

AUFGELD
VOM NENNBETRAG:
32,23 %
VOM AUSZAHLUNGSBETRAG
37,74 %
```

Man erkennt den erheblichen Einfluß der Verzinsungsart für die monatlichen Tilgungsbeiträge auf den Effektivzinsfuß. Der Kreditnehmer ist bei der unverzinsten Variante mit p_{eff} = 7,62 % am ungünstigsten gestellt. Je nach Tilgungs- und Verzinsungsart kann der Effektivzinsfuß also bei den vorstehenden Daten die Werte 6,87 %, 6,96 %, 7,14% oder 7,62 % annehmen.

Der Tilgungsplan ist für die Beispiele a) und b) identisch, da in beiden Fällen von der gleichen Jahresannuität ausgegangen wird (A = 12 • 1.132,23 DM). Bei der staffelverzinsten Variante ergibt sich dadurch eine niedrigere monatliche Annuitätsrate.

9. Es soll ein Hypothekendarlehen mit einem Nominalzins von 5 3/4 % bei 91 % Auszahlung und 5-jähriger Laufzeit hinsichtlich der Auswirkung unterschiedlicher Verzinsungsarten analysiert werden.

Hierzu wird das Programm durch XEQ "HYPOUTS" oder die Taste [Σ+] gestartet. Als Kapitalbetrag wird zweckmäßigerweise 100,-- DM eingegeben, damit die ausgegebene Annuität direkt als Prozentwert auf den Nominal-Kapitalbetrag interpretiert werden kann. Die Ergebnisse sind in Tabelle 4.7.1 zusammengestellt.

Tabelle 4.7.1 Ergebnisauflistung einer Aufgabenanalyse nach unterschiedlichen Verzinsungsarten

Zinsintervalltage	Tilgungsintervalltage	Tilgungsintervallverzinsung	Annuität %	Effektivzinsfuß %	$\frac{p_{eff}}{p_{eff360}}$ %
360	360	-	23,58	9,30	100
360	30	ja	1,91	10,04	107,96
90	30	ja	1,92	10,19	109,57
30	30	-	1,92	10,22	109,89
90	30	nein	1,93	10,41	111,94
360	30	nein	1,96	11,28	121,29

Aus der Tabelle zeigt sich, daß durch die in der Anzeige gegebenen Informationen die effektiven Kosten für die angebotenen Hypotheken nur unzulänglich beschrieben sind. Die effektiven Kosten liegen bei der Verzinsungart gemäß Zeile 6 um 21,29 % über den Kosten bei jährlicher Tilgung und Verzinsung gemäß Zeile 1.

Als letztes Beispiel für das Programm Hypothekentilgung "HYPOUT" sind für vier verschiedene Varianten der Tilgung folgende Konditionen vorgegeben:

Kapital	150.000 DM
Laufzeit	10 Jahre
Zinsfuß	9,5 %
Auszahlungskurs	97,0 %

Fall		a)	b)	c)	d)
Zinsintervall	Tage	360	360	360	30
Tilgungs-Intervall	Tage	360	30	30	30

Im Fall b) ist innerhalb der Zinsintervalle keine Verzinsung der eingehenden Tilgunsraten vorgesehen. Im Fall c) werden die eingehenden Tilgungsraten mit dem Kontostand verrechnet und nach der Staffelmethode (sparkassengemäß) verzinst.

Die Ergebnisse der einzelnen Programmläufe sind in Tabelle 4.7.2 angegeben.

Tabelle 4.7.2 Übersicht der Ergebnisse verschiedener Verzinsungsarten

Fall		a)	b)	c)	d)
Auszahlungsbetrag	DM	145.500			
Annuität je Tilgungsintervall	DM	23.889,92	1990,83	1907,76	1940,96
Effektivzins	%	10,21	11,42	10,29	10,74
Rückzahlungsbetrag	DM	238.899,23		228.931,18	232.915,60
Aufgeld vom Nennbetrag	%	59,27		52,62	55,28
Aufgeld vom Auszahlungsbetrag	%	64,19		57,34	60,08

Die Fälle a) und b) unterscheiden sich nur im Effektivzinsfuß um rd. 1,2 Prozentpunkte. Dies rührt daher, daß im Fall b) die Tilgung bereits am Ende des ersten Monats mit 1/12 des jährlichen Tilgungsbeitrages aus Fall a) beginnt. Der Fall c) mit Verzinsung der monatlichen Tilgungsbeiträge nach der Staffelmethode führt zum niedrigsten Rückzahlungsbetrag. Für den Kreditnehmer ergibt sich daher als Rangfolge der günstigsten Konditionen bezüglich der Verzinsungsart die Reihenfolge a, c, b, d. Der komplette Ergebnisausdruck für die Fälle a) und c) ist in Bild 4.7.1 angegeben.

```
     XEQ "HYPOUTS"
KAPITAL? DM:
   150.000,00     RUN
LAUFZEIT? JAHRE:
        10,00     RUN
ZINS-INTERVALL? TAGE:
       360,00     RUN
TIL. INTERVALL? TAGE:
       360,00     RUN
ZINSFUSS? %:
         9,50     RUN
KURS? %:
        97,00     RUN

AUSZAHLUNG:
145.500,00 DM

ANNUITAET JE INTERVALL
(360, TAGE):
23.889,92 DM

AENDERUNG? DM:
                  RUN

EFFEKTIVZINS
10,21 %

TILGUNGSPLAN?
                  RUN

TILGUNGSPLAN
============

STARTJAHR?
          9,00    RUN
9. JAHR, KONTOSTAND:
-21.817,28 DM
10. JAHR, KONTOSTAND:
0,00 DM

RUECKZAHLBETRAG
238.899,23 DM

AUFGELD
VOM NENNBETRAG:
59,27 %
VOM AUSZAHLUNGSBETRAG
64,19 %


       XEQ "HYPOUTS"
KAPITAL? DM:
     150.000,00   RUN
LAUFZEIT? JAHRE:
          10,00   RUN
ZINS-INTERVALL? TAGE:
         360,00   RUN
TIL. INTERVALL? TAGE:
          30,00   RUN
ZINSFUSS? %:
           9,50   RUN
STAFFEL-VERZINSUNG
OHNE=0, MIT=1:
           1,00   RUN
KURS? %:
          97,00   RUN

AUSZAHLUNG:
145.500,00 DM

ANNUITAET JE INTERVALL
(30, TAGE):
1.907,76 DM

AENDERUNG? DM:
                  RUN

EFFEKTIVZINS
10,29 %

TILGUNGSPLAN?
                  RUN

TILGUNGSPLAN
============

STARTJAHR?
           9,00   RUN
9. JAHR, KONTOSTAND:
-21.817,28 DM
10. JAHR, KONTOSTAND:
0,00 DM

RUECKZAHLBETRAG
228.931,18 DM

AUFGELD
VOM NENNBETRAG:
52,62 %
VOM AUSZAHLUNGSBETRAG
57,34 %
```

Bild 4.7.1 Ergebnisausdruck einer Finanzierungsberechnung für jährliche und monatliche Annuitätsraten mit Staffelverzinsung

Aus den Ergebnissen nach Bild 4.7.1 ist der interessantere Aspekt erkennbar, daß zu der Tilgungsvariante mit dem geringeren effektiven Zinsfuß ein höherer Rückzahlbetrag gehören kann. Der Grund hierfür liegt in der staffelverzinsten monatlichen Tilgungsrate, die wegen der Staffelverzinsung geringer ist als ein zwölftel der Jahresannuität. Der niedrigere Rückzahlungsbetrag im Fall c) ist als finanzmathematisches Bewertungskriterium ungeeignet, da die Zeitbewertung der Zahlungsströme unberücksichtigt bleibt! Im vorliegenden Fall würde man die Variante mit monatlicher Tilgung trotz des höheren Effektivzinsfußes dann wählen, wenn die erzielbare Verzinsung einer jährlich verfügbaren Vergleichsanlage bei monatlicher Einzahlung von 1.907,76 DM unter 9,5 % liegen würde. Vergleicht man dagegen das Hypothekenangebot mit jährlicher Annuität mit einem Angebot für monatliche Tilgung bei monatlicher Zinsverrechnung mit 1.940,96 DM monatlicher Annuität, so wäre die Variante mit monatlicher Tilgung nur bis zu einem erzielbaren Sparzins unter 5,61 % günstiger, entsprechende Liquidität vorausgesetzt.

4.8 Programmbeschreibung „KREDIT"

Für die spezielle Berechnung der Kleinkredite ist in Tabelle 4.4 ein Programm angegeben. Das Programm erfordert 479 Bytes (69 Register entsprechend 3 Magnetkarten mit 5 Spuren). Es wird der Datenspeicherbereich von STO 00 bis STO 16 benötigt, so daß eine Speicherbereichsfunktion SIZE 017 erforderlich ist. Über den Eingabedialog von Zeile 01 bis 44 werden die Größen Darlehen K_1 (STO 11), Monatszins p_M (STO 12), Laufzeitmonate M (STO 13), Bearbeitungsgebühr b (STO 14) und gerundete Monatsrate R (STO 03) abgefragt. Die gemäß Gl.(4.4.31) berechnete 1. Rate wird mit den Anweisungen 55 bis 57 ganzzahlig gerundet. Falls ein anderer Rundungswert für die 1. Rate eingesetzt werden soll, ist hierzu die Möglichkeit einer Pauseanweisung PSE in Zeile 58 gegeben. In dieser Pause kann dann der gewünschte Wert eingegeben werden.

In den Zeilen 62 und 65 werden die erste Rate und die Folgeraten ausgegeben. Anschließend wird mit den Anweisungen 71 bis 81 der Rückzahlungsbetrag als Summe aller Leistungen berechnet und ausgegeben. In Zeile 83 wird als Startwert für die Newton-Iteration q = 1,1 in STO 00 gesetzt.

Der Newton-Algorithmus gemäß der Gl.(4.4.35 u. 4.4.36) wird durch die Programmschleife LBL 06 von Zeile 86 bis 230 realisiert. Bis Zeile 178 sind die Newton-Operatoren gemäß Gl.(4.4.21 u. 4.4.22) den Speichern STO 04 für f(i) und STO 05 für f'(i) zugeordnet. Nach Maßgabe vom Zustand des Flags 01 wird die Ratenkorrekturrechnung von Zeile 181 bis 221 nur bei ungleicher Anfangsrate durchgeführt. Die Korrekturglieder gemäß Gl.(4.3.35 u. 4.3.36) werden durch indirekte Addition in den Zeilen 221 für f(i) und 215 für f'(i) berücksichtigt. Das Unterprogramm LBL 02 wird als Hilfsprogramm für den Newton-Algorithmus in den Zeilen 121 und 174 aufgerufen.

Tabelle 4.4 Anweisungsliste zum Kleinkredite-Programm "KREDIT" ohne Rückkaufwert-Berechnung

```
01♦LBL "KREDIT"
02 RCL 11
03 "DARLEHEN? DM:"
04 PROMPT
05 STO 11
06 RCL 12
07 "MONATSZINS? %:"
08 PROMPT
09 STO 12
10 STO 06
11 RCL 13
12 "ZEIT? MONATE:"
13 PROMPT
14 STO 13
15 12
16 /
17 INT
18 STO 07
19 LASTX
20 FRC
21 12
22 *
23 STO 08
24 RCL 14
25 "GEBUEHR? %:"
26 PROMPT
27 STO 14
28 1 E2
29 ST/ 06
30 /
31 1
32 +
33 RCL 13
34 /
35 ST+ 06
36 RCL 06
37 RCL 11
38 *
39 STO 04
40 "MONATSRATE:"
41 XEQ "PX"
42 "AENDERUNG?"
43 PROMPT
44 STO 03
45 RCL 04
46 -
47 X=0?
48 GTO 00
49 SF 01
50 RCL 13
51 *
52 CHS
53 RCL 03
54 +
55 FIX 0
56 RND
57 FIX 2
58 PSE
59 STO 04
60 STO 15
61 "1. RATE:"
62 XEQ "PX"
63 RCL 03
64 "FOLGERATEN:"
65 XEQ "PX"
66 RCL 11
67 ST/ 15
68 /
69 STO 06

70♦LBL 00
71 RCL 03
72 RCL 13
73 1
74 -
75 *
76 RCL 04
77 +
78 ADV
79 "RUECKZAHLBETRAG"
80 "⊦:"
81 XEQ "PX"
82 ADV
83 1,1
84 STO 00
85 CLD
86♦LBL 06
87 RCL 00
88 1
89 -
90 STO 02
91 12
92 /
93 RCL 08
94 *
95 1
96 +
97 STO 09
98 RCL 00
99 RCL 07
100 Y↑X
101 STO 01
102 *
103 STO 04
104 STO 05
105 RCL 02
106 5,5
107 *
108 12
109 +
110 STO 10
111 RCL 01
112 1
113 -
114 RCL 02
115 /
116 STO 03
117 *
118 RCL 09
119 *
120 RCL 02
121 XEQ 02
122 1
123 +
124 RCL 08
125 *
126 +
127 RCL 06
128 *
129 ST- 04
130 RCL 05
131 RCL 00
132 /
133 STO 16
134 RCL 07
135 *
136 RCL 08
137 12
138 /
139 RCL 01
140 *
141 +
142 STO 05
143 RCL 01
144 RCL 00
145 /
146 RCL 07
147 *
148 RCL 02
149 *
150 RCL 01
151 1
152 -
153 -
154 RCL 02
155 X↑2
156 /
157 RCL 10
158 *
159 RCL 09
160 *
161 RCL 09
162 5,5
163 *
164 RCL 10
165 RCL 08
166 *
167 12
168 /
169 +
170 RCL 03
171 *
```

```
172 +
173 RCL 08
174 XEQ 02
175 +
176 RCL 06
177 *
178 ST- 05
179 FC? 01
180 GTO 00
181 RCL 07
182 1
183 -
184 RCL 16
185 *
186 RCL 00
187 /
188 RCL 01
189 RCL 00
190 /
191 RCL 08
192 *
193 12
194 /
195 +
196 RCL 02
197 11
198 *
199 12
200 /
201 1
202 +
203 STO 10
204 *
205 RCL 16
206 11
207 *
208 12
209 /
210 +
211 RCL 06
212 RCL 15
213 -
214 *
215 ST+ 05
216 LASTX
217 RCL 16
218 *
219 RCL 10
220 *
221 ST+ 04

222•LBL 00
223 RCL 04
224 RCL 05
225 /
226 ST- 00
227 ABS
228 1 E-5
229 X<=Y?
230 GTO 06
231 RCL 00
232 1
233 -
234 1 E2
235 *
236 SF 12
237 "EFFEKTIVZINS"
238 CF 01
239 SF 00
240 XEQ "PX"
241 CF 12
242 RTN

243•LBL 02
244 24
245 /
246 RCL 08
247 1
248 -
249 *
250 RTN

251•LBL "PX"
252 AVIEW
253 CLA
254 ARCL X
255 FS?C 00
256 GTO 00
257 "⊦ DM"
258 GTO 01

259•LBL 00
260 "⊦ %"

261•LBL 01
262 AVIEW
263 PSE
264 RTN
265 END

                CAT 1
LBL'KREDIT
LBL'PX
END          479 BYTES
.END.        04 BYTES
                PRKEYS

USER KEYS:
 11 "KREDIT"
```

In Tabelle 4.5 ist eine für die Berechnung des Rückkaufwertes bei vorzeitiger Kündigung erweiterte Programmversion angegeben. Der Datenspeicherplatzbereich ist unverändert SIZE 017, jedoch ist der Programm-Speicherbereich auf 656 Bytes erhöht (6 Magnetkarten-Spuren). Neben der Aufrufadresse "KREDIT" in Zeile 01 ist bei dieser Version zusätzlich die Aufrufadresse "RUECKG" für die Berechnung des Rückkaufwertes in Zeile 281 vorgesehen. Die hinzugefügten Unterprogramme LBL 03, LBL 04 und LBL 05 dienen als Hilfsprogramme zur Berechnung mehrfach benötigter Zwischengrößen.

Tabelle 4.5 Anweisungsliste zum Programm "KREDIT" mit Rückkaufwert-Berechnung

```
01♦LBL "KREDIT"
02 RCL 11
03 "DARLEHEN? DM:"
04 PROMPT
05 STO 11
06 RCL 12
07 "MONATSZINS? %:"
08 PROMPT
09 STO 12
10 STO 06
11 RCL 13
12 "ZEIT? MONATE:"
13 PROMPT
14 STO 13
15 XEQ 05
16 CLX
17 FS? 02
18 GTO 00
19 RCL 14
20 "GEBUEHR? %:"
21 PROMPT

22♦LBL 00
23 STO 14
24 1 E2
25 ST/ 06
26 /
27 1
28 +
29 RCL 13
30 /
31 ST+ 06
32 RCL 06
33 RCL 11
34 *
35 STO 04
36 FS? 02
37 GTO 00
38 "MONATSRATE:"
39 XEQ "PX"

40♦LBL 00
41 FS? 02
42 GTO 00
43 "AENDERUNG?"
44 PROMPT

45♦LBL 00
46 STO 03
47 RCL 04
48 -
49 X=0?
50 GTO 00
51 SF 01
52 RCL 13
53 *
54 CHS
55 RCL 03
56 +
57 FIX 0
58 RND
59 FIX 2
60 PSE
61 STO 04
62 STO 15
63 "1. RATE:"
64 XEQ "PX"
65 RCL 03
66 "FOLGERATEN:"
67 XEQ "PX"
68 RCL 11
69 ST/ 15
70 /
71 STO 06

72♦LBL 00
73 FS? 02
74 GTO 00
75 RCL 03
76 RCL 13
77 1
78 -
79 *
80 RCL 04
81 +
82 ADV
83 "RUECKZAHLBETRAG"
84 "⊢:"
85 XEQ "PX"
86 ADV

87♦LBL 00
88 1,1
89 STO 00
90 CLD

91♦LBL 06
92 XEQ 03
93 RCL 02
94 12
95 /
96 RCL 08
97 *
98 1
99 +
100 STO 09
101 RCL 01
102 *
103 STO 04
104 STO 05
105 RCL 02
106 5,5
107 *
108 12
109 +
110 STO 10
111 RCL 03
112 *
113 RCL 09
114 *
115 RCL 02
116 XEQ 02
117 1
118 +
119 RCL 08
120 *
121 +
122 RCL 06
123 *
124 ST- 04
125 RCL 05
126 RCL 00
127 /
128 STO 16
129 RCL 07
130 *
131 RCL 08
132 12
133 /
134 RCL 01
135 *
136 +
137 STO 05
138 RCL 01
139 RCL 00
140 /
141 RCL 07
142 *
143 RCL 02
144 *
145 RCL 01
146 1
147 -
148 -
149 RCL 02
150 X↑2
151 /
152 RCL 10
153 *
154 RCL 09
155 *
156 RCL 09
157 5,5
158 *
159 RCL 10
160 RCL 08
161 *
162 12
163 /
164 +
165 RCL 03
166 *
167 +
168 RCL 08
169 XEQ 02
170 +
```

```
171 RCL 06
172 *
173 ST- 05
174 FC? 01
175 GTO 00
176 RCL 07
177 1
178 -
179 RCL 16
180 *
181 RCL 00
182 /
183 RCL 01
184 RCL 00
185 /
186 RCL 08
187 *
188 12
189 /
190 +
191 RCL 02
192 11
193 *
194 12
195 /
196 1
197 +
198 STO 10
199 *
200 RCL 16
201 11
202 *
203 12
204 /
205 +
206 RCL 06
207 RCL 15
208 -
209 *
210 ST+ 05
211 LASTX
212 RCL 16
213 *
214 RCL 10
215 *
216 ST+ 04

217♦LBL 00
218 RCL 04
219 RCL 05
220 /
221 ST- 00
222 ABS
223 1 E-5
224 X<=Y?
225 GTO 06
226 RCL 00
227 1
228 -
229 1 E2
230 *
231 SF 12
232 "EFFEKTIVZINS"
233 FS? 02
234 GTO 04
235 CF 01
236 SF 00
237 XEQ "PX"
238 CF 12
239 RTN

240♦LBL 02
241 24
242 /
243 RCL 08
244 1
245 -
246 *
247 RTN

248♦LBL 03
249 RCL 00
250 RCL 07
251 Y↑X
252 STO 01
253 1
254 -
255 RCL 00
256 1
257 -
258 STO 02
259 /
260 STO 03
261 RTN

262♦LBL 04
263 CF 12
264 AVIEW
265 "OHNE GEBUEHRANT"
266 "⊢EIL:"
267 SF 00
268 XEQ "PX"
269 RTN

270♦LBL 05
271 12
272 /
273 INT
274 STO 07
275 LASTX
276 FRC
277 12
278 *
279 STO 08
280 RTN
281♦LBL "RUECKG"
282 SF 02
283 XEQ "KREDIT"

284♦LBL 07
285 "VERTRAGSMONATE?"
286 PROMPT
287 XEQ 05
288 XEQ 03
289 RCL 02
290 RCL 08
291 *
292 12
293 /
294 1
295 +
296 STO 04
297 RCL 01
298 *
299 STO 05
```

```
300 RCL 03
301 RCL 04
302 *
303 RCL 02
304 5,5
305 *
306 12
307 +
308 *
309 RCL 02
310 XEQ 02
311 1
312 +
313 RCL 08
314 *
315 +
316 RCL 06
317 *
318 ST- 05
319 RCL 05
320 RCL 11
321 *
322 "RUECKKAUFWERT:"
323 XEQ "PX"
324 CF 02
325 RTN
326 GTO 07

327♦LBL "PX"
328 AVIEW
329 CLA
330 ARCL X
331 FS?C 00
332 GTO 00
333 "⊦ DM"
334 GTO 01
335♦LBL 00
336 "⊦ %"
337♦LBL 01
338 AVIEW
339 PSE
340 RTN
341 END

                    CAT 1
LBL'KREDIT
LBL'RUECKG
LBL'PX
END          656 BYTES
.END.        09 BYTES
                 PRKEYS

USER KEYS:
 11 "KREDIT"
 12 "RUECKG"
-23 %CH
```

Bei Aufruf der Variante "RUECKG" wird als Merkmal Flag 02 in Zeile 282 gesetzt und anschließend das Programm "KREDIT" als Unterprogramm aufgerufen. Aufgrund des Flag 02-Zustandes wird in den Zeilen 16 bis 23 der Datenspeicher STO 14 für die Bearbeitungsgebühr gleich Null gesetzt und die Ausgabe der Monatsrate und des Rückzahlungsbetrages übersprungen (Zeilen 36, 41, 50 u. 73). Nach Berechnung des Effektivzinsfußes ohne Bearbeitungsgebühranteil verzweigt das Programm in Zeile 234 nach LBL 04 in Zeile 262. Die folgende RTN-Anweisung in Zeile 269 bewirkt den Rücksprung zu der dem Unterprogramm-Aufruf folgenden Anweisung LBL 07 in Zeile 284.

In dem Programmsegment ab LBL 07 bis zur RTN-Anweisung in Zeile 325 wird der Rückkaufwert gemäß Gl.(4.4.38) berechnet und in Zeile 323 über XEQ "PX" ausgegeben. Um die zyklische Veränderung der abgelaufenen Kreditvertrags- Laufzeit zu ermöglichen, ist im Anschluß an die RTN-Anweisung ein Rücksprung nach LBL 07 vorgesehen. Damit ist ein fortgesetzter Dialog zwischen Vertragszeit als Eingabewert und dem Rückkaufwert als Ergebnis möglich.

4.9 Anwendungsbeispiele für Kleinkredite

a) Ein Kleinkredit von 10.000,-- DM wird zu einem Monatszins von 0,43 % für 53 Monate mit 2 % Bearbeitungsgebühr vereinbart. Nach Start des Programms "KREDIT" wird im Anschluß an den Eingabedialog die Monatsrate zu 235,45 DM ausgegeben. Falls die Abfrage auf Änderung dieses Wertes mit RUN quittiert wird, ergibt sich bei einem Rückzahlungsbetrag von 12.479,-- DM ein Effektivzins von 10,80 %.

Bei aufgerundeter Monatsrate auf 236,-- DM ergibt sich bei gleichem Rückzahlungsbetrag die erste Rate zu 207,-- DM. Der Effektivzinsfuß vermindert sich durch den Rundungseffekt auf 10,77 %:

```
         XEQ "KREDIT"
DARLEHEN? DM:
          10.000,00    RUN
MONATSZINS? %:
                .43    RUN
ZEIT? MONATE:
              53,00    RUN
GEBUEHR? %:
               2,00    RUN
MONATSRATE:
235,45 DM
AENDERUNG?
                       RUN

RUECKZAHLBETRAG:
12.479,00 DM

EFFEKTIVZINS
10,80 %
```

```
         XEQ "KREDIT"
DARLEHEN? DM:
          10.000,00    RUN
MONATSZINS? %:
                .43    RUN
ZEIT? MONATE:
              53,00    RUN
GEBUEHR? %:
               2,00    RUN
MONATSRATE:
235,45 DM
AENDERUNG?
             236,00    RUN
1. RATE:
207,00 DM
FOLGERATEN:
236,00 DM

RUECKZAHLBETRAG:
12.479,00 DM

EFFEKTIVZINS
10,77 %
```

In Bild 4.9.1 ist die Entwicklung des Effektivzinses und der ersten Raten für einen Bereich der Folgeraten von 100 DM bis 350 DM für das Beispiel 4.9a) aufgetragen. Das Diagramm dient dazu, den theoretischen Hintergrund des Rundungseffektes erkennbar zu machen. Da der gesamte Rückzahlbetrag auf 12.479 DM festgelegt ist, ergibt sich mit Variation der 52 Folgeraten ein theoretisch notwendiger Schwankungsbereich für die erste Rate von ± 6.000 DM. Von praktischem Interesse ist natürlich nur der Anwendungsbereich bis zu $R_1 = 0$, d.h. für $235{,}45 \text{ DM} < R < 239{,}98 \text{ DM}$. Für Extremwertbetrachtungen, z.B. für R = 50 ist der Startwert in Zeile 083 angemessen zu erhöhen, da sowohl ein negativer als auch ein positiver Lösungswert existiert $p_1 = 149{,}97$ %, $p_2 = -176{,}65$ %. Die erste Rate würde für diesen Fall 9.879 DM betragen und somit nahezu die Höhe des ausgezahlten Kreditbetrages ausmachen. Diese Überlegungen sind selbstverständ-

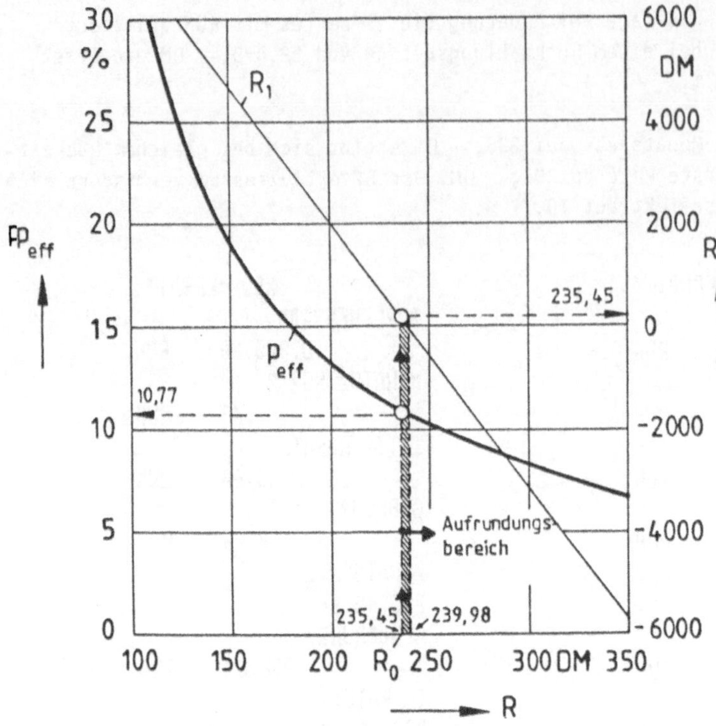

Bild 4.9.1 Effektivzins- und erste Rate-Entwicklung eines Kleinkredites (K_1 = 10.000,-- DM, p_M = 0,43 %, M = 53 Monate, b = 2 %) durch Aufrundung gemäß der Preisangabenverordnung. (Der praktisch bis R_1 = 0 verfügbare Aufrundungsbereich ist schraffiert gekennzeichnet).

lich nur von theoretischem Interesse, z.B. im Hinblick auf die Austestung des Programms oder für außergewöhnliche Gegebenheiten der Kreditabwicklung. Gibt man für die Folgeraten den aufgerundeten Wert R = 250 DM vor und setzt die erste Rate innerhalb des Programmstops an Stelle des angezeigten Wertes von R_1 = -521 DM auf Null, so beträgt der Effektivzinsfuß 12,73 %. In diesem Sinne lassen sich interessante kalkulatorische Überlegungen anstellen, ein Vorteil, der sich bei Tabellenkalkulationen nicht ergibt.

b) Ein zweites Beispiel mit kurzer Laufzeit von 8 Monaten und 0,41 % Monatszins mit ebenfalls 2 % Bearbeitungsgebühr ergibt einen Effektvzins von 14,68 % für die natürliche Rate und 14,67 % für die gerundeten Raten:

```
            XEQ "KREDIT"
DARLEHEN? DM:
        11.500,00   RUN
MONATSZINS? %:
              .41   RUN
ZEIT? MONATE:
             8,00   RUN
GEBUEHR? %:
             2,00   RUN
MONATSRATE:
1.513,40 DM
AENDERUNG?
                    RUN

RUECKZAHLBETRAG:
12.107,20 DM

EFFEKTIVZINS
14,68 %
```

```
            XEQ "KREDIT"
DARLEHEN? DM:
        11.500,00   RUN
MONATSZINS? %:
              .41   RUN
ZEIT? MONATE:
             8,00   RUN
GEBUEHR? %:
             2,00   RUN
MONATSRATE:
1.513,40 DM
AENDERUNG?
         1.514,00   RUN
1. RATE:
1.509,00 DM
FOLGERATEN:
1.514,00 DM

RUECKZAHLBETRAG:
12.107,00 DM

EFFEKTIVZINS
14,67 %
```

c) Mit Hilfe der um den Rückkaufwert erweiterten Programmversion soll ein Ratenkredit über 12.000,-- DM mit 30 Monate Gesamtlaufzeit, 0,60 % Monatszins und 2 % Bearbeitungszeit hinsichtlich der Rückkaufwerte kalkuliert werden. Der Programmaufruf "KREDIT" liefert mit den vorstehenden Daten eine Monatsrate von 480,-- DM und einen Effektivzins von 15,77 %. Der Aufruf der Variante "RUECKG" für vorzeitige Rückgabe liefert bei unterdrückter Bearbeitungsgebühr einen Effektivzins von 14,17 % und in Abhängigkeit der eingegebenen Vertragsmonate die entsprechenden Rückkaufwerte. Die Kreditkosten betragen im ersten Monat 149,66 DM für den Kreditbetrag von 12.000,-- DM und im letzten Laufzeitmonat noch 12,28 DM für den Rest- Kreditbetrag von 467,72 DM:

```
        XEQ "KREDIT"
DARLEHEN? DM:
      12.000,00     RUN
MONATSZINS? %:
            .60     RUN
ZEIT? MONATE:
          30,00     RUN
GEBUEHR? %:
           2,00     RUN
MONATSRATE:
480,00 DM
AENDERUNG?
                    RUN

RUECKZAHLBETRAG:
14.400,00 DM

EFFEKTIVZINS
15,77 %
```

```
        XEQ "RUECKG"
DARLEHEN? DM:
      12.000,00     ***
                    RUN
MONATSZINS? %:
           0,60     ***
                    RUN
ZEIT? MONATE:
          30,00     ***
                    RUN
EFFEKTIVZINS
OHNE GEBUEHRANTEIL:
14,17 %
VERTRAGSMONATE?
           6,00     RUN
RUECKKAUFWERT:
9.934,39 DM
                    RUN
VERTRAGSMONATE?
           7,00     RUN
RUECKKAUFWERT:
9.570,62 DM
                    RUN
VERTRAGSMONATE?
          12,00     RUN
RUECKKAUFWERT:
7.668,19 DM
                    RUN
VERTRAGSMONATE?
          25,00     RUN
RUECKKAUFWERT:
2.282,87 DM
                    RUN
VERTRAGSMONATE?
          29,00     RUN
RUECKKAUFWERT:
467,72 DM
```

5 Spezielle Finanzierungen

5.1 Effektivverzinsung für Überbrückungsdarlehen

Zur Überbrückungsfinanzierung bieten die Banken, Sparkassen oder sonstige Finanzierungsgesellschaften vielfach 1. Hypothekendarlehen zu einem für eine bestimmte Zeitspanne fest vereinbarten Nominalzinsfuß und einer bestimmten Anfangstilgungsrate für den Fremdfinanzierungsanteil der Gesamtkosten eines Bauvorhabens an. Der angebotene Nominalzinsfuß ist in der Regel für zwei, fünf oder zehn Jahre festgelegt. Als Zinsintervall gilt das Kalenderjahr. Die Leistungsraten werden als Kapitaldienst entsprechend dem erstmaligen jährlichen Zins- und Tilgungsanteil bezogen auf den Kapital-Nennbetrag als Anfangskapital vereinbart.

Bei derartigen Angeboten unterschiedlicher Konditionen bietet sich als ein wichtiges Vergleichsmerkmal zur Beurteilung der Hypothekenkosten der effektive Zinsfuß und der Kontostand am Ende der Festzinsdauer an.
Stellt man sich auf die Seite der Bank, so entspricht das Hypothekengeschäft einem Investitionsgeschäft mit den Anschaffungskosten in Höhe des ausgegebenen Kapitals K_1. Als Erlösüberschüsse werden die vereinbarten Zins- und Tilgungsanteile erwartet und zum Ende des Betrachtungszeitraumes zusätzlich das auf den ausgeliehenen Kapital-Nennbetrag K_0 bezogene ungetilgte Restkapital S_n.

Aus dieser Überlegung läßt sich eine Darstellung auf dem Zahlungsstrahl gemäß Bild 5.1.1 angeben.

Der effektive Zinsfuß ergibt sich als interner Zinsfuß des fiktiven Anlagegeschäftes, d.h. es wird derjenige Zinsfuß gesucht, bei dem die auf den Zeitpunkt t_0 bezogenen Zins- und Tilgungsbeträge gleich dem um das Disagio verminderten Kapital-Nennbetrag K_1 sind oder bei dem die auf den Zeitpunkt t_n bezogenen Zins- und Tilgungsbeträge gleich dem ebenfalls auf den Zeitpunkt t_n bezogenen Wert des Kapitalbetrages K_1 sind [28] .

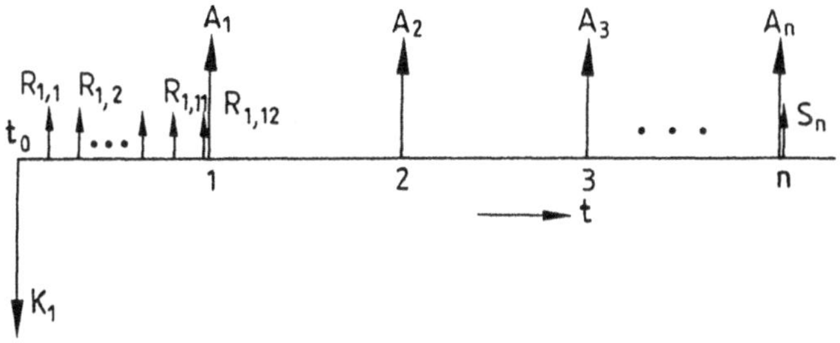

Bild 5.1.1 Zahlungsstrahl einer Überbrückungsfinanzierung

5.1.1 Berechnungsgrundlagen

Das am Ende der Zins-Festschreibungsdauer verbleibende Restkapital S_n ergibt sich bei jährlicher Zinsverrechnung aus der Differenz des aufgezinsten Kapital-Nennbetrages K_o und dem auf der Grundlage einer Rentenendwertrechnung sich ergebenden Endwert der jährlichen Leistungraten A gemäß einer annuitätischen Tilgung [4] :

$$S_n = K_o q^n - A \frac{q^n - 1}{q - 1} \tag{5.1.1}$$

Die annuitätische Leistungsrate setzt sich aus dem Zins- und Tilgungsanteil zusammen:

$$A = \frac{p_N + T}{100} K_o \tag{5.1.2}$$

Bei unterjährlichem Kapitaldienst wird die unterjährliche Leistungsrate anteilig ermittelt:

$$R = \frac{A}{n_J} \tag{5.1.3}$$

Die Leistungsrate wird in der Praxis auch verkürzt als Tilgungsbeitrag bezeichnet. Es ist zu beachten, daß der wirksame Tilgungsanteil der Leistungsrate auch gleich Null sein kann. In diesem Fall reicht die Leistungsrate nur zur Abdeckung des Zinsdienstes aus.

Der unterjährliche Tilgungsbeitrag R ist bei der Effektivzinsberechnung innerhalb eines Jahres zeitanteilig einfach zu verzinsen. Für n_J Tilgungsbeiträge innerhalb eines Jahres und auf das jeweilige Tilgungsintervall bezogene nachschüssige Zahlungsweise gilt für die Annuität A als Endwert der n_J unterjährlichen Tilgungsbeiträge R analog zu Gl.(4.1.22) gemäß Bild 4.1.2:

$$A = R \left(n_J + \frac{n_J - 1}{2} \frac{p}{100} \right) \tag{5.1.4}$$

Setzt man in Gl.(5.1.4) die annuitätische Leistungsrate gemäß Gl.(5.1.2) ein, so ergibt sich der unterjährliche Tilgungsbeitrag R. Der effektive Zinsfuß errechnet sich über den Zinssatz q aus Gl.(5.1.1), wenn man den Kapital-Nennbetrag K_o durch den Auszahlungsbetrag K_1 ersetzt und für den allgemeinen Fall unterjährlicher Tilgungsbeiträge für die Annuität Gl.(5.1.4) einführt:

$$K_1 = K_o \frac{k}{100} \tag{5.1.5}$$

Da Gl.(5.1.1) für $q = q_e = q_{eff}$ mit dem Kontostand am Ende der Festzinsdauer nur iterativ gelöst werden kann, wird in dem nachfolgend angegebenen Programm die Lösung nach dem Newton-Algorithmus in folgender Form realisiert:

$$f(q) = q^n - \frac{R}{K_1}\left[n_J + \frac{n_J - 1}{2}(q - 1)\right]\frac{q^n - 1}{q - 1} - \frac{S_n}{K_1} \qquad (5.1.6)$$

Für die erste Ableitung der Funktion f(q) ergibt sich:

$$f'(q) = nq^{n-1} - \frac{R}{K_1}\frac{q^n-1}{q-1}\left\{\frac{n_J - 1}{2} + \left[n_J + \frac{n_J - 1}{2}(q-1)\right]\left[\frac{nq^n}{q(q^n-1)} - \frac{1}{q-1}\right]\right\} \qquad (5.1.7)$$

Der Startwert für die Iteration wird aus dem Nominalzinsfuß p_N gebildet:

$$q_{e,o} = 1 + \frac{p_N}{100} \qquad (5.1.8)$$

Die jeweils verbesserten Werte für den effektiven Zinsfaktor q_e ergeben sich gemäß der Newton'schen Iterationsregel zu:

$$q_{e,n+1} = q_{e,n} - \frac{f(q)}{f'(q)} \qquad (5.1.9)$$

Die Iteration wird beendet, wenn mit $\varepsilon = 10^{-5}$ folgende Ungleichung erfüllt ist:

$$|q_{e,n+1} - q_{e,n}| < \varepsilon \qquad (5.1.10)$$

Der effektive Zinsfuß p_e in Prozent ergibt sich aus dem zuletzt errechneten effektiven Zinssatz q_e zu:

$$p_e = (q_e - 1)\,100 \qquad (5.1.11)$$

Aus der annuitätischen Leistungsrate A gemäß Gl.(5.1.2) und dem Kapital-Nennbetrag K_o wird die Laufzeit n der Hypothekentilgung in Jahre ermittelt:

$$n = \frac{\ln \dfrac{A}{A - K_o\,(q-1)}}{\ln q} \qquad (5.1.12)$$

5.1.2 Programmbeschreibung "HYPEFF"

Das in Tabelle 5.1 angegebene Programm mit der Aufrufadresse "HYPEFF" ist als Dialogprogramm konzipiert. Es erfordert einen Programmspeicherplatzbereich von 508 Bytes entsprechend 73 Register und zusätzlich 15 Datenregister und kann auf 3 Magnetkarten (5 Spuren) abgespeichert werden.

Tabelle 5.1 Programm zur Effektivverzinsung von Hypotheken mit begrenzter Zinsfestschreibung

```
01♦LBL "HYPEFF"
02 RCL 11
03 "KAPITAL? DM:"
04 PROMPT
05 STO 11
06 RCL 12
07 "ZINSFUSS? %:"
08 PROMPT
09 STO 12
10 100
11 /
12 1
13 +
14 STO 00
15 360
16 STO Y
17 "TIL.-INTERVALL?"
18 "⊢ TAGE:"
19 PROMPT
20 STO 05
21 /
22 STO 06
23 RCL 07
24 "FESTZINSDAUER? "
25 "⊢JAHRE:"
26 PROMPT
27 STO 07
28 RCL 13
29 "TILGUNG? %:"
30 PROMPT
31 STO 13
32 RCL 14
33 "KURS? %:"
34 PROMPT
35 STO 14
36 1 E2
37 /
38 RCL 11
39 *
40 STO 09
41 ADV
42 "AUSZAHLUNG:"
43 XEQ "PX"
44 RCL 11
45 RCL 12
46 RCL 13
47 +
48 %
49 STO 10
50 XEQ 03
51 STO 04
52 RCL 13
53 X≠0?
54 XEQ 02
55 RCL 10
56 RCL 06
57 /
58 STO 03
59 ADV
60 "ANNUITAET JE IN"
61 "⊢TERVALL"
62 AVIEW
63 FIX 0
64 "<"
65 ARCL 05
66 "⊢ TAGE>:"
67 FIX 2
68 XEQ "PX"
69 "AENDERUNG?DM:"
70 PROMPT
71 STO 08
72 RCL 03
73 RCL 08
74 X=Y?
75 GTO 00
76 RCL 06
77 *
78 STO 10
79 RCL 11
80 RCL 12
81 %
82 RCL 10
83 X<=Y?
84 GTO 00
85 XEQ 02
86♦LBL 00
87 RCL 04
88 RCL 10
89 *
90 CHS
91 RCL 01
92 RCL 11
93 *
94 +
95 STO 04
96 ADV
97 "KONTOSTAND AM E"
98 "⊢NDE"
99 AVIEW
100 CLA
101 "⊢DER FESTZINSDA"
102 "⊢UER:"
103 XEQ "PX"
104 RCL 06
105 1
106 -
107 2
108 /
109 STO 05
110 RCL 09
111 ST/ 08
112 ST/ 04
113♦LBL 04
114 XEQ 03
115 STO 02
116 LASTX
117 RCL 05
118 *
119 RCL 06
120 +
121 STO 03
122 RCL 08
123 *
124 RCL 02
125 *
126 RCL 04
127 +
128 RCL 01
```

```
129 -
130 X<> 03
131 RCL 07
132 RCL 01
133 *
134 LASTX
135 1
136 -
137 /
138 RCL 00
139 /
140 LASTX
141 1
142 -
143 1/X
144 -
145 *
146 RCL 05
147 +
148 RCL 02
149 *
150 RCL 08
151 *
152 RCL 01
153 RCL 00
154 /
155 RCL 07
156 *
157 -
158 ST/ 03
159 RCL 03
160 ST- 00
161 ABS
162  E-5
163 X<=Y?
164 GTO 04
165 RCL 00
166 1
167 -
168  E2
169 *
170 ADV
171 SF 12
172 "EFFEKTIVZINS"
173 SF 00
174 XEQ "PX"
175 CF 12
176 ADV
177 RTN

178•LBL 03
179 RCL 00
180 RCL 07
181 Y↑X
182 STO 01
183 1
184 -
185 RCL 00
186 1
187 -
188 /
189 RTN

190•LBL 02
191 1
192 RCL 00
193 -
194 RCL 11
195 *
196 RCL 10
197 /
198 1
199 +
200 1/X
201 LN
202 RCL 00
203 LN
204 /
205 ADV
206 "LAUFZEIT: "
207 ARCL X
208 "├ JAHRE"
209 AVIEW
210 RTN

211•LBL "PX"
212 AVIEW
213 CLA
214 ARCL X
215 FS?C 00
216 GTO 00
217 "├ DM"
218 GTO 01

219•LBL 00
220 "├ %"

221•LBL 01
222 AVIEW
223 PSE
224 RTN
225 END
```

Die Eingabedaten sind in Form einer regenerierenden Dialogeingabe folgenden Datenspeichern zugeordnet:

Kapital-Nennbetrag	K_o	[DM]	:	STO 11
Nominal-Zinsfuß	p_N	[%]	:	STO 12
Tilgungsintervall	t_T	[Tage]	:	STO 05
Festzinsdauer	t_Z	[Jahre]	:	STO 07
jährlicher Tilgungsanteil	T	[%]	:	STO 13
Auszahlungskurs	k	[%]	:	STO 14

Der Eingabedialog umfaßt den Programmbereich bis zur Anweisung in Zeile 35. Anschließend wird der Auszahlungsbetrag K_1 berechnet, in STO 09 abgespeichert und ausgegeben. Mit den Anweisungen in Zeile 44 bis 49 wird die Annuität als Jahresleistung gemäß Gl.(5.1.2) berechnet und in STO 10 abgespeichert.

In dem folgenden Unterprogrammaufruf [XEQ] 03 werden der Zinsfaktor q, der Aufzinsfaktor q^n sowie der nachschüssige Rentenendwertfaktor a_n berechnet. Falls für die Tilgungsrate ein Wert ungleich Null eingegeben wurde, wird in Zeile 54 das Unterprogramm LBL 02 für die Berechnung der Laufzeit der Hypothekentilgung aufgerufen. Die Laufzeit wird mit den Anweisungen der Zeilen 190 bis 210 gemäß Gl.(5.1.12) berechnet. Anschließend wird von Zeile 55 bis 68 die annuitätische Leistungsrate gemäß Gl.(5.1.2) berechnet, nach [STO] 03 abgespeichert und ausgegeben. Der berechnete oder aufgrund einer Eingabe geänderte Wert wird nach [STO] 08 abgespeichert. Von Zeile 72 bis 85 wird geprüft, ob die geänderte Annuität größer als der Zinsdienst ist, so daß die neue Laufzeit berechnet werden kann. Falls dies nicht der Fall ist, wird die Laufzeitberechnung übersprungen. Ab Zeile 86 bis 103 wird der Kontostand am Ende der Festzinsdauer gemäß Gl.(5.1.1) berechnet und ausgegeben.

Die Newton Iteration erfolgt innerhalb der Programmschleife von Label 04 in Zeile 113 bis Zeile 164. Der Funktionswert f(q) gemäß Gl.(5.1.6) wird in Zeile 130 nach [STO] 03 als Negativwert abgelegt. In Zeile 157 liegt der negative Funktionswert f'(q) gemäß Gl.(5.1.7) im X-Register vor. Falls die Differenz zweier Näherungswerte gemäß Gl.(5.1.10) die Schranke ϵ unterschritten hat, erfolgt die Ergebnisausgabe des Effektivzinsfußes durch letztmaligen Aufruf des Unterprogramms LBL "PX" in Zeile 211.

5.1.3 Anwendungsbeispiele für Überbrückungsdarlehen

1. Eine Hypothek mit dem Nennbetrag von 100.000,-- DM wird zu einem Nominalzinsfuß von 6,75 % bei 1 % jährlicher Tilgung zu einem Ausgabekurs von 93 % mit 5-jähriger Zinsfestschreibung und monatlicher Tilgung angeboten.

   Die Fragen des Eingabedialogs sind mit den vorstehenden Daten zu beantworten. Ohne Änderung der errechneten Annuität je Tilgungsintervall von 645,83 DM ergibt sich ein Effektivzinsfuß von 8,90 %. Erhöht man die Annuität auf den aufgerundeten Wert 650,-- DM beträgt der Effektivzinsfuß 8,91 % bei geringfügig verringerter Laufzeit.

Der Eingabedialog und Ergebnisausdruck ist nachfolgend angegeben:

```
        XEQ "HYPEFF"
KAPITAL? DM:
     100.000,00    RUN
ZINSFUSS? %:
           6,75    RUN
TIL.-INTERVALL? TAGE:
          30,00    RUN
FESTZINSDAUER? JAHRE:
           5,00    RUN
TILGUNG? %:
           1,00    RUN
KURS? %:
          93,00    RUN

AUSZAHLUNG:
93.000,00 DM

LAUFZEIT: 31,35 JAHRE

ANNUITAET JE INTERVALL
(30, TAGE):
645,83 DM
AENDERUNG?DM:
                   RUN

KONTOSTAND AM ENDE
DER FESTZINSDAUER:
94.277,88 DM

EFFEKTIVZINS
8,90 %
```

```
        XEQ "HYPEFF"
KAPITAL? DM:
     100.000,00    RUN
ZINSFUSS? %:
           6,75    RUN
TIL.-INTERVALL? TAGE:
          30,00    RUN
FESTZINSDAUER? JAHRE:
           5,00    RUN
TILGUNG? %:
           1,00    RUN
KURS? %:
          93,00    RUN

AUSZAHLUNG:
93.000,00 DM

LAUFZEIT: 31,35 JAHRE

ANNUITAET JE INTERVALL
(30, TAGE):
645,83 DM
AENDERUNG?DM:
         650,00    RUN

LAUFZEIT: 30,70 JAHRE

KONTOSTAND AM ENDE
DER FESTZINSDAUER:
93.991,77 DM

EFFEKTIVZINS
8,91 %
```

2. Eine Hypothek über 60.000,-- DM wird zu einem Nominalzinsfuß von 9 % ohne Tilgung mit 100 % Ausgabekurs, Zinsfestschreibung und monatlicher Zinszahlung in Höhe von 450,-- DM angeboten. Das Programm liefert hier einen Effektivzinsfuß bedingt durch die monatliche Zinszahlung in Höhe von 9,39 %. Da die Annuität nur den Zinsdienst abdeckt, wird keine Laufzeit ausgegeben. Erst durch Steigerung der Annuität auf 460,-- DM wird wieder eine endliche Laufzeit mit 44,43 Jahre erreicht, wie nachfolgend als Ergebnisausdruck angegeben:

```
           XEQ "HYPEFF"
KAPITAL? DM:
          60.000,00    RUN
ZINSFUSS? %:
               9,00    RUN
TIL.-INTERVALL? TAGE:
              30,00    RUN
FESTZINSDAUER? JAHRE:
               1,00    RUN
TILGUNG? %:
               0,00    RUN
KURS? %:
             100,00    RUN

AUSZAHLUNG:
60.000,00 DM

ANNUITAET JE INTERVALL
<30, TAGE>:
450,00 DM
AENDERUNG?DM:
                       RUN

KONTOSTAND AM ENDE
DER FESTZINSDAUER:
60.000,00 DM

EFFEKTIVZINS
9,39 %
```

```
           XEQ "HYPEFF"
KAPITAL? DM:
          60.000,00    RUN
ZINSFUSS? %:
               9,00    RUN
TIL.-INTERVALL? TAGE:
              30,00    RUN
FESTZINSDAUER? JAHRE:
               1,00    RUN
TILGUNG? %:
               0,00    RUN
KURS? %:
             100,00    RUN

AUSZAHLUNG:
60.000,00 DM

ANNUITAET JE INTERVALL
<30, TAGE>:
450,00 DM
AENDERUNG?DM:
             460,00    RUN

LAUFZEIT: 44,43 JAHRE

KONTOSTAND AM ENDE
DER FESTZINSDAUER:
59.880,00 DM

EFFEKTIVZINS
9,40 %
```

5.2 Annuitätentilgung

Bei der Annuitätentilgung eines Kapitals sind verschiedene Formen der Tilgungs- und Zinsverrechnung gebräuchlich, deren mathematische Behandlung in diesem Abschnitt aufgezeigt und programmtechnisch realisiert werden. Insbesondere wird der Unterschied zwischen unterjährlicher Zinseszins-Verrechnung und der unterjährlichen Zinsstaffel-Verrechnung mit jährlicher Zinsbelastung dargestellt. Im Tilgungsplan wird zusätzlich eine Variante mit unterlagerten Tilgungsintervallen innerhalb eines Zinsintervalls berücksichtigt. Hierbei können zusätzlich tilgungsfreie Anfangsintervalle definiert werden. Für den Eingabedialog werden Möglichkeiten einer automatischen Plausibilitätskontrolle verschiedener Eingabedaten aufgezeigt.

5.2.1 Annuität

Für eine Laufzeit von $n = n_1{,}n_2$ Jahren, wobei n_1 die Anzahl der vollen Jahre und n_2 den dezimalen Restjahresanteil angibt, beträgt der Endstand E_s eines ungetilgten Schuldenkontos bei jährlicher Zinseszinsberechnung:

$$E_s = K_o\, q^{n_1}\, (1+in_2) \qquad (5.2.1)$$

Bei einer Tilgungs-Intervalldauer von T-Tagen ergeben sich jährlich n_J Annuitätsraten als intervallbezogene Tilgungsraten. Diese können als Rente zur Bildung eines Rentenendwertes E_R aufgefaßt werden.

Für die Anzahl der jährlichen Annuitätsraten gilt:

$$n_J = \frac{360}{T} \qquad (n_J = \text{ganzzahlig}) \qquad (5.2.2)$$

Die Ganzzahligkeit von n_J kann programmtechnisch innerhalb des Eingabedialogs durch folgende Anweisungfolge im Sinne einer Plausibilitätskontrolle garantiert werden.

```
LBL 10
TIL.-Intervall? Tage:
PROMPT⇐T
360
x⇄y
÷
INT
LAST X
X ≠ Y
GTO 10
```

Mit der Ungleich-Abfrage wird festgestellt, ob der Integer-Anteil von 360 : T (Y-Register) ungleich dem Dezimalergebnis der Division (X-Register) ist. Falls dies der Fall ist, erfolgt ein Rücksprung nach LBL 10 und die Abfrage wird wiederholt. Die Eingabeschleife wird daher nur verlassen, wenn der Eingabewert für T ganzzahlig durch 360 teilbar ist.

Bei vorgegebenem dezimalen Laufzeitanteil n_2 muß ferner gewährleistet sein, daß durch n_2 eine ganzzahlige Anzahl von Annuitätsraten $n_T = n_2\, n_J$ beschrieben wird.

In dem nachfolgenden angegebenen Programmauszug (Bild 5.2.1) sind die Ganzzahligkeitsüberwachungen für n_J und n_T durch die beiden Rücksprungschleifen Label 09 (Zeile 07 bis 39) und Label 10 (Zeile 18 bis 30) dargestellt. Der als ganzzahliger Teiler von 360 erkannte Tilgungsintervall-Wert n_J wird in Zeile 31 nach STO 05 abgespeichert. Nach Multiplikation mit dem in STO 08 abgespeicherten Dezimalanteil der Laufzeit wird das Produkt $n_2\ n_J$ auf zwei Stellen gerundet und der ganzzahlige Anteil mit dem ursprünglichen Produkt verglichen. Diese Operation ist erforderlich, da wegen der begrenzten Rechengenauigkeit, z.B. aus $n_2\ n_J$ = (30/360)˙ 12= 0,999999996 die Integer-Anweisung in Zeile 36 den Wert 0 liefert und damit die Vergleichsabfrage unrichtig verlassen würde.

```
07♦LBL 09
08 RCL 13
09 "LAUFZEIT? JAHRE"
10 "⊦:"
11 PROMPT
12 STO 13
13 INT
14 STO 07      n1
15 LASTX
16 FRC
17 STO 08      n2
18♦LBL 10
19 RCL 14
20 "TIL. INTERVALL?"
21 "⊦ TAGE:"
22 PROMPT      ⇐T
23 STO 14
24 360
25 X<>Y
26 /
27 INT
28 LASTX
29 X≠Y?
30 GTO 10
31 STO 05      nJ
32 RCL 08
33 *
34 FIX 2
35 RND
36 INT
37 LASTX
38 X≠Y?
39 GTO 09
```

Bild 5.2.1 Ganzzahligkeitsüberwachung für n_J und n_T

Für die Anzahl der Annuitätsraten n_T in dem Restjahresanteil n_2 gilt:

$$1 \leqq n_T < n_J \qquad (5.2.3)$$

Das Rentenkonto für die annuitätische Tilgung mit der Annuitätsrate A als fiktives Vergleichskonto erreicht am Ende des ersten Jahres bei jährlicher Zinsgutschrift und Staffelverzinsung gemäß Bild 5.2.2 den Endstand:

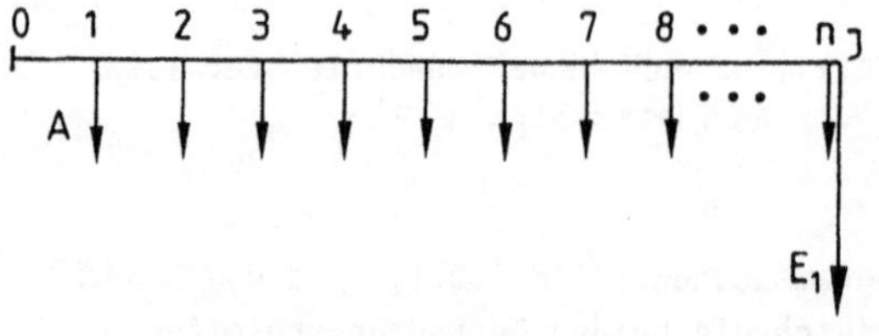

Bild 5.2.2 Annuitätenzahlungsstrahl für das erste Jahr

$$E_1 = A \left\{1 + (1 + \frac{i}{n_J}) + (1 + 2\frac{i}{n_J}) + \ldots + \left[1 + (n_J - 1)\frac{i}{n_J}\right]\right\} \qquad (5.2.4)$$

$$E_1 = A \left\{n_J + \left[1 + 2 + \ldots + (n_J - 1)\right]\frac{i}{n_J}\right\} \qquad (5.2.5)$$

$$E_1 = A \left\{n_J + \frac{n_J - 1}{2}\left[1 + (n_J - 1)\right]\frac{i}{n_J}\right\} \qquad (5.2.6)$$

$$E_1 = A \left(n_J + \frac{n_J - 1}{2} i\right) \qquad (5.2.7)$$

Nach n_1 vollen Jahren ist gemäß Bild 5.2.3 der Stand E_{n1} erreicht:

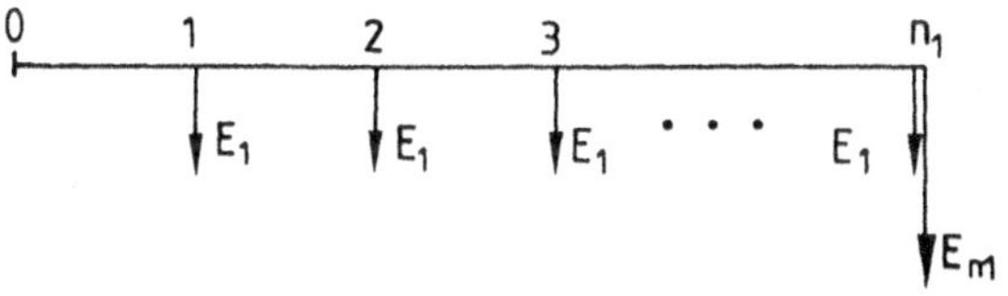

Bild 5.2.3 Annuitätenzahlungsstrahl für n_1 Jahre

Der Endstand E_{n1} ergibt sich als Rentenendwert der nachschüssig fälligen Jahresrente E_1 zu:

$$E_{n1} = E_1 \left(1 + q + q^2 + \ldots + q^{n_1 - 1}\right) \qquad (5.2.8)$$

$$q\, E_{n1} = E_1 \left(q + q^2 + q^3 + \ldots + q^{n1}\right) \qquad (5.2.9)$$

$$E_{n1}(q - 1) = E_1 \left(q^{n_1} - 1\right) \qquad (5.2.10)$$

$$E_{n1} = E_1 \frac{q^{n_1} - 1}{q - 1} \qquad (5.2.11)$$

$$E_{n1} = A \left(n_J + \frac{n_J - 1}{2} i\right) \frac{q^{n_1} - 1}{q - 1} = E_1\, a_{n1} \qquad (5.2.12)$$

a_{n1} ist der nachschüssige Rentenendwertfaktor für n_1 Jahre.

Für eine weitere Restlaufzeit n_2 im (n_1+1)ten Jahr ergibt sich der Endkontostand aus dem aufgezinsten Jahresendstand E_{n1} und dem restlichen Teiljahresbetrag der aufgezinsten Annuitätszahlungen. Der Teiljahresbetrag E_{n2} setzt sich zusammen aus der Summe der restlichen Annuitätszahlungen $A \cdot n_T$ und dem restlichen Zinsanteil:

$$E_{n2} = A \left(n_T + \frac{n_T - 1}{2} \; n_2 \; i\right) \qquad (5.2.13)$$

Mit $n_T = n_2 \; n_J$ ergibt sich:

$$E_{n2} = A \; n_2 \left(n_J + \frac{n_2 \; n_J - 1}{2} \; i\right) \qquad (5.2.14)$$

Falls die letzte Annuitätsrate A_Z nur noch eine Restzahlung der vorherigen Annuitätsraten umfaßt, muß noch eine Korrektur des Endwertes durch Abzug einer Annuitätsrate gemacht werden. Damit ergibt sich als Endwert des Rentenkontos E_R nach Abrechnung aller Rückzahlungen am Ende der Laufzeit:

$$E_R = E_{n1}(1 + i \; n_2) + E_{n2} - A + A_Z \qquad (5.2.15)$$

$$E_R = A \left\{\left(n_J + \frac{n_J - 1}{2} \; i\right) \frac{q^{n_1} - 1}{q - 1} \; (1 + i \; n_2) + n_2 \left(n_J + \frac{n_2 \; n_J - 1}{2} \; i\right)\right\} - A + A_Z \qquad (5.2.16)$$

Setzt man für den dezimalen Teiljahreszeitraum:

$$n_2 = \frac{n_T}{n_J} \quad \text{mit} \quad 1 \leqq n_T < n_J, \quad n_T \text{ ganzzahlig} \qquad (5.2.17)$$

so läßt sich der Endwert nach n_1 Jahren und n_T Tilgungsintervallen innerhalb des (n_1+1)ten Jahres für gleichbleibende Annuitätsraten A_o allgemein formulieren:

$$E_R = A_o \underbrace{\left[\left(n_J + \frac{n_J - 1}{2} \; i\right) \frac{q^{n_1} - 1}{q - 1} \left(1 + i \; \frac{n_T}{n_J}\right) + n_T \left(1 + \frac{n_T - 1}{2 \; n_J} \; i\right)\right]}_{a_T} \qquad (5.2.18)$$

Bezeichnet man den Term innerhalb der eckigen Klammer von Gl.(5.2.18) als den sich durch intervallbezogene Zinsberechnung mit jährlicher Zinsgutschrift ergebenden nachschüssigen Rentenendwertfaktor a_T, so gilt für den Rentenendwert E_R:

$$E_R = A_o \; a_T \qquad (5.2.19)$$

Durch Gleichsetzen mit dem Endwert des ungetilgten Schuldkontos gemäß Gl.(5.2.1) folgt für die natürliche Annuität A_0:

$$A_0 = K_0 \frac{q^{n1} (1 + i\, n_2)}{a_T} = \frac{E_s}{a_T} \tag{5.2.20}$$

Für eine bestimmte Laufzeit $n = n_1, n_2$ und der jährlichen Intervallzahl n_J läßt sich für gleichbleibende Annuitätsraten $A = A_0$ die natürliche Annuität A_0 aus Gl.(5.2.18) errechnen.

Wird ein neues A gewählt, z.B. ein gerundeter Wert, so kann der sich dadurch ergebende Unterschiedsbetrag durch entsprechende Anpassung der letzten Annuitätsrate A_Z berücksichtigt werden:

$$A_Z = A + (A_0 - A)\, a_T \tag{5.2.21}$$

Der Kontostand nach n_1 Jahren und n_T Tilgungsintervallen ergibt sich aus der Differenz des Schuldenkontos E_s gemäß Gl.(5.2.1) und dem Tilgungskontostand E_R:

$$S = E_S\,(n_1, n_T) - E_R\,(n_1, n_T) \tag{5.2.22}$$

$$S = K_0\, q^{n_1}\left(1 + i\,\frac{n_T}{n_J}\right) - A_0 \left[\left(n_J + \frac{n_J - 1}{2}\, i\right) \frac{q^{n1} - 1}{q - 1} \left(1 + i\,\frac{n_T}{n_J}\right) + n_T \left(1 + \frac{n_T - 1}{2 n_J}\, i\right)\right] \tag{5.2.23}$$

Der Rückzahlungsbetrag ergibt sich als Summe aller Tilgunsraten zu

$$S_R = A_0 (n_1 n_J + n_T - 1) + A_Z \tag{5.2.24}$$

5.2.2 Laufzeit

Andererseits kann auch die natürliche Annuitätsrate A_0 vorgegeben werden. Dann ergibt sich die Laufzeit n_1, n_2 aus der Kombination von drei Schritten zur Berechnung des Vor- und Nachkommaanteils.

Im ersten Schritt wird der Vorkommaanteil aus dem Ansatz: "Gleicher Endkontostand eines ungetilgten Schuldkontos mit dem fiktiven Rentenzahlungskonto zum Ende des Jahres n_1", bestimmt:

$$K\,q^n = \Big[\underbrace{A_o\,(n_J + \frac{n_J - 1}{2}\,i)}_{a_T^*}\;\frac{q^n - 1}{q - 1}\Big] \tag{5.2.25}$$

$$K_o q^n = A_o\,a_T^*\,\frac{q^n - 1}{q - 1} \tag{5.2.26}$$

$$n = \frac{\ln\left[1 - \frac{K_o\,(q - 1)}{A_o\,a_T^*}\right]^{-1}}{\ln q} \tag{5.2.27}$$

$$n_1 = \mathrm{INT}\,\{n\} \tag{5.2.28}$$

Im zweiten Schritt läßt sich der Nachkommaanteil n_2 aus dem Ansatz für gleichen Endstand des ungetilgten Schuldkontos mit dem Rentenzahlungskonto zum Ende der Gesamtlaufzeit n_1, n_2 bestimmen:

$$K_o q^{n_1}(1 + i\,n_2) = A_o\left[(n_J + \frac{n_J - 1}{2}\,i)\,\frac{q^{n_1} - 1}{q - 1}\,(1 + i\,n_2) + n_2(n_J + \frac{n_2\,n_J - 1}{2}\,i)\right] \tag{5.2.29}$$

Setzt man als Abkürzungen:

$$K_{n1} = K_o\,q^{n_1} \tag{5.2.30}$$

$$b_T = (n_J + \frac{n_J - 1}{2}\,i)\,\frac{q^{n_1} - 1}{q - 1} \tag{5.2.31}$$

so ergibt sich eine quadratische Bestimmungsgleichung für die Restlaufzeit n_2 im $(n_1 + 1)$ten Jahr:

$$n_2 = x + \sqrt{x^2 + \frac{2}{i\,n_J}\,(\frac{K_{n1}}{A_o} - b_T)} \tag{5.2.32}$$

$$x = \frac{1}{n_J}\,(\frac{K_{n1}}{A_o} - b_T + \frac{1}{2}) - \frac{1}{i} \tag{5.2.33}$$

Die negative Wurzel entfällt, da für n_2 die Einschränkung $0 < n_2 < 1$ gilt.

Im dritten Schritt ist zu prüfen, ob n_2 nach Multiplikation mit der Anzahl Jahresintervalle (also $n_2\ n_J$) eine ganzzahlige Anzahl Annuitätszahlung im (n_1+1)ten Jahr ergibt. Ist dies nicht der Fall, muß auf Ganzzahligkeit aufgerundet werden:

$$n_T = \text{RND}\ \left\{ n_2\ \frac{360}{T} + 0{,}5 \right\} \ \Big|\ \text{FIX } 0 \qquad (5.2.34)$$

Mit dem daraus folgenden neuen n_2^* :

$$n_2^* = \frac{T}{360}\ n_T \qquad (5.2.35)$$

muß der Endwert bei dem intervallbezogenen Rentenzahlungskonto durch eine entsprechende Korrektur der letzten Annuitätsrate A_Z ausgeglichen werden. Hierzu muß gelten:

$$E_S = E_R - A_o + A_Z \qquad (5.2.36)$$

Damit folgt für die letzte Annuitätsrate:

$$A_Z = E_S - A_o\ (a_T - 1) \qquad (5.2.37)$$

5.2.3 Intervallbezogene Zinseszinsberechnung

Bei intervallbezogener Zinseszinsberechnung ist der Endstand E_S des ungetilgten Schuldenkontos durch intervallweise Aufzinsung zu ermitteln:

$$E_S = K_o\ q_z^{\ n_z} \qquad (5.2.38)$$

$$q_z = 1 + \frac{i}{n_J} \qquad (5.2.39)$$

$$n_z = n\ n_J \qquad (5.2.40)$$

Der Endwert des Rentenkontos als fiktives Vergleichskonto unterliegt ebenfalls einer intervallbezogenen Zinseszinsberechnung mit der Annuitätsrate A je Zinsintervall n_J:

$$E_R = A\ \frac{q_z^{\ n_z} - 1}{q_z - 1} \qquad (5.2.41)$$

Damit folgt für die natürliche Annuitätsrate bei intervallbezogener Zinseszinberechnung

$$A_o = K_o\ \frac{q_z^{\ n_z}(q_z - 1)}{q_z^{\ n_z} - 1} = K_o\ w_z \qquad (5.2.42)$$

Die natürliche Annuitätsrate bei intervallbezogener Zinseszinsberechnung ist gleich dem Nominalkapital K_0, ggf. zuzüglich einer Darlehensgebühr multipliziert mit dem intervallbezogenen Wiedergewinnungsfaktor w_z.
Der Tilgungsplan ergibt sich durch zyklische Berechnung des Kontostandes S nach n_z Zinsintervallen:

$$S = E_S - E_R \tag{5.2.43}$$

$$S_{nz} = K_0 \, q_z^{\,n_z} - A_0 \frac{q_z^{\,n_z} - 1}{q_z - 1} \tag{5.2.44}$$

5.2.4 Intervallbezogene Zinseszinsberechnung mit unterlagerten Tilgungsintervallen und tilgungsfreien Anfangsintervallen

Zur Ableitung einer allgemeinen Formel für den Kontostand am Ende eines beliebigen Zinsintervalls wird von einer quartalsmäßigen Verzinsung und monatlicher Tilgung ausgegangen. Dabei ergibt sich folgende Saldenentwicklung:

Anfangsstand
(Kapitalnennbetrag + Darlehensgebühr): $S_0 = K_0 + G$ (5.2.45)

Nach dem 1. Zinsintervall (vierteljährlich) bei einem tilgungsfreien Anfangsintervall: $S_1 = S_0(1 + \frac{3}{12} i) - 2A$ (5.2.46)

Nach dem 2. Zinsintervall: $S_2 = S_1(1 + \frac{3}{12} i) - 3A$ (5.2.47)

Nach dem 3. Zinsintervall: $S_3 = S_2(1 + \frac{3}{12} i) - 3A$ (5.2.48)

⋮

Nach dem n_z-ten Zinsintervall:
($\hat{=}$ 3n-ten Tilgungsintervall) $S_n = S_{n-1}(1 + \frac{3}{12} i) - 3A$ (5.2.49)

Aus der aufgezeigten rekursiven Entwicklung läßt sich folgende geschlossene Lösungsform herleiten:

$S_4 = S_3 \, q - 3A$ mit: $q = 1 + \frac{3}{12} i$

$S_4 = (S_2 \, q - 3A) \, q - 3A$

$$S_4 = \left[(S_1\ q - 3\ A)\ q - 3\ A\right] q - 3\ A$$

$$S_4 = \left\{\left[(S_0\ q - 2\ A)\ q - 3\ A\right] q - 3\ A\right\} q - 3\ A$$

$$S_4 = S_0\ q^4 - 2\ A\ q^3 - 3\ A\ q^2 - 3\ Aq - 3\ A$$

$$S_4 = S_0\ q^4 - 2\ A\ q^3 - 3\ A\ (q^2 + q + 1)$$

$$S_4 = S_0\ q^4 - (3 - 1)\ A\ q^3 - 3\ A\ (q^2 + q + 1)$$

$$S_4 = S_0\ q^4 + A\ q^3 - 3\ A\ (q^3 + q^2 + q + 1)$$

$$S_4 = S_0\ q^4 + A\ q^3 - 3A\ \frac{q^4 - 1}{q - 1}$$

Allgemein gilt für n_z-Zinsintervalle und n_{Tz} zinsunwirksame Tilgungsintervalle innerhalb eines Zinsintervalls bei n_F tilgungsfreien Anfangsintervallen im ersten Zinsintervall:

$$S_{nz} = S_0\ q^{n_z} + A\left[n_F\ q^{n_z - 1} - n_{Tz}\ \frac{q^{n_z} - 1}{q - 1}\right] \qquad (5.2.50)$$

$$n_z = \text{INT}\left\{n\ n_{Jz}\right\} \qquad (5.2.51)$$

Für den auf das Zinsintervall bezogenen Zinsfaktor gilt mit n_{Jz} als die Anzahl jährlicher Zinsintervalle mit einer Spanne von T_z Zinstagen:

$$q_z = (1 + \frac{T_z}{360}\ i) = 1 + \frac{i}{n_{Jz}} \qquad (5.2.52)$$

$$n_{Jz} = \frac{360}{T_z}\ ,\quad n_{Tz} = \frac{T_z}{T_T} \qquad (5.2.53)$$

Der Kontostand am Ende des letzten Zinsintervalls mit voller Annuitätsrate ist entweder gleich Null (bei der natürlichen Annuität) oder im allgemeinen Fall gleich der abgezinsten Summe aller Restraten für das letzte Zinsintervall:

$$S_{nz} = \frac{A^*_{nz}}{q_z} \qquad (5.2.54)$$

Damit folgt für die Annuität unter Berücksichtigung einer Darlehensgebühr G mit $S_o = K_o + G$:

$$A = \frac{S_o\, q^{n_z} - \frac{A^*_{nz}}{q_z}}{n_{Tz}\, a_{nz} - n_F\, q^{n_z - 1}} \qquad (5.2.55)$$

$$a_{nz} = \frac{q^{n_z} - 1}{q - 1} = \frac{q^{n_z} - 1}{i} \qquad (5.2.56)$$

Bei mehreren Tilgungsintervallen innerhalb eines Zinsintervallls setzt sich A^*_{nz} aus der letzten Tilgungsrate A_z und bis zu $n_{Tz} - 1$ Tilgungsraten A zusammen.

$$A^*_{nz} = n_x A + A_z \qquad \text{mit } o \leq n < n_{Tz} \qquad (5.2.57)$$

Die natürliche Annuität ergibt sich für $A^*_{nz} = 0$ zu:

$$A_o = \frac{S_o\, q_z^{n_z}}{n_{Tz}\, a_{nz} - n_F\, q^{n_z - 1}} \qquad (5.2.58)$$

Für den Tilgungsplan ist die Gl.(5.2.50) von n_z=1 aufsteigend solange anzuwenden bis für den Kontostand $S^*_{nz} = S_{nz}$ gilt:

$$S_{nz} = S^*_{nz} \leqq \frac{n_{Tz} A}{q_z} \Rightarrow n_z \qquad (5.2.59)$$

Ist diese Bedingung erfüllt, so gibt das erreichte n_z die Anzahl der Zinsintervalle mit ungekürzter Annuität an. Für den Fall der Kleiner-Bedingung ergibt sich aus dem ganzzahligen Vielfachen der Annuität A je Tilgungsintervall die Anzahl und Höhe der Rest-Annuitäten. Für die Anzahl der Restannuitäten vom Betrag A gilt:

$$n_x = \mathrm{INT}\left\{\frac{S^*_{nz}\, q_z}{A}\right\} \qquad (5.2.60)$$

Für die letzte Annuität gilt:

$$A_z = S^*_{nz}\, q_z - n_x A \qquad (5.2.61)$$

5.2.5 Effektivzinsfuß

Für die Berechnung der effektiven Jahreszinsen wird in Übereinstimmung mit der geltenden Verordnung zur Regelung der Preisangaben (PAngV vom 14.03.1985) gemäß § 4 verfahren.

Der effektive Zinsfuß ergibt sich aus der Gleichgewichtsbeziehung zwischen einem ungetilgten, jährlich aufgezinsten Schuldenkonto über den ausgezahlten Kapitalbetrag und einem fiktiven Tilgungskonto mit ebenfalls jährlicher Zinssollstellung unter zeitanteiliger Berücksichtigung der unterjährlichen Tilgungsraten.

Für $p = p_{eff}$ muß somit für den Endzustand beider Konten gelten:

$$E_S = E_R \tag{5.2.62}$$

Da mit K_1 anstelle von K_o Gl.(5.2.1) für E_S und Gl.(5.2.16) für E_R die Gleichgewichtsbeziehung eine Bestimmungsgleichung höheren Grades für $q = q_{eff}$ beschreibt, wird die Lösung mit Hilfe der Newton Iteration für f(i)=0 gewonnen:

$$f(i) = K_1 q^{n_1} (1 + in_2) - A \left\{ (n_J + \frac{n_J - 1}{2} i) \frac{q^{n_1} - 1}{i} (1 + in_2) + n_2 \left[n_J + \frac{n_2 n_J - 1}{2} i \right] \right\} + A - A_Z \tag{5.2.63}$$

Da q = 1 + i ist, sind die Differentiale $\frac{df}{di}$ und $\frac{df}{dq}$ identisch, so daß die unterschiedlichen Variablen i und q in Gl.(5.2.63) gleichzeitig differenziert werden können.

Vor der Differentiation wird die Gl.(5.2.63) geringfügig umgeformt:

$$f(i) = \frac{K_1}{A} q^{n_1} (1 + in_2) - (n_J + \frac{n_J - 1}{2} i) (q^{n_1} - 1) (\frac{1}{i} + n_2) - n_2 (n_J + \frac{n_2 n_J - 1}{2} i) + 1 - \frac{A_Z}{A} \tag{5.2.64}$$

$$f'(i) = \frac{df(i)}{di} = \frac{K_1}{A} q^{n_1} \left[\frac{n_1}{q} (1 + in_2) + n_2 \right] - n_2 \frac{n_2 n_J - 1}{2} - (q^{n_1} - 1) (n_2 \frac{n_J - 1}{2} - \frac{n_J}{i^2}) - n_1 q^{n_1 - 1} (1 + in_2) (\frac{n_J}{i} + \frac{n_J - 1}{2}) \tag{5.2.65}$$

Der effektive Zinssatz i_{eff} bzw. der effektive Zinsfuß p_{eff} ergibt sich schließlich durch iterative Annäherung an den Lösungswert der Gl.(5.2.47):

$$i_{n+1} = i_n - \frac{f(i)}{f'(i)} \qquad (5.2.66)$$

$$p_{eff} = i \; 100\,\% \qquad \text{für} \quad \left| i_{n+1} - i_n \right| < 10^{-5} \qquad (5.2.67)$$

Die Effektivzinsberechnung ist als Unterprogramm Label "EFFZ" mit iterativer Lösung der Funktion

$$p_{eff} = f\,(K_1,\, A,\, n_1,\, n_2,\, n_J,\, A_Z)$$

konzipiert. Die genannten Eingabevariablen werden vor dem Unterprogrammaufruf folgenden permanenten Speichern zugeordnet:

Auszahlungsbetrag	K_1	⇒ STO 19
Annuität	A	⇒ STO 18
Zinsatz als Startwert	i	⇒ STO 02
Laufzeit in vollen Jahren	$n_1 = \mathrm{Int}(n)$	⇒ STO 07
Laufzeit (dez.Restanteil)	$n_2 = \mathrm{FRC}(n)$	⇒ STO 08
Tilgungsintervalle je Jahr	$n_J = 360/T$	⇒ STO 05
Letzte Annuitätsrate	A_Z	⇒ STO 17

Zur Beschleunigung des iterativen Lösungsverfahrens werden in einem Unterprogrammvorspann noch folgende Größen als konstante Daten berechnet und entsprechenden Speichern zugeordnet:

$$\frac{n_J - 1}{2} \Rightarrow \text{STO 04}$$

$$\frac{n_J\, n_2 - 1}{2} \Rightarrow \text{STO 10}$$

Aus dem gleichen Grund werden innerhalb des Unterprogramms folgende variablen Zwischenwerte berechnet und als temporäre Daten abgespeichert:

$$q \Rightarrow \text{STO 00}$$

$$q^{n1} \Rightarrow \text{STO 01}$$

$$i \Rightarrow \text{STO 02}$$

$$1 + i n_2,\ \frac{n_J}{i} \Rightarrow \text{STO 03}$$

$$K_1\ \frac{q^k}{A},\ f'(i) \Rightarrow \text{STO 06}$$

$$f\,(i) \Rightarrow \text{STO 09}$$

Die Größen K_1, q, n_1, n_2 und n_J werden nicht als direkte Eingabewerte zur Verfügung gestellt, sondern aus den Eingabegrößen Kapital-Nennbetrag K_0 in STO 11, Zinsfuß p in STO 12, Laufzeit n in STO 13, Tilgungsintervall T in STO 14, Kurs k in STO 15 berechnet. In bezug auf die permanenten Speicher ergeben sich folgende Zuordnungen:

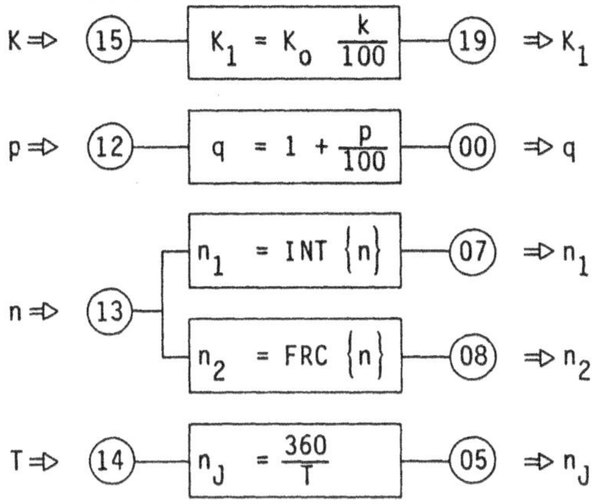

5.2.6 Programmbeschreibung "ANNU"

Die Anweisungsliste des Programms "ANNU" ist in Tabelle 5.2 angegeben. Es werden insgesamt 20 Datenspeicher benötigt (SIZE 020). Die Speicher STO 11 bis STO 15 sind für die regenerierende Dialogeingabe der Variablen: Kapital K_0 (STO 11), Zinsfuß p (STO 12), Laufzeit n (STO 13), Tilgungs- bzw. Zinsintervall (STO 14) und Ausgabekurs k (STO 15) vorgesehen. Dieser Eingabebereich umfaßt die Anweisungen 01 bis 47. Mit den Anweisungen 29 und 38 wird die Plausibilitätskontrolle durchgeführt. Die Anzahl der Tilgungs- bzw. Zinsintervalle gemäß Gl.(5.2.2) wird mit der Anweisung in Zeile 31 nach STO 05 abgespeichert. Die in den Zeilen 52 und 53 aufgerufenen Unterprogramme LBL 02 und LBL 03 von Zeile 571 bis 591 dienen zur Berechnung der Rechnungsgrößen: Zinssatz i (STO 02), Zinsfaktor q (STO 00), Aufzinsungsfaktor q^{n1} (STO 01) und nachschüssiger Rentenendwertfaktor (X-Register). Mit den Anweisungen 56 bis 99 wird die natürliche Annuität A_0 für Staffelverzinsung innerhalb des Kalenderjahres gemäß Gl.(5.2.18) bestimmt und nach STO 18 abgespeichert. Mit dem in Zeile 102 aufgerufenen Unterprogramm LBL 04 erfolgt der entsprechende Ausdruck des Ergebnisses für die natürliche Annuität, bei gesetztem Flag 1 für jährliche Staffelverzinsung. Anschließend wird in den Anweisungen von Zeile 106 bis 126 die natürliche Annuität für Intervallverzinsung gemäß Gl.(5.2.42) berechnet und mit gesetztem Flag 3 ausgegeben. Durch Vergleich der beiden Annuitäten wird die unterschiedliche Auswirkung der beiden Verzinsungsarten offenkundig.

Ab Zeile 130 beginnt die Berechnung des Effektivzinsfußes. Hierzu wird in Zeile 154 die Möglichkeit geboten, eine frei gewählte Annuität, abweichend von der natürlichen Annuität, einzugeben. Da die Laufzeit an feste Tilgungs- bzw. Zinsintervalle gebunden ist, kann auch eine Restrate abweichend von der im Normalfall gleich der Annuität gesetzten Restrate vorgegeben werden. Der Iterationsprozeß für den effektiven Zinsfuß umfaßt die Anweisungen von LBL 06 in Zeile 168 bis zur Zeile 263. In Zeile 216 wird f(i) gemäß Gl.(5.2.64) nach STO 09 abgespeichert. Das Differential f'(i) gemäß Gl.(5.2.65) wird in Zeile 255 nach STO 06 abgespeichert. Nach Abschluß der Iteration gemäß Gl.(5.2.68) nach Maßgabe der Vergleichsfrage in Zeile 262 wird der Effektivzinsfuß in Zeile 271 durch Aufruf des Ausgabeunterprogramms "PX" ausgegeben.

Ab Zeile 274 bis 570 wird der Tilgungsplan programmtechnisch realisiert. Zunächst wird eine Auswahl über die möglichen Verzinsungsarten durch Eingabe der Ziffern 1, 2 oder 3 getroffen. Ziffer 1 bedeutet Staffelverzinsung innerhalb des Kalenderjahres und jährliche Zinsesverzinsung, Ziffer 2 Intervallverzinsung und Ziffer 3 Intervallverzinsung mit unterlagerten zinsunwirksamen Tilgungsintervallen. In Zeile 294 wird der Anfangskontostand S_0 gemäß Gl.(5.2.45) nach STO 08 abgespeichert. In Zeile 303 wird das Tilgungsintervall in Tagen abgefragt, da der zuvor eingegebene Intervallwert in STO 14 als Zinsintervall gewertet wird. Die Anzahl der Tilgungsintervalle innerhalb eines Kalenderjahres werden gemäß Gl.(5.2.53) in Zeile 308 nach STO 06 und in Zeile 316 nach STO 05 abgespeichert. Anschließend werden in Zeile 320 die tilgungsfreien Intervalle abgefragt und nach STO 07 abgespeichert. Ab Zeile 326 ist in STO 02 der intervallbezogene Zinssatz i^* und ab Zeile 329 in STO 00 der intervallbezogene Zinsfaktor q^* abgespeichert. Mit den Anweisungen von Zeile 320 bis 353 wird die Annuität gemäß Gl.(5.2.55) bestimmt und nach STO 18 abgespeichert.

Der Tilgungsplan beginnt mit der Frage nach dem Startjahr in Zeile 377. Wird diese Frage durch Betätigung der R/S-Taste quittiert, so beginnt der Tilgungsplan mit dem Kontostand nach dem ersten Zinsintervall im ersten Jahr.

Der Zyklus für den Tilgungsplan beginnt in Zeile 391 mit LBL 07 und reicht für den Intervallzyklus bis Zeile 503 und für den Jahreszyklus bis Zeile 513. Der jeweilige Intervallwert ist in STO 10 und der zugehörige Jahreswert in STO 09 abgespeichert. Der Intervallwert wird in Zeile 499 und der Jahreswert in Zeile 506 inkrementiert. In Zeile 465 ist der jeweilige Kontostand nach Maßgabe der gewählten Verzinsungsart gemäß Gl.(5.2.23) für jährliche Verzinsung, Gl.(5.2.44) für Intervallverzinsung oder Gl.(5.2.50) für Intervallverzinsung mit unterlagerten Tilgungsintervallen berechnet und wird nach STO 01 abgelegt.

Der Tilgungszyklus wird in Zeile 495 nach LBL 00 in Zeile 514 verlassen. Anschließend wird noch die letzte Tilgungsrate und der Rückzahlbetrag bestimmt. Das Programm endet mit der RTN-Anweisung in Zeile 570. Es erfordert einen Speicherplatzbereich von 1.317 Bytes entsprechend 189 Register und kann auf 6 Magnetkarten abgespeichert werden.

Tabelle 5.2 Anweisungsliste des Programms "ANNU"

```
01♦LBL "ANNU"
02 SF 03
03 RCL 11
04 "KAPITAL? DM:"
05 PROMPT
06 STO 11

07♦LBL 09
08 RCL 13
09 "LAUFZEIT? JAHRE"
10 "⊢:"
11 PROMPT
12 STO 13
13 INT
14 STO 07
15 LASTX
16 FRC
17 STO 08

18♦LBL 10
19 RCL 14
20 "TIL. INTERVALL?"
21 "⊢ TAGE:"
22 PROMPT
23 STO 14
24 360
25 X<>Y
26 /
27 INT
28 LASTX
29 X≠Y?
30 GTO 10
31 STO 05
32 RCL 08
33 *
34 FIX 2
35 RND
36 INT
37 LASTX
38 X≠Y?
39 GTO 09
40 RCL 12
41 "ZINSFUSS? %:"
42 PROMPT
43 STO 12
44 RCL 15
45 "KURS? %:"
46 PROMPT
47 STO 15
48 RCL 11
49 RCL 15
50 %
51 STO 19
52 XEQ 02
53 XEQ 03
54 FS? 04
55 GTO "EFFZ"
56 STO 03
57 RCL 08
58 RCL 02
59 *
60 1
61 +
62 STO 04
63 RCL 01
64 *
65 RCL 11
66 *
67 STO 09
68 RCL 05
69 1
70 -
71 2
72 /
73 RCL 02
74 *
75 RCL 05
76 +
77 RCL 03
78 *
79 RCL 04
80 *
81 RCL 08
82 RCL 05
83 *
84 1
85 -
86 2
87 /
88 RCL 02
89 *
90 RCL 05
91 +
92 RCL 08
93 *
94 +
95 STO 06
96 RCL 09
97 RCL 06
98 /
99 STO 18
100 XEQ 05
101 SF 01
102 XEQ 04
103 CF 01
104 FIX 2
105 XEQ "PX"
106 RCL 02
107 RCL 05
108 /
109 1
110 +
111 STO 00
112 RCL 13
113 RCL 05
114 *
115 STO 07
116 XEQ 03
117 RCL 01
118 RCL 11
119 *
120 X<>Y
121 /
122 STO 10
123 CF 03
124 XEQ 04
125 SF 03
126 XEQ "PX"
127 RCL 13
128 INT
129 STO 07

130♦LBL "EFFZ"
131 FS?C 03
132 GTO 00
133 SF 04
134 GTO "ANNU"

135♦LBL 00
136 RCL 05
137 1
138 -
139 2
140 /
141 STO 04
142 RCL 05
143 RCL 08
144 *
145 1
146 -
147 2
148 /
149 X<> 10
150 ADV
151 RCL 18
152 "GEWAEHLTE ANNUI"
153 "⊢TAET? DM:"
154 PROMPT
155 STO 18
156 "RESTRATE? DM:"
157 PROMPT
158 STO 17
159 XEQ 06
160 FS?C 04
161 RTN
162 ADV
163 "TILGUNGSPLAN?"
164 PROMPT
165 ADV
166 XEQ "TIL"
167 RTN
168♦LBL 06
```

```
169 RCL 02
170 1/
171 +
172 STO 00
173 RCL 07
174 Y↑X
175 STO 01
176 RCL 18
177 /
178 RCL 19
179 *
180 STO 06
181 STO 09
182 RCL 02
183 RCL 08
184 *
185 1
186 +
187 STO 03
188 ST* 09
189 RCL 04
190 RCL 02
191 *
192 RCL 05
193 +
194 RCL 01
195 1
196 ST/ 09
197 -
198 *
199 RCL 02
200 1/X
201 RCL 08
202 +
203 *
204 RCL 10
205 RCL 02
206 *
207 RCL 05
208 +
209 RCL 08
210 *
211 +
212 RCL 17
213 RCL 18
214 /
215 +
216 ST- 09
217 RCL 03
218 RCL 07
219 *
220 RCL 00
221 /
222 RCL 08
223 +
224 ST* 06
225 RCL 10
226 RCL 08
227 *
228 ST- 06
229 RCL 03
230 RCL 05
231 RCL 02
232 /
233 STO 03
234 RCL 04
235 +
236 *
237 RCL 01
238 RCL 00
239 /
240 *
241 RCL 07
242 *
243 ST- 06
244 RCL 04
245 RCL 08
246 *
247 RCL 03
248 RCL 02
249 /
250 -
251 RCL 01
252 1
253 -
254 *
255 ST- 06
256 RCL 09
257 RCL 06
258 /
259 ST- 02
260 ABS
261 1 E-05
262 X<=Y?
263 GTO 06
264 RCL 02
265 1 E2
266 *
267 ADV
268 SF 12
269 "EFFEKTIVZINS"
270 SF 00
271 XEQ "PX"
272 CF 12
273 RTN
274•LBL "TIL"
275 CLX
276 "VERZINSUNG?"
277 AVIEW
278 "JAEHRLICH=1"
279 AVIEW
280 "INTERVALL=2"
281 AVIEW
282 "U. TIL.-INTERVA"
283 "├LL=3"
284 PROMPT
285 SF IND X
286 CLX
287 "DARLEHENSGEBUEH"
288 "├R? %:"
289 PROMPT
290 RCL 11
291 X<>Y
292 %
293 +
294 STO 08
295 1
296 STO 06
297 FC? 03
298 GTO 08

299•LBL 08
300 360
301 "ZINS-INTERVALL?"
302 "├ TAGE:"
303 PROMPT
304 STO 16
305 RCL 14
306 /
307 RND
308 STO 06
309 INT
310 LASTX
311 X≠Y?
312 GTO 08
313 360
314 RCL 16
315 /
316 STO 05
317 RCL 07
318 "FREIE TIL.-INT"
319 "├ERVALLE?"
320 PROMPT
321 STO 07
322 XEQ 02
323 RCL 02
324 RCL 05
325 /
326 STO 02
327 1
328 +
329 STO 00
330 RCL 13
331 RCL 05
332 *
333 INT
334 Y↑X
335 STO 01
336 1
337 -
338 RCL 02
339 /
340 RCL 06
341 *
342 RCL 01
343 RCL 00
344 /
345 RCL 07
346 *
347 -
```

```
348 RCL 01
349 RCL 08
350 *
351 /
352 1/X
353 STO 18
354 XEQ 05
355 XEQ 04
356 FIX 2
357 XEQ "PX"

358♦LBL 00
359 ADV
360 SF 12
361 "TILGUNGSPLAN"
362 AVIEW
363 "============"
364 AVIEW
365 CF 12
366 XEQ 04
367 AVIEW
368 RCL 18
369 ADV
370 "ANNUITAET GEWAE"
371 "├LT:"
372 PROMPT
373 STO 18
374 1
375 STO 10
376 "STARTJAHR?"
377 PROMPT
378 INT
379 1
380 -
381 STO 09
382 XEQ 02
383 FS? 01
384 GTO 07
385 RCL 05
386 ST/ 02
387 RCL 02
388 1
389 +
390 STO 00
391♦LBL 07
392 FC? 01
393 GTO 01
394 RCL 10
395 RCL 05
396 /
397 RCL 02
398 *
399 1
400 +
401 STO 03
402 RCL 00
403 RCL 09
404 FS? 01
405 GTO 00

406♦LBL 01
407 1
408 STO 03
409 RCL 00
410 RCL 09
411 RCL 05
412 *
413 RCL 10
414 +

415♦LBL 00
416 Y↑X
417 STO 01
418 1
419 -
420 RCL 02
421 /
422 FC? 01
423 GTO 00
424 *
425 RCL 04
426 RCL 02
427 *
428 RCL 05
429 +
430 *
431 RCL 10
432 1
433 -
434 2
435 /
436 RCL 05
437 /
438 RCL 02
439 *
440 1
441 +
442 RCL 10
443 *
444 +

445♦LBL 00
446 FC? 03
447 GTO 00
448 RCL 06
449 *
450 RCL 01
451 RCL 00
452 /
453 RCL 07
454 *
455 -

456♦LBL 00
457 RCL 18
458 *
459 ENTER↑
460 X<> 03
461 RCL 01
462 *
463 RCL 08
464 *
465 -
466 STO 01
467 FIX 0
468 CLA
469 RCL 05
470 RCL 10
471 X=Y?
472 SF 04
473 RCL 09
474 1
475 ST+ Y
476 SF 28
477 ARCL Y
478 FS?C 04
479 GTO 00
480 "├ JAHR, "
481 GTO 01

482♦LBL 00
483 "├ JAHRESENDE"
484 GTO 00

485♦LBL 01
486 ARCL 10
487 "├ INTERVALL"

488♦LBL 00
489 CF 28
490 FIX 2
491 RCL 01
492 RND
493 X<0?
494 GTO 01
495 GTO 00
496♦LBL 01
497 XEQ "PX"
498 1
499 ST+ 10
500 RCL 05
501 RCL 10
502 X<=Y?
503 GTO 07
504 1
505 STO 10
506 ST+ 09
507 RCL 09
508 BEEP
509 ADV
510 PSE
511 CLD
512 STO 09
513 GTO 07

514♦LBL 00
515 X=0?
516 SF 04
517 CLX
```

```
518 XEQ "PX"
519 ADV
520 FS?C 04
521 GTO 00
522 "LETZTE RATE:"
523 RCL 06
524 RCL 18
525 *
526 RCL 01
527 -
528 STO 03
529 RCL 18
530 /
531 INT
532 RCL 18
533 *
534 ST- 03
535 RCL 03
536 XEQ "PX"

537♦LBL 00
538 ADV
539 RCL 09
540 RCL 05
541 *
542 RCL 10
543 +
544 FC? 03
545 GTO 00
546 RCL 06
547 *
548 RCL 07
549 -
550♦LBL 00
551 RCL 18
552 *
553 RCL 01
554 -
555 STO 02
556 "RUECKZAHLBETRAG"
557 "├:"
558 XEQ "PX"
559 RCL 11
560 RCL 02
561 %CH
562 "AUFGELD"
563 AVIEW
564 "VOM NENNBETRAG:"
565 SF 00
566 XEQ "PX"
567 CF 01
568 CF 02
569 CF 03
570 RTN

571♦LBL 02
572 RCL 12
573 1 E2
574 /
575 STO 02
576 1
577 +
578 STO 00
579 RTN

580♦LBL 03
581 RCL 00
582 RCL 07
583 Y↑X
584 STO 01
585 1
586 -
587 RCL 00
588 1
589 -
590 /
591 RTN

592♦LBL 04
593 FS? 01
594 GTO 00
595 FS? 03
596 GTO 01
597 "INTERVALL-"
598 GTO 02
599♦LBL 00
600 "JAEHRLICHE "
601 GTO 02
602♦LBL 01
603 "ZINS-INTERVALL"

604♦LBL 02
605 "├VERZINSUNG"
606 RTN

607♦LBL 05
608 ADV
609 "ANNUITAET JE IN"
610 "├TERVALL"
611 AVIEW
612 FIX 0
613 "<"
614 ARCL 14
615 "├ TAGE>:"
616 AVIEW
617 RTN

618♦LBL "PX"
619 AVIEW
620 CLA
621 ARCL X
622 FS?C 00
623 GTO 00
624 "├ DM"
625 GTO 01

626♦LBL 00
627 "├ %"

628♦LBL 01
629 AVIEW
630 PSE
631 RTN
632 END

                 CAT 1
LBL'ANNU
LBL'EFFZ
LBL'TIL
LBL'PX
END          1317 BYTES
.END.          06 BYTES
```

5.2.7 Anwendungsbeispiele verschiedener Tilgungsarten

Ein Kapitalbetrag von 8.000,-- DM wird über eine Laufzeit von 2,5 Jahren bei 90-tägigem Tilgungsintervall zu einem Nominalzinsfuß von 8 % bei 98 % Auszahlungskurs zur Verfügung gestellt.

Es ist die Annuität je Tilgungsintervall bei nachschüssiger jährlicher Zinsberechnung und intervallbezogener Zinsberechnung sowie der effektive Zinsfuß für eine gewählte Annuität zu bestimmen.

Anschließend ist ein Tilgungsplan für intervallbezogene Zinsberechnung zu erstellen.

Das Programm wird durch den Aufruf der Adresse "ANNU" über die [XEQ]-Funktion oder über eine zugeordnete Taste aufgerufen. Nach Abschluß des Eingabedialogs und Ausgabe der Ergebnisse für die Annuität wird die Programmausführung mit der Frage nach der gewählten Annuität unterbrochen. Durch Betätigung der Löschtaste [←] erscheint der Wert für die Annuität bei jährlicher Verzinsung mit A_J 887,68 DM in der Anzeige. Die Betätigung der [x⇄y] -Taste bringt den zweiten Wert A_I = 890,61 in die Anzeige. Falls zu diesem Wert der effektive Zinsfuß bestimmt werden soll, ist nur noch die [R/S]-Taste zu betätigen. Dann erscheint die Aufforderung zur Eingabe der Rest-Rate. Falls diese von der gewählten Annuität nicht abweichen soll, ist die Frage durch Quittierung der [R/S]-Taste zu beantworten. Als Ergebnis einer weiteren Rechnung wird der effektive Zinsfuß mit 9,94 % angegeben. Das Programm hält in Zeile 291 wieder an mit der Frage, ob ein Tilgungsplan erstellt werden soll. Nach Betätigung der [R/S]-Taste wird die Art der Verzinsung innerhalb des Tilgungsplanes abgefragt. Es werden drei Möglichkeiten angeboten: 1. jährliche Verzinsung, 2. Intervallverzinsung und 3. Teilintervallverzinsung. Bei Intervallverzinsung ist diese Frage zum Beispiel mit 2 und [R/S] zu beantworten. Anschließend wird ein Wert für die Darlehensgebühr abgefragt. Falls dieser gleich Null sein soll, ist einfach durch [R/S] zu quittieren, andernfalls vorher der entsprechende Prozentwert einzugeben.

Nun wird die Frage nach der gewählten Annuität gestellt. Falls die bereits bei der Berechnung des effektiven Zinsfußes gewählte Annuität auch für den Tilgungsplan gelten soll, kann die Frage wieder durch Betätigung der [R/S] quittiert werden.

Der Tilgungsplan beginnt mit dem eingegebenen Startjahr bzw. nach R/S mit dem ersten Jahr und dem ersten Zinsintervall.

Bevor auf das folgende Jahr übergegangen wird, erscheint ein BEEP-Ton und das neue Tilgungsjahr in der Anzeige. Solange die Anzeige bestehen bleibt, kann der aktuelle Jahreswert durch eine neue Eingabe verändert werden. Falls der letzte Tilgungsbetrag von den vorherigen Annuitätsraten abweicht, wird dieser gesondert ausgedruckt. Zum Abschluß wird noch der gesamte Rückzahlungsbetrag mit 8.906,12 DM entsprechend 11,33 % des Nennbetrages ausgegeben.

Die Ergebnisse sind in Bild 5.2.4a und 5.2.4b dargestellt. Der Tilgungsplan wurde für die 3 Varianten mit Intervallverzinsung, jährlicher Verzinsung und Teilintervallverzinsung erstellt. Der Ergebnisausdruck zu der letzteren Variante weist zum Ende des ersten Intervalls, welches als tilgungsfrei definiert wurde, einen um 2 % erhöhten Stand aus. Dies entspricht dem Intervallzinsfuß für 90 Tage.

```
            XEQ "ANNU"
KAPITAL? DM:
         8.000,00     RUN
LAUFZEIT? JAHRE:
             2,50     RUN
TIL. INTERVALL? TAGE:
            90,00     RUN
ZINSFUSS? %:
             8,00     RUN
KURS? %:
            98,00     RUN

ANNUITAET JE INTERVALL
(90, TAGE):
JAEHRLICHE VERZINSUNG
887,68 DM
INTERVALL-VERZINSUNG
890,61 DM
```

```
GEWAEHLTE ANNUITAET? DM:
                     X<>Y
            890,61    ***
                      RUN
RESTRATE? DM:
            890,61    ***
                      RUN

EFFEKTIVZINS
9,94 %

TILGUNGSPLAN?
                      RUN
```

Bild 5.2.4a Ergebnisausdruck einer Annuitätsberechnung für jährliche und intervallbezogene Verzinsung sowie einer Effektivzinsberechnung

5.3 Ratentilgungsdarlehen

5.3.1 Allgemeines

Neben der üblichen Annuitätentilgung einer Kapitalschuld mit gleichbleibender Annuität wird bei Großkreditgeschäften auch die Form der Ratentilgung vereinbart. Hierbei handelt es sich um eine Tilgungsart mit gleichbleibenden Tilgungsbeträgen T. Die dadurch entstehende variable Annuitätsrate setzt sich aus dem konstanten Tilgungsbeitrag T und dem vom Kontostand abhängigen Zinsanteil Z zusammen. Die Ratentilgung birgt ein etwas geringeres Ausfallrisiko in sich, da

```
VERZINSUNG?
JAEHRLICH=1
INTERVALL=2
U. TIL.-INTERVALL=3
            1,00    RUN
DARLEHENSGEBUEHR? %:
            0,00    RUN

TILGUNGSPLAN
============
JAEHRLICHE VERZINSUNG

ANNUITAET GEWAEHLT:
          890,61    ***
                    RUN
STARTJAHR?
                    RUN
1. JAHR, 1. INTERVALL
-7.269,39 DM
1. JAHR, 2. INTERVALL
-6.520,96 DM
1. JAHR, 3. INTERVALL
-5.754,73 DM
1. JAHRESENDE
-4.970,68 DM

2. JAHR, 1. INTERVALL
-4.179,48 DM
2. JAHR, 2. INTERVALL
-3.370,47 DM
2. JAHR, 3. INTERVALL
-2.543,64 DM
2. JAHRESENDE
-1.699,01 DM

3. JAHR, 1. INTERVALL
-842,38 DM
3. JAHR, 2. INTERVALL
0,00 DM

LETZTE RATE:
858,55 DM
```

```
RUECKZAHLBETRAG:
8.874,06 DM
AUFGELD
VOM NENNBETRAG:
10,93 %


               XEQ "TIL"
VERZINSUNG?
JAEHRLICH=1
INTERVALL=2
U. TIL.-INTERVALL=3
            2,00    RUN
DARLEHENSGEBUEHR? %:
                    RUN

TILGUNGSPLAN
============
INTERVALL-VERZINSUNG

ANNUITAET GEWAEHLT:
          890,61    ***
                    RUN
STARTJAHR?
                    RUN
1. JAHR, 1. INTERVALL
-7.269,39 DM
1. JAHR, 2. INTERVALL
-6.524,16 DM
1. JAHR, 3. INTERVALL
-5.764,03 DM
1. JAHRESENDE
-4.988,70 DM

2. JAHR, 1. INTERVALL
-4.197,86 DM
2. JAHR, 2. INTERVALL
-3.391,21 DM
2. JAHR, 3. INTERVALL
-2.568,42 DM
2. JAHRESENDE
-1.729,18 DM
```

Bild 5.2.4b Ergebnisausdruck einer Tilgungsplanberechnung für jährliche, Intervall- und Teilintervall-Verzinsung

```
3. JAHR, 1. INTERVALL
-873,15 DM
3. JAHR, 2. INTERVALL
0,00 DM


RUECKZAHLBETRAG:
8.906,12 DM
AUFGELD
VOM NENNBETRAG:
11,33 %



              XEQ "TIL"
VERZINSUNG?
JAEHRLICH=1
INTERVALL=2
U. TIL.-INTERVALL=3
            3,00    RUN
DARLEHENSGEBUEHR? %:
            0,00    RUN
ZINS-INTERVALL? TAGE:
           90,00    RUN
FREIE TIL.-INTERVALLE?
            1,00    RUN

ANNUITAET JE INTERVALL
(90, TAGE):
ZINS-INTERVALLVERZINSUNG
999,73 DM
```

```
TILGUNGSPLAN
============
ZINS-INTERVALLVERZINSUNG

ANNUITAET GEWAEHLT:
          999,73     ***
                     RUN
STARTJAHR?
                     RUN
1. JAHR, 1. INTERVALL
-8.160,00 DM
1. JAHR, 2. INTERVALL
-7.323,47 DM
1. JAHR, 3. INTERVALL
-6.470,22 DM
1. JAHRESENDE
-5.599,90 DM

2. JAHR, 1. INTERVALL
-4.712,17 DM
2. JAHR, 2. INTERVALL
-3.806,69 DM
2. JAHR, 3. INTERVALL
-2.883,09 DM
2. JAHRESENDE
-1.941,03 DM

3. JAHR, 1. INTERVALL
-980,12 DM
3. JAHR, 2. INTERVALL
0,00 DM


RUECKZAHLBETRAG:
8.997,53 DM
AUFGELD
VOM NENNBETRAG:
12,47 %
```

Bild 5.2.4b Fortsetzung

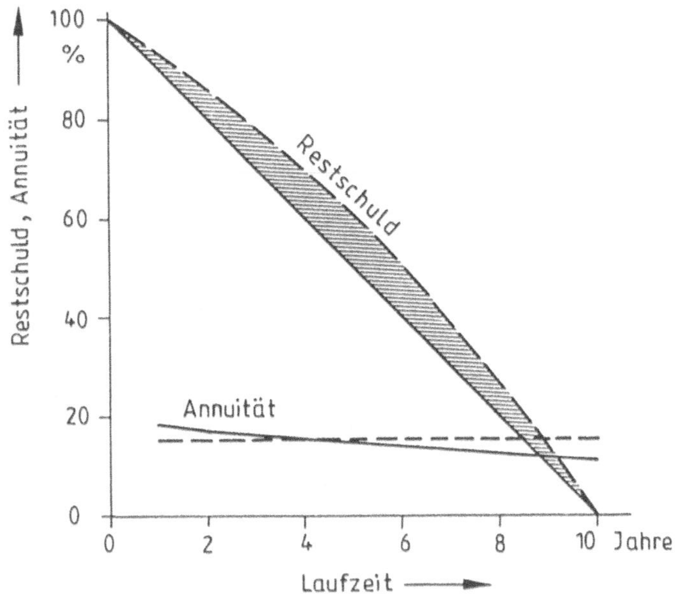

Bild 5.3.1 Entwicklung der Restschuld und Annuität einer Ratentilgung (——) und einer Annuitätentilgung (- - -) bei 10-jähriger Laufzeit mit p = 9 %.

die Annuitätsraten zunächst über dem vergleichbaren Wert einer Annuitätentilgung liegen. Zu Ende der Laufzeit liegen die Annuitätsraten der Ratentilgung unter dem vergleichbaren Wert einer Annuitätentilgung. Bei der Ratentilgung nimmt die Restschuld linear mit der Zeit ab, wogegen die Restschuld bei der Annuitätentilgung zunächst geringer und gegen Ende der Laufzeit stärker abnimmt(Bild 5.3.1).

5.3.2 Berechnungsgrundlagen

Für die variable Annuität der Ratentilgung gilt in Abhängigkeit von dem Jahr der Zins-Wertstellung r:

$$A(r) = T + Z(r) \tag{5.3.1}$$

Der Tilgungsbeitrag ergibt sich unmittelbar aus der Anzahl der Tilgungsbeiträge entsprechend der Zahlungsvereinbarung über die Laufzeit n in Jahren:

$$T = \frac{K_0}{n\, n_J} \qquad \text{mit: } 1 \leq n_J \leq 12 \tag{5.3.2}$$

Für jährliche Tilgung ist $n_J = 1$ und für monatliche Tilgung ist $n_J = 12$.

Da die Annuitätsrate über den festen Tilgungsbetrag hinaus die jeweiligen Zinsanteile abdeckt, gilt für den Kontostand im r-ten Jahr nach der k-ten Tilgung:

$$S_{r,k} = T\left[n_J\,(n - r + 1) - k\right] \quad \text{mit: } 1 \leqq k \leqq n_J \tag{5.3.3}$$

Bei jährlicher Tilgung ist $k \leqq 1 \leqq n_J$.

Der Zinsanteil bei der k-ten Annuitätsrate im r-ten Jahr ergibt sich aus dem Kontostand zu Beginn der Tilgungsperiode:

$$Z_{r,k} = S_{k,r-1}\, i_T \tag{5.3.4}$$

$$i_T = \frac{i}{n_J} \tag{5.3.5}$$

$$Z_{r,k} = T\ \left(n - r + 1 - \frac{k-1}{n_J}\right) i \tag{5.3.6}$$

Damit folgt mit Gl.(5.3.1) für die Annuitätsrate:

$$A_{r,k} = T\left[1 + \left(n - r + 1 - \frac{k-1}{n_J}\right) i\right] \tag{5.3.7}$$

Der Ablauf einer Ratentilgung ist in Bild 5.3.2 für n=4 Jahre und jährliche Tilgung dargestellt.

5.3.3 Kurs

Unter dem Kurs eines Ratentilgungsdarlehens versteht man, das Verhältnis des Barwertes aller Leistungen zu dem Nominalkapital auf der Basis einer vorgegebenen Effektivverzinsung. Setzt man das Nominalkapital zweckmäßigerweise gleich 100, so ist der Kurs gleich dem Barwert aller Tilgungs- und Zinsraten.

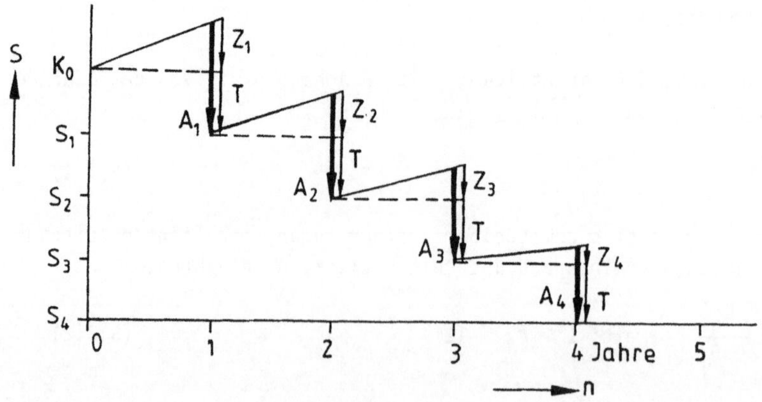

Bild 5.3.2 Entwicklung des Kontostandes und Ablauf einer Ratentilgung

Der Barwert aller Tilgungsraten T ergibt sich bei jährlicher Tilgung unmittelbar aus der Rentenbarwertformel zu:

$$B_T = T \frac{1}{q_e^n} \frac{q_e^n - 1}{q_e - 1} = T\, b_n \tag{5.3.8}$$

$$T = \frac{K_o}{n} \tag{5.3.9}$$

Bei der Berechnung des Barwertes aller jährlichen Zinsraten ist die Abhängigkeit der Zinsen zum jeweiligen Kontostand zu berücksichtigen:

$$Z(r) = T\,(n - r + 1)\, i \tag{5.3.10}$$

$$B_Z = \sum_{r=1}^{n} \frac{Z(r)}{q_e^r} \tag{5.3.11}$$

Die explizite Darstellung der Summe liefert:

$$B_Z = T\, i\left(\frac{n}{q_e} + \frac{n-1}{q_e^2} + \cdots + \frac{2}{q_e^{n-1}} + \frac{1}{q_e^n}\right) \tag{5.3.12}$$

Multipliziert man Gl.(5.3.12) mit q, so folgt:

$$B_Z q_e = T\, i\left(n + \frac{n-1}{q_e} + \cdots + \frac{2}{q_e^{n-2}} + \frac{1}{q_e^{n-1}}\right) \tag{5.3.13}$$

Durch Subtraktion der Gl.(5.3.13) von Gl.(5.3.12) entfallen alle Glieder der Form n/q_e^k:

$$B_Z(q_e - 1) = T\, i\left(n - \frac{1}{q_e} - \frac{1}{q_e^2} - \cdots - \frac{1}{q_e^{n-1}} - \frac{1}{q_e^n}\right) \tag{5.3.14a}$$

$$= T\, i \frac{1}{q_e^n}\left[n q_e^n - (q_e^{n-1} + q_e^{n-2} + \cdots + q_e + 1)\right] \tag{5.3.14b}$$

Der Summenausdruck in den runden Klammern entspricht dem Rentenendwertfaktor, so daß für den Barwert aller Zinszahlungen gilt:

$$B_Z = T\, i \frac{1}{(q_e - 1) q_e^n}\left(n q_e^n - \frac{q_e^n - 1}{q_e - 1}\right) \tag{5.3.15}$$

$$B_Z = T \frac{i}{q_e - 1}\left(n - \frac{1}{q_e^n} \frac{q_e^n - 1}{q_e - 1}\right) \tag{5.3.16}$$

Der gesamte Barwert aller Leistungen für Tilgung und Verzinsung ist:

$$B = B_T + B_Z \tag{5.3.17}$$

$$B = T\left[b_n + \frac{i}{i_e}(n - b_n)\right] \tag{5.3.18}$$

Damit ergibt sich der Kurs k in % zu:

$$k = \frac{B}{K_0}100 \tag{5.3.19}$$

$$k = \frac{100}{n}\left[b_n + \frac{i}{i_e}(n - b_n)\right] \tag{5.3.20}$$

5.3.4 Effektivverzinsung

Die Berechnung der Effektivverzinsung einer Ratenschuld mit jährlicher Tilgung entspricht der Umkehrung der Kursberechnung bei gegebenem Effektivzinsfuß. Im Gegensatz zur Kursberechnung kann der Effektivzinsfuß jedoch als Lösung einer Gleichung n-ten Grades nur iterativ gefunden werden. Der Effektivzinsfuß ist derjenige Zinsfuß, mit dem alle Annuitätsraten abgezinst wieder den Nominalbetrag des Kapitals ergeben. Aus der Gleichgewichtsbeziehung der Kurswertentwicklung Gl.(5.3.20) ergibt sich:

$$k = \frac{100}{n}\left[b_n\left(1 - \frac{i}{i_e}\right) + n\frac{i}{i_e}\right] \tag{5.3.21}$$

$$f(i_e) = \frac{k\,n}{100} - \frac{1 - q_e^{-n}}{i_e}\left(1 - \frac{i}{i_e}\right) - n\frac{i}{i_e} \tag{5.3.22}$$

Die Differentiation nach i_e liefert:

$$f'(i_e) = -\frac{i}{i_e^2}\left\{\left[\frac{n}{q_e^{n+1}}\,i_e - \left(1 - \frac{1}{q_e^n}\right)\right]\left(1 - \frac{i}{i_e}\right) + \frac{i}{i_e}\left(1 - \frac{1}{q_e^n}\right) - ni\right\} \tag{5.3.23}$$

Der effektive Zinssatz i_e ergibt sich aus der Newton-Iteration:

$$i_{e,n} = i_{e,n-1} - \frac{f(i_e)}{f'(i_e)} \tag{5.3.24}$$

mit: $\left|i_{e,n} - i_{e,n-1}\right| < \varepsilon$ als Abbruchbedingung

5.3.5 Äquivalente Jahresannuität

Bei unterjährlichen Ratentilgungen wurden die in den unterjährlichen Annuitätsraten enthaltenen Zinsen jeweils für eine Tilgungsperiode nach dem Kontostand zu Beginn der entsprechenden Tilgungsperiode berechnet. Die unterjährlichen Annuitätenzahlungen stellen in Relation zu der jährlichen Tilgung eine vorschüssige Zahlungsweise dar. Man kann daher eine äquivalente Jahresannuität als aufgezinsten Endwert zu Ende eines jeden Jahres angeben. Die Aufzinsung erfolgt nach der Staffelmethode, damit eine echte Vergleichbarkeit mit einer alternativ möglichen Einzahlung der unterjährlichen Raten auf ein Sparkonto mit jährlicher Abzweigung des Endbetrages zur Kapitaltilgung gegeben ist. Da die Annuitäten nicht konstant sind, muß jede einzeln für die Restlaufzeit aufgezinst und am Jahresende aufaddiert werden. Am Ende des r-ten Jahres gilt:

$$A_r = \sum_{k=1}^{n_J} A_{r,k} \left[1 + (n_J - k) \frac{i}{n_J} \right] \tag{5.3.25}$$

Für die Programmierung ist es zweckmäßig, den Summenterm der Gl.(5.3.25) in eine explizite Form umzuwandeln. Die Umwandlung erfolgt in zwei Schritten für die beiden Summanden der eckigen Klammer:

$$\sum_{k=1}^{n_J} A_{r,k} = T \sum_{k=1}^{n_J} \left[1 + (n - r + 1 - \frac{k - 1}{n_J}) \, i \right]$$

$$= T \, n_J \left[1 + (n - r + 1 - \frac{n_J - 1}{2 \, n_J}) \, i \right] \tag{5.3.26}$$

$$\sum_{k=1}^{n_J} A_{r,k} \, (n_J - k) \frac{i}{n_J} = T \frac{i}{n_J} \left\{ \frac{n_J}{2}(n_J - 1) + i \left[(n - r + 1) \frac{n_J}{2}(n_J - 1) - \frac{1}{n_J} \sum_{k=1}^{n_J} (k - 1)\,(n_J - k) \right] \right\} \tag{5.3.27}$$

Der letzte Term bildet eine Summe mit den Gliedern $0 \cdot (n_J-1) + 1 \cdot (n_J-2) + 2 \cdot (n_J-3) + \quad + (n_J-1) \cdot 0$, die sich durch ausmultiplizieren wie folgt zerlegen läßt:

$$\sum_{k=1}^{n_J} (k - 1)(n_J - k) = (n_J + 1) \sum_{k=1}^{n_J} k - \sum_{k=1}^{n_J} k^2 - \sum_{k=1}^{n_J} n_J \tag{5.3.28}$$

Der erste Term ist eine arithmetische Folge erster und der zweite Term eine solche zweiter Ordnung. Die einzelnen Terme lassen sich durch folgende Summenformeln darstellen:

$$\sum_{k=1}^{n_J} k = \frac{n_J}{2} (n_J + 1) \tag{5.3.29a}$$

$$\sum_{k=1}^{n_J} k^2 = \frac{n_J (n_J + 1) (2n_J + 1)}{6} \tag{5.3.29b}$$

$$\sum_{k=1}^{n_J} n_J = n_J^2 \tag{5.3.29c}$$

Nach Einsetzen dieser Summenformeln und einigen Umformungen ergibt sich:

$$\sum_{k=1}^{n_J} (k - 1) (n_J - k) = \frac{n_J (n_J - 1) (n_J - 2)}{6} \tag{5.3.30}$$

Damit sind für alle Summenterme explizite Lösungsformeln gefunden, die zur Gesamtlösung für die äquivalente Jahresannuität zusammengefaßt werden:

$$A_r = T \left\{ n_J \left[1 + i(n - r + 1 - \frac{n_J - 1}{2\, n_J}) \right] + i \frac{n_J - 1}{2} \left[1 + i \quad (n - r + 1) - \frac{n_J - 2}{3\, n_J} \right] \right\} \tag{5.3.31}$$

Die äquivalente Jahresannuität ist also nur von der konstanten Tilgungsrate T, dem Zinssatz i, den Tilgungsintervallen n_J pro Jahr, der Laufzeit n und dem betreffenden Jahr $1 \leqq r \leqq n$ als Variable abhängig.

5.3.6 Programmbeschreibung "RATENT"

Die in Tabelle 5.3 angegebene Anweisungsliste des Programms Ratentilgung beginnt mit der Aufrufadresse "RATENT" in Zeile 01. Das Programm erfordert 806 Bytes Programmspeicherplatz (8 Magnetkarten-Spuren) und einen Datenspeicherbereich von STO 00 bis STO 16 entsprechend einer Speicherbereichsvereinbarung

SIZE 017. Der Eingabebereich umfaßt die Anweisungszeilen 01 bis 71 mit folgenden Zuordnungen:

Kapital (Nominalwert)	K_o	⇒ STO 11
Laufzeit in Jahre	n	⇒ STO 13
Tilgungsintervall in Tage	T_T	⇒ 360 (Standard)
Zinsfuß in %	p	⇒ STO 12
Kurs in %	k	⇒ STO 15
alternativ		
Effektivzinsfuß in % (für jährliche Tilgung)	p_e	⇒ STO 14

Innerhalb des Eingabebereiches sind zwei Programmschleifen LBL 09 (Zeile 11 bis 50) und LBL 10 (Zeile 28 bis 41) zur Überprüfung der Eingabedaten auf Systemverträglichkeit vorgesehen. Es wird die Ganzzahligkeit der Tilgungsintervalle innerhalb eines Jahres n_J (LBL 10) und die Ganzzahligkeit der Tilgungsintervalle in der Restlaufzeit $n_2 n_J$ (LBL 09) überprüft. Falls die Prüfung negativ zu entscheiden ist, wird der Eingabedialog wiederholt. Als Merkmale für die einzelnen Programmvarianten sind folgende Flags gesetzt:

Programmvariante	Aufruf	FLag
Ratentilgung	RATENT	-
Effektivzinsfuß	EFFZ	02 und 03
Kurs	KURS	02

Als Merkmal für unterjährliche Tilgungen wird Flag 01 in Zeile 36 gesetzt. In Zeile 56 wird das Unterprogramm LBL 02 zur Berechnung des Zinssatzes i (STO 02) und des Zinsfaktors q (STO 00) aufgerufen. Der um das Disagio veminderte Kapitalwert wird als Auszahlungsbetrag in Zeile 77 nach STO 16 abgespeichert und anschließend ausgegeben. Die gemäß Gl.(5.3.2) berechnete Tilgungsrate wird in Zeile 89 durch Aufruf des Ausgabe-Unterprogramms LBL "PX" ausgegeben. Im folgenden Bereich von Zeile 91 bis 171 werden die Annuitätsraten $A_{r,k}$ gemäß Gl.(5.3.7) in einer Jahresschleife LBL 07 und einer unterlagerten Intervallschleife LBL 08 berechnet und ausgegeben. Die Jahre werden im Speicher STO 03 (Zeile 170) und die unterjährlichen Intervalle im Speicher STO 04 (Zeile 161) inkrementiert.

In Zeile 147 wird die Summe aller Annuitätsraten durch indirekte Addition gebildet und nach STO 06 abgespeichert. Das in Zeile 150 gesetzte Flag 28 dient der Zuordnung des Dezimalpunktes bei der Jahres- und Intervallaufzählung.

Für die Berechnung der Annuitätsraten $A_{r,k}$ gemäß Gl.(5.3.7) sind folgende Speicherzuordnungen vorgesehen:

STO 03: laufendes Jahr r=n, $n_1/1000$
STO 04: laufende Rate k im Jahr r mit k^*=k, $n_J/1000$
STO 05: Tilgungsintervalle pro Jahr n_J
STO 06: Summe der Annuitätsraten $A_{r,k}$
STO 07: Laufzeit, ganzzahliger Anteil n_1
STO 08: Laufzeit, gebrochener Anteil n_2
STO 09: laufendes Intervall k=INT $\{k^*\}^2$
ab Zeile 146 Annuität $A_{r,k}$
STO 10: Tilgungsrate T

Bei unterjährlichen Annuitätsraten (Flag 01 gesetzt) wird in Zeile 167 das Unterprogramm LBL 03 für die Berechnung der äquivalenten Jahresannuität aufgerufen. Dieses Unterprogramm kann auch über die Adresse "SANNU" für staffelverzinste Jahresannuität in Zeile 315 aktiviert werden. Bei diesem Aufruf wird in Zeile 317 als Eingabewert der entsprechende Jahreswert r abgefragt. Mit den Anweisungen von Zeile 318 bis 360 wird die äquivalente Jahresannuität gemäß Gl.(5.3.31) berechnet. Dabei werden folgende Speicherinhalte als Funktionsdaten abgefragt:

STO 02: Zinssatz i
STO 05: Tilgungsintervalle pro Jahr n_J
STO 07: Laufzeit, ganzzahliger Anteil n_1
STO 10: Tilgungsrate T

Kurs

Die Kursberechnung bei gegebenem Effektivzinsfuß erfolgt gemäß Gl.(5.3.20) ab LBL 11 von Zeile 202 bis 237. In Zeile 218 wird der Rentenbarwertfaktor b_n nach STO 01 hilfsweise abgespeichert. In Zeile 235 wird das Ergebnis mit dem Unterprogramm LBL "PX" ausgegeben.

Effektivzinsfuß

Die Berechnung des Effektivzinsfußes erfolgt ab LBL 12 von Zeile 238 bis 311 iterativ in der Schleife LBL 04 von Zeile 247 bis 302 mit dem Startwert i aus STO 02. Hierzu werden folgende Speicher zugeordnet:

q_e ⇒ STO 00 (Zeile 251)

i_e ⇒ STO 01 (Zeile 298)

i ⇒ STO 02 (Zeile 245)

$\frac{1}{q^n}$ $\Rightarrow$ STO 03 (Zeile 256)

$1 - \frac{1}{q^n}$ $\Rightarrow$ STO 04 (Zeile 258)

$\frac{i}{i_e}$ $\Rightarrow$ STO 06 (Zeile 263)

$1 - \frac{i}{i_e}$ $\Rightarrow$ STO 09 (Zeile 265)

Der Funktionswert f(i) gemäß Gl.(5.3.22) liegt in Zeile 274 und der Funktionswert f'(i) gemäß Gl.(5.3.23) liegt in Zeile 296 vor, beide mit negativem Vorzeichen. Die aus der Quotientenbildung in Zeile 297 folgende differentielle Änderung wird in Zeile 298 indirekt in STO 01 zu dem verbesserten Lösungswert subtrahiert. In Zeile 311 wird das Ergebnis mit Hilfe des Unterprogramms "PX" ausgegeben.

Äquivalente Jahresannuität

Die Berechnung der äquivalenten Jahresannuität gemäß Gl.(5.3.31) beginnt als eigenständiger Aufruf über den Programmnamen "SANNU" in Zeile 315 mit der Eingabe des entsprechenden Jahres. Bei Aufruf aus dem Programm "RATENT" von Zeile 167 erfolgt der Einsprung bei LBL 03 in Zeile 318. In dem Programm werden die vorhin bereits genannten Datenspeicher STO 02, 05, 07 und 10 für die Werte i, n_J, n und T benötigt.

Tabelle 5.3 Anweisungsliste des Programms "RATENT"

```
01♦LBL "RATENT"
02 RCL 11
03 "KAPITAL? DM:"
04 PROMPT
05 STO 11
06 GTO 09

07♦LBL "EFFZ"
08 SF 03

09♦LBL "KURS"
10 SF 02

11♦LBL 09
12 RCL 13
13 "LAUFZEIT? JAHRE"
14 "⊢:"
15 PROMPT
16 STO 13
17 INT
18 STO 07
19 FS? 02
20 GTO 01
21 LASTX
22 FRC
23 STO 08

24 X=0?
25 GTO 10
26 1
27 ST+ 07

28♦LBL 10
29 360
30 "TIL. INTERVALL?"
31 "⊢ TAGE:"
32 PROMPT
33 360
34 X<>Y
35 X≠Y?

36 SF 01
37 /
38 INT
39 LASTX
40 X≠Y?
41 GTO 10
42 STO 05
43 RCL 08
44 *
45 FIX 2
46 RND
47 INT
48 LASTX
```

```
 49 X≠Y?
 50 GTO 09

 51♦LBL 01
 52 RCL 12
 53 "ZINSFUSS? %:"
 54 PROMPT
 55 STO 12
 56 XEQ 02
 57 FC? 02
 58 GTO 00
 59 FS?C 03
 60 GTO 00
 61 RCL 14
 62 "EFFEKTIVZINSFUS"
 63 "⊢S? %:"
 64 PROMPT
 65 STO 14
 66 GTO 11

 67♦LBL 00
 68 RCL 15
 69 "KURS? %:"
 70 PROMPT
 71 STO 15
 72 FS?C 02
 73 GTO 12
 74 RCL 11
 75 RCL 15
 76 %
 77 STO 16
 78 ADV
 79 "AUSZAHLUNG:"
 80 XEQ "PX"
 81 ADV
 82 RCL 11
 83 RCL 13
 84 /
 85 RCL 05
 86 /
 87 STO 10
 88 "TILGUNGSRATE:"
 89 XEQ "PX"
 90 ADV
 91 "ANNUITAETSRATEN"
 92 AVIEW
 93 "==============="
 94 AVIEW
 95 ADV
 96 CLX
 97 STO 06
 98 1
 99 RCL 07
100 1 E3
101 /
102 +
103 STO 03

104♦LBL 07
105 1
106 RCL 05
107 1 E3
108 /
109 +
110 STO 04

111♦LBL 08
112 RCL 04
113 INT
114 STO 09
115 RCL 07
116 RCL 03
117 INT
118 -
119 STO 01
120 X>0?
121 GTO 05
122 RCL 03
123 X=0?
124 GTO 05
125 RCL 05
126 *
127 RCL 09
128 X>Y?
129 GTO 06
130 RCL 01

131♦LBL 05
132 1
133 +
134 RCL 09
135 1
136 -
137 RCL 05
138 /
139 -
140 RCL 02
141 *
142 1
143 +
144 RCL 10
145 *
146 STO 09
147 ST+ 06
148 CLA
149 FIX 0
150 SF 28
151 ARCL 03
152 "⊢ JAHR "
153 FC? 01
154 GTO 00
155 ARCL 04
156 "⊢ RATE:"

157♦LBL 00
158 FIX 2
159 CF 28
160 XEQ "PX"
161 ISG 04
162 GTO 08
163 ADV
164 FC? 01
165 GTO 00
166 RCL 03
167 XEQ 03

168♦LBL 00
169 1
170 ISG 03
171 GTO 07

172♦LBL 06
173 CF 01
174 RCL 06
175 "RUECKZAHLBETRAG"
176 "⊢:"
177 XEQ "PX"
178 RCL 11
```

```
179 RCL 06
180 %CH
181 "AUFGELD"
182 AVIEW
183 "VOM NENNBETRAG:"
184 SF 00
185 XEQ "PX"
186 RCL 16
187 RCL 06
188 %CH
189 "VOM AUSZAHLUNGS"
190 "⊢BETRAG:"
191 SF 00
192 XEQ "PX"
193 RTN

194♦LBL 02
195 1 E2
196 /
197 STO 02
198 1
199 +
200 STO 00
201 RTN

202♦LBL 11
203 CF 02
204 1 E2
205 /
206 STO 03
207 1
208 +
209 RCL 07
210 Y↑X
211 STO 01
212 1
213 -
214 RCL 03
215 /
216 RCL 01
217 /
218 STO 01
219 RCL 02
220 RCL 03
221 /
222 RCL 07
223 RCL 01
224 -
225 *
226 +
227 RCL 07
228 /
229 1 E2
230 *
231 STO 15
232 SF 12
233 "KURS:"
234 SF 00
235 XEQ "PX"
236 CF 12
237 RTN

238♦LBL 12
239 RCL 15
240 RCL 07
241 *
242 100
243 /
244 STO 08
245 RCL 02
246 STO 01

247♦LBL 04
248 RCL 01
249 STO 00
250 1
251 ST+ 00
252 RCL 00
253 RCL 07
254 Y↑X
255 1/X
256 STO 03
257 -
258 STO 04
259 1
260 RCL 02
261 RCL 01
262 /
263 STO 06
264 -
265 STO 09
266 *
267 RCL 07
268 RCL 02
269 *
270 +
271 RCL 01
272 /
273 RCL 08
274 -
275 RCL 07
276 RCL 03
277 *
278 RCL 00
279 /
280 RCL 01
281 *
282 RCL 04
283 -
284 RCL 09
285 *
286 RCL 06
287 RCL 04
288 *
289 +
290 RCL 02
291 RCL 07
292 *
293 -
294 RCL 01
295 X↑2
296 /
297 /
298 ST- 01
299 ABS
300 1 E-5
301 X<=Y?
302 GTO 04
303 RCL 01
304 1 E2
305 *
306 STO 01
307 ADV
308 SF 12
309 "EFFEKTIVZINS"
310 SF 00
311 XEQ "PX"
312 CF 12
313 ADV
314 RTN

315♦LBL "SANNU"
316 "JAHR?"
317 PROMPT

318♦LBL 03
319 RCL 07
320 X<>Y
321 INT
322 -
323 1
324 +
325 STO 01
326 RCL 05
327 1
328 -
329 2
330 /
331 STO 09
332 RCL 05
333 /
334 -
335 RCL 02
336 *
337 1
338 +
339 RCL 05
340 *
341 RCL 01
342 RCL 05
343 2
344 -
345 3
346 /
347 RCL 05
348 /
349 -
350 RCL 02
351 *
```

```
    352 1                 368♦LBL "PX"                        CAT 1
    353 +                 369 AVIEW            LBL'RATENT
    354 RCL 09            370 CLA              LBL'EFFZ
    355 *                 371 ARCL X           LBL'KURS
    356 RCL 02            372 FS?C 00          LBL'SANNU
    357 *                 373 GTO 00           LBL'PX
    358 +                 374 "├ DM"           END        806 BYTES
    359 RCL 10            375 GTO 01           .END.      06 BYTES
    360 *
  361 "AQUIVALENTE"       376♦LBL 00                          PRKEYS
    362 AVIEW             377 "├ %"
363 "JAHRESANNUITAET"                          USER KEYS:
    364 "├:"              378♦LBL 01            11 "RATENT"
    365 XEQ "PX"          379 AVIEW             12 "KURS"
    366 ADV               380 PSE               13 "EFFZ"
    367 RTN               381 RTN               14 "SANNU"
                          382 END
```

5.3.7 Anwendungsbeispiele

1) Ein Kapital von 1 Mio DM soll in 4 gleichen Tilgungsraten getilgt werden. Der Zinsfuß beträgt 5 % bei einem Ausgabekurs von 94 %.

Nach Aufruf des Programms "RATENT" wird folgender Ausdruck erzeugt:

Eingabedialog:

```
           XEQ "RATENT"
KAPITAL? DM:
     1.000.000,00    RUN
LAUFZEIT? JAHRE:
             4,00    RUN
TIL. INTERVALL? TAGE:
           360,00    ***
                     RUN
ZINSFUSS? %:
             5,00    RUN
KURS? %:
            94,00    RUN
```

Ergebnisse:

```
AUSZAHLUNG:
940.000,00 DM

TILGUNGSRATE:
250.000,00 DM

ANNUITAETSRATEN
===============

1. JAHR
300.000,00 DM

2. JAHR
287.500,00 DM

3. JAHR
275.000,00 DM

4. JAHR
262.500,00 DM

RUECKZAHLBETRAG:
1.125.000,00 DM
AUFGELD
VOM NENNBETRAG:
12,50 %
VOM AUSZAHLUNGSBETRAG:
19,68 %
```

Der Zinsanteil in den Annuitätsraten ist gleich der Differenz aus Annuitätsrate und Tilgungsrate.

Zur Berechnung des Effektivzinses wird die Adresse "EFFEZ" aufgerufen:

Eingabedialog:

```
            XEQ "EFFZ"
LAUFZEIT? JAHRE:
          4,00    ***
                  RUN
ZINSFUSS? %:
          5,00    ***
                  RUN
KURS? %:
         94,00    ***
                  RUN
```

Ergebnis:

```
EFFEKTIVZINS
7,78 %
```

Soll der Ausgabekurs für einen kalkulierten Effektivzins bestimmt werden, so ist dies durch den Aufruf "KURS" möglich:

Eingabedialog:

```
            XEQ "KURS"
LAUFZEIT? JAHRE:
          4,00    ***
                  RUN
ZINSFUSS? %:
          5,00    ***
                  RUN
EFFEKTIVZINSFUSS? %:
          8,00    RUN
```

Ergebnis:

```
KURS:
93,55 %
```

2) Ein Kapital von 1 Mio DM soll mit quartalsmäßiger Tilgung mit gleichen Tilgungsraten in 4 Jahren getilgt werden. Der Zinsfuß beträgt 5 % bei einem Ausgabekurs von 94 %.

Eingabedialog:

```
         XEQ "RATENT"
KAPITAL? DM:
     1.000.000,00    RUN
LAUFZEIT? JAHRE:
             4,00    RUN
TIL. INTERVALL? TAGE:
            90,00    RUN
ZINSFUSS? %:
             5,00    RUN
KURS? %:
            94,00    RUN
```

Ergebnisse:

```
AUSZAHLUNG:
940.000,00 DM

TILGUNGSRATE:
62.500,00 DM

ANNUITAETSRATEN
===============

1. JAHR 1. RATE:
75.000,00 DM
1. JAHR 2. RATE:
74.218,75 DM
1. JAHR 3. RATE:
73.437,50 DM
1. JAHR 4. RATE:
72.656,25 DM

AQUIVALENTE
JAHRESANNUITAET:
300.898,44 DM

2. JAHR 1. RATE:
71.875,00 DM
2. JAHR 2. RATE:
71.093,75 DM
2. JAHR 3. RATE:
70.312,50 DM
2. JAHR 4. RATE:
69.531,25 DM

AQUIVALENTE
JAHRESANNUITAET:
288.164,06 DM

3. JAHR 1. RATE:
68.750,00 DM
3. JAHR 2. RATE:
67.968,75 DM
3. JAHR 3. RATE:
67.187,50 DM
3. JAHR 4. RATE:
66.406,25 DM

AQUIVALENTE
JAHRESANNUITAET:
275.429,69 DM

4. JAHR 1. RATE:
65.625,00 DM
4. JAHR 2. RATE:
64.843,75 DM
4. JAHR 3. RATE:
64.062,50 DM
4. JAHR 4. RATE:
63.281,25 DM

AQUIVALENTE
JAHRESANNUITAET:
262.695,31 DM

RUECKZAHLBETRAG:
1.106.250,00 DM
AUFGELD
VOM NENNBETRAG:
10,63 %
VOM AUSZAHLUNGSBETRAG:
17,69 %
```

Ein Vergleich der beiden Tilgungsvarianten von Beipiel 1 und 2 zeigt, daß zwar der Rückzahlungsbetrag bei der unterjährlichen Tilgung gegenüber der jährlichen Tilgung um 18.750,-- DM niedriger ist, jedoch der staffelverzinste Rückzahlungsbetrag auf Basis der Summe der äquivalenten Jahresannuitäten mit

1.127.187,50 DM um 2.187,50 DM höher liegt als die Jahresannuität. Es wird somit im Einzelfall vom Liquiditätshaushalt und vom erzielbaren Anlagezins in Relation zum Darlehenszins abhängig sein, welcher Tilgungsvariante der Vorzug gegeben wird.

5.4 Bauspardarlehen

5.4.1 Allgemeines

Ein Bausparvertrag stellt im Gegensatz zu einem Kreditvertrag einen Darlehensvorvertrag dar, bei dem mit dem Abschluß eine zweiphasige Abwicklung vereinbart wird. Die erste Phase bezieht sich auf die Ansparzeit, für die ein bestimmter Guthabenzinsfuß in Abhängigkeit von dem gewählten Bauspartarif gewährt wird. Dieser Guthabenzins liegt im allgemeinen unter dem bei sonstigen längerfristigen Kapitalanlagen erzielbaren Zinsfuß. Als Gegenleistung erhält der Bausparer nach Erfüllung bestimmter Ansparbedingungen mit Zuteilung der Bausparsumme ein Bauspardarlehen als Kredit mit Festkonditionen, die im allgemeinen erheblich günstiger liegen als Kapitalmarktkredite.

Gemäß den "Grundsätzen zur Berechnung des effektiven Jahrezinses nach der Verordnung über Preisangaben (PAngV)" vom 03.12.1980 haben sich die Verbände der Bausparkassen bereiterklärt, ab 01.01.1982 die neuen Grundsätze dieser Verordnung für die Angabe der effektiven Jahreszinsen anzuwenden. Spezielle Aspekte zum effektiven Jahreszins bei Bauspardarlehen sind in [29] eingehend dargestellt und durch Beispiele für unterschiedliche Bausparbedingungen erläutert.

5.4.2 Berechnungsgrundlagen

Für die Berechnung der Annuität, der Zeitdauer für die Darlehenstilgung und des effektiven Zinsfußes sind folgende Kenndaten eines Bausparvertrages maßgebend:

Bausparsumme (BSS):	S	in DM
Ansparquote (Bausparguthaben BSG):	a_q	in % der Bausparsumme
Abschlußgebühr:	a_G	in % anteilig auf das Nettoanfangs-Bauspardarlehen
Darlehenszinsfuß:	p	in % des anzurechnenden Kontostandes
Darlehensgebühr:	d_G	in % bezogen auf das Nettoanfangs-Bauspardarlehen
Disagio:	d	in % bezogen auf das Nettoanfangs-Bauspardarlehen
Tilgungsrate:	t	in % bezogen auf die Bausparsumme bei monatlicher Tilgung
Zinsintervall:	T_Z	in Monate (in der Regel vierteljährlich auf 90 Tage-Basis)

Die Zahlungen innerhalb eines Zinsintervalls werden erst am Ende des Intervalls zinswirksam berücksichtigt.

Bei der Zuteilung des Bauspardarlehens ist durch die Ansparquote a_q das Nettoanfangs-Bauspardarlehen K_o (Present Value PV_o) bestimmt:

$$K_o = S \left(1 - \frac{a_q}{100}\right) \tag{5.4.1}$$

Der Auszahlungsbetrag ergibt sich aus dem Nettoanfangs-Bauspardarlehen durch Abzug der anteilig auf die Darlehensgewährung anzurechnenden Abschlußgebühr und des Disagios bei eventuell vorliegenden Bausparmodellen mit vereinbartem Disagio. Die Modelle mit Disagio sind in jüngster Zeit zu den Modellen mit 100 % Auszahlung hinzugetreten und bieten insbesondere für Bauherren eigengenutzter Wohnungen steuerliche Vorteile.

Für den Auszahlungsbetrag K_1 (Present Value PV_1) gilt:

$$K_1 = K_o \left(1 - \frac{a_G + d}{100}\right) \tag{5.4.2}$$

Der Bausparer hat das Bruttoanfangs-Bauspardarlehen K_R (Present Value PV_2) durch die monatlichen Tilgungsbeiträge zurückzuzahlen. Dieses ergibt sich aus dem Nettoanfangs-Bauspardarlehen durch Hinzufügen der Darlehensgebühr:

$$K_R = K_o \left(1 + \frac{d_G}{100}\right) \tag{5.4.3}$$

Da der monatliche Annuitätsbeitrag vertraglich vereinbart wird, ergibt sich in Abhängigkeit von der Verzinsung die Laufzeit des Bauspardarlehens und ggf. eine niedrigere letzte Rate.

Der monatliche Annuitätsbeitrag A (Payment PMT) ergibt sich aus der Bausparsumme S und der als Promille-Wert angegebenen Tilgungsrate t zu:

$$A = S \frac{t}{1000} \tag{5.4.4}$$

5.4.3 Tilgungsdauer

Die Laufzeit für die Rückzahlung und der ggf. verminderte letzte Annuitätsbeitrag sind aus der Gleichung für den aktuellen Kontostand des Tilgungsplanes zu bestimmen. Die Tilgung beginnt mit einem Kontostand gleich dem Bruttoanfangs-Bauspardarlehen K_R gemäß Gl.(5.4.3). Bei der üblichen vierteljährlichen Zinsverrechnung mit dem Zinsfaktor q_z (Quartalsmodell der Darlehensverzinsung n_J=4) werden die Darlehenszinsen aus dem Kontostand zu Beginn des jeweiligen Kalenderquartals am Quartalsende dem Darlehenskonto belastet und die eingegangenen drei Annuitätsbeträge A dem Konto gutgebracht. Für den Darlehens-Kontostand gilt daher folgende rekursive Entwicklung:

Anfangsstand:	$S_o = K_R$
Nach dem 1. Zinsintervall	$S_1 = S_o\, q_z - 2\,A$
Nach dem 2. Zinsintervall	$S_2 = S_1\, q_z - 3\,A$
Nach dem n*-ten Zinsintervall	$S_{n*} = S_{n*-1}\, q_z - 3\,A$

mit dem Zinsfaktor q_z für Quartalsverzinsung:

$$q_z = 1 + \frac{3}{12}\,\frac{p}{100} = 1 + i_z \qquad (5.4.5a)$$

Allgemein für n_J Zinsintervalle innerhalb eines Kalenderjahres gilt:

$$q_z = 1 + \frac{p}{100\,n_J} = 1 + i_z \qquad (5.4.5b)$$

Aus der aufgezeigten rekursiven Entwicklung des Darlehen-Kontostandes läßt sich eine geschlossene Lösungsformel herleiten. Diese ergibt sich entsprechend Bild (5.4.1) aus der Differenz des intervallweise aufgezinsten Bruttoanfangs-Bauspardarlehen $S_o = K_R$ und dem Endwert einer nachschüssigen Rente mit dem Rentenbetrag als Summe der Annuitätsbeiträge eines Zinsintervalls, d.h. bei Quartalsverzinsung drei monatliche Annuitätsbeiträge, vermindert um den fehlenden Annuitätsbeitrag zu Beginn des ersten Zinsintervalls.

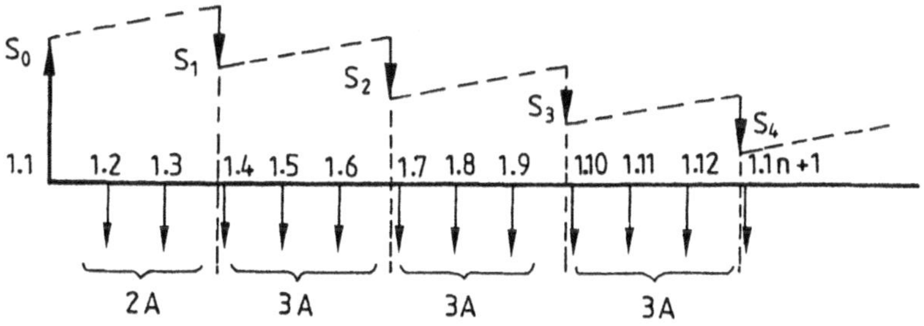

Bild 5.4.1 Zahlungsstrahl einer monatlichen Tilgung mit quartalsweiser Zinsverrechnung

Nach n_z Zinsintervallen gilt für den Kontostand:

$$S_{nz} = S_o q_z^{n_z} - 3\,A\,(q_z^{n_z-1} + q_z^{n_z-2} + \cdots + q_z^2 + q_z + 1) + A\,q_z^{n_z-1} \tag{5.4.6a}$$

$$S_{nz} = S_o q_z^{n_z} - 3\,A\,\frac{q_z^{n_z} - 1}{q_z - 1} + A\,q_z^{n_z-1} \tag{5.4.6b}$$

Allgemein gilt für n_J Zinsintervalle innerhalb eines Kalenderjahres:

$$S_{nz} = \begin{cases} S_o q_z^{n_z} - A\left(\frac{12}{n_J}\,\frac{q_z^{n_z} - 1}{q_z - 1} - q_z^{n_z-1}\right) & \text{für } n_J < 12 \quad (5.4.7a) \\ S_o q_z^{n_z} - A\,\frac{q_z^{n_z} - 1}{q_z - 1} & \text{für } n_J = 12 \quad (5.4.7b) \end{cases}$$

Das Ende der Laufzeit ist erreicht, wenn S_n gleich Null ist oder erstmals kleiner Null geworden ist:

$$S_{nz} \leqq 0 \tag{5.4.8}$$

Diese Bedingung führt mit Gl.(5.4.7b) nach Abspaltung von $q_z^{n_z}$ und Logarithmierung beider Seiten zu der Laufzeitgleichung für n_z:

$$n_z = \begin{cases} \dfrac{\ln \dfrac{1}{1 - \frac{n_J}{12}\,i_z\left(\frac{1}{q_z} + \frac{S_o}{A}\right)}}{\ln q_z} & \text{für } n_z < 12 \quad (5.4.9a) \\ \dfrac{\ln \dfrac{1}{1 - i_z \frac{S_o}{A}}}{\ln q_z} & \text{für } n_z = 12 \quad (5.4.9b) \end{cases}$$

Die Anzahl der Zinsintervalle mit dem gewählten monatlichen Annuitätsbeitrag A ergibt sich aus dem Integer-Anteil von n_z:

$$n_z^* = \text{INT}\left\{n_z\right\} \tag{5.4.10}$$

Aus dem nach n_z-Annuitätsbeiträgen gemäß Gl.(5.4.7b) verbleibendem und mit dem Intervallzinsfaktor q_z aufgezinstem Kontostand werden die Annuitätsbeiträge innerhalb des letzten Zinsintervalls bestimmt. Da diese bei Quartalsverzinsung bis zu 2 Annuitätsbeiträge A mit einem letzten Restbetrag $A_z < A$ umfassen können, ist noch die Anzahl der restlichen Annuitätsbeiträge im (n_z^*+1)-ten Zinsintervall zu bestimmen:

$$n_T^* = \frac{S_{nz}\ q_z}{A} \qquad \text{mit } 0 < n_T^* < \frac{12}{n_J} \qquad (5.4.11)$$

Der Integer-Anteil von n_T^* kennzeichnet die vollen Annuitätsbeiträge n_T:

$$n_T = \text{INT}\left\{n_T^*\right\} - \begin{cases} 0 & \text{falls FRC } \left\{n_T^*\right\} > 0 \\ 1 & \text{falls FRC } \left\{n_T^*\right\} = 0 \end{cases} \qquad (5.4.12)$$

Falls der Nachkommaanteil ungleich Null ist, folgt nach n_T volle Annuitätsbeiträge A noch ein letzter niedriger Annuitätsbeitrag A_z:

$$A_z = S_{nz}\ q_z - n_T A \qquad (5.4.13)$$

Für die Laufzeit des Bauspardarlehens in Jahren gilt:

$$n = \frac{n_z}{n_J} + \frac{n_T}{12} \qquad \text{für } n_J < 12 \qquad (5.4.14a)$$

$$n = \frac{n_z}{12} + 1 \qquad \text{für } n_J = 12 \qquad (5.4.14b)$$

Bezeichnet man mit n_1 die Anzahl der vollen Tilgungsjahre und mit n_{2m} die Anzahl der restlichen Tilgungsmonate, so gilt:

$$n_1 = \text{INT}\left\{n\right\} \qquad (5.4.15)$$

$$n_{2m} = 12\ \text{FRC}\left\{n\right\} \qquad (5.4.16)$$

5.4.4 Effektivzinsfuß

Die Effektivzinsfuß-Berechnung erfolgt analog zu Abschnitt 5.2.5, jedoch für $n_J=12$ Tilgungsintervalle und jährlicher Zinsgutschrift. Als Startwert für die Newton-Iteration wird das 1,5-fache des Nominalzinsfußes gesetzt.

Für den Endstand eines ungetilgten Schuldenkontos gilt nach $n=n_1$, n_2 Jahren der Darlehenstilgung mit dem Bruttoanfangs-Bauspardarlehen K_R:

$$E_s = K_R\ q^{n_1}\ (1 + i\ n_2) \qquad (5.4.17)$$

Das Tilgungskonto erreicht nach einem Jahr mit n_J=12 nachschüssigen Tilgungsraten A nach der Staffelverzinsung den Kontostand:

$$E_1 = A\ (12 + 5{,}5\ i) \tag{5.4.18}$$

Nach n_1 Jahren sind n_1 nachschüssige Jahreseinzahlungen E_1 nach der Rentenformel zu bewerten, so daß sich der Endstand E_{n1} ergibt:

$$E_{n1} = E_1 \frac{q^{n_1} - 1}{q - 1} = E_1\ a_{n1} \tag{5.4.19}$$

Für eine weitere Restlaufzeit n_2 im (n_1+1)ten Jahr ist zu dem zeitanteilig aufgezinsten Jahresendstand E_{n1} noch der restliche Teiljahresbetrag E_{n2} der aufgezinsten Annuitätsbeiträge zu addieren. Dieser setzt sich zusammen aus der Summe der restlichen Annuitätsbeiträge $12An_2$ und dem restlichen Zinsanteil:

$$E_{n2} = A\ (12n_2 + \frac{12n_2 - 1}{2}\ n_2\ i) \tag{5.4.20}$$

Falls der letzte Annuitätsbeitrag nur noch eine Restzahlung der vorherigen konstanten Annuitätsbeiträge umfaßt, so muß noch eine Korrektur des Endwertes hinsichtlich des letzten Annuitätsbeitrages gemacht werden. Dies kann durch Abzug eines vollen Annuitätsbeitrages und Hinzufügen des errechneten letzten Beitrages erfolgen.

Damit ergibt sich als Endwert des Rentenkontos E_R nach Abrechnung aller Annuitätsbeiträge am Ende der Laufzeit:

$$E_R = E_{n1}\ (1 + i\ n_2) + E_{n2} - A + A_z \tag{5.4.21}$$

$$E_R = A \left\{ (12 + 5{,}5\ i)\ \frac{q^{n_1} - 1}{i}\ (1 + i\ n_2) + n_2\ (12 + \frac{12n_2 - 1}{2}\ i) \right\} - A + A_z \tag{5.4.22}$$

Der effektive Zinsfuß p_{eff} ist derjenige Zinsfuß, bei dem $E_S=E_R$ ist. Die Lösung wird mit Hilfe des Newton'schen Iterationsverfahren für $f(i)=E_S-E_R=0$ gesucht. Mit Gl.(5.4.17 und 5.4.20) gilt für n_J=12:

$$f(i) = K_1 q^{n_1}\ (1 + in_2) - A\ \left\{ (n_J + \frac{n_J - 1}{2}\ i)\ \frac{q^{n_1} - 1}{i}\ (1 + in_2) + n_2 \left[n_J + \frac{n_2\ n_J - 1}{2}\ i \right] \right\} + A - A_z \tag{5.4.23}$$

Da q=1+i ist, sind die Differentiale $\frac{df}{di}$ und $\frac{df}{dq}$ identisch, so daß die unterschiedlichen Variablen i und q in Gl.(5.4.23) gleichzeitig differenziert werden können. Vor der Differentiation und zur Programmierung wird die Gl.(5.4.23) geringfügig umgeformt:

$$f(i) = \frac{K_1}{A} q^{n_1} (1 + in_2) - (n_J + \frac{n_J - 1}{2} i) (q^{n_1} - 1) (\frac{1}{i} + n_2)$$

$$- n_2 (n_J + \frac{n_2 n_J - 1}{2} i) + 1 - \frac{A_z}{A} \qquad (5.4.24)$$

$$f'(i) = \frac{df(i)}{di} = \frac{K_1}{A} q^{n_1} \left[\frac{n_1}{q} (1 + in_2) + n_2 \right] - n_2 \frac{n_2 n_J - 1}{2}$$

$$- (q^{n_1} - 1) (n_2 \frac{n_J - 1}{2} - \frac{n_J}{i^2}) - n_1 q^{n_1 - 1} (1 + in_2) (\frac{n_J}{i} + \frac{n_J - 1}{2}) \qquad (5.4.25)$$

Der effektive Zinssatz i_{eff} bzw. der effektive Zinsfuß p_{eff} ergibt sich schließlich durch iterative Annäherung an den Lösungswert der Gl.(5.4.23):

$$i_{n+1} = i_n - \frac{f(i)}{f'(i)} \qquad (5.4.26)$$

$$p_{eff} = i \cdot 100 \qquad \text{für} \left| i_{n+1} - i_n \right| < 10^{-5} \qquad (5.4.27)$$

Die Effektivzinsberechnung ist als Unterprogramm Label "EFFZ" mit iterativer Lösung der Funktion:

$$p_{eff} = f(K_R, A, n_1, n_2, n_J, A_z) \qquad (5.4.28)$$

konzipiert. Die genannten Eingabevariablen werden vor dem Unterprogrammaufruf folgenden permanenten Speichern zugeordnet:

Auszahlungsbetrag	K_R	STO 22
Annuität	A	STO 23
Zinssatz als Startwert	i	STO 02
Laufzeit in vollen Jahren	n_1 = INT(n)	STO 07
Laufzeit (dezimaler Restanteil)	n_2 = FRC(n)	STO 08
Tilgungsintervalle je Jahr	n_J = 12	STO 05
Letzte Annuitätsrate	A_z	STO 19

Zur Beschleunigung des iterativen Lösungsverfahrens werden in einem Unterprogrammvorspann noch folgende Größen als konstante Daten berechnet und entsprechenden Speichern zugeordnet:

$$5.5 \Rightarrow \text{STO } 04$$

$$\frac{12\,n_2 - 1}{2} \Rightarrow \text{STO } 10$$

5.4.5 Tilgungsplan und Rückzahlbetrag

Der jeweilige Kontostand am Ende eines Zinsintervalls ergibt sich aus Gl.(5.4.7b). Die Tilgung ist dann beendet, wenn der Kontostand gleich 0 oder erstmals negativ wird. Der letzte Tilgungsbeitrag A_z ist immer dann kleiner als die eingegebene Annuität, wenn die Anzahl n_T^* der Zinsintervalle keine ganze Zahl ist.

Nach Abschluß der Tilgungsplan-Rechnung in Abhängigkeit von einem gewählten Startjahr wird noch der gesamte Rückzahlbetrag und das Aufgeld in bezug auf den Auszahlungsbetrag ermittelt:

$$S_R = A\left(\frac{n_z}{n_J}\,12 + n_T - 1\right) + A_z \qquad \text{für } n_J < 12 \tag{5.4.29a}$$

$$S_R = A\,(n_z + n_T) + A_z \qquad \text{für } n_J = 12 \tag{5.4.29b}$$

5.4.6 Ansparphase

Bei Zinsgutschrift zum jeweiligen Zinsintervallende ergibt sich als Endwert der monatlichen Sparraten nach der Rentenendwertformel:

$$E = R\,\frac{12}{n_J}\,\frac{q_z^{\,n_{z1}} - 1}{i_z}\,(1 + i_z n_{z2}) + n_{z2} \tag{5.4.30}$$

$$n_{z1} = \text{INT}\left\{n_z\right\} \tag{5.4.31a}$$

$$n_{z2} = \text{FRC}\left\{n_z\right\} \tag{5.4.31b}$$

Der monatliche Sparvertrag R ergibt sich aus der Ansparrate a und der Bausparsumme S:

$$R = \frac{a}{1000}\,S \tag{5.4.32}$$

Effektivzinsfuß für die Ansparphase

Die Effektivverzinsung der Ansparphase weicht von dem Guthabenzinsfuß ab, weil zum einen die Zinsen in der Regel unterjährlich nachschüssig dem Konto gutgebracht werden (Quartalsverzinsung oder Monatsverzinsung) und zum anderen eine Abschlußgebühr der Ansparphase zuzuordnen ist. Die unterjährlichen Zinstermine wirken erhöhend und die Abschlußgebühr erniedrigend auf den Effektivzinsfuß für die Ansparphase. Die Abschlußgebühr ist nach den Empfehlungen der Verordnung über Preisangaben entsprechend der Spar- und Kreditkomponente des Bausparvertrages (in der Regel 40/60 %) aufzuteilen.

Unter Berücksichtigung der anteilig für die Ansparphase anzusetzenden Abschlußgebühr A_S ergibt sich ein Netto-Endwert des Sparguthabens:

$$E_N = R \frac{12}{n_J} \left[\frac{q^{n_{z1}} - 1}{i_z} (1 + i_z n_{z2}) + n_{z2} - A_S \, q^{n_{z1}} (1 + i_z n_{z2}) \right] \tag{5.4.33}$$

Für die der Sparkomponente anzurechende Abschlußgebühr gilt:

$$A_S = \frac{d_G}{100} \frac{a_q}{100} S = \frac{a_G}{100} E_N \tag{5.4.34}$$

Faßt man das Produkt aus Abschlußgebühr und Ansparquote zu einer Ersatz- Abschlußgebühr zusammen, so gilt:

$$A_S = \frac{a^*}{100} S \tag{5.4.35}$$

$$a^* = a_G \frac{d_q}{100} \tag{5.4.36}$$

Für den Effektivzinsfuß muß der nach Gl.(5.4.33) gebildete Netto-Endwert des Sparguthabens gleich dem sich aufgrund der monatlichen Sparbeiträge bei Staffelverzinsung im Jahresintervall und jährlicher Zinsverrechnung ergebenden Rentenendwert sein:

$$E_N = R \left[(12 + 5{,}5i) \frac{q^{n_1} - 1}{i} (1 + in_2) + n_2 (12 + \frac{12n_2 - 1}{2} i) \right] \tag{5.4.37}$$

$$n_1 = \text{INT} \{n\} \tag{5.4.38a}$$

$$n_2 = \text{FRC} \{n\} \tag{5.4.38b}$$

Der effektive Zinsfuß p_{eff} wird durch Anwendung der Newton-Iteration auf Gl.(5.4.37) bestimmt.

$$f(i) = E_N - R\left\{\left[(12 \frac{1}{i} + n_2) + 5{,}5\,(1 + n_2 i)\right] (q^{n_1} - 1) + n_2 \left[12 + (6n_2 - 0{,}5) i\right]\right\} \tag{5.4.39}$$

Nach Differentation df(i)/di = df(i)/dq folgt:

$$f'(i) = -R \left\{ \left(-\frac{12}{i^2} + 5{,}5\, n_2\right)\left(q^{n_1} - 1\right) + n_1 q^{n_1 - 1} \left[12\left(\frac{1}{i} + n_2\right) + 5{,}5\,(1 + n_2 i)\right] + n_2(6n_2 - 0{,}5)\right\} \qquad (5.4.40)$$

Die Iterationsregel für den Zinssatz i lautet:

$$i_{n+1} = i_n - \frac{f(i)}{f'(i)} \qquad (5.4.41)$$

Für $|i_{n+1} - i_n| < \varepsilon$ mit $\varepsilon = 10^{-5}$ ergibt sich der effektive Zinsfuß für die Ansparphase:

$$p_{eff} = 100\, i_{n+1} \qquad (5.4.42)$$

Falls der Netto-Endwert des Sparguthabens vorgegeben ist, läßt sich aus Gl.(5.4.33) auch die Mindestlaufzeit der Ansparphase bestimmen. Für $n_2 = 0$ gilt:

$$n_z^* = \frac{\ln \dfrac{1 + x}{1 - x \dfrac{a_G}{100}}}{\ln q} \qquad (5.4.43)$$

mit: $$x = \frac{a_q}{1200}\,\frac{S}{R}\, i\, n_J \qquad (5.4.44)$$

Da die Gl.(5.4.43) nur für $n_{z2} = 0$ gilt, muß diese Bedingung auch sicher gestellt werden. Hierzu ist n_z um 1 zu erhöhen, falls n_z^* nicht ganzzahlig ist. In der Praxis bedeutet dies, daß die Zuteilung der Bausparsumme und damit die Beendigung der Sparphase immer nur zu Zinsterminen festgestellt wird. Damit folgt für die Ansparzeit in Zinsintervalle ausgedrückt:

$$n_z = k + \mathrm{INT}\left\{n_z^*\right\} \quad \text{mit} \quad \begin{cases} k = 1 \text{ für } \mathrm{FRC}\left\{n_z^*\right\} > 0 \\ k = 0 \text{ für } \mathrm{FRC}\left\{n_z^*\right\} = 0 \end{cases} \qquad (5.4.45)$$

Für die Ansparzeit in Jahren gilt:

$$n = \frac{n_z}{n_J} \qquad (5.4.46)$$

Bei der so errechneten Laufzeit n ergibt sich natürlich ein Sparguthaben, welches der vorgegebenen Ansparquote entspricht oder bis zu einem aufgezinsten Ansparintervall über diese Quote hinaus geht.

Aus dem Ansatz:

$$E_N = R\,\frac{12}{n_J}\,\frac{q^{n_z} - 1}{i_z} - \frac{a_G}{100}\,E_N\,q_z^{n_z} \qquad (5.4.47)$$

folgt für den Netto-Endwert des Sparguthabens bei gegebener Laufzeit $n=n_z n_J$:

$$E_N = \frac{R\,\frac{12}{n_J}\,\frac{q_z^z - 1}{i_z}}{1 + \frac{a_G}{100}\,q_z^{n_z}} \qquad (5.4.48)$$

Eine alternativ gegenüber einem Bausparvertrag zu stellende Spareinlage mit monatlich nachschüssiger Einzahlung und Staffelverzinsung innerhalb eines Jahres erreicht nach n Jahren folgenden Endwert:

$$E_N = R\left[(12 + 5{,}5i)\,\frac{q^{n_1} - 1}{i}\,(1 + in_2) + 12n_2\,\left(1 + \frac{12n_2 - 1}{24}\,i\right)\right] \qquad (5.4.49)$$

Mit:

$$n_1 = \text{INT}\left\{n\right\} \qquad (5.4.50a)$$

$$n_2 = \text{FRC}\left\{n\right\} = \frac{m}{12} \qquad (5.4.50b)$$

Bei gleichem Zinssatz führt die Staffelverzinsung zu einem etwas geringeren Endwert als die intervallbezogene Zinsverrechnung mit Monatsintervallen, wogegen die Relation bei den mehrmonatigen Intervallen sich umkehrt. Eine nachschüssig gezahlte Monatsrate von 250,-- DM führt bei einem Zinsfuß von 3 % und 10-jähriger Laufzeit zu folgenden Endwerten:

a) Staffelverzinsung	34.864,52 DM (p_{eff} = 3,00 %)
b) 1 Tag-Intervall	34.984,03 DM (p_{eff} = 3,07 %)
c) 1 Monats-Intervall	34.935,35 DM (p_{eff} = 3,04 %)
d) 3 Monats-Intervall	34.834,86 DM (p_{eff} = 2,99 %)
e) 6 Monats-Intervall	34.685,50 DM (p_{eff} = 2,90 %)
f) 12 Monats-Intervall	34.391,64 DM (p_{eff} = 2,73 %)

Liegt eine Staffelverzinsung mit vorschüssiger Einzahlung der monatlichen Sparbeiträge vor, so beträgt der Endwert nach n Jahren:

$$E_V = R\left[(12 + 6{,}5i)\,\frac{q^{n_1} - 1}{i}\,(1 + in_2) + 12n_2\,\left(1 + \frac{12n_2 + 1}{24}\,i\right)\right] \qquad (5.4.51)$$

Die beiden Einzahlungsarten unterscheiden sich nach n Jahren durch ΔE:

$$\Delta E = E_V - E_N \tag{5.4.52}$$

$$\Delta E = R\left[(q^{n_1} - 1)(1 + in_2) + n_2 i\right] \tag{5.4.53}$$

Für $n_2 = 0$ gilt somit:

$$\Delta E = R(q^{n_1} - 1) \tag{5.4.54}$$

Aus Gl.(5.4.54) erkennt man, daß der Unterschied beider Einzahlungsarten durch den aufgezinsten Endwert eines Monatsbetrages bestimmt wird.

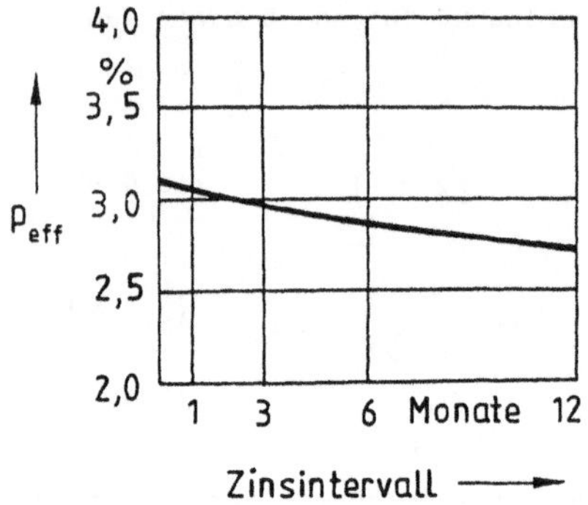

Bild 5.4.2

Einfluß der Intervalldauer auf den effektiven Zinsfuß der Ansparphase bei monatlichen Sparraten

5.4.7 Programmbeschreibung "BAU"

Die Anweisungsliste eines Programms zur Berechnung von Bauspardarlehen ist in Tabelle 5.4 angegeben. Das Programm ist für die beiden Komponeten Ansparphase und Tilgungsphase konzipiert. Die Ansparphase beginnt mit der Startadresse "SPAR" in Zeile 476 und die Tilgungsphase mit der Startadresse "BAU" in Zeile 01. Zunächst werden die Eingabevariablen Bausparsumme STO 11, Ansparquote STO 12, Abschlußgebür STO 13, Zinsfuß STO 14, Darlehensgebühr STO 15, Diasagio STO 16, Spar- bzw. Tilgungsrate STO 17 und Zinsintervall STO 18 über eine regenerierende Dialogeingabe mit den Anweisungen 01 bis 47 abgefragt und den genannten Datenregistern zugeordnet. Aus diesen Eingabedaten werden das Nettoanfangs-Darlehen K_0, der Auszahlungsbetrag K_1 und das Bruttoanfangs-Darlehen K_R gemäß den Gl.(5.4.1 bis 5.4.3) berechnet und ausgegeben. In dem Unterprogramm LBL 02 von Zeile 368 bis 384 wird die Anzahl der Zinsintervalle im Kalenderjahr nach STO 05 sowie der Intervallzinssatz i_z nach STO 02 und der Intervallzinsfaktor q_z nach STO 00 abgespeichert. In Zeile 87 wird das Unterprogramm LBL 04 zur Berechnung der Laufzeit gemäß Gl.(5.4.9) und des letzten Tilgungsbeitrages nach Gl.(5.4.13) aufgerufen. Die Anzahl der Zinsintervalle für den Tilgungsbeitrag A wird in Zeile 439 nach STO 09 und die Laufzeit n wird in Zeile 468 nach STO 24 abgespeichert.

Nachdem die Laufzeit in der Form Jahre, Monate ausgegeben wurde, wird in Zeile 107 das Flag 01 gesetzt. Dieses dient als Merkmal für die Entscheidung in Zeile 232, ob der Programmablauf mit der Berechnung des effektiven Zinsfußes zu beenden ist. Der effektive Zinsfuß wird gemäß Gl.(5.4.24 bis 5.4.27) iterativ in der Schleife von LBL 06 in Zeile 124 bis Zeile 219 berechnet. Die jeweiligen Funktionswerte f(i) sind in STO 09 und f'(i) sind in STO 06 abgelegt. Nach Abschluß der Iteration wird der effektive Zinsfuß in Prozent in Zeile 224 nach STO 01 abgespeichert.

Ab Zeile 234 beginnen die Anweisungen für den Tilgungsplan. Die zyklische Berechnung des Kontostandes gemäß Gl.(5.4.7) beginnt mit dem Ende des 1. Zinsintervalls durch das als Startwert vorgegebene Anfangsjahr. Im Unterprogramm LBL 03 von Zeile 385 bis 413 wird der Kontostand in Abhängigkeit von der Anzahl der Zinsintervalle gemäß Gl.(5.4.7) berechnet. Die Flag 03 Abfrage in Zeile 403 dient der Fallunterscheidung für n_J=12 oder n_J 12. Im Falle der monatlichen Zinsverrechnung n_J=12 wird Flag 03 in Zeile 376 gesetzt. Mit diesem Merkmal werden die Fallunterscheidungen in den Gl.(5.4.7) Zeile 403, Gl.(5.4.9) Zeile 419, Gl.(5.4.14) Zeile 457 und Gl.(5.4.29) Zeile 345 vorgenommen. Das Flag 03 wird vor der Berechnung des gesamten Rückzahlbetrages in Zeile 345 zurückgesetzt.

Nach dem Rücksprung zu LBL 07 in Zeile 251 wird der Kontostand S_{nz} in Zeile 260 nach STO 01 abgespeichert. In STO 10 (Zeile 300) werden die Zinsintervalle und in STO 09 (Zeile 307) die Jahre inkrementiert. Innerhalb der Pause-Anweisung in Zeile 315 kann ein neuer Jahreswert für die Fortsetzung des Tilgungsplanes eingegeben werden. Bei gesetztem Flag 02 werden ab dem 2. Jahr nach dem Startjahr nur die Kontostände zum Jahresende ausgegeben. Hierzu ist in Zeile 318 eine Flag 02 Abfrage vorgesehen. Falls das Flag 02 gesetzt ist, wird in STO 10 die Anzahl der jährlichen Zinsintervalle fest vorgegeben, so daß die Intervall-Inkrementierung entfällt. Das Flag 02 kann hierzu während des Programmablaufes von der Tastatur aus gesetzt oder auch wieder gelöscht werden. Der Berechnungszyklus wird durch die Vergleichsabfrage in Zeile 297 beendet, sobald der Kontostand das Vorzeichen umkehrt. Hierzu wird in Zeile 259 der Wert Null für STO 01 vorgegeben. Das Tilgungsprogramm endet nach Berechnung des Rückzahlbetrages gemäß Gl.(5.4.29) in Zeile 367. Das Programm für die Sparphase beginnt in Zeile 476. Als Merkmal zur Eingabesteuerung wird Flag 04 gesetzt. Nach dem Rücksprung von Zeile 51 nach LBL 05 in Zeile 479 wird zunächst der monatliche Sparbetrag berechnet und nach STO 06 abgespeichert.

Falls für die Ansparquote der Wert 0 eingegeben wurde, ist die x=0-Anweisung in Zeile 487 eine wahre Aussage, und es erfolgt ein unbedingter Sprung nach LBL 00 in Zeile 531. Andernfalls wird die Ansparzeit gemäß Gl.(5.4.43 und 5.4.44) in Zeile 522 nach STO 09 abgespeichert. Von Zeile 537 bis 563 wird der Endwert des Netto-Sparguthabens gemäß Gl.(5.4.48) berechnet und nach STO 01 abgespeichert. Die errechnete Ansparquote wird in Zeile 568 nach STO 12 abgespeichert. Für die Newton-Iteration zur Berechnung der effektiven Verzinsung in der Sparphase ist der Bereich von LBL 08 in Zeile 591 bis Zeile 657 vorgesehen. In diesem Programmteil werden die Gln.(5.4.39 bis 5.4.41) ausgewertet.

Innerhalb des Ablaufes eines Tilgungsplanes wird mit den Anweisungen 310 bis 319 die Möglichkeit geboten, in den weiteren Ablauf steuernd einzugreifen. Dies kann z.B. während der Pause-Anweisung in Zeile 315 dadurch geschehen, daß ein neuer Jahreswert über die Tastatur eingegeben wird, den der Rechner dann für den weiteren Tilgungsplan übernimmt. Weiter kann durch Setzen von Flag 02 eine Beschränkung auf die Kontostände zum Jahresende bestimmt werden. Durch die Anweisung CF21 in Zeile 311 wird erreicht, daß der Jahreswert nur angezeigt und auch bei angeschlossenem Drucker nicht ausgedruckt wird. Damit der Programmablauf ohne Drucker anschließend beim nächsten Druckbefehl nicht unterbrochen wird, darf die Setz-Anweisung von Flag 21 nur gegeben werden, wenn ein Drucker angeschlossen ist. Daher ist die Anweisung SF21 in Zeile 314 nur aktiv, wenn Flag 55 gesetzt ist, d.h. wenn ein Drucker angeschlossen ist. Der interressierte Programmierer möge hieraus auch das Zusammenspiel der beiden Systemflags Flag 21 und Flag 55 erkennen.

Mit den Anweisungen von Zeile 684 bis 743 ist noch ein Programm mit der Aufrufadresse "ENDW" angehängt. Mit diesem Programm kann eine alternativ zur Ansparphase eines Bausparvertrages zu prüfende Sparanlage mit monatlich nachschüssiger Einzahlung und Staffelverzinsung untersucht werden. Grundlage dieses Programms ist die Endwertgleichung Gl.(5.4.69 und 5.4.70). Das Programm ist bis auf die Unterprogrammaufrufe XEQ 10 in Zeile 705 und GTO "PX" in Zeile 742 als eigenständiges Programm konzipiert. Über einen Eingabedialog werden die Basisdaten eines Ratensparvertrages Monatsrate (STO 06), Zinsfuß (STO 14) und Laufzeit (STO 29) abgefragt.

Das Programm benötigt 1.610 Bytes entsprechend 230 Register und eine Speicherbereichsdefinition von 25 Datenregister (SIZE 025). Zur Abspeicherung sind 8 Magnetkarten (15 Spuren) erforderlich.

Tabelle 5.4 Anweisungsliste des Programms "BAU"

```
01♦LBL "BAU"
02 RCL 11
03 "BAUSPARSUMME? D"
04 "⊢M:"
05 PROMPT
06 STO 11
07 RCL 12
08 "ANSPARQUOTE? %:"
09 PROMPT
10 STO 12
11 RCL 13
12 "ABSCHLUSSGEBUEH"
13 "⊢R? %:"
14 PROMPT
15 STO 13
16 RCL 14
17 "ZINSFUSS? %:"
18 PROMPT
19 STO 14
20 FS? 04
21 GTO 00
22 RCL 15
23 "DARLEHENSGEBUEH"
24 "⊢R? %:"
25 PROMPT
26 STO 15
27 RCL 16
28 "DISAGIO? %:"
29 PROMPT
30 STO 16

31♦LBL 00
32 RCL 17
```

```
 33 FS? 04
 34 GTO 00
 35 "TILGUNGS"
 36 GTO 01

 37♦LBL 00
 38 "SPAR"

 39♦LBL 01
 40 "⊢RATE? PROMILL:"
 41 PROMPT
 42 STO 17
 43 RCL 18
 44 "ZINSINTERVALL? "
 45 "⊢MONATE:"
 46 PROMPT
 47 STO 18
 48 XEQ 02
 49 RCL 11
 50 FS?C 04
 51 GTO 05
 52 RCL 12
 53 %
 54 -
 55 STO 20
 56 ADV
 57 "NETTOANFANGS-DA"
 58 "⊢RLEHEN:"
 59 XEQ "PX"
 60 RCL 13
 61 RCL 16
 62 +
 63 %
 64 -
 65 STO 21
 66 "AUSZAHLUNGSBETR"
 67 "⊢AG:"
 68 XEQ "PX"
 69 RCL 20
 70 RCL 15
 71 %
 72 +
 73 STO 22
 74 "BRUTTOANFANGS-D"
 75 "⊢ARLEHEN:"
 76 XEQ "PX"
 77 RCL 11
 78 RCL 17
 79 %
 80 10
 81 /
 82 STO 23
 83 ADV
 84 "TILGUNGSBEITRAG"
 85 "⊢:"
 86 XEQ "PX"
 87 XEQ 04
 88 RCL 19
 89 "LETZTER TILGUNG"
 90 "⊢SBEITRAG:"
 91 XEQ "PX"
 92 ADV
 93 RCL 24
 94 XEQ 10
 95 "LAUFZEIT:"
 96 AVIEW
 97 CLA
 98 FIX 0
 99 SF 28
100 ARCL Y
101 "⊢ JAHRE, "
102 ARCL X
103 "⊢ MONATE"
104 AVIEW
105 CF 28
106 FIX 2
107 SF 01

108♦LBL "EFFZ"
109 1,5
110 RCL 14
111 %
112 STO 02
113 5,5
114 STO 04
115 12
116 STO 05
117 RCL 08
118 *
119 1
120 -
121 2
122 /
123 STO 10

124♦LBL 06
125 RCL 02
126 1
127 +
128 STO 00
129 RCL 07
130 Y↑X
131 STO 01
132 RCL 23
133 /
134 RCL 21
135 *
136 STO 06
137 STO 09
138 RCL 02
139 RCL 08
140 *
141 1
142 +
143 STO 03
144 ST* 09
145 RCL 04
146 RCL 02
147 *
148 RCL 05
149 +
150 RCL 01
151 1
152 ST+ 09
153 -
154 *
155 RCL 02
156 1/X
157 RCL 08
158 +
159 *
160 RCL 10
161 RCL 02
162 *
163 RCL 05
164 +
165 RCL 08
166 *
167 +
168 RCL 19
169 RCL 23
170 /
171 +
172 ST- 09
173 RCL 03
174 RCL 07
175 *
176 RCL 00
177 /
178 RCL 08
179 +
180 ST* 06
181 RCL 10
182 RCL 08
183 *
184 ST- 06
185 RCL 03
186 RCL 05
187 RCL 02
188 /
189 STO 03
190 RCL 04
191 +
192 *
193 RCL 01
194 RCL 00
195 /
196 *
197 RCL 07
198 *
199 ST- 06
200 RCL 04
201 RCL 08
202 *
203 RCL 03
204 RCL 02
205 /
206 -
207 RCL 01
208 1
209 -
210 *
211 ST- 06
```

```
212 RCL 09
213 RCL 06
214 /
215 ST- 02
216 ABS
217 1 E-05
218 X<=Y?
219 GTO 06

220♦LBL 09
221 RCL 02
222 1 E2
223 *
224 STO 01
225 ADV
226 SF 12
227 "EFFEKTIVZINS"
228 SF 00
229 XEQ "PX"
230 CF 12
231 ADV
232 FC?C 01
233 RTN

234♦LBL "TIL"
235 SF 12
236 "TILGUNGSPLAN"
237 AVIEW
238 "============"
239 AVIEW
240 CF 12
241 XEQ 02
242 1
243 STO 10
244 "STARTJAHR?"
245 PROMPT
246 INT
247 1
248 -
249 STO 09
250 CLA

251♦LBL 07
252 RCL 09
253 RCL 05
254 *
255 RCL 10
256 +
257 XEQ 03
258 X<=0?
259 0
260 STO 01
261 X>0?
262 GTO 00
263 FC?C 02
264 GTO 00
265 1
266 STO 10
267 GTO 07

268♦LBL 00
269 RCL 05
270 RCL 10
271 X=Y?
272 SF 01
273 RCL 09
274 1
275 ST+ Y
276 FIX 0
277 CLA
278 SF 28
279 ARCL Y
280 FS?C 01
281 GTO 00
282 "⊦ JAHR, "
283 GTO 01

284♦LBL 00
285 "⊦ JAHRESENDE:"
286 GTO 00

287♦LBL 01
288 ARCL 10
289 "⊦ INTERVALL:"

290♦LBL 00
291 CF 28
292 FIX 2
293 RCL 01
294 CHS
295 RND
296 XEQ "PX"
297 X=0?
298 GTO 00
299 1
300 ST+ 10
301 RCL 05
302 RCL 10
303 X<=Y?
304 GTO 07
305 1
306 STO 10
307 ST+ 09
308 RCL 09
309 ADV
310 BEEP
311 CF 21
312 VIEW X
313 FS? 55
314 SF 21
315 PSE
316 STO 09
317 RCL 05
318 FS? 02
319 STO 10
320 GTO 07

321♦LBL 00
322 FIX 0
323 ADV
324 SF 28
325 "LETZTER TILGUNG"
326 "⊦SBEITRAG"
327 AVIEW
328 "IM "
329 ARCL 10
330 "⊦ INTERVALL:"
331 RCL 19
332 FIX 2
333 CF 28
334 XEQ "PX"
335 ADV
336 XEQ 02
337 XEQ 04
338 RCL 09
```

```
339 RCL 05
340 /
341 12
342 *
343 RCL 04
344 +
345 FS?C 03
346 GTO 00
347 1
348 -

349•LBL 00
350 RCL 23
351 *
352 RCL 19
353 +
354 STO 01
355 "RUECKZAHLBETRAG"
356 "⊢:"
357 XEQ "PX"
358 RCL 21
359 RCL 01
360 %CH
361 "AUFGELD"
362 AVIEW
363 "VOM AUSZAHLUNGS"
364 "⊢BETRAG:"
365 SF 00
366 XEQ "PX"
367 RTN

368•LBL 02
369 12
370 RCL 18
371 /
372 STO 05
373 LASTX
374 1
375 X=Y?
376 SF 03
377 RCL 14
378 %
379 RCL 05
380 /
381 STO 02
382 +
383 STO 00
384 RTN

385•LBL 03
386 RCL 00
387 RCL Y
388 Y↑X
389 STO 01
390 RCL 22
391 *
392 RCL 01
393 RCL 00
394 1
395 ST- Y
396 ST- Z
397 RDN
398 /
399 12
400 *
401 RCL 05
402 /
403 FS? 03
404 GTO 00
405 RCL 01
406 RCL 00
407 /
408 -

409•LBL 00
410 RCL 23
411 *
412 -
413 RTN

414•LBL 04
415 1
416 RCL 22
417 RCL 23
418 /
419 FS? 03
420 GTO 00
421 RCL 00
422 1/X
423 +
424•LBL 00
425 RCL 05
426 *
427 12
428 /
429 RCL 02
430 *
431 -
432 1/X
433 LN
434 RCL 00
435 LN
436 /
437 STO 10
438 INT
439 STO 09
440 XEQ 03
441 RCL 00
442 *
443 STO 06
444 RCL 23
445 /
446 STO 03
447 INT
448 STO 04
449 LASTX
450 FRC
451 X>0?
452 GTO 00
453 1
454 ST- 04

455•LBL 00
456 RCL 04
457 FC? 03
458 GTO 00
459 1
460 +

461•LBL 00
462 12
463 /
464 RCL 09
465 RCL 05
466 /
467 +
468 STO 24
469 RCL 06
470 RCL 04
471 RCL 23
472 *
473 -
474 STO 19
475 RTN

476•LBL "SPAR"
477 SF 04
478 GTO "BAU"

479•LBL 05
480 CF 03
481 RCL 17
482 *
483 1 E3
484 /
485 STO 06
486 RCL 12
487 X=0?
488 GTO 00
489 RCL 11
490 RCL 06
491 /
492 RCL 02
493 *
494 RCL 05
495 *
496 RCL 12
497 *
498 1200
499 /
500 STO 03
501 1
502 ST+ 03
503 X<>Y
504 RCL 13
505 100
506 /
507 *
508 -
509 ST/ 03
```

```
510 RCL 03
511 LN
512 RCL 00
513 LN
514 /
515 XEQ 10
516 X>0?
517 1
518 RCL 07
519 +
520 RCL 05
521 /
522 STO 09
523 STO 24
524 "ANSPARZEIT:"
525 AVIEW
526 CLA
527 ARCL X
528 "├ JAHRE"
529 AVIEW
530 GTO 01

531♦LBL 00
532 RCL 09
533 "ANSPARZEIT? JAH"
534 "├RE:"
535 PROMPT
536 STO 09

537♦LBL 01
538 RCL 00
539 RCL 09
540 RCL 05
541 *
542 XEQ 10
543 RDN
544 Y↑X
545 STO 03
546 1
547 -
548 RCL 02
549 /
550 12
551 *
552 RCL 05
553 /
554 RCL 06
555 *
556 1
557 RCL 13
558 %
559 RCL 03
560 *
561 +
562 /
563 STO 01
564 RCL 11
565 /
566 1 E2
567 *
568 STO 12
569 RCL 06
570 "SPARRATE:"
571 XEQ "PX"
572 RCL 01
573 "BAUSPARGUTHABEN"
574 "├:"
575 XEQ "PX"
576 RCL 09
577 XEQ 10
578 STO 04
579 5,5
580 +
581 X<> 05
582 ST* 02
583 RCL 08
584 6
585 *
586 ,5
587 -
588 RCL 08
589 *
590 STO 19

591♦LBL 08
592 RCL 02
593 1
594 +
595 STO 00
596 RCL 07
597 Y↑X
598 STO 03
599 1
600 -
601 STO 21
602 RCL 02
603 RCL 08
604 *
605 5,5
606 *
607 STO 10
608 RCL 05
609 +
610 12
611 RCL 02
612 /
613 STO 09
614 +
615 *
616 RCL 04
617 +
618 RCL 02
619 RCL 19
620 *
621 +
622 RCL 06
623 *
624 RCL 01
625 -
626 X<> 00
627 ST/ 03
628 RCL 00
629 RCL 08
630 5,5
631 *
632 RCL 09
633 RCL 02
634 /
635 -
636 RCL 21
637 *
638 RCL 09
639 RCL 05
640 +
641 RCL 10
642 +
643 RCL 07
644 *
645 RCL 03
646 *
647 +
648 RCL 19
649 +
650 RCL 06
651 *
652 /
653 ST- 02
654 ABS
655 1 E-05
656 X<=Y?
657 GTO 08
658 RCL 24
659 STO 09
660 GTO 09

661♦LBL 10
662 INT
663 STO 07
664 LASTX
665 FRC
666 STO 08
667 12
668 *
669 RTN
670♦LBL "PX"
671 AVIEW
672 CLA
673 ARCL X
674 FS?C 00
675 GTO 00
676 "├ DM"
677 GTO 01

678♦LBL 00
679 "├ %"

680♦LBL 01
681 AVIEW
682 PSE
683 RTN
```

```
684♦LBL "ENDW"
685 RCL 06
686 "MONATL. RATE? D"
687 "⊢M:"
688 PROMPT
689 STO 06
690 RCL 14
691 "ZINSFUSS? %:"
692 PROMPT
693 STO 14
694 RCL 24
695 "ZEIT? JAHRE:"
696 PROMPT
697 STO 24
698 1
699 RCL 14
700 %
701 STO 02
702 +
703 STO 00
704 RCL 24
705 XEQ 10
706 RDN
707 Y↑X
708 1
709 -
710 RCL 02
711 /
712 5,5
713 RCL 02
714 *
715 12
716 STO 03
717 +
718 *
719 RCL 08
720 ST* 03
721 RCL 02
722 *
723 1
724 +
725 *
726 RCL 03
727 1
728 -
729 24
730 /
731 RCL 02
732 *
733 1
734 +
735 RCL 03
736 *
737 +
738 RCL 06
739 *
740 "ENDWERT SPARANL"
741 "⊢AGE:"
742 GTO "PX"
743 END
```

```
            CAT 1
LBL'BAU
LBL'EFFZ
LBL'TIL
LBL'SPAR
LBL'PX
LBL'ENDW
END           1610 BYTES
.END.         07 BYTES
```

```
            PRKEYS

USER KEYS:
 11 "BAU"
 12 "EFFZ"
 13 "TIL"
 14 "SPAR"
 15 "ENDW"
-23 %CH
```

5.4.8 Anwendungsbeispiele

1) Bauspardarlehen ohne Disagio

Ein Bausparvertrag über 100.000,-- DM werde nach 40 %-iger Ansparquote zugeteilt. Die dem Darlehen zuzurechende Abschlußgebühr betrage 1 % des Nettoanfangs-Darlehens. Der Darlehenszinsfuß betrage 5 % bei quartalsmäßiger Zinsverrechnung der monatlichen Tilgungsbeiträge in Höhe von 6,12 %. der Bausparsumme. Die Darlehensgebühr betrage 2 % des Nettoanfangs-Darlehens.

In Bild 5.4.3 ist der entsprechende Ausdruck des Programms "BAU" angegeben. Die Laufzeit der Darlehenstilgung beträgt 10 Jahre und 11 Monate, wobei der letzte Tilgungsbeitrag 536,38 DM beträgt. Als Effektivzinsfuß ergeben sich 5,91 %. Der Tilgungsplan beginnt mit dem ersten Jahr. Nach dem ersten Jahr wurde innerhalb der Programmunterbrechung nach dem BEEP-Ton eine 10 eingegeben und sowie die

Jahre 2 bis 10 übersprungen. Der Rückzahlbetrag liegt um 34,84 % über dem ausgezahlten Darlehensbetrag.

Bauspardarlehen mit Disagio

Für einen Bausparvertrag sind folgende Konditionen gegeben:

Bausparsumme	100.000,-- DM
Ansparquote	40 %
Abschlußgebühr	1 %
Zinsfuß	4 %
Darlehensgebühr	2 %
Disagio	5 %
Tilgungsrate	6 %.
Zinsintervall	3 Monate

Das Programm liefert den in Bild 5.4.4 dargestellten Ausdruck, aus dem die einzelnen Ergebnisse in übersichtlicher Form zu entnehmen sind. Der Effektivzinsfuß beträgt 5,98 %, die Laufzeit 10 Jahre und 6 Monate.

2) Bauspardarlehen mit monatlicher Zinsverrechnung

Für einen Bauspravertrag sind folgende Konditionen gegeben:

Bausparsumme	100.000,-- DM
Ansparquote	33 1/3 %
Abschlußgebühr	1 %
Zinsfuß	5 %
Darlehensgebühr	2 %
Disagio	0 %
Tilgungsrate	5 %.
Zinsintervall	1 Monate

Das Programm "BAU" liefert die in Bild 5.4.5 dargestellten Ergebnisse. Nach Aufruf der Adresse "TIL" wird nur der Tilgungsplan gemäß Bild 5.4.6 ausgegeben.

```
            XEQ "BAU"
BAUSPARSUMME? DM:
       100.000,00      RUN
ANSPARQUOTE? %:
            40,00      RUN
ABSCHLUSSGEBUEHR? %:
             1,00      RUN
ZINSFUSS? %:
             5,00      RUN
DARLEHENSGEBUEHR? %:
             2,00      RUN
DISAGIO? %:
             0,00      RUN
TILGUNGSRATE? PROMILL:
             6,12      RUN
ZINSINTERVALL? MONATE:
             3,00      RUN

NETTOANFANGS-DARLEHEN:
60.000,00 DM
AUSZAHLUNGSBETRAG:
59.400,00 DM
BRUTTOANFANGS-DARLEHEN:
61.200,00 DM

TILGUNGSBEITRAG:
612,00 DM
LETZTER TILGUNGSBEITRAG:
536,38 DM

LAUFZEIT:
10. JAHRE, 11. MONATE

EFFEKTIVZINS
5,91 %
```

```
TILGUNGSPLAN
============
STARTJAHR?
                     RUN
1. JAHR, 1. INTERVALL:
-60.741,00 DM
1. JAHR, 2. INTERVALL:
-59.664,26 DM
1. JAHR, 3. INTERVALL:
-58.574,07 DM
1. JAHRESENDE:
-57.470,24 DM

             10,00
11. JAHR, 1. INTERVALL:
-5.300,26 DM
11. JAHR, 2. INTERVALL:
-3.530,52 DM
11. JAHR, 3. INTERVALL:
-1.738,65 DM
11. JAHRESENDE:
0,00 DM

LETZTER TILGUNGSBEITRAG
IM 4. INTERVALL:
536,38 DM

RUECKZAHLBETRAG:
80.096,38 DM
AUFGELD
VOM AUSZAHLUNGSBETRAG:
34,84 %
```

Bild 5.4.3 Ergebnisausdruck eines Bausparvertrages ohne Disagio

```
            XEQ "BAU"
BAUSPARSUMME? DM:
        100.000,00    RUN
ANSPARQUOTE? %:
             40,00    RUN
ABSCHLUSSGEBUEHR? %:
              1,00    RUN
ZINSFUSS? %:
              4,00    RUN
DARLEHENSGEBUEHR? %:
              2,00    RUN
DISAGIO? %:
              5,00    RUN
TILGUNGSRATE? PROMILL:
              6,00    RUN
ZINSINTERVALL? MONATE:
              3,00    RUN

NETTOANFANGS-DARLEHEN:
60.000,00 DM
AUSZAHLUNGSBETRAG:
56.400,00 DM
BRUTTOANFANGS-DARLEHEN:
61.200,00 DM

TILGUNGSBEITRAG:
600,00 DM
LETZTER TILGUNGSBEITRAG:
474,71 DM

LAUFZEIT:
10. JAHRE, 6. MONATE

EFFEKTIVZINS
5,98 %
```

```
TILGUNGSPLAN
============
STARTJAHR?
                    RUN
1. JAHR, 1. INTERVALL:
-60.612,00 DM
1. JAHR, 2. INTERVALL:
-59.418,12 DM
1. JAHR, 3. INTERVALL:
-58.212,30 DM
1. JAHRESENDE:
-56.994,42 DM

              10,00
11. JAHR, 1. INTERVALL:
-2.247,54 DM
11. JAHR, 2. INTERVALL:
-470,01 DM
11. JAHR, 3. INTERVALL:
0,00 DM

LETZTER TILGUNGSBEITRAG
IM 3. INTERVALL:
474,71 DM

RUECKZAHLBETRAG:
75.474,71 DM
AUFGELD
VOM AUSZAHLUNGSBETRAG:
33,82 %
```

Bild 5.4.4 Ergebnisausdruck eines Bausparvertrages mit Disagio

```
            XEQ "BAU"
BAUSPARSUMME? DM:
    100.000,00    RUN
ANSPARQUOTE? %:
         33,00 ENTER↑
          1,00 ENTER↑
          3,00      /
                    +
         33,33    ***
                  RUN
ABSCHLUSSGEBUEHR? %:
          1,00    RUN
ZINSFUSS? %:
          5,00    RUN
DARLEHENSGEBUEHR? %:
          2,00    RUN
DISAGIO? %:
          0,00    RUN
TILGUNGSRATE? PROMILL:
          5,00    RUN
ZINSINTERVALL? MONATE:
          1,00    RUN

NETTOANFANGS-DARLEHEN:
66.666,67 DM
AUSZAHLUNGSBETRAG:
66.000,00 DM
BRUTTOANFANGS-DARLEHEN:
68.000,00 DM

TILGUNGSBEITRAG:
500,00 DM
LETZTER TILGUNGSBEITRAG:
58,79 DM

LAUFZEIT:
16. JAHRE, 10. MONATE

EFFEKTIVZINS
5,56 %
```

```
TILGUNGSPLAN
============
STARTJAHR?
                        RUN
1. JAHR, 1. INTERVALL:
-67.783,33 DM
1. JAHR, 2. INTERVALL:
-67.565,76 DM
1. JAHR, 3. INTERVALL:
-67.347,29 DM
1. JAHR, 4. INTERVALL:
-67.127,90 DM
1. JAHR, 5. INTERVALL:
-66.907,60 DM
1. JAHR, 6. INTERVALL:
-66.686,38 DM
1. JAHR, 7. INTERVALL:
-66.464,24 DM
1. JAHR, 8. INTERVALL:
-66.241,18 DM
1. JAHR, 9. INTERVALL:
-66.017,18 DM
1. JAHR, 10. INTERVALL:
-65.792,25 DM
1. JAHR, 11. INTERVALL:
-65.566,39 DM
1. JAHRESENDE:
-65.339,58 DM
```

```
                 16,00
17. JAHR, 1. INTERVALL:
-3.982,66 DM
17. JAHR, 2. INTERVALL:
-3.499,26 DM
17. JAHR, 3. INTERVALL:
-3.013,84 DM
17. JAHR, 4. INTERVALL:
-2.526,39 DM
17. JAHR, 5. INTERVALL:
-2.036,92 DM
17. JAHR, 6. INTERVALL:
-1.545,41 DM
17. JAHR, 7. INTERVALL:
-1.051,85 DM
17. JAHR, 8. INTERVALL:
-556,23 DM
17. JAHR, 9. INTERVALL:
-58,55 DM
17. JAHR, 10. INTERVALL:
0,00 DM

LETZTER TILGUNGSBEITRAG
IM 10. INTERVALL:
58,79 DM

RUECKZAHLBETRAG:
100.558,79 DM
AUFGELD
VOM AUSZAHLUNGSBETRAG:
52,36 %
```

Bild 5.4.5 Ergebnisausruck eines Bauspardarlehens mit monatlicher Zinsverrechnung

```
SF 02
XEQ "TIL"
TILGUNGSPLAN
============
STARTJAHR?
RUN
1. JAHR, 1. INTERVALL:
-67.783,33 DM
1. JAHR, 2. INTERVALL:
-67.565,76 DM
1. JAHR, 3. INTERVALL:
-67.347,29 DM
1. JAHR, 4. INTERVALL:
-67.127,90 DM
1. JAHR, 5. INTERVALL:
-66.907,60 DM
1. JAHR, 6. INTERVALL:
-66.686,38 DM
1. JAHR, 7. INTERVALL:
-66.464,24 DM
1. JAHR, 8. INTERVALL:
-66.241,18 DM
1. JAHR, 9. INTERVALL:
-66.017,18 DM
1. JAHR, 10. INTERVALL:
-65.792,25 DM
1. JAHR, 11. INTERVALL:
-65.566,39 DM
1. JAHRESENDE:
-65.339,58 DM

2. JAHRESENDE:
-62.543,05 DM

3. JAHRESENDE:
-59.603,44 DM

4. JAHRESENDE:
-56.513,44 DM

5. JAHRESENDE:
-53.265,35 DM

6. JAHRESENDE:
-49.851,08 DM

7. JAHRESENDE:
-46.262,13 DM

8. JAHRESENDE:
-42.489,56 DM

9. JAHRESENDE:
-38.523,98 DM

10. JAHRESENDE:
-34.355,51 DM

11. JAHRESENDE:
-29.973,77 DM

12. JAHRESENDE:
-25.367,86 DM

13. JAHRESENDE:
-20.526,30 DM

14. JAHRESENDE:
-15.437,04 DM

15. JAHRESENDE:
-10.087,40 DM

16. JAHRESENDE:
-4.464,06 DM

17. JAHR, 1. INTERVALL:
-3.982,66 DM
17. JAHR, 2. INTERVALL:
-3.499,26 DM
17. JAHR, 3. INTERVALL:
-3.013,84 DM
17. JAHR, 4. INTERVALL:
-2.526,39 DM
17. JAHR, 5. INTERVALL:
-2.036,92 DM
17. JAHR, 6. INTERVALL:
-1.545,41 DM
17. JAHR, 7. INTERVALL:
-1.051,85 DM
17. JAHR, 8. INTERVALL:
-556,23 DM
17. JAHR, 9. INTERVALL:
-58,55 DM
17. JAHR, 10. INTERVALL:
0,00 DM

LETZTER TILGUNGSBEITRAG
IM 10. INTERVALL:
58,79 DM

RUECKZAHLBETRAG:
100.558,79 DM
AUFGELD
VOM AUSZAHLUNGSBETRAG:
52,36 %
```

Bild 5.4.6 Ergebnisausdruck der Aufrufadresse "TIL" zur Erstellung eines Tilgungsplanes mit gesetztem Flag 02 für jährliche Kontobilanz

3) Vergleich zwischen Hypothekenabwicklung und Bausparvertrag

Ein objektiver Vergleich zwischen verschiedenen Baufinanzierungen kann nur im Einzelfall unter Berücksichtigung aller subjektiven Einflußgrößen wie Anspar- und Darlehenskonditionen, Gebühren, Bausparprämien und Steueraspekten erfolgen. Daher ist die Angabe des effektiven Jahreszinses für die Darlehensabwicklung alleine wenig aussagekräftig. Ein erster Ansatz bietet sich durch Vergleich der Zahlungen während der gesamten Abwicklungszeit bestehend aus Ansparphase, eventuellen Wartezeiten und Darlehenstilgungsphase an. Die individuelle Prämiensituation und Steueraspekte sind dann im Einzelfall zusätzlich zu bewerten.

Als Beispiel eines solchen Vergleiches soll ein Finanzierungsziel von 100.000,-- DM für ein Bausparvorhaben in 12 Jahren durch einen Bausparvertrag oder alternativ durch eine Abwicklung über eine Bankhypothek realisiert werden. Im einzelnen gelten folgende Konditionen:

	a) Bankabwicklung	b) Bausparvertragsabwicklung
Ansparphase	12 Jahre	12 Jahre
Zinsfuß	5 %	3 %
monatliche Einzahlung	250,-- DM	250,-- DM
Abschlußgebühr	-	1 %
Tilgungsphase		
Zinsfuß	8,75 %	5 %
Auszahlung	98 %	100 %
Darlehensgebühr	-	2 %
monatlicher Tilgungsbetrag	570,-- DM	570,-- DM

Bei der Bankabwicklung ergibt sich nach 12 Jahren ein aufgezinster Endbetrag in Höhe von 49.044,65 DM. Da der zum gleichen Zeitpunkt abgeschlossene Bausparvertrag 1 % Abschlußgebühr erfordert, ist dieser Betrag ebenfalls als Einzahlungsbetrag dem Bankkonto gutzubringen. Nach 12 Jahren beträgt der Endstand der aufgezinsten Abschlußgebühr 1.795,86 DM, so daß sich auf dem Bankkonto ein gesamter Betrag von 50.840,51 DM angesammelt hat. Es müssen also unter Berücksichtigung von 2 % Disagio noch 50.162,74 DM als Hypothek aufgenommen werden, damit die geforderten 100.000,-- DM zur Verfügung stehen. Die Abwicklung der Hypothek erfordert 11 Jahre und 6 Monate mit einer Abschlußrate von 163,46 DM und einem Effektivzinsfuß von 9,21 %. Der gesamte Rückzahlbetrag für die Hypothek beträgt 78.253,46 DM.

Auf dem Bausparkonto hat sich nach 12 Jahren ein Sparbetrag von 43.268,56 DM angesammelt, sofern die Abschlußgebühr bei Vertragsabschluß in voller Höhe bezahlt wurde. Es wird angenommen, daß die Bausparsumme nach 12 Jahren in voller Höhe zugeteilt wird.

Die Abwicklung des Bausparvertrages erfordert unter den vorgenannten Bedingungen eine Zeit von 11 Jahren und 1 Monat, wobei die letzte Rate 144,36 DM beträgt.

Es ergibt sich somit ein zeitlicher Vorteil für den Bausparvertrag von 5 Monaten entsprechend einer Rückzahlungsersparnis in Höhe von 2.869,10 DM zu Gunsten des Bausparvertrages. Dieser Vorteil kann bei Überzahlung des Bausparvertrages über den für die Zuteilung notwendigen Betrag hinaus oder durch Wartezeiten bis zur Zuteilung gefährdet werden. Andererseits können die Hypothekenkonditionen im konkreten Fall auch deutlich über bzw. unter den angenommenen Werten von 8,75 % bei 98 % Auszahlung liegen.

In den Bildern 5.4.7a und 5.4.7b sind die Ergebnisse einer Vergleichskalkulation mit den Programmen "HYPOUT" und "BAU" angegeben. Der in Bild 5.4.7b angegebene Effektivzinsfuß für die Tilgungsjahre von 5,54 % ist ohne Abschlußgebühr berechnet. Ordnet man die Abschlußgebühr der Tilgungsphase anteilig zu, so erhöht sich der effektive Darlehenszinsfuß auf 5,75 %. Der Effektivzinsfuß bei der Sparphase beträgt 3,04% ohne anteilige Abschlußgebühr. Im Bild 5.4.7c ist die weitere Vergleichsrechnung nach dem Quartalsmodell angegeben. Die Quartalsverzinsung wirkt sich also insgesamt mit 957,43 DM für den Bausparer ungünstiger als die Monatsverzinsung aus, mit der Folge daß die Tilgungsdauer um 1 Monat länger wird.

In Bild 5.4.8 ist die Entwicklung des Kontostandes für beide Finanzierungsvarianten graphisch dargestellt. Man erkennt, daß sich die im Haben-Bereich zunächst ungünstiger darstellende Bausparvertrags-Finanzierung gegen Ende der Abwicklungszeit im Soll-Bereich günstiger wird. Diese Tendenz wird noch erheblich verbessert, wenn die Wohnungsbauprämie und Steuervorteile für die Bausparvertragsvariante mit berücksichtigt werden.

Andererseits geht jedoch ebenfalls aus der Darstellung hervor, daß ohne den Vorteil der Wohnungsbauprämie oder diesbezüglicher Steuervorteile die Finanzierung eines Bauvorhabens über ein Kreditinstitut sich für den privaten Bauherrn mitunter auch als vorteilhaft erweisen kann, wenn am Kapitalmarkt günstige Hypotheken erzielbar sind.

In den Bildern 5.4.9a und 5.4.9b ist die Abwicklung eines Bausparvertrages über 100.000,-- DM Bausparsumme in Anspar- und Tilgungsphase dargestellt. Der Unterschied beider Rechnungsvarianten besteht in der Zuordnung der Abschlußgebühr. In Bild 5.4.9a ist die Abschlußgebühr in Übereinstimmung mit der Praxis der Bausparkassen zu gleichen Teilen der Spar- und Tilgungsphase nach Maßgabe der Ansparquote zugeordnet. Dies führt jedoch dazu, daß die Bausparsumme fiktiv nicht voll zur Auszahlung gelangt, sondern ein Disagio in Höhe des der Tilgungsphase zugeordneten Abschlußgebühr entsteht. Dies läßt sich für Vergleichsüberlegungen mit anderen Finanzierungsarten vermeiden, wenn man die Abschlußgebühr zu 100 % der Sparphase zuordnet. Da der Anfangskontostand auch mit der Abschlußgebühr im Soll belastet wird, ist diese Zuordnung mit der geübten Praxis durchaus vereinbar.

Ansparphase

```
            XEQ "REWV"
RENTE/ZINSINTERVALL?
             0,00   RUN
MONATSRENTE?
           250,00   RUN
LAUFZEIT? JAHRE:
            12,00   RUN
ZINSFUSS? %:
             5,00   RUN

RENTENENDWERT
NACHSCHUESSIG:
49.044,65 DM

          XEQ "AUFZINS"
KAPITAL? DM:
        1.000,00    RUN
LAUFZEIT? JAHRE:
           12,00    RUN
ZINS-INTERVALL? TAGE:
          360,00    RUN
ZINSFUSS? %:
            5,00    RUN

AUFGEZINSTES KAPITAL:
1.795,86 DM

        1.795,86    ***
       49.044,65      +
       50.840,51    ***
      100.000,00    X<>Y
       50.840,51    ***
                      -
       49.159,49    ***
```

Tilgungsphase

```
            XEQ "HYPO"
KAPITAL? DM:
      49.159,49 ENTER↑
            .98      /
      50.162,74    ***
                   RUN
LAUFZEIT? JAHRE:
          10,00    RUN
ZINS-INTERVALL? TAGE:
         360,00    RUN
TIL. INTERVALL? TAGE:
          30,00    RUN
ZINSFUSS? %:
           8,75    RUN
INTERVALL-VERZINSUNG
OHNE=0, MIT=1:
           1,00    RUN
KURS? %:
          98,00    RUN

AUSZAHLUNG:
49.159,49 DM

ANNUITAET JE INTERVALL
(30, TAGE):
619,37 DM

AENDERUNG? DM:
         570,00    RUN

LAUFZEIT: 11,50 JAHRE

LETZTE RATE:
163,46 DM

EFFEKTIVZINS
9,21 %
```

```
TILGUNGSPLAN?
                    RUN

TILGUNGSPLAN
============

STARTJAHR?
             8,00   RUN
8. JAHR, KONTOSTAND:
-20.380,23 DM
9. JAHR, KONTOSTAND:
-15.049,18 DM
10. JAHR, KONTOSTAND:
-9.251,68 DM
11. JAHR, KONTOSTAND:
-2.946,88 DM
12. JAHR, KONTOSTAND:
0,00 DM
LETZTE RATE(11,/6,):
163,46 DM

RUECKZAHLBETRAG
78.253,46 DM

AUFGELD
VOM NENNBETRAG:
56,00 %
VOM AUSZAHLUNGSBETRAG
59,18 %
```

Bild 5.4.7a Abwicklung einer Bausumme von 100.000,-- DM mit 12-jähriger Ansparzeit über eine Resthypothek.

Ansparphase

```
                  XEQ "BAU"
BAUSPARSUMME? DM:

                 XEQ "SPAR"
BAUSPARSUMME? DM:
     100.000,00     RUN
ANSPARQUOTE? %:
           0,00     RUN
ABSCHLUSSGEBUEHR? %:
           0,00     RUN
ZINSFUSS? %:
           3,00     RUN
SPARRATE? PROMILL:
           2,50     RUN
ZINSINTERVALL? MONATE:
           1,00     RUN
ANSPARZEIT? JAHRE:
          12,00     RUN
SPARRATE:
250,00 DM
BAUSPARGUTHABEN:
43.268,56 DM

EFFEKTIVZINS
3,04 %
```

Tilgungsphase

```
                  XEQ "BAU"
BAUSPARSUMME? DM:
     100.000,00     ***
                    RUN
ANSPARQUOTE? %:
          43,27     ***
                    RUN
ABSCHLUSSGEBUEHR? %:
                    RUN
ZINSFUSS? %:
           5,00     RUN
DARLEHENSGEBUEHR? %:
           2,00     RUN
DISAGIO? %:
           0,00     RUN
TILGUNGSRATE? PROMILL:
           5,70     RUN
ZINSINTERVALL? MONATE:
           1,00     RUN

NETTOANFANGS-DARLEHEN:
56.731,44 DM
AUSZAHLUNGSBETRAG:
56.731,44 DM
BRUTTOANFANGS-DARLEHEN:
57.866,07 DM

TILGUNGSBEITRAG:
570,00 DM
LETZTER TILGUNGSBEITRAG:
144,36 DM

LAUFZEIT:
11. JAHRE, 1. MONATE

EFFEKTIVZINS
5,54 %
```

```
TILGUNGSPLAN
============
STARTJAHR?
                  SF 02
                    RUN
1. JAHR, 1. INTERVALL:
-57.537,17 DM
1. JAHR, 2. INTERVALL:
-57.206,91 DM
1. JAHR, 3. INTERVALL:
-56.875,27 DM
1. JAHR, 4. INTERVALL:
-56.542,25 DM
1. JAHR, 5. INTERVALL:
-56.207,85 DM
1. JAHR, 6. INTERVALL:
-55.872,05 DM
1. JAHR, 7. INTERVALL:
-55.534,85 DM
1. JAHR, 8. INTERVALL:
-55.196,24 DM
1. JAHR, 9. INTERVALL:
-54.856,23 DM
1. JAHR, 10. INTERVALL:
-54.514,79 DM
1. JAHR, 11. INTERVALL:
-54.171,94 DM
1. JAHRESENDE:
-53.827,66 DM

                  10,00
11. JAHRESENDE:
-143,76 DM

12. JAHR, 1. INTERVALL:
0,00 DM

LETZTER TILGUNGSBEITRAG
IM 1. INTERVALL:
144,36 DM

RUECKZAHLBETRAG:
75.384,36 DM
AUFGELD
VOM AUSZAHLUNGSBETRAG:
32,88 %
```

Bild 5.4.7b Abwicklung einer Bausumme von 100.000,-- DM mit 12-jähriger Ansparzeit über einen Bausparvertrag mit monatlicher Zinsverrechnung

Ansparphase

```
           XEQ "SPAR"
BAUSPARSUMME? DM:
      100.000,00    RUN
ANSPARQUOTE? %:
            0,00    RUN
ABSCHLUSSGEBUEHR? %:
            0,00    RUN
ZINSFUSS? %:
            3,00    RUN
SPARRATE? PROMILL:
            2,50    RUN
ZINSINTERVALL? MONATE:
            3,00    RUN
ANSPARZEIT? JAHRE:
           12,00    RUN
SPARRATE:
250,00 DM
BAUSPARGUTHABEN:
43.140,53 DM

EFFEKTIVZINS
2,99 %

           XEQ "ENDW"
MONATL. RATE? DM:
          250,00    RUN
ZINSFUSS? %:
            5,00    RUN
ZEIT? JAHRE:
           12,00    RUN
ENDWERT SPARANLAGE:
48.845,68 DM
```

Tilgungsphase

```
            XEQ "BAU"
BAUSPARSUMME? DM:
       100.000,00   RUN
ANSPARQUOTE? %:
            43,14   ***
                    RUN
ABSCHLUSSGEBUEHR? %:
             0,00   RUN
ZINSFUSS? %:
             5,00   RUN
DARLEHENSGEBUEHR? %:
             2,00   RUN
DISAGIO? %:
             0,00   RUN
TILGUNGSRATE? PROMILL:
             5,70   RUN
ZINSINTERVALL? MONATE:
             3,00   RUN

NETTOANFANGS-DARLEHEN:
56.859,47 DM
AUSZAHLUNGSBETRAG:
56.859,47 DM
BRUTTOANFANGS-DARLEHEN:
57.996,66 DM

TILGUNGSBEITRAG:
570,00 DM
LETZTER TILGUNGSBEITRAG:
531,79 DM

LAUFZEIT:
11. JAHRE, 2. MONATE

EFFEKTIVZINS
5,68 %
```

```
TILGUNGSPLAN
============
STARTJAHR?
                   SF 02
                     RUN
1. JAHR, 1. INTERVALL:
-57.581,61 DM
1. JAHR, 2. INTERVALL:
-56.591,38 DM
1. JAHR, 3. INTERVALL:
-55.588,78 DM
1. JAHRESENDE:
-54.573,64 DM

2. JAHRESENDE:
-50.384,59 DM

                9,00
10. JAHRESENDE:
-8.202,59 DM

11. JAHRESENDE:
-1.651,15 DM

12. JAHR, 1. INTERVALL:
0,00 DM

LETZTER TILGUNGSBEITRAG
IM 1. INTERVALL:
531,79 DM

RUECKZAHLBETRAG:
76.341,79 DM
AUFGELD
VOM AUSZAHLUNGSBETRAG:
34,26 %
```

Bild 5.4.7c Abwicklung einer Bausumme von 100.000,-- DM mit 12-jähriger Ansparzeit über einen Bausparvertrag mit vierteljährlicher Zinsverrechnung

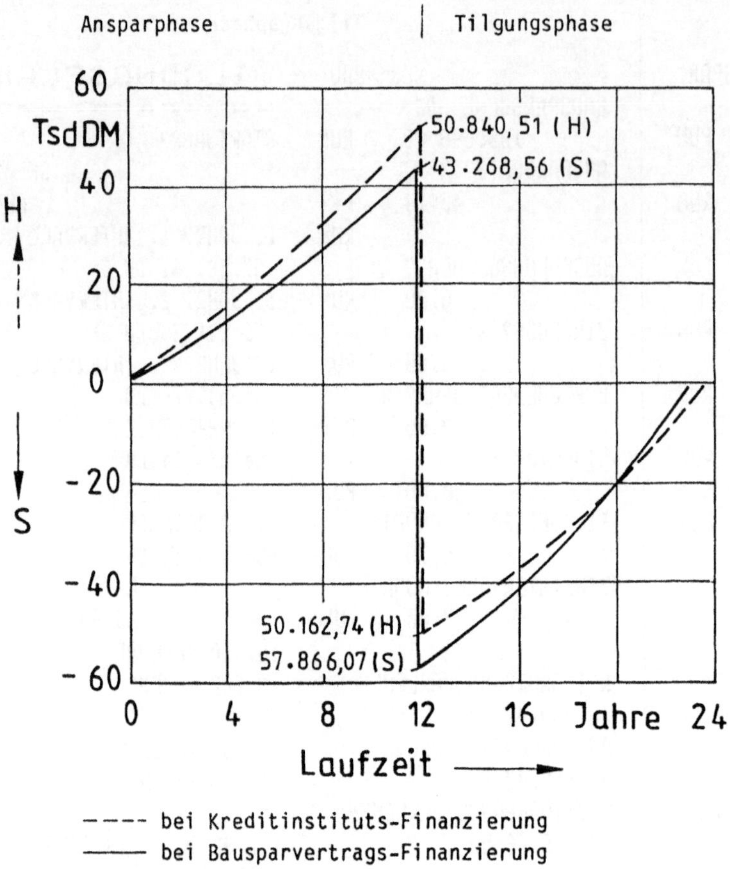

Bild 5.4.8 Entwicklung des Kontostandes bei Hypotheken- oder Bausparvertragsfinanzierung eines Betrages von 100.000,-- DM mit Verfügung nach 12 Jahren

Infolge dieser unterschiedlichen Bewertung der Abschlußgebühr verändert sich der effektive Zinsfuß für die Ansparphase von 2,80 % auf 2,45 % und für die Tilgungsphase von 5,71 % auf 5,51 %. Die Laufzeit für die Ansparphase ändert sich von 11 Jahre 5 Monate (11,42 Jahre) auf 11 Jahre 7 Monate (11,58 Jahre) und für die Tilgungsphase von 11 Jahre 10 Monate auf 11 Jahre 11 Monate. Für Vergleichsüberlegungen ist es zweckmäßig, die Vorgehensweise gemäß Bild 5.4.9b als Vergleichsbasis zu wählen.

Ansparphase

```
           XEQ "SPAR"
BAUSPARSUMME? DM:
      100.000,00    RUN
ANSPARQUOTE? %:
          40,00     RUN
ABSCHLUSSGEBUEHR? %:
           1,00     RUN
ZINSFUSS? %:
           3,00     RUN
SPARRATE? PROMILL:
           2,50     RUN
ZINSINTERVALL? MONATE:
           1,00     RUN
ANSPARZEIT:
11,42 JAHRE
SPARRATE:
250,00 DM
BAUSPARGUTHABEN:
40.220,01 DM

EFFEKTIVZINS
2,80 %

           XEQ "ENDW"
MONATL. RATE? DM:
         250,00     ***
                    RUN
ZINSFUSS? %:
           5,00     RUN
ZEIT? JAHRE:
          11,42     ***
                    RUN
ENDWERT SPARANLAGE:
45.765,77 DM
```

Tilgungsphase

```
            XEQ "BAU"
BAUSPARSUMME? DM:
      100.000,00     ***
                     RUN
ANSPARQUOTE? %:
           40,22     ***
                     RUN
ABSCHLUSSGEBUEHR? %:
            1,00     ***
                     RUN
ZINSFUSS? %:
            5,00     RUN
DARLEHENSGEBUEHR? %:
            2,00     RUN
DISAGIO? %:
            0,00     RUN
TILGUNGSRATE? PROMILL:
            5,70     RUN
ZINSINTERVALL? MONATE:
            1,00     ***
                     RUN

NETTOANFANGS-DARLEHEN:
59.779,99 DM
AUSZAHLUNGSBETRAG:
59.182,19 DM
BRUTTOANFANGS-DARLEHEN:
60.975,59 DM

TILGUNGSBEITRAG:
570,00 DM
LETZTER TILGUNGSBEITRAG:
523,80 DM

LAUFZEIT:
11. JAHRE, 10. MONATE

EFFEKTIVZINS
5,71 %
```

```
TILGUNGSPLAN
============
STARTJAHR?
            12,00    RUN
12. JAHR, 1. INTERVALL:
-4.980,24 DM
12. JAHR, 2. INTERVALL:
-4.430,99 DM
12. JAHR, 3. INTERVALL:
-3.879,45 DM
12. JAHR, 4. INTERVALL:
-3.325,61 DM
12. JAHR, 5. INTERVALL:
-2.769,47 DM
12. JAHR, 6. INTERVALL:
-2.211,01 DM
12. JAHR, 7. INTERVALL:
-1.650,22 DM
12. JAHR, 8. INTERVALL:
-1.087,10 DM
12. JAHR, 9. INTERVALL:
-521,63 DM
12. JAHR, 10. INTERVALL:
0,00 DM

LETZTER TILGUNGSBEITRAG
IM 10. INTERVALL:
523,80 DM

RUECKZAHLBETRAG:
80.893,80 DM
AUFGELD
VOM AUSZAHLUNGSBETRAG:
36,69 %
```

Bild 5.4.9a Abwicklung eines Bausparvertrages mit 100.000,-- DM Bausparsumme in Anspar- und Tilgungsphase bei 1 % Abschlußgebühr und 2 % Darlehensgebühr

Ansparphase

```
          XEQ "SPAR"
BAUSPARSUMME? DM:
     100.000,00   RUN
ANSPARQUOTE? %:
          40,00   RUN
ABSCHLUSSGEBUEHR? %:
          1,00 ENTER↑
           .40      /
           2,50   ***
                  RUN
ZINSFUSS? %:
           3,00   RUN
SPARRATE? PROMILL:
           2,50   RUN
ZINSINTERVALL? MONATE:
           1,00   RUN
ANSPARZEIT:
11,58 JAHRE
SPARRATE:
250,00 DM
BAUSPARGUTHABEN:
40.073,55 DM

EFFEKTIVZINS
2,45 %

          XEQ "ENDW"
MONATL. RATE? DM:
         250,00   RUN
ZINSFUSS? %:
           5,00   RUN
ZEIT? JAHRE:
          11,58   ***
                  RUN
ENDWERT SPARANLAGE:
46.640,53 DM
```

Tilgungsphase

```
              XEQ "BAU"
BAUSPARSUMME? DM:
        100.000,00    ***
                      RUN
ANSPARQUOTE? %:
             40,07    ***
                      RUN
ABSCHLUSSGEBUEHR? %:
              0,00    RUN
ZINSFUSS? %:
              5,00    RUN
DARLEHENSGEBUEHR? %:
              2,00    RUN
DISAGIO? %:
              0,00    RUN
TILGUNGSRATE? PROMILL:
              5,70    RUN
ZINSINTERVALL? MONATE:
              1,00    RUN

NETTOANFANGS-DARLEHEN:
59.926,45 DM
AUSZAHLUNGSBETRAG:
59.926,45 DM
BRUTTOANFANGS-DARLEHEN:
61.124,98 DM

TILGUNGSBEITRAG:
570,00 DM
LETZTER TILGUNGSBEITRAG:
224,35 DM

LAUFZEIT:
11. JAHRE, 11. MONATE

EFFEKTIVZINS
5,51 %
```

```
TILGUNGSPLAN
============
STARTJAHR?
           12,00   RUN
12. JAHR, 1. INTERVALL:
-5.239,95 DM
12. JAHR, 2. INTERVALL:
-4.691,78 DM
12. JAHR, 3. INTERVALL:
-4.141,33 DM
12. JAHR, 4. INTERVALL:
-3.588,58 DM
12. JAHR, 5. INTERVALL:
-3.033,54 DM
12. JAHR, 6. INTERVALL:
-2.476,18 DM
12. JAHR, 7. INTERVALL:
-1.916,49 DM
12. JAHR, 8. INTERVALL:
-1.354,48 DM
12. JAHR, 9. INTERVALL:
-790,12 DM
12. JAHR, 10. INTERVALL:
-223,41 DM
12. JAHR, 11. INTERVALL:
0,00 DM

LETZTER TILGUNGSBEITRAG
IM 11. INTERVALL:
224,35 DM

RUECKZAHLBETRAG:
81.164,35 DM
AUFGELD
VOM AUSZAHLUNGSBETRAG:
35,44 %
```

Bild 5.4.9b Abwicklung eines Bausparvertrages mit 100.000,-- DM Bausparsumme in Anspar- und Tilgungsphase bei 1 % Abschlußgebühr die Nominal in voller Höhe der Ansparphase angelastet wird.

6 Wirtschaftlichkeitsberechnung

6.1 Allgemeines

Schon nach dem ökonomischen Prinzip, ein gestecktes Ziel mit möglichst wenig Aufwand an Mitteln zu erreichen, ist anzustreben, alles was mit einfachen Mitteln machbar ist, auch mit diesen zu erledigen. In diesem Sinne wird nachfolgend die Anwendung des programmierbaren Taschenrechners als Hilfsmittel für die mathematische Abwicklung einer dynamischen Wirtschaftlichkeitsberechnung aufgezeigt. Ausgehend von dem in Bild 6.1 dargestellten Ablaufplan einer Wirtschaftlichkeitsanalyse wird zur Erledigung der finanzmathematischen Verknüpfungen ein Programm mit benutzerfreundlicher Dialogeingabe und aussagekräftigem Ergebnisausdruck erarbeitet und angegeben.

Da die Folgen einer Investitionsentscheidung weit in die Zukunft reichen, sollte die wirtschaftliche Beurteilung der Investition auf einer langfristigen Betrachtung basieren. Diese langfristige Betrachtung ist Grundgedanke der verschiedenen Methoden der dynamischen Wirtschaftlichkeitsberechnung.

Um die mit jeder Investitionsentscheidung zusammenhängenden Risiken nicht nur qualitativ, sondern auch quantitativ abschätzen zu können; ist besonders eine

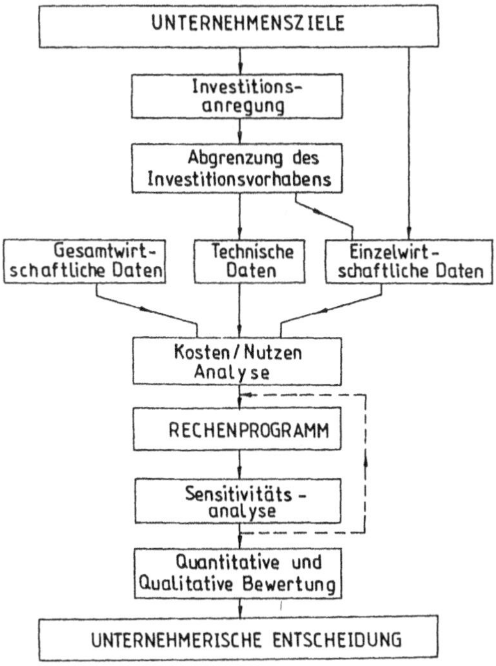

Bild 6.1

Ablaufplan einer Wirtschaftlichkeitsanalyse

rechenintensive Untersuchung der Unsicherheitsbereiche erforderlich. Hierzu wird der Wirtschaftlichkeitsberechnung mit kalkulierten Basisdaten eine Sensitivitätsanalyse nachgeschaltet.

6.2 Grundlagen der dynamischen Wirtschaftlichkeitsberechnung

Die dynamische Wirtschaftlichkeitsberechnung fußt auf der Bewertung aller durch die Investitionsmaßnahmen ausgelösten Zahlungsströme zu einem frei gewählten Zeitpunkt nach finanzmathematischen Gesichtspunkten unter Berücksichtigung des Zeitmomentes und des Zinses. Je nach Betrachtungsweise lassen sich drei methodisch gleichaltrige, auf Barwertbasis orientierte sowie ein zeitorientiertes Bewertungskriterium formulieren [30, 31, 32] .

Zahlungen, die in der Zukunft liegen, werden auf einen gemeinsamen Bezugspunkt mit dem Kalkulationszinsfuß abgezinst und damit in ihrem zeitlichen Wert vergleichbar gemacht. Die Zahlungen werden also abhängig von ihrer Fälligkeit gewichtet. Der Barwert einer Zahlung zum Betrachtungszeitpunkt t_0 wird damit umso geringer, je weiter die Zahlung in der Zukunft liegt und umso größer, je weiter die Zahlung bereits im voraus erfolgte. So hat z.B. eine Zahlung von 100,-- DM, die in zehn Jahren fällig wird, bei einem unterstellten Kalkulationszins von 7,5 % heute einen Barwert von 48,52 DM.

Die Höhe des Kalkulationszinses ist je nach dem Investitionsgegenstand und der Marktsituation unterschiedlich. Handelt es sich um ein Unternehmen, so ergibt sich der Kalkulationszinsfuß aus der Finanzierungsstruktur, dem Kapitalmarktzins und dem unternehmensinternen Bruttozins. Letzterer ergibt sich aus angestrebter Nettoverzinsung des Eigenkapitals, Ausschüttungspolitik und den Steuersätzen für ausgeschüttete und nicht ausgeschüttete Gewinne. Der Kalkulationszins von Unternehmen liegt meist deutlich über dem Kapitalmarktzins. Dagegen kann der angesetzte Kalkulationszins auch unter dem Kapitalmarktzins liegen, wenn beispielsweise die Investition langfristig wirkende strukturelle Verbesserungen ergibt oder bei einem privaten Investor mit einem anderweitig nicht verwertbaren Bauspardarlehen finanziert wird.

6.3 Rechenverfahren

6.3.1 Kapitalwertmethode

Der Kapitalwert K_W einer Investition ist die Differenz aus der Summe aller auf den Zeitpunkt t_0 abgezinsten Brutto-Erlösüberschüsse $U_B(k)$ zu den Investitionskosten A_0 zum Zeitpunkt t_0:

$$K_W = \sum_{k=1}^{n} \frac{U_B(k)}{q^k} - A_0 \qquad (6.1)$$

A_0 enthält ggf. auch aufgezinste Kostenanteile, die bereits als Vorleistungen fällig werden.

Der Zinsfaktor q in Gl.(6.1) errechnet sich aus dem kalkulatorischen Zinsfuß p, angegeben in %:

$$q = 1 + \frac{p}{100\ \%} = 1 + i \tag{6.2}$$

Der Zinssatz i = p/100 % wird häufig auch als Einheitszinsfuß bezeichnet.

Ein positiver Kapitalwert gibt an, um welchen Betrag eine Investitionsmaßnahme im Zeitpunkt t_0 wertmäßig günstiger ist als eine für die Nutzungsdauerperiode T_N = n Jahre zum Kalkulationszinsfuß festverzinslich angelegter Kapitalbetrag in Höhe der Investitionen A_0. Können für die Brutto-Erlösüberschüsse über die Nutzungsdauerperiode gleichbleibende Beträge U_B angesetzt werden, so gilt für den Kapitalwert:

$$K_W = U_B \sum_{k=1}^{n} \frac{1}{q^k} - A_0 \tag{6.3}$$

Die Summe der Diskontierungsfaktoren $1/q^k$ in Gl.(6.3) entspricht dem aus den Reihen der niederen Mathematik bekannten und in der Finanzmathematik gebräuchlichen Rentenbarwertfaktor b_n für die nachschüssig fällige Rente:

$$\sum_{k=1}^{n} \frac{1}{q^k} = \frac{1}{q^n} \frac{q^n - 1}{q - 1} = b_n. \tag{6.4}$$

Setzt man die Gl.(6.4) in Gl.(6.3) ein, so folgt für den Kapitalwert K_W:

$$K_W = \begin{cases} U_B \dfrac{1}{q^n} \dfrac{q^n - 1}{q - 1} - A_0 & \text{für } q \neq 1 \\ U_B \cdot n - A_0 & \text{für } q = 1 \end{cases} \tag{6.5}$$

Die Investitionsmaßnahme ist dann betriebswirtschaftlich vorteilhaft, wenn der Kapitalwert größer Null oder zumindest nicht negativ ist:

$$K_W \geqq 0. \tag{6.6}$$

6.3.2 Interne Zinsfußmethode

Der interne Zinsfuß r einer Investition ist jener Zinsfuß, bei dem der Kapitalwert K_W der Investition gleich Null wird. Die Investitionsmaßnahme ist dann betriebswirtschaftlich vorteilhaft, wenn der interne Zinsfuß r größer oder zumindest gleich dem Kalkulationszinsfuß p ist:

$$r \geqq p \text{ für } K_W = 0. \tag{6.7}$$

Bei der Methode des internen Zinsfußes macht man sich zunutze, daß der Kapitalwert Null wird, wenn sich das im Investitionsprojekt investitierte Kapital genau mit dem angesetzten kalkulatorischen Zinsfuß verzinst. Der interne Zinsfuß ist derjenige Kalkulationszins, bei dem der Barwert aller Kosten gleich dem Barwert der Erlöse wird. Er gibt die Verzinsung des investierten Kapitals an.

Für Erlösintervalle $k>4$ ergibt Gl.(6.1) unter der Nebenbedingung Gl.(6.7) eine Bestimmungsgleichung vom Grad größer 4, für die keine geschlossene Lösungsformel existiert. Daher ist es zweckmäßig, in allen Fällen ein einheitliches iteratives Lösungsverfahren anzuwenden. Hierzu wird das Iterationsverfahren nach Newton für beliebige Erlösüberschüsse $Ü_B(k)$ auf Gl.(6.1) angewandt:

$$x_{n+1} = x_n - \frac{f(x_n)}{f'(x_n)}, \tag{6.8}$$

$$f(q) = \sum_{k=1}^{n} \frac{Ü_B(k)}{q^k} - A_0. \tag{6.9}$$

Mit dem Startwert q_0 ergibt sich für den ersten Iterationsschritt der Näherungswert q_1:

$$q_1 = q_0 - \frac{A_0 - \sum_{k=1}^{n} \frac{Ü_B(k)}{q_0^{\,k}}}{\sum_{k=1}^{n} k \frac{Ü_B(k)}{q_0^{\,k+1}}} \tag{6.10}$$

Für den Fall der gleichbleibenden Brutto-Erlösüberschüsse folgt mit Gl.(6.8) angewandt auf Gl.(6.5):

$$q_1 = q_0 - \frac{\left[A_0\, q_0^{\,n}\,(q_0 - 1) - Ü_B(q_0^{\,n} - 1)\right](q_0^{\,n} - 1)}{A_0\left\{\left[n\, q_0^{\,n-1}\,(q_0 - 1) + q_0^{\,n}\right](q_0^{\,n} - 1) - n\, q_0^{\,n-1}\, q_0^{\,n}\,(q_0 - 1)\right\}} \tag{6.11a}$$

Nach einigen Umformungen und Einsetzen von b_n gemäß der Gl.(6.4) ergibt sich für den ersten Iterationsschritt als programmiertechnisch günstigere Form:

$$q_1 = \begin{cases} q_0 - \dfrac{1 + \dfrac{Ü_B\,(q_0^{-n} - 1)}{A_0\;(q - 1)}}{\dfrac{n}{q_0} + \dfrac{1}{q_0 - 1} + \dfrac{n}{q_0(q_0^{-n} - 1)}} & \text{für } q \neq 1 \\[2ex] q_0 - \dfrac{2}{n+1}\left(1 - \dfrac{Ü_B}{A_0}\, n\right) & \text{für } q = 1 \end{cases} \tag{6.11b}$$

$$r_n = (q_n - 1)\; 100\;\%. \tag{6.12}$$

Die Iteration wird beendet, wenn die Differenz der beiden letzten Zinsfaktoren eine vorgegebene Schranke ε unterscheidet:

$$q_{n+1} - q_n < \varepsilon \tag{6.13}$$

Im Programm ist für ε der Wert 10^{-5} eingesetzt.

6.3.3 Annuitätenmethode

Die Annuitätenmethode ist ebenso wie die interne Zinsfußmethode eine abgewandelte Form der Kapitalwertmethode. Hier wird als Entscheidungskriterium auf den durchschnittlichen Jahresgewinn über die angesetzte Nutzungsdauer des Investitionsproduktes Bezug genommen. Von den wertmäßig gegebenenfalls unterschiedlichen Brutto-Erlösüberschüssen wird gemäß Gl.(6.1) durch Abzinsung auf den Investitionszeitpunkt der Kapitalwert bestimmt. Der über die Nutzungsdauer wieder verrentete Kapitalwert dient dann als Entscheidungskriterium für die Investition. Die Investitionsmaßnahme ist dann betriebswirtschaftlich gerechtfertigt, wenn der verrentete Kapitalwert, d.h. die Annuität größer Nulll oder zumindest nicht negativ ist.

Mit Gl.(6.4) folgt für die Annuität:

$$A = K_w \frac{1}{b_n} = K_w \frac{q^n (q-1)}{q^n - 1} \geqq 0. \tag{6.14}$$

Der Kehrwert des Barwertfaktors b_n wird auch Wiedergewinnungsfaktor w_n genannt:

$$w_n = \begin{cases} \dfrac{q^n (q-1)}{q^n - 1} & \text{für } q \neq 1 \\[2ex] \dfrac{1}{n} & \text{für } q = 1 \end{cases} \tag{6.15}$$

Ersetzt man in Gl.(6.14) den Kapitalwert K_w durch Gl.(6.5), so folgt als Entscheidungskriterium, daß der durchschnittliche Brutto-Erlösüberschuß $\bar{U}_B$ den Kapitaldienst K_D für die Investition auf der Grundlage des angesetzten Kalkulationszinsfußes decken muß:

$$\bar{U}_B \geqq A_0 \cdot w_n = K_D \tag{6.16}$$

Die durchschnittlichen Brutto-Erlösüberschüsse $\bar{U}_B$ sind daher auch als kalkulatorischer Kapitaldienst für die Summe aus Kapitalwert und Anschaffungskosten aufzufassen:

$$\bar{U}_B = (K_w + A_0)\, w_n. \tag{6.17}$$

Bei der Berechnung des Kapitaldienstes nach Gl.(6.16) ist zwischen dem Kapitaldienst auf Basis der Geldbeschaffungskosten und dem Kapitaldienst auf Basis des Kalkulationszinsfußes zu unterscheiden. Da der Kalkulationszinsfuß als frei wählbarer Eingabeparameter definiert ist, wird im Programm der Kapitaldienst auf der Grundlage des Kalkulationszinsfußes berechnet. Um den Kapitaldienst aufgrund der echten Geldbeschaffungskosten zu bestimmen, ist daher der entsprechende Zinsfuß, gebildet aus den gewichteten Zinsanteilen für Eigenkapital und Fremdkapital, als Kalkulationszinsfuß in einem besonderen Programmlauf über den Aufruf Kapitaldienst "KD" einzugeben.

Am Ende der Nutzungsperiode n würde der verzinslich angelegte Kapitaldienst einen Endwert A_0q^n erreicht haben. Der Kapitaldienst als das Produkt aus Anschaffungskosten und Wiedergewinnungsfaktor deckt also am Ende der Nutzungsperiode bei Außerachtlassung der Inflationsrate den Erneuerungsaufwand mit den Kosten A_0 sowie den entgangenen Zins- und Zinseszinsertrag des über die Nutzungsperiode n gebundenen Kapitals A_0. Zieht man vom Kapitaldienst K_D den Anteil zur Anlagenwerterhaltung ab, so verbleibt als Differenz der jährliche Zinsanteil $Z = A_0p/100$ % für das gebundene Kapital.

Die Annuitätenmethode wird zweckmäßigerweise zur Beurteilung der Wirtschaftlichkeit einer geplanten Ersatzinvestition angewandt. Hierbei sind als Entscheidungskriterium die durchschnittlichen Erlösüberschüsse der alten Anlage den durchschnittlichen Erlösüberschüssen der neuen Anlage vermindert um den Kapitaldienst der neuen Anlage gegenüberzustellen:

$$\overline{U}_{BN} - A_{ON}w_n \geqq \overline{U}_{BA} \tag{6.18}$$

Kapitalrückflußzeit

Als zusätzliches Entscheidungskriterium für die Beurteilung einer Investition, insbesondere hinsichtlich des Liquidationshaushaltes, dient die Kapitalrückflußzeit. Hierunter wird jene Zeitspanne ab dem gewählten Bezugszeitpunkt verstanden, innerhalb derer die Brutto-Erlösüberschüsse verzinslich angelegt die Anschaffungskosten A_0 wieder gebildet haben.

Für konstante Brutto-Erlösüberschüsse U_B ergibt sich mit dem Endwert nach x Jahren und dem Zinsfaktor q:

$$U_B \frac{q^x - 1}{q - 1} \geqq A_0 \tag{6.19}$$

Aus Gl.(6.19) ergibt sich als Kapitalrückflußzeit x:

$$x = \begin{cases} \dfrac{\ln \; A_0(q-1)/U_B + 1}{\ln q} & \text{für } q \neq 1 \\[2ex] \dfrac{A_0}{U_B} & \text{für } q = 1 \end{cases} \tag{6.20}$$

Für variable Brutto-Erlösüberschüsse folgt entsprechend:

$$\sum_{k=1}^{x} U_B(k)\; q^{x-k} \geqq A_0 . \tag{6.21}$$

Gl.(6.21) muß iterativ im Bereich $1 < x < n$ gelöst werden.

Als programmtechnisch günstig erweist sich die Lösung mit Hilfe einer Rekursionsformel:

$$\begin{array}{lll} U_B(1) & \geqq A_0 & \overset{ja}{\Rightarrow} \quad x = 1 \\ U_B(1)q + U_B(2) & \geqq A_0 & \Rightarrow \quad x = 2 \\ U_B(1)q^2 + U_B(2)q + U_B(3) & \geqq A_0 & \Rightarrow \quad x = 3 \\ \vdots & \vdots & \\ U_B(1)q^{n-1} + U_B(2)q^{n-2} + \ldots + U_B(n) & \geqq A_0 & \Rightarrow \quad x = n \end{array} \tag{6.22}$$

6.3.4 Deterministische Ein- und Ausgabereihen

In vielen Anwendungsfällen der dynamischen Wirtschaftlichkeitsberechnung geht man von unterschiedlichen Ertrags- und Kostenquellen der Investition aus, die zunächst für das erste Betriebsjahr einzeln kalkuliert werden. Für die folgenden Jahre wird dann für jede Zahlungsart eine spezielle, jedoch konstante Steigerungsrate angenommen, so daß sich eine deterministische Zahlungsreihe ergibt. Der Brutto-Erlösüberschuß am Ende des ersten Betriebsjahres kann als Summe aller Einnahmen und Ausgaben innerhalb des ersten Jahres angegeben werden. Die Einnahmen sind positiv und die Ausgaben negativ zu zählen.

$$U_B(1) = \sum_{\nu=1}^{k_E} E_\nu - \sum_{\nu=1}^{k_A} A_\nu = \sum_{\nu=1}^{k_G} R_\nu \tag{6.23}$$

$$k_G = k_E + k_A \tag{6.24}$$

Die Ein- und Ausgabezahlungen in den folgenden Nutzungsjahren innerhalb des Betrachtungszeitraumes n ergeben sich aus den Anfangszahlungen und der für jede Zahlungsart speziell angesetzten prozentualen Steigerunsgrate s_r als Produkt aus der Anfangszahlung und dem entsprechenden Steigerungsfaktor f_r:

$$f_r = 1 + \frac{s_r}{100} \tag{6.25}$$

Die einzelnen Zahlungsarten lassen sich auf einem Zahlungsstrahl gemäß Bild 6.2 darstellen:

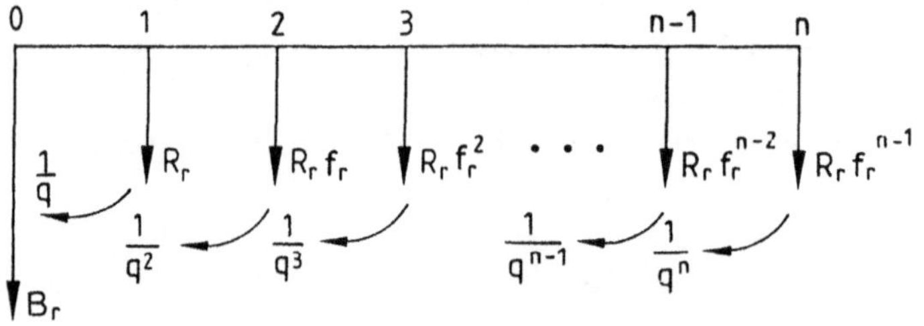

Bild 6.3.1 Zahlungsstrahl für Jahreszahlungen mit konstantem Wachstumsfaktor

Der Barwert der Zahlungen läßt sich als Summe aller mit dem Zinsfaktor q abgezinsten Zahlungen bestimmen:

$$B = R\left(\frac{1}{q} + \frac{f}{q^2} + \frac{f^2}{q^3} + \cdots + \frac{f^{n-1}}{q^n}\right) \tag{6.26}$$

$$B = \frac{R}{f}\left[\frac{f}{q} + \left(\frac{f}{q}\right)^2 + \left(\frac{f}{q}\right)^3 + \cdots + \left(\frac{f}{q}\right)^n\right] \tag{6.27}$$

Mit $q^* = \frac{q}{f}$ folgt: (6.28)

$$B = \frac{R}{f}\left(\frac{1}{q^*} + \frac{1}{q^{*2}} + \frac{1}{q^{*3}} + \cdots + \frac{1}{q^{*n}}\right) \tag{6.29}$$

Aus der bekannten Barwertformel für nachschüssige Rentenzahlungen folgt:

$$B = \frac{R}{f}\,\frac{q^{*n} - 1}{q^{*n}(q^* - 1)} \tag{6.30}$$

Der Steigerungsfaktor f wird berücksichtigt, indem q durch q^* ersetzt wird und bei der Wahl des ersten Zahlungsjahres als Bezugsjahr die erste Rate R durch den Steigerungsfaktor f dividiert wird.

In der Literatur ist auch eine weitere Form gebräuchlich, die sich durch Separierung vom Zinsfaktor q und Steigerungsfaktor f ergibt:

$$B = R \frac{q^n - f^n}{q^n(q-f)} \quad (6.31)$$

Wählt man nicht das erste Jahr, sondern ein beliebiges Jahr k als Bezugsbasis, so ergibt sich der Barwert in allgemeiner Form zu:

$$B = \frac{R_k}{f^{k-1}} \frac{q^n - f^n}{q^n(q-f)} \quad (6.32)$$

oder

$$B = \frac{R_k}{f^k} \frac{q^{*n} - 1}{q^{*n}(q^*-1)} \quad (6.33)$$

<u>Restwertkorrektur am Ende des Betrachtungszeitraumes:</u>

Unterstellt man, daß zum Ende des Betrachtungszeitraumes n für die dynamische Wirtschaftlichkeitsberechnung (Dynamisierungszeitraum) die betriebsgewöhnliche Nutzungsdauer N noch nicht erreicht ist, so ergibt sich bei linearer Abschreibung über die Nutzungsdauer ein Restwert für die getätigte Investition zu:

$$R_{A0} = A_0(1 - \frac{n}{N}) \quad (6.34)$$

Berücksichtigt man eine Kostensteigerung für die Ersatzinvestition von jährlich s_W Prozent, so ist der Restwert noch um den entsprechenden Steigerungsfaktor f_W auf Wiederbeschaffungskostenbasis zu erhöhen:

$$f_W = 1 + \frac{s_W}{100} \quad (6.35)$$

$$R_{An} = R_{A0} \quad f_W^n \quad (6.36)$$

$$R_{An} = A_0(1 - \frac{n}{N}) \; f_W^n \quad (6.37)$$

Kapitalwert:

Bei der Berechnung des Kapitalwertes ist dieser Restwert als Einnahme zum Zeitpunkt n als Barwert einzubeziehen:

$$K_W = \sum_{\gamma=1}^{k_G} \frac{R_\gamma}{f_\gamma} \frac{q_\gamma^{*n} - 1}{q_\gamma^{*n} (q_\gamma^* - 1)} - A_0 \left[1 - (1 - \frac{n}{N}) (\frac{f_W}{q})^n\right] \quad (6.38)$$

Annuität:

Die Annuität des Kapitalwertes ergibt sich durch Verrentung über den Dynamisierungszeitraum n als Multiplikation des Kapitalwertes mit dem Wiedergewinnungsfaktor w_n:

$$A = K_W \, w_n \quad (6.39)$$

$$A = K_W \begin{cases} \dfrac{q^n (q - 1)}{q^n - 1} & \text{für } q \neq 1 \\ \dfrac{1}{n} & \text{für } q = 1 \end{cases} \quad (6.40)$$

Interner Zinsfuß:

Der interne Zinsfuß wird mit Hilfe der Newton-Iteration angewandt auf Gl.(6.38) gewonnen. Hierzu setzt man:

$$f(q) = \sum_{\gamma=1}^{k_G} \frac{R_\gamma}{f_\gamma} \frac{q_\gamma^{*n} - 1}{q_\gamma^{*n} (q_\gamma^* - 1)} - A_0 \left[1 - (1 - \frac{n}{N}) (\frac{f_W}{q})^n\right] \quad (6.41)$$

$$f'(q) = \sum_{\gamma=1}^{k_G} \frac{R_\gamma}{f_\gamma} \frac{1}{i_\gamma^{*2}} \left[\frac{1}{q_\gamma^{*n}} (i_\gamma^* \frac{n}{q_\gamma^*} + 1) - 1\right] - A_0 (1 - \frac{n}{N}) \frac{n}{q^2} (\frac{f_W}{q})^{n-1} \quad (6.42)$$

mit:

$$i_\gamma^* = q_\gamma^* - 1 \quad (6.43)$$

$$q_\gamma^* = \frac{q}{f_\gamma} \quad (6.44)$$

$$\frac{df}{dq} = \frac{df}{dq_\gamma^*} \frac{dq_\gamma^*}{dq} = \frac{df}{dq_\gamma^*} \frac{1}{f_\gamma} \quad (6.45)$$

Bei der Bildung von f(q) und f'(q) führt der Grenzfall $q_r^* = 1$ zu unbestimmten Ausdrücken, die durch die Anwendung der Regel von L'Hospital als Grenzwert zu bestimmen sind und programmtechnisch separat berechnet werden:

$$\lim_{q_r^*=1} \frac{q_r^{*n} - 1}{q_r^{*n}(q_r^* - 1)} = \frac{1}{n} \tag{6.46}$$

$$\lim_{q_r^*=1} \frac{\frac{1}{q_r^{*n}}\left[(q_r^* - 1)\frac{n}{q_r^*} + 1\right] - 1}{(q_r^* - 1)^2} = -\frac{n(n+1)}{2} \tag{6.47}$$

Bei den deterministisch erklärten Erlösüberschüssen wird die Kapitalrücklaufzeit analog zur Berechnungsmethode bei variablen Überschüssen gemäß Gl.(6.22) durch rekursive Entwicklung bestimmt.

6.3.5 Berücksichtigung von Steuern und Abschreibungen

Während die gewinnunabhängigen Steuern das finanzmathematische Investitionskalkül nicht beeinflussen, ist eine Modifizierung der Eingabedaten in Abhängigkeit von den gewinnabhängigen Steuern wie Einkommenssteuer, Körperschaftssteuer und Gewerbeertragssteuer zeitgerecht zu berücksichtigen. Da diese Steuerbelastungen nicht aus den Erlösüberschüssen, sondern aus den Überschüssen der Erträge über die Aufwendungen herrühren, muß die zeitliche Differenz zwischen Auszahlungen und Aufwendungen sowie zwischen Einzahlungen und Erträgen bei den steuerlichen Ansätzen beachtet werden.

Für die Berechnung der Erlösüberschüsse (cash-flow) nach Steuern $Ü_N(t)$ kann unter Berücksichtigung der Abschreibungssätze A(t) je Periode und dem Gewinnsteuersatz s (Spitzensteuersatz) gesetzt werden:

$$Ü_N = Ü_B - s(Ü_B - A) \tag{6.48}$$

oder in anderer Schreibweise:

$$Ü_N = Ü_B(1 - s) + sA. \tag{6.49}$$

Die Auswirkung des angesetzten Gewinnsteuersatzes s auf den Kalkulationszinsfuß p ergibt sich aus der Überlegung einer Vergleichsinvestition und deren Steuerbelastung. Unterliegen die Erlöse aus der betrachteten Vergleichsinvestition dem Steuersatz s, so ergibt sich ein Nettokalkulationszinsfuß:

$$p_N = p - sp = p(1 - s). \tag{6.50}$$

Der steuerliche Ansatz verringert also sowohl die anzusetzenden Erlösüberschüsse als auch den Kalkulationszinsfuß.

6.4 Programmbeschreibung „KWERTEA" und „IZINS"

Die in Tabelle 6.4.1 angegebene Anweisungsliste des Programms "KWERTEA" bietet die Möglichkeit einer Wirtschaftlichkeitsberechnung nach den vorgenannten Verfahren für konstante, variable oder deterministische Bruttoerlösüberschüsse während der angesetzten Nutzungsdauer. Das Programm umfaßt 591 Anweisungszeilen und benötigt 1.170 Bytes entsprechend 168 Register. Hinzu kommen 56 Datenregister (SIZE 056). Die Datenregister STO 00 bis STO 15 sind für die Dialogeingabe, Ergebniswerte und interne Zwischenspeicher vorgesehen. Die Register STO 16 bis STO 55 werden nur bei den Varianten: "variable Erlösüberschüsse" (Eingabewert für Erlösüberschuß gleich Null, Flag 1 gesetzt) und "deterministische Erlösüberschüsse" (Eingabewert für Erlösüberschuß gleich -1, Flag 1 und 2 gesetzt) benötigt.

Der Eingabedialog für die Grunddaten umfaßt die Anweisungen 04 bis 33. Dabei werden folgende Daten zugeordnet:

Anschaffungskosten (DM) in	STO 01
Kalkulationszinsfuß (%) in	STO 02
Nutzungsdauer (Jahre) in	STO 03
Bruttoerlösüberschuß (DM) bzw. Merkmale 0, -1 in	STO 04
Wiederanlagezinsfuß (%) als Zinsfaktor in	STO 00

Der Kalkulationszinsfaktor wird mit der Anweisung in Zeile 47 nach STO 05 abgespeichert. Für die Variante konstante Bruttoerlösüberschüsse wird mit den Anweisungen 56 und 57 die indirekte Adressierung für die Newton-Iteration LBL 02 von Zeile 133 bis 141 vorbereitet. Mit dem indirekten Unterprogrammaufruf XEQ IND 10 in Zeile 135 wird somit das Unterprogramm LBL 09 von Zeile 160 bis 204 aktiviert. In diesem Unterprogramm wird die Newton-Iteration gemäß den Gln.(6.11b bis 6.13) durchgeführt. Das Programm endet bei dieser Variante mit der Ausgabe Unterprogramm "PX" in Zeile 587.

Variable Bruttoerlösüberschüsse

Bei der Variante "variable Bruttoerlösüberschüsse", gekennzeichnet durch den Eingabewert 0 für Überschuß, wird die Sprunganweisung GTO 01 in Zeile 55 wirksam. In den Zeilen 128 und 129 wird die indirekte Adressierung für die Newton-Iteration mit 8 in STO 10 vorbereitet. Mit dem Unterprogrammaufruf XEQ 10 wird mit den Anweisungen 303 bis 315 die indirekte Adressierung für den Eingabedialog der variablen Bruttoerlösüberschüsse vorbereitet und der Wert 11,(n+10)/1000 in STO 08 abgespeichert. Dieser Eingabedialog beginnt bei LBL 04 in Zeile 205. Nachdem die Inkrementanweisung in Zeile 219 zu einem Verlassen der Eingabeschleife führt, wird das Unterprogramm LBL 22 von Zeile 526 bis 535 zur Erzeugung der Überschrift: "Kapitalwert-Entwicklung" aufgerufen. Diese wird schließlich in dem Unterprogamm LBL 05 von Zeile 280 bis 302 zyklisch berechnet und über LBL 21 von Zeile 555 bis 571 ausgedruckt. Die SPACE-Anweisung in Zeile 560 bewirkt eine Leerstelle im Ausdruck für die Jahre 1 bis 9, um Rechtsbündigkeit zu erreichen. In STO 03 ist der Kapitalwert gespeichert. Mit der Programmschleife LBL 03 in Zeile 231 bis Zeile 266 wird die Kapitalrückflußzeit gemäß Gl.(6.22) bestimmt. Die Schleife wird in Zeile 266 verlassen, sobald die mit dem Wiederanlagezins aufgezinsten und summierten Erlösüberschüsse den Anschaffungswert A_0 übersteigen. Mit dem Rücksprung in Zeile 279 nach LBL 07 in Zeile 81 beginnt die Ergebnisausgabe und mit gesetztem Flag 0 die interne Zinsfußberechnung über das Unterprogramm LBL 08 von Zeile 152 bis 159. Dieses Unterprogramm wird in Zeile 135 indirekt aufgerufen.

Deterministische Ein- und Ausgabezahlungen

Die dritte Berechnungsvariante geht von deterministischen Ein- und Ausgabezahlungen aus, deren Bezugswert zum Ende des ersten Nutzungsjahres mit dem jeweils zugeordneten Steigerungsfaktor einzugeben sind. Aufgrund der indirekten Adressendefinition 16, 055 in Zeile 337 können bis zu 20 verschiedene Ein- und Ausgabearten eingegeben werden. Der Einstieg in diese Programmvariante wird durch die Überschuß-Eingabe: -1 in Zeile 23 festgelegt. Als Merkmal sind Flag 1 und Flag 2 gesetzt. In Zeile 51 erfolgt eine Programmverzweigung nach LBL 12 in Zeile 316. Hierbei besteht die Möglichkeit, den Dynamisierungszeitraum abweichend von der Nutzungsdauer zu wählen. Für die Anschaffungskosten wird eine Wachstumsrate abgefragt, falls der Dynamisierungszeitraum kürzer als die Nutzungsdauer gewählt wurde. Der Eingabedialog für die Ein- und Ausgabezahlungen umfaßt die Anweisungszeilen von LBL 13 in Zeile 340 bis zu der Rücksprunganweisung GTO 14 in Zeile 357. Sobald für die Einnahmen der Wert 0 eingegeben wird, beginnt die Dialogabfrage für die Ausgabereihen. Die jeweils zugeordneten Wachstumsraten werden in dem Unterprogramm LBL 15 von Zeile 358 bis 367 aufgerufen und abgespeichert. Sobald ein Ausgabewert gleich 0 ist, wird der Eingabedialog verlassen. Ab LBL 00 wird die indirekte Adressierung von Zeile 369 bis 378 mit 16, $(n_E+n_A)/1000$ vorbereitet. In der Programmschleife LBL 20 von Zeile 386 bis 396 wird die Kapitalwert-Entwicklung berechnet und ausgedruckt. Im Unterprogramm LBL 17 von Zeile 481 bis 505 wird der Kapitalwert gemäß Gl.(6.38) berechnet und nach STO 03 abgespeichert. Die Berechnung der Kapitalrückflußzeit wird mit dem Sprung GTO 03 in Zeile 406 eingeleitet. Für die anschließende interne Zinsfußberechnung wird das Unterprogramm LBL 18 indirekt in Zeile 135 aufgerufen. In Zeile 415 wird f(q) gemäß Gl.(6.41) nach STO 09 und in Zeile 475 f'(q) gemäß Gl.(6.42) nach STO 03 abgespeichert. Das Unterprogramm LBL 23 von Zeile 536 bis 534 dient zur Berechnung des zweiten Terms in Gl.(6.38), der den korrigierten Restwert bei vorzeitiger Kalkulationsdauer darstellt.

Das Programm endet mit einer separaten Aufrufadresse für den Kapitaldienst bei gesetztem Flag 03 von Zeile 588 bis 590.

Tabelle 6.4.1 Anweisungsliste des Programms "KWERTEA"

```
01♦LBL "KWERTEA"
02 CF 28
03 FIX 2
04 RCL 01
05 "A.-KOSTEN? DM:"
06 PROMPT
07 STO 01
08 RCL 02
09 "KAL.-ZINSFUSS? "
10 "⊢%:"
11 PROMPT
12 STO 02
13 RCL 04
14 "NUTZUNGSDAUER? "
15 "⊢JAHRE:"
16 PROMPT
17 STO 04
18 FS? 03
19 GTO 11
20 RCL 03
21 "UEBERSCHUSS? DM"
22 "⊢,0,-1:"
23 PROMPT
24 STO 03
25 X>0?
26 GTO 00
27 SF 01
28 X<0?
29 SF 02

30♦LBL 00
31 RCL 02
32 "ANLAGE-ZINS? %:"
33 PROMPT
34 1 E2
35 /
36 1
37 +
38 STO 00

39♦LBL 11
40 RCL 04
41 RCL 02
42 100
43 STO 08
44 /
45 1
46 +
47 STO 05
48 FS? 03
49 GTO 07
50 FS? 02
51 GTO 12
52 XEQ 16
53 RCL 03
54 X=0?
55 GTO 01
56 9
57 STO 10
58 FS? 00
59 GTO 02
60 RCL 00
61 1
62 -
63 RCL 01
64 RCL 03
65 /
66 STO 09
67 *
68 X=0?
69 GTO 00
70 1
71 +
72 LN
73 RCL 00
74 LN
75 /
76 STO 09

77♦LBL 00
78 RCL 03
79 RCL 06
80 /

81♦LBL 07
82 RCL 01
83 -
84 STO 00
85 RCL 06
86 *
87 STO 07
88 RCL 04
89 RCL 05
90 XEQ 16
91 RCL 01
92 ST* 06
93 ADV
94 FIX 2
95 FS? 03
96 GTO 00
97 SF 12
98 RCL 00
99 "KAPITALWERT:"
100 XEQ "PX"
101 RCL 07
102 "ANNUITAET:"
103 XEQ "PX"

104♦LBL 00
105 RCL 06
106 "KAPITALDIENST:"
107 XEQ "PX"
108 FS?C 03
109 RTN
110 RCL 09
111 "KAPITAL-RUECKFL"
112 "⊢USSZEIT:"
113 AVIEW
114 CLA
115 ARCL X
116 "⊢ JAHRE"
117 AVIEW
118 PSE
119 "BEI "
120 FIX 1
121 ARCL 08
122 "⊢% A.-KOSTEN"
123 AVIEW
124 SF 00
125 CF 01
126 GTO 11

127♦LBL 01
128 8
129 STO 10
130 XEQ 10
131 FC? 00
132 GTO 04

133♦LBL 02
134 RCL 05
135 XEQ IND 10
136 /
137 ST- 05
138 ABS
139 1 E-5
140 X<=Y?
141 GTO 02
142 RCL 05
143 1
144 -
145 1 E2
146 *
147 "INT. ZINSFUSS:"
148 FIX 2
149 CF 02
150 ADV
151 GTO "PX"
152♦LBL 08
153 XEQ 10
154 XEQ 05
155 RCL 01
156 RCL 03
157 -
158 RCL 09
159 RTN

160♦LBL 09
161 RCL 04
162 STO 09
163 STO 08
164 Y↑X
165 1/X
166 1
167 -
168 ST/ 08
```

```
169 RCL 05
170 ST/ 08
171 ST/ 09
172 1
173 -
174 X=0?
175 GTO 00
176 ENTER↑
177 1/X
178 RCL 08
179 +
180 ST+ 09
181 RDN
182 /
183 RCL 03
184 *
185 RCL 01
186 /
187 1
188 +
189 RCL 09
190 RTN

191♦LBL 00
192 1
193 RCL 03
194 RCL 01
195 /
196 RCL 04
197 *
198 -
199 2
200 *
201 RCL 04
202 1
203 +
204 RTN
205♦LBL 04
206 FIX 0
207 RCL 08
208 INT
209 10
210 -
211 RCL IND 08
212 CLA
213 SF 28
214 ARCL Y
215 "⊦ JAHR DM?"
216 CF 28
217 PROMPT
218 STO IND 08
219 ISG 08
220 GTO 04
221 XEQ 22
222 XEQ 10
223 XEQ 05
224 FIX 2
225 0
226 STO 07
227 STO 09

228♦LBL 03
229 0
230 STO 06

231♦LBL 06
232 FC? 02
233 GTO 00
234 RCL IND 15
235 ISG 15
236 1
237 RCL IND 15
238 %
239 +
240 RCL 09
241 Y↑X
242 *
243 ST+ 06
244 ISG 15
245 GTO 06
246 RCL 14
247 STO 15
248 RCL 06
249 GTO 01

250♦LBL 00
251 RCL 09
252 11
253 +
254 RCL IND X
255♦LBL 01
256 RCL 00
257 RCL 07
258 *
259 +
260 STO 07
261 1
262 ST+ 09
263 RCL 07
264 RCL 01
265 X>Y?
266 GTO 03
267 /
268 100
269 *
270 STO 08
271 RCL 04
272 FS? 02
273 RCL 11
274 RCL 05
275 XEQ 16

276♦LBL 00
277 CLX
278 X<> 03
279 GTO 07

280♦LBL 05
281 RCL IND 08
282 RCL 05
283 RCL 08
284 INT
285 10
286 -
287 STO 07
288 Y↑X
289 /
290 ST+ 03
291 RCL 05
292 /
293 RCL 07
294 *
295 ST+ 09
296 FC? 01
297 GTO 00
298 XEQ 21
299♦LBL 00
300 ISG 08
301 GTO 05
302 RTN
303♦LBL 10
304 RCL 04
305 10
306 +
307 1 E3
308 /
309 11
310 +
311 STO 08
312 0
313 STO 03
314 STO 09
315 RTN

316♦LBL 12
317 18
318 STO 10
319 FS? 00
320 GTO 02
321 ADV
322 RCL 11
323 "DYN. ZEITRAUM? "
324 "⊦JAHRE:"
325 PROMPT
326 STO 11
327 RCL 04
328 -
329 X=0?
330 GTO 00
331 RCL 12
332 "WACHSTUMSRATE A"
333 "⊦0? %:"
334 PROMPT

335♦LBL 00
336 STO 12
337 16,055
338 STO 15
339 ADV

340♦LBL 13
341 RCL IND 15
```

```
342 "EINNAHMEN? DM:"
343 PROMPT
344 X=0?
345 GTO 14
346 XEQ 15
347 GTO 13

348♦LBL 14
349 RCL IND 15
350 CHS
351 "AUSGABEN? DM:"
352 PROMPT
353 CHS
354 X=0?
355 GTO 00
356 XEQ 15
357 GTO 14

358♦LBL 15
359 STO IND 15
360 ISG 15
361 RCL IND 15
362 "WACHSTUMSRATE? "
363 "⊢%:"
364 PROMPT
365 STO IND 15
366 ISG 15
367 RTN

368♦LBL 00
369 RCL 15
370 INT
371 1
372 -
373 1 E3
374 /
375 16
376 +
377 STO 14
378 STO 15
379 FC? 01
380 GTO 00
381 XEQ 22
382 CLX
383 STO 03
384 STO 07
385 FIX 0

386♦LBL 20
387 1
388 ST+ 07
389 CLX
390 STO 03
391 XEQ 17
392 XEQ 21
393 RCL 11
394 RCL 07
395 X<Y?
396 GTO 20

397♦LBL 00
398 RCL 11
399 STO 07
400 CLX
401 STO 03
402 XEQ 17
403 CLX
404 STO 07
405 STO 09
406 GTO 03

407♦LBL 18
408 RCL 11
409 STO 07
410 CLX
411 STO 03
412 XEQ 17
413 RCL 01
414 -
415 STO 09
416 CLX
417 STO 03

418♦LBL 19
419 RCL IND 15
420 ISG 15
421 1
422 RCL IND 15
423 %
424 +
425 /
426 STO 13
427 RCL 11
428 RCL 05
429 LASTX
430 /
431 STO 08
432 /
433 RCL 08
434 1
435 -
436 STO 06
437 X≠0?
438 GTO 00
439 RCL 11
440 1
441 +
442 RCL 11
443 *
444 2
445 /
446 CHS
447 GTO 01

448♦LBL 00
449 *
450 1
451 +
452 RCL 08
453 RCL 11
454 Y↑X
455 /
456 1
457 -
458 RCL 06
459 X↑2
460 /

461♦LBL 01
462 ST* 13
463 RCL 13
464 ST+ 03
465 ISG 15
466 GTO 19
467 XEQ 23
468 X<>Y
469 /
470 RCL 11
471 *
472 RCL 05
473 X↑2
474 /
475 ST- 03
476 RCL 14
477 STO 15
478 RCL 09
479 RCL 03
480 RTN

481♦LBL 17
482 RCL IND 15
483 ISG 15
484 1
485 RCL IND 15
486 %
487 +
488 /
489 STO 13
490 RCL 07
491 RCL 05
492 LASTX
493 /
494 XEQ 16
495 ST* 13
496 RCL 13
497 ST+ 03
498 ISG 15
499 GTO 17
500 XEQ 23
501 ST+ 03
502 RCL 14
503 STO 15
504 RCL 03
505 RTN

506♦LBL 16
507 STO Z
508 X<>Y
509 Y↑X
510 STO Z
511 1
```

```
512 STO 06
513 ST- Z
514 ST- T
515 RDN
516 X<>Y
517 X=0?
518 GTO 00
519 *
520 /
521 *

522♦LBL 00
523 LASTX
524 ST/ 06
525 RTN

526♦LBL 22
527 FC? 01
528 GTO 00
529 ADV
530 "KAPITALWERT-ENT"
531 "├WICKLUNG"
532 AVIEW
533 ADV

534♦LBL 00
535 RTN

536♦LBL 23
537 1
538 RCL 11
539 RCL 04
540 /
541 -
542 RCL 01
543 *
544 1
545 RCL 12
546 %
547 +
548 RCL 05
549 /
550 STO Z
551 RCL 11
552 Y↑X
553 *
554 RTN

555♦LBL 21
556 CLA
557 9
558 RCL 07
559 X<=Y?
560 "├ "
561 RCL 03
562 RCL 01
563 -
564 SF 28
565 ARCL 07
566 "├ JAHR: "
567 CF 28
568 ARCL X
569 "├ DM"
570 AVIEW
571 RTN

572♦LBL "PX"
573 AVIEW
574 CF 12
575 CLA
576 ARCL X
577 FS?C 00
578 GTO 00
579 "├ DM"
580 GTO 01

581♦LBL 00
582 "├ %"

583♦LBL 01
584 AVIEW
585 PSE
586 ADV
587 RTN

588♦LBL "KD"
589 SF 03
590 GTO "KWERTEA"
591 END
                    CAT 1
LBL'KWERTEA
LBL'PX
LBL'KD
END          1170 BYTES
.END.        06 BYTES
                   PRKEYS

USER KEYS:
 11 "KWERTEA"
 12 "KD"
```

Programmvariante "IZINS"

In Tabelle 6.4.2 ist die Anweisungsliste einer verkürzten Form der dynamischen Wirtschaftlichkeitsberechnung angegeben. Bei dieser Version ist die Berechnung auf die Anwendungsfälle für konstante oder variable Brutto-Erlösüberschüsse begrenzt. Die Auflistung der Kapitalwertentwicklung ist bei der Variante für variable Erlösüberschüsse vorgesehen, jedoch nur dann, wenn das Flag 02 vor dem Programmstart gesetzt wurde. Das Programm umfaßt 337 Anweisungen und benötigt einen Speicherbereich von 754 Bytes entsprechend 108 Register (7 Magnetspuren). Die Anweisungsliste beginnt mit der Startadresse für die interne Zinsfußberechnung "IZINS". Als Merkmal wird das Flag 0 gesetzt. Das Programm für die Kapitalwertberechnung beginnt mit dem Label "KWERT" in der Anweisungszeile 03. Der Eingabedialog erstreckt sich bis zur Zeile 29. Infolge der regenerierenden Dialogeingabe ist bei Variantenberechnungen lediglich der veränderte Parameter anzugeben, während die unveränderten Parameter durch Betätigung der R/S-Taste zu quittieren sind. Mit Hilfe einer Null-Abfrage für den in STO 03 eingegebenen Oberschußbetrag wird in Zeile 54 entschieden, ob die Eingabe variabler Brutto-Erlösüberschüsse gewünscht wird. Falls dies der Fall ist, wird das Programm in Zeile 165 mit LBL 12 fortgesetzt. Die Eingabeschleife für die Brutto-Erlösüberschüsse umfaßt den Bereich von Label 04 in Zeile 189 bis zur Rücksprunganweisung GTO 04 in Zeile 203.

Die Abspeicherung der Erlösüberschüsse beginnt wiederum mit STO 11 für den Überschuß $O_B(1)$ bis STO 10+n für $O_B(n)$. Daher ist als Speicherbereichsvereinbarung SIZE (n+11) zu definieren. Der verfügbare Speicherbereich wird durch den indirekten Aufruf RCL (n+10) in Zeile 176 überprüft. Falls der definierte Bereich nicht ausreichend ist, wird der erforderliche Definitionsbereich durch die PROMPT-Anweisung in Zeile 182 angegeben. Nach Abschluß der Kapitalwert-Berechnung hält das Programm mit der STOP-Anweisung in Zeile 115 an, wobei in der Anzeige des Rechners die Frage "INT.ZINSF.?" erscheint. Falls der interne Zinsfuß berechnet werden soll, kann die weitere Programmbearbeitung durch Betätigung der R/S-Taste veranlaßt werden. Da das Druckersteuerungsflag 21 vorher gelöscht wurde, erscheint die Frage nicht auf dem Druckerstreifen.

Die Kapitalrückflußzeit wird gemäß Gl.(6.21) durch zwei Berechnungsschleifen LBL 03 und LBL 06 von Zeile 219 bis 250 berechnet. In dem Unterprogramm LBL 05 wird die Summe der abgezinsten Brutto-Erlösüberschüsse gemäß Gl.(6.1) und deren Ableitung gemäß Gl.(6.10) ermittelt und nach STO 03 bzw. STO 09 abgespeichert. Die einzelnen Summenwerte werden bei gesetztem Flag 02 mit Hilfe der Anweisungen 281 bis 289 ausgegeben. Die Newton-Iteration für den internen Zinsfuß erfolgt ab LBL 02 in Zeile 307 bis zur entsprechenden Sprunganweisung in Zeile 315.

Tabelle 6.4.2 Anweisungsliste des Programms "IZINS"

```
01♦LBL "IZINS"
02 SF 00

03♦LBL "KWERT"
04 CF 28
05 FIX 2
06 RCL 01
07 "A.-KOSTEN? DM:"
08 PROMPT
09 STO 01
10 RCL 02
11 "KAL.-ZINSFUSS? "
12 "⊢%:"
13 FS? 00
14 "⊢ <STARTWERT>"
15 PROMPT
16 STO 02
17 RCL 04
18 "NUTZUNGSDAUER? "
19 "⊢JAHRE:"
20 PROMPT
21 STO 04
22 RCL 03
23 "UEBERSCHUSS? DM"
24 "⊢:"
25 PROMPT
26 STO 03
27 RCL 02
28 "ANLAGE-ZINS? %:"
29 PROMPT
30 1 E2
31 /
32 1
33 +
34 STO 00
35♦LBL 11
36 RCL 02
37 100
38 STO 08
39 /
40 1
41 +
42 STO 05
43 RCL 04
44 Y↑X
45 STO 06
46 1
47 -
48 RCL 05
49 1
50 -
51 /
52 ST/ 06
53 RCL 03
54 X=0?
55 GTO 12
56 9
57 STO 10
58 FS? 00
59 GTO 02
60 RCL 00
61 1
62 -
63 RCL 01
64 RCL 03
65 /
66 *
67 1
68 +
69 LN
70 RCL 00
```

```
 71 LN
 72 /
 73 STO 09
 74 RCL 03
 75 RCL 06
 76 /

 77♦LBL 07
 78 RCL 01
 79 -
 80 STO 00
 81 RCL 06
 82 *
 83 STO 07
 84 RCL 01
 85 ST* 06
 86 ADV
 87 RCL 00
 88 "KAPITALWERT:"
 89 XEQ "PX"
 90 RCL 07
 91 "ANNUITAET:"
 92 XEQ "PX"
 93 RCL 06
 94 "KAPITALDIENST:"
 95 XEQ "PX"
 96 RCL 09
 97 "KAPITAL-RUECKFL"
 98 "⊢USSZEIT:"
 99 AVIEW
100 CLA
101 ARCL X
102 "⊢ JAHRE"
103 AVIEW
104 "BEI "
105 FIX 1
106 ARCL 08
107 "⊢% A.-KOSTEN"
108 AVIEW
109 CF 02
110 CF 21
111 "INT. ZINSF.?"
112 AVIEW
113 FS? 55
114 SF 21
115 STOP
116 SF 00
117 SF 01
118 FIX 2
119 GTO 11
120♦LBL 08
121 XEQ 10
122 XEQ 05
123 RCL 01
124 RCL 03
125 -
126 RCL 09
127 GTO 00

128♦LBL 09
129 RCL 04
130 STO 09
131 STO 08
132 Y↑X
133 ST* 08
134 RCL 05
135 ST/ 08
136 ST/ 09
137 1
138 -
139 1/X
140 ST+ 09
141 1/X
142 X<>Y
143 *
144 LASTX
145 1
146 -
147 ST/ 08
148 /
149 STO Y
150 RCL 01
151 *
152 RCL 03
153 -
154 RCL 08
155 ST- 09
156 RCL Z
157 ST* 09
158 RCL Z
159 RCL 09
160 RCL 01
161 *

162♦LBL 00
163 /
164 RTN

165♦LBL 12
166 8
167 STO 10
168 XEQ 10
169 FIX 0
170 FS? 01
171 GTO 00
172 RCL 04
173 10
174 +
175 SF 25
176 RCL IND X
177 FS?C 25
178 GTO 04
179 1
180 +
181 CLA
182 ARCL X
183 ASTO X
184 "SETZE SIZE "
185 ARCL X
186 CLX
187 PROMPT
188 GTO 12

189♦LBL 04
190 RCL 08
191 INT
192 10
193 -
194 RCL IND 08
195 CLA
196 SF 28
197 ARCL Y
198 "⊢ JAHR DM?"
199 CF 28
200 PROMPT
201 STO IND 08
202 ISG 08
203 GTO 04
204 FC? 02
205 GTO 00
206 ADV
207 "KAPITALWERT-ENT"
208 "⊢WICKLUNG"
209 AVIEW
210 ADV

211♦LBL 00
212 FIX 2
213 XEQ 10
214 FS? 00
215 GTO 02
216 XEQ 05
217 0
218 STO 09

219♦LBL 03
220 0
221 STO 07
222 RCL 09
223 RCL 04
224 X<=Y?
225 GTO 00
226 1
227 ST+ 09
228 STO 08

229♦LBL 06
230 RCL 08
231 10
232 +
233 RCL IND X
234 RCL 00
235 RCL 09
236 RCL 08
237 -
238 Y↑X
239 *
240 ST+ 07
241 1
242 ST+ 08
243 RCL 09
244 RCL 08
245 X<=Y?
246 GTO 06
```

```
247 RCL 07
248 RCL 01
249 X>Y?
250 GTO 03
251 /
252 100
253 *
254 STO 08

255♦LBL 00
256 CLX
257 X<> 03
258 GTO 07

259♦LBL 05
260 RCL IND 08
261 RCL 05
262 RCL 08
263 INT
264 10
265 -
266 STO 07
267 Y↑X
268 /
269 ST+ 03
270 RCL 05
271 /
272 RCL 07
273 *
274 ST+ 09
275 FC? 02
276 GTO 00
277 RCL 03
278 RCL 01
279 -
280 FIX 0
281 CLA
282 SF 28
283 ARCL 07
284 "├ JAHR: "
285 CF 28
286 FIX 2
287 ARCL X
288 "├ DM"
289 AVIEW
290♦LBL 00
291 ISG 08
292 GTO 05
293 RTN

294♦LBL 10
295 RCL 04
296 10
297 +
298 1 E3
299 /
300 11
301 +
302 STO 08
303 0
304 STO 03
305 STO 09
306 RTN

307♦LBL 02
308 RCL 05
309 XEQ IND 10
310 ST- 05
311 PSE
312 ABS
313 1 E-5
314 X<=Y?
315 GTO 02
316 RCL 05
317 1
318 -
319 1 E2
320 *
321 "INT. ZINSFUSS:"
322 CF 01

323♦LBL "PX"
324 AVIEW
325 CLA
326 ARCL X
327 FS?C 00
328 GTO 00
329 "├ DM"
330 GTO 01

331♦LBL 00
332 "├ %"

333♦LBL 01
334 AVIEW
335 PSE
336 RTN
337 END

                    CAT 1
LBL'IZINS
LBL'KWERT
LBL'PX
END          754 BYTES
.END.        09 BYTES
```

6.5 Anwendungsbeispiele

6.5.1 Konstante Brutto-Erlösüberschüsse

Eine Investition erfordert Anschaffungskosten von 7,2 Mio DM. Der Kalkulationszinsfuß wird mit 6,5 % angesetzt. In den folgenden 30 Jahren werden gleichbleibende Bruttoerlösüberschüsse von 630.000,-- DM erwartet. Für die Wiederanlage der Brutto-Erlösüberschüsse wird ein Wiederanlagezinsfuß von 5 % angenommen. In Bild 6.5.1 ist der Rechnerausdruck als Eingabedialog- und Ergebnisausdruck nach Aufruf der Programmadresse "KWERTEA" angegeben.

Eingabedialog:

```
        XEQ "KWERTEA"
A.-KOSTEN? DM:
     7.200.000,00   RUN
KAL.-ZINSFUSS? %:
             6,50   RUN
NUTZUNGSDAUER? JAHRE:
            30,00   RUN
UEBERSCHUSS? DM,0,-1:
       630.000,00   RUN
ANLAGE-ZINS? %:
             5,00   RUN
```

Ergebnisse:

```
KAPITALWERT:
1.026.965,82 DM

ANNUITAET:
78.642,42 DM

KAPITALDIENST:
551.357,58 DM

KAPITAL-RUECKFLUSSZEIT:
9,26 JAHRE
BEI 100,0% A.-KOSTEN

INT. ZINSFUSS:
7,84 %
```

Bild 6.5.1 Rechnerausdruck einer Wirtschaftlichkeitsberechnung für konstante Erlösüberschüsse

6.5.2 Anwendungsbeispiel für variable Brutto-Erlösüberschüsse

Als Basis für eine Investitionsentscheidung liege eine Investitionssumme in Höhe von 410.000,-- DM bei einem Kalkulationszinsfuß von 8 % und 15-jähriger Nutzungsdauer zugrunde.

Die anzusetzenden Brutto-Erlösüberschüsse seien über die 15 Jahre mit jährlich unterschiedlicher Erlöserwartung, in Fall a) ohne Abschreibung und Steuern und im Fall b) mit 10 % Abschreibung und 30 % Steuerlast kalkuliert.
Nach Aufruf der Programmadresse "KWERTEA" für die dynamische Wirtschaftlichkeitsberechnung eröffnet der Rechner den in Bild 6.5.2 angegebenen Eingabedialog:

Fall a)

```
            XEQ "KWERTEA"
A.-KOSTEN? DM:
     410.000,00    RUN
KAL.-ZINSFUSS? %:
           8,00    RUN
NUTZUNGSDAUER? JAHRE:
          15,00    RUN
UEBERSCHUSS? DM,0,-1:
           0,00    RUN
ANLAGE-ZINS? %:
           6,00    RUN
1. JAHR DM?
        14.600,    RUN
2. JAHR DM?
        18.155,    RUN
3. JAHR DM?
        22.095,    RUN
4. JAHR DM?
        26.455,    RUN
5. JAHR DM?
        31.273,    RUN
6. JAHR DM?
        36.590,    RUN
7. JAHR DM?
        42.452,    RUN
8. JAHR DM?
        48.906,    RUN
9. JAHR DM?
        56.006,    RUN
10. JAHR DM?
        63.809,    RUN
11. JAHR DM?
        72.376,    RUN
12. JAHR DM?
        81.774,    RUN
13. JAHR DM?
        92.078,    RUN
14. JAHR DM?
       103.365,    RUN
15. JAHR DM?
       115.720,    RUN
```

Fall b)

```
            XEQ "KWERTEA"
A.-KOSTEN? DM:
     410.000,00    RUN
KAL.-ZINSFUSS? %:
           5,60    RUN
NUTZUNGSDAUER? JAHRE:
          15,00    RUN
UEBERSCHUSS? DM,0,-1:
           0,00    RUN
ANLAGE-ZINS? %:
           6,00    RUN
1. JAHR DM?
        22.520,    RUN
2. JAHR DM?
        25.009,    RUN
3. JAHR DM?
        27.767,    RUN
4. JAHR DM?
        30.819,    RUN
5. JAHR DM?
        34.191,    RUN
6. JAHR DM?
        37.913,    RUN
7. JAHR DM?
        42.016,    RUN
8. JAHR DM?
        46.534,    RUN
9. JAHR DM?
        51.504,    RUN
10. JAHR DM?
        56.966,    RUN
11. JAHR DM?
        50.663,    RUN
12. JAHR DM?
        57.242,    RUN
13. JAHR DM?
        64.455,    RUN
14. JAHR DM?
        72.356,    RUN
15. JAHR DM?
        81.004,    RUN
```

Bild 6.5.2 Eingabedialog einer Wirtschaftlichkeitsberechnung mit variablen Brutto-Erlösüberschüssen

Als Ergebnis wird der in Bild 6.5.3 angegebene Ausdruck erzeugt.

a) ohne Steuerentlastung aufgrund von Abschreibungen auf die Investitionssumme

KAPITALWERT-ENTWICKLUNG

1. JAHR: -396.481, DM
2. JAHR: -380.916, DM
3. JAHR: -363.377, DM
4. JAHR: -343.932, DM
5. JAHR: -322.648, DM
6. JAHR: -299.590, DM
7. JAHR: -274.819, DM
8. JAHR: -248.397, DM
9. JAHR: -220.380, DM
10. JAHR: -190.824, DM
11. JAHR: -159.783, DM
12. JAHR: -127.310, DM
13. JAHR: -93.453, DM
14. JAHR: -58.261, DM
15. JAHR: -21.781, DM

KAPITALWERT:
-21.781,37 DM

ANNUITAET:
-2.544,71 DM

KAPITALDIENST:
47.900,11 DM

KAPITAL-RUECKFLUSSZEIT:
10,00 JAHRE
BEI 107,6% A.-KOSTEN

INT. ZINSFUSS:
7,36 %

b) mit 10 % Abschreibung, 30 % Spitzensteuersatz (d.h. 3 % = 12.300 DM/a zusätzl. Erlössteigerung während der ersten 10 Jahre und 70 % Überschuß nach Steuern bei 5,6 % Kalkulationszinsfuß)

KAPITALWERT-ENTWICKLUNG

1. JAHR: -388.674, DM
2. JAHR: -366.247, DM
3. JAHR: -342.668, DM
4. JAHR: -317.884, DM
5. JAHR: -291.847, DM
6. JAHR: -264.507, DM
7. JAHR: -235.814, DM
8. JAHR: -205.722, DM
9. JAHR: -174.181, DM
10. JAHR: -141.146, DM
11. JAHR: -113.324, DM
12. JAHR: -83.556, DM
13. JAHR: -51.815, DM
14. JAHR: -18.072, DM
15. JAHR: 17.700, DM

KAPITALWERT:
17.699,94 DM

ANNUITAET:
1.775,11 DM

KAPITALDIENST:
41.118,39 DM

KAPITAL-RUECKFLUSSZEIT:
10,00 JAHRE
BEI 114,8% A.-KOSTEN

INT. ZINSFUSS:
6,12 %

Bild 6.5.3 Ergebnisausdruck einer Wirtschaftlichkeitsberechnung mit vorgegebenen Brutto-Erlösüberschüssen

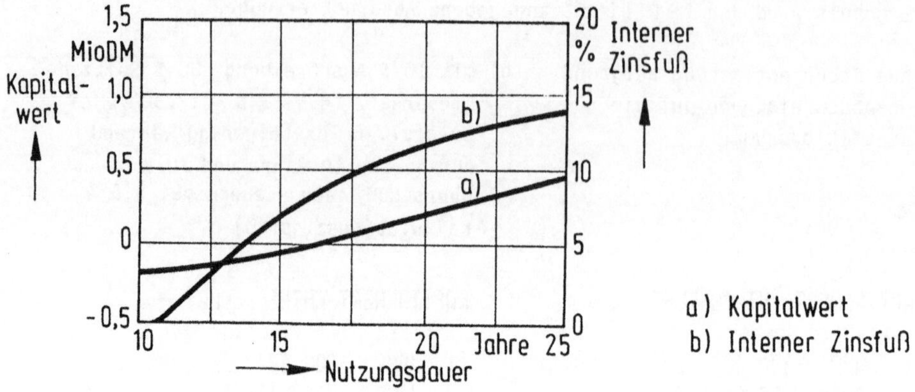

Bild 6.5.4 Kapitalwert und Interner Zinsfuß bei veränderter Nutzungsdauer

Mit Variation der Eingabedaten z.B. hinsichtlich veränderter Nutzungsdauer oder veränderter Entwicklung der kalkulierten Zahlungsströme können Beurteilungsgesichtspunkte nach der Methode der kritischen Werte erarbeitet werden. Als Beispiel ist die Entwicklung des Kapitalwertes und des internen Zinsfußes in Bild 6.5.4 in Abhängigkeit von der kalkulierten Nutzungsdauer dargestellt.

6.5.3 Deterministische Ein- und Auszahlungsreihe

Für ein örtliches Energieversorgungsgebiet mit einem Sachzeitwert der Versorgungsanlagen in Höhe von 8 Mio DM sollen anhand einer Wirtschaftlichkeitsberechnung die Entscheidungsgrundlagen einer Eigentumsübergabe an ein anderes Versorgungsunternehmen berechnet werden. Als Einnahme- und Ausgabedaten seien folgende energiewirtschaftliche Daten vorgegeben:

<u>Einnahmen</u>:	
Stromverkaufserlöse 17,8 Mio kWh à	3.300 Tsd. DM
Steigerungsrate	4 %
Baukostenzuschuß-Einnahmen	70 Tsd. DM
Steigerungsrate	3 %
<u>Ausgaben</u>:	
Stromeinkaufskosten 18,3 Mio kWh à	2.050 Tsd. DM
Steigerungsrate	4 %
Löhne und Gehälter	240 Tsd. DM
Steigerungsrate	3,5 %
Unterhaltungs- und Erneuerungskosten	350 Tds. DM
Steigerungsrate	3 %

Steuern und Versicherungen	170 Tsd. DM
Steigerungsrate	3 %
Konzessionsabgaben	160 Tsd. DM
Steigerungsrate	4 %
Nutzungsdauer der Anlagen	30 Jahre
Betrachtungszeitraum	20 Jahre
Wachstumsrate für Wiederbeschaffung	3 %
Anlage-Zins	0 %
Kalkulationszinsfuß	6 %

Nach Aufruf des Programms "KWERTEA" ergibt sich der in Bild 6.5.5 dargestellte Ergebnisausdruck für den Eingabedialog und den Ergebniswerten. Der Kapitalwert ergibt sich zu 570.600,77 DM als positiver Wert, d.h. die interne Verzinsung des eingesetzten Kapitals liegt über dem angesetzten Kalkulationszinsfuß.

Die Annuität des Kapitalwertes beträgt 49.747,58 DM und der Kapitaldienst 581.191,29 DM bei einem Mischzinssatz für die Finanzierung der Anlagenkosten von 6 % entsprechend dem angesetzten Kalkulationszinsfuß. Nach 14 Jahren ist das eingesetzte Kapital durch die zurückgeflossenen Erlösüberschüsse wieder abgedeckt. Der interne Zinsfuß für die Investitionsmaßnahme beträgt 6,62 %.

Die Ergebnisse der dynamischen Wirtschaftlichkeitsberechnung mit unterschiedlichen Steigerungsraten der einzelnen Ein- und Ausgabearten sind in den Bildern 6.5.6 und 6.5.7 dargestellt. Bild 6.5.6 zeigt die Entwicklung des Kapitalwertes der Investition unter Berücksichtigung des Anlagerestwertes. Die Treppenkurve stellt die Kapitalwertentwicklung in Abhängigkeit vom Dynamisierungszeitraum ohne Kapitalisierung des jeweiligen Anlage-Restwertes bis zur Nutzungsdauergrenze dar. Bei der durchgezogenen Kurve ist der Anlage-Restwert, bezogen auf eine 30-jährige Nutzungsdauer, mit einer Wertsteigerungsrate von 3 % berücksichtigt. Man erkennt, daß sich bei entsprechender Werterhaltung des Investitionsobjektes das Investitionsrisiko erheblich vermindert. Dies liegt auf der Hand, da unterstellt wird, daß der Investor den über die Nutzungsdauer linear abgeschriebenen Anlage-Restwert jederzeit unter Berücksichtigung der Wertsteigerung für die Erneuerung wieder kapitalisieren kann. Es bedarf einer Beurteilung im Einzelfall inwieweit dies für reale Investitionen gerechtfertigt ist. Hierbei ist insbesondere zwischen substanzerhaltenden Investitionen (z.B. Immobilien, Versorgungsnetze) und substanzverzehrenden Investitionen (z.B. Computeranlagen, Werkzeugmaschinen) zu unterscheiden. Bei den ersteren wird durch kontinuierliche Unterhaltungsaufwendungen ein Werterhalt oder sogar eine Wertsteigerung erzielt, während bei den letzteren der Wert am Ende der Nutzungsdauer wegen Abnutzung oder technischer Überholung gegen Null strebt.

Bild 6.5.7 zeigt die Entwicklung des internen Zinsfußes. Man erkennt, daß nach rd. 15 Jahren der angesetzte Kalkulationszinsfuß von rd. 6 % erreicht wird.

```
         XEQ "KWERTEA"
A.-KOSTEN? DM:
      8.000.000,00    RUN
KAL.-ZINSFUSS? %:
              6,00    RUN
NUTZUNGSDAUER? JAHRE:
             30,00    RUN
UEBERSCHUSS? DM,0,-1:
             -1,00    RUN
ANLAGE-ZINS? %:
              0,00    RUN

DYN. ZEITRAUM? JAHRE:
             20,00    RUN
WACHSTUMSRATE A0? %:
              3,00    RUN

EINNAHMEN? DM:
      3.300.000,00    RUN
WACHSTUMSRATE? %:
              4,00    RUN
EINNAHMEN? DM:
         70.000,00    RUN
WACHSTUMSRATE? %:
              3,00    RUN
```

```
EINNAHMEN? DM:
              0,00    RUN
AUSGABEN? DM:
      2.050.000,00    RUN
WACHSTUMSRATE? %:
              4,00    RUN
AUSGABEN? DM:
        240.000,00    RUN
WACHSTUMSRATE? %:
              3,50    RUN
AUSGABEN? DM:
        350.000,00    RUN
WACHSTUMSRATE? %:
              3,00    RUN
AUSGABEN? DM:
        170.000,00    RUN
WACHSTUMSRATE? %:
              3,00    RUN
AUSGABEN? DM:
        160.000,00    RUN
WACHSTUMSRATE? %:
              4,00    RUN
AUSGABEN? DM:
              0,00    RUN
```

```
KAPITALWERT-ENTWICKLUNG
 1. JAHR: -6.120.897, DM
 2. JAHR: -5.745.586, DM
 3. JAHR: -5.372.421, DM
 4. JAHR: -5.001.498, DM
 5. JAHR: -4.632.904, DM
 6. JAHR: -4.266.724, DM
 7. JAHR: -3.903.036, DM
 8. JAHR: -3.541.913, DM
 9. JAHR: -3.183.424, DM
10. JAHR: -2.827.633, DM
11. JAHR: -2.474.601, DM
12. JAHR: -2.124.383, DM
13. JAHR: -1.777.032, DM
14. JAHR: -1.432.594, DM
15. JAHR: -1.091.115, DM
16. JAHR: -752.634, DM
17. JAHR: -417.190, DM
18. JAHR: -84.816, DM
19. JAHR: 244.457, DM
20. JAHR: 570.601, DM

KAPITALWERT:
570.600,77 DM

ANNUITAET:
49.747,58 DM

KAPITALDIENST:
581.191,29 DM

KAPITAL-RUECKFLUSSZEIT:
14,00 JAHRE
BEI 100,1% A.-KOSTEN

INT. ZINSFUSS:
6,62 %
```

Bild 6.5.5

Eingabedialog und Ergebnisausdruck einer Wirtschaftlichkeitsberechnung mit deterministischen Ein- und Ausgabezahlungen

Der Fall eines konstanten oder mit dem Steigerungsfaktor f_W gemäß Gl.(6.36) steigenden Anlagewertes kann durch den Ansatz einer entsprechend hohen Nutzungsdauer N bei frei gewähltem Dynamisierungszeitraum behandelt werden. Wählt man z.B. gemäß dem Berechnungsbeispiel in Bild 6.5.8 die Nutzungsdauer fiktiv zu 200 Jahren bei sonst gleichen Eingabedaten wie in Bild 6.5.5, so bedeutet dies, daß nach 20 Jahren der Anlage-Restwert noch 90 % des gesteigerten Anlagewertes beträgt. Damit erhöht sich der Kapitalwert von 570.600,77 DM auf 3.123.565,66 DM und der interne Zinsfuß von 6,62 % auf 8,67 %. Bei einem Betrachtungszeitraum von 30 Jahren erholt sich der Kapitalwert auf rd. 5 Mio DM bei einem internen Zinsfuß von 9,13 %.

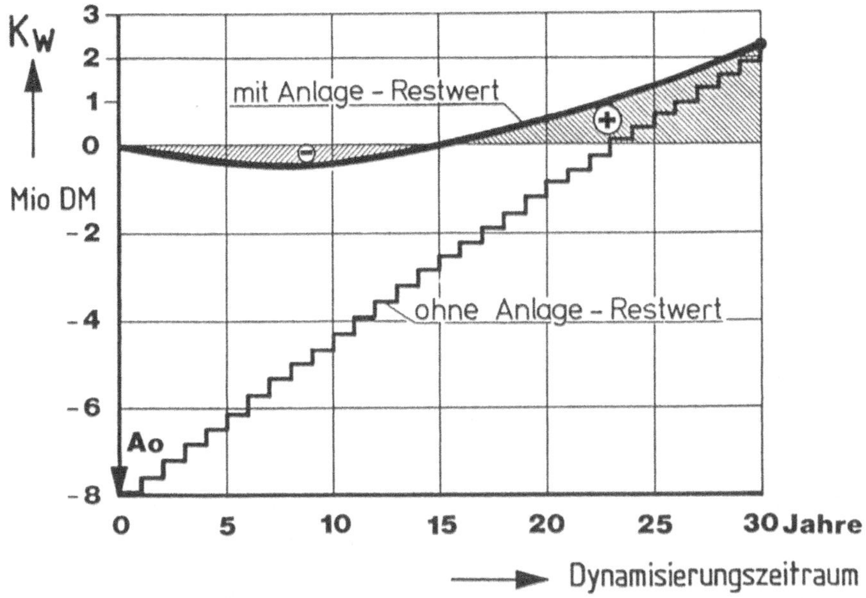

Bild 6.5.6 Einfluß des Anlage-Restwertes auf die Kapitalwert-Entwicklung

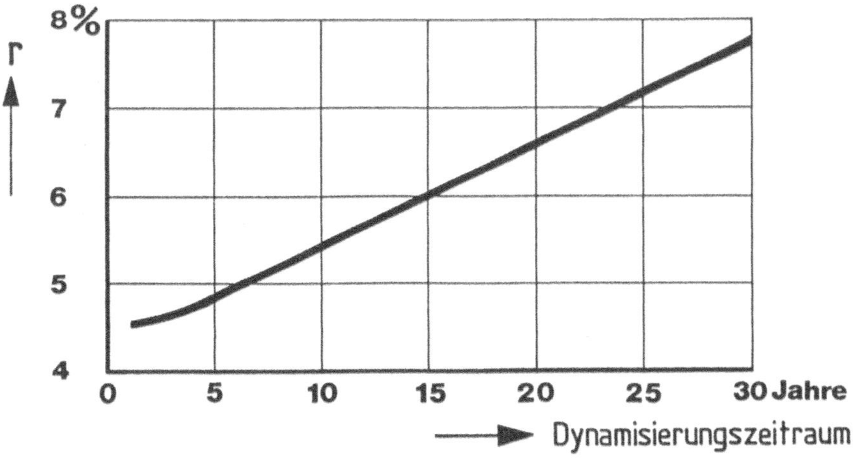

Bild 6.5.7 Entwicklung des internen Zinsfußes

```
        XEQ "KWERTEA"
A.-KOSTEN? DM:
     8.000.000,00    RUN
KAL.-ZINSFUSS? %:
             6,00    RUN
NUTZUNGSDAUER? JAHRE:
           200,00    RUN
UEBERSCHUSS? DM,0,-1:
            -1,00    RUN
ANLAGE-ZINS? %:
             0,00    RUN

DYN. ZEITRAUM? JAHRE:
            20,00    RUN
WACHSTUMSRATE A0? %:
             3,00    RUN

EINNAHMEN? DM:
     3.300.000,00    RUN
WACHSTUMSRATE? %:
             4,00    RUN
EINNAHMEN? DM:
        70.000,00    RUN
WACHSTUMSRATE? %:
             3,00    RUN

EINNAHMEN? DM:
             0,00    RUN
AUSGABEN? DM:
     2.050.000,00    RUN
WACHSTUMSRATE? %:
             4,00    RUN
AUSGABEN? DM:
       240.000,00    RUN
WACHSTUMSRATE? %:
             3,50    RUN
AUSGABEN? DM:
       350.000,00    RUN
WACHSTUMSRATE? %:
             3,00    RUN
AUSGABEN? DM:
       170.000,00    RUN
WACHSTUMSRATE? %:
             3,00    RUN
AUSGABEN? DM:
       160.000,00    RUN
WACHSTUMSRATE? %:
             4,00    RUN
AUSGABEN? DM:
             0,00    RUN

KAPITALWERT-ENTWICKLUNG

 1. JAHR: -3.567.933, DM
 2. JAHR: -3.192.621, DM
 3. JAHR: -2.819.456, DM
 4. JAHR: -2.448.533, DM
 5. JAHR: -2.079.939, DM
 6. JAHR: -1.713.759, DM
 7. JAHR: -1.350.071, DM
 8. JAHR: -988.948, DM
 9. JAHR: -630.459, DM
10. JAHR: -274.668, DM
11. JAHR: 78.364, DM
12. JAHR: 428.582, DM
13. JAHR: 775.933, DM
14. JAHR: 1.120.371, DM
15. JAHR: 1.461.650, DM
16. JAHR: 1.800.331, DM
17. JAHR: 2.135.775, DM
18. JAHR: 2.468.149, DM
19. JAHR: 2.797.422, DM
20. JAHR: 3.123.566, DM

KAPITALWERT:
3.123.565,66 DM

ANNUITAET:
272.326,69 DM

KAPITALDIENST:
480.004,17 DM

KAPITAL-RUECKFLUSSZEIT:
14,00 JAHRE
BEI 100,1% A.-KOSTEN

INT. ZINSFUSS:
8,67 %
```

Bild 6.5.8 Wirtschaftlichkeitsberechnung ohne Restwertabschreibung im Dynamisierungszeitraum

7 Lebensversicherungen

7.1 Allgemeines

Eine Lebensversicherung ist ein Vertrag zwischen einer Lebensversicherungsgesellschaft und dem Versicherungsnehmer nach dem Prinzip von Leistung und Gegenleistung auf wahrscheinlichkeitstheoretischer Basis. Der Versicherungsnehmer verpflichtet sich zur Zahlung einer einmaligen Prämie oder periodisch wiederholter Prämien an die Gesellschaft, die Gesellschaft verpflichtet sich beim Tod oder mit dem Erreichen eines vereinbarten Lebensalters, dem Bezugsberechtigten eine feste Summe auszuzahlen. Bei Lebensversicherungen sind folgende Formen gebräuchlich [33, 34]:

a) Erlebensfallversicherung

Die Versicherungssumme wird nur an diejenigen Personen ausbezahlt, die den vereinbarten Endtermin erleben.

b) Todesfall-Versicherung

Die Versicherungssumme wird beim Todesfall des Versicherungsnehmers, ggf. nach Ablauf einer festgesetzten Wartezeit, an den Bezugsberechtigten ausbezahlt.

c) Leibrente

Die Versicherung zahlt an den Versicherungsnehmer lebenslänglich-ggf. nach einer festgesetzten Wartezeit oder für eine bestimmte Zeitspanne, eine Rente.

d) Risikoversicherung

Die Versicherungssumme wird nur beim Tod des Versicherungsnehmers innerhalb einer vereinbarten Zeitspanne gezahlt.

e) Kombinierte Erlebensfall- und Risikoversicherung (Gemischte Versicherung)

Die Versicherungssumme kommt beim Todesfall innerhalb einer vereinbarten Zeitspanne oder spätestens am Ende dieser Zeitspanne zur Auszahlung. Diese Versicherungsform ist am weitesten verbreitet und umfaßt ca. 80 % aller bestehenden Lebensversicherungsverträge.

7.2 Mathematische Grundlagen

7.2.1 Wahrscheinlichkeit

Der Wahrscheinlichkeitsbegriff bildet eine wesentliche Kalkulationsgrundlage für die Berechung der Prämien von Lebensversicherungen hinsichtlich des zu erwartenden gruppenspezifischen Lebensalters des Versicherungsnehmers. Man unterscheidet hierbei zwischen mathematischer und statistischer Wahrscheinlichkeit. Die mathematische Wahrscheinlichkeit beruht auf dem theoretischen Ansatz des Abzählens aller günstigen Fälle aus einer Menge möglicher Fälle, während die statistische Wahrscheinlichkeit auf empirische Erfahrungswerte beruht.

Gibt es für das Eintreten eines Ereignisses unter n verschiedenen gleichmöglichen Fällen genau s "günstige" Fälle, d.h. f = n - s "ungünstige" Fälle, dann ist die mathematische Wahrscheinlichkeit p, daß das Ereignis eintritt:

$$p = \frac{s}{n} = \frac{\text{Anzahl der günstigen Fälle}}{\text{Anzahl der möglichen Fälle}} \qquad (7.1)$$

Für die Wahrscheinlichkeit q, daß das Ereignis nicht eintritt, gilt:

$$q = \frac{f}{n} = 1 - \frac{s}{n} \qquad (7.2)$$

Die Summe beider Wahrscheinlichkeiten ist gleich 1 als Kennzeichen für die Gewißheit.

Die Anzahl der Möglichkeiten beim Zahlenlotto "6 aus 49" sechs Zahlen zu tippen, beträgt z.B. $\binom{49}{6} = 13.983.816$. Die Anzahl des "günstigen" Ereignisses "6 Richtige" aus der Menge dieser Möglichkeiten ist gleich 1. Damit beträgt die Wahrscheinlichkeit $p_{1,6}^{49}$:

$$p_{1,6}^{49} = \frac{1}{13.983.816} = 7{,}15 \cdot 10^{-8} \qquad (7.3)$$

Die Anzahl der günstigen Ereignisse "x Richtige" aus der Menge aller Möglichkeiten ist $\binom{6}{x}\binom{49-6}{6-x}$. Für 3 Richtige ergeben sich z.B. 246.820 günstige Fälle mit der Wahrscheinlichkeit:

$$p_{3,6}^{49} = \frac{246.820}{13.983.816} = 1{,}77\ \% \qquad (7.4)$$

Die statistische Wahrscheinlichkeit gründet sich auf Erfahrungswerte für das Eintreten eines Ereignisses in der Vergangenheit, aus denen man für die Zukunft die Wahrscheinlichkeit durch das Verhältnis s/n bestimmt. Durch diesen Quotienten schätzt man die zukünftige Wahrscheinlichkeit umso besser, je grösser die Anzahl der Beobachtungen n ist.

7.2.2 Erwartungswert

Ist das zu beobachtende Ereignis eine quantifizierbare Größe, z.B. die Auszahlung einer bestimmten Versicherungssumme, so wird das Produkt aus der Wahrscheinlichkeit und der Ereignisgröße als Erwartungswert E_x^n bezeichnet.

Wird z.B. ein Gewinn S ausgeschüttet, wenn aus einer Urne, die 3 schwarze und 2 rote Kugeln enthält, eine rote Kugel mit einmaligem Ziehen gezogen wird, so ist mit p = 2/5 der Erwartungswert:

$$E_{1,2}^5 = \frac{2}{5} S \tag{7.5}$$

Der Erwartungswert stellt bei der Kalkulation von Lebensversicherungen die Bemessungsgrundlage zur Bestimmung der Prämien auf der Grundlage von Sterbetafeln dar.

7.2.3 Sterbetafeln

Eine Sterbetafel gibt die degressive Entwicklung einer bestimmten möglichst großen Gruppe von Menschen während der Lebensdauer dieser Gruppe wieder. Hierzu wird am Anfang eines jeden Jahres festgehalten, wieviele Personen der Gruppe noch leben. Sterbetafeln werden für Gruppen mit unterschiedlichen gruppenspezifischen Merkmalen, z.B. Geschlecht, ärztlich untersucht oder nicht untersucht aufgestellt. In Tabelle 7.2.1 sind als Beispiel zwei Sterbetafeln mit unterschiedlichen Ausgangswerten x, l_x aus deutschen und amerikanischen Erhebungen angegeben.

Deutsche Versicherungsgesellschaften verwenden u.a. die in Tabelle 7.2.1 im Bereich von x = 20 bis x = 89 angegebene MWI-Sterbetafel [22]. Diese Werte gelten für die Gruppe: Männer und Frauen, vollständig ärztlich untersucht. In [16] wird eine weitere Sterbetafel für Männer repräsentativ für das deutsche Bundesgebiet einschließlich Westberlin 1960/62 angegeben. Einen Hinweis auf die Veränderung einer Sterbetafel über eine längere Zeitspanne gibt die Gegenüberdarstellung der Sterbetafeln für Männer der Jahre 1924/26 und 1949/51 in [17].

Die amerikanische CSO-Tafel von 1941 (Commissioners 1941 Standard Ordinary Mortality Table) geht z.B. von einer Gruppe von l_o = 1.023.102 Personen aus, von denen nach einem Jahr noch l_1 = 1.000.000 lebten (Kindersterblichkeit im ersten Jahr). Die Tafel endet bei dem Lebensalter x = 99 Jahre mit l_x = 125 [21].

In Bild 7.2.1 ist die Entwicklung der zum Lebensalter x nach dieser Sterbetafel noch Lebenden als Prozentwert bezogen auf die mit Ablauf des ersten Lebensjahres noch Lebenden dargestellt.

Diese Werte gelten für die Gruppe: Männer und Frauen, vollständig ärztlich untersucht. Im Bild 7.2.2 ist die Sterberate im jeweils folgenden Jahr als Promille-Wert aufgetragen.

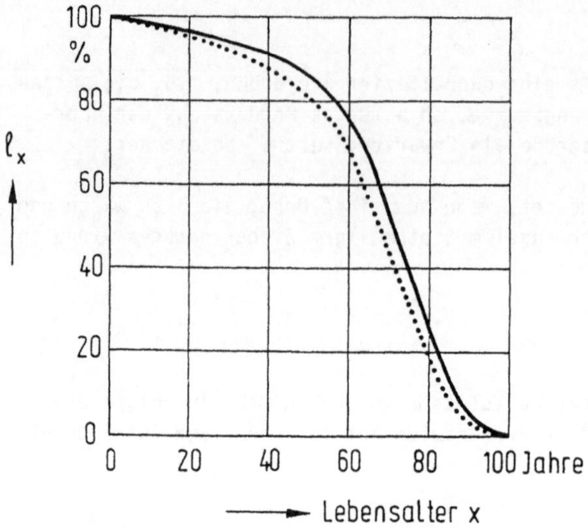

Bild 7.2.1 Anzahl der Lebenden bezogen auf die Zahl der Lebenden nach dem ersten Lebensjahr
— CSO Sterbetafel von 1941
--- deutsche Sterbetafel für Männer 1960/62

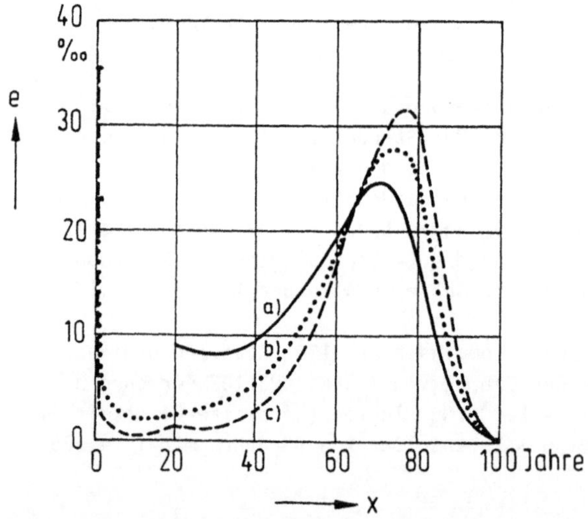

Bild 7.2.2 Sterberate zwischen den Altern x und x + 1 bezogen auf die Lebenden nach dem ersten Jahr
a) nach deutscher MWI-Sterbetafel, Männer und Frauen, ärztlich untersucht
b) nach amerikanischer CSO-Tafel
c) nach deutscher Sterbetafel für Männer und Frauen 1960/62

Tabelle 7.2.1 Sterbetafeln

Anzahl der Lebenden des erreichten Alters x
(Die Registernummern geben den Lebensalterwert x an)

deutsche MWI-Tafel

Basis: x = 20, l_x = 100.000

R20=	100.000,	R56=	63.071,
R21=	99.081,	R57=	61.385,
R22=	98.173,	R58=	59.621,
R23=	97.285,	R59=	57.795,
R24=	96.424,	R60=	55.895,
R25=	95.590,	R61=	53.913,
R26=	94.773,	R62=	51.875,
R27=	93.969,	R63=	49.778,
R28=	93.173,	R64=	47.633,
R29=	92.377,	R65=	45.436,
R30=	91.577,	R66=	43.191,
R31=	90.770,	R67=	40.884,
R32=	89.951,	R68=	38.528,
R33=	89.119,	R69=	36.130,
R34=	88.280,	R70=	33.705,
R35=	87.423,	R71=	31.250,
R36=	86.549,	R72=	28.796,
R37=	85.661,	R73=	26.354,
R38=	84.756,	R74=	23.948,
R39=	83.829,	R75=	21.592,
R40=	82.879,	R76=	19.288,
R41=	81.903,	R77=	17.079,
R42=	80.898,	R78=	14.984,
R43=	79.861,	R79=	12.994,
R44=	78.799,	R80=	11.145,
R45=	77.706,	R81=	9.426,
R46=	76.591,	R82=	7.825,
R47=	75.448,	R83=	6.378,
R48=	74.283,	R84=	5.108,
R49=	73.078,	R85=	4.040,
R50=	71.833,	R86=	3.140,
R51=	70.526,	R87=	2.413,
R52=	69.166,	R88=	1.857,
R53=	67.741,	R89=	1.410,
R54=	66.248,	R90=	0,
R55=	64.693,		

amerikanische CSO-Tafel

Basis: x = 1, l_x = 1.000.000

R15=	962.270,	R58=	710.990,
R16=	960.201,	R59=	694.843,
R17=	958.098,	R60=	677.771,
R18=	955.942,	R61=	659.749,
R19=	953.743,	R62=	640.761,
R20=	951.483,	R63=	620.782,
R21=	949.171,	R64=	599.824,
R22=	946.789,	R65=	577.882,
R23=	944.337,	R66=	554.975,
R24=	941.806,	R67=	531.133,
R25=	939.197,	R68=	506.403,
R26=	936.492,	R69=	480.850,
R27=	933.692,	R70=	454.548,
R28=	930.788,	R71=	427.593,
R29=	927.763,	R72=	400.112,
R30=	924.609,	R73=	372.240,
R31=	921.317,	R74=	344.136,
R32=	917.880,	R75=	315.982,
R33=	914.282,	R76=	287.973,
R34=	910.515,	R77=	260.322,
R35=	906.554,	R78=	233.251,
R36=	902.393,	R79=	206.989,
R37=	898.007,	R80=	181.765,
R38=	893.382,	R81=	157.799,
R39=	888.504,	R82=	135.297,
R40=	883.342,	R83=	114.440,
R41=	877.883,	R84=	95.378,
R42=	872.098,	R85=	78.221,
R43=	865.967,	R86=	63.036,
R44=	859.464,	R87=	49.838,
R45=	852.554,	R88=	38.593,
R46=	845.214,	R89=	29.215,
R47=	837.413,	R90=	21.577,
R48=	829.114,	R91=	15.514,
R49=	820.292,	R92=	10.833,
R50=	810.900,	R93=	7.327,
R51=	800.910,	R94=	4.787,
R52=	790.282,	R95=	3.011,
R53=	778.981,	R96=	1.818,
R54=	766.961,	R97=	1.005,
R55=	754.191,	R98=	454,
R56=	740.631,	R99=	125,
R57=	726.241,	R100=	0,

7.2.4 Überlebenswahrscheinlichkeit

Aus den Abgaben der Lebenden l_x in Abhängigkeit vom Alter x lassen sich verschiedene Wahrscheinlichkeitsvarianten darstellen. Die Wahrscheinlichkeit, daß jemand, der x Jahre alt ist, noch mindestens das y-te Lebensjahr erreicht, ist:

$$p_{x,y} = \frac{l_y}{l_x} \tag{7.6}$$

Die Wahrscheinlichkeit, daß die Person das y-te Lebensjahr nicht mehr erreicht ist:

$$q_{x,y} = \frac{l_x - l_y}{l_x} = 1 - p_{x,y} \tag{7.7}$$

7.3 Prämienberechnung der einzelnen Versicherungsarten

Nach dem Prinzip ausgeglichener Leistung und Gegenleistung (Äquivalenzprinzip) entspricht der Nettoprämie (ohne Inkasso- und Verwaltungskostenanteile) der Barwert des Erwartungswertes für die Fälligkeit der Versicherungsleistung. Die zu der Nettoprämie hinzukommenden Beträge werden in 6 wie folgt spezifiziert: Abschlußkosten 3 %. der Versicherungssumme zu Versicherungsbeginn, sowie jährlich 3 % Inkassokosten und 4,25 % Verwaltungskosten. Als Kalkulationsgrundlage für die garantierte Versicherungsleistung ist vom Bundesaufsichtsamt für das Versicherungswesen ein Diskontierungszinsfuß von 3 % zugelassen.

7.3.1 Erlebensfall-Versicherung

Die Erlebensfall-Versicherung ist ein Vertrag, der vorsieht, daß jemand bei Erreichen eines bestimmten Alters die Versicherungssumme ausgezahlt bekommt. Der Nettoprämie entspricht der Barwert des Erwartungswertes, daß die Versicherungssumme fällig wird, d.h. daß der Versicherte mit dem Lebensalter x das Lebensalter y erreicht. Die Wahrscheinlichkeit hierfür ist durch Gl.(7.6) bestimmt.

Mit der Versicherungssumme S beträgt der Erwartungswert für die Fälligkeit der Versicherung:

$$E_{x,y} = \frac{l_y}{l_x} S \tag{7.8}$$

Die Gegenleistung der Versicherungssumme sei zum Versicherungsbeginn als Einmalprämie zu leisten. Die Einmalprämie A_x errechnet sich als Barwert über die Zeitspanne $n = y - x$ und dem Zinssatz i:

$$A_x = \frac{1}{(1 + i)^n} E_{x,y} \tag{7.9}$$

$$A_x = \frac{1}{(1 + i)^n} \frac{l_y}{l_x} S \tag{7.10}$$

Mit D_x als Formelzeichen für die diskontierte Zahl der Lebenden mit dem erreichten Alter x Jahre folgt:

$$D_x = \frac{l_x}{(1 + i)^x} = \frac{l_x}{q^x} \tag{7.11}$$

$$D_{x+n} = \frac{l_{x+n}}{(1 + i)^{x+n}} = \frac{l_{x+n}}{q^{x+n}} \tag{7.12}$$

Mit diesen Abkürzungen ergibt sich für die Einmalprämie:

$$A_x = \frac{D_{x+n}}{D_x} S \tag{7.13}$$

Schreibt man Gl.(7.10) in der Form:

$$A_x \, l_x \, q^n = l_y \, S \tag{7.14}$$

so erkennt man, daß l_x Personen, die alle x Jahre alt sind, ein Prämienkapital aufbringen, welches verzinslich angelegt, es nach n Jahren gerade erlaubt, den noch lebenden l_y Personen die Versicherungssumme auszuzahlen.

Lebensversicherungen werden in der Regel nicht mit Einmalprämienzahlungen, sondern mit jährlicher bzw. monatlicher Prämienzahlung abgeschlossen. Eine jährliche Prämienzahlung P_x hat die Merkmale einer vorschüssigen jährlich fälligen Leibrente. Nach dem Prinzip ausgeglichener Leistung und Gegenleistung muß der Barwert der zu erwartenden Versicherungsleistung in Form der Versicherungssumme für die im Alter x + n noch lebenden Versicherungsnehmer gleich dem Barwert aller eingegangenen Jahresprämien sein:

$$\frac{l_{x+n}}{q^n} S = P_x \left(l_x + \frac{1}{q} l_{x+1} + \frac{1}{q^2} l_{x+2} + \dots + \frac{1}{q^n} l_{x+n} \right) \tag{7.15}$$

$$= P_x \sum_{k=0}^{n-1} \frac{l_{x+k}}{q^k} \tag{7.16}$$

Nach Division beider Seiten durch q^x folgt:

$$\frac{l_{x+n}}{q^{x+n}} S = P_x \sum_{k=0}^{n-1} \frac{l_{x+k}}{q^{x+k}} \qquad (7.17)$$

$$D_{x+n} S = P_x \sum_{k=0}^{n-1} D_{x+k} \qquad (7.18)$$

In der Versicherungsmathematik definiert man:

$$N_x = \sum_{k=x}^{z} D_k \qquad (7.19)$$

D_z ist der jeweils letzte Wert, für den in der Sterbetafel ein $l_z > 0$ angegeben ist. Nach Tabelle 1 ist $l_z = 1410$ bei $z = 89$ für die MWI-Tafel und $l_z = 125$ bei $z = 99$ für die CSO-Tafel.

Die Summe in Gl.(7.15) läßt sich mit Gl.(7.19) in eine Differenz zerlegen:

$$\sum_{k=0}^{n-1} D_{x+k} = \sum_{k=x}^{z} D_k - \sum_{k=x+n}^{z} D_k \qquad (7.20)$$

$$\sum_{k=0}^{n-1} D_{x+k} = N_x - N_{x+n} = N_{x,x+n} \qquad (7.21)$$

Setzt man Gl.(7.21) in Gl.(7.18) ein, so ergibt sich eine Bestimmungsgleichung für die jährliche Prämie jeweils zu Beginn der n Versicherungsjahre bis zum Lebensalter $y = x + n$:

$$P_x = \frac{D_{x+n}}{N_x - N_{x+n}} S = \frac{D_y}{N_x - N_y} S \qquad (7.22)$$

Diese Form ist bei der bisher üblichen Arbeit mit tabellarischen Sterbetafeln üblich. Bei programmierter Berechnung der Prämien ist jedoch Gl.(7.18) günstiger, da hierin nur n Summanden D_x berechnet werden. Bei programmtechnischer Auswertung der Gl.(7.22) mit Unterprogrammaufrufen für die Summe der diskontierten Lebenden N_x würden sich alle Summanden von x+n bis zum Tafelende (z.B. x+n = 100) im Nennerterm zu Null ergänzen und somit unnötigerweise berechnet.

Setzt man:

$$N_{x,n} = \sum_{k=x}^{x+n-1} D_k \qquad (7.23)$$

So gilt in programmtechnisch günstigerer Form:

$$P_x = \frac{D_{x+n}}{N_{x,n}} S \qquad (7.24)$$

7.3.2 Todesfall-Versicherung

Bei dieser Versicherungsart ist die Versicherungssumme unmittelbar nach dem Todesfall des Versicherten an den Bezugsberechtigten auszuzahlen. Der Versicherungsschutz setzt jedoch häufig erst nach Ablauf einer vertraglich festgesetzten Wartezeit ein. Man spricht dann von einer aufgeschobenen lebenslänglichen Todesfall-Versicherung.

Bezeichnet man mit d_x die Anzahl der Personen, die im x-ten Lebensjahr sterben, so ist am Ende des x-ten Jahres d_x mal die Versicherungssumme S auszuzahlen. Die Summe aller Barwerte der Produkte d_x S bis zum Ende der Sterbetafel bezogen auf den Versicherungsbeginn mit dem Lebensalter x, muß gleich dem Prämienaufkommen (Produkt $A_x\, l_x$) aller Einmalprämien sein:

$$A_x l_x = \left(\frac{d_x}{q} + \frac{d_{x+1}}{q^2} + \frac{d_{x+2}}{q^3} + \ldots + \frac{d_z}{q^{z-x+1}}\right) S \qquad (7.25)$$

$$A_x \frac{l_x}{q^x} = \left(\frac{d_x}{q^{x+1}} + \frac{d_{x+1}}{q^{x+2}} + \frac{d_{x+2}}{q^{x+3}} + \ldots + \frac{d_z}{q^{z+1}}\right) S \qquad (7.26)$$

Mit der Gl.(7.11) und der Abkürzung C_x für diskontierte Zahl der Toten:

$$C_x = \frac{d_x}{q^{x+1}} \qquad (7.27)$$

$$d_x = l_x - l_{x+1} \qquad (7.28)$$

folgt:

$$A_x D_x = (C_x + C_{x+1} + C_{x+2} + \ldots + C_z) S \qquad (7.29)$$

$$A_x D_x = S \sum_{k=1}^{z} C_{x+k} = S M_x \qquad (7.30)$$

Die Summe aller diskontierten Toten vom ersten Jahr des Versicherungsschutzes bis zum Ende der Sterbetafel bezeichnet man mit M_x. Damit gilt für die Einmalprämie:

$$A_x = \frac{M_x}{D_x} S \qquad (7.31)$$

Beginnt der Versicherungsschutz nach einer Wartezeit von n Jahren, so verkürzt sich der Einsatz der erst möglichen Fälligkeit um n Jahre, so daß allgemein gilt:

$$A_x = \frac{M_{x+n}}{D_x} S \tag{7.32}$$

Bei jährlicher Prämienzahlung über eine Zeitspanne von m Jahren tritt an die Stelle des Terms auf der linken Seite von Gl.(7.30) der Barwert aller jährlichen Prämienzahlungen gemäß Gl.(7.18) bzw. Gl.(7.21):

$$P_x = \frac{M_{x+n}}{N_x - N_{x+m}} S \tag{7.33}$$

oder in programmtechnisch günstigerer Form:

$$P_x = \frac{M_{x+n}}{N_{x,m}} S \tag{7.34}$$

7.3.3 Leibrente

In versicherungsmathematischem Sinne unterscheidet man zwischen lebenslänglichen Leibrenten und abgekürzten Leibrenten. Die Leibrente ist gemäß § 759 BGB eine im Zweifel für die Lebensdauer des Gläubigers zu entrichtende Rente. Daneben gibt es die auf eine bestimmte Zeitspanne vereinbarte, abgekürzte Leibrente, die auch als Zeitrente bezeichnet wird. Für die mathematische Ableitung der Prämie für eine lebenslängliche, vorschüssige Leibrente geht man von dem Gleichgewicht der zu zahlenden Einmalprämie und dem Barwert aller zu erwartenden Versicherungsleistungen aus:

$$A_x l_x = (l_x + \frac{l_{x+1}}{q} + \frac{l_{x+2}}{q^2} + \ldots + \frac{l_z}{q^{z-x}}) R \tag{7.35}$$

Nach Division durch q^x erhält man:

$$A_x \frac{l_x}{q^x} = (\frac{l_x}{q^x} + \frac{l_{x+1}}{q^{x+2}} + \ldots + \frac{l_z}{q^z}) R \tag{7.36}$$

Mit Gl.(7.11) und Gl.(7.19) folgt für die Einmalprämie:

$$A_x = \frac{N_x}{D_x} S \tag{7.37}$$

Ist die Rente nur für eine begrenzte Zeitspanne bis zum Lebensalter y vereinbart, so ist die Summation des Terms auf der rechten Seite mit dem Alter y abzubrechen. Damit gilt für die Einmalprämie:

$$A_x = \frac{N_x - N_y}{D_x} S \tag{7.38}$$

oder in programmtechnisch günstigerer Form:

$$A_x = \frac{N_{x,y}}{D_x} S \qquad (7.39)$$

Die Vereinbarung einer jährlichen Prämienzahlung ist nur bei aufgeschobenen Renten sinnvoll, da sonst Prämienzahlungen und Rentenzahlungen sich gegenseitig aufheben. Mit der Aufschubspanne für n Jahre und der Prämienzahlung über m Jahre innerhalb der Aufschubspanne gilt allgemein:

$$P_x = \frac{N_{x+n} - N_y}{N_x - N_{x+m}} R \qquad (7.40)$$

oder in programmtechnisch günstigerer Form:

$$P_x = \frac{N_{x+n,y}}{N_{x,x+m}} R \qquad (7.41)$$

7.3.4 Risikoversicherung

Bei einer Risikoversicherung wird die Versicherungssumme nur im Falle des Todes innerhalb der vereinbarten Versicherungszeit an den Bezugsberechtigten ausgezahlt. Die einmalige Prämie ergibt sich aus der einmaligen Prämie für eine sofort beginnende Todesfall-Versicherung abzüglich der einmaligen Prämie für eine um die Versicherungszeitspanne n Jahre bis zum Lebensalter y aufgeschobenen Todesfallversicherung.

$$A_x = \frac{M_x - M_{x+n}}{D_x} S = \frac{M_x - M_y}{D_x} S \qquad (7.42)$$

Im Zählerterm der Gl.(7.35) heben sich wieder analog zu dem Vorgehen in Abschnitt 7.3.1 die Glieder ab C_{x+n+1} gegenseitig auf, so daß für den Zählerterm eine programmtechnisch günstigere Form angegeben werden kann:

$$M_x - M_{x+n} = \sum_{k=1}^{n} C_{x+k} = M_{x,n} \qquad (7.43)$$

Damit folgt für die Einmalprämie:

$$A_x = \frac{M_{x,n}}{D_x} S \qquad (7.44)$$

Bei jährlicher Prämienzahlung ergibt sich die Höhe der Prämie P_x aus der Gleichgewichtsbedingung des Barwertes für die über m Jahre vorschüssig zu zahlende Jahresprämie und des Barwertes für die in der Zeitspanne n vom Lebensalter x bis x+n gemäß der Sterbetafel fällig werdenden Versicherungssummen. Hierzu sind die Zahlungen auf dem Zahlungsstrahl in Bild 7.3.1 für eine 5-jährige Verrechnungszeit mit 3-jähriger Prämienzahlung aufgetragen.

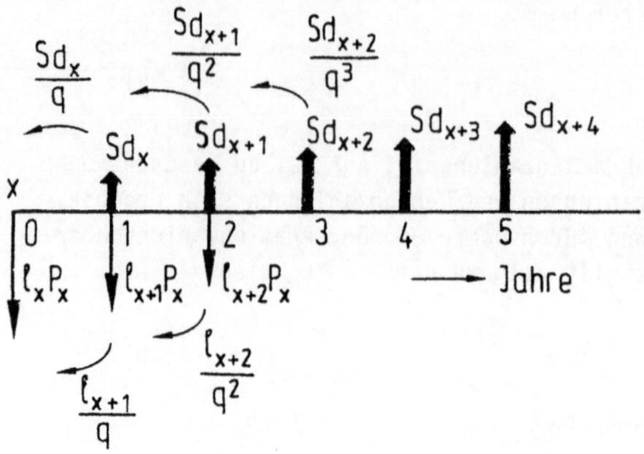

Bild 7.3.1 Zahlungsstrahl einer Risiko-Versicherung für m = 3 Jahre Prämienzahlung und n = 5 Jahre Versicherungsschutz jeweils ab dem Eintrittsalter x.

Aus Bild 7.3.1 läßt sich folgende Gleichgewichtsbeziehung für die Barwerte zum Zeitpunkt x ablesen:

$$P_x \sum_{k=0}^{m-1} \frac{l_{x+k}}{q^k} = S \sum_{k=0}^{n-1} \frac{d_{x+k}}{q^{k+1}} \tag{7.45}$$

$$P_x \sum_{k=0}^{m-1} D_{x+k} = S \sum_{k=0}^{n-1} C_{x+k} \tag{7.46}$$

Mit Gl.(7.21)und Gl.(7.30) folgt:

$$P_x(N_x - N_{x+m}) = S\,(M_x - M_{x+n}) \tag{7.47}$$

$$P_x = \frac{M_x - M_{x+n}}{N_x - N_{x+m}} S = \frac{M_x - M_y}{N_x - N_{x+m}} S \tag{7.48}$$

In programmtechnisch günstigerer Form gilt:

$$P_x = \frac{M_{x,n}}{N_{x,m}} S \tag{7.49}$$

Mit:

$$M_{x,n} = \sum_{k=x}^{x+n-1} C_k \tag{7.50}$$

$$N_{x,m} = \sum_{k=x}^{x+m-1} D_k \tag{7.51}$$

7.3.5 Kombinierte Risiko- und Erlebensfall-Versicherung

Bei der kombinierten Risiko- und Erlebensfall-Versicherung wird die Versicherung bei Tod innerhalb der n jährigen Laufzeit bis zum Lebensalter $x+n = y$ oder bei Erleben des Alters y ausgezahlt. Die Gesamtprämie setzt sich aus der Summe der Einzelprämien beider Versicherungsarten zusammen.

Für die Einmalprämie gilt mit n Jahren Versicherungsdauer:

$$A_x = \frac{M_x - M_y + D_y}{D_x} S \tag{7.52}$$

Für die jährliche Prämie gilt mit n Jahren Versicherungsdauer und m Jahren Prämienzahlung:

$$P_x = \frac{M_x - M_y + D_y}{N_x - N_{x+m}} S \tag{7.53}$$

7.3.6 Natürliche Prämie

Unter natürlicher Prämie Q_x versteht man die Nettoeinmalprämie einer einjährigen Todesfallversicherung für das Versicherungsjahr x. Sie ergibt sich nach dem Prinzip von Leistung und Gegenleistung durch Gleichsetzen des Prämienaufkommens für l_x Versicherte mit dem Eintrittsalter x und dem Barwert der im x-ten Jahr fällig werdenden Leistungen $(l_x - l_{x+1})S$.

$$Q_x \, l_x = \frac{l_x - l_{x+1}}{q} S \tag{7.54}$$

$$Q_x = \left(1 - \frac{l_{x+1}}{l_x}\right) \frac{S}{q} \tag{7.55}$$

In den ersten Jahren einer Lebensversicherung ist die natürliche Prämie stets niederiger als die vereinbarte Prämie. Am Ende der Versicherungsdauer kehren sich diese Verhältnisse um. Dadurch entsteht zunächst ein Prämienüberschuß mit dem die Versicherungsgesellschaft gewinnbringend arbeiten kann. Es besteht dadurch ein Risikoausgleich in der Masse und in der Zeit.

7.3.7 Deckungskapital

Für die Beleihung von Lebensversicherungen ergibt das zum Beleihungstermin erworbene Netto-Deckungskapital einen Maßstab für die obere Beleihungsgrenze. Das Netto-Deckungskapital am Ende des r-ten Versicherungsjahres ist gleich dem Barwert aller zukünftigen Leistungen abzüglich noch zu zahlender Prämien.

Für die lebenslängliche Todesfallversicherung mit jährlicher Prämienzahlung P_x ist der Barwert zum Zeitpunkt x+r gleich der Einmalprämie. Das Netto- Deckungskapital erhält man nach Abzug der Barwerte aller zukünftigen Prämienzahlungen:

$$V_r = A_{x+r} - P_x \frac{N_{x+r}}{D_{x+r}} \tag{7.56}$$

$$V_r = \frac{S\, M_{x+r} - P_x\, N_{x+r}}{D_{x+r}} \tag{7.57}$$

7.4 Programmbeschreibung „LEBEN"

Die Berechnung der Einmalprämien und der Jahresprämien der vorgenannten Versicherungsarten wurde in Form eines Dialog-Eingabeprogramms gemäß der Anweisungsliste in Tabelle 7.4.1 realisiert. Als Merkmal für die jeweilige Versicherungsart sind folgende Flags vorgesehen:

Erlebensfallversicherung	SF 00
Todesfall-Versicherung	SF 01
Leibrente	SF 02
Risikoversicherung	SF 03, SF 04
Kombinierte Erlebensfall- u. Risikoversicherung	SF 04
Wahrscheinlichkeit vom x-ten Jahr bis zum y-ten Jahr zu leben	SF 05
Wahrscheinlichkeit zwischen dem x-ten und dem y-ten Jahr zu sterben	SF 05, SF 04, SF 03

Für den Aufruf der einzelnen Programmvarianten sind 14 Aufrufadressen gemäß Bild 7.4.1 vorgesehen. Die Anweisungsliste beginnt mit dem Dialogeingabe-Unterprogramm "Leben" in den Zeilen 01 bis 99. In Abhängigkeit vom Zustand des numerischen Dateneingabeflags 22 wird bei nicht gesetztem Flag 22 nach jedem Einschalten des Rechners zunächst die unterlegte Sterbetafel spezifiziert. Hierzu werden in den Anweisungszeilen 04 und 06 Anfangs- und Endregister der Sterbetafel und in Zeile 08 eine Kennung der Tafel vorgegeben. Diese Anweisungen sind entsprechend der verwendeten Sterbetafel anzupassen. Ab Zeile 21 bis 99 ist die Dialogeingabe für die Eingabevariablen Versicherungssumme oder Rente (STO 10), Lebensalter bei Abschluß der Versicherung (STO 11), Alter bei Fälligkeit (STO 12), Wartezeit (STO 09), Prämiendauer (STO 13) und Zinsfuß (STO 14) vorgesehen. Die Variablen: "Fälligkeitsalter, Wartezeit und Prämiendauer", sind nicht als regenerierende Eingabe, sondern mit Standardwerten programmiert.

Tabelle 7.4.1 Anweisungsliste Lebensversicherungen

```
01♦LBL "LEBEN"
02 FS? 22
03 GTO 00
04 15
05 STO 07
06 100
07 STO 08
08 "CSO"
09 ASTO X
10 "STERBETAFEL "
11 ARCL X
12 "⊦ VON"
13 AVIEW
14 CLA
15 ARCL 07
16 "⊦ BIS "
17 ARCL 08
18 "⊦ JAHRE"
19 AVIEW
20 ADV

21♦LBL 00
22 FS? 05
23 GTO 08
24 RCL 10
25 FS? 02
26 GTO 00
27 "VERS. SUMME?"
28 GTO 01

29♦LBL 00
30 "RENTE?"

31♦LBL 01
32 "⊦ DM:"
33 PROMPT
34 STO 10

35♦LBL 08
36 RCL 11
37 "BEGINN? L.-ALTE"
38 "⊦R:"
39 PROMPT
40 STO 11
41 RCL 07
42 X>Y?
43 GTO 08
44 RCL 08
45 FS? 02
46 GTO 00
47 FS?C 01
48 GTO 02
49 RCL 12
50 FS? 04
51 GTO 01
52 FS? 03
53 GTO 00
54 FS? 05
55 GTO 00
56♦LBL 01
57 "FAELLIGKEIT? L."
58 "⊦-ALTER:"
59 GTO 01

60♦LBL 00
61 "END-ALTER?"

62♦LBL 01
63 PROMPT

64♦LBL 02
65 STO 12
66 FS?C 05
67 RTN
68 FS?C 00
69 GTO 03
70 FS? 03
71 GTO 02
72 FS? 04
73 GTO 02
74 CLX
75 "WARTEZEIT? JAHR"
76 "⊦E:"
77 PROMPT
78 STO 09
79 RCL 12

80♦LBL 02
81 RCL 11
82 -
83 FS?C 02
84 RCL 09
85 "PRAEMIENDAUER? "
86 "⊦JAHRE:"
87 PROMPT
88 STO 13

89♦LBL 03
90 RCL 14
91 "ZINSFUSS? %:"
92 PROMPT
93 STO 14
94 100
95 /
96 1
97 +
98 STO 00
99 RTN

100♦LBL "ERLEBEN"
101 SF 00
102 XEQ "LEBEN"
103 RCL 12
104 XEQ 04
105 RCL 11
106 XEQ "DX"
107 RCL 04
108 X<>Y
109 /
110 XEQ "PEP"
111 RCL 12
112 XEQ 05
113 RCL 04
114 RCL 06
115 /
116 GTO "PJP"

117♦LBL "TOD"
118 SF 01
119 XEQ "LEBEN"
120 RCL 11
121 XEQ 04
122 RCL 11
123 RCL 09
124 +
125 XEQ "MX"
126 STO 05
127 RCL 04
128 /
129 XEQ "PEP"
130 RCL 11
131 RCL 13
132 +
133 RCL 08
134 X>Y?
135 X<>Y
136 XEQ 05
137 RCL 05
138 RCL 06
139 /
140 GTO "PJP"

141♦LBL "RENTE"
142 SF 02
143 XEQ "LEBEN"
144 RCL 11
145 XEQ 04
146 RCL 11
147 RCL 09
148 +
149 X<> 11
150 STO 05
151 RCL 12
152 XEQ 05
153 RCL 06
154 ENTER↑
155 X<> 04
156 /
157 XEQ "PEP"
158 RCL 09
159 X=0?
160 RTN
161 RCL 05
162 STO 11
163 RCL 13
164 +
```

```
165 XEQ 05
166 RCL 04
167 RCL 06
168 /
169 GTO "PJP"

170♦LBL "KOMBI"
171 SF 04

172♦LBL "RISIKO"
173 SF 03
174 XEQ "LEBEN"
175 RCL 11
176 XEQ 04
177 RCL 12
178 XEQ 05
179 CF 03
180 RCL 06
181 STO 05
182 FC?C 04
183 GTO 00
184 RCL 12
185 XEQ "DX"
186 ST+ 05

187♦LBL 00
188 RCL 05
189 RCL 04
190 /
191 XEQ "PEP"
192 RCL 11
193 RCL 13
194 +
195 XEQ 05
196 RCL 05
197 RCL 06
198 /
199 GTO "PJP"

200♦LBL 04
201 XEQ "DX"
202 STO 04
203 RTN

204♦LBL 05
205 1
206 -
207 1 E3
208 /
209 RCL 11
210 +
211 STO 03
212 CLX
213 STO 06

214♦LBL 09
215 RCL 03
216 INT
217 FS? 03
218 GTO 00
219 XEQ "DX"
220 GTO 01

221♦LBL 00
222 XEQ "CX"

223♦LBL 01
224 ST+ 06
225 ISG 03
226 GTO 09
227 RTN

228♦LBL "DX"
229 STO 01
230 RCL IND 01
231 RCL 00
232 RCL 01
233 Y↑X
234 STO 02
235 /
236 RTN

237♦LBL "NX"
238 STO 01
239 XEQ "DX"
240 STO 03

241♦LBL 07
242 1
243 ST+ 01
244 RCL IND 01
245 X=0?
246 GTO 01
247 RCL 02
248 RCL 00
249 *
250 STO 02
251 /
252 ST+ 03
253 GTO 07

254♦LBL "CX"
255 STO 01
256 RCL IND 01
257 ISG 01
258 BEEP
259 RCL IND 01
260 -
261 RCL 00
262 RCL 01
263 Y↑X
264 STO 02
265 /
266 RTN

267♦LBL "MX"
268 XEQ "CX"
269 STO 03
270♦LBL 06
271 RCL IND 01
272 X=0?
273 GTO 01
274 ISG 01
275 BEEP
276 RCL IND 01
277 -
278 RCL 02
279 RCL 00
280 *
281 STO 02
282 /
283 ST+ 03
284 GTO 06

285♦LBL 01
286 RCL 03
287 RTN

288♦LBL "NATP"
289 SF 00
290 SF 01
291 XEQ "LEBEN"
292 RCL 11
293 XEQ "NAT"
294 FS?C 03
295 GTO 01
296 "NATUERLICHE "
297 GTO 00

298♦LBL "NAT"
299 STO Y
300 1
301 +
302 LASTX
303 RCL IND Y
304 RCL IND T
305 /
306 -
307 RCL 00
308 /
309 RTN

310♦LBL "DECK"
311 SF 03
312 GTO "NATP"

313♦LBL 01
314 RCL 06
315 "VERS.-JAHRE:"
316 PROMPT
317 STO 06
318 RCL 11
319 +
320 STO 09
321 RCL 05
322 "PRAEMIE? DM:"
323 PROMPT
324 STO 05

325♦LBL 10
326 RCL 09
327 XEQ "MX"
328 RCL 10
```

```
329 *
330 STO 04
331 RCL 09
332 XEQ "NX"
333 RCL 05
334 *
335 ST- 04
336 RCL 09
337 XEQ "DX"
338 ST/ 04
339 RCL 04
340 ADV
341 "DECKUNGSKAPITAL"
342 "├:"
343 AVIEW
344 CLA
345 ARCL X
346 "├ DM"
347 PROMPT
348 ST+ 09
349 GTO 10

350♦LBL "PEP"
351 "EINMAL"
352 GTO 00

353♦LBL "PJP"
354 "JAHRES"

355♦LBL 00
356 "├PRAEMIE:"
357 AVIEW
358 PSE
359 CLA
360 RCL 10
361 *
362 STO 01
363 ARCL X
364 "├ DM"
365 AVIEW
366 ADV
367 PSE
368 RTN

369♦LBL "W-TOD"
370 SF 04
```

```
371♦LBL "W-LEB"
372 FIX 0
373 SF 05
374 SF 03
375 XEQ "LEBEN"
376 CF 03
377 1
378 RCL IND 12
379 RCL IND 11
380 /
381 ADV
382 "WAHRSCHEINLICHK"
383 "├EIT VON "
384 AVIEW
385 CLA
386 ARCL 11
387 "├ BIS "
388 "├ "
389 ARCL 12
390 FS?C 04
391 GTO 00
392 "├ ZU LEBEN"
393 GTO 01

394♦LBL 00
395 -
396 "├ ZU STERBEN"

397♦LBL 01
398 AVIEW
399 ADV
400 CLA
401 100
402 *
403 FIX 2
404 SF 12
405 "IST "
406 ARCL X
407 "├ %"
408 AVIEW
409 ADV
410 CF 12
411 END
```

```
                         CAT 1
LBL'LEBEN
LBL'ERLEBEN
LBL'TOD
LBL'RENTE
LBL'KOMBI
LBL'RISIKO
LBL'DX
LBL'NX
LBL'CX
LBL'MX
LBL'NATP
LBL'NAT
LBL'DECK
LBL'PEP
LBL'PJP
LBL'W-TOD
LBL'W-LEB
END          1066 BYTES
.END.        05 BYTES
                        PRKEYS

USER KEYS:
 11 "ERLEBEN"
 12 "TOD"
 13 "RENTE"
 14 "RISIKO"
 15 "KOMBI"
 21 "NATP"
-21 "NAT"
 22 "W-LEB"
-22 "W-TOD"
 23 "DX"
-23 "NX"
 24 "CX"
-24 "MX"
 25 "DECK"
```

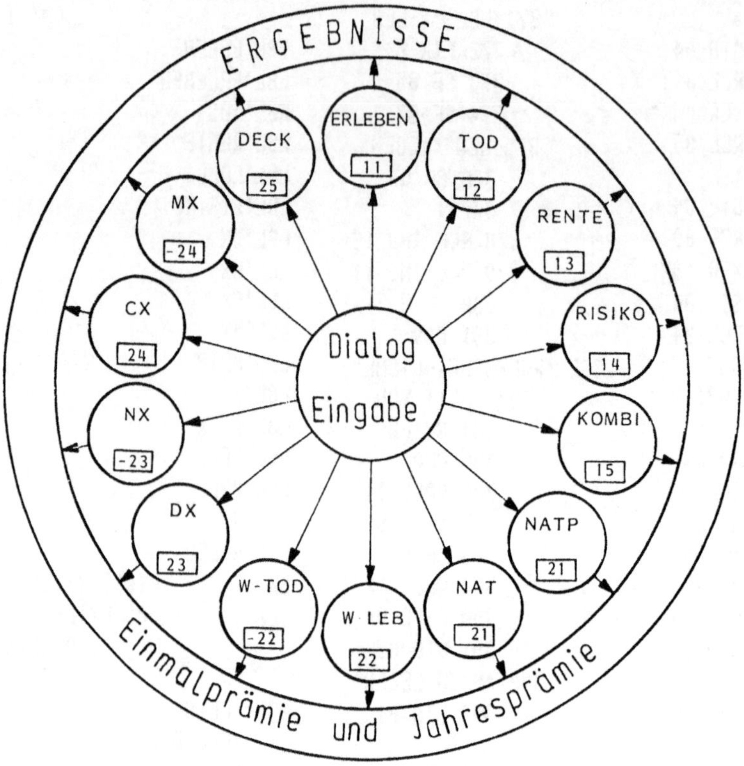

Bild 7.4.1 Aufrufvarianten des Lebensversicherungsprogramms

Diese Dialogfragen können daher bei den üblichen Konditionen:
Fälligkeitsalter gleich Ende der Sterbetafel, keine Wartezeit und Prämiendauer gleich Fälligkeitsalter abzüglich Eintrittsalter, durch Quittierung der R/S-Taste beantwortet werden. Das Eingabe-Unterprogramm wird für die Versicherungsberechnungen mit dem Zinssatz q in STO 00 verlassen.

Das Programm für die Erlebensfall-Versicherung beginnt in Zeile 100 mit der Adresse "ERLEBEN". Vor Abruf des Eingabe-Unterprogramms wird als Merkmal das Flag 00 gesetzt. In Zeile 106 wird das Unterprogramm "DX" zur Berechnung "Diskontierte Lebende" aus den Werten der Sterbetafel gemäß Gl.(7.11) aufgerufen. Dieses Unterprogramm ist in den Zeilen 228 bis 236 formuliert. Das jeweils aktuelle Lebensalter wird in STO 01 vorgegeben. Der Wert spezifiziert auch gleichzeitig die Registeradresse, so daß die zum Lebensalter gehörende Anzahl Lebender aus der Sterbetafel durch indirekte Adressierung (RCL IND 01) gewonnen werden kann. In einem gemeinsamen Programmteil für die Ergebniswerte von Zeile 350 bis 368 werden die Einmalprämien und die jährliche Prämie ausgegeben.

Die Berechnung der Prämien für die Todesfall-Versicherung erfolgt nach Aufruf der Adresse "TOD" ab Zeile 117 bis 140. Hierzu wird in Zeile 125 das Unterprogramm "MX" zur Berechnung der Summenfunktion "Diskontierte Tote" gemäß Gl.(7.30) aufgerufen.

Mit LBL "RENTE" in Zeile 141 wird das Programm zur Berechnung einer lebenslänglichen oder temporären Rente aufgerufen. Als Merkmal für das Eingabe-Unterprogramm "LEBEN" wird das Flag 02 gesetzt. In dem Unterprogramm LBL 05 wird zunächst mit den Anweisungen von Zeile 204 bis 211 die indirekte Adressierung (Zeile 230) und Inkrementierung (Zeile 225) durch entsprechende Datensetzung von STO 03 mit STO 03 = x,y/1000 vorbereitet.

Die kombinierte Todesfall- und Erlebensversicherung und die Risikoversicherung (temporäre Todesfallversicherung) wird mit den Anweisungen von Zeile 170 bis 199 bearbeitet.

Zur Berechnung der Tabellenwerte einer Sterbetafel D_x, N_x, C_x, M_x sind die Unterprogrammaufrufe "DX, NX, CX, MX" in den Zeilen 228, 237, 254 und 267 vorgesehen.

Der Programmteil zur Berechnung der Natürlichen Prämie einer Todesfallversicherung beginnt in Zeile 288 mit der Aufrufadresse "NATP". Mit diesem Programm ist auch das Programm zur Berechnung des Deckungskapitals gemäß Gl. (7.57) verknüpft. Nach Aufruf der Startadresse "DECK" in Zeile 310 wird als Merkmal Flag 03 gesetzt. Aufgrund dieses Flag-Zustandes erfolgt innerhalb des Programms "NATP" in Zeile 244/245 eine Verzweigung nach Label 01 in Zeile 313 zwecks Weiterführung des Eingabedialogs mit anschließender Berechnung des Deckungskapitals.

Nach Ausgabe des Ergebnisses hält das Programm in Zeile 347 mit einer PROMPT-Anweisung an. Durch Eingabe einer Zahl, die sich zu dem bisherigen Versicherungsalter addiert, kann die Berechnung nach Betätigung der R/S-Taste unter Umgehung eines neuen Eingabedialogs kontinuierlich fortgesetzt werden.

Im letzten Programmabschnitt von Zeile 369 bis 411 ist die Wahrscheinlichkeitsberechnung angesiedelt.

Das Programm benötigt 1066 Bytes entsprechend 153 Register. Der Speicherbereich für die Eingabevariablen und Zwischenwerte umfaßt die Datenspeicherregister STO 00 bis STO 14. Anschließend ist die Sterbetafel l_x abgelegt, wobei die Registernummer x den entsprechenden l_x Wert kennzeichnet. Damit umfaßt der Datenspeicherbereich je nach Umfang der Sterbetafel bis zu 101 Register von STO 00 bis STO 100 (SIZE 101). Das letzte Register der Sterbetafel muß den Wert 0 enthalten, da auf diesen Wert die Endabfrage der Summenfunktionen programmiert ist (Zeile 245 und Zeile 272).

In Tabelle 7.51 sind die Prämiengleichungen der einzelnen Programmvarianten als Programmierungsgrundlage zusammengestellt. Die entsprechenden Speicherzuordnungen der Eingabevariablen: Wartezeit, Versicherungssumme, Eintrittsalter, Endalter, Prämiendauer und Zinsfuß sind in Tabelle 7.52 angegeben.

7.5 Anwendungsbeispiele

1) Erlebensfall-Versicherung

Ein 35-jähriger schließt eine Erlebensfall-Versicherung ab, die bei Tod oder spätestens mit dem 65-ten Lebensalter fällig wird. Wie hoch sind die Nettowerte der Einmalprämie und der Jahresprämie
a) nach der CSO-Sterbetafel mit 2,5 % Zinsfuß und
b) nach der MWI-Sterbetafel mit 3,5 % Zinsfuß?

Programmstart: [Σ+] : ERLEBEN

```
             XEQ "ERLEBEN"
STERBETAFEL CSO VON
15,00 BIS 100,00 JAHRE

VERS. SUMME? DM:
       100.000,00     RUN
BEGINN? L.-ALTER:
            35,00     RUN
FAELLIGKEIT? L.-ALTER:
            65,00     RUN
ZINSFUSS? %:
             2,50     RUN
EINMALPRAEMIE:
30.389,92 DM

JAHRESPRAEMIE:
1.581,95 DM
```

```
             XEQ "ERLEBEN"
STERBETAFEL MWI VON
20,00 BIS 90,00 JAHRE

VERS. SUMME? DM:
       100.000,00     RUN
BEGINN? L.-ALTER:
            35,00     RUN
FAELLIGKEIT? L.-ALTER:
            65,00     RUN
ZINSFUSS? %:
             2,50     RUN
EINMALPRAEMIE:
24.777,55 DM

JAHRESPRAEMIE:
1.380,91 DM
```

```
             XEQ "ERLEBEN"
STERBETAFEL MWI VON
20,00 BIS 90,00 JAHRE

VERS. SUMME? DM:
       100.000,00     RUN
BEGINN? L.-ALTER:
            35,00     RUN
FAELLIGKEIT? L.-ALTER:
            65,00     RUN
ZINSFUSS? %:
             3,50     RUN
EINMALPRAEMIE:
18.516,71 DM

JAHRESPRAEMIE:
1.148,79 DM
```

Tabelle 7.5.1 Zusammenstellung der Prämiengleichungen und Wahrscheinlichkeitsbeziehungen

Versicherungsart Aufrufadresse	Merkmal Flag gesetzt	Einmalprämie A_x	jährliche Prämie P_x
Erlebensfall- f(x,y,S,p) ERLEBEN	0	$\frac{D_y}{D_x} S$	$\frac{D_y}{N_x - N_y} S$
Todesfall- f(x,n,m,S,p) TOD	1	$\frac{M_{x+n}}{D_x} S$	$\frac{M_{x+n}}{N_x - N_{x+m}} S$
Rente- f(x,y,n,m,R,p) RENTE	2	$\frac{N_{x+n} - N_y}{D_x} R$	$\frac{N_{x+n} - N_y}{N_x - N_{x+m}} R$
Risiko- f(x,y,m,S,p) RISIKO	3	$\frac{M_x - M_y}{D_x} S$	$\frac{M_x - M_y}{N_x - N_{x+m}} S$
Kombinierte- f(x,y,m,S,p) KOMBI	4	$\frac{M_x - M_y + D_y}{D_x} S$	$\frac{M_x - M_y + D_y}{N_x - N_{x+m}} S$
Wahrscheinlichkeit f(x,y) W-LEB, W-TOD	3 3 4	$\frac{D_y}{D_x}$ 100 %	$(1 - \frac{D_y}{D_x})$ 100 %
Natürliche Prämie f(S,x,p) NATP	0 1	$P_N = \frac{M_x - M_{x+1}}{D_x} S = \frac{1}{q} (1 - \frac{l_{x+1}}{l_x}) S$	
Deckungskapital f(S,x,n,P_x) DECK	0 1 3	$K_x = \frac{M_{x+r} - P_x N_{x+r}}{D_{x+r}} S$	

$$N_x - N_y = N_{x,y} = \sum_{k=x}^{y-1} D_k \qquad M_x - M_y = M_{x,y} = \sum_{k=x}^{y-1} C_k$$

Tabelle 7.5.2 Speicherzuordnungen der Eingabevariablen

Versicherungsart Aufrufadresse	Wartezeit STO 09	Versicherungssumme STO 10	Eintrittsalter STO 11	Endalter STO 12	Prämiendauer STO 13	Zinsfuß STO 14
ERLEBEN	-	S	x	y	-	p
TOD	n	S	x	100	m	p
RENTE	n	R	x	y	m	p
RISIKO	n	S	x	y	m	p
KOMBI	-	S	x	y	m	p
W-LEB/W-TOD	-	-	x	y	-	-
NATP	-	S	x	-	-	p
DECK	-	S	x	Vers-Jahre n	Prämie P_x	p

2) Todesfall-Versicherung

Ein 25-jähriger schließt eine lebenslängliche Todesfallversicherung ab. Es wird eine 5-jährige Wartezeit und 35-jährige Dauer der Prämienzahlung vereinbart. Wie hoch sind die Nettowerte der Einmalprämie und der Jahresprämie nach der CSO-Tafel für 2,5 % und 3,5 % Zinsfuß?

Programmmstart: [1/x] : TOD

```
            XEQ "TOD"
STERBETAFEL CSO VON
15,00 BIS 100,00 JAHRE

VERS. SUMME? DM:
        100.000,00    RUN
BEGINN? L.-ALTER:
             25,00    RUN
WARTEZEIT? JAHRE:
              5,00    RUN
PRAEMIENDAUER? JAHRE:
             35,00    RUN
ZINSFUSS? %:
              2,50    RUN
EINMALPRAEMIE:
36.005,85 DM

JAHRESPRAEMIE:
1.639,29 DM
```

```
            XEQ "TOD"
VERS. SUMME? DM:
        100.000,00    RUN
BEGINN? L.-ALTER:
             25,00    RUN
WARTEZEIT? JAHRE:
              5,00    RUN
PRAEMIENDAUER? JAHRE:
             35,00    RUN
ZINSFUSS? %:
              3,50    RUN
EINMALPRAEMIE:
25.137,14 DM

JAHRESPRAEMIE:
1.302,73 DM
```

3) Leibrente-Versicherung

Ein 43-jähriger schließt einen Leibrentenvertrag ab, nach dem er vom vollendeten 65. Lebensjahr an eine jährliche Leibrente in Höhe von 12.000 DM erhält. Die Dauer der vorschüssigen Prämienzahlung sei 20 Jahre. Wie hoch sind die Nettowerte der Einmal- und der Jahresprämie nach der CSO-Tafel mit 2,5 % Zinsfuß und nach der MWI-Tafel mit 3,5 % Zinsfuß?

Programmstart: $\boxed{\sqrt{x}}$: RENTE

```
              XEQ "RENTE"
STERBETAFEL CSO VON
15,00 BIS 100,00 JAHRE

RENTE? DM:
         12.000,00    RUN
BEGINN? L.-ALTER:
             43,00    RUN
END-ALTER?
            100,00    RUN
WARTEZEIT? JAHRE:
             22,00    RUN
PRAEMIENDAUER? JAHRE:
             20,00    RUN
ZINSFUSS? %:
              2,50    RUN
EINMALPRAEMIE:
46.965,81 DM

JAHRESPRAEMIE:
3.252,30 DM
```

```
              XEQ "RENTE"
STERBETAFEL MWI VON
20,00 BIS 90,00 JAHRE

RENTE? DM:
         12.000,00    RUN
BEGINN? L.-ALTER:
             43,00    RUN
END-ALTER?
            100,00    RUN
WARTEZEIT? JAHRE:
             22,00    RUN
PRAEMIENDAUER? JAHRE:
             20,00    RUN
ZINSFUSS? %:
              3,50    RUN
EINMALPRAEMIE:
27.612,98 DM

JAHRESPRAEMIE:
2.169,07 DM
```

4) Risiko-Versicherung

Ein 36-jähriger schließt für die nächsten 14 Jahre eine Versicherung gegen Todesfall über 100.000 DM ab. Die Prämienzahlung läuft über die gesamte Versicherungszeit. Wie hoch sind die Nettowerte der Einmal- und Jahresprämie nach der CSO-Tafel mit 3,5 % Zinsfuß und nach der MWI-Tafel ebenfalls mit 3,5 %?

Programmstart: [LOG] : RISIKO

```
          XEQ "RISIKO"
VERS. SUMME? DM:
       100.000,00   RUN
BEGINN? L.-ALTER:
            36,00   RUN
END-ALTER?
            50,00   RUN
PRAEMIENDAUER? JAHRE:
            14,00   ***
                    RUN
ZINSFUSS? %:
             3,50   RUN
EINMALPRAEMIE:
7.653,54 DM

JAHRESPRAEMIE:
702,69 DM
```

```
          XEQ "RISIKO"
STERBETAFEL MWI VON
20,00 BIS 90,00 JAHRE

VERS. SUMME? DM:
       100.000,00   RUN
BEGINN? L.-ALTER:
            36,00   RUN
END-ALTER?
            50,00   RUN
PRAEMIENDAUER? JAHRE:
            14,00   RUN
ZINSFUSS? %:
             3,50   RUN
EINMALPRAEMIE:
13.071,87 DM

JAHRESPRAEMIE:
1.239,81 DM
```

5) Gemischte Versicherung

Ein 42-jähriger schließt für 18-malige Prämiezahlung eine gemischte Todesfall- und Erlebensversicherung ab, welche bei Tod bis zum 63. Lebensjahr spätestens jedoch am Ende dieser Frist fällig wird. Wie hoch sind die Nettowerte der Einmalprämie und der Jahresprämie nach der CSO-Tafel und nach der MWI-Tafel jeweils mit 3,5 % Zinsfuß?

Programmstart: [LN] : KOMBI

```
        XEQ "KOMBI"
STERBETAFEL CSO VON
15,00 BIS 100,00 JAHRE

VERS. SUMME? DM:
        100.000,00    RUN
BEGINN? L.-ALTER:
             42,00    RUN
FAELLIGKEIT? L.-ALTER:
             65,00    RUN
PRAEMIENDAUER? JAHRE:
             18,00    RUN
ZINSFUSS? %:
              3,50    RUN
EINMALPRAEMIE:
51.029,33 DM

JAHRESPRAEMIE:
4.039,74 DM
```

```
        XEQ "KOMBI"
STERBETAFEL MWI VON
20,00 BIS 90,00 JAHRE

VERS. SUMME? DM:
        100.000,00    RUN
BEGINN? L.-ALTER:
             42,00    RUN
FAELLIGKEIT? L.-ALTER:
             65,00    RUN
PRAEMIENDAUER? JAHRE:
             18,00    RUN
ZINSFUSS? %:
              3,50    RUN
EINMALPRAEMIE:
53.613,34 DM

JAHRESPRAEMIE:
4.430,38 DM
```

6) Natürliche Prämie

Wie hoch ist die natürliche Prämie einer Todesfallversicherung eines 22-jährigen nach der CSO-Tafel und nach der MWI-Tafel jeweils mit 2,5 % Zinsfuß?

Programmstart: [x ⇄ y] : NATP

```
             XEQ "NATP"
VERS. SUMME? DM:
        1.000,00    RUN
BEGINN? L.-ALTER:
           22,00    RUN
ZINSFUSS? %:
            2,50    RUN
NATUERLICHE PRAEMIE:
2,53 DM
```

```
                  XEQ "NATP"
STERBETAFEL MWI VON
20,00 BIS 90,00 JAHRE

VERS. SUMME? DM:
            1.000,00    RUN
BEGINN? L.-ALTER:
               22,00    RUN
ZINSFUSS? %:
                2,50    RUN
NATUERLICHE PRAEMIE:
8,82 DM
```

7) Wie groß ist die Wahrscheinlichkeit eines 42-jährigen, a) das 43. Lebensjahr und b) das 65. Lebensjahr zu erreichen nach der CSO-Tafel?

Programmstart: [R↓] : W-LEB

```
            XEQ "W-LEB"
BEGINN? L.-ALTER:
             42,    RUN
END-ALTER?
             43,    RUN

WAHRSCHEINLICHKEIT VON
42, BIS  43, ZU LEBEN

IST 99,30 %
```

```
            XEQ "W-LEB"
BEGINN? L.-ALTER:
             42,    RUN
END-ALTER?
             65,    RUN

WAHRSCHEINLICHKEIT VON
42, BIS  65, ZU LEBEN

IST 66,26 %
```

8) Wie hoch ist das Netto-Deckungskapital einer lebenslänglichen Todesfallversicherung über 100.000 DM mit 1.328 DM Jahresprämie für einen mit 22 Jahren Eingetretenen 10 Jahre nach Beginn der Versicherung

   a) nach der CSO-Tafel und
   b) nach der MWI-Tafel jeweils mit 2,5 % Zinsfuß?

Programmstart: TAN : DECK

```
                XEQ "DECK"
VERS. SUMME? DM:
        100.000,00    RUN
BEGINN? L.-ALTER:
             22,00    RUN
ZINSFUSS? %:
              2,50    RUN
VERS.-JAHRE:
             10,00    RUN
PRAEMIE? DM:
          1.328,00    RUN

DECKUNGSKAPITAL:
12.044,27 DM
```

```
                XEQ "DECK"
STERBETAFEL CSO VON
15,00 BIS 100,00 JAHRE

VERS. SUMME? DM:
        100.000,00    RUN
BEGINN? L.-ALTER:
             22,00    RUN
ZINSFUSS? %:
              2,50    RUN
VERS.-JAHRE:
             10,00    RUN
PRAEMIE? DM:
          1.328,00    RUN

DECKUNGSKAPITAL:
12.044,27 DM
```

9) Wie hoch ist der Barwert einer lebenslänglichen Todesfallversicherung über 100.000 DM für einen 22-jährigen 10 Jahre nach Abschluß nach der CSO-Tafel mit 2,5 % Zinsfuß?

Der Barwert kann entweder über das Programm "DECK" mit dem Eingabewert 0 für die Prämie oder über das Programm "TOD" als Einmalprämie bestimmt werden, da die Einmalprämie die Gegenleistung für die Versicherungssumme darstellt.

```
           XEQ "DECK"
VERS. SUMME? DM:
     100.000,00   ***
                  RUN
BEGINN? L.-ALTER:
          22,00   ***
                  RUN
ZINSFUSS? %:
           2,50   ***
                  RUN
VERS.-JAHRE:
          10,00   ***
                  RUN
PRAEMIE? DM:
           0,00   RUN

DECKUNGSKAPITAL:
43.051,56 DM
```

```
                   XEQ "TOD"
VERS. SUMME? DM:
         100.000,00   RUN
BEGINN? L.-ALTER:
              32,00   RUN
WARTEZEIT? JAHRE:
                      RUN
PRAEMIENDAUER? JAHRE:
                      RUN
ZINSFUSS? %: 2,5
                      RUN
EINMALPRAEMIE:
43.051,56 DM
```

8 Abschreibung

8.1 Allgemeines

Die Abschreibung ist eine Methode der periodischen Aufwandserfassung bei Anlagegütern, deren Nutzungsdauer sich über mehrere Wirtschaftsperioden erstreckt. Der Wert dieser Anlagegüter wird auf die Nutzungsdauer verteilt und nur der jeweilige Anteil für die einzelnen Periode berücksichtigt.

Bei Kapitalgesellschaften und sonstigen bilanzierenden Unternehmen sind Ausgaben zu unterscheiden, die in der Bilanz "aktiviert" werden und Ausgaben, die in der Erfolgsrechnung als Aufwand zu verrechnen sind. In der Bilanz werden auf der Grundlage eines Anlagennachweises diejenigen Ausgaben aktiviert, d.h. der Aktivseite (Vermögensseite) zugeordnet, die erfolgsmäßig anderen Geschäftsjahren zugerechnet werden müssen. Die Abschreibung bezweckt in der Bilanz also eine richtige Darstellung der Vermögenslage, indem eingetretene Wertminderungen der Anlagengegenstände bei deren Wertansatz berücksichtigt werden. Dies kann direkt auf der Aktivseite durch entsprechende Reduzierung der Anlagewerte oder indirekt auf der Passivseite durch Wertberichtigungen zu den Sachlagen erfolgen. Wertminderungen sind einmal durch die technische Abnutzung der Anlagen begründet, zum anderen können sie auch auf eine wirtschaftliche Entwertung der Anlagen oder den technischen Fortschritt zurückzuführen sein.

Bedeutsam ist die Anlagenabschreibung auch für die Ertragslage. Die Anschaffungs- und Herstellungskosten der Anlagen sind unter dem Gesichtspunkt einer periodengerechten Aufwandserfassung auf die Jahre der Nutzung der Anlagen zu verteilen. Dadurch werden die Ergebnisse aufeinander folgender Geschäftsjahre miteinander vergleichbar. Die Erfolgsrechnung stellt die zeitliche Koordinierung von Aufwand und Ertrag her. In der Erfolgsrechnung sind demzufolge nur die als Aufwand anzusehenden Teilbeträge der Ausgaben für zu aktivierende Anlagegüter einzubeziehen.

Die aus den Abschreibungen erwirtschafteten Mittel dienen zur Finanzierung der Ersatz- und Neuinvestitionen. Erwirtschaftete Abschreibungen bedeuten für das Unternehmen liquide Mittel, die sich im "Umlaufvermögen" ansammeln und zur Finanzierung von Tilgungen oder Ersatz- und Neuinvestitionen wieder eingesetzt werden können.

Die Abschreibung kann auch als eine Form der Ausgabenverteilung aufgefaßt werden. Die Ausgaben werden auf der Grundlage der vorausichtlichen Nutzungsdauer der Anlagegüter durch Rechenoperationen schematisch über die Zeit der Nutzung verteilt.

Nach § 154 Abs.1 des Aktiengesetzes sind Abschreibungen für die Handelsbilanz auf die Anschaffungs- oder Herstellungswerte zu beziehen. Man spricht hierbei von bilanziellen oder buchmäßigen Abschreibungen. Zur Beurteilung der Wirtschaftlichkeit von Investitionen ist es gemäß dem Imparitätsprinzip betriebswirtschaftlich zu begründen, daß nicht die Anschaffungswerte sondern die Wiederbeschaffungswerte der Abschreibungsberechnung zugrunde gelegt werden. Dies führt zu den sogenannten kalkulatorischen Abschreibungen. Tatsächlich weichen die kalkulatorischen Abschreibungen in der Praxis häufig zu den erstgenannten bilanziellen Abschreibungen ab.

Im einzelnen sind bei der kalkulatorischen Abschreibung eine Vielzahl von Entwertungsursachen und -einflüssen zu berücksichtigen. So lassen sich die kalkulatorischen Abschreibungen z.B. als Verschleißabschreibungen, Fristablaufabschreibungen oder Überholungsabschreibungen einordnen.

Als Einzelfaktoren für die Bemessung der kalkulatorischen Abschreibungen sind anzusehen:

a) die Abnutzung
b) das Rosten, Verwittern und Altern
c) das Zurückbleiben hinter dem technischen Fortschritt
d) Bedarfsverschiebungen
e) der Ablauf von Patent- oder Nutzungsrechten (Rechtsablauf)

Nach den steuerlichen Vorschriften gemäß § 7 EStG ist die Abschreibung als Absetzung für Abnutzung oder Substanzverringerung (AfA) definiert. Demgegenüber geht die Definition des Abschreibungsbegriffes im kalkulatorischen Sinne über diese Zweckbestimmung, wie bereits dargelegt wurde, hinaus.

Grundlage für die Berechnung der Absetzung für Abnutzung sind die Anschaffungs- oder Herstellungskosten. Bei Anlagen, die von Fremden bezogen sind, sind dies die Rechnungspreise bezüglich Bezugs-, Montage- und Inbetriebnahme. Außerdem sind alle Kosten einzubeziehen, die bis zum ordnungsgemäßen Arbeiten der Anlage entstanden sind. Werden jedoch Anlagen ganz oder teilweise vom Betrieb selbst hergestellt, so wird als Anfangswert der Selbstkostenbetrag verwendet, der bei der Herstellung des Anlagegegenstandes entstanden ist. Abschreibungen von den Wiederbeschaffungswerten können mit steuerlicher Wirkung nicht geltend gemacht werden. Der Mehrbetrag zwischen den kalkualtorischen Abschreibungen und den buchmäßigen Abschreibungen ist als zu versteuernder Gewinn zu werten. Für die einzelnen Wirtschaftsgüter hat der Bundesminister der Finanzen AfA-Tabellen herausgegeben, in denen steuerlich angemessene Absetzungen vorgegeben werden.

8.2 Methoden der Abschreibung

Je nach Einschätzung und Zuordnung der Wertminderung einer Anlage während der betrieblichen Nutzungsdauer werden verschiedene Methoden zur Berechnung der

Bild 8.2.1

Verlauf der Abschreibungsbeträge a, b, c und der Buchwerte a', b', c' bei linearer (a), geometrisch degressiver (b) und digitaler (c) Abschreibung eines Anschaffungswertes von 100 Tsd DM bei 9-jähriger Nutzungsdauer und 10 Tsd DM Restwert

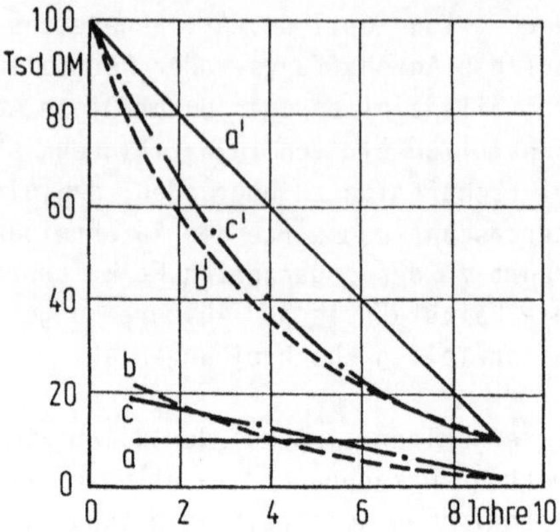

Abschreibungsbeträge je Periode angewandt [16, 17] . Die Frage welche Abschreibungsmethode die vorteilhafteste ist, kann nicht generell beantwortet werden, da hierbei die Ertragssituation des einzelnen Betriebes und die Einkommenssituation des Betriebsinhabers von wesentlicher Bedeutung sind. In Bild 8.2.1 sind die unterschiedlichen Wertentwicklungen der nachfolgend beschriebenen Abschreibungsmethoden für 100.000,-- DM Anschaffungskosten und 9-jähriger Nutzungsdauer mit 10.000,-- DM Restwert dargestellt.

8.2.1 Lineare Abschreibung (Normal AfA)

Unter linearer Abschreibung versteht man die Aufteilung der Anschaffungs- oder Herstellungskosten B_0 gegebenenfalls vermindert um einen geschätzten Restverkaufserlös (Schrottwert) R_n auf die betriebsgewöhnliche Nutzungsdauer n. Für den jährlichen Abschreibungsbetrag gilt:

$$A = \frac{B_0 - R_n}{n} \tag{8.1}$$

Für den prozentualen Abschreibungssatz p gilt:

$$p = \frac{A}{B_0}\ 100 \tag{8.2}$$

$$i = \frac{p}{100} = \frac{A}{B_0} \tag{8.3}$$

Der Anlagenwert nach m Abschreibungsperioden entspricht dem Bilanz- oder Buchwert B_m:

$$B_m = B_0 - A_m \tag{8.4}$$

$$B_m = B_0\ (1 - \frac{m}{n}\ ) + \frac{m}{n}\ R_n \tag{8.5}$$

Am Ende der Nutzungsdauer gilt mit m = n:

$$B_m = B_n = R_n \tag{8.6}$$

Bei dieser Abschreibung sind die Abschreibungsbeträge konstant und die Buchwerte fallen linear in Abhängigkeit von der Nutzungsdauer m. Die Buchwerte bilden eine arithmetische Folge.

Diese Abschreibung ist vom Gesetzgeber steuerlich zugelassen nach § 7, Abs. 1 EStG als "Abschreibung für Abnutzung (AfA) in gleichen Beträgen vom Anschaffungswert".

8.2.2 Geometrisch-degressive Abschreibung

Bei dieser Abschreibungsmethode wird mit einem konstanten Prozentsatz von dem jeweiligen Buchwert abgeschrieben. Die Buchwerte bilden somit eine geometrische Folge mit dem Faktor 1-i.

Ausgehend vom Anlagenwert B_0 ergibt sich nach m Abschreibungsperioden ein Buchwert B_m zu:

$$B_m = B_0 (1 - i)^m \tag{8.7}$$

Setzt man nach n Jahren für m = n den Restwert R_n an, so gilt:

$$R_n = B_0 (1 - i)^n \tag{8.8}$$

Für den Abschreibungssatz gilt:

$$i = 1 - \sqrt[n]{\frac{R_n}{B_0}} \tag{8.9}$$

$$p = 100\, i \tag{8.10}$$

Man erkennt, daß die Höhe des Abschreibungsprozentsatzes neben der betriebsgewöhnlichen Nutzungsdauer wesentlich von der Höhe des angesetzten Restwertes R_n abhängt.

Der Abschreibungsbetrag A_m am Ende des m-ten Jahres ergibt sich als Differenz aus dem Buchwert B_{m-1} und dem Buchwert B_m gemäß Gl.(8.7) zu:

$$A_m = B_0 (1 - i)^{m-1}\, i \tag{8.11}$$

Die geometrisch-degressive Abschreibung unterscheidet sich von der Normal-AfA im wesentlichen dadurch, daß bei ihr der Abschreibungssatz in den ersten

Jahren nach der Anschaffung oder Herstellung erheblich höher ist. Bei unverändertem Abschreibungszeitraum führt die höhere Anfangsabschreibung allerdings zu geringeren Abschreibungsbeträgen als bei der Normalabschreibung.

Eine hohe Anfangsabschreibung fördert jedoch die Bereitschaft zu Investitionen, weil die steuerlichen Vergünstigungen wesentlich dazu beitragen, die Finanzierung zu erleichtern und Liquiditätsengpässe zu überwinden.

Nach § 7, Abs. 2 EStG darf bei geometrisch-degressiver Abschreibung der Abschreibungsprozentsatz höchstens das Dreifache des linearen Satzes und 30 % nicht übersteigen. Bei 10jähriger Nutzungsdauer darf man daher mit 30 % bei 20jähriger Nutzungsdauer maximal mit 15 % geometrisch-degressiv abschreiben.

Übergang von der geometrisch-degressiven zur linearen Abschreibung

Es stellt sich die Frage den steuerrechtlich möglichen Übergang von der geometrisch-degressiven zur linearen Abschreibung zum günstigsten Zeitpunkt zu vollziehen.

Dieser ist dann gegeben, wenn der degressive Abschreibungsbetrag gleich oder kleiner der linearen Abschreibung des Restwertes R_m, bezogen auf die Restnutzungsdauer (n-m), ist.

$$A_{dm} \leqq A_{lm} \tag{8.12}$$

$$B_o(1-i)^{m-1}i \leqq \frac{B_o(1-i)^{m-1}}{n-(m-1)} \tag{8.13}$$

$$m \geqq n+1-\frac{1}{i} \tag{8.14}$$

$$m \geqq n+1-\frac{100}{p} \tag{8.15}$$

Da der Prozentsatz p der degressiven Abschreibung 30 % und das 3-fache des entsprechenden linearen Abschreibungssatzes nicht überschreiten darf, ergibt sich für den günstigsten Übergang:

$$m \geqq \begin{cases} n-2 & \text{für } p = 30\,\% = p_{max} \\ n+1-\dfrac{n}{3\left(1-\dfrac{R_n}{B_o}\right)} & \text{für } p = 3\,\dfrac{100}{n}\left(1-\dfrac{R_n}{B_o}\right) < 30\,\% \end{cases} \tag{8.16}$$

Bei 10-jähriger Nutzungsdauer und $R_n \approx 0$ ergibt sich der günstigste Übergang von der geometrisch-degressiven zur linearen AfA im achten Jahr.

8.2.3 Arithmetisch-degressive Abschreibung (digitale Abschreibung)

Bei dieser Abschreibungsmethode bleibt entsprechend einer arithmetischen Reihe die Differenz der Abschreibungsbeträge benachbarter Jahre konstant.

Bezeichnet man die Differenz der Folge aller Abschreibungsbeträge mit d, dann muß auch das letzte Glied der Folge, der letzte Abschreibungsbetrag, gleich d sein. Der vorletzte Abschreibungsbetrag ist dann 2 d, der drittletzte 3 d, ... und schließlich muß der erste Abschreibungsbetrag n d sein, wenn das Wirtschaftsgut eine Nutzungsdauer von n Jahren hat.

Da die Summe der Abschreibungsbeträge gleich dem Anschaffungswert B_0 abzüglich dem Restwert R_n sein muß, erhält man die Gleichung:

$$n\,d + (n - 1)\,d + \ldots + 3d + 2d + d = B_0 - R_n \tag{8.17}$$

$$d = \frac{B_0 - R_n}{n + (n - 1) + \ldots 3 + 2 + 1} = \frac{B_0 - R_n}{\frac{n}{2}\,(n + 1)} \tag{8.18}$$

$$d = \frac{2\,(B_0 - R_n)}{n\,(n + 1)} \tag{8.19}$$

Für den Abschreibungsbetrag am Ende des m-ten Jahres gilt:

$$A_m = (n + 1 - m)d \tag{8.20}$$

Der Buchwert am Ende des m-ten Jahres ergibt sich aus dem Anschaffungswert abzüglich der Summe aller Abschreibungsbeträge:

$$B_m = B_0 - \sum_{k=1}^{m} A_k \tag{8.21}$$

oder mit:

$$\sum_{k=1}^{n} A_k = B_0 - R_n \tag{8.22}$$

in anderer Form:

$$B_m = R_n + \sum_{k=m+1}^{n} A_k \tag{8.23}$$

Entwickelt man den Summenterm nach den einzelnen Abschreibungsbeträgen A_m, so läßt sich die Summe von k = m+1 bis k = n als quadratische Funktion von m darstellen:

$$B_m = R_n + (B_o - R_n) \frac{(n - m)\ (n + 1 - m)}{n(n + 1)} \qquad (8.24)$$

$$B_m = R_n + \frac{d}{2} (n - m)\ (n + 1 - m) \qquad (8.25)$$

$$B_m = R_n + \frac{1}{2} A_m (n - m) \qquad (8.26)$$

8.3 Programmbeschreibung „AFA"

Die in Tabelle 8.3.1 angegebene Anweisungsliste des Programms "Abschreibungsberechnung" beginnt mit der Aufrufadresse "AFA" und umfaßt 273 Anweisungszeilen. Das Programm benötigt 574 Bytes entsprechend 82 Register Programmspeicherplatz und die Datenspeicher STO 00 bis STO 12, die durch SIZE 013 definiert sind. Die Datenspeicher STO 06 bis STO 08 bleiben unbenutzt und stehen für anweisungsorientierte Erweiterungen zur freien Verfügung.

Der Eingabeteil von Zeile 01 bis 66 beinhaltet die regenerierende Dialogeingabe der Variablen: Anschaffungskosten B_o in STO 10, Nutzungsdauer n in STO 11, Restwert R_n in STO 12 und Jahr der Abschreibungsberechnung m in STO 09. Als Merkmal für die jeweilige Abschreibungsart und Berechnungsvariante werden die Flag 00 bis Flag 05 benutzt. Bei der linearen Abschreibung wird Flag 01, bei der geometrisch-degressiven Flag 02 und bei der digitalen Flag 03 gesetzt. Das Flag 00 wird immer dann gesetzt, wenn als Berechnungsjahr der Wert Null eingegeben wird. Bei gesetztem Flag 00 wird die Berechnung mit Ausdruck der Ergebnisse aller Abschreibungs- und Buchwerte über die Nutzungsdauer von 1 bis n Jahre durchgeführt.

Für die einzelnen Abschreibungsarten lineare, geometrisch-degressive und digitale (arithmetisch-degressive) Abschreibung sind die Startadressen "LIN" in Anweisungszeile 06, GEO in Zeile 09 und "DIG" in Zeile 12 vorgesehen. Bei der Arbeit mit diesem Programm ist es zweckmäßig, die vorgenannten Aufrufadressen bestimmten Funktionstasten im USER-Mode gemäß Bild 8.3.1 zuzuordnen. Die Berechnung der linearen Abschreibung gemäß Gl.(8.1 bis 8.6) erfolgt in dem Unterprogramm LBL 01 von Zeile 104 bis 133. Für die geometrisch-degressive Abschreibung gemäß Gl.(8.7 bis 8.15) ist das Unterprogramm LBL 02 in Zeile 134 bis 207 und für die digitale AFA gemäß Gl.(8.17 bis 8.26) ist das Unterprogramm LBL 03 von Zeile 208 bis 244 vorgesehen. Hieran schließen sich die Ausgabe- Unterprogramme LBL 09 und LBL "AB" für den Abschreibungswert und LBL "BW" für den Buchwert an.

Tabelle 8.3.1 Anweisungsliste des Programms Abschreibung

```
01♦LBL "AFA"
02 CLX
03 STO 05
04 4
05 GTO 00

06♦LBL "LIN"
07 1
08 GTO 00

09♦LBL "GEO"
10 2
11 GTO 00

12♦LBL "DIG"
13 3

14♦LBL 00
15 SF IND X
16 RCL 10
17 "A.-KOSTEN? DM:"
18 PROMPT
19 STO 10
20 RCL 11
21 "NUTZUNGSDAUER? "
22 "⊦JAHRE:"
23 PROMPT
24 STO 11
25 RCL 12
26 "RESTWERT? DM:"
27 PROMPT
28 STO 12
29 X=0?
30 1
31 RCL 10
32 /
33 RCL 11
34 1/X
35 Y↑X
36 CHS
37 1
38 +
39 1 E2
40 *
41 FC? 02
42 GTO 00
43 "ABSCHR. SATZ:"
44 AVIEW
45 CLA
46 ARCL X
47 "⊦ %"
48 AVIEW
49 PSE
50 "AENDERUNG?"
51 PROMPT
52♦LBL 00
53 STO 04
54 1 E2
55 /
56 STO 03
57 RCL 09
58 "JAHR?"
59 PROMPT
60 STO 09
61 X=0?
62 SF 00
63 1
64 FS? 00
65 STO 09
66 SF 05

67♦LBL 05
68 FS? 03
69 XEQ 03
70 FS? 02
71 XEQ 02
72 FS? 01
73 XEQ 01
74 FC? 00
75 GTO 00
76 RCL 11
77 RCL 09
78 1
79 +
80 STO 09
81 X<=Y?
82 GTO 05
83 GTO 06
84♦LBL 00
85 FC? 04
86 GTO 06
87 SF 05
88 CF IND 05
89 1
90 ST+ 05
91 SF IND 05
92 RCL 05
93 4
94 X≠Y?
95 GTO 05

96♦LBL 06
97 5

98♦LBL 07
99 CF IND X
100 DSE X
101 GTO 07
102 CF 00
103 RTN
104♦LBL 01
105 FC?C 05
106 GTO 00
107 ADV
108 "LINEARE "
109 XEQ 09
110 RCL 10
111 RCL 12
112 %CH
113 CHS
114 RCL 11
115 /
116 "<"
117 ARCL X
118 "⊦ %>"
119 AVIEW

120♦LBL 00
121 RCL 10
122 RCL 12
123 -
124 RCL 11
125 /
126 XEQ "AB"
127 RCL 10
128 RCL 01
129 RCL 09
130 *
131 -
132 XEQ "BW"
133 RTN

134♦LBL 02
135 FC?C 05
136 GTO 00
137 ADV
138 "GEOM.DEG."
139 XEQ 09
140 "<"
141 ARCL 04
142 "⊦ %>"
143 AVIEW

144♦LBL 00
145 1
146 RCL 03
147 -
148 STO 02
149 RCL 09
150 1
151 -
152 Y↑X
153 ST* 02
154 RCL 03
155 *
156 RCL 10
157 ST* 02
158 *
159 STO 01
160 RCL 02
161 +
162 RCL 12
163 -
164 RCL 11
165 RCL 09
166 -
```

```
X=0?
GTO 04
1
+
/
RCL 01
FS? 00
X>Y?
GTO 04
ADV
"LINEARE "
XEQ 09
CF 02
SF 01
ST+ 02
X<>Y
ST- 02
STO 01
RCL 10
/
100
*
"<"
ARCL X
"├ %>"
AVIEW

♦LBL 04
RCL 01
XEQ "AB"
RCL 02
XEQ "BW"
FC? 01
RTN
1
ST+ 09
RCL 01
ST- 02
RCL 02
X>0?
GTO 04
GTO 06

♦LBL 03
FC?C 05
GTO 00
ADV
"DIGITALE "
XEQ 09

♦LBL 00
RCL 10
RCL 12
-
2
*
RCL 11
/
RCL 11
1
+
/
STO 04
RCL 11
1
+
RCL 09
-
*
XEQ "AB"
RCL 01
2
/
RCL 11
RCL 09
-
*
RCL 12
+
XEQ "BW"
RTN

♦LBL 09
SF 12
"├AFA"
AVIEW
PSE
CF 12
RTN

♦LBL "AB"
ADV
STO 01
"ABSCHREIBUNG<"
GTO 00

♦LBL "BW"
"BUCHWERT<"

♦LBL 00
FIX 0
SF 28
ARCL 09
CF 28
"├ JAHR>:"
AVIEW
CLA
FIX 2
ARCL X
"├ DM"
AVIEW
PSE
RTN
END
```

```
                CAT 1
LBL'AFA
LBL'LIN
LBL'GEO
LBL'DIG
LBL'AB
LBL'BW
END        574 BYTES
.END.      07 BYTES
               PRKEYS

USER KEYS:
 11 "AFA"
 12 "LIN"
 13 "GEO"
 14 "DIG"
```

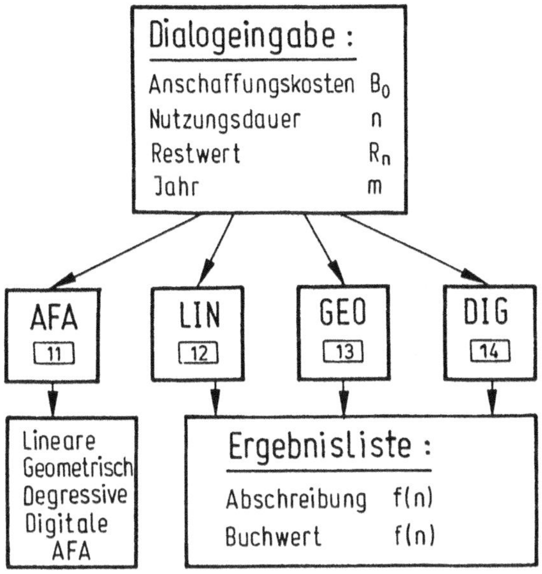

Bild 8.3.1 Programmstruktur "Abschreibungsberechnung"

8.4 Anwendungsbeispiele für verschiedene Abschreibungen

1. Eine Maschine mit Anschaffungskosten von 100.000 DM soll über die 10-jährige Nutzungsdauer auf einen Restwert von 3.000 DM zunächst mit einem Abschreibungsatz von 20 % geometrisch-degressiv abgeschrieben werden. Zum günstigsten Zeitpunkt, d.h. sobald die degressiven Abschreibungsbeträge, die auf den Restbuchwert bezogenen linearen Abschreibungsbeträge unterschreiten, soll auf die lineare Abschreibung übergegangen werden.

   Die Berechnungsvariante GEO wird über XEQ "GEO" oder über die zugeordnete Taste z.B. x gemäß der in Bild 2 gewählten Zuordnung gestartet. Nach Eingabe der Anschaffungskosten (100.000 DM) der Nutzungsdauer (10 Jahre) und des Restwertes (3.000 DM) wird als erstes Ergebnis der degressive Abschreibungsprozentsatz mit 29,58 % ausgegeben. Das Programm hält an mit der Frage, ob eine Änderung dieses Wertes gewünscht wird. Im Beispiel wird als Änderungswert ein neuer Abschreibungssatz von 20 % eingeben. Anschließend erscheint die Frage nach dem gewünschten Abschreibungsjahr. Die Antwort 0 bedeutet, daß ein Abschreibungsnachweis über die gesamte Nutzungsdauer erstellt wird. Nach dem 6. Jahr geht der Rechner auf lineare Abschreibung über, da bei dem gewählten Abschreibungsprozentsatz sonst der Abschreibungsbetrag unter den linearen Abschreibungsbetrag fallen würde. Ab dem 7. Nutzungsjahr beträgt der lineare Abschreibungssatz 5,8 % vom Anschaffungswert oder 1/4 des um den Restwert verminderten Buchwertes zum Ende des 6. Jahres.

```
          XEQ "GEO"
A.-KOSTEN? DM:
      100.000,00    RUN
NUTZUNGSDAUER? JAHRE:
           10,00    RUN
RESTWERT? DM:
        3.000,00    RUN
ABSCHR. SATZ:
29,58 %
AENDERUNG?
           20,00    RUN
JAHR?
            0,00    RUN

GEOM.DEG.AFA
(20,00 %)

ABSCHREIBUNG(1. JAHR):
20.000,00 DM
BUCHWERT(1. JAHR):
80.000,00 DM

ABSCHREIBUNG(2. JAHR):
16.000,00 DM
BUCHWERT(2. JAHR):
64.000,00 DM

ABSCHREIBUNG(3. JAHR):
12.800,00 DM
BUCHWERT(3. JAHR):
51.200,00 DM

ABSCHREIBUNG(4. JAHR):
10.240,00 DM
BUCHWERT(4. JAHR):
40.960,00 DM

ABSCHREIBUNG(5. JAHR):
8.192,00 DM
BUCHWERT(5. JAHR):
32.768,00 DM

ABSCHREIBUNG(6. JAHR):
6.553,60 DM
BUCHWERT(6. JAHR):
26.214,40 DM

LINEARE AFA
(5,80 %)

ABSCHREIBUNG(7. JAHR):
5.803,60 DM
BUCHWERT(7. JAHR):
20.410,80 DM

ABSCHREIBUNG(8. JAHR):
5.803,60 DM
BUCHWERT(8. JAHR):
14.607,20 DM

ABSCHREIBUNG(9. JAHR):
5.803,60 DM
BUCHWERT(9. JAHR):
8.803,60 DM

ABSCHREIBUNG(10. JAHR):
5.803,60 DM
BUCHWERT(10. JAHR):
3.000,00 DM
```

Bild 8.4.1 Ergebnisausdruck einer geormetrisch-degressiven Abschreibungsberechnung mit Obergang zur linearen Abschreibung

2. Für die vorgenannte Investition soll ein Vergleich der Abschreibungsbeträge und Buchwerte bei Anwendung der linearen, geometrisch-degressiven und digitalen AFA im 5. Nutzungsjahr erstellt werden.

   Diese Berechnungsvariante wird über die Programmadresse "AFA" mit XEQ "AFA" oder durch die Betätigung der [Σ+] Taste bei Zuordnung gemäß Bild 8.3.1 erreicht. Als Ergebnis liefert der Rechner folgenden Ausdruck:

```
           XEQ "AFA"
A.-KOSTEN? DM:
       10.000,00    RUN
NUTZUNGSDAUER? JAHRE:

           XEQ "AFA"
A.-KOSTEN? DM:
      100.000,00    RUN
NUTZUNGSDAUER? JAHRE:
           10,00    RUN
RESTWERT? DM:
        3.000,00    RUN
JAHR?
            5,00    RUN

LINEARE AFA
<9,70 %>

ABSCHREIBUNG<5. JAHR>:
9.700,00 DM
BUCHWERT<5. JAHR>:
51.500,00 DM

GEOM.DEG.AFA
<29,58 %>

ABSCHREIBUNG<5. JAHR>:
7.274,59 DM
BUCHWERT<5. JAHR>:
17.320,51 DM

DIGITALE AFA

ABSCHREIBUNG<5. JAHR>:
10.581,82 DM
BUCHWERT<5. JAHR>:
29.454,55 DM
```

Bild 8.4.2 Ergebnisausdruck des Vergleichs der drei Abschreibungsmethoden

3. Ein Rechnersystem HP41CV mit dem Kartenleser und Drucker zum Anschaffungspreis von rd. 2.000 DM soll über 5 Jahre abgeschrieben werden. Es ist ein Vergleich der Abschreibungsentwicklung für die drei Arten lineare, geometrisch-degressiver und digitale AFA zu erstellen.

Das Programm liefert die nachfolgenden Ausdrucke:

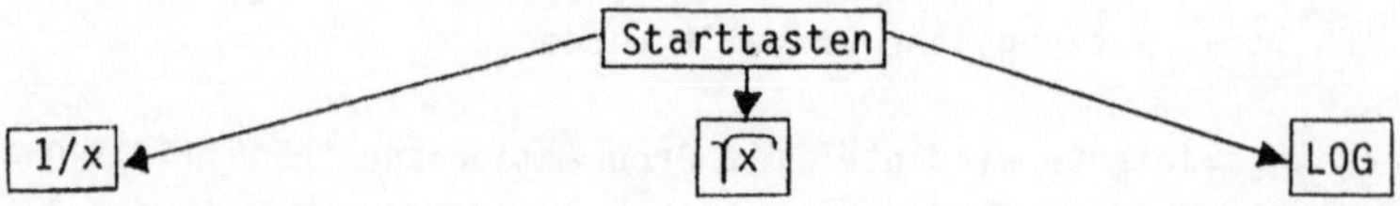


```
                XEQ "LIN"
A.-KOSTEN? DM:
         2.000,00     RUN
NUTZUNGSDAUER? JAHRE:
             5,00     RUN
RESTWERT? DM:
             1,00     RUN
JAHR?
             0,00     RUN

LINEARE AFA
<19,99 %>

ABSCHREIBUNG<1. JAHR>:
399,80 DM
BUCHWERT<1. JAHR>:
1.600,20 DM

ABSCHREIBUNG<2. JAHR>:
399,80 DM
BUCHWERT<2. JAHR>:
1.200,40 DM

ABSCHREIBUNG<3. JAHR>:
399,80 DM
BUCHWERT<3. JAHR>:
800,60 DM

ABSCHREIBUNG<4. JAHR>:
399,80 DM
BUCHWERT<4. JAHR>:
400,80 DM

ABSCHREIBUNG<5. JAHR>:
399,80 DM
BUCHWERT<5. JAHR>:
1,00 DM
```

```
                XEQ "GEO"
A.-KOSTEN? DM:
         2.000,00     RUN
NUTZUNGSDAUER? JAHRE:
             5,00     RUN
RESTWERT? DM:
             1,00     RUN
ABSCHR. SATZ:
78,13 %
AENDERUNG?
            30,00     RUN
JAHR?
             0,00     RUN

GEOM.DEG.AFA
<30,00 %>

ABSCHREIBUNG<1. JAHR>:
600,00 DM
BUCHWERT<1. JAHR>:
1.400,00 DM

ABSCHREIBUNG<2. JAHR>:
420,00 DM
BUCHWERT<2. JAHR>:
980,00 DM

LINEARE AFA
<16,32 %>

ABSCHREIBUNG<3. JAHR>:
326,33 DM
BUCHWERT<3. JAHR>:
653,67 DM

ABSCHREIBUNG<4. JAHR>:
326,33 DM
BUCHWERT<4. JAHR>:
327,33 DM

ABSCHREIBUNG<5. JAHR>:
326,33 DM
BUCHWERT<5. JAHR>:
1,00 DM
```

```
                XEQ "DIG"
A.-KOSTEN? DM:
         2.000,00     RUN
NUTZUNGSDAUER? JAHRE:
                      RUN
RESTWERT? DM:
             1,00     RUN
JAHR?
             0,00     RUN

DIGITALE AFA

ABSCHREIBUNG<1. JAHR>:
666,33 DM
BUCHWERT<1. JAHR>:
1.333,67 DM

ABSCHREIBUNG<2. JAHR>:
533,07 DM
BUCHWERT<2. JAHR>:
800,60 DM

ABSCHREIBUNG<3. JAHR>:
399,80 DM
BUCHWERT<3. JAHR>:
400,80 DM

ABSCHREIBUNG<4. JAHR>:
266,53 DM
BUCHWERT<4. JAHR>:
134,27 DM

ABSCHREIBUNG<5. JAHR>:
133,27 DM
BUCHWERT<5. JAHR>:
1,00 DM
```

Bild 8.4.3 Ergebnisdausdruck einer Abschreibungsberechnung nach drei Abschreibungsmethoden

9 Unternehmensbewertung

9.1 Allgemeines zu den Bewertungsverfahren

Ein wichtiges Anwendungsgebiet finanzmathematischer Grundlagen ist die Ermittlung des Wertes eines Unternehmens, z.B. im Zusammenhang mit einer Eigentumsübertragung und Grenzpreisfindung. Maßstab für die Ermittlung des Grenzpreises ist der zu erwartende Nutzen, den das Unternehmen in Form von Überschüssen aller Voraussicht nach in der Zukunft erwirtschaften wird. Eine Schwierigkeit besteht in der notwendigerweise vorzunehmenden kalkulatorischen Ermittlung der zukünftigen Geschäftsentwicklung und der sich daraus ergebenden Eingangsdaten für die mathematischen Bewertungsverfahren. In der Praxis haben sich verschiedene Bewertungsverfahren herausgebildet, die zur Ermittlung des Unternehmenswertes U den Substanzwert S mit dem Ertragswert E in irgendeiner Weise verknüpfen. Derartige Verfahren werden zusammenfassend als Kombinationsverfahren bezeichnet [35, 36] .

Zur Unternehmensbewertung auf betriebswirtschaftlicher Basis werden in der einschlägigen Fachliteratur mehrere Verfahren angeboten, die zu unterschiedlichen Ergebnissen führen. Da diese Unterschiede ursächlich mit der Wahl und Wichtung der einzelnen Ertrags- oder Substanzkomponenten zusammenhängen, ist es zweckmäßig, zunächst eine vergleichende Übersicht der verschiedenen mathematischen Verfahren zu erarbeiten. Hierzu kann das angegebene Programm eine praktische Hilfe leisten und damit zusätzlich Freiraum für unternehmerische Überlegungen und individuelle Kalküle nicht mathematischer Art bewirken. Der auf rein mathematischer Grundlage ermittelte Grenzpreis bildet somit nur eine Vorstufe im Bildungsprozeß der Unternehmerentscheidung.

9.2 Kombinationsverfahren

Die gängigen Kombinationsverfahren lassen sich auf eine Summe aus Substanzwert S und Ertragswert E sowie einem Entwertungsfaktor a zurückführen:

$$U = (1-a)\,S + a\,E \tag{9.1}$$

Der Ertragswert E ist gleich der Summe aller diskontierten Erlösüberschüsse $Ü_B(k)$, die auch als nachhaltig erzielbarer Ertrag (Gewinn G) bezeichnet werden:

$$E = \sum_{k=1}^{n} \frac{Ü_B(k)}{q^k} \tag{9.2}$$

Die Verrentung des Ertragswertes über den Betrachtungszeitraum n mit dem Kalkulationsfaktor q ergibt den nachhaltig erzielbaren Ertrag G:

$$G = \frac{q^n (q - 1)}{q^n - 1} E \tag{9.3}$$

Mit q-1 = i = p/100 ergibt sich für $n \to \infty$ als Grenzwert:

$$G = (q - 1) E = i E \tag{9.4}$$

Damit läßt sich für den Unternehmungswert schreiben:

$$U = (1 - a) S + a \frac{q^n - 1}{q^n (q-1)} G \tag{9.5}$$

oder für $n \to \infty$:

$$U = (1 - a) S + a \frac{G}{i} \tag{9.6}$$

$$U = S + a \left(\frac{G}{i} - S\right) = S + a (E - S) \tag{9.7}$$

Der Entwertungsfaktor a wird auch "Godwill-Entwertungsfaktor" genannt. Der Unternehmenswert liegt je nach Wichtung von a zwischen dem Substanzwert und dem Ertragswert gemäß Bild 9.2.1.

Kann die zukünftige Entwicklung der Ertragsüberschüsse durch den Ertrag im ersten Jahr G_1 und einen konstanten Steigerungsfaktor f dargestellt werden, so ist der nachhaltig erzielbare Ertrag G durch Verrentung des zunächst ermittelten Barwertes zu bestimmen. Der Steigerungsfaktor ergibt sich aus dem prozentualen Steigerungsmaß s zu:

$$f = 1 + \frac{s}{100} \tag{9.8}$$

Damit folgt für den Barwert der Erträge mit:

$$G(k) = G_1 f^{k-1} \tag{9.9}$$

nach der Barwertformel ein Ertragswert E:

$$E = G_1 \frac{q^n - f^n}{q^n (q-f)} \tag{9.10}$$

Die Verrentung dieses Ertragswertes ergibt einen konstanten Ersatz-Jahresertrag G der Form:

$$G = G_1 \frac{q^n - f^n}{q^n - 1} \frac{q - 1}{q - f} \tag{9.11}$$

Für $n \to \infty$ gilt:

$$G = G_1 \frac{q - 1}{q - f} \tag{9.12}$$

Damit ist eine allgemeine Grundlage zur Anwendung verschiedener Verfahren der Unternehmensbewertung gegeben.

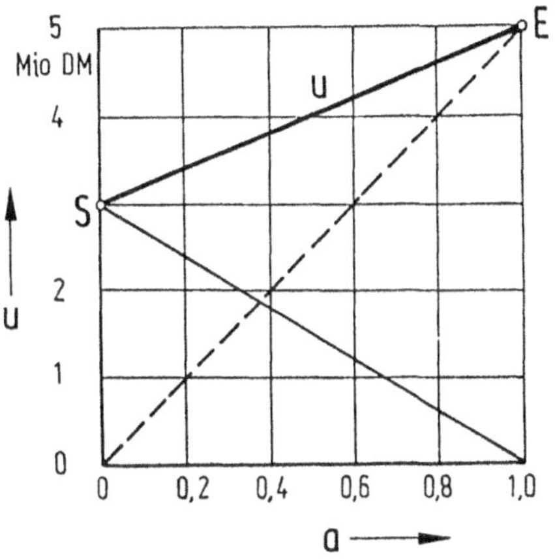

Bild 9.2.1

Unternehmenswertentwicklung zwischen Substanzwert und Ertragswert in Abhängigkeit vom Entwertungsfaktor

9.2.1 Mittelwertverfahren

Bei dem wegen seiner weiten Verbreitung auch als "Praktikerverfahren" bezeichneten Mittelwertverfahren wird der Unternehmenswert als arithmetischer Mittelwert zwischen dem Substanzwert und dem Ertragswert gebildet, d.h. der Entwertungsfaktor a ist gleich 0,5 gesetzt:

$$U = \frac{1}{2}(S + E) \tag{9.13}$$

Der Ertragswert ist für konstante Jahreserträge gleich dem Barwert dieser Erträge:

$$E = \frac{1 - q^{-n}}{i} G \tag{9.14}$$

Für $n \to \infty$ gilt:

$$E = \frac{G}{i} \tag{9.15}$$

9.2.2 Übergewinnkapitalisierung

Unter dem Begriff Übergewinn ist derjenige Teilbetrag des Gewinns G zu verstehen, der eine als sicher geltende Normalverzinsung des Substanzwertes übersteigt (G - i S). Dem erhöhten Risiko zur Realisierung des Übergewinns wird dadurch Rechnung getragen, daß diese mit einem erhöhten Kapitalisierungszinssatz r diskontiert wird:

$$U = S + \frac{1 - \frac{1}{(1+r)^n}}{r} \, (G - i\,S) \qquad (9.16)$$

$$U = S + \left[1 - \frac{1}{(1+r)^n}\right] \frac{i}{r} \left(\frac{E}{1 - q^{-n}} - S\right) \qquad (9.17)$$

Für $n \to \infty$ gilt:

$$U = S + \frac{G - i\,S}{r} \qquad (9.18)$$

$$U = S + \frac{i}{r} (E - S) \qquad (9.19)$$

$$a = \frac{i}{r} \qquad (9.20)$$

9.2.3 Übergewinnabgeltung

Bei diesem Verfahren liegt die Überlegung zu Grunde, daß der Käufer eines Unternehmens dem Verkäufer neben dem Substanzwert den für eine begrenzte Zeitspanne von m Jahren zu erwartenden Übergewinn vergüten muß:

$$U = S + m\,(G - i\,S) \qquad (9.21)$$

$$U = S + m\,i\,(E - S) \qquad (9.22)$$

Für den Entwertungsfaktor a gilt somit:

$$a = m\,i \qquad (9.23)$$

Da bei diesen Verfahren das Zeitmoment für die Bewertung der Übergewinne unberücksichtigt bleibt, ist diese Betrachtungsweise nur für kurze Zeitspannen zulässig.

9.2.4 Geschäftswertabschreibung

Hierbei wird die Differenz aus dem Unternehmenswert U und dem Substanzwert S mit einem konstanten Abschreibungsfaktor j jährlich abgeschrieben, d.h. der kalkulierte Jahresgewinn wird um diesen Abschreibungsbetrag verringert und auf den Betrachtungszeitpunkt diskontiert:

$$U = G - j\,(U - S)\,\frac{1 - q^{-n}}{i} \tag{9.24}$$

$$U = (G + j\,S)\,\frac{1 - q^{-n}}{1 + j\,(1 - q^{-n})} \tag{9.25}$$

Für $n \to \infty$ gilt:

$$U = \frac{G - j\,(U - S)}{i} \tag{9.26}$$

$$U = S + \frac{G - i\,S}{i + j} \tag{9.27}$$

$$U = S + \frac{i}{i + j}\,(E - S) \tag{9.28}$$

Für den Entwertungsfaktor a gilt für $n \to \infty$:

$$a = \frac{i}{i + j} \tag{9.29}$$

9.2.5 Stuttgarter Verfahren

Das Stuttgarter Verfahren beruht auf einer im Steuerrecht angewandten Bewertungsmethode und stellt eine Variante der Übergewinnabgeltung dar. Der Übergewinn wird hier als Differenz aus dem kalkulierten Jahresgewinn und dem Zinsanteil des Unternehmerwertes (in der Regel mit einem Zinssatz p = 10 %) definiert und über 5 Jahre saldiert:

$$U = S + 5\,(G - i\,U) \tag{9.30}$$

$$U = S + \frac{5\,i}{1 + 5\,i}\,(E - S) \tag{9.31}$$

mit i = 10 % folgt:

$$U = S + \frac{1}{3}\,(E - S) \tag{9.32}$$

Beim Stuttgarter Verfahren hat der Entwertungsfaktor für i = 0,1 den Wert 1/3. Wegen der auch fehlenden zeitlichen Bewertung ist das Verfahren insbesonders bei zunächst negativen Übergewinnen sehr problematisch. Daher werden bei der programmtechnischen Realisierung die vier auf Übergewinne basierenden Verfahren 9.2.2 bis 9.2.5 für negative Übergewinne übersprungen.

9.2.6 Ertrags- und Substanzwert

Als Grenzwerte der Kombinationsverfahren ergibt sich für a=1 die Ertragswertmethode:

$$U = E = G \frac{1 - q^{-n}}{i} \qquad (9.33)$$

und für a=0 die Substanzwertmethode:

$$U = S \qquad (9.34)$$

Betrachtet man in Anlehnung an die dynamische Wirtschaftlichkeitsberechnung von Investitionen den nachhaltig erzielbaren Ertrag G als Bruttoerlösüberschuß $Ü_B$ und die Anschaffungskosten A_o als Substanzwert S, so ergibt sich aus der Kapitalwertmethode:

$$K_W = G \frac{q^n - 1}{q^n(q-1)} - S \qquad (9.35)$$

$$K_W = G \frac{1 - q^{-n}}{i} - S = E - S \qquad (9.36)$$

Damit ergibt sich der Unternehmenswert als die Summe aus dem Substanzwert und dem Produkt aus dem Kapitalwert mit dem Entwertungsfaktor a:

$$U = S + a\,K_W \qquad (9.37)$$

Die nachfolgend programmierten betriebswirtschaftlich fundierten Verfahren der Unternehmungsbewertung bilden neben individueller Kalküle eine wichtige Entscheidungsgrundlage bei der endgültigen Preisfindung. Welcher Methode dabei die höhere Priorität zukommt, ist in der Praxis eine Frage der Unternehmensstruktur und Verhandlungsführung. Nach betriebswirtschaftlicher Lehrmeinung wird für den in der Versorgungswirtschaft dominierenden Fall, bei dem der Substanzwert höher liegt als der Ertragswert, grundsätzlich davon ausgegangen, daß auch der Ertragswert allein für die Unternehmenswertfindung herangezogen werden darf [2].

9.3 Programmbeschreibung „U-WERT"

Das in Tabelle 9.3.1 angegebene Programm zur Unternehmenswertberechnung beginnt mit der Programmadresse "U-WERT" und ist als Dialog-Programm für den programmierbaren Taschenrechner HP-41CV mit folgenden Eingabewertzuordnungen konzipiert:

Substanzwert	S	[DM]	in STO 02
Ertrag	G	[DM]	in STO 03
Steigerungssatz	s	[%]	
Kalkulationszinsfuß	p_K	[%]	in STO 04
Kalkulationszeitraum	n	[Jahre]	in STO 05
Abschreibungsdauer	n_K	[Jahre]	in STO 06
Übergewinnzeitspanne	m	[Jahre]	in STO 07
Kapitalisierungszinsfuß für die Übergewinne	p_0	[%]	in STO 08

Der Programmspeicherbereich umfaßt 605 Bytes. Hinzu kommen 11 Speicherregister von STO 0 bis STO 10 (SIZE 11). Der Steigerungssatz ist keinem Eingabespeicher zugeordnet und wird programmgemäß Null gesetzt. Bei $s \neq 0$ wird ein konstanter Jahresertrag gemäß Gl.(9.11) in dem Programmbereich von Zeile 32 bis 58 errechnet und nach STO 03 abgespeichert. Bei wiederholten Rechnungen mit unveränderter Ertragsstruktur brauchen die beiden Eingabewerte: "Ertrag und Steigerungssatz" daher nur mit R/S quittiert zu werden. Falls die Kalkulationsdauer $n \geqq 100$ ist, wird Flag 1 in Zeile 31 gesetzt und die jeweiligen Grenzwerte für n berechnet.

In der Anweisungszeile 69 wird abgefragt, ob der Übergewinn negativ ist. Falls dies zutrifft, wird Flag 0 gesetzt und die Übergewinnvarianten durch die Sprunganweisungen in Zeile 72 und 122 nach LBL 03 in Zeile 93 und 207 übersprungen.

In dem Unterprogramm LBL 01 von Zeile 211 bis 233 werden die Ergebniswerte angezeigt bzw. auf dem Drucker ausgegeben. Als Hilfsspeicher werden der Kalkulationszinssatz i in STO 00, der Faktor $1-q^{-n}$ in STO 01 und der Ertragswert E in STO 10 zur Verfügung gestellt.

9.4 Anwendungsbeispiele zu Unternehmensbewertungen

a) Die einzelnen Verfahren der Unternehmensbewertung sollen anhand folgender Daten mit dem angegebenen Programm untersucht werden:

Substanzwert	300.000 DM
nachhaltiger Ertrag	50.000 DM/a
Steigerungssatz	alternativ 0 und 2 %
Kalkulationszinsfuß	10 %
Kalkulationszeitraum	unbegrenzt (100 Jahre)
Abschreibungsdauer der Übergewinnabschreibung	8 Jahre
Übergewinnzeitspanne	4 Jahre
Kapitalisierungszinsfuß für die Übergewinne	15 %

Tabelle 9.3.1 Anweisungsliste des Programms "U-WERT"
(Unternehmenswert-Berechnung)

```
01♦LBL "U-WERT"
02 RCL 02
03 "SUBSTANZWERT?"
04 PROMPT ⇐ S
05 STO 02
06 RCL 03
07 "ERTRAG? DM:"
08 PROMPT ⇐ G
09 STO 03
10 CLX
11 "STEIGERUNGSSATZ"
12 "⊢? %:"
13 PROMPT ⇐ s
14 1
15 X<>Y
16 %
17 +
18 STO 01
19 RCL 04
20 "KAL. ZINSFUSS? "
21 "⊢%:"
22 PROMPT ⇐ p
23 STO 04
24 RCL 05
25 "KAL. ZEITRAUM? "
26 "⊢ JAHRE:"
27 PROMPT ⇐ n
28 STO 05
29 1 E2
30 X<=Y?
31 SF 01
32 1
33 RCL 04
34 %
35 +
36 STO 00
37 1
38 -
39 RCL 00
40 RCL 01
41 -
42 /
43 ST* 03
44 FS? 01
45 GTO 00
46 RCL 00
47 RCL 05
48 Y↑X
49 STO Y
50 RCL 01
51 RCL 05
52 Y↑X
53 -
54 RCL Y
55 1
56 -
57 /
58 ST* 03
59♦LBL 00
60 RCL 03
61 RCL 02
62 RCL 00
63 1
64 -
65 STO 00
66 *
67 -
68 STO 09
69 X<0?
70 SF 00
71 FS? 00
72 GTO 03
73 RCL 06
74 "ABSCHREIBUNGS-"
75 AVIEW
76 "DAUER? JAHRE:"
77 PROMPT ⇐ nA
78 STO 06
79 RCL 07
80 "UEBERGEWINNZEIT"
81 "⊢-"
82 AVIEW
83 "SPANNE? JAHRE:"
84 PROMPT ⇐ m
85 STO 07
86 RCL 08
87 "UEBERGEWINN-"
88 AVIEW
89 "KAPITAL. ZINSFU"
90 "⊢SS? %:"
91 PROMPT ⇐ pü
92 STO 08
93♦LBL 03
94 ADV
95 1
96 RCL 00
97 FS? 01
98 GTO 00
99 +
100 RCL 05
101 Y↑X
102 1/X
103 CHS
104 1
105 +
106 STO 01
107 RCL 00
108♦LBL 00
109 /
110 RCL 03
111 *
112 STO 10
113 "ERTRAGSWERT"
114 XEQ 01
115 RCL 02
116 +
117 2
118 /
119 "MITTELWERT"
120 XEQ 01
121 FS?C 00
122 GTO 03
123 1
124 RCL 08
125 %
126 FS? 01
```

207

```
127 GTO 00
128 STO Z
129 +
130 RCL 05
131 Y↑X
132 1/X
133 CHS
134 1
135 +
136 X<>Y
137♦LBL 00
138 /
139 RCL 09
140 *
141 RCL 02
142 +
143 "UEBERGEWINN-"
144 AVIEW
145 "KAPITALISIERUNG"
146 "├S-"
147 AVIEW
148 CLA
149 XEQ 01
150 RCL 09
151 RCL 07
152 *
153 RCL 02
154 +
155 "UEBERGEWINN-"
156 AVIEW
157 "ABGELTUNGS"
158 XEQ 01
159 FS?C 01
160 GTO 00 ──→ 178
161 RCL 01
162 RCL 00
163 /
164 ENTER↑
165 ENTER↑
166 RCL 06
167 /
168 1
169 +
170 /
171 RCL 02
172 RCL 06
173 /
174 RCL 03
175 +
176 *
177 GTO 02 ──→ 187

178♦LBL 00
179 RCL 09
180 RCL 00
181 RCL 06
182 1/X
183 +
184 /
185 RCL 02
186 +
187♦LBL 02
188 "GESCHAEFTSWERT-"
189 AVIEW
190 "ABSCHREIBUNGS"
191 XEQ 01
192 RCL 10
193 RCL 02
194 -
195 RCL 00
196 5                    122 ──→ 207
197 *
198 *
199 LASTX
200 1
201 +
202 /
203 RCL 02
204 +
205 "STUTTGARTER"
206 XEQ 01

207♦LBL 03
208 CF 01
209 RCL 02
210 "SUBSTANZWERT"

UP   211♦LBL 01
212 "├-VERFAHREN"
213 AVIEW
214 "UNTERNEHMENSWER"
215 "├T:"
216 AVIEW
217 CLA
218 ARCL X
219 "├ DM"
220 AVIEW
221 PSE
222 ADV
223 RTN
224 END

                CAT 1
LBL'U-WERT
END        605 BYTES
.END.      04 BYTES
```

Der Eingabedialog wird mit dem Aufruf der Programmadresse "U-WERT" gestartet. Alle Eingabewerte werden durch Betätigung der R/S-Taste quittiert.

Eingabedialog (s = 0 %)

```
                    XEQ "U-WERT"
SUBSTANZWERT?
          300.000,00    RUN
ERTRAG? DM:
           50.000,00    RUN
STEIGERUNGSSATZ? %:
                        RUN
KAL. ZINSFUSS? %:
               10,00    RUN
KAL. ZEITRAUM? JAHRE:
              100,00    RUN
ABSCHREIBUNGS-
DAUER? JAHRE:
                8,00    RUN
UEBERGEWINNZEIT-
SPANNE? JAHRE:
                4,00    RUN
UEBERGEWINN-
KAPITAL. ZINSFUSS? %:
               15,00    RUN
```

Ergebnisausdruck

```
ERTRAGSWERT-VERFAHREN
UNTERNEHMENSWERT:
500.000,00 DM

MITTELWERT-VERFAHREN
UNTERNEHMENSWERT:
400.000,00 DM

UEBERGEWINN-
KAPITALISIERUNGS-
-VERFAHREN
UNTERNEHMENSWERT:
433.333,33 DM

UEBERGEWINN-
ABGELTUNGS-VERFAHREN
UNTERNEHMENSWERT:
380.000,00 DM

GESCHAEFTSWERT-
ABSCHREIBUNGS-VERFAHREN
UNTERNEHMENSWERT:
338.888,89 DM

STUTTGARTER-VERFAHREN
UNTERNEHMENSWERT:
366.666,67 DM

SUBSTANZWERT-VERFAHREN
UNTERNEHMENSWERT:
300.000,00 DM
```

Eingabedialog (s = 2 %)			Ergebnisausdruck
	XEQ "U-WERT"		ERTRAGSWERT-VERFAHREN
SUBSTANZWERT?			UNTERNEHMENSWERT:
	300.000,00	***	625.000,00 DM
		RUN	
ERTRAG? DM:			MITTELWERT-VERFAHREN
	50.000,00	***	UNTERNEHMENSWERT:
		RUN	462.500,00 DM
STEIGERUNGSSATZ? %:			
	2,00	RUN	UEBERGEWINN-
KAL. ZINSFUSS? %:			KAPITALISIERUNGS-
	10,00	***	-VERFAHREN
		RUN	UNTERNEHMENSWERT:
KAL. ZEITRAUM? JAHRE:			516.666,67 DM
	100,00	***	
		RUN	UEBERGEWINN-
ABSCHREIBUNGS-			ABGELTUNGS-VERFAHREN
DAUER? JAHRE:			UNTERNEHMENSWERT:
	8,00	***	430.000,00 DM
		RUN	
UEBERGEWINNZEIT-			GESCHAEFTSWERT-
SPANNE? JAHRE:			ABSCHREIBUNGS-VERFAHREN
	4,00	***	UNTERNEHMENSWERT:
		RUN	444.444.44 DM
UEBERGEWINN-			
KAPITAL. ZINSFUSS? %:			STUTTGARTER-VERFAHREN
	15,00	***	UNTERNEHMENSWERT:
		RUN	408.333,33 DM
			SUBSTANZWERT-VERFAHREN
			UNTERNEHMENSWERT:
			300.000,00 DM

b) In einem abgrenzbaren Produktionszweig eines Unternehmens mit einem Substanzwert der Produktionsanlagen von 7 Mio DM werde ein nachhaltiger Ertrag von jährlich 150.000 DM erwirtschaftet. Der Kalkulationszinsfuß sei mit 10 % bei 20 Jahren Kalkulationszeit angenommen. Da hier der Übergewinn negativ ist, werden die weiteren Eingabewerte und Übergewinnvarianten im Programm übersprungen.

Die angegebenen Ergebnisausdrucke zeigen eine erhebliche Diskrepanz zwischen dem Unternehmenswert des betreffenden Produktionszweiges nach dem Ertragswertverfahren mit 1,5 bzw. 1,7 Mio DM und dem bereits am Substanzwert orientierten Mittelwertverfahren mit 4,2 bzw. 4,4 Mio DM bei einem Substanzwert von 7 Mio DM. Aus diesen Ergebnissen wird der weite Spielraum der nach vorstehenden Methoden auf mathematischer Basis ermittelten Ansätze für die Unternehmenswertfindung besonders deutlich.

```
        XEQ "U-WERT"
SUBSTANZWERT?
    7.000.000,00   RUN
ERTRAG? DM:
      150.000,00   RUN
STEIGERUNGSSATZ? %:
            0,00   RUN
KAL. ZINSFUSS? %:
            8,00   RUN
KAL. ZEITRAUM?  JAHRE:
           20,00   RUN

ERTRAGSWERT-VERFAHREN
UNTERNEHMENSWERT:
1.472.722,11 DM

MITTELWERT-VERFAHREN
UNTERNEHMENSWERT:
4.236.361,06 DM

SUBSTANZWERT-VERFAHREN
UNTERNEHMENSWERT:
7.000.000,00 DM
```

```
        XEQ "U-WERT"
SUBSTANZWERT?
    7.000.000,00   RUN
ERTRAG? DM:
      150.000,00   RUN
STEIGERUNGSSATZ? %:
            2,00   RUN
KAL. ZINSFUSS? %:
            8,00   RUN
KAL. ZEITRAUM?  JAHRE:
           20,00   RUN

ERTRAGSWERT-VERFAHREN
UNTERNEHMENSWERT:
1.702.981,63 DM

MITTELWERT-VERFAHREN
UNTERNEHMENSWERT:
4.351.490,81 DM

SUBSTANZWERT-VERFAHREN
UNTERNEHMENSWERT:
7.000.000,00 DM
```

10 Energiepreisberechnung

10.1 Allgemeines

Im Bereich der Energieversorgung bietet die Anwendung programmierbarer Taschenrechner zur Strom- oder Gaspreisberechnung für Sondervertragskunden ein wichtiges Hilfsmittel zur Kundenberatung. Die Durchrechnung verschiedener Abnahmevarianten und Vertragstypen kann unabhängig von einer stationären Rechenanlage in kürzester Zeit und unmittelbar beim Kunden erfolgen. Hierdurch ist es möglich, insbesondere im industriellen Bereich unter sachkundigen Gesprächspartnern eine vertrauensfördernde Transparenz der preisbildenden Vertragskomponenten herzustellen. Dabei erweist sich eine praxisgerechte Dialog-Programmierung als besonders hilfreich.

Nachfolgend werden für die beiden Energieversorgungsbereiche Strom- und Gasversorgung am Beispiel üblicher Vertragsstrukturen die Anwendung einer programmierten Berechnung der Energiebezugskosten dargestellt.

10.2 Strompreisberechnung

Die programmtechnische Realisierung beruht auf EVU-übliche Vertragsstrukturen, auf die im einzelnen in [6] näher eingegangen wird. Es werden zwei Varianten a) und b) angegeben, wobei die erste zusätzlich eine häufig vorkommende Annuitätsberechnung gestattet, während die Variante b) an Stelle der Annuitätsberechnung zusätzlich eine übliche Reservestromregelung beinhaltet. In einer dritten Programmvariante wird auf die besondere Problematik der Strompreisbildung der nach Maßgabe der Großfeuerungsanlagen-Verordnung (GFAVO) erforderlichen Umweltschutzmaßnahmen bei der Stromerzeugung eingegangen. Die drei Programme sind für einen Dialogverkehr bezüglich der Eingabe aller strompreisbildenden Daten konzipiert. Sie sind in mehrere Unterprogramme gegliedert, die jeweils eine Strompreisregelung oder Rabattberechnung als abgeschlossene Aufgabe bearbeiten (Bild 10.2.1). Die einzelnen Unterprogramme sind über zugeordnete Tasten unmittelbar aufrufbar. Die Basis für die Berechnung bildet bei der Variante a) ein 52 Register und bei der Variante b) ein 50 Register umfassender Datenspeicher. Davon sind bei der Variante a) 29 Datenregister (STO 17 bis STO 51 ohne STO 19, 23, 27, 31, 36 und 41) mit einem festen Datensatz permanent belegt, während die übrigen Register STO 00 bis STO 16 und STO 19 temporäre Daten beinhalten. Bei der Variante b) sind auch die Register 36 und 41 für temporäre Daten vorgesehen. Die übrigen Register sind unbenutzt und stehen für weitere Programmvarianten zur Verfügung. Bei der dritten Variante mit Berücksichtigung der Umweltschutzerfordernisse werden diese für permanente Daten belegt: Register STO 23 (Nennpreisfaktor), STO 27 (Umweltschutzkostenaufschlag) und STO 31 (Begrenzungssatz).

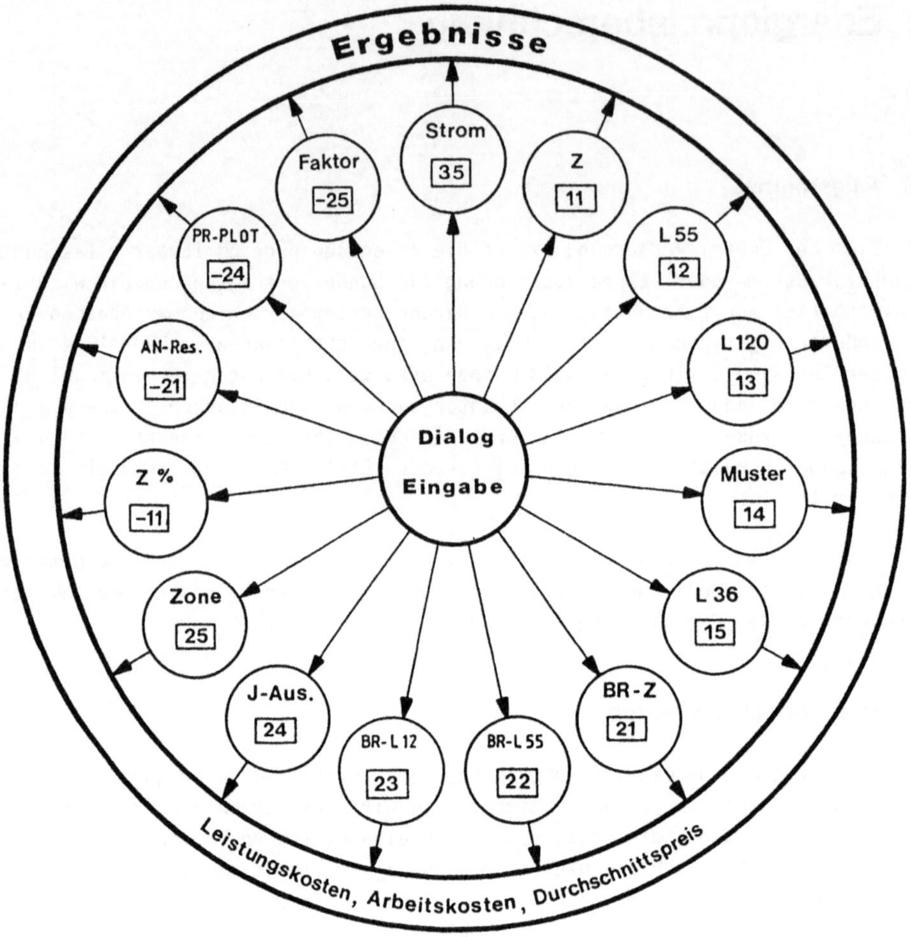

Bild 10.2.1 Aufrufvarianten des Programms "STROM"

Die Programme gestatten die Berechnung der Strompreise nach drei verschiedenen Musterpreisregelungen "Z", "L 55", "L 120" sowie einer Sonderpreisregelung mit Leistungspreischarakter "L 36" und der zugehörigen Variantenberechnungen hinsichtlich der Rabattierungen und Preisanpassungsfaktoren. Bei der Variante b) lassen sich mit Hilfe des Unterprogramms "RESERVE" auch übliche Zusatz- und Reservestromregelungen (R+Zu 55 bzw. R+Zu 120) bearbeiten.

Dem angegebenen Programm liegen folgende preisbildende Strukturelemente hinsichtlich der Leistungsausnutzung und Jahreszeitenrelation zugrunde:

Benutzungsdauerrabatt der Z-Preisregelung in %:

$$R_{B,Z} = \begin{cases} 0 & T_m < 500 \text{ h/a} \\ 4 + 0{,}1 \ \text{INT}\left\{\dfrac{T_m - 500}{25}\right\} & 500 \text{ h/a} \leqq T_m \leqq 3.000 \text{ h/a} \\ 14 & 3.000 \text{ h/a} < T_m \end{cases} \qquad (10.2.1)$$

Benutzungsdauerrabatt der L55-Preisregelung in %:

$$R_{B,L55} = \begin{cases} 0 & T_m \leqq 3.000 \text{ h/a} \\ 20\left(1 - \dfrac{3000}{T_m}\right) & T_m > 3.000 \text{ h/a} \end{cases} \qquad (10.2.2)$$

Benutzungsdauerrabatt der L120-Preisregelung in %:

$$R_{B,L120} = \begin{cases} 0 & T_m \leqq 4.000 \text{ h/a} \\ 3\,\dfrac{T_m - 4000}{1000} & T_m > 4.000 \text{ h/a} \end{cases} \qquad (10.2.3)$$

Jahreszeitenausgleich in %:

$$R_J = \begin{cases} 12\left(1 - \dfrac{40}{S}\right) & S \geqq 40\ \% \\ -6\,\dfrac{40 - S}{60 - S} & S < 40\ \% \end{cases} \qquad (10.2.4)$$

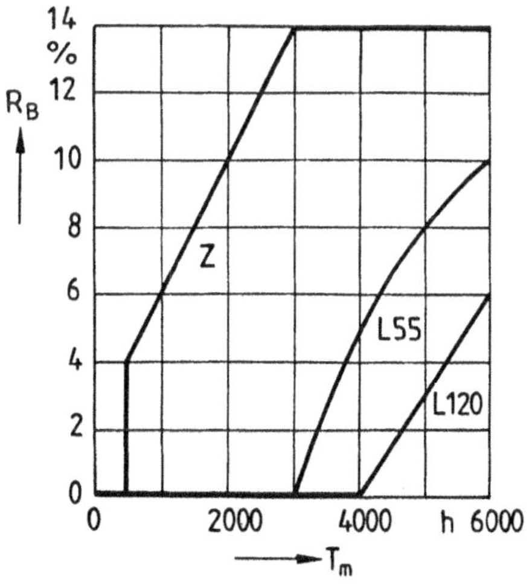

Bild 10.2.2

Benutzungsdauerrabatt für Z, L55 und L120

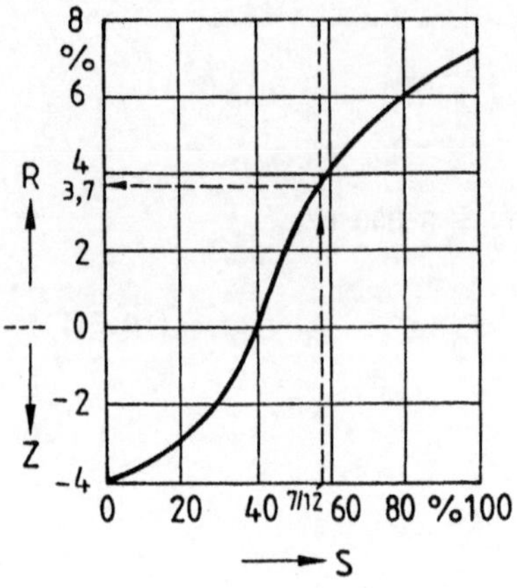

Bild 10.2.3 Jahreszeitenausgleich für Z und L55

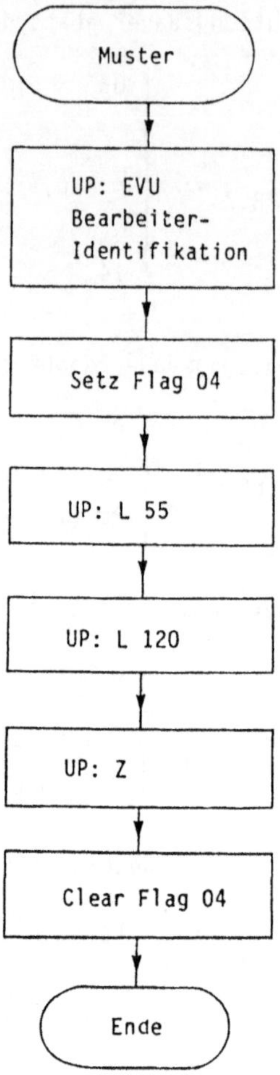

Bild 10.2.4

Flußdiagramm der Programmvariante "Muster"

Bei der Z-Preisregelung wird im Falle ungünstiger Auslastung der vorgehaltenen Leistung für Benutzungsdauer-Werte unter 1.000 h ein zusätzliches Entgelt für die Leistungsvorhaltung S_v in folgender Form erhoben:

$$A = \begin{cases} 60\,\frac{\text{DM}}{\text{kW}} \cdot f_Z \cdot 0{,}9\,\frac{\text{kW}}{\text{kVA}} \cdot S_v\left(1 - \frac{\text{INT}\{T_m\}}{1000}\right) & \text{für } T_m < 1.000\text{ h} \\ 0 & \text{für } T_m \geq 1.000\text{ h} \end{cases} \qquad (10.2.5)$$

f_z ist der in Gl.(10.2.6) definierte Preisanpassungsfaktor.

Bei Aufruf der Programmvariante "MUSTER" werden die vorgenannten Muster-Strompreisregelungen gemäß dem Flußdiagramm im Bild 10.2.4 nacheinander bearbeitet, so daß ein unmittelbarer Stromkostenvergleich möglich ist. Als Merkmal für diese ausgewählte Programmvariante wird das Flag 4 gleich zu Anfang gesetzt und am

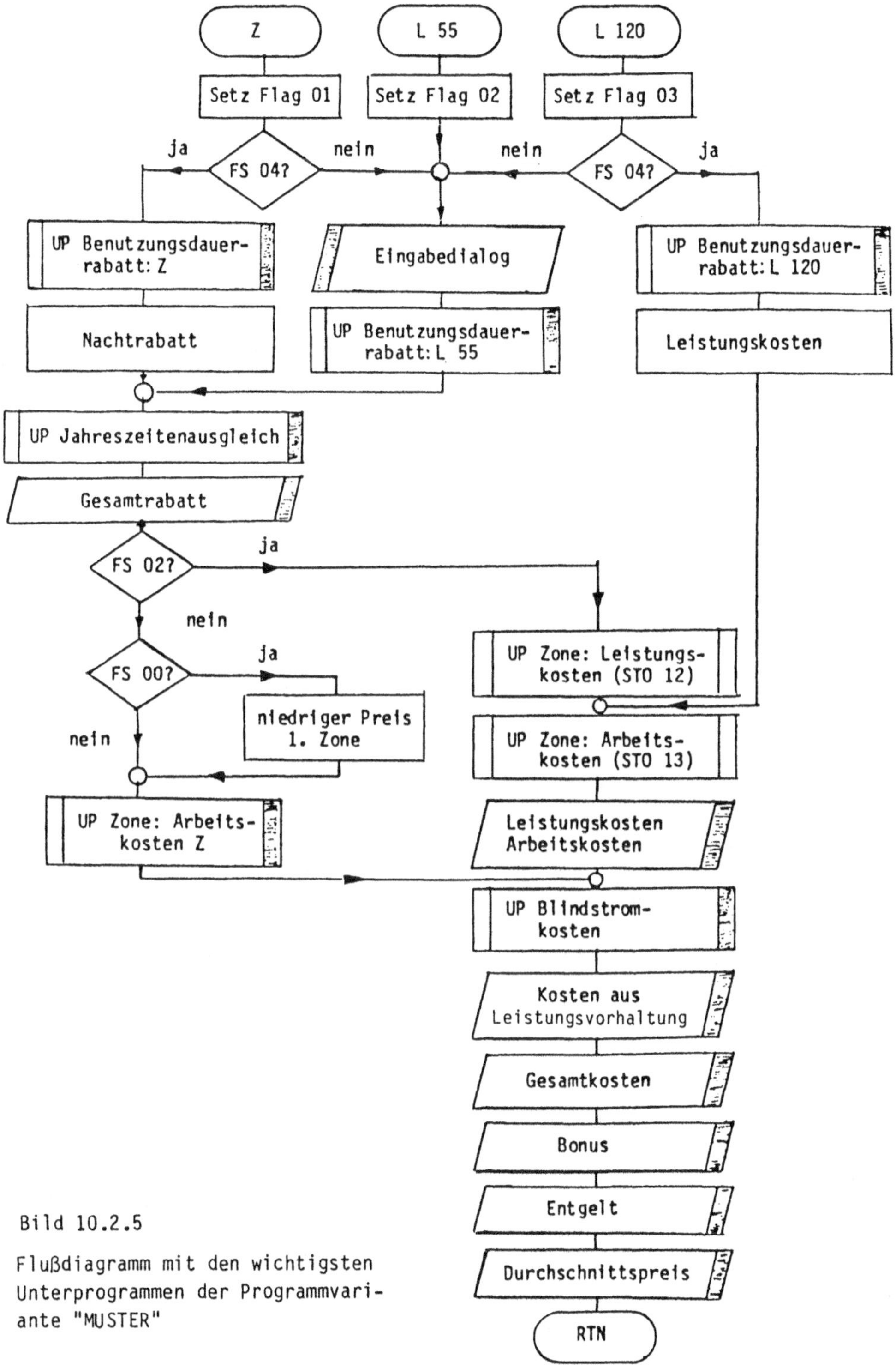

Bild 10.2.5

Flußdiagramm mit den wichtigsten Unterprogrammen der Programmvariante "MUSTER"

Ende der Berechnungen automatisch zurückgesetzt. Die einzelnen Unterprogramme können auch über ihre Programmnamen "STROM, Z, L 55, L 120, L 36" oder "Faktor" als eigenständige Hauptprogramme aufgerufen werden. In dem Bild 10.2.5 ist hierzu ein Flußdiagramm mit den wichtigsten Aufrufen und Fall-Unterscheidungen für die drei vorgenannten Muster-Strompreisregelungen angegeben. Über die Flag-Zustandsanzeige im Display des Rechners kann die jeweils aktive Berechnungsvariante beobachtet werden.

Die nach energiewirtschaftlichen Gesichtspunkten vorgegebenen Anwendungsbeschränkungen und deren vertragsrechtlichen Auswirkungen auf die hier behandelten Strompreisregelungen bleiben im Rahmen der hier vorherrschenden anwendungsorientierten Darstellung unberücksichtigt.

10.2.1 Hauptprogrammaufrufe

1. Programmstart über die Taste [11] (Z)

Es erfolgt die Strompreisberechnung nach einer Zonenpreisregelung "Z". In dem Flag-Anzeigefeld erscheint das Flag Null als gesetzt, falls der reduzierte Preis in der ersten Zone zur Anwendung kommt. Zusätzlich erscheint das gesetzte Flag 1 als Merkmal für die Z-Preisregelung.

a) Eingabedialog

```
              XEQ "Z"
GESAMT KWH?
    1.000.000,00    RUN
NACHT%?
           40,00    RUN
SOMMER%?
           60,00    RUN
P MAX KW?
          500,00    RUN
DIVISOR?
          500,00    RUN
VOR. KVA?
          600,00    RUN
BLIND-M?
       50.000,00    RUN
```

b) Ergebnisausdruck

```
Z:
B. STUNDEN 2.000,

B-RAB%: 10,0
N-RAB%: 12,0
J-AUS%: 4,0
GESAMTRABATT
%: 26,0
ARBEITSKOSTEN
DM: 261.115,45
BLINDSTROMKOSTEN
DM: 1.449,19
GESAMTKOSTEN
DM: 194.674,62
BONUS
DM: 4.886,33
ENTGELT
DM: 189.788,29

PFG/KWH: 18,98
```

2. Programmstart über Taste [f11] (Z%)

Es erfolgt eine Strompreisberechnung nach der Zonenpreisregelung aufgrund der Benutzungsdauer, dem Leistungsmaximum und weiterer prozentualer Eingabewerte. Diese Form ist für die ersten Kalkulationen günstig. Da die kWh-Werte entsprechend dem normalen Eingabedialog innerhalb des Programms automatisch zugeordnet werden, sind auch ohne erneute Eingaben die übrigen Strompreisregelungen aufrufbar.

a) Eingabedialog

```
           XEQ "Z %"
STUNDEN?
     1.500,00    RUN
NACHT%?
        40,00    RUN
SOMMER%?
        60,00    RUN
P MAX KW?
       500,00    RUN
DIVISOR?
                 RUN
VOR. KVA?
       600,00    RUN
BLIND-M?
    10.000,00    RUN
```

b) Ergebnisausdruck

```
Z :
B. STUNDEN 1.500,

B-RAB%: 8,0
N-RAB%: 12,0
J-AUS%: 4,0
GESAMTRABATT
%: 24,0
ARBEITSKOSTEN
DM: 197.953,43
BLINDSTROMKOSTEN
DM: 300,89
GESAMTKOSTEN
DM: 150.745,50
BONUS
DM: 3.783,71
ENTGELT
DM: 146.961,78

PFG/KWH: 19,59
```

Da im Eingabedialog die Frage nach dem Divisor für die Benutzungsdauer (DIVISOR?) ohne Eingabewert mit RUN quittiert wurde, wird programmtechnisch als Divisor das zuvor eingegebene Leistungsmaximum eingesetzt. Hierbei handelt es sich also nicht um eine regenerierende Dialogeingabe, sondern um eine aufgabengemäß sinnvolle Wertvorgabe.

3. Programmstart über die Taste [12] (L 55)

Es erfolgt die Strompreisberechnung nach einer Leistungspreisregelung "L55". Als Merkmal für die Bearbeitung der L55-Preisregelung erscheint in dem Flag-Anzeigefeld das Flag 2 als gesetzt.

a) Eingabedialog

```
              XEQ "L55"
HT-VERBRAUCH
     3.500.000,00    RUN
NT-VERBRAUCH
     3.100.000,00    RUN
SOMMER%?
            60,00    RUN
P MAX KW?
         2.000,00    RUN
DIVISOR?
         2.000,00    RUN
VOR. KVA?
         2.500,00    RUN
BLIND-M?
        50.000,00    RUN
```

b) Ergebnisausdruck

```
L55:
B. STUNDEN 3.300,

B-RAB%: 1,8
J-AUS%: 4,0
GESAMTRABATT
%: 5,8
LEISTUNGSKOSTEN
DM: 224.629,63
ARBEITSKOSTEN
DM: 996.955,00
BLINDSTROMKOSTEN
DM: 1.307,65
GESAMTKOSTEN
DM: 1.152.040,38
BONUS
DM: 34.676,42
ENTGELT
DM: 1.117.363,96

PFG/KWH: 16,93
```

4. Programmstart über Taste [13] (L 120)

Es erfolgt eine Strompreisberechnung nach der Leistungspreisregelung "L 120". Als Merkmal für die Bearbeitung der L 120-Preisregelung erscheint in dem Flag-Anzeigefeld das Flag 3 als gesetzt.

a) Eingabedialog

```
            XEQ "L120"
HT-VERBRAUCH
      6.000.000,00    RUN
NT-VERBRAUCH
      5.000.000,00    RUN
P MAX KW?
          2.500,00    RUN
DIVISOR?
          2.500,00    RUN
VOR. KVA?
          3.000,00    RUN
BLIND-M?
        100.000,00    RUN
```

b) Ergebnisausdruck

```
L120:
B. STUNDEN 4.400,

B-RAB%: 1,20
LEISTUNGSKOSTEN
DM: 519.322,50
ARBEITSKOSTEN
DM: 1.137.708,35
BLINDSTROMKOSTEN
DM: 2.232,47
GESAMTKOSTEN
DM: 1.639.378,95
BONUS
DM: 57.542,20
ENTGELT
DM: 1.581.836,75

PFG/KWH: 14,38
```

5. Programmstart über die Taste [14] (Muster)

Es erfolgt eine Strompreisberechnung nach den Musterpreisregelungen "L 55", "L 120" und "Z" unmittelbar hintereinander. Der Eingabedialog entspricht demjenigen bei der Strompreisberechnung nach der Leistungspreisregelung "L 55". Während der Programmbearbeitung der Preisregelungen "L 55", "L 120" und "Z" erscheinen in der Anzeige die Flags 2 bzw. 3 bzw. 1 in Verbindung mit dem Flag 4 als gesetzt. Hierdurch ist man, auch ohne Drucker, über den jeweiligen Programmzustand informiert. Der Zeitbedarf für die Eingabe, Berechnung und Ausgabe beträgt rd. 3 Minuten.

a) Eingabedialog

```
                    XEQ "MUSTER"
EVU
AACHEN
XX/NAME 1

HT-VERBRAUCH
        500.000,00      RUN
NT-VERBRAUCH
        400.000,00      RUN
SOMMER%?
             60,00      RUN
P MAX KW?
            200,00      RUN
DIVISOR?
            200,00      ***
                        RUN
VOR. KVA?
            250,00      RUN
BLIND-M?
              0,00      RUN
```

b) Ergebnisausdruck

```
L55:
B. STUNDEN 4.500,

B-RAB%: 6,7
J-AUS%: 4,0
GESAMTRABATT
%: 10,7
LEISTUNGSKOSTEN
DM: 29.127,80
ARBEITSKOSTEN
DM: 144.186,56
BLINDSTROMKOSTEN
DM: 0,00
GESAMTKOSTEN
DM: 154.769,72
BONUS
DM: 4.658,57
ENTGELT
DM: 150.111,15

PFG/KWH: 16,68
```

```
L120:
B. STUNDEN 4.500,

B-RAB%: 1,50
LEISTUNGSKOSTEN
DM: 41.545,80
ARBEITSKOSTEN
DM: 114.613,14
BLINDSTROMKOSTEN
DM: 0,00
GESAMTKOSTEN
DM: 153.816,55
BONUS
DM: 5.398,96
ENTGELT
DM: 148.417,59

PFG/KWH: 16,49
```

```
Z:
B. STUNDEN 4.500,

B-RAB%: 14,0
N-RAB%: 13,2
J-AUS%: 4,0
GESAMTRABATT
%: 31,2
ARBEITSKOSTEN
DM: 236.094,75
BLINDSTROMKOSTEN
DM: 0,00
GESAMTKOSTEN
DM: 162.433,19
BONUS
DM: 4.077,07
ENTGELT
DM: 158.356,11

PFG/KWH: 17,60
```

6. Programmstart über Taste [15] (L 36)

Es erfolgt eine Strompreisberechnung nach der Preisregelung "L 36" für Hochspannungsabnehmer mit unregelmäßiger, seltener Inanspruchnahme der vorgehaltenen Leistung. Als Merkmal für die L 36-Preisregelung wird, jedoch ohne Anzeige, das Flag 5 gesetzt.

a) Eingabedialog

```
             XEQ "L36"
HT-VERBRAUCH
       100.000,00    RUN
NT-VERBRAUCH
        80.000,00    RUN
P MAX KW?
           600,00    RUN
VOR. KVA?
           800,00    RUN
BLIND-M?
        20.000,00    RUN
```

b) Ergbenisausdruck

```
L36:
B. STUNDEN 300,

LEISTUNGSKOSTEN
DM: 37.391,22
ARBEITSKOSTEN
DM: 29.079,45
BLINDSTROMKOSTEN
DM: 1.107,84
GESAMTKOSTEN
DM: 67.578,51
BONUS
DM: 2.372,01
ENTGELT
DM: 65.206,51

PFG/KWH: 36,23
```

10.2.2 Unterprogrammaufrufe

1. Programmstart über Taste [21] (BR-Z)

Es erfolgt eine Berechnung des Benutzungsdauerrabattes gemäß der Musterpreisregelung "Z" ausgehend von der im X-Register vorgegebenen Benutzungsdauer.

Eingabe: 2.123 h

Druckerausgabe:
(Vertragsgemäß auf eine
Dezimalstelle gerundet)

```
          2.123,0
            XEQ "BR-Z"
B-RAB%: 10,4
```

2. Programmstart über Taste [22] (BR-L 55)

Es erfolgt die Berechnung des Benutzungsdauerrabattes gemäß der Musterpreisregelung "L 55" ausgehend von der im X-Register vorgegebenen Benutzungsdauer.

Eingabe: 3.520 h

Druckerausgabe:
(Vertragsgemäß auf eine Dezimalstelle gerundet)

```
          3.520,0
       XEQ "BR-L55"
B-RAB%: 3,0
```

3. Programmstart über Taste [23] (BR-L 12)

Es erfolgt die Berechnung des Benutzungsdauerrabattes gemäß der Musterpreisregelung "L 120" ausgehend von der im X-Register vorgegebenen Benutzungsdauer.

Eingabe: 4.870 h

Druckerausgabe:
(Vertragsgemäß auf zwei Dezimalstellen gerundet)

```
          4.870,0
       XEQ "BR-L12"
B-RAB%: 2,61
```

4. Programmstart über Taste [24] (J-AUS)

Es erfolgt die Berechnung des Jahresausgleichs-Rabattes (+Vorzeichen) bzw. -Zuschlages (-Vorzeichen) gemäß der Musterpreisregelung "L 55".

Eingabe Sommeranteil 60 %

Druckerausgabe
(Rabatt vertragsgemäß auf eine Dezimalstelle gerundet)

```
             60,0
       XEQ "J-AUS"
J-AUS%: 4,0
```

Eingabe Sommeranteil 20 %
(Zuschlag vertragsgemäß auf eine Dezimalstelle gerundet)

```
             20,0
       XEQ "J-AUS"
J-AUS%: -3,0
```

5. Programmstart über Taste [25] (Zone)

Hier wird das Unterprogramm "Zone" zur Berechnung von Gesamtkosten aufgrund vereinbarter Preiszonen aufgerufen. Für die universelle Verwendung dieses Unterprogramms stehen die Datenregister STO 01 bis STO 16 zur Verfügung, ohne den permanenten Datensatz anzutasten. Die Zonenbreite a und der entsprechende Zonenpreis b sind in der Form a,b hintereinander als Pseudo-Dezimalzahl abzuspeichern. Bei der letzten nach oben offenen Preiszone ist a,b = 0,b vorzugeben.

Beispiel: Die ersten	6.000 m³	Wasser kosten	1,32 DM/m³/a
die weiteren	9.000 m³	Wasser kosten	1,28 DM/m³/a
die weiteren	45.000 m³	Wasser kosten	1,23 DM/m³/a
alle weiteren	m³	Wasser kosten	1,15 DM/m³/a

Frage: Wieviel kosten 70.000 m³ Jahresabnahme?

Eingabe:			Ausdruck
	6000,132	STO 01	6.000,132 STO 01
	9000,128	STO 02	9.000,128 STO 02
	45000,123	STO 03	45.000,123 STO 03
	0,115	STO 04	.115 STO 04
			70.000,00 ENTER↑
	70000, ENTER,	1	1,00
	XEQ "ZONE"		XEQ "ZONE"
			8.629,00 ***
			10,00 *
			86.290,00 ***

Ergebnis: 8629,00 d.h. 8629,00 · 10 = 86290,00 DM

Alle weiteren Berechnungen nach dem vorgegebenen Zonenschema benötigen als Eingabe nur die Menge und die 1 als Adresse für den Speicherbereichsanfang. Da die ersten beiden Nachkommastellen der Datenspeicher STO 01 bis STO 04 mit der Wertigkeit Pf/m³ interpretiert werden, ist das Ergebnis noch mit dem Faktor 10 zu multiplizieren, um die Einheit DM zu erhalten.

10.2.3 Preisanpassungsfaktor-Berechnung

Programmstart über Taste [f25] (FAKTOR)

Über diesen Aufruf wird das Programm "FAKTOR" zur Berechnung der aktuellen Preisanpassungsfaktoren in Abhängigkeit vom aktuellen Lohnsatz in DM/h und vom aktuellen Kohlepreis in DM/t aktiviert. In einem Eingabedialog werden die beiden Eingabevariablen abgefragt und anschließend die mit Hilfe der Gl.(10.2.6 bis 10.2.10) errechneten Faktoren für die Vertragsvarianten Z, L 55 und L 120 ausgedruckt. Hinter den Faktoren werden die prozentualen Veränderungen gegenüber den z.Zt. im Rechner abgespeicherten Werten in Klammern angegeben. Das Programm endet mit der Frage, ob die neuen Faktoren abgespeichert werden sollen. Falls die Frage durch Eingabe des Wertes 1 und Betätigung der R/S-Taste quittiert wird, erscheint in einem zweiten Durchlauf bei gesetzem Flag 0 nochmals aus Datensicherungsgründen der Eingabedialog. Bei angeschlossenem Drucker kann sich der Benutzer durch Betätigung der PRINT-Taste von der Richtigkeit der als Berechnungsgrundlage vorgegebenen Eingabedaten überzeugen. Ohne Drucker ist es zweckmäßig, vor Quittierung durch die R/S-Taste die Löschtaste zu betätigen, damit die aktuellen Eingabewerte sichtbar werden. Anschließend werden die neu abgespeicherten Preisanpassungsfaktoren ausgegeben, wobei die Prozentwerte nun alle den Wert 0 aufweisen, da die ausgegebenen Werte mit den nun abgespeicherten Werten identisch sind.

In dem Programm werden folgende Preisanpassungsfaktoren berechnet:

Zonenpreisregelung Z:

$$f_Z = 0{,}6 + 0{,}2\,\frac{K}{K_0} + 0{,}2\,\frac{L}{L_0} \tag{10.2.6}$$

Leistungspreisregelung L55:

$$f_{L,\,L55} = 0{,}6 + 0{,}4\,\frac{L}{L_0} \tag{10.2.7}$$

$$f_{A,\,L55} = 0{,}55 + 0{,}3\,\frac{K}{K_0} + 0{,}15\,\frac{L}{L_0} \tag{10.2.8}$$

Leistungspreisregelung L120:

$$f_{L,\,L120} = 0{,}7 + 0{,}3\,\frac{L}{L_0} \tag{10.2.9}$$

$$f_{A,\,L120} = 0{,}5 + 0{,}4\,\frac{K}{K_0} + 0{,}1\,\frac{L}{L_0} \tag{10.2.10}$$

K_0 = 66,50 DM/t als Kohlelistenpreis beim Stand am 01.01.1969 unter Berücksichtigung der Mengen- und Treueprämie.

L_0 = 4,28 DM/h als Facharbeiter Ecklohn in Lohngruppe Ia gemäß Lohntarifvertrag zwischen dem Arbeitgeberverband von Gas-, Wasser- und Elektrizitätsunternehmungen e.V. und der Gewerkschaft ÖTV beim Stand am 01.01.1969.

Der Rechnerausdruck ist für eine Preisanpassungsberechnung mit K=276,50 DM/t und L=14,71 DM/h zum Stand vom 01.07.1984 angegeben:

a) Eingabedialog

```
          XEQ "FAKTOR"
KOHLE? DM/T:
         276,50    RUN
LOHN? DM/H:
          14,71    RUN
```

b) Ergebnisausdruck

```
PREISANPASSUNGSFAKTOREN:

Z:
A = 2,118962 (1,36 %)

L55:
P = 1,974766 (2,32 %)
A = 2,312906 (1,13 %)

L120:
P = 1,731075 (1,98 %)
A = 2,506849 (0,94 %)

SPEICHERN? JA=1
              1,00    RUN
KOHLE? DM/T:
            276,50    ***
                      RUN
LOHN? DM/H:
             14,71    ***
                      RUN

PREISANPASSUNGSFAKTOREN:

Z:
A = 2,118962 (0,00 %)

L55:
P = 1,974766 (0,00 %)
A = 2,312906 (0,00 %)

L120:
P = 1,731075 (0,00 %)
A = 2,506849 (0,00 %)
```

10.2.4 Zeichen-Aufrufe

Programmstart über Taste [f24] (PRPLOT)

Hierdurch wird ein HP Zeichenprogramm aufgerufen. Dieses Programm ist in einem ROM-Speicher des Druckers enthalten. Innerhalb des Eingabedialogs des Zeichenprogramms "PRPLOT" wird der Name der zu zeichenden Funktion y = f(x) angefordert. Es können z.B. die Adressen der Benutzungs-Rabatt-Unterprogramme oder des Jahresausgleichs-Unterprogramms eingeben werden. In den Unterprogrammen ist zur Unterdrückung der Zahlenwert-Ausgabe bei Aufrufen über das Zeichenprogramm das Flag 23 vorgesehen. Dieses Flag wird bei der Eingabe von Buchstaben automatisch gesetzt, jedoch innerhalb des Zeichenprogramms in Verbindung mit der x-Achsenlage-Abfrage bei numerischen Eingabewerten zurückgesetzt. Es ist daher erforderlich, vor der letzten Dialogeingabe (X INC) das Flag 23 zu setzen oder [ALPHA] [A] [ALPHA] zu betätigen.

a) Eingabedialog

```
          XROM "PRPLOT"
NAME ?
J-AUS                 RUN
Y MIN ?
            -4,00     RUN
Y MAX ?
             8,00     RUN
AXIS ?
             0,00     RUN
X MIN ?
             0,00     RUN
X MAX ?
           100,00     RUN
X INC ?
A
             5,00     RUN
```

b) Ergebnisausdruck

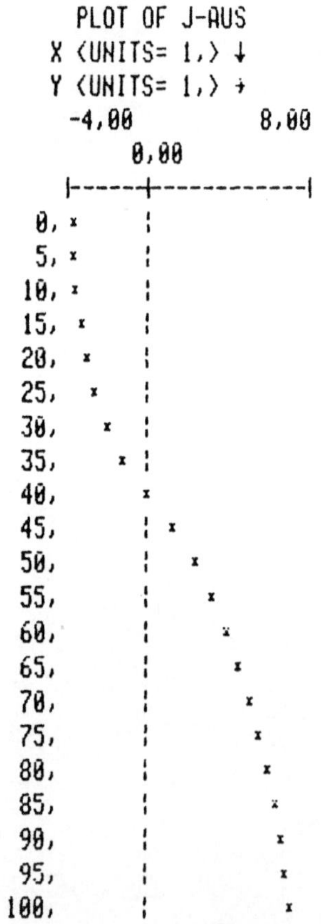

10.2.5 Kapitaldienst- und Barwertberechnung

Programmstart über Taste [f21] (AN), (nur Variante a)

Hierdurch wird die Berechnung des annuitätischen Kapitaldienstes aufgerufen. Als Eingabewerte werden im Dialogverkehr der Kapital-Nennbetrag in DM, der Zinssatz in % und die Laufzeit in Jahre angefordert. Als Ergebnis wird der jährliche Kapitaldienst in DM ausgegeben.

a) Eingabedialog

```
           XEQ "AN"
DM?
     100.000,00    RUN
ZINS%?
           6,00    RUN
ZEIT?
          10,00    RUN
```

b) Ergebnisausdruck

```
DM: 13.586,80
```

Wenn das Flag 00 gesetzt ist, wird die umgekehrte Fragestellung beantwortet, d.h. es wird der Rentenbarwert einer nachschüssig fälligen Rente berechnet.

Diese Variante kann auch zur Berechnung des Kapitalwertes bei gleichen Betriebsüberschüssen über einen Kalkulationszeitraum von n Jahren benutzt werden. Bei einem jährlichen Betriebsüberschuß von 100.000,00 DM und einem Kalkulationszinsfuß von 8 % ergibt sich über einen Kalkulationszeitraum von 20 Jahren z.B. ein Barwert zu 981.814,74 DM. Der Kapitalwert ergibt sich durch Abzug der zuzuordnenden Investitionsausgaben.

a) Eingabedialog

```
              SF 00
           XEQ "AN"
DM?
     100.000,00    RUN
ZINS? %:
           8,00    RUN
ZEIT? JAHRE:
          20,00    RUN
```

b) Ergebnisausdruck

```
BARWERT
DM: 981.814,74
```

10.2.6 Strompreisberechnung für Reservestrombezug

Programmstart über Taste [f21] (RESERVE), (nur Variante b)

Mit dem Aufruf "RESERVE" wird ein Eingabedialog üblicher Preisregelungen für Reservestrombezug in der Qualität von Kurzzeitreserve oder auch Langzeitreserve eröffnet. Die elektrische Arbeit wird als Hochtarifarbeit HT und als Niedertarifarbeit NT abgefragt. Für beide Resevearten wird die jeweils bestellte Leistung und bei der Kurzzeitreserve zusätzlich die Leistungshöhe der einzelnen Inanspruchnahmen abgefragt. Dadurch läßt sich unter Berücksichtigung vertraglich vereinbarter Zeitbegrenzungen die Zahl der Inanspruchnahmen n nach folgender Gleichung bestimmen:

$$n = \frac{\sum_{i=1}^{n^*} P_{K,i}}{P_{KB}} \qquad (10.2.11)$$

Als Ergebnisse werden alle Einzelkosten für die Leistung und Arbeit sowie die Gesamtkosten und der Durchschnittspreis ausgegeben. Falls vor dem Aufruf der Reservestromberechnung zuvor eine Leistungspreisregelung L55 oder L120 berechnet wurde, erscheinen in einem abschließenden Ausdruck unter der Bezeichnung R+Zu-Kosten die Gesamtkosten aus Vollstrombezug und Reservestrombezug. (Dieser Wert wird als Summenwert aus dem vorherigen Inhalt von STO 00 errechnet).

a) Eingabedialog

```
          XEQ "RESERVE"
R-ARBEIT? HT:
     2.612.736,00     RUN
R-ARBEIT? NT:
     2.225.664,00     RUN
BESTELLTE PK? KW:
         1.000,00     RUN
KURZZEIT P? KW:
           500,00     RUN
KURZZEIT P? KW:
           600,00     RUN
KURZZEIT P? KW:
           300,00     RUN
KURZZEIT P? KW:
             0,00     RUN
BESTELLTE PL? KW:
         4.500,00     RUN
```

b) Ergebnisausdruck

```
KURZZEITRESERVE
1,40 FAELLE
LEISTUNGSKOSTEN
DM: 20.772,90
LANGZEITRESERVE
LEISTUNGSKOSTEN
DM: 584.237,81
ARBEITSKOSTEN
DM: 648.908,89
GESAMTKOSTEN
DM: 1.253.919,61
BONUS
DM: 44.012,58
ENTGELT
DM: 1.209.907,03

PFG/KWH: 25,01

R+ZU-KOSTEN
DM: 1.209.907,03
```

10.2.7 Benutzer-Identifikation

Programmstart über Taste [35] (STROM)

Über diese Programmvariante kann eine Benutzer-Identifikation aufgerufen werden. Mit dem Zustand der Flags 6 bis 8 werden die im Programm eingebenen Benennungen unterschiedlicher Benutzer ausgedruckt.

Beispiel:

```
                SF 06
          XEQ "STROM"
EVU
AACHEN
XX/NAME 1
```

10.2.8 Datenspeicherauszug und Tastenzuordnungen

Das Programm benötigt einen Datenspeicherbereich von 52 Speicherregister. Davon sind die Register STO 0 bis STO 16 und STO 19 als Arbeits- und Ergebnisspeicher vorgesehen. Im einzelnen sind in den Registern die in Tabelle 10.2 angebenen Datenarten zugeordnet. Aus der Tabelle ist zu entnehmen, daß der mitgeführte Taschenrechner auch als Spickzettel aller strompreisbildenden Daten wie Preiszonen, Nennpreise, Preisanpassungsfaktoren und Boni dienen kann. Ein Speicherauszug kann durch die Anweisung XEQ "PRREG" für den gesamten definierten Speicherbereich oder durch Eingabe der Anfangsadresse nur für einen bestimmten Block mit der Anweisung XEQ "PRREGX" abgerufen werden. Z.B. Speicherausdruck von STO 42 bis STO 51.

Die Speicher STO 17 bis STO 40, mit Ausnahme der Reservespeicher, sind mit zwei verschiedenen Größen doppelt in Form einer Pseudo-Dezimalzahl belegt. Der Vorkomma-Anteil bedeutet eine kWh-Menge und der Nachkomma-Anteil gibt den zugehörigen Preis in DM/kWh an. Bei der Verwendung dieser Werte im Programm müssen die beiden unterschiedlichen physikalischen Größen durch die Anweisungen gemäß Tabelle 10.2.1 separiert werden.

Tabelle 10.2.1 Separierung doppelt belegter Register

	Stack-Register			
Anweisung	x	y	Z	T
RCL nn	a,b			
INT	a			
LAST x	a,b			
FRC	b	a		

Tabelle 10.2.2 Speicherbelegung zum Programm Strompreisberechnung in der elektrischen Energieversorgung

STO 00	Hilfsspeicher, Entgelt 1			
STO 01	Gesamtstromverbrauch V_{ges} in kWh			
STO 02	HT-Gesamtverbrauch V_{HT} in kWh			
STO 03	NT-Gesamtverbrauch V_{NT} in kWh			
STO 04	aktueller Kohlepreis a) bzw. HT-Reservearbeit b) u. c)			
STO 05	aktueller Lohnsatz a) bzw. NT-Reservearbeit b) u. c)			
STO 06	Sommeranteil in % bzw. Inanspruchnahmen			
STO 07	Jahreshöchstleistung P_{max} in kW bzw. Summe der Kurzzeitreserveleistungen			
STO 08	Vorhalteleistung in kVA bzw. bestellte Kurzzeitreserveleistung			
STO 09	Blindstrommehrverbrauch in kvar bzw. bestellte Langzeitreserveleistung			
STO 10	Divisor für Benutzungsstunden			
STO 11	Gesamtrabatt in % bzw. Kosten der Kurzzeitreserveleistung			
STO 12	Leistungskosten in DM bzw. Kosten der Langzeitreserveleistung			
STO 13	Arbeitskosten in DM			
STO 14	Kosten für nicht erreichte Ausnutzung der Leistungsvorhaltung			
STO 15	Hilfsspeicher, Nachtanteil in % bzw. gesamte Reservearbeit			
STO 16	Hilfsspeicher			
STO 17	Zonenbreite, Arbeitspreise 1. Zone:	24.000,175		
STO 18	(altern. mit Flag 0-Anzeige):	24.000,150		
STO 19	Hilfsspeicher, Benutzungsdauer			
STO 20	Zonenbreite, Arbeitspreis 2. Zone:	180.000,135		Z
STO 21	Zonenbreite, Arbeitspreis 3. Zone:	780.000,120		
STO 22	Arbeitspreis 4. Zone:	0,108		
STO 23	Nennpreis-Faktor c)	1,020		
STO 24	Zonenbreite, Arbeitspreis 1. Zone:	240.000,088		
STO 25	Zonenbreite, Arbeitspreis 2. Zone:	2.760.000,081	HT	
STO 26	Arbeitspreis 3. Zone:	0,074		
STO 27	Umweltschutzkosten-Aufschlag c)	5,000		
- - -	- - -	- - -		L 55
STO 28	Zonenbreite, Arbeitspreis 1. Zone:	240.000,052		
STO 29	Zonenbreite, Arbeitspreis 2. Zone:	2.760.000,048	NT	
STO 30	Arbeitspreis 3. Zone:	0,044		
STO 31	Umweltschutzkosten-Begrenzung c)	0,008		
STO 32	Zonenbreite, Arbeitspreis 1. Zone:	240.000,066		
STO 33	Zonenbreite, Arbeitspreis 2. Zone:	600.000,058		
STO 34	Zonenbreite, Arbeitspreis 3. Zone:	3.960.000,050	HT	
STO 35	Arbeitspreis 4. Zone:	0,046		
STO 36	aktueller Kohlepreis b) u. c)	276,500		
- - -	- - -	- - -		L 120
STO 37	Zonenbreite, Arbeitspreis 1. Zone:	240.000,039		
STO 38	Zonenbreite, Arbeitspreis 2. Zone:	600.000,034		
STO 39	Zonenbreite, Arbeitspreis 3. Zone:	3.960.000,029	NT	
STO 40	Arbeitspreis 4. Zone:	0,027		
STO 41	aktueller Lohnsatz b) u. c)	14,710		

			Juli 84	Juli 85
STO 42	Preisanpassungsfaktor Z:	f_Z	2,118962	2,143728
STO 43	Leistungspreisfaktor L55:	$f_{L,L55}$	1,574766	2,024299
STO 44	Arbeitspreisfaktor L55:	$f_{A,L55}$	2,312906	2,331481
STO 45	Leistungspreisfaktor L120:	$f_{L,L120}$	1,732075	1,768224
STO 46	Arbeitspreisfaktor L120:	$f_{A,L120}$	2,506849	2,519233
STO 47	Bonus Z-Preisregelung in %:		2,51	
STO 48	Bonus L55-Preisregelung in %:		3,01	
STO 49	Bonus L120-Preisregelung in %:		3,51	
STO 50	Kohlepreis zum 1.1.1969:	66,50	entfällt bei Variante b) u. c)	
STO 51	Lohnsatz zum 1.1.1969:	4,28		

Tastenzuordnung

Alle im Bild 10.2.1 angebebenen Programmvarianten sind einzelnen Tasten zugeordnet. Die Zuordnung kann über die Anweisung XEQ "PRKEYS" gemäß Tabelle 10.2.3 abgerufen werden:

Tabelle 10.2.3 Tastenzuordnungen des Programms "STROM"

Variante a)		Variante b)
PRKEYS		PRKEYS
USER KEYS:		USER KEYS:
11 "Z"		11 "Z"
-11 "Z %"		-11 "Z %"
12 "L55"		12 "L55"
13 "L120"		13 "L120"
14 "MUSTER"		14 "MUSTER"
15 "L36"		15 "L36"
21 "BR-Z"		21 "BR-Z"
-21 "AN"	← Änderung ab Zeile 657 →	-21 "RESERVE"
22 "BR-L55"		22 "BR-L55"
23 "BR-L12"		23 "BR-L12"
-23 %CH		-23 %CH
24 "J-AUS"		24 "J-AUS"
-24 XROM "PRPLOT"		-24 XROM "PRPLOT"
25 "ZONE"		25 "ZONE"
-25 "FAKTOR"		-25 "FAKTOR"
35 "STROM"		35 "STROM"

10.2.9 Programmbeschreibung "STROM"

Die Anweisungslisten der beiden Varianten des Programms "STROM" sind in den Tabellen 10.2.4 bis 10.2.6 angegeben. Die beiden Programmvarianten sind bis zur Zeile 552 identisch. In dem Unterprogramm "FAKTOR" sind aus Gründen der Speicherplatzersparnis lediglich die Speicheraufrufe RCL 50 und RCL 51 durch die entsprechenden Festwerte 66,50 bzw. 4,28 ersetzt sowie die Speicher STO 04 durch STO 36 und STO 05 durch STO 41 aus Gründen der Reproduzierbarkeit ersetzt. Das Programm umfaßt insgesamt 693 (784) Anweisungszeilen und benötigt 1.611 (1.844) Bytes Speicherplatz. Es beginnt in Zeile 01 mit dem Label "STROM" als Startadresse für den Bearbeiter-Identifikationsaufruf. Mit dem Label "MUSTER" in Zeile 18 beginnt die Programmvariante zur Berechnung der Musterstrompreisregelungen unter den Bezeichnungen L55, L120 und Z. Für die Einzelaufrufe dieser Preisregelungen sind die entsprechend zugeordneten Startadressen in den Programmzeilen 52 für L55, 55 für L120 und 28 für Z bzw. 36 für Z % vorgesehen. In der Programmzeile 657 beginnt bei der Variante a) das Annuitäten-Unterprogramm mit LBL "AN" und bei der Variante b) das Reservestrom-Unterprogramm mit LBL "RESERVE".

In Zeile 60 wird das Unterprogramm LBL 11 von Zeile 294 bis 353 zur regenerierenden Dialogeingabe der Eingabevariablen aufgerufen. Die Steuerung des Eingabedialogs erfolgt nach Maßgabe der Flags 01, 03 und 05. In Zeile 63 wird der prozentuale Nachtanteil der elektrischen Arbeit nach STO 15 abgespeichert. Das Unterprogramm LBL 15 von Zeile 170 bis 174 dient zum Ausdruck mit doppelter Schriftbreite bei gesetztem Flag 12. Mit den Unterprogrammaufrufen XEQ 05 in Zeile 76 und XEQ 13 in Zeile 77 wird die Benutzungsdauer bestimmt und in Zeile 314 nach STO 19 abgespeichert.

Zur Berechnung der vertragsspezifischen Benutzungsdauerrabatte gemäß den Gln.(10.2.1 bis 10.2.3) sind die Unterprogramme "BR-Z" (Zeile 201), "BR-L55" (Zeile 220) und "BR-12" (Zeile 231) vorgesehen. Diese Unterprogramme können auch als eigenständige Programme über entsprechend zugeordnete Tasten aufgerufen werden. Mit dem Sommeranteil im X-Register wird in Zeile 102 das Unterprogramm zur Berechnung des Jahresausgleiches aufgerufen. Die Summierung der einzelnen Rabatt-Komponenten erfolgt in STO 11.

Durch die Flag 02-Abfrage in Zeile 109 verzweigt sich die Programmbearbeitung für die Variante L55 nach LBL 00 in Zeile 155. Mit den Anweisungen von Zeile 156 bis 167 wird der gesamte Leistungspreis ermittelt und nach STO 12 abgespeichert. Nach einem Programmsprung zu dem LBL 16 in Zeile 388 wird die Arbeitspreisberechnung für die beiden Zeitbereiche Hochtarifzeit HT und Niedertarifzeit NT durchgeführt. Das Unterprogramm LBL 14 in Zeile 442 bis Zeile 446 dient als Hilfsprogramm zur Festlegung der Anfangsspeicheradresse für das Unterprogramm "ZONE". Die Summe der Arbeitskosten wird in STO 13 ermittelt. In Zeile 415 wird das Unterprogramm LBL "BL" zur Berechnung der Blindstromkosten aufgerufen. Falls die geforderte Ausnutzung der vorgehaltenen Leistung nicht gegeben ist, werden ab Zeile 419 bis Zeile 425 die Kosten für die Leistungsvorhaltung ermittelt und nach STO 14 abgespeichert. Die Ergebnisausgabe wird mit dem Sprung nach LBL 07 ab Zeile 459 eingeleitet.

Mit LBL "FAKTOR" in Zeile 552 beginnt die Berechnung der Preisanpassungsfaktoren gemäß der Gl.(10.2.6 bis 10.2.10).

In Zeile 627 wird abgefragt, ob die errechneten Preisanpassungsfaktoren als neue Werte abgespeichert werden sollen. Falls dies der Fall ist, wird Flag 0 gesetzt und das Programm zur Sicherung gegenüber unbeabsichtigten Änderungen erneut aufgerufen. Falls nun die Abfragen nach den Kohle- und Lohndaten durch Betätigung der R/S-Taste quittiert werden, erfolgt in Zeile 644 die indirekte Abspeicherung der neuen Werte in die durch den Inhalt von STO 00 gegebene Speicheradresse.

Von Zeile 657 bis 693 ist bei der Variante a) noch das Programmsegment zur Annuitäten- und Barwertberechnung (gemäß Abschnitt 5) angehängt. Für die Barwertberechnung ist Flag 00 vor den Programmaufruf zu setzen.

Bei der Variante b) beginnt in Zeile 657 das Programmsegment für die Berechnung eines Reservestrombezuges mit LBL "RESERVE" gemäß Tabelle 10.2.5. Der Eingabebereich reicht bis Zeile 708. In einer Programmschleife ab LBL 18 in Zeile 681 bis GTO 18 in Zeile 686 werden die einzelnen Leistungen der Kurzzeitreserve-Inanspruchnahmen in STO 07 aufaddiert. Die gemäß Gl.(10.2.11) ermittelte Anzahl wird in Zeile 692 nach STO 06 abgespeichert. Falls die Anzahl der Inanspruchnahmen über 10 liegt, wird noch ein Zuschlag von 0,4 DM/kW je weitere volle Inanspruchnahme hinzugefügt und der Gesamtbetrag in Zeile 700 nach STO 11 mit Hilfe einer indirekten Addition abgespeichert.

Mit den Anweisungen 714 bis 717 wird die Benutzungsdauer für die Langzeitreserve-Inanspruchnahme berechnet und nach STO 10 abgespeichert. Die Sequenz von Zeile 724 bis 731 dient der Aufrundung des jeweils angebrochenen weiteren 5 Stundenquantes. Der Leistungspreis für die Langzeitreserve wird mit den Anweisungen von Zeile 738 bis 741 auf einen Nennpreis von 132,-- DM/kW begrenzt.

Die Verrechnungspreise werden von Zeile 744 bis 757 mit Hilfe der in STO 45 und STO 46 abgespeicherten Preisanpassungsfaktoren für die Leistung und die Arbeit berechnet. Für die Ergebnisausgaben werden wieder die entsprechenden Unterprogramme LBL 08 und LBL 04 innerhalb des Gesamtprogramms aufgerufen. Für die Ermittlung der Gesamtkosten im Rahmen einer R+Zu-Preisregelung wird vorausgesetzt, daß zuvor die entsprechende Variante einer Zusatzstromberechnung aufgerufen wurde, so daß in STO 00 der daraus resultierende Betrag abgespeichert war.

Tabelle 10.2.4 Anweisungsliste des Programms "STROM"

```
01♦LBL "STROM"
 02 SF 12
 03 "EVU"
 04 AVIEW
 05 "AACHEN"
 06 AVIEW
 07 CLA
 08 CF 12
 09 FS? 06
10 "XX/NAME 1"
 11 FS? 07
12 "XX/NAME 2"
 13 FS? 08
14 "XX/NAME 3"
 15 AVIEW
 16 ADV
 17 RTN

18♦LBL "MUSTER"
 19 XEQ "STROM"
 20 SF 04
 21 XEQ "L55"
 22 ADV
 23 XEQ "L120"
 24 ADV
 25 XEQ "Z"
 26 CF 04
 27 RTN

 28♦LBL "Z"
 29 SF 01
 30 FS? 04
 31 GTO 00
 32 RCL 01
33 "GESAMT KWH?"
 34 PROMPT
 35 STO 01

 36♦LBL "Z %"
 37 XEQ 10
 38 FS? 01
 39 GTO 01
 40 RCL 07
 41 RCL 19
 42 *
 43 STO 01

 44♦LBL 01
 45 RCL 01
 46 STO 02
 47 RCL 15
 48 %
 49 STO 03
 50 ST- 02
 51 GTO 00

 52♦LBL "L55"
 53 SF 02
 54 GTO 03

 55♦LBL "L120"
 56 SF 03
 57 FS? 04
 58 GTO 01

 59♦LBL 03
 60 XEQ 11
 61 RCL 03
 62 XEQ 06
 63 STO 15

 64♦LBL 01
 65 FS? 03
 66 GTO 01
 67 "L55:"
 68 GTO 03

 69♦LBL 01
 70 "L120:"

 71♦LBL 03
 72 XEQ 15
 73 ,63
 74 FS? 02
 75 ,54
 76 XEQ 05
 77 XEQ 13
 78 FS? 03
 79 GTO 01
 80 XEQ "BR-L55"
 81 GTO 03

 82♦LBL 01
 83 XEQ "BR-L12"
 84 RCL 45
 85 GTO 16

 86♦LBL 00
 87 "Z:"
 88 XEQ 15
 89 RCL 07
 90 XEQ 13
 91 SF 01
 92 XEQ "BR-Z"
 93 RCL 15
 94 INT
 95 ,3
 96 *
 97 "N-RAB%: "
 98 XEQ 12
 99 ST+ 11
100♦LBL 03
101 RCL 06
102 XEQ "J-AUS"
103 ST+ 11
104 "GESAMTRABATT"
105 AVIEW
106 "%: "
107 ARCL 11
108 AVIEW
109 FS? 02
110 GTO 00
111 XEQ 09
112 X>0?
113 GTO 01
114 1 E3
115 RCL 19
116 X>Y?
117 SF 00

118♦LBL 01
119 RCL 17
120 FS? 00
121 RCL 18
122 STO 19
123 RCL 01
124 19
125 XEQ "ZONE"
126 RCL 42
127 *
128 STO 13
129 XEQ 04
130 RCL 11
131 %
132 -
133 STO 00
134 XEQ "BL"
135 RCL 14
136 X<0?
137 GTO 07
138 54
139 RCL 42
140 *
141 RCL 08
142 *
143 RCL 01
144 LASTX
145 ,9
146 *
147 /
148 INT
149 ,1
150 *
151 %
152 -
153 STO 14
154 GTO 17
155♦LBL 00
156 50,11
157 STO 12
158 50,075
159 STO 13
160 ,055
161 STO 14
162 RCL 00
163 12
```

```
164 XEQ "ZONE"
165 1 E3
166 *
167 STO 12
168 RCL 43
169 GTO 16

170♦LBL 15
171 SF 12
172 AVIEW
173 CF 12
174 RTN

175♦LBL "ZONE"
176 STO 00
177 CLX

178♦LBL 02
179 X<>Y
180 RCL IND 00
181 FRC
182 X<>Y
183 LASTX
184 INT
185 X≠0?
186 X>Y?
187 GTO 03
188 X<>Y
189 RDN
190 ST- T
191 *
192 +
193 ISG 00
194 BEEP
195 GTO 02

196♦LBL 03
197 RDN
198 *
199 +
200 RTN
201♦LBL "BR-Z"
202 0
203 X<>Y
204 500
205 FIX 1
206 X>Y?
207 GTO 00
208 -
209 25
210 /
211 INT
212 10
213 /
214 4
215 +
216 14
217 X>Y?
218 X<>Y
219 GTO 01

220♦LBL "BR-L55"
221 0
222 X<>Y
223 3 E3
224 FIX 1
225 X>Y?
226 GTO 00
227 %CH
228 -5
229 /
230 GTO 01

231♦LBL "BR-L12"
232 0
233 X<>Y
234 4 E3
235 FIX 2
236 X>Y?
237 GTO 00
238 -
239 3
240 *
241 INT
242 1 E3
243 /

244♦LBL 01
245 RND
246 STO Z
247♦LBL 00
248 RCL Z
249 "B-RAB%: "
250 XEQ 12
251 STO 11
252 RTN
253♦LBL "J-AUS"
254 FIX 1
255 STO Z
256 40
257 -
258 X>0?
259 GTO 00
260 60
261 RCL T
262 -
263 GTO 01

264♦LBL 00
265 RCL T
266 2
267 /

268♦LBL 01
269 /
270 600
271 *
272 INT
273 1
274 %
275 RND
276 "J-AUS%: "
277 XEQ 12
278 RTN

279♦LBL 03
280 FC?C 00
281 GTO 00
282 "⊢KOSTEN"
283 AVIEW

284♦LBL 00
285 FIX 2
286 "DM: "
287♦LBL 12
288 FS? 23
289 RTN
290 ARCL X
291 AVIEW
292 PSE
293 RTN

294♦LBL 11
295 RCL 02
296 "HT-VERBRAUCH"
297 PROMPT
298 STO 02
299 STO 01
300 RCL 03
301 "HT-VERBRAUCH"
302 PROMPT
303 STO 03
304 ST+ 01
305 FS? 05
306 GTO 03
307 GTO 01

308♦LBL 10
309 FS? 01
310 GTO 00
311 CLX
312 "STUNDEN?"
313 PROMPT
314 STO 19

315♦LBL 00
316 RCL 15
317 "NACHT%?"
318 PROMPT
319 STO 15

320♦LBL 01
321 FS? 03
322 GTO 03
323 RCL 06
324 "SOMMER%?"
325 PROMPT
326 STO 06
```

```
327♦LBL 03
328 RCL 07
329 "P MAX KW?"
330 PROMPT
331 STO 07
332 FS? 05
333 GTO 00
334 "DIVISOR?"
335 PROMPT

336♦LBL 00
337 STO 10
338 RCL 08
339 "VOR. KVA?"
340 PROMPT
341 STO 08
342 FC? 05
343 GTO 00
344 0,63
345 *
346 STO 10

347♦LBL 00
348 RCL 09
349 "BLIND-M?"
350 PROMPT
351 STO 09
352 ADV
353 RTN
354♦LBL 13
355 RCL 10
356 X>Y?
357 GTO 01
358 X<>Y

359♦LBL 01
360 RCL 01
361 RCL Y
362 /
363 STO 19
364 FIX 0
365 INT
366 "B. STUNDEN "
367 XEQ 12
368 ADV
369 RTN

370♦LBL 05
371 RCL 08
372 *
373 RCL 07
374 X<=Y?
375 X<>Y
376 FS? 02
377 GTO 01
378 FS?C 05
379 GTO 01
380 120
381 STO 12
382 X<=Y?
383 X<>Y

384♦LBL 01
385 STO 00
386 ST* 12
387 RTN

388♦LBL 16
389 ST* 12
390 RCL 02
391 24
392 32
393 XEQ 14
394 XEQ "ZONE"
395 STO 13
396 RCL 03
397 28
398 37
399 XEQ 14
400 XEQ "ZONE"
401 ST+ 13

402♦LBL 01
403 XEQ 09
404 RCL 44
405 RCL 46
406 XEQ 14
407 ST* 13
408 ST* 14
409 XEQ 04
410 +
411 RCL 11
412 %
413 -
414 STO 00
415 XEQ "BL"
416 RCL 14
417 X<0?
418 GTO 07
419 RCL 30
420 RCL 40
421 XEQ 14
422 *
423 ,7
424 *
425 STO 14

426♦LBL 17
427 "L-VORHALTE"
428 SF 00
429 XEQ 08
430 ST+ 00
431 GTO 07

432♦LBL 09
433 RCL 08
434 900
435 *
436 FS? 03
437 ST+ X
438 RCL 01
439 -
440 STO 14
441 RTN

442♦LBL 14
443 FS? 03
444 X<>Y
445 RDN
446 RTN

447♦LBL "BL"
448 RCL 01
449 /
450 RCL 09
451 *
452 15
453 %
454 "BLINDSTROM"
455 SF 00
456 XEQ 08
457 ST+ 00
458 RTN

459♦LBL 07
460 RCL 00
461 "GESAMT"
462 SF 00
463 XEQ 08
464 FS?C 01
465 RCL 47
466 FS?C 02
467 RCL 48
468 FS?C 03
469 RCL 49
470 %
471 "BONUS"
472 AVIEW
473 XEQ 08
474 -
475 STO 00
476 "ENTGELT"
477 XEQ 15
478 XEQ 08
479 XEQ 06
480 ADV
481 "PFG/KWH: "
482 XEQ 12
483 BEEP
484 ADV
485 RTN

486♦LBL 06
487 RCL 01
488 /
489 1 E2
490 *
491 RTN

492♦LBL "L36"
493 SF 03
494 SF 05
```

```
495 XEQ 11
496 "L36:"
497 XEQ 15
498 36
499 STO 12
500 RCL 07
501 XEQ 13
502 LASTX
503 50
504 /
505 6
506 X>Y?
507 GTO 00
508 -
509 INT
510 LASTX
511 FRC
512 X≠0?
513 ISG Y
514 CLX
515 RCL Y
516 5
517 *
518 ST+ 12

519♦LBL 00
520 ,63
521 XEQ 05
522 RCL 45
523 ST* 12
524 RCL 02
525 ,08
526 *
527 RCL 03
528 ,045
529 *
530 +
531 RCL 46
532 *
533 STO 13
534 XEQ 04
535 +
536 STO 00
537 XEQ "BL"
538 GTO 07

539♦LBL 04
540 FS? 01
541 GTO 00
542 "LEISTUNGS"
543 SF 00
544 RCL 12
545 XEQ 08

546♦LBL 00
547 "ARBEITS"
548 SF 00
549 RCL 13
550 XEQ 08
551 RTN

552♦LBL "FAKTOR"
553 42
554 STO 00
555 RCL 04
556 "KOHLE? DM/T:"
557 PROMPT
558 STO 04
559 RCL 50
560 /
561 STO 02
562 RCL 05
563 "LOHN? DM/H:"
564 PROMPT
565 STO 05
566 RCL 51
567 /
568 STO 03
569 RCL 02
570 +
571 ,2
572 *
573 ,6
574 +
575 FIX 6
576 ADV
577 "PREISANPASSUNGS"
578 "⊢FAKTOREN:"
579 AVIEW
580 ADV
581 "Z: "
582 XEQ 15
583 "A"
584 XEQ 00
585 ADV
586 ,4
587 *
588 ,6
589 +
590 "L55:"
591 XEQ 15
592 "P"
593 XEQ 00
594 ,15
595 *
596 RCL 02
597 ,3
598 *
599 +
600 ,55
601 +
602 "A"
603 XEQ 00
604 ADV
605 ,3
606 *
607 ,7
608 +
609 "L120:"
610 XEQ 15
611 "P"
612 XEQ 00
613 ,1
614 *
615 RCL 02
616 ,4
617 *
618 +
619 ,5
620 +
621 "A"
622 XEQ 00
623 FS? 00
624 GTO 01
625 CLX
626 ADV
627 "SPEICHERN? JA=1"
628 PROMPT
629 1
630 X≠Y?
631 GTO 01
632 SF 00
633 GTO "FAKTOR"

634♦LBL 01
635 CF 00
636 RTN

637♦LBL 00
638 "⊢ = "
639 FIX 6
640 RND
641 ARCL X
642 "⊢ <"
643 FS? 00
644 STO IND 00
645 RCL IND 00
646 X<>Y
647 %CH
648 FIX 2
649 ARCL X
650 "⊢ %>"
651 AVIEW
652 PSE
653 ISG 00
654 BEEP
655 RCL 03
656 RTN

657♦LBL "AN"
658 RCL 10
659 "DM?"
660 PROMPT
661 STO 10
662 RCL 09
663 "ZINS? %:"
664 PROMPT
665 STO 09
666 RCL 08
667 "ZEIT? JAHRE:"
668 PROMPT
```

```
669 STO 08
670 RCL 09
671 1 E2
672 /
673 STO 11
674 1
675 +
676 RCL 08
677 Y↑X
678 ST* 11
679 1
680 -
681 ST/ 11
682 RCL 10
683 RCL 11
684 "ANNUITAET"
685 FS? 00
686 "BARWERT"
687 AVIEW
688 FS? 00
689 1/X
690 *
691 CF 00
692 XEQ 08
693 END
```

```
FIX 6
PRREG
```

```
R00=  1.586.122,663
R01=  10.000.000,00
R02=  6.000.000,000
R03=  4.000.000,000
R04=  822.936,0000
R05=  863.052,0000
R06=  60,000000
R07=  2.400,000000
R08=  3.000,000000
R09=  100.000,0000
R10=  2.400,000000
R11=  30,000000
R12=  498.549,6000
R13=  2.320.746,513
R14= -7.300.000,000
R15=  40,000000
R16=  3,333333
R17=  24.000,17500
R18=  24.000,15000
R19=  24.000,15000
R20=  180.000,1350
R21=  780.000,1200
R22=  0,108000
R23=  0,080000
R24=  240.000,0880
R25=  2.760.000,031
R26=  0,074000
R27=  0,066000
R28=  240.000,0520
R29=  2.760.000,048
R30=  0,044000
R31=  0,039000
R32=  240.000,0660
R33=  600.000,0580
R34=  3.960.000,050
R35=  0,046000
R36=  276,500000
R37=  240.000,0390
R38=  600.000,0340
R39=  3.960.000,029
R40=  0,027000
R41=  14,710000
R42=  2,118962
R43=  1,974766
R44=  2,312906
R45=  1,731075
R46=  2,506849
R47=  2,510000
R48=  3,010000
R49=  3,510000
```

```
GTO ..
PACKING
CAT 1
LBL'STROM
LBL'MUSTER
LBL'Z
LBL'Z %
LBL'L55
LBL'L120
LBL'ZONE
LBL'BR-Z
LBL'BR-L55
LBL'BR-L12
LBL'J-AUS
LBL'BL
LBL'L36
LBL'FAKTOR
LBL'AN
END          1611 BYTES
.END.        06 BYTES
```

```
PRKEYS

USER KEYS:
 11 "Z"
-11 "Z %"
 12 "L55"
 13 "L120"
 14 "MUSTER"
 15 "L36"
 21 "BR-Z"
-21 "AN"
 22 "BR-L55"
 23 "BR-L12"
-23 %CH
 24 "J-AUS"
 25 "ZONE"
-25 "FAKTOR"
 35 "STROM"
```

Tabelle 10.2.6 Anweisungsliste der Version R+Zu des Programms "STROM"

```
657♦LBL "RESERVE"
658 RCL 04
659 "R-ARBEIT? HT:"
660 PROMPT
661 STO 04
662 RCL 05
663 "R-ARBEIT? NT:"
664 PROMPT
665 STO 05
666 RCL 04
667 +
668 STO 01
669 CLX
670 STO 06
671 STO 11
672 STO 12
673 "BESTELLTE PK? K"
674 "⊦W:"
675 PROMPT
676 STO 08
677 X=0?
678 GTO 00
679 CLX
680 STO 07

681♦LBL 18
682 "KURZZEIT P? KW:
683 PROMPT
684 ST+ 07
685 X>0?
686 GTO 18
687 12
688 STO 11
689 RCL 07
690 RCL 08
691 /
692 STO 06
693 INT
694 10
695 X>Y?
696 GTO 01
697 -
698 ,4
699 *
700 ST+ 11
701♦LBL 01
702 RCL 08
703 ST* 11

704♦LBL 00
705 CLX
706 "BESTELLTE PL? K"
707 "⊦W:"
708 PROMPT
709 STO 09
710 X=0?
711 GTO 01
712 36
713 STO 12
714 RCL 01
715 RCL 09
716 /
717 STO 10
718 300
719 -
720 X<=0?
721 GTO 01
722 5
723 /
724 INT
725 LASTX
726 FRC
727 X=0?
728 GTO 00
729 CLX
730 1
731 ST+ Y

732♦LBL 00
733 RCL Y
734 ,25
735 *
736 ST+ 12

737♦LBL 01
738 RCL 12
739 132
740 X>Y?
741 X<>Y
742 RCL 09
743 *
744 RCL 45
745 ST* 11
746 *
747 STO 12
748 RCL 04
749 ,065
750 *
751 RCL 05
752 ,04
753 *
754 +
755 RCL 46
756 *
757 STO 13
758 ADV
759 RCL 11
760 "KURZZEITRESERVE"
761 AVIEW
762 CLA
763 ARCL 06
764 "⊦ FAELLE"
765 AVIEW
766 "LEISTUNGS"
767 SF 00
768 XEQ 08
769 "LANGZEITRESERVE"
770 AVIEW
771 XEQ 04
772 +
773 +
774 X<> 00
775 CF 01
776 SF 03
777 XEQ 07
778 CLX
779 X<> 00
780 +
781 "R+ZU-"
782 SF 00
783 XEQ 08
784 END
```

Tabelle 10.2.5 Anweisungsliste der R+Zu-Ergänzung

```
 01♦LBL "STROM"
SF 12  "EVU"  AVIEW
"AACHEN"  AVIEW  CLA
CF 12  FS? 06
"XX/NAME 1"  FS? 07
"XX/NAME 2"  FS? 08
"XX/NAME 3"  AVIEW  ADV
RTN

 18♦LBL "MUSTER"
XEQ "STROM"  SF 04
XEQ "L55"  ADV
XEQ "L120"  ADV  XEQ "Z"
CF 04  RTN

 28♦LBL "Z"
SF 01  FS? 04  GTO 00
RCL 01  "GESAMT KWH?"
PROMPT  STO 01

 36♦LBL "Z %"
XEQ 10  FS? 01  GTO 01
RCL 07  RCL 19  *
STO 01

 44♦LBL 01
RCL 01  STO 02  RCL 15
%  STO 03  ST- 02
GTO 00

 52♦LBL "L55"
SF 02  GTO 03

 55♦LBL "L120"
SF 03  FS? 04  GTO 01

 59♦LBL 03
XEQ 11  RCL 03  XEQ 06
STO 15

 64♦LBL 01
FS? 03  GTO 01  "L55:"
GTO 03

 69♦LBL 01
"L120:"

 71♦LBL 03
XEQ 15  ,63  FS? 02  ,54
XEQ 05  XEQ 13  FS? 03
GTO 01  XEQ "BR-L55"
GTO 03

 82♦LBL 01
XEQ "BR-L12"  RCL 45
GTO 16

 86♦LBL 00
"Z:"  XEQ 15  RCL 07
XEQ 13  SF 01
XEQ "BR-Z"  RCL 15  INT
,3  *  "N-RAB%: "
XEQ 12  ST+ 11

100♦LBL 03
RCL 06  XEQ "J-AUS"
ST+ 11  "GESAMTRABATT"
AVIEW  "%: "  ARCL 11
AVIEW  FS? 02  GTO 00
XEQ 09  X>0?  GTO 01
1 E3  RCL 19  X>Y?
SF 00

118♦LBL 01
RCL 17  FS? 00  RCL 18
STO 19  RCL 01  19
XEQ "ZONE"  RCL 42  *
STO 13  XEQ 04  RCL 11
%  -  STO 00  XEQ "BL"
RCL 14  X<0?  GTO 07  54
RCL 42  *  RCL 08  *
RCL 01  LASTX  ,9  *  /
INT  ,1  *  %  -  STO 14
GTO 17

155♦LBL 00
50,11  STO 12  50,075
STO 13  ,055  STO 14
RCL 00  12  XEQ "ZONE"
1 E3  *  STO 12  RCL 43
GTO 16

170♦LBL 15
SF 12  AVIEW  CF 12  RTN

175♦LBL "ZONE"
STO 00  CLX

178♦LBL 02
X<>Y  RCL IND 00  FRC
X<>Y  LASTX  INT  X≠0?
X>Y?  GTO 03  X<>Y  RDN
ST- T  *  +  ISG 00
BEEP  GTO 02

196♦LBL 03
RDN  *  +  RTN

201♦LBL "BR-Z"
0  X<>Y  500  FIX 1
X>Y?  GTO 00  -  25  /
INT  10  /  4  +  14
X>Y?  X<>Y  GTO 01

220♦LBL "BR-L55"
0  X<>Y  3 E3  FIX 1
X>Y?  GTO 00  %CH  -5  /
GTO 01

231♦LBL "BR-L12"
0  X<>Y  4 E3  FIX 2
X>Y?  GTO 00  -  3  *
INT  1 E3  /

244♦LBL 01
RND  STO Z

247♦LBL 00
RCL Z  "B-RAB%: "
XEQ 12  STO 11  RTN
```

```
253♦LBL "J-AUS"
FIX 1  STO Z  40  -
X>0?  GTO 00  60  RCL T
-  GTO 01

264♦LBL 00
RCL T  2  /

268♦LBL 01
/  600  *  INT  1  %
RND  "J-AUS%: "  XEQ 12
RTN

279♦LBL 08
FC?C 00  GTO 00
"⊦KOSTEN"  AVIEW

284♦LBL 00
FIX 2  "DM: "

287♦LBL 12
FS? 23  RTN  ARCL X
AVIEW  PSE  RTN

294♦LBL 11
RCL 02  "HT-VERBRAUCH"
PROMPT  STO 02  STO 01
RCL 03  "NT-VERBRAUCH"
PROMPT  STO 03  ST+ 01
FS? 05  GTO 03  GTO 01

308♦LBL 10
FS? 01  GTO 00  CLX
"STUNDEN?"  PROMPT
STO 19

315♦LBL 00
RCL 15  "NACHT%?"
PROMPT  STO 15

320♦LBL 01
FS? 03  GTO 03  RCL 06
"SOMMER%?"  PROMPT
STO 06

327♦LBL 03
RCL 07  "P MAX KW?"
PROMPT  STO 07  FS? 05
GTO 00  "DIVISOR?"
PROMPT

336♦LBL 00
STO 10  RCL 08
"VOR. KVA?"  PROMPT
STO 08  FC? 05  GTO 00
0,63  *  STO 10

347♦LBL 00
RCL 09  "BLIND-M?"
PROMPT  STO 09  ADV  RTN

354♦LBL 13
RCL 10  X>Y?  GTO 01
X<>Y

359♦LBL 01
RCL 01  RCL Y  /  STO 19
FIX 0  INT
"B. STUNDEN "  XEQ 12
ADV  RTN

370♦LBL 05
RCL 08  *  RCL 07  X<=Y?
X<>Y  FS? 02  GTO 01
FS?C 05  GTO 01  120
STO 12  X<=Y?  X<>Y

384♦LBL 01
STO 00  ST* 12  RTN

388♦LBL 16
ST* 12  RCL 02  24  32
XEQ 14  XEQ "ZONE"
STO 13  RCL 03  28  37
XEQ 14  XEQ "ZONE"
ST+ 13

402♦LBL 01
XEQ 09  RCL 44  RCL 46
XEQ 14  ST* 13  ST* 14
XEQ 04  +  RCL 11  %  -
STO 00  XEQ "BL"  RCL 14
X<0?  GTO 07  RCL 30
RCL 40  XEQ 14  *  ,7  *
STO 14

426♦LBL 17
"L-VORHALTE"  SF 00
XEQ 08  ST+ 00  GTO 07

432♦LBL 09
RCL 08  900  *  FS? 03
ST+ X  RCL 01  -  STO 14
RTN

442♦LBL 14
FS? 03  X<>Y  RDN  RTN

447♦LBL "BL"
RCL 01  /  RCL 09  *  15
%  "BLINDSTROM"  SF 00
XEQ 08  ST+ 00  RTN

459♦LBL 07
RCL 00  "GESAMT"  SF 00
XEQ 08  FS?C 01  RCL 47
FS?C 02  RCL 48  FS?C 03
RCL 49  %  "BONUS"
AVIEW  XEQ 08  -  STO 00
"ENTGELT"  XEQ 15
XEQ 08  XEQ 06  ADV
"PFG/KWH: "  XEQ 12
BEEP  ADV  RTN

486♦LBL 06
RCL 01  /  1 E2  *  RTN

492♦LBL "L36"
SF 03  SF 05  XEQ 11
"L36:"  XEQ 15  36
STO 12  RCL 07  XEQ 13
LASTX  50  /  6  X>Y?
GTO 00  -  INT  LASTX
FRC  X≠0?  ISG Y  CLX
RCL Y  5  *  ST+ 12
```

```
519♦LBL 00
,63 XEQ 05 RCL 45
ST* 12 RCL 02 ,08 *
RCL 03 ,045 * +
RCL 46 * STO 13
XEQ 04 + STO 00
XEQ "BL" GTO 07

539♦LBL 04
FS? 01 GTO 00
"LEISTUNGS" SF 00
RCL 12 XEQ 08

546♦LBL 00
"ARBEITS" SF 00 RCL 13
XEQ 08 RTN
552♦LBL "FAKTOR"
42 STO 00 RCL 36
"KOHLE? DM/T:" PROMPT
STO 36 66,50 / STO 02
RCL 41 "LOHN? DM/H:"
PROMPT STO 41 4,28 /
STO 03 RCL 02 + ,2 *
,6 + FIX 6 ADV
"PREISANPASSUNGS"
"⊢FAKTOREN:" AVIEW ADV
"Z: " XEQ 15 "A"
XEQ 00 ADV ,4 * ,6
+ "L55:" XEQ 15 "P"
XEQ 00 ,15 * RCL 02
,3 * + ,55 + "A"
XEQ 00 ADV ,3 * ,7
+ "L120:" XEQ 15 "P"
XEQ 00 ,1 * RCL 02
,4 * + ,5 + "A"
XEQ 00 FS? 00 GTO 01
CLX ADV
"SPEICHERN? JA=1"
PROMPT 1 X≠Y? GTO 01
SF 00 GTO "FAKTOR"

634♦LBL 01
CF 00 RTN

637♦LBL 00
"⊢ = " FIX 6 RND
ARCL X "⊢ (" FS? 00
STO IND 00 RCL IND 00
X<>Y %CH FIX 2 ARCL X
"⊢ %)" AVIEW PSE
ISG 00 BEEP RCL 03
RTN

657♦LBL "RESERVE"
RCL 04 "R-ARBEIT? HT:"
PROMPT STO 04 RCL 05
"R-ARBEIT? NT:" PROMPT
STO 05 RCL 04 +
STO 01 CLX STO 06
STO 11 STO 12
"BESTELLTE PK? K" "⊢W:"
PROMPT STO 08 X=0?
GTO 00 CLX STO 07

681♦LBL 18
"KURZZEIT P? KW:"
PROMPT ST+ 07 X>0?
GTO 18 12 STO 11
RCL 07 RCL 08 /
STO 06 INT 10 X>Y?
GTO 01 - ,4 * ST+ 11

701♦LBL 01
RCL 08 ST* 11

704♦LBL 00
CLX "BESTELLTE PL? K"
"⊢W:" PROMPT STO 09
X=0? GTO 01 36 STO 12
RCL 01 RCL 09 /
STO 10 300 - X<=0?
GTO 01 5 / INT LASTX
FRC X=0? GTO 00 CLX
1 ST+ Y

732♦LBL 00
RCL Y ,25 * ST+ 12

737♦LBL 01
RCL 12 132 X>Y? X<>Y
RCL 09 * RCL 45
ST* 11 * STO 12
RCL 04 ,065 * RCL 05
,04 * + RCL 46 *
STO 13 ADV RCL 11
"KURZZEITRESERVE" AVIEW
CLA ARCL 06 "⊢ FAELLE"
AVIEW "LEISTUNGS"
SF 00 XEQ 08
"LANGZEITRESERVE" AVIEW
XEQ 04 + + X<> 00
CF 01 SF 03 XEQ 07
CLX X<> 00 + "R+ZU-"
SF 00 XEQ 08 END
```

```
                      CAT 1
LBL'STROM
LBL'MUSTER
LBL'Z
LBL'Z %
LBL'L55
LBL'L120
LBL'ZONE
LBL'BR-Z
LBL'BR-L55
LBL'BR-L12
LBL'J-AUS
LBL'BL
LBL'L36
LBL'FAKTOR
LBL'RESERVE
END         1844 BYTES
.END.       04 BYTES
```

```
                     PRKEYS
USER KEYS:
 11 "Z"
-11 "Z %"
 12 "L55"
 13 "L120"
 14 "MUSTER"
 15 "L36"
-15 "RESERVE"
 21 "BR-Z"
 22 "BR-L55"
 23 "BR-L12"
-23 %CH
 24 "J-AUS"
 25 "ZONE"
-25 "FAKTOR"
 35 "STROM"
```

10.2.10 Strompreisberechnung mit Umweltschutzkosten-Zuordnung

Aufgrund der am 01.07.1983 in Kraft getretenen Großfeuerungsanlagen-Verordnung (GFAVO) mit wesentlich verschärften Anforderungen an die Rauchgasreinigung der Kraftwerke durch Begrenzung der Halbstundenmittelwerte SO_2 auf 400 mg/m³ wurde die Nachrüstung der Braunkohle- und Steinkohle-Kraftwerke mit Rauchgasentschwefelungsanlagen bis zum 01.07.1988 erforderlich. Zur Finanzierung der Bau- und Betriebskosten dieser Anlagen (Bild 10.2.6) ist es für die betroffenen Versorgungsunternehmen erforderlich, den Strompreisen entsprechende Umweltschutzkostenanteile zuzuordnen. Diese Mehrkostenanteile werden im tariflichen Bereich mit ministerieller Genehmigung durch einen Aufschlag auf die Arbeits- und Grundpreise abgedeckt. Im Sondervertragskundenbereich mit den abnahmestrukturbedingten differenzierten Preisregelungen werden die anteiligen Kosten auch als prozentualer Aufschlag mit Begrenzung des Durchschnittspreisanstiegs auf einen fixierten Festwert weitergegeben.

Die programmtechnische Lösung einer solchen Regelung ist in Tabelle 10.2.7 angegeben. Dabei ist neben einem Umweltschutzkosten-Aufschlag (Prozentwert in STO 27) und dem frei wählbaren Durchschnittspreis-Begrenzungswert (Wert in STO 31 mit der Einheit DM/kWh) zusätzlich die Möglichkeit zur Variation der Nennpreise durch einen Nennpreisfaktor (Wert in STO 23) gegeben.

Bei Aufruf der einzelnen Strompreisberechnungsvarianten "Z", "L 55", "L 120" oder "RESERVE" wird das Entgelt aus den errechneten Stromkosten und Umweltschutzkosten, die beide ausgewiesen werden, ermittelt (Bild 10.2.7 u. 10.2.8). Die Preisregelung "L 36" wurde aus Speicherplatzgründen nicht mit aufgenommen. In dem integrierten Preisanpassungsprogramm "FAKTOR" wird der Nennpreis-Faktor separat von den Preisanpassungsfaktoren ausgewiesen. Die in den Registerblock STO 42 bis STO 46 abgespeicherten Preisanpassungsfaktoren sind jedoch die bereits mit dem Nennpreis-Faktor multiplizierten Werte. Der Druckerauszug in Bild 10.2.9 zeigt hierzu ein Anwendungsbeispiel.

Der Speicherbereichsauszug zu dem Programm "STROM + U" ist im Bild 10.2.10 für den gesamten Datenspeicherbereich von STO 00 bis STO 49 angegeben (SIZE 050). Das Programm erfordert einen Speicherbereich von 1.837 Bytes entsprechend 263 Register, so daß noch 6 Register zur freien Verfügung stehen.

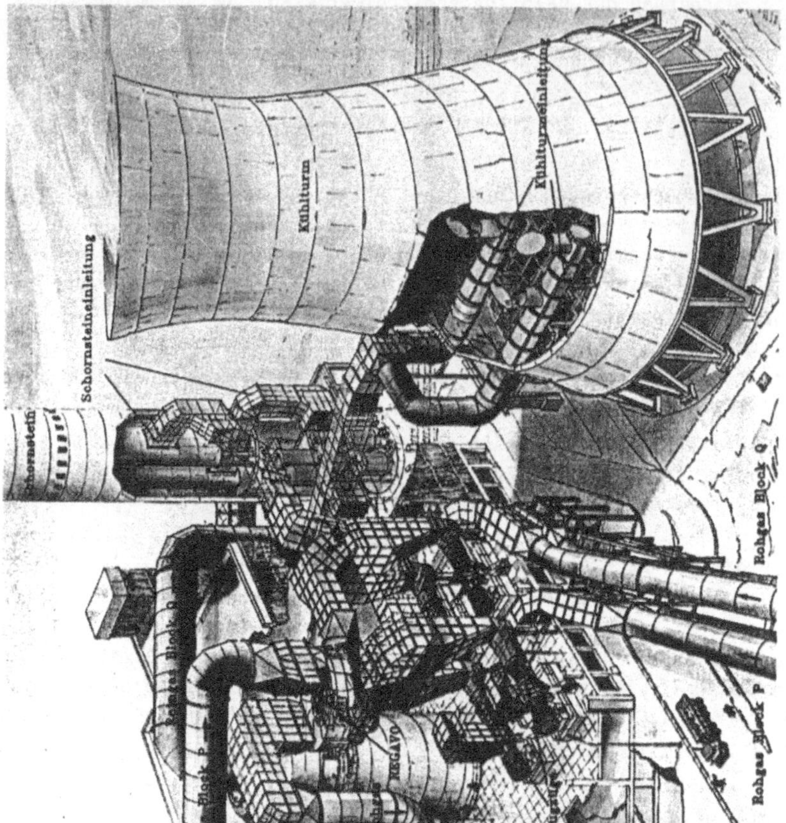

Bild 10.2.6 Schemazeichnung einer Entschwefelungsanlage für zwei Blöcke eines Braunkohlekraftwerks (Quelle: RWE)

```
XEQ "MUSTER"
EVU
ORT
NAME 1

HT-VERBRAUCH?
     6.000.000,00    RUN
NT-VERBRAUCH?
     5.000.000,00    RUN
SOMMER%?
            60,00    RUN
P MAX KW?
         3.000,00    RUN
DIVISOR?
         3.000,00    ***
                     RUN
VOR. KVA?
         4.000,00    RUN
BLIND-M?
       100.000,00    RUN


L55:
B. STUNDEN 3.666,

B-RAB%: 3,6
J-AUS%: 4,0
GESAMTRABATT
%: 7,6
LEISTUNGSKOSTEN
DM: 339.906,60
ARBEITSKOSTEN
DM: 1.650.565,59
BLINDSTROMKOSTEN
DM: 2.507,99
GESAMTKOSTEN
DM: 1.841.704,29
BONUS
DM: 55.435,30
STROMKOSTEN
DM: 1.786.268,99

UMWELTSCHUTZKOSTEN
DM: 88.000,00

ENTGELT
DM: 1.874.268,99

PFG/KWH: 17,04

L120:
B. STUNDEN 3.666,

B-RAB%: 0,00
LEISTUNGSKOSTEN
DM: 635.650,74
ARBEITSKOSTEN
DM: 1.160.462,52
BLINDSTROMKOSTEN
DM: 2.449,25
GESAMTKOSTEN
DM: 1.798.562,50
BONUS
DM: 63.129,54
STROMKOSTEN
DM: 1.735.432,96

UMWELTSCHUTZKOSTEN
DM: 86.771,65

ENTGELT
DM: 1.822.204,61

PFG/KWH: 16,57

Z:
B. STUNDEN 3.666,

B-RAB%: 14,0
N-RAB%: 13,5
J-AUS%: 4,0
GESAMTRABATT
%: 31,5
ARBEITSKOSTEN
DM: 2.600.586,30
BLINDSTROMKOSTEN
DM: 2.429,18
GESAMTKOSTEN
DM: 1.783.830,80
BONUS
DM: 44.774,15
STROMKOSTEN
DM: 1.739.056,65

UMWELTSCHUTZKOSTEN
DM: 86.952,83

ENTGELT
DM: 1.826.009,48

PFG/KWH: 16,60
```

Bild 10.2.7 Sondervertragsstrompreisberechnung mit Umweltschutzkosten

```
            XEQ "RWE"
RWE
BV DUEREN
VT/DR. ALT
           XEQ "L120"
HT-VERBRAUCH?
     6.000.000,00    ***
                     RUN
NT-VERBRAUCH?
     5.000.000,00    ***
                     RUN
P MAX KW?
         3.000,00    RUN
DIVISOR?
         3.000,00    ***
                     RUN
VOR. KVA?
         4.000,00    RUN
BLIND-M?
       100.000,00    RUN
```

```
        XEQ "RESERVE"
R-ARBEIT? HT:
       100.000,00    RUN
R-ARBEIT? NT:
       100.000,00    RUN
BESTELLTE PK? KW:
           100,00    RUN
KURZZEIT P? KW:
            50,00    RUN
KURZZEIT P? KW:
            80,00    RUN
KURZZEIT P? KW:
           100,00    RUN
KURZZEIT P? KW:
             0,00    RUN
BESTELLTE PL? KW:
           500,00    RUN
```

```
KURZZEITRESERVE
2,30 FAELLE
LEISTUNGSKOSTEN
DM: 2.118,84
LANGZEITRESERVE
LEISTUNGSKOSTEN
DM: 36.196,78
ARBEITSKOSTEN
DM: 26.848,35
GESAMTKOSTEN
DM: 65.163,97
BONUS
DM: 2.287,26
STROMKOSTEN
DM: 62.876,71

UMWELTSCHUTZKOSTEN
DM: 3.143,84

ENTGELT
DM: 66.020,55

PFG/KWH: 33,01

R+ZU-KOSTEN
DM: 1.888.225,15
```

```
L120:
B. STUNDEN 3.666,

B-RAB%: 0,00
LEISTUNGSKOSTEN
DM: 635.650,74
ARBEITSKOSTEN
DM: 1.160.462,52
BLINDSTROMKOSTEN
DM: 2.449,25
GESAMTKOSTEN
DM: 1.798.562,50
BONUS
DM: 63.129,54
STROMKOSTEN
DM: 1.735.432,96

UMWELTSCHUTZKOSTEN
DM: 86.771,65

ENTGELT
DM: 1.822.204,61

PFG/KWH: 16,57
```

Bild 10.2.8 Zusatz- und Reservestrompreisberechnung mit Umweltschutzkosten

```
                 XEQ "FAKTOR"

NENNPREIS-FAKTOR = 1,02

KOHLE? DM/T:
              276,50     RUN
LOHN? DM/H:
               14,71     RUN

PREISANPASSUNGSFAKTOREN:

Z:
A = 2,118962 (0,00 %)

L55:
P = 1,974766 (0,00 %)
A = 2,312906 (0,00 %)

L120:
P = 1,731075 (0,00 %)
A = 2,506849 (0,00 %)

SPEICHERN? JA=1

                     FIX 6
                    RCL 42
          2,161341     ***
                    RCL 43
          2,014261     ***
                    RCL 44
          2,359164     ***
                    RCL 45
          1,765697     ***
                    RCL 46
          2,556986     ***
```

Bild 10.2.9 Preisanpassungsfaktor-Berechnung

PRREG

	R00=	47,000000		
	R01=	200.000,0000		
	R02=	4,157895		
	R03=	3,436916		
	R04=	100.000,0000		
	R05=	100.000,0000		
	R06=	2,300000		
	R07=	230,000000		
temporäre Daten	R08=	100,000000		
	R09=	500,000000		
	R10=	400,000000		
	R11=	62.876,71160		
	R12=	36.196,77825		
	R13=	26.848,35279		
	R14=	0,000000	R32=	240.000,0660
	R15=	45,454545	R33=	600.000,0580
	R16=	3,333333	R34=	3.960.000,050
permanente Daten	R17=	24.000,17500	R35=	0,046000
	R18=	24.000,15000	R36=	276,500000
	R19=	4.400,000000	R37=	240.000,0390
	R20=	180.000,1350	R38=	600.000,0340
	R21=	780.000,1200	R39=	3.960.000,029
	R22=	0,108000	R40=	0,027000
Nennpreis-Faktor →	R23=	1,020000	R41=	14,710000
	R24=	240.000,0880	R42=	2,161341
	R25=	2.760.000,081	R43=	2,014261
	R26=	0,074000	R44=	2,359164
Umweltschutzkosten Aufschlag [%] →	R27=	5,000000	R45=	1,765697
	R28=	240.000,0520	R46=	2,556986
	R29=	2.760.000,048	R47=	2,510000
	R30=	0,044000	R48=	3,010000
USA-Begrenzung 0,8 Pfg/kWh →	R31=	0,008000	R49=	3,510000

Bild 10.2.10 Datenspeicher des Programms "STROM+U"

Tabelle 10.2.7 Anweisungsliste für Strompreisberechnung mit Umweltschutzkosten "STROM+U"

```
01♦LBL "STROM+U"
 02 SF 12
 03 "EVU"
 04 AVIEW
 05 "ORT"
 06 AVIEW
 07 CLA
 08 CF 12
 09 FS? 06
 10 "NAME 1"
 11 FS? 07
 12 "NAME 2"
 13 FS? 08
 14 "NAME 3"
 15 AVIEW
 16 ADV
 17 RTN

18♦LBL "MUSTER"
19 XEQ "STROM+U"
 20 SF 04
 21 XEQ "L55"
 22 ADV
 23 XEQ "L120"
 24 ADV
 25 XEQ "Z"
 26 CF 04
 27 RTN

28♦LBL "Z"
 29 SF 01
 30 FS? 04
 31 GTO 00
 32 RCL 01
33 "GESAMT KWH?"
 34 PROMPT
 35 STO 01

36♦LBL "Z %"
 37 XEQ 10
 38 FS? 01
 39 GTO 01
 40 RCL 07
 41 RCL 19
 42 *
 43 STO 01

44♦LBL 01
 45 RCL 01
 46 STO 02
 47 RCL 15
 48 %
 49 STO 03
 50 ST- 02
 51 GTO 00
52♦LBL "L55"
 53 SF 02
 54 GTO 03

55♦LBL "L120"
 56 SF 03
 57 FS? 04
 58 GTO 01

59♦LBL 03
 60 XEQ 11
 61 RCL 03
 62 XEQ 06
 63 STO 15

64♦LBL 01
 65 FS? 03
 66 GTO 01
 67 "L55:"
 68 GTO 03

69♦LBL 01
 70 "L120:"

71♦LBL 03
 72 XEQ 15
 73 ,63
 74 FS? 02
 75 ,54
 76 XEQ 05
 77 XEQ 13
 78 FS? 03
 79 GTO 01
 80 XEQ "BR-L55"
 81 GTO 03

82♦LBL 01
 83 XEQ "BR-L12"
 84 RCL 45
 85 GTO 16

86♦LBL 00
 87 "Z:"
 88 XEQ 15
 89 RCL 07
 90 XEQ 13
 91 SF 01
 92 XEQ "BR-Z"
 93 RCL 15
 94 INT
 95 ,3
 96 *
 97 "N-RAB%: "
 98 XEQ 12
 99 ST+ 11
100♦LBL 03
101 RCL 06
102 XEQ "J-AUS"
103 ST+ 11
104 "GESAMTRABATT"
105 AVIEW
106 "%: "
107 ARCL 11
108 AVIEW
109 FS? 02
110 GTO 00
111 XEQ 09
112 X>0?
113 GTO 01
114 1 E3
115 RCL 19
116 X>Y?
117 SF 00
118♦LBL 01
119 RCL 17
120 FS? 00
121 RCL 18
122 STO 19
123 RCL 01
124 19
125 XEQ "ZONE"
126 RCL 42
127 *
128 STO 13
129 XEQ 04
130 RCL 11
131 %
132 -
133 STO 00
134 XEQ "BL"
135 RCL 14
136 X<0?
137 GTO 07
138 54
139 RCL 42
140 *
141 RCL 08
142 *
143 RCL 01
144 LASTX
145 ,9
146 *
147 /
148 INT
149 ,1
150 *
151 %
152 -
153 STO 14
154 GTO 17
```

```
155♦LBL 00
156 50,11
157 STO 12
158 50,075
159 STO 13
160 ,055
161 STO 14
162 RCL 00
163 12
164 XEQ "ZONE"
165 1 E3
166 *
167 STO 12
168 RCL 43
169 GTO 16

170♦LBL 15
171 SF 12
172 AVIEW
173 CF 12
174 RTN

175♦LBL "ZONE"
176 STO 00
177 CLX

178♦LBL 02
179 X<>Y
180 RCL IND 00
181 FRC
182 X<>Y
183 LASTX
184 INT
185 X≠0?
186 X>Y?
187 GTO 03
188 X<>Y
189 RDN
190 ST- T
191 *
192 +
193 ISG 00
194 BEEP
195 GTO 02

196♦LBL 03
197 RDN
198 *
199 +
200 RTN

201♦LBL "BR-Z"
202 0
203 X<>Y
204 500
205 FIX 1
206 X>Y?
207 GTO 00
208 -
209 25
210 /
211 INT
212 10
213 /
214 4
215 +
216 14
217 X>Y?
218 X<>Y
219 GTO 01

220♦LBL "BR-L55"
221 0
222 X<>Y
223 3 E3
224 FIX 1
225 X>Y?
226 GTO 00
227 %CH
228 -5
229 /
230 GTO 01

231♦LBL "BR-L12"
232 0
233 X<>Y
234 4 E3
235 FIX 2
236 X>Y?
237 GTO 00
238 -
239 3
240 *
241 INT
242 1 E3
243 /

244♦LBL 01
245 RND
246 STO Z

247♦LBL 00
248 RCL Z
249 "B-RAB%: "
250 XEQ 12
251 STO 11
252 RTN

253♦LBL "J-AUS"
254 FIX 1
255 STO Z
256 40
257 -
258 X>0?
259 GTO 00
260 60
261 RCL T
262 -
263 GTO 01

264♦LBL 00
265 RCL T
266 2
267 /

268♦LBL 01
269 /
270 600
271 *
272 INT
273 1
274 %
275 RND
276 "J-AUS%: "
277 XEQ 12
278 RTN

279♦LBL 08
280 FC?C 00
281 GTO 00
282 "⊢KOSTEN"
283 AVIEW

284♦LBL 00
285 FIX 2
286 "DM: "

287♦LBL 12
288 FS? 23
289 RTN
290 ARCL X
291 AVIEW
292 PSE
293 RTN

294♦LBL 11
295 RCL 02
296 "H"
297 XEQ 00
298 PROMPT
299 STO 02
300 STO 01
301 RCL 03
302 "N"
303 XEQ 00
304 PROMPT
305 STO 03
306 ST+ 01
307 FS? 05
308 GTO 03
309 GTO 01

310♦LBL 00
311 "⊢T-VERBRAUCH?"
312 RTN

313♦LBL 10
314 FS? 01
315 GTO 00
316 CLX
317 "STUNDEN?"
318 PROMPT
319 STO 19
```

```
320♦LBL 00
321 RCL 15
322 "NACHT%?"
323 PROMPT
324 STO 15

325♦LBL 01
326 FS? 03
327 GTO 03
328 RCL 06
329 "SOMMER%?"
330 PROMPT
331 STO 06

332♦LBL 03
333 RCL 07
334 "P MAX KW?"
335 PROMPT
336 STO 07
337 FS? 05
338 GTO 00
339 "DIVISOR?"
340 PROMPT

341♦LBL 00
342 STO 10
343 RCL 08
344 "VOR. KVA?"
345 PROMPT
346 STO 08
347 FC? 05
348 GTO 00
349 0,63
350 *
351 STO 10
352♦LBL 00
353 RCL 09
354 "BLIND-M?"
355 PROMPT
356 STO 09
357 ADV
358 RTN

359♦LBL 13
360 RCL 10
361 X>Y?
362 GTO 01
363 X<>Y

364♦LBL 01
365 RCL 01
366 RCL Y
367 /
368 STO 19
369 FIX 0
370 INT
371 "B. STUNDEN "
372 XEQ 12
373 ADV
374 RTN

375♦LBL 05
376 RCL 08
377 *
378 RCL 07
379 X<=Y?
380 X<>Y
381 FS? 02
382 GTO 01
383 FS? 05
384 GTO 01
385 120
386 STO 12
387 X<=Y?
388 X<>Y

389♦LBL 01
390 STO 00
391 ST* 12
392 RTN

393♦LBL 16
394 ST* 12
395 RCL 02
396 24
397 32
398 XEQ 14
399 XEQ "ZONE"
400 STO 13
401 RCL 03
402 28
403 37
404 XEQ 14
405 XEQ "ZONE"
406 ST+ 13

407♦LBL 01
408 XEQ 09
409 RCL 44
410 RCL 46
411 XEQ 14
412 ST* 13
413 ST* 14
414 XEQ 04
415 +
416 RCL 11
417 %
418 -
419 STO 00
420 XEQ "BL"
421 RCL 14
422 X<0?
423 GTO 07
424 RCL 30
425 RCL 40
426 XEQ 14
427 *
428 ,7
429 *
430 STO 14

431♦LBL 17
432 "L-VORHALTE"
433 SF 00
434 XEQ 08
435 ST+ 00
436 GTO 07

437♦LBL 09
438 RCL 08
439 900
440 *
441 FS? 03
442 ST+ X
443 RCL 01
444 -
445 STO 14
446 RTN

447♦LBL 14
448 FS? 03
449 X<>Y
450 RDN
451 RTN
452♦LBL "BL"
453 RCL 01
454 /
455 RCL 09
456 *
457 15
458 %
459 "BLINDSTROM"
460 SF 00
461 XEQ 08
462 ST+ 00
463 RTN

464♦LBL 07
465 RCL 00
466 "GESAMT"
467 SF 00
468 XEQ 08
469 FS?C 01
470 RCL 47
471 FS?C 02
472 RCL 48
473 FS?C 03
474 RCL 49
475 %
476 "BONUS"
477 AVIEW
478 XEQ 08
479 -
480 STO 00
481 SF 00
482 "STROM"
483 XEQ 08
484 STO 11
485 RCL 27
486 %
```

```
487 +
488 STO 00
489 FS?C 05
490 GTO 00
491 RCL 01
492 /
493 RCL 11
494 RCL 01
495 /
496 -
497 RCL 31
498 X>Y?
499 GTO 00
500 RCL 01
501 *
502 RCL 11
503 +
504 STO 00
505♦LBL 00
506 RCL 00
507 RCL 11
508 -
509 ADV
510 SF 00
511 "UMWELTSCHUTZ"
512 XEQ 08
513 ADV
514 RCL 00
515 "ENTGELT"
516 XEQ 15
517 XEQ 08
518 XEQ 06
519 ADV
520 "PFG/KWH: "
521 XEQ 12
522 BEEP
523 ADV
524 RTN

525♦LBL 06
526 RCL 01
527 /
528 1 E2
529 *
530 RTN
531♦LBL 04
532 FS? 01
533 GTO 00
534 "LEISTUNGS"
535 SF 00
536 RCL 12
537 XEQ 08

538♦LBL 00
539 "ARBEITS"
540 SF 00
541 RCL 13
542 XEQ 08
543 RTN

544♦LBL "FAKTOR"
545 42
546 STO 00
547 FS? 00
548 GTO 00
549 ADV
550 "NENNPREIS-FAKTO"
551 "⊢R = "
552 ARCL 23
553 AVIEW
554 ADV
555 RCL 36
556 "KOHLE? DM/T:"
557 PROMPT
558 STO 36
559 66,50
560 /
561 STO 02
562 RCL 41
563 "LOHN? DM/H:"
564 PROMPT
565 STO 41
566 4,28
567 /
568 STO 03

569♦LBL 00
570 RCL 03
571 RCL 02
572 +
573 ,2
574 *
575 ,6
576 +
577 ADV
578 "PREISANPASSUNGS"
579 "⊢FAKTOREN:"
580 AVIEW
581 ADV
582 "Z: "
583 XEQ 15
584 "A"
585 XEQ 00
586 ADV
587 ,4
588 *
589 ,6
590 +
591 "L55:"
592 XEQ 15
593 "P"
594 XEQ 00
595 ,15
596 *
597 RCL 02
598 ,3
599 *
600 +
601 ,55
602 +
603 "A"
604 XEQ 00
605 ADV
606 ,3
607 *
608 ,7
609 +
610 "L120:"
611 XEQ 15
612 "P"
613 XEQ 00
614 ,1
615 *
616 RCL 02
617 ,4
```

```
618 *
619 +
620 ,5
621 +
622 "A"
623 XEQ 00
624 FS? 00
625 GTO 01
626 CLX
627 ADV
628 "SPEICHERN? JA=1"
629 PROMPT
630 1
631 X≠Y?
632 GTO 01
633 SF 00
634 GTO "FAKTOR"

635♦LBL 01
636 CF 00
637 RTN

638♦LBL 00
639 "⊦ = "
640 FIX 6
641 RND
642 ARCL X
643 RCL 23
644 *
645 "⊦ <"
646 FS? 00
647 STO IND 00
648 RCL IND 00
649 X<>Y
650 %CH
651 FIX 2
652 ARCL X
653 "⊦ %>"
654 AVIEW
655 PSE
656 ISG 00
657 BEEP
658 RCL 03
659 RTN
660♦LBL "RESERVE"
661 RCL 04
662 "R-ARBEIT? HT:"
663 PROMPT
664 STO 04
665 RCL 05
666 "R-ARBEIT? NT:"
667 PROMPT
668 STO 05
669 RCL 04
670 +
671 STO 01
672 CLX
673 STO 06
674 STO 07
675 STO 11
676 STO 12
677 XEQ 03
678 "⊦K? KW:"
679 PROMPT
680 STO 08
681 X=0?
682 GTO 00

683♦LBL 18
684 "KURZZEIT P? KW:"
685 PROMPT
686 ST+ 07
687 X>0?
688 GTO 18
689 12
690 STO 11
691 RCL 07
692 RCL 08
693 /
694 STO 06
695 INT
696 10
697 X>Y?
698 GTO 01
699 -
700 ,4
701 *
702 ST+ 11

703♦LBL 01
704 RCL 08
705 ST* 11
706♦LBL 00
707 CLX
708 XEQ 03
709 "⊦L? KW:"
710 PROMPT
711 STO 09
712 X=0?
713 GTO 01
714 36
715 STO 12
716 RCL 01
717 RCL 09
718 /
719 STO 10
720 300
721 -
722 X<=0?
723 GTO 01
724 5
725 /
726 INT
727 LASTX
728 FRC
729 X=0?
730 GTO 00
731 CLX
732 1
733 ST+ Y

734♦LBL 00
735 RCL Y
736 ,25
737 *
738 ST+ 12

739♦LBL 01
740 RCL 12
741 132
742 X>Y?
743 X<>Y
744 RCL 09
745 *
746 RCL 45
747 ST* 11
748 *
749 STO 12
750 RCL 04
751 ,065
752 *
753 RCL 05
754 ,04
755 *
756 +
757 RCL 46
758 *
759 STO 13
760 ADV
761 RCL 11
762 "KURZ"
763 XEQ 00
764 CLA
765 ARCL 06
766 "⊦ FAELLE"
767 AVIEW
768 "LEISTUNGS"
769 SF 00
770 XEQ 08
771 "LANG"
772 XEQ 00
773 XEQ 04
774 +
775 +
776 X<> 00
777 STO 14
778 SF 03
779 SF 05
780 XEQ 07
781 CLX
782 X<> 14
783 RCL 00
784 +
785 "R+ZU-"
786 SF 00
787 GTO 08

788♦LBL 00
789 "⊦ZEITRESERVE"
790 AVIEW
791 RTN
```

```
 792♦LBL 03
793 "BESTELLTE P"
 794 RTN
 795 END
```

```
CAT 1
LBL'STROM+U
LBL'MUSTER
LBL'Z
LBL'Z %
LBL'L55
LBL'L120
LBL'ZONE
LBL'BR-Z
LBL'BR-L55
LBL'BR-L12
LBL'J-AUS
LBL'BL
LBL'FAKTOR
LBL'RESERVE
END          1837 BYTES
.END.        04 BYTES
```

```
PRKEYS

USER KEYS:
 11 "Z"
-11 "Z %"
 12 "L55"
 13 "L120"
 14 "MUSTER"
 15 "STROM+U"
-15 "RESERVE"
 21 "BR-Z"
 22 "BR-L55"
 23 "BR-L12"
 24 "J-AUS"
 25 "ZONE"
-25 "FAKTOR"
```

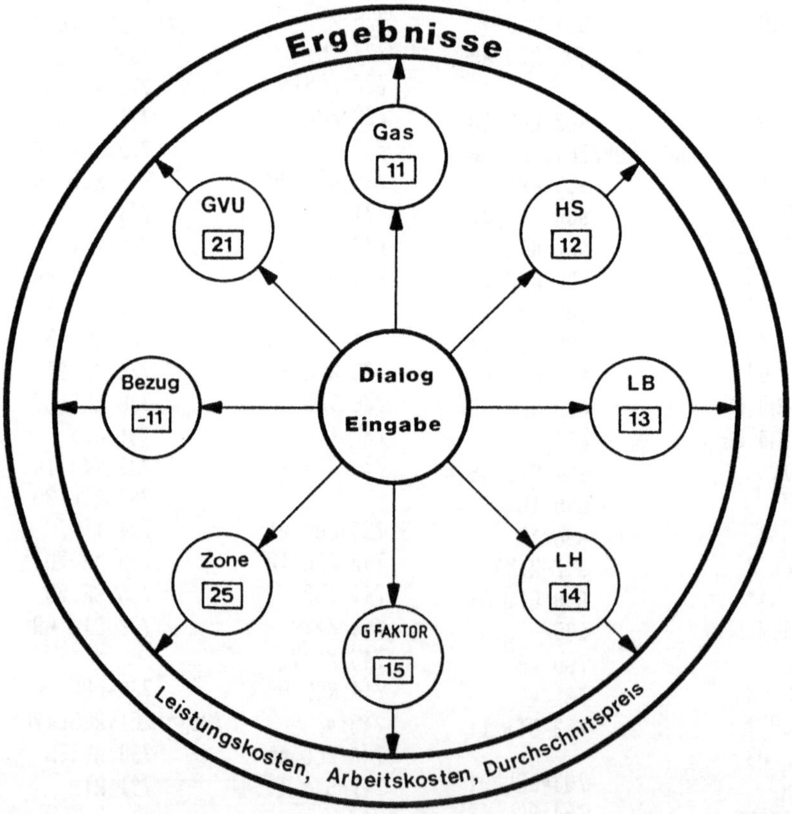

Bild 10.3.1 Aufrufvarianten des Programms "GAS"

10.3 Gaspreisberechnung

Ebenso wie bei der Stromversorgung sind auch bei der Gasversorgung für die Belieferung von Sondervertragskunden in Abhängigkeit von der Abnahmestruktur verschiedene Vertragsformen gebräuchlich, die zu unterschiedlichen Gaspreisen führen. Daher bietet sich auch hier eine programmierte Lösung zur Berechnung der einzelnen Vertragsvarianten an.

Das in Tabelle 10.3.1 angegebene Programm gestattet z.B. die Berechnung der Gaspreise nach drei verschiedenen Sonderpreisregelungen "HS", "LB", "LH" sowie einer Bezugspreisregelung "BEZUG". Die kundenspezifischen Verbrauchs- und Leistungsdaten werden in Form eines Eingabedialogs abgefragt.

Bei Aufruf der Programmvariante "GAS" (Bild 10.3.1) werden die sogenannten Sonderpreisregelungen gemäß dem Flußdiagramm in Bild 10.3.2 nacheinander bearbeitet, so daß ein unmittelbarer Gaskostenvergleich möglich ist. Als Merkmal für

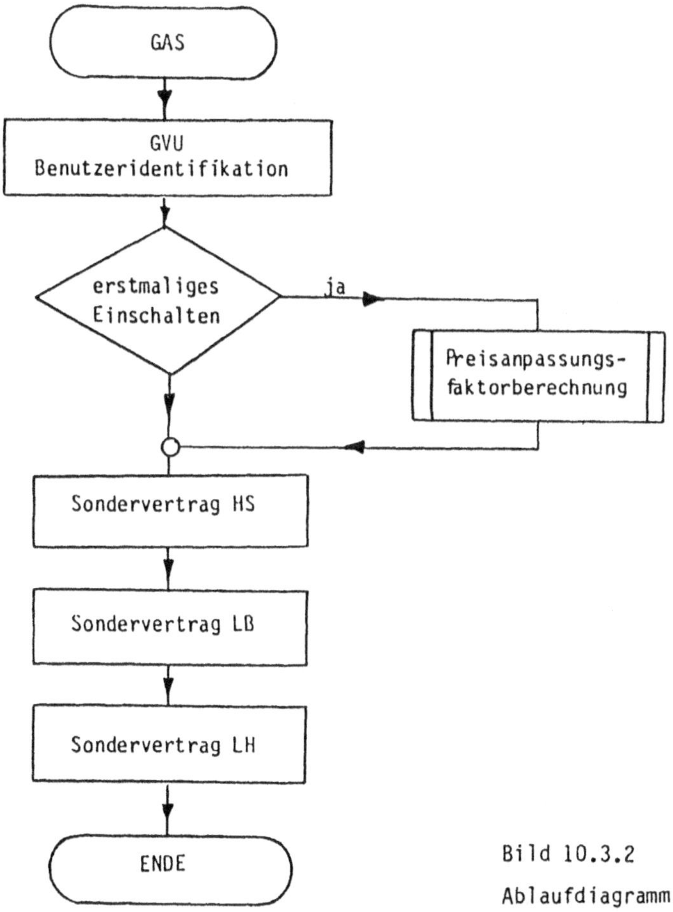

Bild 10.3.2

Ablaufdiagramm einer Gasberechnung

die ausgewählte Programmvariante wird das Flag 4 gleich zu Anfang gesetzt und am Ende der Berechnungen automatisch zurückgesetzt. Die einzelnen Programmvarianten oder Preisregelungen können über zugeordnete Tasten oder auch über die Programmnamen GAS, HS, LB, LH und BEZUG als eigenständige Hauptprogramme aufgerufen werden. Über die Flag-Zustandsanzeige im Display des Rechners ist die jeweils aktive Berechnungsvariante erkennbar:

Variante "GAS":	Flag 1, 2, 3 abwechselnd und 4 gesetzt
Variante "HS":	Flag 1 gesetzt
Variante "LB":	Flag 2 gesetzt
Variante "LH":	Flag 3 gesetzt
Variante "BEZUG":	Flag 0 und 3 gesetzt

Die Basis für die Berechnung bildet ein 17 Register umfassender Datenspeicher.

10.3.1 Gaspreisberechnung

In der Gaswirtschaft wird der Gesamtpreis für die Gasabgabe in der Regel aus den Preiskomponenten für die Höchstleistung in Form der Tages-, Stunden- oder vertraglich fest vereinbarten Höchstleistung als Leistungspreis und für den mit dem Gasvolumen verbundenen Energieinhalt als Arbeitspreis bestimmt.
Die entsprechende Energiekostengleichung für die Gasabgabe an Sondervertragskunden hat im allgemeinen die Form:

$$K = f\left(\sum_{i=1}^{n} p_{Li}\, P_i + \sum_{i=1}^{m} p_{Ai}\, V_i\right) \qquad (10.3.1)$$

Hierin bedeuten:

f = Preisanpassungfaktor
p_{Li} = spezifischer Leistungspreis für die Zone i
P_i = Leistungsband der Zone i
p_{ai} = spezifischer Arbeitspreis für die Zone i
V_i = Verbrauch innerhalb der Zone i
n = Anzahl der Leistungspreiszonen
m = Anzahl der Arbeitspreiszonen

Nach Abschluß der Preisanpassungsfaktor-Berechnung oder bei gesetztem Flag 22 unmittelbar nach dem Ausdruck der Benutzeridentifikation wird ein Eingabedialog für den Jahresverbrauch, die berechnete Leistung, die maximale Tagesleistung und die maximale Stundenleistung eröffnet. Mit den vorgegebenen Eingabewerten erfolgt die Gaspreisberechnung gemäß den programmierten Preisregelungen HS, LB und LH auf Grundlage der EVU-spezifischen Preisregelungen. Die folgenden hierzu angegebenen Daten haben nur Beispielcharakter:

a) HS-Preisregelung (Heizgas Sondertarif Verrechnungspreise)

1. Leistungspreis:

für die ersten 12 kW der vertraglichen Verrechnungsleistung:	288,00 DM/a
für die weiteren 63 kW je kW:	15,00 DM/a
für alle weiteren kW je kW:	13,20 DM/a

2. Arbeitspreis: 5,5 Pf/kWh (H_o)

b) LB-Preisregelung (Nennpreise)

Leistungspreis für die ersten 100 kW	900,00 DM/a
Leistungspreis für alle weiteren kW	2,10 DM/a
Arbeitspreis:	1,1 Pf/kWh

c) LH-Preisregelung (Nennpreise)

Leistungspreis für maximale Tagesleistung	49,871 Pf/kWh
Arbeitspreis:	0,946 Pf/kWh

Der Rechner liefert als Ergebnis die Anzeige oder den Ausdruck der Benutzungstage, Benutzungsstunden, Leistungs-, Arbeits- und Gesamtkosten sowie des Durchschnittspreises in Pf/kWh, wie in folgendem Beispiel dargestellt:

```
            XEQ "GAS"
GVU
NAME
BEARBEITER

JAHRESVERBRAUCH? KWH:
    48.000.000,00    RUN
BERECHNETE LEISTUNG? KW:
        10.000,00    RUN
TAGESLEISTUNG?
KWH/24H:
       160.000,00    RUN
STUNDENLEISTUNG? KW:
         7.000,00    RUN

BENUTZUNGSTAGE:
300, TAGE
BENUTZUNGSSTUNDEN:
6.857, H
```

```
PREIS-ANPASSUNGSFAKTOR:
4,83676

      -HS-

LEISTUNGSKOSTEN
DM: 132.243,00
ARBEITSKOSTEN
DM: 2.640.000,00
GESAMTKOSTEN
DM: 2.772.243,00

PFG/KWH: 5,78

      -LB-

LEISTUNGSKOSTEN
DM: 104.909,32
```

```
ARBEITSKOSTEN
DM: 2.553.809,28
GESAMTKOSTEN
DM: 2.658.718,60

PFG/KWH: 5,54

-LH-

LEISTUNGSKOSTEN
DM: 385.942,49
ARBEITSKOSTEN
DM: 2.196.275,98
GESAMTKOSTEN
DM: 2.582.218,47

PFG/KWH: 5,38
```

d) Besondere Mengen- und Preisbedingungen

Für den Bezug oder die Lieferung zwischen Gasversorgungsunternehmen und den Ferngasgesellschaften werden besondere, den Bezugsstrukturmerkmalen gegenüber den weltweiten Förderländern angepaßte, Vertragsbedingungen vereinbart. Dadurch wird das Unternehmerrisiko für die auf langfristiger Basis kontrahierten Gasmengen zum Teil auch den Gasversorgungsunternehmen auferlegt. Diesbezügliche Merkmale sind z.B. die Vereinbarung von Mindestmengen für Arbeit und Leistung, Malus für Überschreitungsmengen oder Bonus für besonders gleichmäßigen Bezug. In dem Programm nach Tabelle 10.3.1 sind für die Aufrufvariante "BEZUG" folgende Restriktionen realisiert:

Die Mindestarbeit beträgt 70 % der bestellten Jahresarbeit in kWh (Zeile 37). Die Mindest-Tagesleistung beträgt 75 % der bestellten Tagesleistung in kWh je 24 h (Zeile 81). Für die bezogenen Mengen oberhalb der bestellten Leistung wird ein Maluszuschlag erhoben (Zeile 311).

Beträgt die Benutzungsdauer am Höchstlasttag mehr als 18 Stunden, so wird als Bonus ein Gleichmäßigkeitsrabatt für jede Viertelstunde der besseren Ausnutzung an diesem Höchstlasttag gewährt. Mit dem Bonus-Nennpreis p_B läßt sich eine solche Bonusregelung mathematisch wie folgt darstellen:

$$B = \begin{cases} p_B \ \mathrm{INT}\left\{4(T_d - 18)\right\} & \text{für } T_d > 18\mathrm{h} \\ 0 & \text{für } T_d \leqq 18\mathrm{h} \end{cases} \qquad (10.3.2)$$

$$T_d = \left\{ \frac{P_{T,max}}{P_{h,max}} \right. \qquad (10.3.3)$$

Diese Bonusregelung ist in dem Programmbereich von Zeile 155 bis 160 realisiert.

In der Programmvariante "BEZUG" sind folgende Preise als permanente Programmdaten bzw. als Eingabedaten gesetzt:

Leistungspreis	p_L	= 0,40 DM/kWh (Zeile 260)
Arbeitspreis	p_A	= 0,008 DM/kWh (Zeile 268)
Heizölindex	I	= 128 (Zeile 407, Eingabewert)
Lohnkosten	L	= 16,55 DM/h (Zeile 414, Eingabewert)
Bonus	p_B	= 0,004 DM/kWh (Zeile 170)
Malus	p_M	= 0,04 DM/kWh (Zeile 311)

Durch den Programmaufruf "BEZUG" wird folgender Ausdruck erzeugt:

```
         XEQ "BEZUG"
JAHRESVERBRAUCH? KWH:
   400.000.000,0    RUN
BESTELLMENGE? KWH:
   600.000.000,0    RUN
TAGESLEISTUNG?
KWH/24H:
    2.000.000,00    RUN
BESTELLTE
TAGESLEISTUNG?
KWH/24H:
    3.000.000,00    RUN
STUNDENLEISTUNG? KW:
      100.000,00    RUN

L.-FEHLMENGE
250.000,00 KWH

A.-FEHLMENGE
20.000.000,00 KWH

BENUTZUNGSTAGE:
200, TAGE
HOECHSTLASTSTUNDEN
20,00 H
GLEICHM.-RABATT FUER
8, MAL 1/4 STUNDEN

PREIS-ANPASSUNGSFAKTOR:
4,83676
```

```
-BEZUG-

LEISTUNGSKOSTEN
DM: 3.869.408,00
L.-FEHLMENGE-KOSTEN
DM: 483.676,00
GLEICHM.-RABATT
DM: 64.000,00
ARBEITSKOSTEN
DM: 15.477.632,00
A.-FEHLMENGE-KOSTEN
DM: 773.881,60
GESAMTKOSTEN
DM: 20.540.597,60

PFG/KWH: 5,14
```

10.3.2 Preisanpassungsfaktor-Berechnung

Nach jedem erstmaligen Einschalten erfolgt nach Ausdruck einer Benutzeridentifikation, über das Dateneingabeflag (Flag 22) gesteuert, eine Preisanpassungsfaktor-Berechnung. Hierzu werden die aktuellen Werte für den Heizölindex I und den Lohn L abgefragt. Der Preisanpassungsfaktor wird nach Gl.(10.3.4) in dem Unterprogramm "GFAKTOR" (Programmanweisung 401 bis 463) berechnet.

$$f = 0{,}1 + 0{,}22\,\frac{L}{L_o} + 0{,}68\,\frac{I}{I_o} \qquad (10.3.4)$$

Die Basiswerte aus Gl.(10.3.4) sind als Programmanweisungen in den Zeilen 409 und 416 mit I_o = 20,14 DM/h und L_o = 5,61 deklariert. Neben dem errechneten Anpassungsfaktor wird die prozentuale Veränderung gegenüber dem z.Zt. in STO 10 abgespeicherten Wert angezeigt. Für die Variante "BEZUG" wird über die Aufrufadresse "BEZUGF" die Preisanpassungsfaktor-Berechnung aufgerufen und der Faktor nach STO 11 abgespeichert. Eine Änderung der Preisanpassungsfaktoren in STO 10 oder STO 11 erfolgt nur, wenn die abschließende Frage nach dem Abspeichern mit der Eingabe von 1 beantwortet wird. Auf dem Drucker wird folgender Ausdruck erzeugt:

Erstmaliger Aufruf "GAS"

```
              XEQ "GAS"
GVU
NAME
BEARBEITER

EL-INDEX?
           128,00    RUN
LOHN? DM/H:
            16,55    RUN

PREISANPASSUNGSFAKTOR:

F = 4,83676(6,92 %)

SPEICHERN? JA=1
             1,00    RUN

PREISANPASSUNGSFAKTOR:

F = 4,83676(0,00 %)
```

Unterprogrammaufruf "GFAKTOR"

```
          XEQ "GFAKTOR"
EL-INDEX?
           128,00    RUN
LOHN? DM/H:
            16,55    RUN

PREISANPASSUNGSFAKTOR:

F = 4,83676(0,00 %)

SPEICHERN? JA=1
```

10.3.3 Programmbeschreibung "GAS"

Die Anweisungsliste des Programms "GAS" ist in Tabelle 10.3.1 angegeben. Das Programm umfaßt 481 Anweisungszeilen und benötigt 1.305 Bytes. Es beginnt in Zeile 01 mit dem LBL "GAS". In Zeile 02 wird mit dem Unterprogrammaufruf XEQ "GVU" das Bearbeiteridentifikations-Unterprogramm von Zeile 464 bis 480 abgearbeitet. Falls der Rechner erstmalig eingeschaltet wurde, ist das numerische Eingabeflag 22 nicht gesetzt, so daß der Unterprogrammaufruf XEQ "GFAKTOR" erfolgt. Bei nachfolgenden Rechnungen wird die Anweisungszeile 04 übersprungen und Flag 04 gesetzt. In den Zeilen 06, 09, 14 und 16 sind die Aufrufadressen für die einzelnen Vertragsvarianten als globale Label definiert. Von LBL 00 in Zeile 20 bis Zeile 105 wird der Eingabedialog aktiviert. Als Kennwerte werden die Benutzungstage und die Benutzungsstunden berechnet und ausgegeben. Die einzelnen Gaspreisberechnungen beginnen im Programm mit dem LBL 01 für HS in Zeile 214, LBL 02 für LB in Zeile 237 und LBL 03 für LH in Zeile 254. Die Variante zur Berechnung des Bezugspreises beginnt mit LBL "BEZUG" in Zeile 14 und verzweigt dann ebenfalls nach LBL 03 in Zeile 254. Zwischen den entsprechenden Vertragsdaten wird in den Zeilen 260/261 bzw. 268/269 nach Maßgabe von Flag 00 entschieden. Das Programm erfordert eine Speicherbereichsdefinition von 17 Datenspeichern (SIZE 017). In STO 10 ist der Preisanpassungsfaktor für die Musterverträge und in STO 11 der Faktor für die Bezugsvariante abgespeichert.

In den Zeilen 217, 219, 221 und 235 sind die Gaspreisdaten der Heizgassonderpreisregelung HS als Programmanweisungen fest vorgegeben. Ebenso sind die entsprechenden Daten für die Sonderpreisregelung mit berechneter Leistung LB durch die Anweisungen 240, 247 und 252 sowie für die Preisregelung LH durch die Anweisungen 261 und 269 als Programmanweisungen definiert. Bei Änderungen dieser Basisdaten der Preisregelungen sind die entsprechenden Datensetzungen innerhalb des Programms zu ändern. Dieses Verfahren hat den Vorteil, daß zur Sachbearbeitung mit dem Programm keine Daten vorgegeben werden müssen.

Im einzelnen sind folgende Speicherzuordnungen wirksam:

STO 00: Gesamtkosten in DM
STO 01: Jahresverbrauch in kWh
STO 02: Berechnete Leistung in kW
STO 03: Tagesleistung in kWh
STO 04: Stundenleistung in kW
STO 05: Leistungskosten in DM
STO 06: Arbeitskosten in DM
STO 07: Hilfsspeicher
STO 08: Lohnkosten in DM/h
STO 09: Heizölpreisindex
STO 10: Preisanpassungsfaktor "HS", "LB", "LH"
STO 11: Preisanpassungsfaktor "BEZUG"
STO 12: Bestellmenge-Arbeit in kWh
STO 13: Tagesleistungs-Fehlmenge in kWh
STO 14: Überschreitungsmenge in kWh
STO 15: Gleichmäßigkeitsrabatt in DM
STO 16: Arbeits-Fehlmenge in kWh

Die Eingabedaten Jahresverbrauch (STO 01 in Zeile 29), berechnete Leistung (STO 02 in Zeile 51), Tagesleistung (STO 03 in Zeile 98) und Überschreitungsmenge (STO 14 in Zeile 76) sind als regenerierende Dialogeingabe programmiert. Für die Bestellmenge wird der Jahresverbrauch vorgegeben. Als Stundenleistung wird in den Zeilen 61 bis 63 der gesetzte Standardwert der Tagesleistung durch 18 Stunden dividiert und nach STO 04 abgespeichert. Für die bestellte Tagesleistung wird der in Zeile 98 eingegebene und nach STO 03 abgespeicherte Leistungswert gesetzt.

Tabelle 10.3.1 Anweisungsliste des Programms "GAS"

```
01♦LBL "GAS"
02 XEQ "GVU"
03 FC? 22
04 XEQ "GFAKTOR"
05 SF 04

06♦LBL "HS"
07 SF 01
08 GTO 00

09♦LBL "LB"
10 SF 02
11 FS? 04
12 GTO 02
13 GTO 00

14♦LBL "BEZUG"
15 SF 00

16♦LBL "LH"
17 SF 03
18 FS? 04
19 GTO 02

20♦LBL 00
21 CLX
22 STO 13
23 STO 14
24 STO 15
25 STO 16
26 RCL 01
27 "JAHRESVERBRAUCH"
28 "├? KWH:"
29 PROMPT
30 STO 01
31 FC? 00
32 GTO 00
33 "BESTELLMENGE? K"
34 "├WH:"
35 PROMPT
36 STO 12
37 ,7
38 *
39 STO 16
40 RCL 01
41 ST- 16

42♦LBL 00
43 FS? 04
44 GTO 00
45 FS? 03
46 GTO 01
47♦LBL 00
48 RCL 02
49 "BERECHNETE LEIS"
50 "├TUNG? KW:"
51 PROMPT
52 STO 02
53 FC? 04
54 GTO 02

55♦LBL 01
56 RCL 03
57 XEQ 09
58 STO 03
59 FC? 00
60 GTO 00
61 18
62 /
63 STO 04
64 RCL 03
65 "BESTELLTE "
66 AVIEW
67 XEQ 09
68 RCL 03
69 X<=Y?
70 GTO 01
71 RCL 14
72 "UEBERSCHREITUNG"
73 "├SMENGE?"
74 AVIEW
75 "KWH:"
76 PROMPT
77 STO 14
78 GTO 00

79♦LBL 01
80 X<>Y
81 ,75
82 *
83 -
84 X>0?
85 GTO 00
86 CHS
87 STO 13

88♦LBL 00
89 FS? 00
90 GTO 00
91 FS? 03
92 GTO 02
93 GTO 00

94♦LBL 09
95 "TAGESLEISTUNG?"
96 AVIEW
97 "KWH/24H:"
98 PROMPT
99 RTN

100♦LBL 00
101 RCL 04
102 "STUNDENLEISTUNG"
103 "├? KW:"
104 PROMPT
105 STO 04
106 ADV
107 RCL 13
108 X<=0?
109 GTO 00
110 "L.-"
111 XEQ 11

112♦LBL 00
113 RCL 16
114 X<=0?
115 GTO 00
116 "A.-"
117 XEQ 11
118 GTO 00
```

```
119♦LBL 11
120 "⊢FEHLMENGE"
121 AVIEW
122 CLA
123 ARCL X
124 "⊢ KWH"
125 AVIEW
126 ADV
127 RTN

128♦LBL 00
129 FIX 0
130 RCL 01
131 RCL 03
132 /
133 INT
134 "BENUTZUNGSTAGE:"
135 AVIEW
136 CLA
137 ARCL X
138 "⊢ TAGE"
139 AVIEW
140 PSE
141 FC? 00
142 GTO 00
143 RCL 03
144 RCL 04
145 /
146 FIX 2
147 "HOECHSTLASTSTUN"
148 "⊢DEN"
149 AVIEW
150 CLA
151 ARCL X
152 "⊢ H"
153 AVIEW
154 FIX 0
155 18
156 -
157 4
158 *
159 INT
160 X<=0?
161 GTO 00
162 "GLEICHM.-RABATT"
163 "⊢ FUER"
164 AVIEW
165 CLA
166 ARCL X
167 "⊢ MAL 1/4 STUND"
168 "⊢EN"
169 AVIEW
170 0,004
171 *
172 RCL 03
173 *
174 STO 15

175♦LBL 00
176 FS? 00
177 GTO 00
178 RCL 01
179 RCL 04
180 /
181 INT
182 "BENUTZUNGSSTUND"
183 "⊢EN:"
184 AVIEW
185 CLA
186 ARCL X
187 "⊢ H"
188 AVIEW
189 PSE

190♦LBL 00
191 ADV
192 FIX 5
193 "PREIS-ANPASSUNG"
194 "⊢SFAKTOR:"
195 AVIEW
196 CLA
197 FS? 00
198 GTO 00
199 ARCL 10
200 GTO 01

201♦LBL 00
202 ARCL 11

203♦LBL 01
204 AVIEW
205 ADV
206 FIX 2

207♦LBL 02
208 FS? 01
209 GTO 01
210 FS? 02
211 GTO 02
212 FS? 03
213 GTO 03

214♦LBL 01
215 "-HS-"
216 XEQ 04
217 288
218 STO 05
219 63,015
220 STO 06
221 ,0132
222 STO 07
223 RCL 02
224 12
225 -
226 X<=0?
227 GTO 00
228 6
229 XEQ "ZONE"
230 1000
231 *
232 ST+ 05

233♦LBL 00
234 RCL 01
235 ,055
236 GTO 00

237♦LBL 02
238 "-LB-"
239 XEQ 04
240 900
241 STO 05
242 RCL 02
243 100
244 -
245 X<=0?
246 GTO 02
247 2,10
248 *
249 ST+ 05

250♦LBL 02
251 RCL 01
252 ,011
253 GTO 00

254♦LBL 03
255 "-LH-"
256 FS? 00
257 "-BEZUG-"

258♦LBL 02
259 XEQ 04
260 0,40
261 0,49871
262 FS? 00
263 X<>Y
264 ST* 13
265 RCL 03
266 *
267 STO 05
268 0,008
269 0,00946
270 FS? 00
271 X<>Y
272 ST* 16
273 RCL 01

274♦LBL 00
275 *
276 STO 06
277 FS? 01
278 GTO 00
279 RCL 11
280 RCL 10
281 FS? 00
282 X<>Y
283 ST* 05
284 ST* 06
285 ST* 13
286 ST* 16
```

```
287♦LBL 00
288 RCL 05
289 STO 00
290 "LEISTUNGS"
291 XEQ 07
292 RCL 13
293 X=0?
294 GTO 00
295 "L.-"
296 XEQ 10
297 ST+ 00

298♦LBL 00
299 FC?C 00
300 GTO 01
301 RCL 15
302 X=0?
303 GTO 00
304 "GLEICHM.-RABATT"
305 XEQ 08
306 ST- 00

307♦LBL 00
308 RCL 14
309 X=0?
310 GTO 01
311 0,04
312 *
313 ST+ 00
314 "L-UEBERSCHREITU"
315 "⊢NGS"
316 XEQ 07

317♦LBL 01
318 RCL 06
319 ST+ 00
320 "ARBEITS"
321 XEQ 07
322 RCL 16
323 X<=0?
324 GTO 00
325 "A.-"
326 XEQ 10
327 ST+ 00

328♦LBL 00
329 RCL 00
330 "GESAMT"
331 XEQ 07
332 ADV
333 RCL 01
334 /
335 100
336 *
337 "PFG/KWH: "
338 ARCL X
339 AVIEW
340 BEEP
341 ADV
342 FC? 04
343 GTO 00
344 FS?C 01
345 GTO "LB"
346 FS?C 02
347 GTO "LH"

348♦LBL 00
349 CF 01
350 CF 02
351 CF 03
352 CF 04
353 RTN

354♦LBL 10
355 "⊢FEHLMENGE-"

356♦LBL 07
357 "⊢KOSTEN"

358♦LBL 08
359 AVIEW
360 "DM: "
361 ARCL X
362 AVIEW
363 PSE
364 RTN

365♦LBL 04
366 SF 12
367 AVIEW
368 CF 12
369 ADV
370 RTN

371♦LBL "ZONE"
372 STO 00
373 CLX
374 X<>Y

375♦LBL 05
376 RCL IND 00
377 FRC
378 X<>Y
379 LASTX
380 INT
381 X≠0?
382 X>Y?
383 GTO 03
384 X<>Y
385 RDN
386 ST- T
387 *
388 +
389 X<>Y
390 ISG 00
391 BEEP
392 GTO 05

393♦LBL 03
394 RDN
395 *
396 +
397 RTN

398♦LBL "BEZUGF"
399 11
400 GTO 00

401♦LBL "GFAKTOR"
402 10

403♦LBL 00
404 STO 00
405 RCL 09
406 "EL-INDEX?"
407 PROMPT
408 STO 09
```

```
409 20,14
410 /
411 STO 07
412 RCL 08
413 "LOHN? DM/H:"
414 PROMPT
415 STO 08
416 5,61
417 /
418 STO 06

419+LBL 06
420 ,1
421 *
422 RCL 07
423 ,68
424 *
425 +
426 ,22
427 +
428 FIX 5
429 ADV
430 "PREISANPASSUNGS"
431 "⊦FAKTOR:"
432 AVIEW
433 ADV
434 "F = "
435 RND
436 ARCL X
437 "⊦<"
438 FS? 00
439 STO IND 00
440 RCL IND 00
441 X<>Y
442 %CH
443 FIX 2
444 ARCL X
445 "⊦ %>"
446 AVIEW
447 PSE
448 FS? 00
449 GTO 01
450 CLX
451 ADV
452 "SPEICHERN? JA=1"
453 PROMPT
454 1
455 X≠Y?
456 GTO 01
457 SF 00
458 RCL 06
459 GTO 06

460+LBL 01
461 CF 00
462 ADV
463 RTN

464+LBL "GVU"
465 SF 12
466 "GVU"
467 AVIEW
468 "NAME"
469 AVIEW
470 CLA
471 CF 12
472 FS? 06
473 "BEARBEITER"
474 FS? 07
475 "NAME 2"
476 FS? 08
477 "NAME 2"
478 AVIEW
479 ADV
480 RTN
481 END
```

```
                         CAT 1
LBL'GAS
LBL'HS
LBL'LB
LBL'BEZUG
LBL'LH
LBL'ZONE
LBL'BEZUGF
LBL'GFAKTOR
LBL'GVU
END            1305 BYTES
.END.          04 BYTES
```

```
                        PRKEYS

USER KEYS:
 11 "GAS"
-11 "BEZUG"
 12 "HS"
 13 "LB"
 14 "LH"
 15 "GFAKTOR"
-15 "BEZUGF"
-23 %CH
 25 "ZONE"
 35 "GVU"
```

11 Vorteilsausgleich

11.1 Allgemeines

Vom Bundesverkehrsministerium, den Straßenbauverwaltungen der Länder und den Verbänden der Versorgungswirtschaft wurden Richtlinien über den Vorteilsausgleich bei Änderungen von Anlagen der öffentlichen Versorgung infolge von Straßenbaumaßnahmen erarbeitet und als allgemeines Rundschreiben Straßenbau Nr. 28/80 vom Bundesminister für Verkehr am 16.12.1980 StB 17/08.33.00 veröffentlicht. Dabei wurden folgende Grundsätze formuliert:

In den Fällen, in denen der Straßenbaulastträger die Änderungskosten von Leitungen und dazugehörigen Anlagen (Anlagen) zu tragen hat, haben die Versorgungsunternehmen bzw. Träger der Anlage (VU) nach Maßgabe dieser Richtlinien etwaige Vorteile auszugleichen. Der Ausgleich von Vermögensvorteilen ist nach den Grundsätzen des Enteignungsentschädigungsrechts zu behandeln. Das Enteignungsrecht erkennt ebenso wie das Schadensersatzrecht eine Entschädigung "neu für alt" nicht an. Der Anspruch des VU auf Entschädigung beschränkt sich auf einen angemessenen Ausgleich des ihm durch den Eingriff an dem Objekt selbst enstandenen Vermögensnachteils.

Bei der Feststellung, ob ein Vorteilsausgleich vorzunehmen ist, ist von einer wirtschaftlichen Betrachtungsweise auszugehen. Maßgebend ist der Vergleich der wirtschaftlichen Vermögenslage des VU vor und nach der Änderung der Anlage. Die Entschädigung für die Anlage darf den Betrag nicht übersteigen, der erforderlich wäre, um die Anlage so herzustellen, daß sie wie vor dem Eingriff funktionell genutzt werden kann.

11.2 Berechnungsgrundlagen

Der Vorteilsausgleich ergibt sich durch Vergleich der Barwerte einer unendlich oft aneinander gereihten Investitionskette im Abstand der Nutzungsdauer T gemäß Bild 11.2.1.

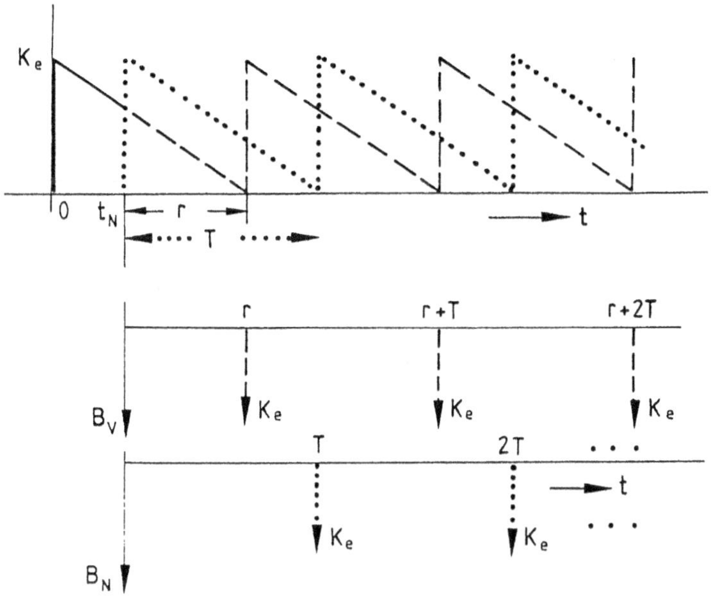

Bild 11.2.1 Investitionskette und Barwert gleicher jedoch zeitverschobener Investitionsketten

Die Neuinvestition erfolgt zu dem Zeitpunkt t_N, bei dem die in Verfall geratene Anlage noch die Restnutzungsdauer r aufweist.

Für den Barwert aller Investitionsaufwendungen gilt:

$$B_V = K_e\left(\frac{1}{q^r} + \frac{1}{q^{r+T}} + \frac{1}{q^{r+2T}} + \cdots + \frac{1}{q^{r+nT}}\right) \tag{11.1}$$

$$B_V = K_e \frac{1}{q^r}\left(1 + \frac{1}{q^T} + \frac{1}{q^{2T}} + \cdots + \frac{1}{q^{nT}}\right) \tag{11.2}$$

$$B_V = K_e q^{-r} \frac{a^n - 1}{a - 1} \qquad \text{mit } a = \frac{1}{q^T} \tag{11.3}$$

für $|a| < 1$ gilt im Grenzübergang für $n \to \infty$:

$$\lim_{n \to \infty} \frac{a^n - 1}{a - 1} = \frac{1}{1 - a} = \frac{q^T}{q^T - 1} \tag{11.4}$$

Somit gilt für den Barwert der vorgegeben Investitionsreihe zum Zeitpunkt t_N:

$$B_V = K_e \frac{q^{T-r}}{q^T - 1} \tag{11.5}$$

entsprechend gilt für den Barwert der neuen Investitionsreihe mit r=T:

$$B_N = K_e \frac{1}{q^T - 1} \tag{11.6}$$

Der Vorteil durch die Ersatzinvestition entspricht der Barwertdifferenz:

$$V = B_V - B_N \tag{11.7}$$

$$V = K_e \frac{q^{T-r} - 1}{q^T - 1} \tag{11.8}$$

11.2.1 Gleiche Wiederbeschaffungswerte

Die Verbandsvereinbarung ist für gleichen Wiederbeschaffungswert und gleicher Nutzungsdauer der alten und neuen Anlage entsprechend dem abgeleiteten Vorteilsausgleich mit t=T definiert:

$$V = \frac{q^{t-r} - 1}{q^t - 1} K_e \qquad \text{für } 0{,}3\,t \leqq r \leqq 0{,}8\,t \tag{11.9}$$

In der Formel bedeuten:

V : Vorteil

q : Zinsfaktor der Kapitalisierung $\qquad q = 1 + \frac{p}{100}$

p : Zinsfuß = 6 %

t : Nutzungsdauer der Anlage $\hat{=}$ doppelter AfA-Wert. Als Nutzungsdauer kommt der doppelte Wert der jeweils gültigen Tabelle des Bundesministers der Finanzen "Absetzung für Abnutzung" (AfA-Tabellen) unter Außerachtlassung der dort zugelassenen Abweichungen in Ansatz, sofern bei kathodisch geschützten Anlagen nicht im Einzelfall eine längere Nutzungsdauer nachgewiesen wird.

r : Restnutzungsdauer der Anlage = Zahl der Jahre vom Eingriff bis zum nächsten theoretischen Erneuerungszeitpunkt gemäß der Nutzungsdauer t.

K_e : Kosten der Erneuerung der Anlage (Wiederbeschaffungswert):
Das sind vor allem die Kosten für Material, Erd- und Montagearbeiten, für den Abbruch der alten Anlage unter Berücksichtigung der Schrotterlöse sowie Ingenieurleistungen. Maßnahmen, die das Versorgungsunternehmen allein in eigenem Interesse bei gleicher Gelegenheit durchführt, sind keine Bestandteile des Wiederbeschaffungswertes.

Ist die Nutzungsdauer bereits abgelaufen oder beträgt die Restnutzungsdauer weniger als 30 % der Nutzungsdauer, so sind für die Berechnung 30 % der Nutzungsdauer anzusetzen, sofern die Anlage voll funktionsfähig ist und auf nicht absehbare Zeit weiter betrieben werden soll, d.h. $r = 0{,}3\,t$.

Beträgt die Restnutzungsdauer der alten Anlage mehr als 80 % der Gesamtnutzungsdauer, liegt kein Vorteil vor, d.h. $r = t$.

11.2.2 Ungleiche Wiederbeschaffungswerte

Bei unterschiedlichen Wiederbeschaffungswerten und/oder unterschiedlicher Nutzungsdauer der alten und der neuen Anlage gilt für den Vorteilsausgleich gemäß Gln.(11.5 bis 11.7):

$$V = \frac{q^{t_a - r}}{q^{t_a} - 1} K_{ea} - \frac{1}{q^{t_n} - 1} K_{en} \qquad (11.10)$$

t_a : Nutzungsdauer der alten Anlage

t_n : Nutzungsdauer der neuen Anlage

K_{ea} : Kosten der Erneuerung der alten Anlage (Wiederbeschaffungswert). Es sind die Kosten anzusetzen, die entstanden wären, wenn die Anlage bezüglich Leistung, Umfang und/oder Material wieder in dem Zustand hergestellt worden wäre, wie sie vor der Veränderung bestanden hat.

K_{en} : Kosten für die Herstellung der neuen Anlage

Eine typische Anwendung dieses Falles ergibt sich für Ersatzanlagen, die infolge örtlicher Gegebenheiten ohne wirtschaftlichen Nutzungszuwachs einen höheren materiellen Aufwand mit entsprechend höheren Folgekosten erfordern. Die Kapitalisierung der in alle Zukunft erwachsenden höheren Kosten kann daher zu einem negativen Vorteil, d.h. einem Nachteil für den Betreiber führen, der durch den Veranlasser auszugleichen ist.

Falls die Neuanlage aufgrund technologischer Fortschritte über die Nutzungsdauererhöhung hinaus auch eine quantifizierbare höhere Nutzungsqualität bietet, so ist K_{en} um diesen zurechenbaren Kostenanteil im Einzelfall zu mindern.

11.3 Programmbeschreibung „VORTEIL"

Im Sinne der Anwendung als Handwerkszeug für den Ingenieur wird in Tabelle 11.3.1 ein Programm für den Rechner HP 41CV angegeben. Das Programm benötigt einen Speicherbereich von 387 Bytes entsprechend 56 Register und 10 Datenspeicher (SIZE 010). Die Aufrufadresse "VORTEIL" wird zweckmäßigerweise einer Taste zugewiesen (z.B. f ASN "VORTEIL" +). Die Eingabeanweisungen sind entweder als regenerierende Dialogeingabe oder als mit Standardwerten vorgesetzte Datenregister konzipiert. Dabei sind folgende Zuordnungen vorgesehen:

Anzahl der Objekte:	STO 07 (Standard 1)
Wert der Altanlage in DM:	STO 05 (regenerierend)
Wert der Neuanlage in DM:	STO 06 (Standard wie STO 05)
Zinsfuß in %:	(Standard: 6 %)
Nutzungsdauer der Altanlage in Jahre:	STO 01 (regenerierend)
Nutzungsdauer der Neuanlage in Jahre:	STO 02 (Standard wie STO 01)
Restnutzungsdauer der Altanlage in Jahre:	STO 03 (regenerierend)

Der Eingabedialog reicht von Zeile 01 bis 46. Anschließend wird der Vorteilsausgleich gemäß Gl.(11.10) ermittelt und in Zeile 83 nach STO 09 abgespeichert.

Mit der ISG-Anweisung in Zeile 102 wird der Zähler für die zu bearbeitenden Objekte inkrementiert und in der Schleife Label 08 in Zeile 19 bis Zeile 103 bearbeitet. Die berechneten Werte werden in dem Register STO 08 durch indirekte Addition aufsummiert. Falls nur ein Objekt vorliegt, wird der Bereich von Zeile 88 bis 106 übersprungen.

Mit der Abfrage in Zeile 110 wird entschieden, ob ein Vorteil oder ein Nachteil vorliegt und die entsprechende Ausgabeerläuterung angewählt.

Die Berechnung endet in Zeile 132 mit einer STOP-Anweisung und kann durch Betätigung der R/S-Taste für eine veränderte Restnutzungsdauer ohne Neueingabe der übrigen Werte wiederholt werden.

Das Programm liefert als Ergebnis den errechneten Vorteil oder Nachteil in DM.

Tabelle 11.3.1 Anweisungsliste des Programms "VORTEIL"

01♦LBL "VORTEIL"	07 /	13 PROMPT	19♦LBL 08
02 1	08 ST+ 07	14 1	20 RCL 05
03 STO 07	09 CLX	15 X<>Y	21 XEQ 02
04 "ANZAHL OBJEKTE:"	10 STO 08	16 %	22 XEQ 04
05 PROMPT	11 6	17 +	23 PROMPT
06 1 E3	12 "ZINSFUSS? %:"	18 STO 00	24 STO 05

```
25 XEQ 03
26 XEQ 04
27 PROMPT
28 STO 06
29 FS? 00
30 GTO 06
31 RCL 01
32 XEQ 01
33 XEQ 02
34 XEQ 05
35 PROMPT
36 STO 01
37 XEQ 01
38 XEQ 03
39 XEQ 05
40 PROMPT
41 STO 02

42♦LBL 06
43 RCL 03
44 "RESTNUTZUNG"
45 XEQ 05
46 PROMPT
47 STO 03
48 RCL 01
49 ,3
50 *
51 X>Y?
52 STO 03
53 RCL 01
54 ,8
55 *
56 RCL 03
57 X<=Y?
58 GTO 00
59 RCL 01
60 STO 03

61♦LBL 00
62 RCL 00
63 RCL 01
64 RCL 03
65 -
66 Y↑X
67 RCL 00
68 RCL 01
69 Y↑X
70 1
71 -
72 /
73 RCL 05
74 *
75 RCL 06
76 RCL 00
77 RCL 02
78 Y↑X
79 1
80 -
81 /
82 -
83 STO 09
84 1,001
85 RCL 07
86 X<=Y?
87 GTO 07
88 RCL 09
89 FIX 0
90 ADV
91 "OBJEKT<"
92 "⊦"
93 ARCL 07
94 "⊦>: "
95 FIX 2
96 "⊦"
97 ARCL X
98 "⊦ DM"
99 AVIEW
100 ADV
101 ST+ 08
102 ISG 07
103 GTO 08
104 CF 00
105 RCL 08
106 STO 09
107♦LBL 07
108 RCL 09
109 ADV
110 X<0?
111 GTO 00
112 SF 12
113 "VORTEIL:"
114 GTO 07

115♦LBL 00
116 "TROTZ BEREITSTE"
117 "⊦LLUNG DER"
118 AVIEW
119 "NEUANLAGE ENTST"
120 "⊦EHT EIN"
121 AVIEW
122 SF 12
123 "NACHTEIL:"
124 CHS

125♦LBL 07
126 AVIEW
127 CF 12
128 CLA
129 ARCL X
130 "⊦ DM"
131 AVIEW
132 STOP
133 GTO 06

134♦LBL 01
135 "NUTZUNGSDAUER"
136 AVIEW
137 RTN

138♦LBL 02
139 "ALTANLAGE"
140 RTN

141♦LBL 03
142 "NEUANLAGE"
143 RTN

144♦LBL 04
145 "⊦ WERT? DM:"
146 RTN

147♦LBL 05
148 "⊦? JAHRE:"
149 RTN
150 END
                    CAT 1
LBL'VORTEIL
END          387 BYTES
.END.        08 BYTES
```

11.4 Programmanwendung

1) Bei einer Straßenbaumaßnahme kommen Versorgungsanlagen mit einem Wert von 40.000,-- DM in Verfall. Die Ersatzanlagen erfordern Investitionskosten von 50.000,-- DM. Die 40-jährige Nutzungsdauer der Altanlage (doppelter AfA-Wert) war zu 30 Jahren erfüllt, so daß noch 10 Jahre Restnutzung zu erwarten waren. Für die Neuanlage wird ebenfalls von einer 40-jährigen Nutzungsdauer ausgegangen.

Nach Aufruf des Programms "VORTEIL" liefert der Rechner die folgenden Ergebnisausdrucke, von denen der erste einen anzurechnenden Vorteil von 16.634,95 DM ausweist. Kommt die Anlage dagegen bereits nach 5 Jahren in Wegfall, so ergibt sich demgegenüber ein Vermögensnachteil für das Versorgungsunternehmen in Höhe von 1.076,92 DM. Bei 30-jähriger Restnutzung ergibt sich ein Vorteil von 2.329,80 DM. Die Ergebnisausdrucke sind in Bild 11.4.1 angegeben.

In den Bildern 11.4.2 und 11.4.3 ist der Vorteilsausgleich, den ein Versorgungsunternehmen nach vorstehenden Richtlinien bei Ersatzinvestitionen zu tragen hat, für 20- und 40-jährige Nutzungsdauer und 6 % Zinsfuß in Abhängigkeit von der Restnutzungsdauer dargestellt. Beim Ersatz funktionstüch-

```
         XEQ "VORTEIL"
ANZAHL OBJEKTE:
              1,00    ***
                      RUN
ZINSFUSS? %:
              6,00    ***
                      RUN
ALTANLAGE WERT? DM:
         40.000,00    RUN
NEUANLAGE WERT? DM:
         50.000,00    RUN
NUTZUNGSDAUER
ALTANLAGE? JAHRE:
             40,00    RUN
NUTZUNGSDAUER
NEUANLAGE? JAHRE:
             40,00    RUN
RESTNUTZUNG? JAHRE:
             10,00    RUN
```

```
VORTEIL:
16.634,95 DM
                      RUN
RESTNUTZUNG? JAHRE:
             30,00    RUN

VORTEIL:
2.329,80 DM
                      RUN
RESTNUTZUNG? JAHRE:
             35,00    RUN

TROTZ BEREITSTELLUNG DER
NEUANLAGE ENTSTEHT EIN
NACHTEIL:
1.076,92 DM
```

Bild 11.4.1 Ergebnisausdruck einer Vorteilsausgleichsrechnung für unterschiedliche Restnutzungszeiten.

tiger Altanlagen sind daher maximal 44,28 bis 57,13 % des Wiederbeschaffungswertes als Vorteilsausgleich zu übernehmen. Dieser Satz fällt auf 0 %, wenn die Anlage erst bis zu 8 bzw.4 Jahre alt ist, d.h. noch über 32 bzw. 16 Jahre Restnutzungsdauer zu erwarten waren.

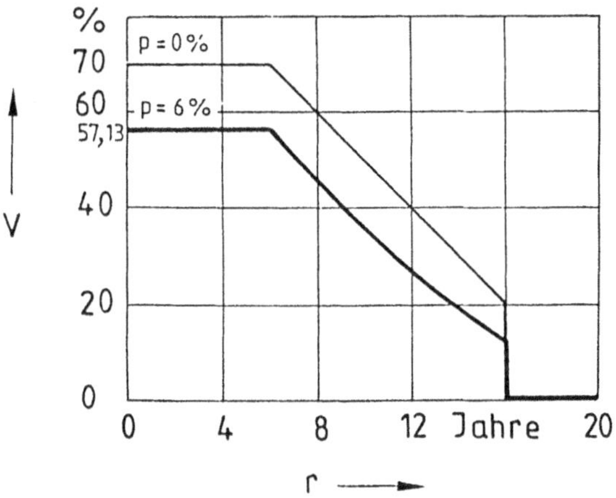

Bild 11.4.2 Vorteilsausgleich in Abhängigkeit von der Restnutzungsdauer für p = 6 % Kapitalisierungszinsfuß sowie t = 20 Jahre Nutzungsdauer

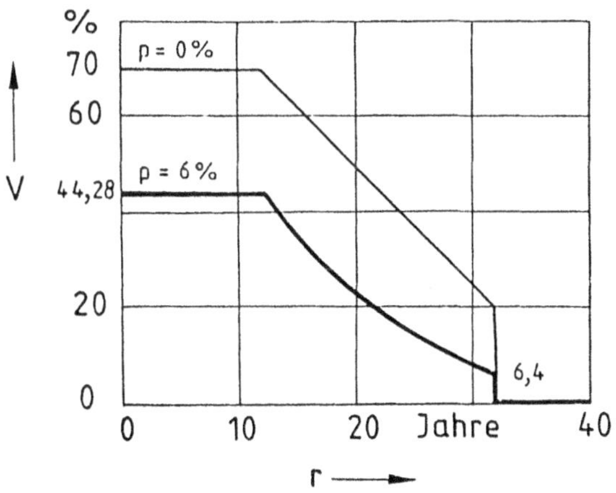

Bild 11.4.3 Vorteilsausgleich in Abhängigkeit von der Restnutzungsdauer für Kapitalisierungszinsfuß p = 0 und 6 % sowie t = 40 Jahre Nutzungsdauer

Der Ersatz einer noch funktionstüchtigen Anlage durch eine neue Anlage kann trotz kostenfreier Beistellung auch zum Vermögensnachteil des Versorgungsunternehmens werden, wenn z.B. der Wiederbeschaffungswert der neuen Anlage ohne Leistungsverbesserung erheblich höher ist oder die Nutzungsdauer erheblich geringer ist als bei der in Wegfall geratenen Altanlage. Hierzu ist im Bild 11.4.4 ein theoretisches Beispiel aufgezeigt, für die Annahme, daß der Wiederbeschaffungswert der Neuanlage doppelt so hoch wie der Beschaffungswert der Altanlage ist.

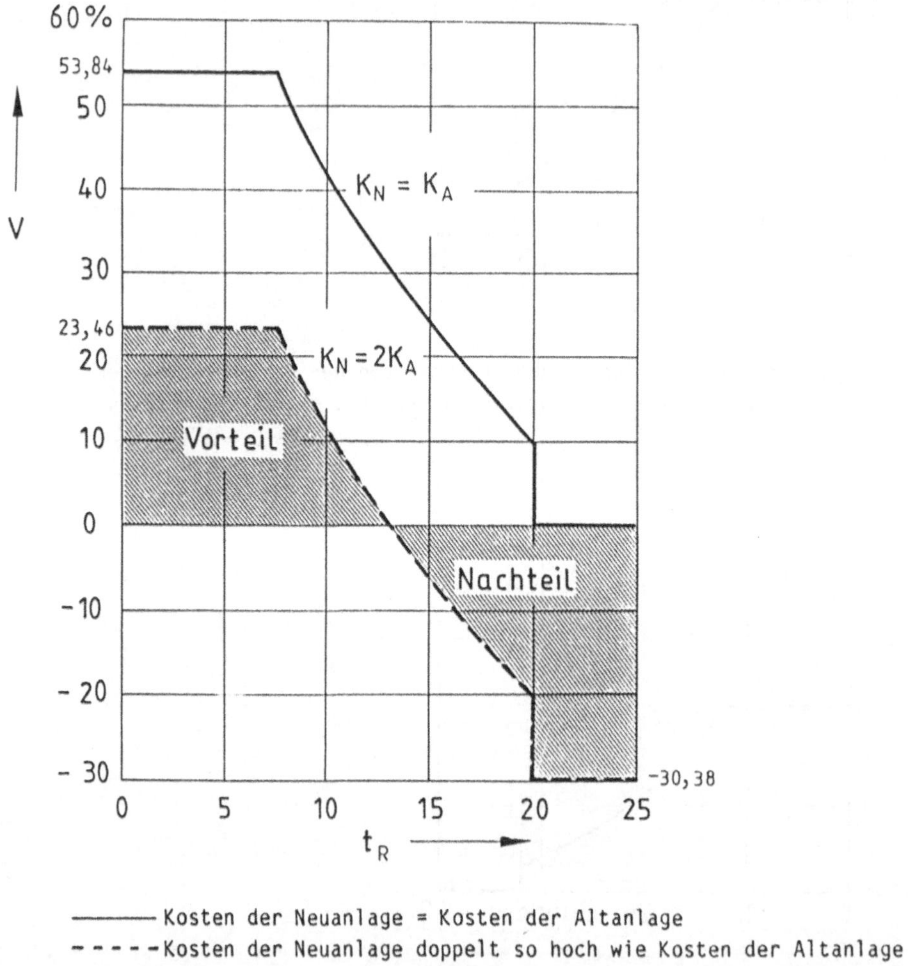

Bild 11.4.4 Vorteilsausgleich bei Anlagen mit 25-jähriger Nutzungsdauer für p = 6 %

Man erkennt, daß für diesen angenommenen Extremfall ein Vorteil nur bis zu einer Restnutzungsdauer von 13 Jahren gegeben ist. Darüber hinaus ergibt sich ein erheblicher Nachteil durch den Ersatz der noch funktonstüchtigen Altanlage. Falls ein solcher Fall vorliegt kann gemäß dem Grundsatz der Vereinbarung ein entsprechender Vermögensausgleich gegenüber dem Veranlasser erhoben werden, sofern nicht bereits vorgegebene vertragliche Regelungen vorrangig wirksam werden.

2) Aufgrund eines durch Straßenbaumaßnahmen erforderlich gewordenen Umbaues einer vorhandenen Straßenbeleuchtungsanlage bestehend aus 23 Leuchten, ist der Vorteilsausgleich auf der Grundlage des AfA-Wertes von 20 Jahren zu bestimmen. Im einzelnen gelten folgende Daten:

2 Leuchten vor 16 Jahren errichtet à 515,38 DM
9 Leuchten vor 14 Jahren errichtet à 445,16 DM
4 Leuchten vor 8 Jahren errichtet à 776,49 DM
8 Leuchten vor 2 Jahren errichtet à 832,06 DM

Im Zuge der Ersatzmaßnahmen sind Kosten für die Neuinvestition von rd. 900,-- DM je Leuchte anzusetzen.

Die Berechnung des Vorteilsausgleichs mit dem Programm "VORTEIL" ist als Rechnerausdruck in Bild 11.4.5 angegeben. Hieraus ist ersichtlich, daß nur die ersten drei Objekte einen Vorteil von insgesamt 336,77 DM ergeben, während die Erneuerungsmaßnahme für das vierte Objekt zu einem Nachteil in Höhe von 58,53 DM führt. Damit verbleibt ein Gesamtvorteil in Höhe von 278,23 DM, der vom Versorgungsunternehmen, dem veranlassenden Dritten, mit kostenloser Beistellung der Ersatzanlage zu erstatten wäre.

```
      XEQ "VORTEIL"
ANZAHL OBJEKTE:
            4,00   RUN
ZINSFUSS? %:
            6,00   RUN
ALTANLAGE WERT? DM:
          515,38 ENTER↑
            2,00     *
        1.030,76   ***
                   RUN
NEUANLAGE WERT? DM:
          900,00 ENTER↑
            2,00     *
        1.800,00   ***
                   RUN
NUTZUNGSDAUER
ALTANLAGE? JAHRE:
           40,00   RUN
NUTZUNGSDAUER
NEUANLAGE? JAHRE:
           40,00 SF 00
                   RUN
RESTNUTZUNG? JAHRE:
           24,00   RUN

OBJEKT(1,): 88,15 DM

ALTANLAGE WERT? DM:
          445,16 ENTER↑
            9,00     *
        4.006,44   ***
                   RUN
NEUANLAGE WERT? DM:
          900,00 ENTER↑
            9,00     *
        8.100,00   ***
                   RUN
RESTNUTZUNG? JAHRE:
           26,00   RUN

OBJEKT(2,): 103,19 DM

ALTANLAGE WERT? DM:
          776,49 ENTER↑
            4,00     *
        3.105,96   ***
                   RUN
NEUANLAGE WERT? DM:
          900,00
            4,00     *
        3.600,00   ***
                   RUN
RESTNUTZUNG? JAHRE:
           32,00   RUN

OBJEKT(3,): 145,43 DM

ALTANLAGE WERT? DM:
          832,06 ENTER↑
            8,00     *
        6.656,48   ***
                   RUN
NEUANLAGE WERT? DM:
          900,00 ENTER↑
            8,00     *
        7.200,00   ***
                   RUN
RESTNUTZUNG? JAHRE:
           38,00   RUN

OBJEKT(4,): -58,53 DM

VORTEIL:
278,23 DM
```

Bild 11.4.5 Vorteilsausgleichsberechnung zeitlich gestaffelter Anlagen mit unterschiedlichen Baukosten.

12 Verteilungsverfahren

Bei der Mandatszuordnung als Ergebnis demokratischer Wahlen besteht das Problem, eine festgelegte Zahl von Mandaten im Verhältnis der Stimmenanteile so zuzuordnen, daß unter der Nebenbedingung der Ganzzahligkeit eine gerechte Aufteilung erreicht wird. Verteilungsverfahren hierzu wurden von dem Belgier van d'Hondt und von dem Völkerrechtslehrer Niemeyer vorgeschlagen. In der Praxis ist das d'Hondtsche Verfahren weitgehend eingeführt. Das d'Hondtsche Verfahren begünstigt leicht die stärkeren Parteien, während sich das Verfahren nach Niemeyer stärker an die proportionalen Verhältnisanteile der einzelnen Parteien anlehnt. Die Rechtfertigung der beiden Verfahren gegeneinander ist daher im politischen Raum mitunter umstritten.

Da jedoch nach dem d'Hondtschen Verfahren die Sitzverteilung nicht nur bei überregionalen Wahlen, sondern auch bei regionalen Wahlen der Stadt- und Gemeinderäte sowie bei Betriebsratswahlen vorgenommen wird, erscheint eine Aktualisierung eines bereits 1979 veröffentlichten Programms für die Rechner HP 67/97 auf dem dialogfähigen Rechner HP 41C im Rahmen dieses Bandes zweckmäßig.

12.1 D'Hondtsches Verteilungsverfahren

Nach dem d'Hondtschen Verfahren werden die jeweils höchsten Stimmzahlen der einzelnen Listen nacheinander durch 1, 2, 3, ... dividiert. Je nach Maßgabe der maximalen Teilstimmenzahl werden die zu vergebenden Mandate (Sitze) auf die einzelnen Listen verteilt.

Diese Zuteilungsprozedur wird solange fortgesetzt, bis alle verfügbaren Mandate vergeben sind. Dabei kann es aufgrund vorgegebener Nebenbedingungen, die z.B. eine Mandatsbeteiligung einer mit niedriger Stimmenzahl ausgestatteten Liste zwingend vorschreiben, vorkommen, daß die verfügbare Mandatszahl soweit erhöht werden muß bis die betreffende Liste im Rahmen einer Verteilungsrunde erstmalig berücksichtigt wurde.

Die zu vergebenden Sitze werden in jeder Verteilungsrunde nach der Höchstzahlenauswahl an die Liste mit der höchsten Teilstimmenzahl vergeben. Anschließend wird die Stimmenzahl der bedienten Liste durch einen für jede Liste getrennt zugeordneten monoton ansteigenden Teiler 1, 2, 3, ... dividiert. Die allgemeine Beschreibung dieses Verfahrens läßt sich aus der Entwicklung über die ersten drei Verteilungsrunden ableiten:

1. Verteilungsrunde:

$\max\left\{n_i^{(1)}\right\}$ ergibt ersten Sitz an Partei P_k d.h. $s_k^{(1)} = 1$

Die bediente Partei P_k geht in die zweite Verteilungsrunde mit der Teilstimmenzahl:

$$n_k^{(2)} = \frac{n_k^{(1)}}{1 + s_k^{(1)}} \qquad (12.1.1)$$

Die übrigen Parteien P_i gehen mit unveränderter Stimmenzahl in die zweite Verteilungsrunde:

$$n_i^{(2)} = n_i^{(1)} \text{ für } i \neq k \qquad (12.1.2)$$

2. Verteilungsrunde:

$\max\left\{n_i^{(2)}\right\}$ ergibt Sitz an P_k d.h. $s_k^{(2)} = s_k^{(1)} + 1$

$$n_i^{(3)} = \begin{cases} \dfrac{n_k^{(2)}}{1 + s_k^{(2)}} & \text{für } i = k \\ n_i^{(2)} & \text{für } i \neq k \end{cases} \qquad (12.1.3)$$

j-te Verteilungsrunde:

$\max\left\{n_i^{(j)}\right\}$ ergibt Sitz an P_k d.h. $s_k^{(j)} = s_k^{(j-1)} + 1$

$$n_i^{(j+1)} = \begin{cases} \dfrac{n_k^{(j)}}{1 + s_k^{(j)}} & \text{für } i = k \\ n_i^{(j)} & \text{für } i \neq k \end{cases} \qquad (12.1.4)$$

12.2 Verteilungsverfahren nach Niemeyer

Nach diesem Verteilungsverfahren wird zunächst das arithmetische Anteilsverhältnis jeder Partei aus dem Quotienten der Stimmenzahl n_k für die k-te Partei zu der Gesamtzahl aller Stimmen n_g berechnet:

$$a_k = \frac{n_k}{n_g} s_g \qquad (12.2.1)$$

s_g ist die Gesamtzahl der zu vergebenden Sitze. Den einzelnen Parteien werden im ersten Schritt soviele Mandate zugeordnet wie der jeweilige Vorkommaanteil von a_k angibt:

$$s_{ko} = \text{INT}\left\{a_k\right\} \qquad (12.2.2)$$

Hiernach bleiben noch Δs Mandate übrig, die nach Maßgabe der Höhe des Nachkommaanteils von a_k vergeben werden:

$$\Delta s = s_g - s_{ko} \qquad (12.2.3)$$

$$s_k = \begin{cases} s_{ko} + 1 \text{ falls max } \left\{\text{FRC}\left\{a_k\right\}\right\} \text{ vorliegt und } \Delta s > 0 \text{ ist} \\ s_{ko} \end{cases} \qquad (12.2.4)$$

12.3 Programm- und Speicherstruktur

Bei der Entwicklung des Programms wurde von dem vorgenannten HP 67/97 Programm ausgegangen und dieses mit Hilfe des im Kartenleser integrierten Übersetzer zunächst als HP 41C Programm übersetzt. Im Anschluß an den Übersetzungsvorgang ist es zweckmäßig, alle überflüssigen Labels und HP 67/97 spezifischen Anweisungen zu ersetzen, damit das Programm ohne den aufgesetzten Kartenleser ablauffähig wird. Im nächsten Schritt sind dann an Stelle der Speicherabrufe für die Eingabedaten PROMPT-Anweisungen mit erklärenden Begriffsbestimmungen einzufügen, damit eine benutzerfreundliche dialogartige Bedienung des Programms möglich wird. Insgesamt werden 25 Speicherregister benötigt (SIZE 025). Für die Abspeicherung der Zwischenergebnisse sind folgende Register vorgesehen:

STO 01 bis 05:	Teilstimmenzahlen
STO 06:	Gesamtzahl der Sitze
STO 07:	Listenzahl
STO 08:	indirekte Adressierung der Ausgangsstimmen
STO 09:	indirekte Adressierung der Teilstimmen und Sitze der Endverteilung
STO 11 bis 15:	erreichte Sitze
STO 20 bis 24:	Ausgangsstimmenzahl

12.4 Programmbeschreibung „DHONDT"

Die Anweisungsliste des Programms ist in Tabelle 12.4.1 angegeben. Das Programm kann über die beiden Startadressen "DHONDT" oder "ENDV" für die d'Hondtsche Verteilung oder über die Startadresse "NIEMEY" für die Verteilung nach Niemeyer aufgerufen werden. Bei dem Aufruf "DHONDT" (Zeile 01) werden alle Zwischenergebnisse der einzelnen Verteilungsrunden ausgedruckt, so daß die Reihenfolge der Sitzvergabe anhand des Ausdruckes im einzelnen verfolgt werden kann. Bei dem Aufruf über "ENDV" werden nur die Zwischenergebnisse der vorletzten und letzten Verteilungsrunde und die Endverteilung ausgegeben. Als Merkmal für diese Variante wird das Flag 01 gesetzt. Als Merkmal für die Verteilung nach Niemeyer wird in Zeile 205 das Flag 02 gesetzt.

Die auf maximal 5 beschränkte Listenzahl wird in Zeile 13 nach STO 07 abgespeichert. Mit der Programmschleife ab LBL 09 in Zeile 21 bis GTO 09 in Zeile 35 werden als Eingabedaten die Stimmenzahlen für die Liste im Dialog abgefragt und indirekt abgespeichert. Nach dem Ausstieg aus der Eingabeschleife werden die zu vergebenden Sitze abgefragt und in Zeile 39 nach STO 06 abgespeichert. Für die Niemeyer-Berechnung springt der Programmablauf bei gesetztem Flag 02 in Zeile 47 nach LBL 11 in Zeile 207.

Die zyklische Berechnung der Sitzverteilung nach d'Hondt erfolgt in einer Programmschleife von LBL 06 in Zeile 51 bis GTO 06 in Zeile 112. In dem Unterprogramm LBL 05 ab Zeile 134 und LBL 01 ab Zeile 164 wird die jeweils höchste Teilstimmenzahl ermittelt und nach STO 00 abgespeichert. Die entsprechende Registeradresse STO 20 bis STO 24 wird in STO 10 abgelegt. In Zeile 69 wird der neue maximale Teilstimmenwert nach STO 01 bis STO 05 abgespeichert. Mit der Schleife LBL 08 von Zeile 73 bis 77 wird die Nummer der Verteilungsrunde ermittelt und nach STO 10 abgespeichert. Je nach Zustand von Flag 01 wird der Zwischenergebnisausdruck von Zeile 86 bis LBL 07 in Zeile 105 übersprungen. Mit den Anweisungen von Zeile 78 bis 83 wird für den Endverteilungsaufruf der Zwischenergebnisausdruck ab der vorletzten Verteilungsrunde veranlaßt. In Zeile 95 wird das Ausgabeformat für die Teilstimmenzahlen festgelegt. Das Programmende wird durch die Abfrage in Zeile 111 eingeleitet, sobald alle Sitze vergeben sind. Zum Abschluß wird die Endverteilung mit dem Unterprogrammaufruf XEQ 02 in Zeile 131 ausgegeben und Flag 01 gelöscht. Die Anzahl der zulässigen Listen kann durch geringfügige Programmänderungen und Erweiterung des Speicherbereiches über 5 hinaus erhöht werden. Hierzu sind die Speicher STO 06 bis STO 09 nach STO 29 bis STO 32 zu verlagern und das Unterprogramm LBL 05 um 4 Abfrageintervalle von 6 bis 9 bzw. 25 bis 28 zu erweitern. In Zeile 10 ist noch die 5 durch 9 zu ersetzen. Mit diesen Maßnahmen sind dann 9 Listen zugelassen.

Die Verteilungsbeschreibung nach Niemeyer beginnt in Zeile 204. Nach dem Eingabedialog durch Aufruf des entsprechenden Programmbereiches "DHONDT" wird mit den Anweisungen 209 bis 215 die indirekte Adressierung für den Aufruf der Ausgangsstimmenzahlen vorbereitet. Die Anteilsverhältnisse der einzelnen Parteien gemäß Gl.(12.2.1) werden von Zeile 220 bis 224 berechnet und in Zeile 237 innerhalb der Programmschleife LBL 12 von Zeile 219 bis 250 ausgegeben. Mit den Anweisungen von Zeile 253 bis 256 wird gemäß Gl.(12.2.3) die Differenz der noch zu vergebenden Sitze festgestellt. Die Zuordnung gemäß Gl.(12.2.4) wird in der Programmschleife LBL 14 von Zeile 257 bis 289 vorgenommen. Sobald ein Nachkommaanteil als maximales Element innerhalb der Programmschleife LBL 13 von Zeile 263 bis 274 erkannt ist, wird die der zugehörigen Liste entsprechende Mandatszahl um 1 erhöht (Zeile 282) und der Nachkommaanteil dieser Liste gleich Null gesetzt (Zeile 286). Außerdem wird der Wert der noch zu vergebenden Sitze in STO 00 um 1 verringert (281). Das Programm wird mit dem Sprung nach LBL 15 und Ausdruck der Endverteilung nach Niemeyer in Zeile 133 beendet.

Das Programm erfordert einen Speicherplatz von 607 Bytes und kann auf 3 Magnetkarten (6 Spuren) abgespeichert werden.

Tabelle 12.4.1 Anweisungsliste des Programms "DHONDT"

```
01♦LBL "DHONDT"
02 GTO 00

03♦LBL "ENDV"
04 SF 01

05♦LBL 00
06 FIX 0
07 RCL 07
08 "LISTENZAHL:"
09 PROMPT
10 5
11 X>Y?
12 X<>Y
13 STO 07
14 1 E3
15 /
16 1
17 +
18 STO 09
19 CLX
20 STO 10

21♦LBL 09
22 RCL 09
23 19
24 +
25 STO 08
26 RCL IND 08
27 "STIMMEN LISTE "
28 ARCL 09
29 "⊦:"
30 PROMPT
31 STO IND 08
32 STO IND 09
33 ST+ 10
34 ISG 09
35 GTO 09
36 "SITZE?"
37 RCL 06
38 PROMPT
39 STO 06
40 0
41 STO 11
42 STO 12
43 STO 13
44 STO 14
45 STO 15
46 FS? 02
47 GTO 11
48 RCL 07
49 XEQ 10
50 STO 08
51♦LBL 06
52 XEQ 05
53 RCL IND 10
54 RCL 10
55 9
56 -
57 STO 10
58 ISG IND 10
59 RDN
60 RDN
61 RCL IND 10
62 1
63 +
64 /
65 RCL 10
66 10
67 -
68 X<>Y
69 STO IND Y
70 CLX
71 STO 10
72 XEQ 04

73♦LBL 08
74 RCL IND 09
75 ST+ 10
76 ISG 09
77 GTO 08
78 RCL 06
79 1
80 -
81 RCL 10
82 X=Y?
83 CF 01
84 FS? 01
85 GTO 07
86 ADV
87 CLA
88 ARCL 10
89 "⊦ SITZVERGABE:"
90 AVIEW
91 ADV
92 XEQ 04
93 XEQ 02
94 ADV
95 FIX 6
96 RCL 08
97 STO 09
98 CLA
```

```
99 "TEILSTIMMENZAHL"
100 "⊦EN:"
101 AVIEW
102 XEQ 03
103 FIX 0
104 RCL 10
105♦LBL 07
106 CF 21
107 VIEW X
108 FS? 55
109 SF 21
110 RCL 06
111 X>Y?
112 GTO 06

113♦LBL 15
114 ADV
115 CLA
116 "ENDVERTEILUNG:"
117 AVIEW
118 "=============="
119 AVIEW
120 "<NACH "
121 FS?C 02
122 GTO 00
123 "⊦D HONDT>"
124 GTO 07

125♦LBL 00
126 "⊦NIEMEYER>"

127♦LBL 07
128 AVIEW
129 ADV
130 XEQ 04
131 XEQ 02
132 CF 01
133 RTN

134♦LBL 05
135 20
136 STO 10
137 21
138 RCL 01
139 STO 00
140 RCL 02
141 XEQ 01
142 3
143 X>Y?
144 RTN
145 22
146 RCL 00
147 RCL 03
148 XEQ 01
149 4
150 X>Y?
151 RTN
152 23
153 RCL 00
154 RCL 04
155 XEQ 01
156 5
157 X>Y?
158 RTN
159 24
160 RCL 00
161 RCL 05
162 XEQ 01
163 RTN

164♦LBL 01
165 X<=Y?
166 GTO 00
167 STO 00
168 RDN
169 RDN
170 STO 10

171♦LBL 00
172 RCL 07
173 RTN

174♦LBL 02
175 RCL 09
176 10
177 -
178 CLA
179 "LISTE "
180 ARCL X
181 "⊦: "
182 ARCL IND 09
183 "⊦ SITZE"
184 AVIEW
185 ISG 09
186 GTO 02
187 RTN

188♦LBL 03
189 VIEW IND 09
190 PSE
191 ISG 09
192 GTO 03
193 RTN

194♦LBL 04
195 RCL 07
196 10
197 +
198 1 E3
199 /
200 11
201 +
202 STO 09
203 RTN
204♦LBL "NIEMEY"
205 SF 02
206 GTO "DHONDT"

207♦LBL 11
208 FIX 3
209 RCL 07
210 19
211 +
212 XEQ 10
213 19
214 +
215 STO 08
216 0
217 STO 09
218 ADV

219♦LBL 12
220 RCL IND 08
221 RCL 10
222 /
223 RCL 06
224 *
225 RCL 08
226 19
227 -
228 INT
229 CLA
230 FIX 0
231 "LISTE "
232 ARCL X
233 "⊦: "
234 FIX 3
235 ARCL Y
236 "⊦ ANTEILE"
237 AVIEW
238 PSE
239 X<>Y
240 FRC
241 STO IND Y
242 LASTX
243 INT
244 RCL Z
245 10
246 +
247 X<>Y
248 STO IND Y
249 ST+ 09
250 ISG 08
251 GTO 12
252 FIX 0
253 RCL 06
254 RCL 09
255 -
256 STO 00
257♦LBL 14
258 RCL 07
259 XEQ 10
260 STO 09
261 0
262 STO 08

263♦LBL 13
264 RCL IND 09
265 X<=Y?
266 GTO 00
267 STO Y
268 RCL 09
269 STO 08
270 RDN
```

```
271♦LBL 00
272 RDN
273 ISG 09
274 GTO 13
275 RCL 08
276 X=0?
277 GTO 15
278 10
279 ST+ 08
280 1
281 ST- 00
282 ST+ IND 08
283 10
284 ST- 08
```

```
285 CLX
286 STO IND 08
287 RCL 00
288 X>0?
289 GTO 14
290 GTO 15

291♦LBL 10
292 1 E3
293 /
294 1
295 +
296 RTN
297 END
```

```
                    CAT 1
LBL'DHONDT
LBL'ENDV
LBL'NIEMEY
END           607 BYTES
.END.         09 BYTES

                   PRKEYS

USER KEYS:
 11 "DHONDT"
 12 "ENDV"
 13 "NIEMEY"
```

12.5 Anwendungs- und Testbeispiele

1) Bei einer Betriebsratswahl entfallen auf 3 Listen folgende Stimmen:

Liste 1	123
Liste 2	157
Liste 3	89

Es sind 5 Sitze zu vergeben.

Nach Aufruf der Programmvariante "DHONDT" wird das Ergebnislisting gemäß Bild 12.5.1 auf dem Drucker ausgegeben. Als Endverteilung ergibt sich die Relation 2:2:1 der 5 zu vergebenden Sitze.

```
          XEQ "DHONDT"
LISTENZAHL:
                 3,     RUN
STIMMEN LISTE 1,:
               123,     RUN
STIMMEN LISTE 2,:
               157,     RUN
STIMMEN LISTE 3,:
                89,     RUN
SITZE?
                 5,     RUN

1, SITZVERGABE:

LISTE 1,: 0, SITZE
LISTE 2,: 1, SITZE
LISTE 3,: 0, SITZE

TEILSTIMMENZAHLEN:
            123,000000
             78,500000
             89,000000

2, SITZVERGABE:

LISTE 1,: 1, SITZE
LISTE 2,: 1, SITZE
LISTE 3,: 0, SITZE

TEILSTIMMENZAHLEN:
             61,500000
             78,500000
             89,000000

3, SITZVERGABE:

LISTE 1,: 1, SITZE
LISTE 2,: 1, SITZE
LISTE 3,: 1, SITZE

TEILSTIMMENZAHLEN:
             61,500000
             78,500000
             44,500000

4, SITZVERGABE:

LISTE 1,: 1, SITZE
LISTE 2,: 2, SITZE
LISTE 3,: 1, SITZE

TEILSTIMMENZAHLEN:
             61,500000
             52,333333
             44,500000

5, SITZVERGABE:

LISTE 1,: 2, SITZE
LISTE 2,: 2, SITZE
LISTE 3,: 1, SITZE

TEILSTIMMENZAHLEN:
             41,000000
             52,333333
             44,500000

ENDVERTEILUNG:
==============
(NACH D HONDT)

LISTE 1,: 2, SITZE
LISTE 2,: 2, SITZE
LISTE 3,: 1, SITZE

          XEQ "NIEMEY"
LISTENZAHL:
                 3,     ***
                        RUN
STIMMEN LISTE 1,:
               123,     ***
                        RUN
STIMMEN LISTE 2,:
               157,     ***
                        RUN
STIMMEN LISTE 3,:
                89,     ***
                        RUN
SITZE?
                 5,     ***
                        RUN

LISTE 1,: 1,667 ANTEILE
LISTE 2,: 2,127 ANTEILE
LISTE 3,: 1,206 ANTEILE

ENDVERTEILUNG:
==============
(NACH NIEMEYER)

LISTE 1,: 2, SITZE
LISTE 2,: 2, SITZE
LISTE 3,: 1, SITZE
```

Bild 12.5.1 Stimmenvergabe nach "d'Hondt" und nach "Niemeyer" als Ergebnis einer Betriebsratswahl

2) Bei der Kommunalwahl zum Rat der Stadt Aachen am 30.09.1984 wurde folgendes Ergebnis der über 5 % liegenden Parteien erzielt:

CDU	51.952 Stimmen	(Liste 1)
SPD	38.545 Stimmen	(Liste 2)
Grüne	11.179 Stimmen	(Liste 3)

Die Anzahl der Ratsmandate beträgt 59. Nach Aufruf der Startadresse "ENDV" für die d'Hondtsche Verteilung liefert der Rechner den in Bild 12.5.2 angegebenen Ausdruck mit der Sitzverteilung 31:22:6. Die Teilstimmenzahlen für die 59. Sitzvergabe zeigen eine außergewöhnlich knappe Entscheidungsgrundlage zwischen der Liste 1 und der Liste 2. Bereits eine einzige Stimme weniger für die Liste 1 oder eine Stimme mehr für die Liste 2 hätte bewirkt, daß das 59. Mandat nicht der Liste 1, sondern der Liste 2 zugefallen wäre. In Bild 12.5.4 ist der entsprechende Ausdruck für das Verfahren nach Niemeyer angegeben. Nach diesem Verfahren würde sich eine leichte Verschiebung der Mandatsverteilung zugunsten der Minoritätsliste 3 ergeben (30:22:7 gegenüber 31:22:6 nach d'Hondt).

```
         XEQ "ENDV"
LISTENZAHL:
              3,     RUN
STIMMEN LISTE 1,:
         51.952,     RUN
STIMMEN LISTE 2,:
         38.545,     RUN
STIMMEN LISTE 3,:
         11.179,     RUN
SITZE?
             59,     RUN

58, SITZVERGABE:

LISTE 1,: 30, SITZE
LISTE 2,: 22, SITZE
LISTE 3,: 6, SITZE

TEILSTIMMENZAHLEN:
           1.675,870968
           1.675,869565
           1.597,000000

59, SITZVERGABE:

LISTE 1,: 31, SITZE
LISTE 2,: 22, SITZE
LISTE 3,: 6, SITZE

TEILSTIMMENZAHLEN:
           1.623,500000
           1.675,869565
           1.597,000000

ENDVERTEILUNG:
==============
<NACH D HONDT>

LISTE 1,: 31, SITZE
LISTE 2,: 22, SITZE
LISTE 3,: 6, SITZE
```

Bild 12.5.2 Auswertung der Wahl zum Rat der Stadt Aachen vom 30.9.1984 nach d'Hondt.

3) Das d'Hondtsche Verfahren dient vielfach auch als Zuordnungsgrundlage für die Benennung der Kandidaten zum Amt des Oberbürgermeisters und seiner Stellvertreter aus den Reihen der Ratsvertreter. Hierzu ist auf der Grundlage der Zusammensetzung des Rates der Stadt Aachen vom 30.09.1984 in Bild 12.5.3 ein Anwendungsbeispiel für bis zu 5 Kandidaten angegeben. Hier würde die Verteilung nach Niemeyer zum gleichen Ergebnis führen (wie in Bild 12.5.4 dargestellt).

```
        XEQ "DHONDT"
LISTENZAHL:
                  3,     RUN
STIMMEN LISTE 1,:
                 31,     RUN
STIMMEN LISTE 2,:
                 22,     RUN
STIMMEN LISTE 3,:
                  6,     RUN
SITZE?
                  5,     RUN

1, SITZVERGABE:

LISTE 1,: 1, SITZE
LISTE 2,: 0, SITZE
LISTE 3,: 0, SITZE

TEILSTIMMENZAHLEN:
             15,500000
             22,000000
              6,000000

2, SITZVERGABE:

LISTE 1,: 1, SITZE
LISTE 2,: 1, SITZE
LISTE 3,: 0, SITZE

TEILSTIMMENZAHLEN:
             15,500000
             11,000000
              6,000000

3, SITZVERGABE:

LISTE 1,: 2, SITZE
LISTE 2,: 1, SITZE
LISTE 3,: 0, SITZE

TEILSTIMMENZAHLEN:
             10,333333
             11,000000
              6,000000

4, SITZVERGABE:

LISTE 1,: 2, SITZE
LISTE 2,: 2, SITZE
LISTE 3,: 0, SITZE

TEILSTIMMENZAHLEN:
             10,333333
              7,333333
              6,000000

5, SITZVERGABE:

LISTE 1,: 3, SITZE
LISTE 2,: 2, SITZE
LISTE 3,: 0, SITZE

TEILSTIMMENZAHLEN:
              7,750000
              7,333333
              6,000000

ENDVERTEILUNG:
==============
(NACH D HONDT)

LISTE 1,: 3, SITZE
LISTE 2,: 2, SITZE
LISTE 3,: 0, SITZE
```

Bild 12.5.3 Beispiel einer Kandidatenzuordnung nach d'Hondt und nach Niemeyer

```
           XEQ "NIEMEY"
LISTENZAHL:
                3,    RUN
STIMMEN LISTE 1,:
           51.952,    RUN
STIMMEN LISTE 2,:
           38.545,    RUN
STIMMEN LISTE 3,:
           11.179,    RUN
SITZE?
              59,     RUN

LISTE 1,: 30,146 ANTEILE
LISTE 2,: 22,367 ANTEILE
LISTE 3,: 6,487 ANTEILE

ENDVERTEILUNG:
==============
<NACH NIEMEYER>

LISTE 1,: 30, SITZE
LISTE 2,: 22, SITZE
LISTE 3,: 7, SITZE
```

```
           XEQ "NIEMEY"
LISTENZAHL:
                3,    RUN
STIMMEN LISTE 1,:
               31,    RUN
STIMMEN LISTE 2,:
               22,    RUN
STIMMEN LISTE 3,:
                6,    RUN
SITZE?
                5,    RUN

LISTE 1,: 2,627 ANTEILE
LISTE 2,: 1,864 ANTEILE
LISTE 3,: 0,508 ANTEILE

ENDVERTEILUNG:
==============
<NACH NIEMEYER>

LISTE 1,: 3, SITZE
LISTE 2,: 2, SITZE
LISTE 3,: 0, SITZE
```

Bild 12.5.4 Verteilung nach Niemeyer als Vergleich zur d'Hondtschen Verteilung

Literaturverzeichnis

(1) HEWLETT-PACKARD: Bedienungs- und Programmierhandbuch HP-41C, August 1979, 0041-90012 German-5.5 K-8-79-Ca

(2) HEWLETT-PACKARD: HP-41C/CV Handbuch für den fortgeschrittenen Anwender, September 1980, 00041-90330, German-4K-3.81-IPC

(3) Gosmann, K.H.: Anwenderhandbuch HP-41C/CV, Verlag Vieweg, Braunschweig/Wiesbaden, 1983, ISBN 3-52804215-X

(4) Alt, H.: Anwendung programmierbarer Taschenrechner, Bd. 1, Angewandte Mathematik, Finanzmathematik, Statistik, Informatik, Verlag Vieweg, Braunschweig/Wiesbaden 1979, ISBN 3-528-04150-1

(5) HEWLETT-Packard: Bedienungshandbuch HP 82104 A, Magnetkartenleser, September 1979, 82104-90003 Rev. B 3/80

(6) Alt, H.: Anwendung programmierbarer Taschenrechner, Bd. 6, elektrische Energietechnik, Steuerungstechnik, Elektrizitätswirtschaft, Verlag Vieweg, Braunschweig/Wiesbaden, 1980, ISBN 3-528-04180-3

(7) HEWLETT-Packard: Bedienungshandbuch 82143 A, Thermodrucker, August 1979, 82143-90002.

(8) HEWLETT-Packard: Benutzerhandbuch, Erweitertes Funktions/Speicher-Modul, AP 82180 A, März 1982, 82180 - 90003

(9) HEWLETT-Packard: Bedienungshandbuch, HP-IL-Modul, HP 82 160 A, April 1981, 160 - 90003

(10) Smith, J.M.: Numerische Probleme und ihre Lösung mit Taschenrechnern. Verlag Vieweg, Braunschweig/Wiebaden, 1981, ISBN 3 - 528 - 08380 - 8

(11) DIN 44300, Deutsche Normen, Informationsverarbeitung, Begriffe, März 1972, DK 681.3: 001.4

(12) Zurmühl, R.: Praktische Mathematik für Ingenieure und Physiker, Sprenger-Verlag Berlin, Heidelberg, New York, 5. Auflage. 1965

(13) HEWLETT-Packard: HP-41CX-Benutzerhandbuch, Band I und II 00041-90476 und 90476 German-12.83, W-CP und W-5K-IPC

(14) Kobelt, H.; Schulte, P.: Finanzmathematik, Methoden, betriebswirtschaftliche Anwendungen und Aufgaben mit Lösungen, 2. Aufl. 1981 Verlag Neue Wirtschaftsbriefe, Herne/Berlin

(15) Kosiol, E.: Finanzmathematik, Zinseszins-, Renten-, Tilgungs-, Kurs-, und Rentabilitätsrechnung, 10. Aufl., Gabler Verlag, Wiesbaden 1957/1973

(16) Fay, F.J.: Finanzmathematik, Reihen in Mathematik und Wirtschaft, 1970 Verlag für Unternehmensführung, Baden-Baden und Bad Homburg vor der Höhe, 1970

(17) Rahmann, J.: Praktikum der Finanzmathematik, 4. Aufl. 1969, Ullstein, Gütersloh und Berlin.

(18) Christians, W.: Finanzierungs-Handbuch Gabler-Verlag, Wiesbaden 1980, ISBN 3 409 99 641 9

(19) Siëvi, F.; Haufler, K.-H.; Siëvi, C.R.: Renditen, Was festverzinsliche Wertpapiere effektiv bringen. Gillardon, Bretten, 1979.

(20) Lücke, K.P.: Verwirrspiel mit Renditen. Die Bank 10/83, S. 473-478.

(21) Ayres,F.: Finanzmathematik, Theorie und Anwendung, Schaum's Outline, Überblicke/Aufgaben, Mc Graw-Hill Book Companny GmbH, Düsseldorf, New York, 1979, ISBN 0-07-092029-0

(22) Bussmann, K.F.: Kaufmännisches Rechnen und Finanzmathematik, 4. Aufl. 1980, C. E. Poeschel Verlag, Stuttgart, ISBN 3-7910-9104-2.

(23) Däumler, K.-D.: Finanzmathematisches Tabellenwerk. Neue Wirtschaftsbriefe, Herne/Berlin, 1983, ISBN 3-482-56382-9.

(24) Braess, P.; Fangmeyer H.: Effektivzinssätze für Tilgungsdarlehen (Annuitätsdarlehen). Deutscher Sparkassenverlag, Stuttgart 1967.

(25) Büschgen, H.E.: Die Eignung des in der Zinsstatistik "Ratenkredite" der Deutschen Bundesbank veröffentlichten Durchschnittszinses als repräsentativer Preis. Betrieb-Berater Beilage 9/1984 zu Heft 16/1984.

(26) Dibbern, K.: Effektivverzinsung von Ratenkrediten. Die Bank 9/80, S. 424-427.

(27) Geiger, W.: Neue Berechnungsmethode für den effektiven Jahreszins. Sparkasse 8/80, S. 255-258.

(28) Alt, H.: Effektivzinsberechnung bei Kapital mit Disagio, fester Tilgungsrate und begrenzter Zinsfestschreibung. Mikrocomputer Jahrbuch 84, S. 191-193, Vieweg, Braunschweig/Wiesbaden.

(29) Laux, H.: Die effektiven Jahreszinsen für Bauspardarlehen. Versicherungswirtschaft Nr. 9 und 10/1982, Sonderdruck.

(30) Busse von Colbe, W.; Laßmann, G.: Betriebswirtschaftstheorie, Bd. 1 und 2, Springer Verlag, Berlin, Heidelberg, New York, 1975.

(31) Langguth, R.; Rautenberg, H.G.: Finanzierung und Investitionsberechnung, BWL für Ingenieure, Herausgegeben von Prof. Dr. A. Vormbaum, VDI-Verlag, Düsseldorf, T 45.

(32) Jacob, H.: Kurzlehrbuch Investitionsberechnung. Gabler Verlag, Wiesbaden, 1979.

(33) Berger, A.: Mathematik der Lebensversicherung. Springer Verlag, 1939, Wien.

(34) Segerer, G.: Numerische Analyse der Auswirkung von Variationen der Rechnungsgrundlagen in der Lebensversicherung. Dissertation Uni Braunschweig, 1978.

(35) Brauchitsch von, E.: Die Bewertung von Unternehmungen und Unternehmungsanteilen. Aus Finanzierungs-Handbuch, Hrsg. von F.W. Christians, Gabler-Verlag. 1980.

(36) Jacob, H.: Die Methoden der Ermittlung des Gesamtwertes einer Unternehmung. Aus: Finanzierungs-Handbuch; Hrsg.: von H. Janberg, 2. Aufl., Wiesbaden 1970.

Sachwortverzeichnis

GPSR Compliance

The European Union's (EU) General Product Safety Regulation (GPSR) is a set of rules that requires consumer products to be safe and our obligations to ensure this.

If you have any concerns about our products, you can contact us on ProductSafety@springernature.com

In case Publisher is established outside the EU, the EU authorized representative is:

Springer Nature Customer Service Center GmbH
Europaplatz 3
69115 Heidelberg, Germany

Batch number: 10816681

Printed by Printforce, the Netherlands